Margit Brinke,
Peter Kränzle
Kreta

Kreta heißt ein Land, das von allen Seiten
vom dunklen, weinfarbenen Meer umgeben ist.
Es ist fruchtbar und reich, dicht bevölkert, an die 90 Städte gibt es,
und man spricht dort Sprachen aus aller Herren Länder.

Homer, Odyssee

Impressum

Margit Brinke, Peter Känzle
Kreta

erschienen im
Reise Know-How Verlag Peter Rump GmbH
Osnabrücker Str. 79
33649 Bielefeld

7., neu bearbeitete und komplett aktualisierte Auflage 2011

Gestaltung
Umschlag: G. Pawlak, P. Rump (Layout);
Barbara Bossinger (Realisierung)
Inhalt: Günter Pawlak (Layout);
Barbara Bossinger (Realisierung)
Fotos: die Autoren (bk), Guest Inn (gi, S. 142, 143)
Titelfoto: www.fotolia.de © Jens Se
Karten: Catherine Raisin, der Verlag

Lektorat: Caroline Tiemann
Lektorat (Aktualisierung): Barbara Bossinger

Druck und Bindung
Wilhelm & Adam, Heusenstamm

ISBN 978-3-8317-2012-5
Printed in Germany

Dieses Buch ist erhältlich in jeder Buchhandlung Deutschlands, der Schweiz, Österreichs, Belgiens und der Niederlande.
Bitte informieren Sie Ihren Buchhändler über folgende Bezugsadressen:

Deutschland
Prolit GmbH, Postfach 9, D-35461 Fernwald (Annerod)
sowie alle Barsortimente

Schweiz
AVA-buch 2000
Postfach, CH-8910 Affoltern

Österreich
Mohr Morawa Buchvertrieb GmbH
Sulzengasse 2, A-1230 Wien

Niederlande, Belgien
Willems Adventure
www.willemsadventure.nl

Wer im Buchhandel trotzdem kein Glück hat, bekommt unsere Bücher auch über unseren **Büchershop im Internet: www.reise-know-how.de**

Wir freuen uns über Kritik, Kommentare und Verbesserungsvorschläge, gern per E-Mail an info@reise-know-how.de.

Alle Informationen in diesem Buch sind von den Autoren mit größter Sorgfalt gesammelt und vom Lektorat des Verlages gewissenhaft bearbeitet und überprüft worden.

Da inhaltliche und sachliche Fehler nicht ausgeschlossen werden können, erklärt der Verlag, dass alle Angaben im Sinne der Produkthaftung ohne Garantie erfolgen und dass Verlag wie Autoren keinerlei Verantwortung und Haftung für inhaltliche und sachliche Fehler übernehmen.

Die Nennung von Firmen und ihren Produkten und ihre Reihenfolge sind als Beispiel ohne Wertung gegenüber anderen anzusehen.
Qualitäts- und Quantitätsangaben sind rein subjektive Einschätzungen der Autoren und dienen keinesfalls der Bewerbung von Firmen oder Produkten.

Margit Brinke
Peter Kränzle

KRETA

229kr Foto: bk

Danksagung

Für vielfältige Unterstützung möchten wir uns beim Staatlichen Fremdenverkehrsamt von Griechenland (E.O.T.) in Frankfurt, besonders bei Claudia Stöhr-Geranastassis und Maria Pampiri, bedanken, außerdem unseren zahlreichen Freunden vor Ort, die uns unsere Aufenthalte erleichtert und angenehm gestaltet haben.

INHALT

Die Regionen im Überblick

Messará-Ebene und südliches Ída-Gebirge

Réthimnon und das westliche Inselzentrum

Réthimnon

Das Umland von Réthimnon

Die Südküste Westkretas

Chaniá und der äußerste Westen

Chaniá

Das Umland von Chaniá

Der Südwesten

Der Nordwesten

Wandern auf Kreta

Anhang

Exkurse

KARTENVERZEICHNIS

Stadtpläne

Lagepläne

Atlas (nach Seite 600)

VORWORT

Χαίρετε! und Καλως ορίσατε!

Auch wenn man die alten griechischen Begrüßungsformeln, „Sei(d) gegrüßt" (Χαίρετε, *chérete*) und „Herzlich willkommen" (Καλως ορίσατε, *kalós orísate*), auf Kreta nicht mehr allzu häufig hört, da sie mehr und mehr der Allerweltsbegrüßung „hello" weichen, sind Besucher auf der Sonneninsel nicht nur gern gesehen, sondern können sich immer noch der legendären kretischen Gastfreundschaft erfreuen. „Καλως σας βρίσκω" *(kalós ssas vrísko)* – „Gut finde ich dich vor", müsste man dem alten Kreter oder der alten Kreterin, die einen mit jenen Worten begrüßt, antworten, und schon würde sich ein Strahlen auf dem von Sonne und harter Arbeit gegerbten Gesicht zeigen. Der *Xénos* – gleichzeitig „Gast" und „Fremder" – gälte dann als Teil der Familie.

Griechenlands Tourismus ist in Zeiten von Wirtschaftsproblemen und politischen und sozialen Unruhen schwer in die Krise geraten, Kreta hat davon zum Glück am wenigsten abbekommen.

Noch immer fallen auf der südlichsten europäischen Insel zwischen Frühjahr und Herbst unzählige Touristen ein, noch immer ist die seit der Antike gerühmte Gastfreundschaft legendär und noch immer ist Kreta dank des Fremdenverkehrs der wirtschaftliche Krösus Griechenlands.

Mag sein, dass viele Besucher wegen der Schnäppchenangebote der Reisebüros herkommen, viele wohl wegen des Klimas und der endlosen Strände, wegen der Landschaft und der sagenumwobenen minoischen Ruinenstädte – jenem legendären „König Minos" und der „Wiege Europas" auf der Spur. Das alles macht aus Kreta ein lohnendes Reiseziel. Was uns als Autoren dieses Buches jedoch immer wieder angezogen hat, waren die Bewohner. Als Klassische Archäologen haben wir Griechenland intensiv bereist und dabei im Laufe der Jahre festgestellt, dass sich vieles verändert hat: Aus den gastfreundlichen Griechen sind mit zunehmendem Fremdenverkehr harte Geschäftsleute geworden. Nur die Kreter scheinen sich in ihrer liebenswerten Sturheit nicht anpassen zu wollen. Schon seit der Antike als gewiefte Händler und Schlitzohren bekannt, verstehen sie es, mit Gästen umzugehen. Sie nutzen sicher ihren Vorteil, jedoch ohne unfreundlich und abweisend zu sein, zu verärgern oder gar zu betrügen. Auf Kreta ist der Gast noch König.

Je häufiger und länger man auf der Insel verweilt, dabei mit den Menschen ins Gespräch kommt und sich mit ihrer Geschichte beschäftigt, desto mehr nimmt einen Kreta gefangen. Ein Ziel dieses Reiseführers ist es daher auch, die breite Palette der Attraktionen darzustellen, die die Insel zu bieten hat. Kreta ist nämlich nicht nur Sonne, Strand und Meer oder Knossós und Festós, sondern hier finden sich eigenwillige Menschen und ergreifende Geschichten, uralte Traditionen und tief verwurzelte Gepflogenheiten, kulinarische Köstlichkeiten und ungewöhnliche Landschaften, pulsierende Städte und urtümliche Dörfer.

Im vorliegenden Band geben wir dem Leser nicht nur einen vielseitigen und praktischen Reisebegleiter an die Hand, sondern liefern auch eine detaillierte Übersicht über die unterschiedlichen Regionen, die es ihm ermöglichen soll, sich schon vor der Reise ein Bild von der Insel zu machen und das seinen Vorstellungen entsprechende Urlaubsgebiet auszuwählen. Unsere Routenvorschläge und Wandertipps sollte der Reisende als Leitfaden benutzen und selbst auf Entdeckungsreise gehen. Jede noch so genaue Wegbeschreibung kann keine Karte ersetzen, anhand derer man sich auf die Suche nach „seinem" Kreta machen kann. Wahre „Entdeckungen" behält man dann am besten für sich, sonst besteht Gefahr, dass die ach so beliebten Geheimtipps im Handumdrehen keine mehr sind.

Die Aspekte Archäologie und Ausgrabungen stehen zwangsläufig im Zentrum eines Kreta- Reiseführers. Anstatt die üblichen Halbwahrheiten und pseudowissenschaftlichen Erklärungen zu wiederholen, liegt es uns am Herzen, eine historisch und vor allem archäologisch korrekte Darstellung zu vermitteln. Diese soll den interessierten Laien auf anschauliche Weise informieren, ohne durch die trockene Aufzählung von Namen und Jahreszahlen zu langweilen.

Zum Schluss noch eine spezielle Empfehlung: Außer diesem Reiseführer gehört unbedingt die Reisebeschreibung von *Erhart Kästner* ins Reisegepäck, dem großen Griechenland-Liebhaber, der als deutscher Soldat im Zweiten Weltkrieg nach Kreta verschlagen wurde und für den die Insel zur zweiten Heimat wurde. Obwohl das poetische Werk schon 1943 verfasst wurde, ist seine Begeisterung für Kreta und insbesondere dessen Bewohner heute noch ansteckend. Auf Kästners Spuren lernt man nicht nur ein urtümliches Kreta kennen, sondern kann zugleich feststellen, was im letzten halben Jahrhundert verloren gegangen ist. Das Buch („Kreta – Aufzeichnungen aus dem Jahre 1943") ist vielleicht die schönste Liebeserklärung an die Insel – ein Grund, Erhart Kästner in diesem Reiseführer immer wieder zu Wort kommen zu lassen.

Also, dann –
Στό καλό und καλό ταξιδι!
Bis bald und schöne Reise!

Margit Brinke und Peter Kränzle
im Winter 2010/11

Abkürzungen

AM	Archäologisches Museum
Apt.	Apartment
DZ	Doppelzimmer
E.O.T.	Griechische Zentrale für Fremdenverkehr
HS	Hauptsaison
Kat.	(Hotel-) Kategorie
NS	Nebensaison
O.T.E.	Griechische Telefonzentrale
Ü/F	Übernachtung mit Frühstück

226kr Foto: bk

Vor der Reise

002kr Foto: bk

001kr Foto: bk

Der zuverlässige Helfer

Griechische Flagge

Autofahren auf Kreta –
nicht immer ein Vergnügen

INFORMATIONSSTELLEN

Fremdenverkehrsamt

Die **G.Z.F.** (Griechische Zentrale für Fremdenverkehr) oder, auf Griechisch, **E.O.T.** (Ellenikós Organismós Tourísmou), mit Zentrale in Athen, unterhält Filialen in Deutschland, Österreich und der Schweiz. Dort ist Informationsmaterial allgemeiner Art erhältlich. Im **Internet** helfen weiter: www.gzf-eot.de (nur Adressen) bzw. www.gnto.gr (engl.).

In Deutschland

- **Zentrale**
Neue Mainzer Str. 22, 60311 Frankfurt,
Tel. 069/2578270, info@gzf-eot.de
- Wittenbergplatz 3a, 10789 Berlin,
Tel. 030/217626-2, -3, info-Berlin@gzf-eot.de
- Pacellistr. 5, 80333 München,
Tel. 089/22203-5, -6,
info-Muenchen@gzf-eot.de
- Neuer Wall 18, 20354 Hamburg,
Tel. 040/454498, info-Hamburg@gzf-eot.de

In Österreich

- Opernring 8, 1010 Wien,
Tel. 01/512531-7, -8, grect@vienna.at

In der Schweiz

- Löwenstr. 25, 8001 Zürich,
Tel. 044/2210105, eot@bluewin.ch

Internet-Adressen

Griechenland allgemein

- **www.culture.gr**
englischsprachige Website des Kulturministeriums mit ausführlichen Listen von Museen, Ausgrabungen, Klöstern etc., nicht immer ganz aktuell
- **www.diakopes.gr**
Umfassender „Greek Tourist Guide" in Englisch, der alle touristischen Aspekte (Unterkunft nach Orten, Nahverkehr, alternativer Tourismus etc.) abdeckt
- **www.gnto.gr** oder **www.visitgreece.gr**
Offizielle Seite des Griechischen Fremdenverkehrsamtes (E.O.T.) in Englisch, Museumslisten u.a. Infos, nicht allzu ausführlich
- **www.gtp.gr**
Diese „Greek Travel Pages" liefern umfassende Informationen auch zu Kreta, zur Geschichte, Mythologie, Kultur; dazu ausführliche Fährfahrpläne, Hotel-Listen, Fluglinien und zahlreiche Links
- **www.ratgeber-griechenland.de**
Nützliche Linksammlung zu ganz Griechenland (reisepraktische und sonstige Infos)

Kreta spezial

- **www.crete.tournet.gr**
Infos zu Geografie, Mythologie, Geschichte und Kultur („Kreta Führer") sowie praktische Tipps zu Hotels, Mietwagen sowie Blogs.
- **www.cretetravel.com**
Informative und aktuelle englischsprachige Privatseite mit Features zu Spezialthemen, wie Kreta im Winter, kretische Küche oder Wandern, dann „Basics" wie Flüge, Fähren, Mietwagen und praktische Reisetipps zu ausgewählten Orten. Hilfreiche Bus-/Fährfahrpläne
- **www.crete-web.gr**
Kommerzielle Seite mit ausführlichen Hinweisen zu Hotels, Autovermietungen, Restaurants, Läden etc., auch allgemeine praktische Infos
- **www.dilos.com/region/crete**
Kommerzielle Website eines griechischen Reiseveranstalters mit allgem. Infos, v.a. aber Hotel- und Tourangeboten sowie Infos und Links
- **www.interkriti.org**
Linksammlung mit allgemeinen Reisetipps, Infos, Stadtplänen und Buchungsmöglichkeit (Mietwagen, Unterkunft, Einkaufen u.a.)
- **www.kreta.de**
Vermittler von Angeboten vieler namhafter deutscher Reiseveranstalter mit Buchungs-

möglichkeit (Pauschalreisen, Flüge, Restplatzbörse, Mietwagen etc.), dazu globale Infos zur Insel und ihren Sehenswürdigkeiten

- **www.mykreta.de**
Privates (deutschsprachiges) Reiseportal mit Infos zu ausgewählten Städten und ihren Sights, Fotogalerie, Forum, News und Unterkünfte abseits des Massentourismus.
- **www.kreta-klaus.de**
(Forum, Gästebuch, Chat und Hintergrundinfos zu Literatur, Musik etc.), mit „Kreta-Journal" und „Online-Guide Kreta" - alphabetischer Auflistung von Städten, Sights, Strecken und Ausflügen.

Diplomatische Vertretungen

Wird der Reisepass oder Personalausweis im Ausland gestohlen, muss man diesen bei der örtlichen Polizei melden. Darüber hinaus sollte man sich an die nächste diplomatische Auslandsvertretung seines Landes wenden, damit man einen Ersatz-Reiseausweis zur Rückkehr ausgestellt bekommt (ohne kommt man nicht an Bord eines Flugzeuges!).

Auch in **dringenden Notfällen,** z.B. medizinischer oder rechtlicher Art sind die Auslandsvertretungen bemüht vermittelnd zu helfen.

Konsulate und Botschaft

- **Deutschland: Honorarkonsulat Iráklion,**
O. Dikeossinis 7, Iráklion,
Tel. 2810/226288
Honorarkonsulat Chaniá,
O. Digeni Akrita 1/Iroon Polytechniou, im Goethe-Zentrum, Tel. 28210/68876
- **Österreich: Honorarkonsulat Kreta,**
c/o. Cretan Holidays, O. Mafsolou 201, Nea Alikarnassos, Iráklion,
Tel. 2810/33144-6 oder -3
- **Schweiz: Botschaft Athen,**
O. Iassiou 2, Athen, Tel. 210/723036-4, -5, -6

Griechische Botschaften

- **in Deutschland:**
Jägerstr. 54/55, 10117 Berlin,
Tel. 030/20612900,
www.griechische-botschaft.de
- **in Österreich:**
Argentinierstr. 14, 1040 Wien,
Tel. 01/50615-0,
www.griechische-botschaft.at
- **in der Schweiz:**
Weltpoststr. 4, 3000 Bern 15,
Tel. 031/3561414,
www.greekembassy.ch

Ein- und Ausreisebestimmungen

Dokumente

Ausweiskontrollen auf den Flughäfen sind, v.a. beim Check-in, üblich. Bei einer Reisedauer von bis **zu drei Monaten** genügt EU-Europäern und Schweizern der Personalausweis bei direkter Einreise bzw. der Reisepass bei Einreise über Ex-Jugoslawien oder die Türkei. Ein Visum ist (wie auch bei Nicht-EU-Mitgliedern) für diese Aufenthaltsdauer nicht nötig. Da Vermieter von Privatquartieren oder Ferienwohnungen vielfach das Dokument vorübergehend als Pfand einbehalten – gesetzlich ist das für maximal 24 Stunden erlaubt –, ist es sinnvoll, sowohl Pass als auch Personalausweis plus getrennt aufbewahrte Kopien für den Notfall mitzunehmen.

Autofahrer sollten eine grüne Versicherungskarte mitführen, ein Auslandsschutzbrief ist ebenso sinnvoll, wie der zumindest vorübergehende Abschluss einer Vollkaskoversicherung. Die Haftungssummen in Griechenland sind nämlich extrem gering.

Zollbestimmungen

In allen EU- und EFTA-Mitgliedstaaten gelten weiterhin **nationale Ein-, Aus- oder Durchfuhrbeschränkungen,** z.B. für Tiere, Pflanzen, Waffen, starke Medikamente, Drogen und auch für Cannabis-Besitz und -handel. Für Waren innerhalb der EU gelten folgende Richtmengen (für nichtgewerbliche Zwecke):

- **Tabakwaren:** 800 Zigaretten, 400 Zigarillos, 200 Zigarren, 1 kg Tabak
- **Alkohol:** 90 Liter Wein (davon max. 60 l Schaumwein), 110 l Bier, 10 l Spirituosen über 22 Vol.-% und 20 l unter 22 Vol.-%
- **Sonstiges:** 10 kg Kaffee, 20 Liter Kraftstoff in einem Benzinkanister

Schweizer Staatsangehörige oder andere Reisende, die nicht im Besitz einer Staatsbürgerschaft eines EU-Landes sind, müssen nach wie vor durch die Grenz- und Zollkontrolle. **Freigrenzen für Nicht-EU-Bürger (über 17 Jahren) bei Einreise in ein EU-Land:**

- **Tabakwaren:** 200 Zigaretten oder 100 Zigarillos oder 50 Zigarren oder 250 g Tabak oder eine anteilige Zusammenstellung dieser Waren.
- **Alkohol:** 1 l Spirituosen (über 22 Vol.-%) oder 2 l Spirituosen, Aperitifs oder ähnliche Getränke (22 % oder weniger) oder eine anteilige Zusammenstellung dieser Waren und 4 l nicht schäumende Weine und 16 l Bier.
- **Andere Waren:** bis zu einem Warenwert von insgesamt 430 € (bei Flügen).

Bei der **Rückeinreise in die Schweiz** sollte man folgende Freimengen beachten:

- **Tabakwaren:** 200 Zigaretten oder 50 Zigarren oder 250 g Schnitttabak.
- **Alkohol:** 2 Liter bis 15 Vol.-% und 1 Liter über 15 % Vol.
- **Nahrungsmittel:** von der Freigrenze ausgenommen sind sensible landwirtschaftliche Erzeugnisse, z.B. Fleisch und Fleischwaren, Milch und Milchprodukte (ohne Käse und Quark), Öle und Fette, die gewisse Höchstmengen überschreiten.
- **Anderes:** Waren für den Privatgebrauch bis zu einem Gesamtwert von CHF 300.

Nähere Informationen

- **Deutschland:** www.zoll.de oder beim Zoll-Infocenter Tel. 069 46997600
- **Österreich:** www.bmf.gv.at oder beim Zollamt Villach Tel. 04242 33233
- **Schweiz:** www.ezv.admin.ch oder bei der Zollkreisdirektion in Basel Tel. 061 2871111

Fluggepäck

An **Freigepäck** sind auf internationalen Linien- und Charterflügen zumeist 20 kg plus ein Handgepäckstück erlaubt. Zu unterschiedlich hohen Gebühren und Bedingungen können außerdem **Sportgeräte** (z.B. Fahrrad, Surfbrett) mitgenommen werden. Voraussetzung: Rechtzeitige Anmeldung und sachgerechte Verpackung.

Impfungen

Besondere Impfungen sind nicht erforderlich, eine Tetanus- und Polio-Schutzimpfung aber empfehlenswert.

Reiseplanung und Buchung

Pauschalreise oder Individualurlaub? Komplettpaket, das fast alle möglichen Unwägbarkeiten ausschließt, oder improvisierte Abenteuerreise? Auf eigene Faust oder bis ins Detail durchorganisiert? Mit Stop-over Athen, Insel-Hopping oder direkt nach Kreta? Möglichst die ganze Insel erkunden oder nur Ausflüge vom Standort aus unternehmen? Ost- oder Westkreta? Bade-, Kultur- bzw. Aktivurlaub – oder alles in einem?

Fragen wie diese sollten bei der Reiseplanung zunächst im Vordergrund stehen. Vom All-Inclusive-Pauschalurlaub bis zur „Nur-Flug-Buchung" ist die Palette bunt. Im Folgenden soll kurz das grundsätzliche Angebot geschildert werden, nähere Auskünfte erteilt jedes Reisebüro bzw. gibt es im Internet. Bedenken sollte man bei der Reiseplanung auch den **Reisetermin** (s. auch „Klima und Reisezeit"): Viele der von Reiseveranstaltern angebotenen Strandhotels sind nur von Ende April/Anfang Mai bis Ende Oktober geöffnet, Ferienwohnungen und -häuser meist länger, teils (v.a. im Süden) auch im Winter. Die Tage zwischen Ende Juni und mindestens Mitte September fallen in die teuerste Jahreszeit. Preislich folgen die ersten drei Juni-Wochen und die letzten beiden Wochen im September. Der Mai und Oktober sind nochmals preiswerter und der April bildet das „Schlusslicht". Bei **Pauschalangeboten** wird meist stärker nach der Reisezeit differenziert als bei Ferienwohnungen, wo es meist nur Hauptsaison und Nebensaison gibt (Herbst und Frühjahr, Letzteres billiger).

Von Anfang Oktober bis Ende März sind mit Ausnahme von Stadthotels sowie einigen Pensionen und relativ vielen Ferienhäusern und -wohnungen an der Südküste die meisten Unterkünfte geschlossen.

Pauschalreisen nach Kreta

Zu der klassischen Urlaubsart, der Pauschalreise mit Flug und Hotel (mit Frühstück oder Halb-/Vollpension) treten (leider), da negativ für die lokale Infrastruktur, immer mehr **All-Inclusive-Angebote.** Hier sind auch Getränke und Zwischenmahlzeiten inklusive.

Besonders achten sollte man bei Pauschalangeboten auf **Nebensaison-Schnäppchen.** Immer mehr Firmen locken mit Frühbucher-Rabatten und ähnlichen Sonderpreisen und gehen daher verstärkt dazu über, keine gesonderten „Last-Minute-Angebote" (maximal 14 Tage vor Reiseantritt) mehr auf den Markt zu bringen, da es kaum mehr „Restplätze" gibt und diese nur wenig preiswerter sein können. Eine Woche Kretaurlaub (Flug, Mittelklassehotel, HP) ist ab etwa 600 € pro Pers./DZ zu haben.

Um den Badeaufenthalt spannender zu gestalten, bietet jeder Veranstalter eine Vielzahl unterschiedlicher **Ausflugsprogramme** und Rundreisen an. Tagestouren und Mietwagen können vielfach auch erst vor Ort, im Hotel, gebucht werden.

Busrundreisen

Als „klassisch" sind auch die ein- bis zweiwöchigen Busrundreisen zu bezeichnen, die vielfach einen Badeaufenthalt einschließen bzw. einen solchen zusätzlich anbieten. Ideal ist diese Reiseart für alle, die gern durchorganisiert in der Gruppe und nach festem Zeitplan reisen.

Spezialangebote

Das Angebot an Spezialreisen wächst auf Kreta stetig. So sind zu den altbekannten **Kultur- und Studienreisen** à la Studiosus (auch Dr. Tigges oder Kreta Reisen), z.T. kombiniert mit anderen griechischen Inseln (besonders in Verbindung mit Santorin) oder unter bestimmten Themen stehend, umfangreiche **Wanderreisen-Angebote** hinzugekommen. Teilweise handelt es sich nur um zusätzlich buchbare Tagestouren, vielfach aber auch um einwöchige „Wanderreisen". Spezialanbieter von Wandertouren stehen im Kapitel „Wandern auf Kreta".

Aktivurlaub mit Schwerpunkt **Wassersport, Segeln** oder **Mountainbiking** (Adressen siehe „Praktische Reisetipps: Sport und Erholung") kann vereinzelt ebenfalls im Voraus gebucht werden, doch auch viele der höherklassigen großen Strandhotels verfügen über ein entsprechendes Sportangebot – Tauch- und Wassersport-Schulen oder Mountainbike-Stationen –, sodass auch vor Ort Sportgeräte ausgeliehen oder Touren arrangiert werden können. Besondere Angebote sind u.a.:

- **Sprachreisen** veranstaltet z.B. Hellenic Language School Alexander the Great (Chaniá), Tel. 0030/28210/41414, www.alexander-edu.org (ganzjährig Kurse, Begleitprogramm, Unterkünfte).
- **Wellness:** Trans Inside Travel (T.I.T.), Tel. 08071/2781, www.tit-travel.de. „Ganzheitliches Urlaubskonzept" mit Unterbringung (inkl. HP) in kleinen Hotels, dazu Programmangebot (Wanderungen, Meditation, Workshops).
- **„Religiöse Touren":** www.evangtours.de/bibl_greek.php; z.B. mit Aufenthalt im Kloster Gonias oder Alethinos. Umweltbewusster, christlich geprägter Reiseservice v.a. für Gruppen.
- Auf **Eltern-Kind-Reisen** spezialisiert ist: www.vamos-reisen.de, Tel. 0511/400799-0.

Reiseveranstalter

Die Zahl der **Kreta-Reiseveranstalter** ist zwar groß, doch das Gebotene ist bei genauerem Hinsehen nicht so verschieden. Unterschiede bestehen je nach Buchungstermin, Saison, Abflughafen, Zahl der Reisenden bzw. Kinder usw., und es gibt die unterschiedlichsten Sparangebote und Aufschläge. Über ein umfangreiches Angebot an Pauschalarrangements verfügen z.B. Airtours, DERTOUR, TUI, Attika, Neckermann, Thomas Cook, Jahn Reisen, ITS, 1-2-Fly, FTI, Tjaereborg und Alltours. Nähere Infos gibt es im Internet oder im Reisebüro.

Anbieter, die sich auf **Ferienwohnungen/-häuser** spezialisiert haben, finden sich im Kapitel „Unterkunft", die nachfolgend genannten haben Griechenland bzw. ausschließlich Kreta im Programm:

- **Akropolis-Reisen** (Stuttgart), Tel. 0711/607 9313, www.akropolis-reisen.com. Großes Unterkunftsangebot auf Kreta, aber auch Autorundreise, Flüge, Fähren, Mietwagen.
- **Kreta Reisen** (München), Tel. 089/333295, Fax 395613, www.kreta-reisen.de, preiswerte Ferienwohnungen und -häuser schwerpunktmäßig im NW, aber auch an der Südküste sowie Hotelkomplexe und historische Hotels in den Städten. Pakete, z.B. Rundreise im Mietwagen mit Unterkünften, „Kreta im Winter" sowie Mietwagen und Flüge.
- **Jassu Reisen** (Bonn), Tel. 0228/92626-0, www.jassu.de. Regional breit gestreutes Kretaprogramm, besonders Ferienwohnungen/-häuser.
- **Manolis Tours** (Althegnenberg) Tel. 08202/903333, www.manolis-tours.de, Spezialist für Griechenlandreisen, bietet auch Bausteine wie Hotel/Flug/Fähre zur Buchung an.
- **Medina Reisen** (München), Tel. 089/230028-0, www.medina-reisen.de. Meist kleine Hotels auf Kreta, auch Rundreisen und Kombiangebote.
- **minotours hellas** (Osterode), Tel. 05522/3934, www.minotours.de. Individuelle Ferien, Hotels und Villen abseits des Massentourismus, auch Mietwagen, Aktiv-Angebote und Ausflüge.
- **Reisebüro Kreta Reisen** (Düsseldorf), Tel. 0211/4982285, www.kreta.com; Unterkünfte aller Art, von Strand- und Stadthotels über Ferienhäuser und Apartments bis hin zu Landhotels abseits des Massentourismus, auch Mietwagenrundreisen, u.a. „Zubehör" (Mietwagen, Flüge etc.).
- **TDS Reisen** (München), Tel. 089/2609418, www.tdsreisen.de, Hotels, vor allem Ferienhäuser, -wohnungen sowie Villen und Steinhäuser an der Nord- und (zahlreich) an der Südküste. Außerdem Mietwagen, Flüge und Fähren.
- **Voni Touristik** (Hamburg), Tel. 040/2798 988, 2799077, www.voni-touristik.com, Griechenlandspezialist, Buchung im Baukastensystem (Unterkunft, Flüge, Transfers, Mietwagen etc.).
- **Immobilien auf Kreta:** HOMEland, Platia Iroon (Pl. Agnostou) 29, 74100 Réthymnon, Tel. 28310/51341, www.homeland-greece.com. Ein seriöses von dem Deutschen *Axel Werner* geführtes Immobilienbüro, das sich auf Naturstein-Häuser in landschaftsangepasster Bauweise spezialisiert hat.

Flug

Es gibt auf Kreta **zwei Ankunftsflughäfen,** den leicht per Stadtbus erreichbaren in Iráklion und den abgelegeneren, aber angenehmeren in Chaniá. Der Flug dauert, je nach Abflugort, nonstop zwischen 2:50 und 3:40 Stunden. Zwischen Iráklion und Chaniá besteht selten ein Preisunterschied. Meist ist langfristige Vorausbuchung sinnvoll, speziell wenn man einigermaßen preiswert und seriös fliegen möchte. Nachtflüge sind meist preiswerter als Flüge am Tage.

Nonstop-Verbindungen aus dem deutschsprachigen Raum bestehen nach Kreta nur mit Charter-, nicht mit Linienfluggesellschaften, es gibt aber eine Reihe von **Umsteigeverbindungen** nach Iráklion und Chaniá mit Aegean Airlines oder Lufthansa von vielen Flughäfen in Deutschland, Österreich und der Schweiz über Athen oder Thessaloniki. Die Flugzeit für eine solche Umsteigeverbindung beträgt gut vier Stunden. **Olympic Air** (der privatisierte Nachfolger von Olympic Airlines) soll in naher Zukunft auch Deutschland anfliegen und mit Aegean fusionieren. Derzeit bietet die Gesellschaft v.a. innergriechische Flüge an.

Charterflüge gibt es nur von April, regelmäßig oft erst ab Mai, bis Ende Oktober, längstens Anfang November und nur an bestimmten Wochentagen, wohingegen Linienflüge ganzjährig und täglich zu buchen sind.

Flugpreise

Ein Economy-Ticket von Deutschland, Österreich und der Schweiz hin und zurück nach Iráklion oder Chaniá bekommt man je nach Jahreszeit und Aufenthaltsdauer **ab 250 Euro** (einschließlich aller Steuern, Gebühren und Entgelte). Charterflüge sind in der Nebensaison, besonders im April und ab Mitte Oktober am preiswertesten; man bekommt allerdings im Frühjahr leichter günstige Flüge als im Herbst. Am teuersten ist die Zeit um Ostern und in der Hauptsaison von Mai bis Oktober, in der die Preise für Flüge in den Sommerferien im Juli und August besonders hoch sind und über 500 Euro betragen können.

Von Zeit zu Zeit offerieren die Fluggesellschaften **befristete Sonderangebote.** Solche Tickets haben in der Regel eine befristete Gültigkeitsdauer. Ob für die gewünschte Reisezeit gerade Sonderangebote auf dem Markt sind, lässt sich im Internet z.B. auf der Website von Jet-Travel (www.jet-travel.de) unter „Flüge" entnehmen. Sonderangebote finden sich auch auf den Webpages von Aegean Airlines oder Lufthansa:

- **Aegean,** www.aegeanair.com
- **Lufthansa,** www.lufthansa.de
- **Austrian Airlines,** www.austrian.com
- **Olympic Air,** www.olympicair.com

Zur ersten Orientierung über Flugpreise und Möglichkeiten könnte man auch Internetbroker wie die Folgenden konsultieren:

- www.expedia.de
- www.opodo.de
- www.mcflight.de
- www.start.de
- www.billigfluege.de

Tipp zur Buchung

Für die Tickets der Linienairlines kann man bei folgenden **zuverlässigen Reisebüros** meistens günstigere Preise als bei vielen anderen finden:

- **Jet-Travel,** Buchholzstr. 35, 53127 Bonn, Tel. 0228/284315, Fax 284086, www.jet-travel.de. Sonderangebote auf der Website unter „Flüge", „Schnäppchenflüge".
- **Globetrotter Travel Service,** zahlreiche Filialen in der Schweiz, siehe: www.globetrotter.ch.

Charter- und Billigflüge

Preiswerter geht es mit etwas Glück, wenn man bei einer Billigairline bucht. Es werden keine Tickets mehr ausgestellt, sondern man bekommt nur eine Buchungsnummer und normalerweise genügt am Flughafen die Vorlage des Ausweises oder Passes.

Für die Region interessant sind folgende Airlines:

- **Air Berlin,** www.airberlin.com. Ab vielen Flughäfen in Deutschland, Österreich und der Schweiz nach Iráklion und Chaniá.
- **Condor,** www.condor.com. Ab vielen deutschen Flughäfen nach Iráklion und Chaniá.
- **Easy Jet,** www.easyjet.com, von mehreren deutschen Flughäfen nach Iráklion.
- **Germanwings,** www.germanwings.com. Von mehreren deutschen Flughäfen nach Iráklion.
- **TUIfly,** www.tuifly.com. Von vielen deutschen Flughäfen sowie ab Basel nach Iráklion.

Mini-„Flug-Know-how"

Check-in

Nicht vergessen: Ohne einen **gültigen Reisepass oder Personalausweis** (Letzeres nur für EU-Staatsbürger) kommt man nicht an Bord.

Bei den innereuropäischen Flügen muss man mindestens **eine Stunde vor Abflug** am Schalter der Airline eingecheckt haben. Viele Airlines neigen zum Überbuchen, d.h., sie buchen mehr Passagiere ein, als Sitze im Flugzeug vorhanden sind, und wer zuletzt kommt, hat dann möglicherweise das Nachsehen.

Das Gepäck

In der Economy-Class darf man in der Regel nur **Gepäck bis zu 20 kg pro Person** einchecken und zusätzlich ein Handgepäck von bestimmter Größe und Gewicht (variabel je nach Fluggesellschaft) in die Kabine mitnehmen. Man sollte sich beim Kauf des Tickets über die Bestimmungen der Airline informieren. **Flüssigkeiten** oder vergleichbare Gegenstände in ähnlicher Konsistenz (z.B. Getränke, Gels, Sprays, Shampoos, Cremes, Zahnpasta, Suppen) dürfen derzeit nur noch in der Höchstmenge von jeweils 0,1 Liter als Handgepäck mit ins Flugzeug nehmen. Die Flüssigkeiten müssen in einem durchsichtigen, wiederverschließbaren Plastikbeutel transportiert werden, der maximal einen Liter Fassungsvermögen hat.

Aus Sicherheitsgründen dürfen **Taschenmesser, Nagelfeilen, Nagelscheren,** sonstige Scheren und Ähnliches nicht mehr im Handgepäck untergebracht werden. Diese sollte man unbedingt im aufzugebenden Gepäck verstauen, sonst werden diese Gegenstände bei der Sicherheitskontrolle einfach weggeworfen. Darüber hinaus gilt, dass Feuerwerke, leicht entzündliche Gase (in Sprühdosen, Campinggas), entflammbare Stoffe (in Benzinfeuerzeugen, Feuerzeugfüllung) etc. nichts im Passagiergepäck zu suchen haben.

Zahlreiche Gesellschaften bieten Verbindungen nach Athen an. Von dort aus gelangt man relativ preiswert in normalerweise neun Stunden per Fähre oder in einer Stunde mit einem **Inlandsflug** (z.B. Olympic Air oder Aegean) nach Iráklion oder Chaniá.

Last-Minuteflüge

Last-Minute-Flüge nach Iráklion oder Chaniá sind eine Rarität und allerhöchstens in der Nebensaison mit Glück erhältlich. Leichter zu bekommen – und v.a. in der Nebensaison preiswerter, sind Last-Minute-Flüge **nach Athen** oder günstige Lufthansa-Flüge dorthin (Weiterreise s.o.).

Generell werden Last-Minute-Flüge von einigen Airlines mit deutlicher Ermäßigung **ab etwa 14 Tage vor Abflug** angeboten, wenn noch Plätze frei sind. Diese Last-Minute-Flüge lassen sich nur bei Spezialisten buchen:

- **L'Tur,** www.ltur.com, Tel. 00800/21212100 (gratis aus D, A und CH); 140 Niederlassungen europaweit.
- **Lastminute.com,** www.de.lastminute.com, (D)-Tel. 01805/777257 (0,14 €/Min.).
- **5 vor Flug,** www.5vorflug.de, (D)-Tel. 01805/105105 (0,14 €/Min.).
- **www.restplatzboerse.at,** Tel. 01/580850, Schnäppchenflüge für Leser in Österreich.

Zwischenstopp in Athen

Der neue Athens International Airport **Eleftherios Venizelos** liegt etwa

20 km östlich der Stadt nahe Spata an der E 94. Im Ankunftsgeschoss am westlichen Kopfende des Gebäudes gibt es eine Gepäckaufbewahrung.

- S-Bahn/Metro (tgl. 5–24 Uhr) in die Innenstadt bzw. nach Piräus (Fährhafen): Linie 3 in die Innenstadt (Monastiraki, via Syntagma), dann Linie 1 nach Piräus. Infos: www.oasa.gr oder www.ametro.gr.
- **Flughafenbusse** (Infos: www.oasa.gr): alle 10–20 Min. ab Hauptgebäude (Arrival-Ebene am östlichen Ende, Exit 5), Linie E 95 ins Stadtzentrum (Syntagma) und E 96 nach Piräus (Fährhafen); Ticket ist 24 Std. für beliebige Fahrten in ganz Athen gültig (3,20 €).

Kontaktadresse:

- **Flughafen:** Tel. 210/353-0000, www.aia.gr

- **Buchtipp:** *M. Brinke, P. Kränzle:* CityTrip Athen, Reise Know-How Verlag.

Mietwagen

Die **Vorausbuchung** eines Mietwagens bereits im heimischen Reisebüro sollte in Erwägung gezogen werden. Sofern man über längere Zeit flexibel sein möchte oder eine Rundreise plant, und nicht nur spontan einen oder zwei Tage den Strandurlaub unterbrechen möchte, ist es sinnvoll, vor Reiseantritt zu buchen. Abgesehen von möglichen preislichen Vorteilen ist das vor allem sicherer, da europäische Reiseanbieter stärker auf Qualität achten als Kleinanbieter vor Ort.

Am günstigsten sind im Allgemeinen bei einer Mindestmietdauer von einer Woche und **Buchung zu Hause** Mietwagen-Broker wie FTI, TUI Cars, Auto Europe, Sunny Cars oder -preisgünstig und empfehlenswert – holiday autos. Die Genannten offerieren Inklusivpreise mit Vollkasko (CDW) ohne Selbstbeteiligung, Kfz-Diebstahlversicherung, unbegrenzten Freikilometern etc. Sie unterscheiden sich zumeist nur darin, ob Beschädigungen an Reifen/Unterboden/Glas/Dach in die Versicherung eingeschlossen sind – mittlerweile meist der Fall.

Der **Preis** liegt für das jeweils kleinste Modell bei ca. 175 € pro Woche.

Bei **Buchung vor Ort** (bzw. über das Internet bei griechischen Anbietern) sind die Vertragsbedingungen (eingeschlossene Versicherungen, deren Deckungssumme bzw. Höhe der Selbstbeteiligung, Freikilometer, Mindestalter, Gebühr für zweiten Fahrer, Kaution, Anzahl der Stationen) nicht einheitlich und vor Abschluss genauestens zu prüfen. Allerdings bieten viele griechische Anbieter mittlerweile ordentliche Wagen zu den selben Konditionen (auch Komplettpakete all-inclusive) wie internationale Verleihfirmen, manchmal sogar zu günstigeren Preisen. Für einen Kleinwagen sind etwa 20–25 €/Tag zu rechnen; es gibt immer wieder Special Offers. Vor Ort bieten sich z.B. folgende Vermieter an:

- **Eurocars,** Tel. (0030) 28310/71053, www.eurocars-creta.com
- **Just Car Rentals,** Tel. (0030) 28970/23083, www.justrentals.gr
- **Traffic Car Rental,** Tel. (0030) 28970/24427 oder 23676, Fax 22989, www.traffic-group.gr

Die meisten Touristen sind mit einem Mietwagen unterwegs

004kr Foto: bk

- **Elite Car Rentals,**
(0030) 2810/228100, www.eurorent.gr,
- **Anna Cars,**
Tel. (0030) 470121, www.rentacarcrete.gr,
Büros in Anissaras, Chersonissos, Stalis, Iráklion

Mietwagen der **internationalen Verleihfirmen** wie Avis, Europcar, Hertz oder Sixt können häufig auch in großen Hotels tageweise gemietet werden. Sie sind im Allgemeinen teurer und beinhalten nicht automatisch alle oben genannten Leistungen.

Vor Abfahrt sollten in jedem Fall die im Mietvertrag eingetragene Fahrzeugklasse, die Abholungs- und Abgabezeit sowie Benzin- und Kilometerstand verglichen werden. Ein **Check** der Hauptfunktionen wie Blinker, Beleuchtung, Handbremse und Schlösser sowie der Reifen vor der Abfahrt und die Meldung von Schäden an Blech oder Glas, sind ebenfalls sinnvoll.

Manchmal werden Fahrzeuge auch (je nach Lage gegen Aufpreis) zum Hotel gebracht, mitunter können sie ohne oder mit Aufpreis auch andernorts abgegeben werden.

Anreise auf dem Land- und Seeweg

Mit dem eigenen Pkw

Dies ist die zeitaufwendigste Möglichkeit, nach Kreta zu gelangen, wobei die nötige Fährpassage von Italien nach Griechenland langfristig

vorgebucht werden muss. Die früher übliche Anreise über die Balkanroute ist wegen des Zeitaufwands nicht empfehlenswert. Autofahrer müssen Führerschein und Fahrzeugschein mitführen, eine Internationale Grüne Versicherungskarte wird empfohlen und ausreichender Versicherungsschutz ist zu beachten, weil die Mindestdeckungssummen in Griechenland niedriger sind.

Per Bahn oder Bus

Mit der Bahn nach Ancona, von dort mit der Fähre nach Patras, weiter mit der Bahn nach Athen und von Piräus mit der Fähre nach Kreta – das ist nicht nur zeitaufwendig, sondern zugleich kostspielig. Ebenso stellen die „Europabusse" der Deutschen Touring GmbH (www.touring.de) von Preis, Komfort und Fahrtdauer her kaum eine sinnvolle Alternative dar.

Die Anreise mit dem eigenen Pkw ist langwierig – Fährverbindungen von Italien gehen über das griechische Festland

Fährverbindungen Italien – Griechenland

Die gängigste Route von Italien nach Griechenland ist jene **von Ancona** mit der Autofähre nach Korfu, Igoumenitsa (Nord-Griechenland) oder – am idealsten – nach Zwischenstopp dort weiter nach Patras. Von Patras sind es dann drei Stunden Fahrt nach Athen, und es existiert überdies eine

Zug- und Busverbindung. Als Abfahrthäfen stehen außerdem das fahrtechnisch nähere **Venedig** und das fernere **Brindisi** sowie **Bari** (nach Patras und Igoumenitsa) und Triest zur Verfügung. Diese Fährpassagen können bei vielen Reiseveranstaltern, in jedem Reisebüro oder direkt bei den Reedern gebucht werden. Die größten Unternehmen heißen:

- **Minoan Lines** (www.minoan.gr)
  in Deutschland vertreten durch **Seetours,** Tel. 06102/811004, www.seetour24.de
- **ANEK** (www.anek.gr)
  wird in Deutschland vertreten durch die **Ikon Reiseagentur,** München, Tel. 089/5501041, www.ikon-reiseagentur.de
- **Superfast** (www.superfast.com)
  in Deutschland Tel. 0451/88006166
- **Blue Star Ferries** (www.bluestarferries.com)
  Kooperation mit Superfast

Das **Angebot** der einzelnen Gesellschaften variiert bezüglich Strecken, Frequenz und Preis nur wenig, wohingegen Alter bzw. Komfort der Schiffe, Fahrtdauer und Konditionen unterschiedlich sein können (z.B. günstigere Preise bei Buchung von Hin- und Rückfahrt, Familien- oder Gruppen-Specials oder Jugendtarife). Es handelt sich durchwegs um Autofähren, die zum Teil an Bord **Campinggelegenheit** für Wohnwagen mit entsprechenden Einrichtungen anbieten (z.B. Minoan, Anek, Superfast).

Am preiswertesten sind **Deckpassagen** ohne festen Sitzplatzanspruch. Man übersteht die kürzere Reise von Ancona nach Patras mit Schlafsack und während des Sommers und Frühherbstes im Allgemeinen recht gut. Die etwas luxuriösere Lösung sind Pullmannsitze im Inneren, sie kosten rund 15 € mehr. Für Kabinen ist mindestens der doppelte Preis zu rechnen.

Als HS gilt meist die Zeit von Ende Juli bis Anfang September. Bei manchen Gesellschaften sind dann die Wochenendtermine **am teuersten.** Es gibt überdies eine Zwischen- und Nebensaison.

Für die Strecke Ancona–Patras brauchen die Highspeedfähren um die 20 Stunden, die regulären Schiffe 22–26 Std., für Venedig–Patras gut 30. Für die Deckpassage von Ancona nach Patras via Igoumenitsa sind in der NS für die einfache Fahrt ab 55 € zu rechnen, H/R gibt es ab 85 €. In der HS liegen die Preise je nach Gesellschaft etwa 20–30 € höher. Der Pkw kostet je nach Saison und Gesellschaft/Schiff ab 120 € H/R. Für die Route **Venedig–Patras** liegen die Preise auf Deck pro Strecke etwa gleich.

Fährverbindungen Piräus – Kreta

Einfach, preiswert, aber mit mindestens 8½ auf normalen bzw. 6–7 Stunden auf Schnellfähren (meist über Nacht) ziemlich zeitaufwendig, ist die Fahrt von Athen/Piräus nach Kreta. Hauptgesellschaften sind ANEK, Minoan (Highspeedfähren wie „Festos Palace“) und Blue Star Ferries („Superfast“), dazu Aegeon Pelagos („Kriti I/II“) und LANE LINES (nur nach Kissamos). Haupthafen ist Iráklion (ANEK, Blue Star Ferries, Aegeon Pelagos und Minoan), außerdem wird Chaniá (ANEK, Blue Star Ferries) ganzjährig und täglich bedient, Kíssamos (LANE LINES) und Sitía (ANEK) hingegen nur in der Hauptsaison (bis Ende Okt.). Von Kreta verkehren auch **Fähren zu anderen griechischen Inseln** wie Rhodos oder Santorin. Über sie, wie auch über alle Piräus-Verbindungen (mit Buchungsmöglichkeit) informiert:

- **www.ferries.gr**

Die einzelnen Gesellschaften mit ihren Schiffen und Routen:

- **www.minoan.gr**
- **www.anek.gr**
- **www.bluestarferries.com**
- **www.ferries.gr/lane**

Auskünfte vor Ort gibt es unübersehbar an Informationsständen um die Häfen bzw. im Hafengebäude in Iráklion, dort auch in den diversen Büros an der O. 25. August.

Ein Deckplatz ist auch in der Hauptsaison meist noch relativ leicht zu bekommen, er kostet leicht variierend je nach Gesellschaft und Fahrtziel in der NS ca. 25–30 € einfach, in der HS etwas mehr.

Fährverbindungen im Internet:
- www.gtp.gr (Schiffsfahrpläne)
- www.ferries.gr (internationale und innergriechische Verbindungen)
- www.greekislands.gr (Fährverbindungen von Kreta)
- www.cretetravel.com (Link „Ferries to and from Crete")

Was man gesehen haben sollte

Mal ehrlich, was ist schöner, als ein Urlaubsziel auf eigene Faust zu erkunden? Das gilt natürlich auch für Kreta, schließlich hat jeder eigene Interessen und Vorlieben. Dennoch kann es manchmal hilfreich sein, Anhaltspunkte zu haben, die helfen zu entscheiden, was wesentlich und unverzichtbar und was eher unbedeutend ist und nur bei genügend Zeit lohnt.

Vor diesem Hintergrund sind die folgenden Tipps zu verstehen. Das „Muss-Programm" für Kreta-Reisende für eine bzw. zwei Wochen – die Zeit, die die meisten Touristen im Schnitt auf der Insel verbringen – listet Orte auf, die man gesehen haben sollte. Wenn nicht dieses Mal, dann beim nächsten Aufenthalt. Wer einen festen Standort gebucht hat, kann versuchen, den Großteil der aufgeführten Attraktionen in Tagesausflügen zu erschließen. Generell sind die Vorschläge so gefasst, dass sie mittels einer Rundtour „absolviert" werden können.

Routenvorschlag für 1 Woche Kreta

- **1. Tag:** Iráklion: Stadtrundgang mit Besichtigung der wichtigsten Museen wie Archäologisches Museum, Ikonenmuseum und Historisches Museum
- **2. Tag:** das minoische und antike Kreta: Knossós, Festós, Agía Triáda und Górtis
- **3. Tag:** Réthimnon und Moní Arkádi
- **4. Tag:** Abstecher zur Südküste: Agía Galíni oder Mátala
- **5. Tag:** Wandern auf Kreta: die Samariá-Schlucht
- **6. Tag:** an der Westküste: von Chaniá über Máleme, Kastelli-Kíssamos nach Falássarna
- **7. Tag:** Bummeln in Chaniá, ggf. Halbinsel Akrotíri mit Klöstern Agía Triáda, Gouvernéto

Routenvorschlag für 2 Wochen Kreta

- **1. Tag:** Iráklion (s.o.)
- **2. Tag:** das minoische und antike Kreta: Knossós, Festós, Agía Triáda und Górtis

- **3. Tag:** am Strand: Mália und Limín Chersónisou
- **4. Tag:** die Lassíthi-Hochebene
- **5. Tag:** die Bucht von Eloúnda
- **6. Tag:** Ágios Nikólaos
- **7. Tag:** im Osten: Sitía
- **8. Tag:** im Osten: Moní Toploú, Vái und Káto Zákros
- **9. Tag:** im Südosten: Ierápetra
- **10. Tag:** am Strand: Mátala und Agía Galíni
- **11. Tag:** Réthimnon und Moní Arkádi
- **12. Tag:** Wandern auf Kreta: die Samariá-Schlucht
- **13. Tag:** in der Sfakiá oder an der Westküste (s. 6. Tag) bzw. Paleóchora und Umgebung
- **14. Tag:** Bummeln in Chaniá (s.o. 7. Tag)

Klima und Reisezeit

Auf Kreta herrscht Mittelmeerklima, mit 300 Tagen Sonnenschein im Jahr. Übergangszeiten sind wenig ausgeprägt und kurz, aber umso attraktiver. Wenn Anfang April die Touristensaison beginnt und Ostern der erste Boom zu verzeichnen ist, ist es auf Kreta vorbei mit der winterlichen Ruhe, die daraus resultiert, dass Wintertourismus bisher (glücklicherweise) unbekannt ist, viele Hotels im Winter geschlossen sind und zwischen November und März nur (oft ausgebuchte und relativ teure) Linienflüge über Athen nach Iráklion verkehren.

Die ersten Charterflugzeuge landen meist im April auf Kreta, die letzten starten Anfang November. Als **Hauptsaison** gelten die Monate Juni bis September, vor allem der **Juli und August.** Während der **Nebensaison** kann die touristische Infrastruktur eingeschränkt sein, Restaurants, Shops und Discos sind möglicherweise noch nicht geöffnet oder (seltener) schon geschlossen; besonders das Sportangebot (Tauch- und Wasserskikurse, Tennisplätze etc.), auch in Hotels, kann reduziert sein. Wassersport wird in organisierter Form meist nur von Juni bis September angeboten.

Die Jahreszeiten auf Kreta

Das **Frühjahr,** zwischen März und Mai, ist kurz und stellt für Naturfreunde die schönste Zeit im Jahr dar, da alles üppig grünt und blüht. Nachteil dieser Jahreszeit ist, dass es durchaus bis in den Mai hinein immer wieder heftige Regenfälle, starke Winde und kühlere Temperaturen geben kann und dass selbst bei Sonne und angenehmen Lufttemperaturen das Meer nur Polarbären zum Baden einlädt. Speziell in den Monaten **Mai und Juni** präsentiert sich Kreta für Naturfreunde und Wanderer von seiner schönsten Seite, wobei es im Juni schon recht heiß werden kann, da der Meltémi noch nicht für eine kühle Brise sorgt.

Zwischen Mai und Oktober ist Regen dann die absolute Ausnahme, Sonne pur die Regel, und die Durchschnittstemperatur liegt bei 25 °C. Im **Hochsommer,** mit den heißesten Monaten **Juli und August,** klettert die Quecksilbersäule – zusammen mit den Preisen und Besuchermassen – in die Höhe. An die 30 °C sind tagsüber zu erwarten, doch die Hitze ist auf Grund der niedrigen Luftfeuchtigkeit gut erträglich. Das ist die perfekte Jah-

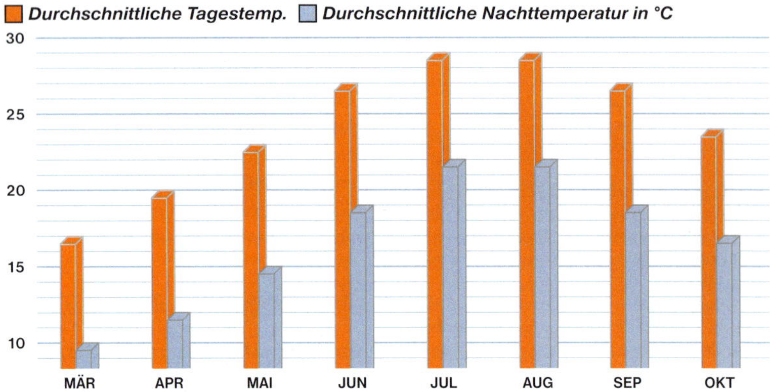
Durchschnittliche Tagestemp.
Durchschnittliche Nachttemperatur in °C
30
25
20
15
10
MÄR
APR
MAI
JUN
JUL
AUG
SEP
OKT

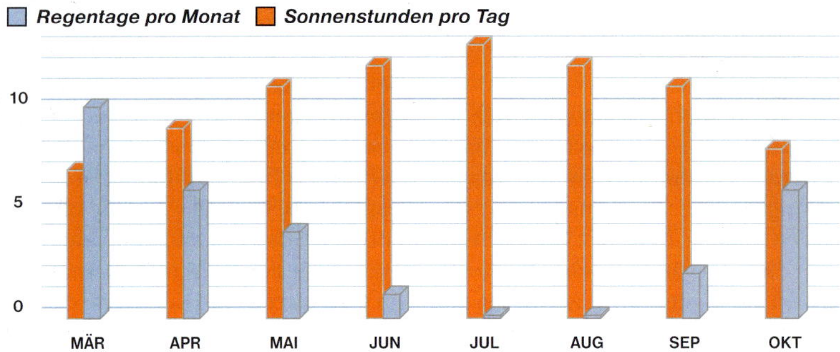
Regentage pro Monat
Sonnenstunden pro Tag
10
5
0
MÄR
APR
MAI
JUN
JUL
AUG
SEP
OKT

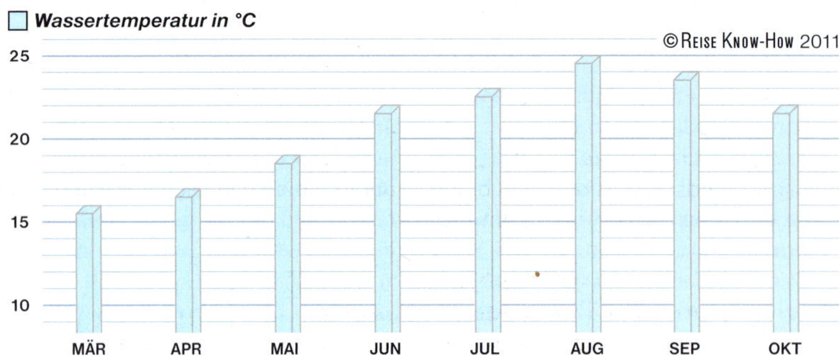
Wassertemperatur in °C
© Reise Know-How 2011
25
20
15
10
MÄR
APR
MAI
JUN
JUL
AUG
SEP
OKT

005kr Foto: bk

reszeit für Sonnenanbeter und Badeurlauber. An der Nordküste macht der Meltémi, ein Nord- bzw. Nordwestwind, die Hochsommerhitze nun erträglich; er flaut mit sinkender Sonne am Abend ab. An der Südküste kann hingegen der seltenere Schirokko (Livás) von Afrika Orkanstärke erreichen.

Die Wassertemperaturen, die ab Mai kontinuierlich ansteigen, liegen im Hochsommer bei angenehmen 25 °C. Flora und Fauna leiden – wie die Kreter selbst – unter Hitze und Trockenheit, die Landschaft ist dürr und braun und Wasserknappheit kann zum Problem werden.

Mit Ende der Feriensaison tritt in der **zweiten Septemberhälfte** wieder etwas mehr Ruhe ein, und bei immer noch heißen Temperaturen (Tagesdurchschnitt 27 °C) und perfekten Badebedingungen beginnt jetzt die **beste Reisezeit** für Kreta. Die Landschaft präsentiert sich zwar erschöpft und ausgebrannt, andererseits beginnt aber jetzt die interessante Zeit der Obst- und Olivenernte.

Einen eigentlichen **Herbst** gibt es nicht, erst im Oktober wird es abends und morgens etwas kühler, das Wasser ist aber immer noch angenehm warm (23–24 °C). Die Südküste wird mehr und mehr zum idealen Reiseziel, denn

Auch bei bewölktem Himmel bewahrt das südländische Licht seine Faszination

jetzt machen sich die paar zusätzlichen Grade, die dort ganzjährig herrschen, angenehm bemerkbar, zudem kann man im Süden oft bis in den Dezember hinein im Meer schwimmen.

Ab Mitte Oktober kann es regnen, gegen Mitte/Ende November setzt die **Regenzeit** dann richtig ein, die bis etwa Februar oder März anhält und gleichzeitig Einschränkungen beim Besuch touristischer Einrichtungen und im Bus- und Schifffahrtsverkehr bedeutet, andererseits aber auch viel Ruhe mit sich bringt. Heftige, auch tagelang andauernde Regenfälle, von einem Westwind namens *Punentis* herangebracht, sind dann keine Ausnahme. Sie schwächen sich allerdings um die Weihnachtszeit meist ab und weichen kurzzeitig frühlingshaftem Wetter. Selbst im Winter bleibt es jedoch mild, zumindest an den Küsten, und die Temperaturen fallen selten unter 15 °C. Das angenehmste Klima herrscht jetzt in der Gegend von Ierápetra. Die Schneefallgrenze liegt bei 700 m und die Bewohner der Bergdörfer richten sich auf Schneefälle ein, die bedeuten können, dass sie tage- oder sogar wochenlang von der Außenwelt abgeschnitten sind.

Mit allem Nötigsten versorgt unterwegs auf Kreta

Ausrüstung und Reisegepäck

Reiseapotheke

Es gibt einige Dinge, deren Beschaffung auf Kreta schwierig ist bzw. enorm viel Zeit kostet und Kompromissbereitschaft erfordert. Zum einen handelt es sich um eine Reiseapotheke, die, abgesehen von den üblichen Utensilien, vor allem einen Extravorrat an Kohletabletten, Durchfallmittel, Glukose-Elektrolyt-Mischung gegen Flüssigkeitsverlust, Insektenschutz und ein Mittel gegen Insektenstiche sowie Sonnenschutz enthalten sollte. Verbandszeug mit Desinfektionsmittel, Augentropfen – wegen der oft staubigen Wege – und Reisetabletten (angesichts der oft etwas rasanten griechischen Fahrweise und der gelegentlich schlechten Federung der Busse) können überdies nützlich sein. Drogerieartikel sind ebenfalls nur in relativ kleiner Auswahl und teuer erhältlich, da es ausgesprochene Drogeriemärkte nicht gibt.

Kleidung

Leichte Kleidung aus Baumwolle oder Leinen ist am besten geeignet, doch unbedingt sollte man über die üblichen Strandutensilien hinaus „ordentliche Kleidung“, d.h. eine lange Hose oder einen längeren Rock mit schulterbedeckendem Oberteil für Kirchen- und Klosterbesichtigungen mitnehmen. Im Frühjahr und Herbst sind Pull-

232kr Foto: bk

over oder Jacke und lange Hose unverzichtbar, doch auch im Sommer sind diese als Windschutz (Meltémi!) unter Umständen nützlich. Badeschuhe, Sonnenhut oder Mütze und Sonnenbrille gehören ebenso ins Gepäck wie feste Schuhe (keine Turnschuhe!) und eine Taschenlampe (für Höhlenbesichtigungen), möglicherweise auch ein Fernglas und eine Wasserflasche.

Kartenmaterial

Kretakarten gibt es viele, doch haben die meisten, vor allem diejenigen, die es gratis oder billig vor Ort zu kaufen gibt, den Nachteil, dass sie viel zu oberflächlich sind und lediglich als grobe Orientierungshilfen dienen können. Besonders die Straßentypen sind meist nicht exakt identifizierbar, was bedeuten kann, dass man unvermutet auf einer Schotterpiste landet und nur noch mit 5 km/h vorankommt, oder aber dass neugebaute Straßen auf der Karte komplett fehlen.

Jeder, der auch abseits der Autobahn an der Nordküste längere Strecken mit dem Auto zurücklegen oder aber Wanderungen unternehmen möchte, braucht dringend gutes Kartenmaterial, da Straßenbeschilderungen sowie Entfernungs- und Richtungsangaben alles andere als perfekt sind. Prinzipiell sind in größeren Buchhandlungen oder Zeitungsläden auf der Insel großteils dieselben Karten zu den etwa gleichen Preisen im Angebot wie in deutschen Buchhandlungen, doch es ist sicherer und sinnvoller, sich bereits vor Reiseantritt eine Karte zu besorgen und sich mit der Insel vertraut zu machen.

Eine gute und praktische einteilige Kretakarte (1:140.000) stammt von **world mapping project,** die ergänzend zu diesem Band im Reise Know-How Verlag inzwischen schon in 4. Auflage (2010) erschienen ist. Das empfehlenswerte Kartenwerk des **Harms IC-Verlags** (1:100.000, Osten/Westen) wurde seit 2004 leider nicht mehr neu aufgelegt, die Autokarte von **Berndtson & Berndtson** (1:200.000) stammt von 2007. Auch die guten Kreta-Karten von **Road Editions** (Eastern Crete 1:100.000, ebenso Western Crete und Crete 1:200.000, beziehbar über: www.mapfox.de) stammen von 2003/2006. Eine brauchbare Autokarte (1:150.000) gibt es von **Freytag & Berndt** (2009).

Im **Anavasi Verlag** (www.anavasi.gr) gibt es verschiedenes Kartenmaterial zu Kreta (1:25.000) für Wanderer und Bergsteiger (GPS-tauglich) sowie Straßenkarten (1:100.000), darunter z.B. eine topografische Karte *Lasithi*. Zu beziehen sind diese ausgezeichneten Karten bei **GEOBUCH,** München, Tel. 089/265030, www.geobuch.de.

Rund ums Geld

Trotz hoher Inflationsrate konnten sich Kretaliebhaber über Jahre hinweg über ein relativ konstantes Preisniveau freuen. Erst ganz allmählich, forciert durch die Einführung des Euro, tritt eine Anpassung an das mitteleuropäische Kostenniveau ein, was speziell in der Hauptsaison spürbar ist.

Der griechische Euro

Schweren Herzens und doch optimistisch angesichts des zu erwartenden Inflationsstopps und wirtschaftlichen Aufschwungs haben sich die Griechen 2002 von ihrer **Drachme** verabschiedet. Besucher müssen seither keine Gehirnakrobatik im Umrechnen der Drachmensummen mehr betreiben.

Es gibt grundsätzlich 7 Scheine – jeder in einer anderen Farbe und eine andere architektonische Epoche darstellend – und 8 Münzen. Die Euro-Scheine sind in allen Ländern identisch, bei den Münzen bestehen hingegen Unterschiede. Alle Scheine und Münzen bis 1 € tragen neben „EURO" auch die griechische Aufschrift „EYRO" („Evro"), kleinere Münzwerte (Cent-Münzen) werden hingegen weiter als „Lepta" bezeichnet. Die griech. Münzen tragen folgende typisch griechischen Symbole:

1 Euro: Eule (Weisheitssymbol und Erinnerung an antike Münzen Athens)
2 Euro: Entführung der Europa durch Zeus in Stiergestalt bzw. Erinnerung an die Olympischen Spiele 2004
50 Lepta: Eleftherios Venizelos, Ministerpräsident (1864–1936)
20 Lepta: Ioannis Kapodistrias, 1. Präsident Griechenlands (1776–1831)
10 Lepta: Rigas Fereos (1757–98), der geistige Wegbereiter für den Osmanenaufstand
1/2/5-Lepta: Hinweise auf die lange Seefahrertradition Griechenlands

- 1 € = 1,32 CHF (SFr.) bzw.
- 1 CHF (SFr.) = 0,76 € (Stand: Jan. 2011)

Zahlungsmittel

Am besten sollte man sich mit einer Kombination aus **Maestrokarte** (vormals **EC-Karte), Kreditkarte** und **Bargeld** auf den Weg machen. Das gute alte Postsparbuch und Euroschecks können hingegen zu Hause bleiben, da nicht mehr einsetzbar.

Geldabheben ist an Automaten mit EC-(Maestro-) oder Kreditkarte kein Problem

006kr Foto: bk

Bargeld ist in Hellas noch immer das beliebteste Zahlungsmittel. Man kann es sich am einfachsten mit **Maestro-/ EC-Karte** und Geheimnummer am Geldautomaten beschaffen. Je nach Hausbank und Bankgruppenzugehörigkeit wird dafür pro Abhebung eine Gebühr von bis zu 5 € bzw. CHF 4–6 erhoben. Zehnmal im Jahr kostenlos Geld abheben kann man an jedem Visa-plus-Automaten mit der **Postbank-SparCard.** Zu **Verlust** oder **Diebstahl** der Bank- oder Kreditkarte siehe „Praktische Reisetipps A–Z/Kriminalität und Notfälle").

Kreditkarten werden in Touristenzentren, meist nur in exklusiveren Restaurants, Hotels und Shops angenommen, wobei seitens der ausgebenden Stelle keine Gebühr mehr erhoben werden darf. Generell sollte man sich auf die Akzeptanz nicht verlassen. Nötig ist die Vorlage hingegen im Allgemeinen beim Anmieten eines Leihfahrzeugs zur Stellung der Kaution.

Reiseschecks werden zu Hause erworben, sind aber in Griechenland eher ungebräuchlich. Sie kosten außer der üblichen Kommission zusätzliche Gebühren vor Ort, werden allerdings gegen Kaufquittung bei Verlust sofort ersetzt. American Express oder Thomas Cook geben Reiseschecks, ausgestellt auf US$ oder €, aus. Die entsprechenden Sperrnummern sind auf den Infoblättern der ausgebenden Bank zu finden.

Versicherungen

Am unkompliziertesten ist es, gleich mit der Reisebuchung eines der von den Reiseveranstaltern angebotenen **Versicherungspakete** abzuschließen. Ein solches umfasst Kranken-, Unfall-, Gepäck- und Haftpflicht-Versicherungen. Angebote z.B. der Europäischen Reiseversicherung oder von Hansemerkur schließen beispielsweise Reiserücktritt, Soforthilfe mit Notruf-Service und Reisekranken- und Gepäckversicherung ein. Für Familien wird es preislich günstiger.

Meist preiswerter als solche Pakete ist der gezielte Abschluss **einzelner Policen,** z.B. bei Banken, ADAC oder freien Versicherungsmaklern. Für Leute, die viel reisen, lohnen sich Jahresversicherungen.

Vorsorgemaßnahmen vor Reiseantritt

- **Notruf-Telefonnummern,** z.B. für Kreditkarten- oder Schecksperrung, von Versicherungen und hilfreichen Stellen/Personen notieren und genügend Geld für den Notfall auf dem Kartenkonto deponieren bzw. genügend Euroschecks mitnehmen.
- Bei der Hausbank bzw. auf dem Postamt nach Möglichkeiten der **Geldüberweisung** im Notfall erkundigen und ggf. Verwandten oder Freunden eine Bankvollmacht erteilen. Außerdem hinreichend viel Geld auf dem Konto deponieren.
- Zu Hause **Vollmacht** für Postaushändigung ausstellen bzw. Lagerungsauftrag erteilen.
- **Kopien** aller wichtigen Dokumente (Pass, Versicherungsscheine, Führerschein, Flugticket etc.) anfertigen und Scheck-, Pass-, Karten- und Notrufnummern sorgfältig notieren. Einen Satz Kopien getrennt von den Originalen mitnehmen, einen zu Hause hinterlegen.
- **Originaldokumente** sicher verstauen, am besten am Körper (Brustbeutel, Gürteltasche o.Ä.) tragen und wenn möglich im Hotelsafe deponieren.
- **„Notfall-Pass"** mit persönlichen Daten, Adresse, Kontaktadresse, Notruf-, Versicherungs- und Sperrnummern, Botschaft/Konsulat am Reiseziel, Nummern der verschiedenen Dokumente, Schecks, Kreditkarten, Tickets usw. anfertigen.

Inwieweit Versicherungen im Einzelfall tatsächlich sinnvoll sind, muss jeder selbst entscheiden, allerdings sind Unfall und Haftpflicht in Europa zumeist durch bestehende Versicherungen abgedeckt; die Deckungssummen sind jedoch zu überprüfen.

Egal welche Versicherungen man abschließt, hier ein Tipp: Für alle abgeschlossenen Versicherungen sollte man die **Notfallnummern** notieren und mit der **Policenummer** gut aufheben! Bei Eintreten eines Notfalles die Versicherungsgesellschaft sofort telefonisch verständigen!

Auslandskrankenversicherung

Gesetzliche Krankenkassen stellen als Ersatz für den früheren Auslandskrankenschein eine **Europäische Krankenversicherungskarte** aus, die bei griechischen Ärzten vorgelegt werden kann. Im Krankheitsfall besteht ein Anspruch auf ambulante oder stationäre Behandlung bei jedem zugelassenen Arzt und in staatlichen Krankenhäusern. Da jedoch die Leistungen nach den gesetzlichen Vorschriften im Ausland abgerechnet werden, kann man gebeten werden, zunächst die Kosten der Behandlung selbst zu tragen. Falls dies der Fall sein sollte, sollte man auf eine ausführliche Quittung *(apodixi)* – mit Datum, Namen, Art und Umfang der Behandlung, Medikamenten etc. – bestehen und zu Hause zur Rückerstattung durch die Krankenkasse einreichen. Bei abgeschlossener Auslandskrankenversicherung ist ggf. dort Kostenerstattung zu fordern.

Falls eine **private Auslandskrankenversicherung** vorliegt, was empfehlenswert ist, sollte diese eine zuverlässige **Reiserückholversicherung** enthalten, denn der Krankenrücktransport

Apotheken sind in Städten leicht zu finden

231kr Foto: bk

wird von den gesetzlichen Krankenkassen generell nicht übernommen.

Schweizer sollten bei ihrer Krankenversicherungsgesellschaft nachfragen, ob die Auslandsdeckung auch für Griechenland inbegriffen ist. Sofern man keine Auslandsdeckung hat, kann man sich kostenlos bei Soliswiss (Gutenbergstr. 6, 3011 Bern, Tel. 031/3810494, info@soliswiss.ch, www.soliswiss.ch) über mögliche Krankenversicherer informieren.

Der Abschluss einer **Jahres-Krankenversicherung** ist in der Regel kostengünstiger als mehrere Einzelversicherungen. Günstiger ist auch die **Versicherung als Familie** statt als Einzelpersonen. Hier sollte man jedoch die Definition von „Familie" genau prüfen.

Andere Versicherungen

Ist man mit einem Fahrzeug unterwegs, ist der **Europaschutzbrief** eines Automobilclubs bzw. eine „Plus"-Mitgliedschaft eine Überlegung wert.

Ob es sich lohnt, weitere Versicherungen abzuschließen wie eine Reiserücktrittsversicherung, Reisegepäckversicherung, Reisehaftpflichtversicherung oder Reiseunfallversicherung, ist individuell abzuklären. Gerade diese Versicherungen enthalten viele **Ausschlussklauseln,** sodass sie nicht immer Sinn machen.

007kr Foto: bk

Praktische Reisetipps A–Z

008kr Foto: bk

009kr Foto: bk

Openair-Hähnchenbraterei vor einem Lokal

Hier gibt's noch Originalhandarbeiten statt „Made in China"

Es gibt sie noch, die echte griechische Küche

Ankunft

Ankunft am Flughafen von Iráklion

Der kleine **Nikos Kazantzákis Airport** in Iráklion, Hauptflughafen der Insel, ist übersichtlich, droht allerdings während der Hauptsaison, wenn die Charterflieger im Viertelstundentakt landen bzw. starten, aus allen Fugen zu platzen. Per Bus gelangt man vom Flugzeug zum **Airport-Gebäude,** wo man erst einmal an den zwei (!) Gepäckbändern wartet. Im selben Saal befinden sich eine Infostelle von E.O.T. (Telefon) und eine Postfiliale. Eine Ausweiskontrolle gibt es für EU-Bürger nicht mehr.

In der **Ankunftshalle** geht es meist heiß her und man hat zunächst einmal zu tun, sich durch die Menschenmengen zu drängen, die den Zugang blockieren. Es handelt sich um Vertreter von Reiseveranstaltern, die mit entsprechenden Schildern versehen Pauschalurlauber abholen und in die bereitstehenden Busse verfrachten. Bei Buchung eines Pauschalarrangements ist die Abholung nämlich im Preis inklusive.

In der großen Halle befinden sich die üblichen **Flughafeneinrichtungen,** wie Imbiss, Bar, Zeitungsstand, Telefone, Bankautomaten, Servicetelefone, Souvenirshop und Auto- bzw. Zweiradvermietungen – das meiste in mehrfacher Ausfertigung und recht gut ausgeschildert. Die **Mietwagen** stehen zumeist auf riesigen, nachts schlecht beleuchteten Parkplätzen links des Hauptausgangs bereit. Das Büro von Holiday Autos befindet sich rechter Hand jenseits der Straße. Für die **Gepäckaufbewahrung** gibt es beim Busstopp ein eigenes, kleines Gebäude (tgl. von 7.30–23 Uhr).

- **Flugauskunft Iráklion:**
Tel. 2810/245644 und 228402

- **Taxipreise** vom Flughafen Iráklion nach:
Iráklion = 10 €
Limín Chersonísou = 20 €
Ágios Nikólaos = 49 €
Eloúnda = 55 €
Agía Galíni = 60 €
Réthimnon = 59 €
Plakiás = 72 €
Chaniá = 93 €
Mátala = 54 €
Sitía = 89 €

Fahrt in die Stadt

Es gibt zwei Möglichkeiten, die 5 km vom Flughafen zum Stadtzentrum im Westen zurückzulegen: **Stadtbus** und **Taxi.** Taxifahrer verfolgen potenzielle Kunden in der Nebensaison von der Halle bis zum Busstopp und leisten hartnäckig Überzeugungsarbeit, dass das Taxi nicht teurer sei als der Bus – was nicht stimmt. Sie verlangen oft überhöhte Preise und man sollte auf jeden Fall vorher den (meist) festen Preis erfragen. Taxis fahren natürlich auch, zu Fixpreisen, in andere Orte.

Preiswerter und unkompliziert ist der **blaue Stadtbus Nr. 1,** der von einer Haltestelle mit Kiosk (hier Tickets erhältlich) in rund 100 m Entfernung

Hier fängt für die meisten der Urlaub an: Kazantzákis-Flughafen

010kr Foto: bk

vom Ausgang (geradeaus) für 0,90 € zum Hauptplatz, der Platia Eleftheria, im Stadtzentrum fährt: je nach Saison und Tageszeit alle 5–20 Minuten. Die Buslinie Nr. 6 stellt von der Platia die Verbindung zu den Stränden im Westen, wie Ammoudara, her; in der Hauptsaison verkehrt dieser Bus auch direkt vom Flughafen.

Vom Stadtzentrum zum Flughafen gelangt man auf dieselbe Weise: per Bus ab Platia Eleftherias (Ostseite) mit der Aufschrift *„Aerolimin/Airport"* nach vorherigem Ticketkauf am Automaten. Bei der Abreise steht dort im Obergeschoss der Abflughalle ein großer, gut sortierter **Duty-free-Shop & Travel Value** bereit (preiswerter und besser sortiert als in Athen).

Ankunft in Chaniá

Etwas abgelegen, dafür aber gepflegter und mit denselben Serviceeinrichtungen wie in Iráklion versehen, gibt sich der **Chaniá International Airport I. Daskalogiannis** (CHQ) auf der Halbinsel Akrotíri ca. 16 km östlich von Chaniá. Er wird von Chartergesellschaften wie Air Berlin, Condor, Hapagfly, HLX, Sun Express und TUIfy, außerdem von Aegean Airlines angeflogen.

Nachteil dieses Flughafens ist, dass nur 2- bis 3-mal täglich ein öffentlicher Bus nach Chaniá verkehrt und man, sofern man keinen Mietwagen hat, auf ein Taxi (ca. 20 €) angewiesen ist.

- **Flugauskunft:** Tel. 0821/63224, www.hcaa-eleng.gr/chandat.htm

AUTOFAHREN

Auto fahren auf Kreta kann Nerven kosten, vor allem beim Befahren von Gebirgsstrecken mit unübersichtlichen Haarnadelkurven, schlechten Straßenbelägen, Schlaglöchern, Steinschlag und Rissen. Baustellen, entgegenkommende Busse – die immer Vorfahrt haben – und landwirtschaftliche Gefährte, v.a. die beliebten dreirädrigen Karren, stellen weitere Gefahrenquellen dar. Einzelne streunende Ziegen oder sogar ganze Herden, mitten auf der Straße stehende Esel oder Maultiere und in Ortschaften kreuzende Katzen, Hunde und Hühner erfordern höchste Vorsicht beim Vorbeifahren, denn ihr Vieh ist den Kretern heilig. Eine gewisse fahrerische Kunstfertigkeit und Unerschrockenheit ist auf Kreta von Nutzen, sei es auf Gebirgsstrecken, in den engen Gässchen der Dörfer oder im Gewimmel der Städte.

Auch der Straßenzustand spiegelt die allgemeine Mentalität der Griechen, speziell der Kreter, wider: Es wird gebastelt, geflickt und ausgebessert – nach dem Motto „sigá-sigá" (nur keine Panik) oder, wie es einmal Erhart Kästner ausdrückte, „im Kampf mit dem Ewigkaputten bleiben sie Meister". **Staubpisten** oder **Schotterstraßen** sowie teilasphaltierte Straßen sind trotz reichlich fließender EU-Gelder, die abschnittsweise für erstaunliche Asphaltpisten sorgen, noch immer existent. Autovermieter sehen deren Nutzung allerdings nur ungern. Doch auch sonst strapazieren oft gigantisch große, völlig unvermutet auftauchende Schlaglöcher die Achsen des Wagens gar heftig. Nachtfahrten und Fahrten bei starkem Regen sind wegen der Straßenbeläge, der oft lädierten Bremsen und Reifen besser zu meiden.

Im Osten und Südosten befinden sich die Straßen häufig in schlechterem Zustand als im Norden (besonders um Sitía, etwas besser in Richtung Ierápetra und Ágios Nikólaos), und nicht immer ist garantiert, dass eine Teerstraße auch als solche endet – diesbezüglich sind leider auch gute Straßenkarten nicht immer zuverlässig.

Verkehrsregeln und -schilder

Straßenbefestigungen fehlen meist, was im Gebirge und bei häufig nur einspurigen Straßen gefährlich ist; auch mit Mittelstreifen oder anderen Markierungen wird sparsam umgegangen. Daher ist es dringend zu empfehlen, vor unübersichtlichen Kurven (ebenso beim Überholen) als Warnung kurz zu **hupen.** Das machen auch die Busse, deren charakteristisches Horn anzeigt: „Aus dem Weg, Bus kommt!". Bei der geringen Straßenbreite, gerade in den Bergen, erwartet der Busfahrer Zurücksetzen und Ausweichen. Normalerweise hat sonst der Abwärtsfahrende das Vorrecht.

Die **Scheinwerfer** muss man auch bei Sonnenschein benutzen. Zumeist blendet der zum Überholen ansetzende Fahrer als Hinweis kurz auf, zweimaliges Aufblenden warnt vor Hindernis oder Polizei.

Auf Überlandstrecken sollte man den wegkundigen Einheimischen mög-

011kr Foto: bk

lichst den Vorrang geben, und da **Überholen** schwierig bis unmöglich ist, bei nächster Gelegenheit zur Seite fahren. Ansonsten ist ständige Vorsicht und Aufmerksamkeit geboten; Kurven nicht schneiden und immer defensiv fahren.

Ebenfalls vergleichsweise selten finden sich **Hinweisschilder** an Baustellen und Straßenschäden, an unübersichtlichen Kurven, plötzlichen Steigungen und bei starkem Gefälle; auch möglicherweise kreuzende Tiere und Steinschlag werden nicht immer vorher angekündigt. Oft steht man plötzlich vor einer Schotterpiste mit Geröll und Schlaglöchern, wo anscheinend irgendwann einmal der Straßenbelag erneuert werden soll.

Auf Schnellstraßen existiert eine **„Standspur"**, die in Kreta als normale Fahrspur dient, aber durchaus auch plötzlich verschwinden kann. Üblicherweise wird der Randstreifen zwischen die Räder genommen, erst recht, wenn sich von hinten ein anderes Fahrzeug nähert. Eilige Fahrzeuge, vor allem Taxis, machen sich ggf. durch kurzes Aufblenden oder Hupen bemerkbar, bevor sie zum Überholen ansetzen.

Gutes Kartenmaterial (s. „Vor der Reise: Ausrüstung und Reisegepäck") ist für Vielfahrer unabdingbar, da die **Ausschilderungen** spärlich sind und

Schilderwald

man mit dem Plan zumindest grob die Richtung bestimmen kann. Dennoch kann es passieren, dass man am Dorfplatz drei Abzweigungen ohne Kennzeichnung vorfindet und nach Murphy's Law eine der beiden wählt, die nach wenigen hundert Metern in einen schier unbefahrbaren Feldweg ohne Wendemöglichkeit münden.

Höchstgeschwindigkeit

Auf der Nationalstraße von Chaniá nach Ágios Nikólaos beträgt die Höchstgeschwindigkeit 90 km/h, sofern nicht anders angezeigt. In Stadtgebieten sind normalerweise 50 km/h erlaubt, manchmal zeigen Schilder an, dass nur 30 km/h gefahren werden darf. Über Land dürfen Busse und Wohnmobile nur 80 km/h fahren, gleiches gilt für Motorräder über 100 ccm, darunter ist 70 km/h die Vorschrift. Für andere Hauptstraßen gilt 80 km/h als Geschwindigkeitsgrenze, bei Landstraßen ist die Höchstgeschwindigkeit normalerweise auf Schildern angegeben.

Kretische Fahrweise

Kreter benutzen ihre Spiegel wenig, fahren defensiv, aber entweder sehr schnell (v.a. Laster) oder sehr langsam, schneiden gerne Kurven und nehmen es mit dem Anschalten bzw. ordnungsgemäßen Funktionieren der Beleuchtung nicht sehr genau. Es wird gerne gehupt, beim Überholen, vor Kurven und auch sonst. Beim Halten wird meist der Warnblinker angeschaltet, gelegentlich auch der linke Blinker betätigt, wenn man am rechten Straßenrand anhält. Geparkt wird in beiden Richtungen und oft so, dass nur Millimeterarbeit das Passieren ermöglicht. Gern bilden auch Kafeníon-Stühle oder Blumenkübel „natürliche" zu umfahrende Hindernisse.

Im **Stadtverkehr,** speziell in Iráklion, kann es recht chaotisch zugehen. Staus zu den Stoßzeiten (8–10 Uhr, 14–15 Uhr, 17–18 Uhr und nach 20 Uhr) gehören zur Tagesordnung, und Parkplätze sind Mangelware. Auf Grund der oft unvorhersehbaren Fahrweise der Griechen (z.B. unvermutetes Einbiegen in Hauptstraßen, Nichtbeachten der Vorfahrt, gefährlich nah auffahrende und sich überall durchquetschende Zweiradfahrer) ist volle Konzentration geboten. Zum Glück passiert weniger, als es den Anschein hat, da die Kreter trotz aller Unberechenbarkeit schnell reagieren. In Städten wie Réthimnon oder Chaniá tragen enge Gässchen, Einbahnverkehr und im Weg stehende (oder gehende) Hindernisse dazu bei, dass es oft eng zugeht und das Fortkommen eine Mühsal ist.

Unterwegs auf der Insel

Voraussetzung für Touren ist außer dem guten Kartenmaterial eine genaue **Zeitplanung.** Vielfach unterschätzt man die Zeit, die oft nur kurze Strecken erfordern können, gerade wenn es sich um Gebirgsstrecken oder besonders schlechte Straßen handelt; dann kann nämlich nur 20–30 km/h gefahren werden.

Straßennetz

Das Straßennetz an der Nordküste ist besser ausgebaut als anderswo. Die **New Road** oder Nationalstraße – „Autobahn" wäre etwas übertrieben – zieht sich als gut ausgebaute Schnellstraße mit meist vier nicht abgeteilten Spuren von Chaniá über Réthimnon und Iráklion nach Ágios Nikólaos. Parallel zu ihr verläuft zwischen Chaniá, Réthimnon und Iráklion die **Old Road,** landschaftlich reizvoller, aber zeitaufwendiger zu befahren, da nicht ausgebaut.

Abzweiger führen ins bergige Landesinnere und zur Südküste. Die Hauptverbindungen nach Süden sind, von West nach Ost, jene zwischen Kastelli-Kíssamos über Plátanos nach Paleóchora, von Chaniá über Tavronítis nach Paleóchora bzw. Soúgia, von Vríses nach Chóra Sfakíon, zwischen Réthimnon und Plakiás sowie Agía Galíni, zwischen Iráklion und der Messará-Ebene sowie Ierápetra, zwischen Ágios Nikólaos und der Mirabéllo-Bucht und Ierápetra sowie zwischen Sitía und Ierápetra.

Im Osten der Insel stellen die Straßen zwischen Ágios Nikólaos, Sitía und Vái und im Westen die von Kastelli-Kíssamos nach Falássarna die besten Ost-West-Verbindungen dar, während es entlang der Südküste keine durchgehende Route gibt. Einige Orte dort sind sogar nur per Boot oder zu Fuß erreichbar. Erst ab Chóra Sfakíon gibt es entlang der Südküste ostwärts eine durchgehende, wenn auch sehr kurvenreiche und enge Straße nach Plakiás bzw. Agía Galíni. Von dort kann man über Bergstrecken weiter an der Südküste in die Region Ierápetra gelangen.

Tankstellen

An der Nordküste ist das Tankstellennetz relativ dicht, an der Südküste dünnt es sich aus. Die üblichen Öffnungszeiten sind Mo–Fr 7–19 und Sa 7–15 Uhr, So meist geschlossen. Beim Benzin wird unterschieden zwischen Bleifrei, Super und Diesel. Die Preise liegen derzeit bei rund 1,60 € für Normalbenzin. Self-Service ist selten, meist wird bedient und nicht immer werden Kreditkarten akzeptiert.

Panne und Unfall

Kleine Mietwagen sollte man im Sommer nicht überfordern, Straßenzustand und Hitze setzen gewaltig zu. Für Leute, die viel und in abgelegenen Gegenden fahren, kann es sinnvoll sein, evtl. etwas **Notwerkzeug** (z.B. zum Reifenwechseln) und auf jeden Fall Wasser mitzunehmen. Batterie, Kühlwasser und Ölstand sollte man bei den Mietwagen stets im Auge behalten.

Für Notfälle gilt in Griechenland:

- **Allg. Notruf:** 112
- **Polizei:** 100
- **Ambulanz:** 166
- **Notarzt:** 176

Wohl dem, der sein Handy dabei hat, zumindest, wenn er sich bei glühender Hitze irgendwo mit Panne in der „Wildnis" befindet. Abgesehen von der Verleihfirma, die unbedingt verständigt werden sollte, hilft bei Pannen der griechische **Automobilclub ELPA,** der einen gelben Pannenwagen (Aufschrift „OVELPA") schickt. Mit ADAC PlusMitgliedschaft werden die Kosten bis 200 € erstattet. Dies sind **die wichtigsten Automobilclubs** und ihre 24-Stunden-Notrufnummern im Ausland:

- **ADAC** (D), Tel. 0049/89/222222 oder 210/9601266 bzw. mobil 0030/210/9601266 (Athen), www.adac.de
- **ÖAMTC** (AU), Tel. 0043/1/2512000 oder 210/9640715 (Athen), www.oeamtc.at
- **TCS** (CH), Tel. 0800-140140, www.tcs.ch
- **ELPA-Pannenhilfe** (Griechenland): Tel. 104 oder 210/606-8800 (Athen), www.elpa.gr

Einkaufen

Man fährt nicht nach Kreta, um Haute Couture oder Antiquitäten zu kaufen, aber wer hübsche Mitbringsel sucht oder sich selbst etwas Nettes gönnen möchte, ist auf Kreta gut aufgehoben. **Handeln** ist – entgegen einer weit verbreiteten Annahme – in Geschäften und bei fester Preisauszeichnung generell unmöglich. Es wird aber auch sonst, z.B. auf Märkten, nur ungern gesehen – Kreta ist kein orientalischer Bazar!

Läden sind meist montags, mittwochs und samstags am Nachmittag **geschlossen** – mit Ausnahmen, wie beispielsweise Souvenirläden oder Kon-ditoreien. An den anderen Tagen ist meist von 14 bis 17/17.30 Uhr „Mittagspause" und dann bis 20/21 Uhr geöffnet (siehe auch „Öffnungszeiten").

012kr Foto: bk

Handarbeiten

Wegen der großen Nachfrage nach billigen Reisesouvenirs wird das kretische Kunstgewerbe mehr und mehr von einem „Schwall" minderwertiger Importware aus dem fernen Osten überflutet. Dennoch wächst auch die Zahl der Besucher, die original kretische Handarbeit zu schätzen wissen und somit dazu betragen, dass dieses Erbe nicht im Meer der Billigmassenware untergeht.

Wirklich authentische, hochwertige kretische Handarbeiten zu finden, ist schwer geworden. Gerade bei Produkten wie **Webwaren** (Wandbehänge, Teppiche etc.), **Stickereien** und **Häkelarbeiten** (Tücher, Deckchen,

Vorhänge, Tischtücher), **Schafwollpullovern** u.Ä. sind die Qualitätsunterschiede enorm. Wirklich gute Ware – ohne Synthetik-Beimischung und nicht maschinell gefertigt – kann man mit etwas Übung relativ rasch von den billigen Massen-Importprodukten unterscheiden, doch selbst in traditionellen Handarbeits-Dörfern, wie Fódele, Kritsá oder Kroústas (v.a. Stickereien), Anógia oder Axós (Webarbeiten), werden „echte" Produkte immer seltener.

Ein Blick auf die große Sammlung alter Webwaren im Historischen Museum in Iráklion macht den Unterschied zwischen Billigware und guter Handarbeit deutlich. Auch Klosterläden (wie Moní Toploú oder Agía Iríni) und vor allem Spezialgeschäfte (u.a. in Chaniá und Iráklion), die die Erzeugnisse der **Handwerkskooperative EOMMEX** (www.eommex.gr) verkaufen, offenbaren die Unterschiede in Qualität und Preis und geben für die teureren Produkte die Garantie, dass man „echte" Ware mit nach Hause nimmt. Die EOMMEX ist ein Zusammenschluss von Handwerksbetrieben, die auf Qualität und Wahrung der Traditionen wert legen, und ist weit über Kreta hinaus angesehen. Sie veranstaltet Ausstellungen, knüpft Handelskontakte und fördert das heimische Kunsthandwerk. Nicht immer sind den Büros, wie in Chaniá, Verkaufsräume angeschlossen.

Anziehungspunkt für Einheimische und Besucher: Märkte auf Kreta

Beim Kauf von Handarbeiten auf „echte" Ware achten!

013kr Foto: bk

Traditionelle Webkunst

Mit Glück findet man noch alte Webwaren, z.B. in der Galerie Grimm in Iráklion (s. dort, Praktische Hinweise), die zum Teil aus alter Aussteuer stammen. Besonders die Rückseiten der Handarbeiten geben Aufschluss darüber, ob es sich um eine neue oder alte Handarbeit handelt. Traditionell wurden immer verschiedene Materialien – Wolle, Baumwolle und Seide – gleichzeitig verwendet. Rot war immer die Hauptfarbe und deren Sättigung war Indiz für die Herkunft des Stückes, ebenso wie die Motive. Teppiche und Webdecken konnten früher entsprechend ihren Mustern und Farben bestimmten Regionen oder Orten Kretas zugeordnet werden. Während in den

Bergdörfern fast ausschließlich einfache geometrische Muster gewoben wurden, finden sich auf den Webarbeiten der Küstendörfer auch manchmal Figuren. Leider ist der individuelle Stil heute weitgehend einem Einheitsstil mit geometrischen Mustern (z.B. in Anógia, Áxos) gewichen.

Besonders schöne Exemplare lassen sich noch heute in volkskundlichen Museen wie denen in Chaniá, Réthimnon und Iráklion bewundern.

Typische Souvenirs

Lederwaren aus meist hellem Naturleder, wie Taschen aller Art, Gürtel, aber auch Sandalen, sind vor allem in Westkreta, speziell in Chaniá, zu finden (berühmte Ledergasse!). Diese Sachen sind generell recht günstig, unterscheiden sich in Preis und Verarbeitung aber oft erheblich und sind bezüglich ihrer Ästhetik Geschmackssache.

Keramik taucht vielfach in Gestalt von Massenkitsch aus Fernost auf, Authentisches ist selten geworden. In ursprünglichen Töpferdörfern wie Margarítes bei Réthimnon lohnt sich das Umsehen, außer schönen Stücken und Gebrauchskeramik aller Art findet sich jedoch auch hier massenweise produzierte und nicht unbedingt selbstgefertigte Souvenirware. Für den Einkauf großformatiger Garten- oder Balkongefäße *(Tonpithoi)* ist Thrapsanó bei Iráklion der richtige Ort.

Antiquitäten, die vor 1830 geschaffen wurden, dürfen nicht ausgeführt werden, daher handelt es sich bei vielen „echten" **Ikonen** um Nachbildungen, noch dazu oft kitschig und wenig kunstfertig. Doch es gibt auch hervorragende Ikonenwerkstätten, die z.T. auf Auftrag Ikonen aller Art anfertigen (z.B. in Iráklion, Odos Idomeneos 18, beim Ikonenmaler Antonis Theodorakis oder Panagía Gerá bei Kritsá). Vielfach werden auch in Klöstern gute Nachbildungen verkauft (z.B. Kloster Chrissopigí bei Chaniá oder Moní Goniás).

Für Antikenfans lohnt der Museumsshop von Réthimnon (s. dort), der Nachbildungen von **Antiken** (Plastik, Keramik, Reliefkunst etc.) aus verschiedensten griechischen Museen ansprechend präsentiert und verkauft. Natürlich ist es strengstens untersagt, auf Ausgrabungsgeländen „Souvenirs" mitgehen zu lassen.

Chaniá ist für seine Schmuckdesigner berühmt, und individuell gestalteter Mode-, aber auch echter **Schmuck** ist hier in großer Auswahl erhältlich. Generell ist Gold- und Silberschmuck in Griechenland preiswerter als in Deutschland.

Olivenholzschnitzereien, wie Obstschalen, Salatbestecke oder Armreifen, sind hübsche Mitbringsel und zudem nicht teuer. Réthimnon ist dafür eine gute Adresse. Auch sonst gibt es eine Vielzahl weiterer lohnender Souvenirartikel – z.B. bronzene Türklopfer, Kaffeepfännchen und -tassen, Blechwasserkrüge, netten Mode- oder Haarschmuck, griechische **Komboloi** (rosenkranzartige Spielketten) oder die

Schön als Souvenir:
Gewürze, Honig oder Olivenöl

typisch kretischen Messer, besonders in Réthimnon und Chaniá.

Preiswert bieten Märkte sowie zahlreiche Läden und Ketten wie „Creta Nature" oder „Taste of Life" so genannte „kretische Spezialitäten" an, darunter **Kräuter** aller Art und in verschiedener Form, z.B. Salbeisträuße, Diktamostee, gemischte Kräuterkörbchen und sonstige, meist nichtkretische Gewürze, auch als Geschenkpackungen.

Häufig zu finden sind dort auch kretischer **Honig, Oliven, Käse, Wein** und **Schnaps** – meist Ouzo, seltener der eigentlich kretische **Tsikoudiá.** Letzterer hat mit Ouzo, dem auf Kreta eigentlich nicht heimischen Anisschnaps, nichts zu tun, er ähnelt vielmehr dem italienischen Grappa und wird umgangssprachlich *Rakí* (wiederum nicht zu verwechseln mit dem türkischen Anisschnaps dieses Namens) genannt – *Tsikoudiá* geht den meisten Besuchern erst nach einigen Gläschen problemlos über die Lippen.

Kretisches **Olivenöl** lohnt den Kauf in jedem Fall, es ist meist geschmacksintensiver und besser als das italienische. Dies gilt besonders für jenes aus Klöstern wie Agía Triáda oder Toplou (biologisch). Aus Olivenöl wird auch eine milde **Seife** hergestellt, die oft hübsch verpackt und preiswert ist.

Die an beinahe jeder Ecke angebotenen **Naturschwämme** lassen angesichts der Mengen Zweifel aufkommen hinsichtlich ihrer Herkunft, kretisch dürften sie kaum alle sein.

Artikel des täglichen Bedarfs

Supermärkte befinden sich zumeist in den Außenbezirken der Städte; große Ketten sind Chalkiadakis, INKA, Spar und Marinopoulos, dazu gibt es Lidl. Überall verstreut finden sich kleinere Lebensmittel-Geschäfte *(Pantopolion* oder *Mini Market)* sowie Obst-und-Gemüse-Läden, außerdem sorgt der *Perípteros,* der **Kiosk** – eine griechische Institution und mitnichten mit reinen Zeitungskiosken vergleichbar – für den täglichen Kleinbedarf (von A wie Abführmittel bis Z wie Zahnpasta). Er bietet zudem oft die Möglichkeit zum Telefonieren. Am lohnendsten zum Lebensmitteleinkauf sind jedoch die **Wochenmärkte.**

An den Straßenrändern befinden sich häufig **Obst- und Gemüsestände,** in Ostkreta z.B. Bananenstände. Typisch für das ländliche Kreta sind **umherfahrende Händler,** die ihre Ankunft lautstark mit Musik und Lautsprecherdurchsagen ankündigen. Von Stoffen und Haushaltswaren über Möbel und Pflanzen bis hin zu Frischprodukten wie Obst (v.a. Orangen), Gemüse und anderen Lebensmitteln gibt es so gut wie alles, was die Landbevölkerung für das Alltagsleben braucht.

Lohnende Wochenmärkte

- **Iráklion,** Odos 1866 (tgl. vormittags außer So)
- **Chaniá,** Markthalle an der Platia Venizelou, tgl. vormittags (außer So), außerdem Sa vormittags in der O. Minoos (östliche Altstadt).
- **Réthimnon,** Hauptplatz (Do. Vormittag) bzw. Parkplatz am alten Stadion neben Busbahnhof (Sa. Vormittag)
- **Ágios Nikólaos,** Odos Ethniki Antistaseos (Mittwoch vormittags)
- **Sitía,** Odos V. Kornaros (Dienstag vormittags)
- **Ierápetra,** Martkhalle zwischen Odos Kostoula Adriano und Odos Stilianou Chouta (tgl. vormittags außer So)
- **Míres,** Durchgangsstraße (Samstag vormittags)
- **Kleinere Märkte** gibt es in beinahe jedem größeren Ort an einem festen Wochentag

Essen und Trinken

Griechische Essgewohnheiten

„Die griechische Mahlzeit ist nicht Selbstzweck, sie ist vielmehr Vorwand und Anlaß und Initialzündung der Geselligkeit, und sie glückt um so mehr, je gelungener der Anlaß". Johannes Gaitanides traf mit seiner Bemerkung den Nagel auf den Kopf, denn Essen ist für Griechen in erster Linie ein **geselliges Ereignis.** Wie wichtig das gemeinschaftliche Mahl schon in der Antike war, belegen viele antike Autoren, die ausgiebige Gelage und Festmähler beschreiben. In *Homers* „Odyssee" beispielsweise wird Odysseus von König Nestor zunächst zu Tisch gebeten. Erst nach einem üppigen Mahl erkundigt sich der Gastgeber dann nach dem Namen und dem Begehr seiner Gäste.

Üblicherweise wird auf Kreta nur einmal am Tag – vormittags – gekocht, und die Kasserollen oder Töpfe werden dann den ganzen Tag warm gehalten. Abgesehen von auf diese Wei-

015kr Foto: bk

se zubereiteten Aufläufen und Eintöpfen wird Fleisch und Fisch gern frisch auf dem Grill zubereitet. Man isst **herzhaft und kräftig,** wobei alles gut weich gekocht wird. Zum Würzen ist unter den reichlichen Kräutern Oregano am beliebtesten, auch Minze, Pinien, Zimt, Zitrone (als Essigersatz) und manchmal Safran sind geschätzt.

Die Griechen kochen mit **viel Olivenöl,** das nach kurzer Gewöhnungszeit und mit etwas mehr Brot kombiniert meist gut vertragen wird, auch wenn man es nicht gewöhnt ist.

Ein weiterer Unterschied zu deutschen Essgewohnheiten besteht darin, wie die Gerichte serviert werden: meist nur warm, **nie richtig heiß.** Das scheint wegen der herrschenden Hitze nur vernünftig. Kulinarische Höhenflüge sind selten, und die Küche ist nicht sonderlich abwechslungsreich, doch ihre Vorzüge liegen in der Frische der Zutaten, die von lokaler Herkunft und saisonal verschieden sind.

Essenszeiten

Frühstück spielt in Griechenland mit Ausnahme des griechischen Kaffees keine Rolle. Hotels bieten natürlich Frühstück, oft in Form eines Buffets, an. Als Selbstversorger sollte man sich besser ein Touristenfrühstück versagen und auf Obst, Joghurt mit Honig

In einfachen Lokalen werden die Tagesgerichte in Vitrinen „ausgestellt“

019kr Foto: bk

Imbissbude

(Yaoúrti me méli) oder frisches Gebäck oder Brot vom Bäcker umsteigen.

Mittags essen Griechen **selten vor 14 Uhr,** danach ist *mesimerianó ípno,* „das Mittagsschläfchen" angesagt. Am Abend wird ebenfalls spät gegessen, selten vor 20 oder 21 Uhr. Viele Einheimischen-Lokale öffnen gar nicht vor 19 Uhr, und Hochbetrieb herrscht erst **ab 21 Uhr.**

Arten von Lokalen

Restaurants sind auf Kreta nur eingeschränkt kategorisierbar, d.h., dass Luxusrestaurants selten sind und die meisten Wirtschaften in etwa den gleichen Standard aufweisen. Ein Unterscheidungskriterium ist der Grad der Anpassung bzw. der Zugeständnisse Touristen gegenüber. Die **Preise** in Restaurants sind auf Grund staatlicher Vorschriften weitgehend einheitlich, unterschiedlich sind jedoch die Ausstattung des Gastraums, der Service und vor allem das Essen in seiner Zubereitungsweise, den Portionsgrößen, sowie der Frische der Zutaten.

Formal unterscheidet man zwischen **Taverne** (Wirtschaft) und **Estiatório** (Restaurant), doch die Übergänge sind fließend. Ein **Obelistirio** oder eine **Psistaria** sind auf (Grill-) Fleischgerichte spezialisiert, eine **Psarotaverna** auf Fisch und Meeresfrüchte. Ein **Kafeníon** hat mit einem Café im bei uns gebräuchlichen Sinne wenig zu tun – hier treffen sich vor allem die Männer, um bei einem griechischen Kaffee und einem Glas Wasser stundenlang zu diskutieren und *Tavlí,* ein dem Backgammon verwandtes Brettspiel, oder Karten zu spielen. Eher schon gleichen **Snackbars** oder **Café-Bars,** meist von einem jungen Publikum frequentiert, manchmal mit Musik, einem In-Café wie wir es kennen. Eine **Konditorei** *(Zácharoplastíon)* dient in erster Linie dem Kauf von Kuchen, Eis oder Süßigkeiten, weniger dem gemütlichen Plausch bei einem Stück Kuchen.

Perfekt als Vorbereitung auf das Abendessen und um den Tag noch einmal Revue passieren zu lassen, sind **Mezedepolia** oder **Ouzerien,** wo es zum Ouzo ein paar kleine Häppchen *(mezédes),* z.B. Oliven, Nüsse, Wurst- oder Fischstückchen, gibt. Für den Snack zwischendurch eignen sich vor allem die an beinahe jeder Ecke befindlichen **Imbissbuden,** die schnelle Grillgerichte wie Giros oder Souvláki preiswert und frisch anbieten. Fastfoodketten wie Pizza Hut (Iráklion) oder McDonald's (Réthimnon) breiten sich leider auch auf Kreta aus.

Ausländische Restaurants sind selten, und wenn, dann kochen meist die Griechen selbst italienisch oder chinesisch. Leider verkommt gerade in den Touristenhochburgen die kretische Küche immer mehr zu einer **internationalisierten Einheitsküche,** bestehend aus Wiener Schnitzel, Pizza, Spaghetti und Burgern, ergänzt durch die allgemein bekannten griechischen Standardgerichte *Souvláki, Choriátiki* (Bauernsalat) und *Moussaká*. Die Qualität ist weitgehend nivelliert und man tut sich schwer, Lokale zu finden, die authentisch kretische oder zumindest typisch griechische Gerichte und dazu guten Fasswein oder hausgebrannten *Tsikoudiá* servieren. Fleisch ist mittlerweile billiger als Fisch *(psári),* da Letzterer selten geworden ist.

Essen im Restaurant

Speisekarten sind auf Kreta meist mehrsprachig geschrieben, zuweilen ist jedoch nicht alles auf der Karte verfügbar, dafür werden aber oft zusätzliche Tagesgerichte genannt. Die Bestellung direkt in der Küche bzw. von der Warmhaltetheke ist in Kretas Touristenregionen selten geworden. Man hat gelegentlich noch auf dem Land und in den Tavernen nahe den Märkten Gelegenheit zur „optischen Auswahl". In Touristenzentren, vor allem in Réthimnon, werden (der Einfachheit halber?) oft Kombi-Menus für zwei Personen zu einem Preis angeboten.

Durchschnittspreise

- Frühstück: ab 2,50 €
- Nescafe frappé: ca. 2 €
- Koulouri (Sesamkringel): 0,60 €
- Weißbrot: ca. 1 €/Laib
- Hartkäse: 8–10 €/kg
- Schafskäse (Feta): ab 6 €/kg
- Weintrauben: 1,50 €/kg
- Minibananen: 1,50 €/kg
- Oliven: 4–5 €/kg
- Olivenöl: ab 5 €/l (gute Qualität)
- Wasser: 1,5 l-Flasche 1,50 € (Kiosk), ab 0,50 € (Supermarkt)
- Wein: Flasche ab 3 €
- Bier: kl. Dose: 1 € (Supermarkt)
- Bier: 0,5 l im Restaurant ca. 2–2,50 €
- Softdrinks (0,33 l): 1 € (Kiosk)
- Restaurantessen: Gemüsegericht ab 6 €, Fleisch/Fischgericht ab 8 €, Touristenmenü ab 10 €

Auf Speisekarten finden sich zumeist nur **wenige Grundgerichte,** basierend auf Fleisch oder Fisch, dazu gibt es gleich bleibende Beilagen, vor allem Kartoffeln (meist inklusive). **Salat und Gemüse** werden extra bestellt und gesondert gereicht und berechnet, während **Brot** *(psomí)* und **Wasser** *(neró)* Teil der Mahlzeit und im Preis für das Gedeck enthalten sind. (Leitungs-)Wasser wird mittlerweile nicht immer unaufgefordert gebracht, da meist von Touristen verschmäht, manchmal wird stattdessen teures Mineralwasser serviert. Auch bei den **Vorspeisen** bestehen in der Regel freie Kombinationsmöglichkeiten.

Das Bestellte kommt meist gleichzeitig auf den Tisch, und üblicherweise essen alle von jedem Teller – das ist ty-

OLIVENÖL –
DAS GEHEIMNIS DER KRETISCHEN GESUNDHEIT

„Unsere Küche ist die gesündeste der Welt“, behaupten stolz die Kreter, erst recht, da sie durch neue wissenschaftliche Untersuchungen bestätigt wurden. Der Leiter der epidemiologischen Abteilung der Universität Minnesota, *Professor Dr. Ancel Keys,* fand in der nach ihm benannten „Seven Countries Study by Keys“ nach langen Forschungen heraus, dass die Bewohner des Mittelmeerraums und insbesondere Kretas die geringste Rate an tödlich verlaufenden koronaren Herzkrankheiten aufweisen. Über seine Studie, die je nach Land zwischen 5 und 15 Jahren dauerte, wurden 50- bis 69-jährige Männer beobachtet. Danach ergab sich, bei der Umrechnung auf eine Dauer von zehn Jahren und 10.000 Personen, Folgendes: Auf Kreta entfallen nur 1,75 % der Todesfälle auf eine koronare Herzkrankheit, im Mittelmeerraum sind es 17 %, in den Niederlanden ca. 38 %, während in den USA knapp 50 % der Todesfälle auf eine Herzkrankheit zurückgehen.

Auch andere Untersuchungen haben ähnlich frappierende Ergebnisse erbracht und bestätigt, dass die Kreter zu den gesündesten Menschen der westlichen Welt gehören. Und das liegt in erster Linie an ihren Essgewohnheiten, an der „Dieta Mediterranea“, der „Mittelmeerdiät“. Hiermit ist eine Ernährungsweise aus überwiegend vegetarischer Kost gemeint; neben Brot gehören viel Obst und Gemüse und schließlich Milchprodukte dazu. Hingegen spielt Fleisch in dieser Ernährung nur eine sehr untergeordnete Rolle und wird ggf. durch Fisch kompensiert. Alkohol wird in Maßen, und wenn, dann vorwiegend in Form von Rotwein genossen, ein weiterer Faktor, der zum Wohlergehen beiträgt.

Einem anderen Ernährungsbestandteil, der mit „Diät“ eigentlich nichts zu tun hat, kommt in Griechenland eine zentrale Rolle zu: dem Fett, das zwar reichlich, aber fast ausschließlich in Form von zumeist einfach ungesättigten Fettsäuren, nämlich als Olivenöl, genossen wird. Tierische Fette, wie die in Nordeuropa heiß geliebte Butter, spielen hingegen kaum eine Rolle.

Niederländische Untersuchungen haben gezeigt, dass eine solche olivenölreiche Ernährung eine deutliche Senkung des Gesamtcholesterinspiegels zur Folge hat. Ein zu hoher Cholesterinwert gilt als Hauptverursacher von Gefäßerkrankungen. Bekanntlich setzt sich das Gesamtcholesterin aus zwei Teilen zusammen: einerseits dem „schlechten“ LDL und VLDL, das Arteriosklerose bewirkt und als mögliche Folge Angina Pectoris, Herzinfarkt und Schlaganfall nach sich ziehen kann und vor allem durch tierische Fette in die Höhe getrieben wird, andererseits dem „guten“ HDL, das in möglichst hohem Anteil im Blut nachweisbar sein sollte. Vereinfacht gesagt, lässt sich das richtige Verhältnis zwischen den beiden Blutfetten – niedriger LDL- und gleichzeitig hoher HDL-Anteil – durch die Verwendung der richtigen Fette beeinflussen.

Lange galten die mehrfach ungesättigten Fettsäuren als ideal, die in Distel-, Sonnenblumen und Sojaölen in hohen Konzentrationen vorhanden sind. Inzwischen hat man herausgefunden, dass diese nicht nur das LDL, sondern auch das HDL senken. Olivenöl dagegen, das sich je nach Sorte

Gesund und preiswert: griechisches Olivenöl

aus 55–83 % einfach ungesättigten Oleinsäuren, 3,5–21 % mehrfach ungesättigten und 7,5–20 % gesättigten Fettsäuren zusammensetzt, verhält sich anders: Seine einfach ungesättigten Fettsäuren verringern den LDL/ VLDL-Anteil, sorgen aber zugleich für die erstrebte Steigerung des HDL-Anteils.

Forschung hin oder her, auch auf Kreta zeichnet sich in letzter Zeit zunehmend eine Änderung der Lebensweise und Ernährungsgewohnheiten ab. Übergewichtige sind keine Seltenheit mehr. Junge, im Berufsleben stehende und in den Städten lebende Kreter greifen heute weit häufiger auf Fast- und Convenience Food zurück und schätzen ausländische Produkte oft mehr als ihre eigenen, gesünderen.

Hinweis: Das verbreitete Extra Virgin Olive Oil hat normalerweise einen Säuregehalt von 0,2–0,8 %, die Spitze stellt das Premium Extra Virgin Olive Oil dar, mit unter 0,2 %, und ebenfalls noch guten Geschmack weist das (auch von den Kretern meistverwendete) Fine Virgin Olive Oil auf.

020kr Foto: bk

pisch griechisch, wie auch die Tatsache, dass bei solchen „Gelagen" immer nur eine Person die Rechnung übernimmt. **Getrennte Bezahlung** stößt in Griechenland auf Unverständnis und hat einen viel sagenden Spitznamen erhalten: „Zahlen à la germanikos". **Trinkgeld** *(pourboire)* wird gern gesehen und üblicherweise auf dem Tisch zurückgelassen, auch der Kellnergehilfe *(mikró)* erwartet etwas.

Selbstverpflegung

Kleine Snacks gibt es außer in Giros-Souvlaki-Buden in Snackbars und Kafé-Bars. Frisches Backwerk führen Konditoreien, wobei es dort nicht nur Süßes und Eis, sondern auch salzige Pastetchen und Sandwiches gibt. An Imbisswagen in den Städten gibt es nicht nur *Kolouri* (Sesamkringel), sondern meist auch *Loukoumades* (Donuts) und *Stafidopsomo* (Rosinenbrötchen). Obststände, Maronenverkäufer und Nusswägelchen sind ebenfalls verbreitet.

Die kretische Küche

Die kretische Küche gilt als die schmackhafteste und **gesündeste Küche Griechenlands** und, was Letzteres angeht, womöglich auch der ganzen Welt, sofern man neuesten Untersuchungen diesbezüglich glauben darf (s. Exkurs zum Thema Olivenöl). Auf Kreta sind besonders die Herzinfarkthäufigkeit, aber auch die Zahl von Krebserkrankungen und die Sterberate insgesamt niedriger als andernorts, was auf die Ernährungsgewohnheiten und die Lebensweise

016kr Foto: bk

Grundnahrungsmittel auf Kreta: Oliven

zurückgeführt werden kann. Die Gründe für das höhere Alter und seltenere krankheitsbedingte Ausfälle liegen in mehreren Faktoren: dem Olivenöl-Konsum, der überwiegend vegetarischen Ernährung und dem höheren Energiebedarf auf Grund körperlicher Tätigkeit - zumindest bei Mitgliedern der älteren Generation, die überwiegend als Bauern tätig waren und sind.

Auf Kreta wird mehr Olivenöl als irgendwo sonst auf der Welt verwendet, und zu den „Standard"-Gemüsesorten kommen rund hundert weitere essbare Pflanzenarten und unzählige Kräuter hinzu. Man kocht sparsam und kräftig; von einer Pflanze und von Tieren werden möglichst alle Teile in irgendeiner Form verwendet. Fleisch wird selten und vor allem in Form von Ziegen-, Lamm-, Hammel- oder Hühnerfleisch konsumiert; Schweinefleisch wird traditionell zu Weihnachten als Festgericht zubereitet.

Wo Viehzucht betrieben wird, gibt es auch Milch, Joghurt und Käse, wo nicht, wird variiert und improvisiert. Auch saison- und klimaabhängig wird in verschiedenen Regionen der Insel unterschiedlich gekocht, und es gelten andere Gerichte als Spezialitäten. Doch **Olivenöl, Kräuter** und **Knob-**

lauch gehören überall zu den Standardzutaten der kretischen Küche.

Griechische und kretische Spezialitäten

Bereits im minoischen Kreta waren Brot, Hülsenfrüchte, Gemüse, Obst, Schnecken und Oliven Hauptnahrungsmittel der Kreter, außerdem war der Wein von Liktos und Sitía vielgerühmt. Hinzu kamen noch das Olivenöl und die Rosinen – alles Produkte, die bis heute das Rückgrat der kretischen Küche bilden. Die im Folgenden aufgeführten Gerichte sind nicht ausschließlich kretische Spezialitäten, vieles davon wird in ganz Griechenland gerne gegessen.

Vorspeisen (orektiká)

- **Choriátiki:** Bauernsalat (Gurken, Tomaten, Zwiebelringe, Oliven, Schafskäsescheiben, Olivenöl), normalerweise in einem tiefen Teller mit Brot serviert (ohne Essig!)
- **Dolmádes/dolmadákia:** Weinblätter, kalt oder warm serviert, z.B. mit Zitronensoße und einer Farce basierend auf Reis, Zwiebeln und Dill, manchmal mit Hack, Kartoffeln oder Artischockenherzen gefüllt
- **Kolokithákia tiganitá:** gebratene Zucchinischeiben
- **Melitsánes tiganités:** gebratene Auberginenscheiben
- **Melitsánosalata:** Auberginenpüree
- **Pikilía:** gemischte Vorspeisenplatte
- **Saganáki:** panierte Schafskäsescheiben, mit Zitrone überträufelt
- **Salingkária:** Schnecken (auch *kochlií*)
- **Skordaliá:** Knoblauchpüree (Knoblauch, Kartoffeln und Olivenöl)
- **Taramosaláta:** rosafarbenes Fischrogenpüree
- **Tsatsíki:** Joghurt mit Gurken und Knoblauch, Öl, Dill und evtl. etwas Essig

Fleischgerichte (kréas)

Verbreitetste Fleischsorten sind Lamm *(arnáki)*, Hammel *(arní)* und Ziege *(katsíka/katsikísio)*, Huhn *(kotópoulo)* und Schwein *(chirinó)*; Rindfleisch *(bodinó kréas)* und Kalbfleisch *(moschári)* sind hingegen eher rar und teuer. Von den sparsamen Kretern wird Fleisch bevorzugt konserviert verwendet, die beliebteste Soße dazu ist *Avgolémono*, bestehend aus Eiern, Zitronensaft und warmem Fleischsud.

- **Giuvétsi:** Lamm und/oder Kalbfleischwürfel mit Tomaten und Reisnudeln *(Kritharáki)*, im Tontopf überbacken
- **Paidákia:** Lammkoteletts vom Grill
- **Arnáki:** gegrilltes Lammfleisch am Spieß, auch geschmort mit Gemüse
- **Arní me máratho:** Lamm mit Fenchel, auch *me bámies* (mit Okra), *avgolémono* (mit Ei-Zitronensoße), *me anginares* (mit Artischocken), *me maroúlia* (mit Kopfsalat)
- **Kléftiko:** Eintopfgericht aus dem Tontopf mit Rind- oder Hammelfleisch *(arní)*, Kartoffeln, Fleisch, Tomaten, überbacken mit Käse
- **Keftédes** (oder *biftékia*): Hackfleischbällchen (*kimá*, vielfach Lammhack), oft „meat balls" genannt und in Kreta gern mit Kartoffelteig vermischt
- **Bekrí Mezé:** Der Name setzt sich aus *Bekris*, der Säufer, und *Meze*, Kleinigkeit, zusammen; es handelt sich um in Wein eingelegte Fleisch- und/oder Wurststückchen, die meist warm serviert werden.
- **Stifádo:** geschmortes Rindergulasch mit vielen Schalotten, Kräutern und etwas Zimt
- **Moschári lemonáto:** Kalbfleisch gekocht, mit Zitrone; auch mit Auberginen beliebt
- **Tsigaristó:** in der Pfanne gebratenes Fleisch
- **Chirinó** (Schweinefleisch) mit Fenchel oder Sellerie *(Chirinó me sélino)*, Letzteres ist auch eine Spezialität am Feiertag des Hl. Dimitri in Platanias bei Chaniá; auch *me chóntro* (mit gemahlenem Weizen)
- **Kotópoulo** (Huhn) mit Okra *(bámies)*, Tomaten oder Erbsen und/oder mit Käse überbacken

- **Gída vrastí:** gekochtes Ziegenfleisch; vor allem im Herbst beliebt, z.B. mit Tomaten *(ega me tomata)*
- **Magirítsa:** Kuttelsuppe, vor allem in den Tavernen auf den Märkten Iráklions oder Chaniás zu finden; typisches Osteressen
- **Spetsofái:** Spezialität, die ursprünglich aus dem Pílion (Vólos, Mittelgriechenland) kommt, ein Eintopf mit Fleischwurststücken, Paprika und Tomaten
- **Gíros:** große Fleischscheiben auf einem drehbaren vertikalen Metallspieß; das Fleisch wird in speziellen Grills geröstet. Wenn das Äußere gebräunt ist, werden senkrecht kleine Stückchen heruntergeschnitten, um mit Tomaten, Zwiebeln und Tsatsiki in einem Hefefladen gegessen zu werden.
- **Souvláki:** kleine mit Kräutern gewürzte Grillspieße aus Schweinefleisch, die nach dem Grillen mit einer Mischung aus Öl, Zitrone, Oregano, Salz und Pfeffer bestrichen werden. Angeblich in den 1950er Jahren in Athen „erfunden", kamen sie ca. 1960 nach Kreta und wurden ursprünglich in längsaufgeschnittenen Warmwasserboilern auf einem Karren gegrillt. Der Name leitet sich ab von *souvla* oder lateinisch *subula* für Spieß, auf Türkisch heißt dasselbe Gericht *Shish Kebab*.

Typisch kretische Gerichte

(selten in Restaurants erhältlich)

- **Apochtí:** gesalzenes, getrocknetes oder geräuchertes Fleisch
- **Apáki:** Räucherfleisch, um Weihnachten herum für Würste verwendet
- **Kokorétsi:** Lamminnereien, auf Holzspieße gespießt und mit Dünndärmen umwickelt, gerne mit Zitronen-Eiersoße gegessen, bei der Variante *Gardoúmba* wird nur der Lammmagen (bzw. Ziegenmagen) verwendet. Als Beilage gibt es gern Kichererbsen.
- **Kroketten/Polpétes:** ähnlich wie Keftedes (Hackfleischbällchen)
- **Patsá** (früher „Trípes"): Suppe mit Fleischeinlage
- **Foúki:** gekochtes Fleisch mit Käse
- **Oftó:** das Grillen von Lamm- oder Ziegenfleisch über offenem Feuer, ursprünglich von Hirten praktiziert. Die Fleischspieße selbst heißen *Tsoulámas*.
- **Omathiés:** Innereien und Schweineblut in einen Darm gefüllt; heute handelt es sich meist um Schweineleber, Reis, Rosinen und Nüsse, mit Zucker und Zimt abgeschmeckt und gekocht.
- **Sgaséto:** eine Art *Stifádo* (s.o.)
- **Tsiladia** (auch *Pichti*): Sülze aus Schweinskopf und Schweinepfoten mit Orangensaft, ursprünglich am 2. Weihnachtstag zubereitet und zu Neujahr gegessen.
- **Kounéli:** Kaninchen, in unterschiedlichen Zubereitungsarten, z.B. mit Joghurt oder mit Zwiebeln *(kounéli stifádo)*; entsprechend wird auch Hase *(lagós)* zubereitet.
- **Kreatópita** oder **Kreatótourta:** Fleischpastete aus Mehl-Öl-Teig mit Lammhack-Reis-Käse-Füllung.
- **Dakos:** siehe unten „Paximádi"

Fischgerichte (psária)

Fisch wird meist in kleinen Portionen serviert ist und verhältnismäßig teuer, oft handelt es sich zudem um Tiefkühlware. Vor allem **Tintenfisch, Oktopus** und **Maridáki** sind lokale und beliebte Sorten, außerdem werden gerne Stockfisch – mit Hülsenfrüchten, Gemüse und Teigwaren oder in Soße serviert –

Honig gilt auf Kreta als „flüssiges Gold". Schon Erhart Kästner schildert dies sehr anschaulich in seinen Kreta-Beschreibungen aus den 1940er Jahren: *„Honig aber gab es zu jeder Zeit. Wann immer vom Essen die Rede sein konnte, stand ein Suppenteller voll goldbraunen Honigs inmitten des Tisches, randvoll gefüllt, und jedesmal wurde er gänzlich geleert. Sie aßen ihn löffelweise, sie wälzten Stücke des harten Käses darin zu bernsteinernen Klumpen, an die blecherne Gabel gespießt. Sie tauchten Stücke trockenen Brotes in das zähtropfende Gold, und am besten war ein Gemisch aus Honig und Topfen, das jeder an seinem besonderen Schürfort des gemeinsamen Tellers erzielt."*

und Fischeintöpfe gegessen. Kreter bereiten Fisch oft mit Okra und Zucchini zu und grillen ihn oder braten ihn im Ofen.

- **Barbúnia:** Rotbarben/Meeräschen
- **Chtapódi:** Oktopus, meist mit Wein gedünstet, durchgedreht und ausgebacken
- **Kakaviá:** Fischsuppe im Stil einer Bouillabaisse, heute noch Pfingstessen in Mochlos, manchmal auch am 6. Dezember zu Ehren des Heiligen Nikólaos gekocht
- **Kalamarákia:** Tintenfisch, die Saugarme werden meist als Ringe gebraten, der Rest gekocht, mit Reisnudeln, Reis, Spinat, Tomaten oder Wildgemüse (Fastenspeise!) serviert.
- **Lithrínia:** Meerbarben, relativ selten, ebenso: *Tsipoúres* (Meerbrasse)
- **Marídes** *(marídaki):* Stinten oder Sprotten, kleine in Mehl gewendete, in Öl ausgebackene Fischchen, die mit Kopf und Schwanz gegessen werden (mit Zitrone).
- **Sfirída:** Seebarsch
- **Tónnos:** Tunfisch
- **Xifías:** Schwertfisch

Schnecken (kochlí)

Landschnecken gibt es auf Kreta in Hülle und Fülle, sie sind in großen Körben auf den Märkten zu finden und werden auf feuchten Wiesen aufgelesen. Sie waren bereits in der Antike beliebt, auch als Fastenspeise oder kleiner Imbiss. Am meisten geschätzt werden wegen der Kräuternahrung die Bergschnecken. Wichtig beim Kochen ist, dass in das Salzwasser, in das die Tiere lebend gelegt werden, keine toten Exemplare hineingeraten. Serviert werden sie gerne als *bourbouristi* – in heißem Öl gebraten und mit Essig angemacht – oder *me chontro,* mit Weizengries, aber auch mit Soße, Reis oder Zwiebeln, Bohnen oder Artischocken.

Gemüse (lachaniká)

- **Gemistá:** mit Reis-Kräuter-Zwiebelmischung gefülltes Gemüse, z.B. *piperiés* (Paprika), *tomátes* (Tomaten), *kolokithákia* (Zucchini), *melitzánes* (Auberginen), auch gefüllte Kohlblätter oder Kürbisblüten
- **Gígandes:** große weiße Bohnen, auch als Eintopf (Hauptgericht)
- **Koukiá:** Saubohnen, flach und runzlig
- **Fassolákia:** grüne Bohnen
- **Anginári̇es:** Artischocken, z.B. mit Ei-Zitronensoße, als Omelette oder Salat serviert
- **Bámies:** Okra
- **Papoutsákia:** Auberginen gefüllt mit Hackfleisch, das mit Zwiebeln in Tomatensauce gekocht wurde
- **Pantsária:** Rote Rüben
- **Kolokithákia** *(Kolokíthia):* Zucchini
- **Melitsánes:** Auberginen
- **Wildgemüse,** in Lokalen so gut wie nie angeboten, ist auf Kreta verbreitet, so *Zichorium Spinosum* oder *Stamnagathi* (Stachelstrauch), *Radíkio* (Cichorium intibus), *Agalatsída* (Reichardia picroides) – süßlich, mit Olivenöl als Salat bereitet –, *Antrákla* oder *Glistrída, Papoules/Psares/Kambilies* (Lathyrus ochrus) – roh gegessen und leicht bitter
- **Chortópites:** Gemüsepasteten, regional unterschiedlich gefüllt und in unterschiedlicher Form und Größe hergestellt, z.B. Zucchini- oder Wildgemüsepastete
- **Chortopitákia:** kleine Pastetchen, dazu gehören auch *Spanakopites* (Spinatpasteten)
- **Spanakoboúreko:** Spinatpastete mit Ei und Käse zwischen Teigblätter geschichtet
- **Sofagáda:** Eintopf aus gemischtem Gemüse, Kartoffeln, Tomaten und Zwiebeln

Hülsenfrüchte (óspria)

- **Fassólia xerá:** weiße Bohnen in verschiedenen Variationen
- **Koukiá:** dicke Bohnen
- **Fáva:** Platterbsen
- **Revíthia:** Kichererbsen
- **Fakés:** Linsen
- **Loumboúnia:** Lupinen
- **Palikaria/Psarokoliva/Mageria:** Eintopf aus verschiedenen Hülsenfrüchten, der traditionell am 5. Januar zubereitet und von der Familie *und* den Haustieren gegessen wird.

Außerdem verteilt man ihn auf dem Hausdach für die Vögel. Auch an Fastentagen vor Ostern zubereitet.

Aufläufe und Pasteten (foúrnou)

- **Makarónia kimá:** Spaghetti mit Hackfleischsoße
- **Moussaká:** Auberginen-Hack-Kartoffelauflauf mit Béchamelsoße überbacken
- **Pastítsio:** Nudelauflauf mit Hack und Tomaten, überbacken mit Béchamelsoße, mit Zimt gewürzt; wohl venezianischen Ursprungs
- **Kritiká Kanelónia:** Crêpes mit Hackfleisch-Lauchfüllung mit Käse und Béchamelsoße
- **Bougátsa:** gefüllter Blätterteig vom Blech in zwei Variationen: *me créma,* mit süßem Quark oder *me tirí,* mit pikanter Käsefüllung
- **Tirópita:** Blätterteigtasche mit Ei-Schafskäsefüllung; kleinere Version: *Tiropitakia* (Käse und Quark im Teig, als runde Scheiben im Ofen gebacken)
- **Spinatópida:** Blätterteigtasche mit Spinatfüllung
- **Bouréki:** im Rohr gebackene Pastete, meist süß, aber auch salzig möglich (s. a. Nachtisch)
- **Kaltsoúnia:** kleine Teigtasche mit Käse (meist *Mizíthra*), salzig oder süß gefüllt

Beilagen und Teigwaren (simariká)

- **Patátes** *(tiganités):* grobgeschnittene Pommes Frites
- **Patátes tou foúrnou:** im Ofen gebackene Kartoffelscheiben mit Kräutern und Knoblauch
- **Kritharáki:** Reisnudeln
- **Piláfi:** Reis
- **Makarónia:** Nudeln
- **Mangíri:** Teigfleckchen, mit Käse oder in der Suppe
- **Chilos/Chilofta:** gerollte Nudeln, mit Käse oder Honig serviert
- **Chóntros:** in einer Handmühle grob gemahlener Weizen, oft mit Sauermilch zubereitet (dann *Xinochontro* genannt) und frisch als Reisersatz oder auch getrocknet gegessen

Salate (salátes)

- **Choriátiki:** Bauernsalat (s. Vorspeisen)
- **Chórta:** Wildspinat, Löwenzahn oder Ähnliches, lauwarm mit Olivenöl, Knoblauch, Zitrone serviert; gleichzeitig Sammelbegriff für grüne Salate aller Art
- **Tomáta saláta:** Tomatensalat
- **Láchano saláta:** Krautsalat – doch der ist fast ausschließlich den hiesigen Griechen vorbehalten
- **Maroúli:** Kopfsalat, auch Romanosalat
- **Kräuter:** Rosmarin *(dendrolívano),* Oregano *(rígani),* Petersilie *(maidanós),* Dill *(ánithos),* Salbei *(Faskomília)*

Obst (frúta)

- **Banána (-es):** Spezialität sind die kretischen „Miniaturbananen“
- **Portokáli (-ia):** Orangen
- **Stafíli (-ia):** Weintrauben, getrocknet als Rosinen: *stafida/des*
- **Karpúsi (-ia):** Wassermelone
- **Mílo (-a):** Apfel
- **Síko (-a):** Feigen
- **Pepóni (-ia):** Honigmelonen
- **Kerási (-ia):** Kirschen
- **Déspoles** (auch *mousmoula):* Mispeln; kleine gelbe Früchte mit Kern, säuerlicher Geschmack zwischen Aprikose und Birne

Backwaren (artoskevásmata)

- **Psomí:** Brot, mit Wasser, Honig oder Milch geknetetes Weizen-, Gersten- oder Mischbrot, das Grundnahrungsmittel ist und zu jedem Essen gereicht wird, und zwar in verschiedener Form:
  - *Klivanitis:* im Ofen gebacken
  - *Esharitis:* auf dem Grill gebackene Fladen
  - *Plitos:* in Tongefäß gebacken
  - *Apopirias:* auf Kohlen gebraten
  - *Alifalitis:* mit Öl eingepinselt
  - *Paschalino Psomi:* Osterbrot
  - *Paradosiako Eftasimo:* mit Kichererbsen, Lorbeer, Peperoni
- **Paximádi** (auch *Koriatiko*): lagerfähiges getrocknetes (Roggen-)brot, gut als Notration geeignet oder zu Käse passend; muss vor dem Verzehr in Wasser getaucht werden; beträufelt mit Olivenöl, und bestreut mit Tomatenstückchen und Käse sowie mit Oregano als Vorspeise „Koukouravia“ oder „Dakos“ (abgeleitet von *Tacos*) serviert
- **Kouloúri:** Brotteigkringel mit Sesam bestreut

Nachtisch, Süßspeisen und Gebäck (gliká)

Große Firmen für Milchprodukte und Speiseeis sind ΘΑΓΕ, ΔΕΛΤΑ oder ALGIDA. Viele Süßspeisen werden auf Kreta mit *Misíthra* (Quark) zubereitet, der mit Ei vermengt für Teigfüllungen benutzt und mit Honig serviert wird. Beliebt für Desserts sind vor allem Honig bzw. Sirup, Sesam, Mandeln, Nüsse und Blätterteig. Außerdem sind eingelegte Früchte verbreitet (in Sirup so lange gekocht, bis dieser dickflüssig geworden ist, v.a. Kirschen, Orangen, Aprikosen, Feigen und Quitten), sie werden zur Begrüßung eines Gastes angeboten.

- **Yaoúrti:** kretischer Joghurt aus Schafs- oder Ziegenmilch, mit Honig *(me méli)* serviert
- **Chalvás:** sehr süßer Grießkuchen (in Öl gebräunter Grieß mit Sirup/Honig und Gewürzen oder mit Butter und Joghurt vermischt), ein Relikt der türkischen Besatzungszeit
- **Baklavá:** Blätterteig mit Nüssen und Sirup oder Honig
- **Loukoumádes:** honigglasierte, frittierte Teigbällchen, am Straßenstand eine Art gezuckerter Donut.
- **Galaktoboúreko:** dünne Blätterteigplatten mit Pudding-Gries-Eier-Mischung und Sirup dazwischen; ähnlich:
- **Revaní:** Joghurt-Grieß-Auflauf, mit Sirup übergossen
- **Kataífi:** Faden-Teig (vom Zuckerbäcker), ersatzweise Blätterteig, mit Nussfüllung, nach dem Backen mit Sirup übergossen
- **Kallitsoúnia/Kaltsoúnia:** große Kekse, bei denen in der Mitte die Quark-Käsefüllung sichtbar ist
- **Mizithrópita:** Ravioli-artige, meist quarkgefüllte Teigtaschen, die im Ofen oder in der Pfanne zubereitet werden (v.a. im Karneval)

017kr Foto: bk

Eine kretische Spezialität: Kouloúri

- **Sfakianó-Pasteten** *(Pites):* Teig, mit *Misíthra* (Quark) gefüllt und ausgerollt, danach wie Pfannkuchen ausgebacken und mit Honig serviert.
- **Bouréki:** Teigblätter, gefüllt mit *Misíthra* (Quark), Zucker, Zimt und Ei, im Ofen gebacken, als *Misithroboureko* mit Blätterteig, Quark-Ei-Füllung, nach dem Backen mit Sirup übergossen
- **Zournadákia:** Blätterteigröllchen gefüllt mit Nuss-Sesam-Füllung, mit Sirup übergossen
- **Petimési:** gekochter Most, wird für Kuchen und Süßspeisen wie Moustalévria verwendet, z.B. Kringel mit Most *(Moustokouloúra)*
- **Tiganítes:** ausgebackene Teigstückchen (Öl-Mehl-Wasser-Teig) mit Honig oder Most übergossen und mit Nüssen/Sesam bestreut
- **Stafidópita:** Rosinenkuchen
- **Karidópita:** Walnusskuchen
- **Tsourekákia:** trockener Hefe- oder Backpulverkuchen
- **Kouloúrákia:** Gebäck (Ölteigkringel)
- **Melomakárona:** Honiggebäck
- **Kourabiédes:** Mandelgeb. mit Puderzucker

Käse (tiriá)

Käse wurde auf Kreta früher traditionell in Ziegenhaut aufbewahrt, ebenso wie Wein.

- **Féta:** der bekannte griechische Schafskäse, relativ weich und in Blöcken, die in Lake schwimmen, erhältlich; oft dänischer Import
- **Graviéra:** verbreitetste Sorte, harter Schafskäse (manchmal auch Ziegenmilch dabei) in großen Laiben (ähnlich wie der schweizerische Gruyère/ Greyerzer)
- **Anthótiro:** kleine Laibe von Hartkäse, der gern in Honig getaucht mit Weißbrot zum Frühstück gegessen wird. Es gibt als kleinere Version kegelförmige Ziegenkäse desselben Namens. Im übrigen Griechenland wird damit ein eher geschmackloser, magerer Weichkäse (ähnl. *Mizithra*) bezeichnet.
- **Mizíthra:** quarkähnliches, krümeliges Milchprodukt, das zu kleinen kegelförmigen Laiben gepresst wird. In Iráklion auch Bezeichnung für festen gelben Hartkäse *(Anthótiro)*, der in geriebener Form zum Würzen (wie Parmesan) verwendet wird.
- **Manoúri:** harter, weißer Würzkäse
- **Kefalotíri:** würziger Schafskäse, meist hart und wie Pecorino verwendbar, wie **Kaseri,** ein milder Schafskäse, eher selten zu finden.

Festtagsgerichte

- Schweinefleisch gehört zum Heiligen Abend oder zum Ende der Fastenzeit. Das traditionell vor Weihnachten geschlachtete Schwein wird zunächst in Form von *Omathiés* (siehe „typisch kretische Gerichte") gegessen, am 2. Weihnachtstag werden aus den Resten dann lange haltbare Würste, Räucherfleisch u.Ä. hergestellt.
- Am 1. Weihnachtsfeiertag: Festessen mit Truthahn oder Huhn
- Beliebt sind Neujahrskuchen aus Hefeteig, mit reichlich Eiern, Butter und Zitrusfrüchten, manchmal auch mit Rakí getränkt. Wer die eingebackene Münze bekommt, den erwartet im neuen Jahr besonderes Glück.
- Während der Fastenzeit vor Ostern werden bevorzugt Fisch (Tintenfisch) und Wildgemüse sowie Schnecken verzehrt. **Skaltsouniá** oder **Kallitsounia**, halbmondförmige Ölteigtaschen, gefüllt mit Marmelade oder Quark, sind ebenfalls als Fastenspeise bzw. zu Ostern beliebt.
- Typische Ostergerichte sind Lammbraten am Spieß, gegrilltes Huhn, **Lambriatikó** (Lammkopf und -rippchen), **Kokorétsi** (Spieße aus Lamminnereien), **Magiritsa** (Suppe aus Lamminnereien) und **Tsouréki** (dekorierter, oft zum Zopf geflochtener Hefekuchen).
- Kultische Brote gibt es in verschiedenen Formen, z.B. Weihnachtsbrote wie *Christópsomo* (mit Zimt, Orangensaft und Rakí) oder *Lazári*, als Osterkringel *(Lambrokouloúres)*, dekoriertes Brot *(Chombliástres)*, Weihbrote mit Stempeln oder *Kouloúria* zu Hochzeiten, Taufen etc.
- **Fanourópita** ist ein vor dem 27. August (Hl. Fanourio-Feiertag) gebackener Kuchen mit Orangensaft, Rosinen, Früchten, Nüssen und wenig Mehl, mit Sesam bestreut.
- **Xerotígana:** Teigrollen mit Zimt, Walnüssen und Honig, speziell zu Hochzeiten

Getränke (potá)

- **Neró:** Wasser – das Nationalgetränk
- **Kafés ellinikós:** griechischer Kaffee – das feine Kaffeepulver wird mit Wasser und Zucker in einem kleinen Stieltöpfchen mehrmals aufgekocht und in Minitassen serviert. Man kann wählen zwischen *métrio* (mittelsüß), *glikó* oder *varí glikó* (süß bzw. sehr süß) oder *skéto* (ohne Zucker). Auch wenn die Zubereitungsart an türkischen Mokka erinnert, ist es ratsam, niemals einen „türkischen Kaffee" bestellen.
- **Nescafé** (frappé): Pulverkaffee, meist kalt und aufgeschlagen oder *me galá* (mit Milch)
- **Portokaláda:** Orangenlimo
- **Limonáda:** Zitronenlimo; es gibt auf Kreta noch lokale Limonadefabriken, z.B. in Piskokefalo, Zakros oder Lentas.
- **Kanelláda** ist ein nach Zimt schmeckendes typisch kretisches Getränk.
- **Soumáda** schmeckt nach Mandeln und ist ebenfalls typisch kretisch.
- **Bírra (Bier):** oft Importbiere, auch vom Fass, wie Amstel, Mythos, Becks, Warsteiner, Löwenbräu oder das in Iráklion gebraute Henninger. Die Firma Boutari (Thessaloniki)

018kr Foto: bk

produziert *Mythos; Alpha* und *Zorbas* sind weitere griechische Marken, in Réthimnon und Umgebung gibt es das hervorragende Biobier der Rethymnian Brewery zu kaufen.

- **Ouzo:** hochprozentiger Anisschnaps; gibt es überall, da bei Besuchern bekannt und beliebt. Er ist aber wie Retsina nicht typisch kretisch. Der inseltypische, Grappa-ähnliche Tresterschnaps heißt **Tsikoudiá** (bis 40 % Alkohol) und wird meist als *Rakí* bezeichnet, was eigentlich der Name für das türkische Pendant zum Ouzo (Anisschnaps) ist. **Rakomelo** ist ein likörähnliches Getränk aus Rakí, versetzt mit Honig und Gewürzen, das normalerweise heiß getrunken wird.

Wein (krassí)

Abgesehen von Flaschenweinen der Großproduzenten (z.B. Minos, Olympias, Lato) und den qualitativ besseren Produkten der Weingüter auf der Insel, gibt es preiswerte Fassweine (*chíma* oder *krassí chíma*) von unterschiedlicher Qualität, die meist in schlichten Plastikflaschen verkauft werden. Rotwein *(kókino krassí)* ist häufiger als Weißer *(áspro/lefkó krassí)*. Der bekannte geharzte *Retsina* ist nicht typisch für die Insel, wird aber in letzter Zeit auch auf Kreta produziert (z.B. von der Petsa-Weingenossenschaft, Sitía, und der Genossenschaft in Kissamos).

Die meistverwendeten Traubensorten für **Weißweine** sind Vilána (blumig, erfrischend, leicht) und Rosáki (eher trocken), die auch gemischt werden. *Pirgos Vasilissis* ist eine Cuvée aus

Kreta ist bekannt
für guten Ziegen- und Schafskäse

Chardonnay-, Roditis- und Savatiano-Trauben, ein leichter, fruchtiger Wein. Der *Domaine Fantaxometocho,* aus Vilana-, Sylvaner-, Sauvignon-Blanc- und Thrapsathiri-Trauben, ist dagegen eher blumig.

Rotweine werden hauptsächlich aus Kotsifali- und Mandilari-Trauben gekeltert und ergeben aromatisch-trockene Weine. Agiorgitiko-Trauben hingegen sind Grundlage von füllig-fruchtigen Weinen, z.B. den *Palace Nouveau* und den *Zorbas*.

Inzwischen kann man in vielen Weingütern – besonders im Hinterland von Iráklion – die lokalen Weine verkosten und kaufen (Infos: www.greekwinemakers.com/czone/regions/crete.shtml).

- **Tipp: „Meet and Eat in Crete"** heißt ein gratis auf der Insel zu findender kulinarischer Führer, der auch Restaurantempfehlungen gibt (www.meetandeatguides.com). Kretische Produkte sind erhältlich bei www.eatcrete.com.

FKK

Nacktbaden ist in Griechenland generell **verboten und strafbar.** Es drohen hohe Bußgelder bzw. im Extremfall sogar bis zu vier Wochen Haft. Mittlerweile ist FKK an Kretas Stränden jedoch weit verbreitet und wird, wenn auch unwillig, von den Kretern geduldet, sofern es sich nur auf die obere Körperhälfte bezieht. Besonders im Ortsbereich und an stadtnahen Stränden sollte man den (zugegebenermaßen strengen) Moralvorstellungen der Griechen Rechnung tragen – schließlich ist man zu Gast.

Die Kreter bezeichnen Nacktbadestrände gern schlicht und einfach als „Schweinebuchten" und halten ihre Kinder (und sich selbst) davon fern.

Fotografieren

Mit dem Einzug der **Digitalfotografie** ist Fotografieren einerseits einfacher geworden, da man Fotos „auf Vorrat" machen und gleich wieder löschen kann, keine Filme mehr benötigt und die Kameras kompakter geworden sind. Andererseits gilt es an Speicherkarten, Batterieladegeräte u.a. Zubehör zu denken. Infos dazu gibt es im Reise Know-How Praxis-Buch:

- **Buchtipp:** *V. Heinrich,* „Reisefotografie digital", Reise Know-How Verlag, Reihe Praxis.

Verhalten und Tipps beim Fotografieren

- **Respekt** vor dem Gegenüber ist bei der Fotografie von anderen Menschen erstes Gebot. Es handelt sich schließlich um Menschen, nicht um Fotoobjekte. Man sollte sich stets die **Erlaubnis** einholen, jemanden zu fotografieren. Möchte jemand nicht fotografiert werden, ist das unbedingt zu respektieren.
- Hemmungsloses **Blitzen** in Situationen oder Räumen, die für andere Menschen privat oder gar heilig sind, zeugt von Respektlosigkeit, ist lästig und zieht oft Ärger nach sich.
- Das Fotografieren von **Militäreinrichtungen** ist verboten. Entsprechende Regeln sollte man unbedingt erfragen und beherzigen, auch wenn es nicht nachvollziehbar ist, warum. Wer mit der Beschlagnahmung des Films wegkommt, kann manchmal froh sein!

- **Fotoverbote oder -einschränkungen in Sehenswürdigkeiten** sollten ebenfalls beachtet werden. In Museen und auf Ausgrabungsstätten ist das Fotografieren mit Blitz und Stativ immer verboten. Knipsen ohne Blitz ist hingegen meist möglich.

Frauen allein unterwegs

Die Griechen sind zwar keine „Gigolos“ wie die Italiener, aber sie haben ihre fest verwurzelten Ansichten über Frauen und ihr Auftreten. Daher sollten Touristinnen auf Dinge verzichten, die ihnen den Anschein geben, sie seien, im Gegensatz zu den vor der Ehe zumeist zurückhaltenden kretischen Mädchen, „leicht zu haben“ oder eine willkommene Abwechslung zur kinderhütenden „Mama“ daheim.

Fahrten per Anhalter sollte frau ebenso unterlassen wie allzu auffällige bzw. freizügige Kleidung, Letzteres gilt besonders für Kirchenbesuche. Nacktbaden sollte tabu sein und Aufdringlichkeiten oder allzu offensichtliche Einladungen lehnt frau am besten von vornherein unmissverständlich ab.

Gesundheit und Hygiene

Medizinische Versorgung

Für die medizinische Versorgung ist auf Kreta hinreichend gesorgt. **Arztpraxen** – mit „Iatriko“ ausgeschildert – sind in ausreichender Zahl in Städten, v.a. in den Tourismuszentren, vertreten, und in einigen großen Resorthotels halten Ärzte stundenweise Sprechstunden ab, oder es steht in kürzester Zeit ein Arzt zur Verfügung. Dank eines Auslandsstudiums verfügen die meisten Ärzte über Fremdsprachenkenntnisse: Englisch oder sogar Deutsch.

Die gesetzlichen Krankenkassen von Deutschland und Österreich garantieren eine Behandlung im akuten Krankheitsfall auch auf Kreta, wenn die Versorgung nicht bis nach der Rückkehr warten kann. Als Anspruchsnachweis benötigt man die **Europäische Krankenversicherungskarte,** die man von seiner Krankenkasse erhält.

Im Krankheitsfall besteht ein Anspruch auf ambulante oder stationäre Behandlung bei jedem zugelassenen Arzt und in staatlichen Krankenhäusern. Da jedoch die Leistungen nach den gesetzlichen Vorschriften im Ausland abgerechnet werden, kann man auch gebeten werden, zunächst **die Kosten der Behandlung** selbst zu tragen. Obwohl bestimmte Beträge von der Krankenkasse hinterher erstattet werden, kann ein Teil der finanziellen Belastung beim Patienten bleiben und zu Kosten in kaum vorhersagbarem Umfang führen. Deshalb wird der Abschluss einer **privaten Auslandskrankenversicherung** dringend empfohlen (s.a. „Vor der Reise: Versicherungen“).

Die Kosten für **Medikamente,** die billiger sind als hierzulande und großteils rezeptfrei erhältlich, kann man zurückerhalten. Dennoch sollten dringend benötigte Medikamente und die übliche Hausapotheke (s.a. „Vor der Reise: Ausrüstung und Reisegepäck") mitgenommen werden. Chronisch Kranke sollten einen Gesundheitspass mitnehmen, ebenso natürlich alle benötigten Medikamente in ausreichender Menge (am besten mit ärztlicher Bescheinigung).

Es gibt grundsätzlich verschiedene Sorten von **Krankenhäusern:** staatliche *Health Centers* in Provinzzentren auf dem Land, staatliche Krankenhäuser, wobei die Universitätsklinik von Iráklion als führend gilt, und Privatkliniken.

Empfehlenswert, da auf neuestem technischen Stand, sind **Euromedica-Zentren,** z.B. in:

- **Iráklion,** 56, Odos Arch. Makariou, Tel. 2810/396700
- **Réthimnon,** Tel. 28310/51878
- **Ágios Nikólaos,** Tel. 28410/23700
- **Infos im Internet:** www.euromedica.gr

Ein zentral organisiertes Netz an Notärzten und **Ambulanzen** gibt es hingegen nicht. Um einen Rettungswagen zu rufen, wählt man **166 (siehe unten „Notfalltipps" unter „Kriminalität und Sicherheit").**

Apotheken *(Farmacia)* sind gekennzeichnet mit dem Malteserkreuz, haben normale Ladenöffnungszeiten und Wochenenddienst, der am Eingang vermerkt ist.

Schutzmaßnahmen

Besondere Vorsicht ist bei ungeschütztem Aufenthalt in der Sonne geboten. Speziell am Wasser und in Höhenlagen verbrennt die Haut schnell. Dringend nötig sind **Sonnenschutzmittel** und Kopfschutz, denn trotz des fast ständig wehenden Windes, sollte die Sonne nicht unterschätzt werden.

Eventuell sind auch **Insektenschutz** und ein Mittel gegen Insektenstiche angebracht, die auch mit Essig oder Soda behandelt werden können.

Feste Schuhe sind in Anbetracht der auf Kreta lebenden **Schlangen und Skorpione** von Nutzen. Badeschuhe schützen vor **Seeigeln,** scharfen Felsen oder aber Scherben am Strand.

Ein Mittel gegen **Reisekrankheit** macht die manchmal abenteuerlichen Fahrten in Bussen und den hohen Seegang auf Fähren erträglicher.

Hygiene

Öffentliche Toiletten – gekennzeichnet mit *ándron* (männlich) und *ginaíkon* (weiblich) – sind erstens selten und zweitens nicht immer empfehlenswert. In ländlichen Regionen, an Bahnhöfen und in Klöstern gibt es gelegentlich noch Hock- oder Stehklos, Spülung ist nicht immer vorhanden, und vielfach, selbst in manchen Hotels, muss Klopapier – von dem man am besten immer einen kleinen Vorrat dabei hat – in einen bereitstehenden Eimer geworfen werden.

Leitungswasser schmeckt manchmal nach Chlor, kann aber im Allgemeinen problemlos genossen werden; oft handelt es sich sogar um Quellwasser. Bei Zisternen ist Vorsicht geboten, da sie oft verunreinigt sind.

Büro der griechischen Zentrale für Fremdenverkehr

Informationsstellen auf Kreta

Die **Griechische Zentrale für Fremdenverkehr,** kurz **GNTO** oder **E.O.T.** *(Ellenikós Organismós Tourísmou)* genannt, ist die übergeordnete Tourismusorganisation. Ihr unterstehen in den einzelnen Regionen und Städten selbständig geleitete *„Tourism Directorates"* bzw. *„Tourism Offices"*. Dort bekommt man allgemeines Informationsmaterial, Prospekte spezieller Veranstalter und Hotelverzeichnisse. Außerdem erhält man Auskünfte verschiedenster Art bei der **Touristenpolizei** *(touristikí astynomía)*, die auch Zimmervermittlung vornimmt. Notfalls sind auch das Dorf-Kafeníon oder das Lokal am Hauptplatz eine sinnvolle Anlaufstelle, um ein Zimmer zu finden oder einen Schlüssel zu einer Sehenswürdigkeit aufzutreiben. An vielen Straßen gibt es *„Infopoints"*, in Städten sind an markanten Stellen häufig Stadtpläne zu finden.

E.O.T-Filialen

- **Iráklion** Odos Xanthoudidou 1/Platia Eleftherias (gegenüber dem Archäologischen Museum), Tel. 2810/228203, 246298 oder 228225, www.heraklion-city.gr, Mo–Fr 9–17 Uhr, Filiale am Flughafen.
- **Chaniá,** Odos Kidonias 29, Tel. 28210/23302, chania@ofcrete.gr, Mo–Fr 9–19 Uhr, städtische Infostelle mit Infokiosks im Sommer vor der Markthalle und am Hafen, sowie: EOT, O. Kriari 40/Magaro Pantheon, Tel. 28210/92943, Mo–Fr 7.30- 14.30 Uhr und Webpage www.chania.gr.
- **Réthimnon,** Odos El. Venizelou (Bau neben großem Parkplatz zwischen östlicher Hafenmole und Stadtstrand), Tel. 28310/29148,

021kr Foto: bk

Mo–Fr 8–20 (Sommer), Mo–Fr 8–15 Uhr (Winter).
- **Ágios Nikólaos,** Infostand an der Brücke zw. Voulismeni-See u. Hafen, O. Koundourou 21, Tel. 28410/22357, www.aghiosniko laos.gr, tgl. 8.30–21.30 Uhr. Viele nützliche Hotelbroschüren mit Preisangaben. Angeschlossen ist ein Museum.
- Auch in **Ierápetra** und **Sitía** existieren kleinere Informationsstellen (s. dort).

Mit Kindern unterwegs

Kreta ist für Familienurlaub ideal, und die meisten großen Reiseveranstalter offerieren spezielle Kinder- bzw. Familien-Sparangebote (z.B. 1-2-Fly). Kinder sind überall gerne gesehen, und es gibt zahlreiche Möglichkeiten, angenehm unterzukommen. Zahlreiche Hotels bieten Kinderbetreuung, -camps, -freizeitprogramm und Spielplätze. Flachabfallende (Sand-)strände, vor allem an der Nordküste, laden zum Plantschen ein, und für Gesellschaft ist ebenfalls gesorgt. Kindernahrung, vor allem Milchfertigprodukte, ist, wenn auch in eingeschränkter Auswahl, erhältlich. Vielfach kann es angesichts der Geländebeschaffenheit (v.a. auf Ausgrabungen) sinnvoll sein, einen Geländebuggy, Jogger, oder auch eine Rückentrage dabei zu haben. Auch die Autositze für Kleinkinder entsprechen in Mietwagen nicht immer unserem Standard.

- Auf **Eltern-Kindreisen** spezialisiert ist www.vamos-reisen.de (Tel. 0511/400799-0).

Kriminalität und Sicherheit

Die Griechen - und besonders die Kreter - sind für ihre Ehrlichkeit bekannt. **Diebstahl und Vandalismus** kommen selten vor, und wenn, dann sind die Sündenböcke meist unter den Urlaubern zu suchen. Dennoch sollte man, wie überall, die üblichen **Sicherheitsvorkehrungen** beachten: nicht viel Bargeld mit sich herumtragen, Wertgegenstände im Hotel sicher aufbewahren, keinen wertvollen Schmuck zur Schau stellen, möglichst keine Handtaschen schlenkern und Geldbeutel nicht lose in die Hosentasche stecken, das Auto immer verschließen, im Hotel keinem Unbekannten die Zimmertür öffnen etc.

Größere Hotels bieten oft **Schließfächer** zum Mieten oder sogar Safes im Zimmer an. Mit den zahlreich auf Kreta, vor allem zur Erntezeit tätigen Gastarbeitern, hauptsächlich Albanern und Jugoslawen, werden die Kreter - wie jeder Einheimische schmunzelnd bestätigt - bislang noch gut selbst fertig; Probleme sind selten. Es ist für einen Kreter im Übrigen selbstverständlich, sein Auto und seine Haustür unverschlossen zu lassen und die vergessene Sonnenbrille oder Tasche dem Besucher nachzutragen. **Drogenbesitz** wird hart bestraft.

Notfälle

Die **Polizei** (Rufnummer 100) ist für das Protokollieren von Diebstählen u.Ä. zuständig, während für Auskünfte und sonstige Hilfestellungen die **Touristenpolizei** aufzusuchen ist. Deren Angestellte sind meist recht hilfsbereit und sprachkundig.

Es gibt nur ein paar inselweit geltende Telefonnummern (fett gedruckt), sonst variieren die Nummern in jeder Stadt bzw. Region:

- **Allg. Notruf:** 112
- **Ambulanz:** 166
- **Notarzt:** 176
- **Krankenhaus-Notruf:** 106
- **Krankenhäuser** (Auswahl):
Universitätskrankenhaus
Iráklion: 2810/22000;
Réthimnon: 28310/27814
Chaniá: 28210/22000
Ágios Nikólaos: 28410/25221-28

Notfall-Tipps

Im Krankheitsfall

- Ausführliche **Bescheinigungen** des behandelnden Arztes über Diagnose und Behandlungen, einschließlich Medikamenten, sowie **Quittungen** über alle Leistungen helfen ggf. zu Hause, das Geld von der Krankenkasse zurückzufordern.
- In schweren Fällen sollte man außer seiner **Krankenversicherung** auch die **Botschaft** bzw. das Konsulat informieren.
- **Weitere Infos** unter „Praktische Reisetipps A–Z/Gesundheit und Hygiene"

Verlust von Dokumenten oder Geld

- Bei Diebstahl oder Verbrechen sind immer die **Meldung bei der Polizei** (Tel. 100) und die Anfertigung eines ausführlichen Polizeiprotokolls erforderlich.
- Danach umgehende Meldung des Verlustes bei den **betreffenden Stellen** (z.B. Botschaft, Fluggesellschaft oder Bank), möglichst exakt mit Nummern bzw. Kopien der entsprechenden Dokumente.
- Botschaften bzw. Konsulate (Adressen s. „Vor der Reise/Diplomatische Vertretungen") stellen bei Passverlust nach Klärung der Identität z.B. durch eine Passkopie (oder durch zeit- und kostenaufwendige Nachfragen zu Hause) ggf. einen **Ersatzpass** aus.
- **Geldkarte** oder **Reiseschecks** sollte man umgehend sperren lassen. Für deutsche Maestro- und Kreditkarten gibt es die einheitliche **Sperrnummer 0049 116116** und im Ausland zusätzlich 0049 30/4050 4050. Für österreicherische und schweizerische Karten gelten eigene Sperrnummern, die je nach Bank bzw. Karte variieren. Man sollte sich die Telefonnummern für den Notfall vor Reiseantritt notieren und mitnehmen.

Beschaffung von Geld

- **Blitzüberweisungen** sind bei der an vielen Bahnhöfen und Flughäfen vertretenen Deutschen Reisebank, Tel. 0180/5225822, oder über Western Union via Postbank möglich. Bei der Post wird Geld in wenigen Stunden gegen eine Gebühr transferiert und kann gegen Vorlage der Transaktionsnummer und des Ausweises im Postamt abgeholt werden.
- **Botschaften und Konsulate** helfen nur in Ausnahmefällen, jedoch nie mit Bargeld, nur mit einem Kredit, wenn ein Notfall vorliegt.

Ierápetra: 28420/26766
Sitía: 28430/24311-14
- **24-Stunden-Ärzteservice: 1016** oder **105**
- **Apotheken-Notdienst: 107**
- **IKA (Krankenversicherungsanstalt): 184**
- **Polizei** *(Astinomía)*: **100**

Iráklion: 2810/28224 oder 283190
Réthimnon: 28310/27333
Chaniá: 28210/71111
Agíos Nikólaos: 28410/22251 oder 22338
Sitía: 28430/22266
Ierápetra: 28420/22560
Chora Sfakion/Sfakia: 28250/91205
- **Verkehrspolizei:**

Iráklion: 2810/282031
Lassíthi: 28410/22750
Ierápetra: 28420/24444
- **Touristenpolizei** *(touristikí astynomía)*: **171**

Chaniá: 28210/25930
Iráklion: 2810/247734, Dikeosynis 10
Réthimnon: 28310/28156, 53450
Ágios Nikólaos: 28410/91409
Límin Chersónisou: 28970/21000
Sitía: 28430/22259
- **Pannenhilfe: 104,** Info-Tel. **174** oder 10400 (ELPA-Zentrale) bzw. 2810/210581 (ELPA Iráklion)
- **Heimische Automobilclubs:** siehe „Praktische Reisetipps/Auto fahren", inkl. Notruf-Tel.
- **Juristische Hilfe in Notfällen** (deutschsprachig): Chara Liandri-Werner, Igoumenou Gavriil 103–105, Réthimnon, Tel. 28310/53227, Chara.Liandri@cretanproperties.com

Konsulate auf Kreta

Siehe „Vor der Reise/Diplomatische Vertretungen".

MEDIEN

Zeitungen und Magazine

Deutschsprachige Publikationen sind, außer in einigen weniger besuchten Regionen, z.B. dem äußersten Osten um Sitía, leicht erhältlich, natürlich mit Aufschlag. Tageszeitungen sind meist einen Tag alt. Dem amerikanischen **International Herald Tribune** (2,50 €) ist ein interessanter, tagesfrischer Auszug der athenischen Tageszeitung Kathemerini in englischer Sprache beigelegt.

Es gibt 16 überregionale Zeitungen in Griechenland, auf Kreta sind es mehrere lokale Blätter. Die **Griechenland Zeitung** ist die einzige deutschsprachige (Wochen-)Zeitung des Landes und erscheint jeden Freitag (Infos: Leof. Kifissias, www.griechenland.net).

Die englischsprachige **Athens News** ist ebenso wie **Athens Plus** für 2,50 € in einigen Kiosks auf Kreta zu bekommen. Sie bieten interessanten Lesestoff auch über Athen hinaus (www.athensnews.gr, www.athensplus.gr).

Bücher

Bücher gibt es meist in großer Auswahl, auch in englischer und deutscher Sprache, in Läden, die auch Zeitschriften und Postkarten führen und in Touristen-Shops, seltener auch in griechischen Buchhandlungen.

Radio und Fernsehen

Die **Deutsche Welle** ist auf Kurzwelle 6075 Khz und 9656 Khz zu empfan-

022kr Foto: bk

gen, in vielen Hotels können **deutsche Fernsehsender** wie ARD, ZDF, RTL, Sat1 oder Deutsche Welle sowie CNN und BBC empfangen werden. Griechische Sender sind die staatlichen ET-1 und ET-3, außerdem Mega, Ant 1, Star, Alpha, NET oder Filmnet.

Öffnungszeiten

Charakteristisch für Kreta, wie für ganz Griechenland bzw. den mediterranen Süden, sind das Fehlen verbindlicher Ladenöffnungszeiten sowie die lange Mittagspause. Wer einmal einen Sommer hier nicht als Urlaub, sondern arbeitend verbracht hat, weiß, warum das eine sinnvolle Einrichtung ist.

- **Kleinere Läden, Spezialgeschäfte:** Meist Mo, Mi und Sa nur 9–15 Uhr; Di, Do und Fr 9–14 und 17–20/21 Uhr, manchmal auch durchgehend.
- **Supermärkte, Kaufhäuser:** Mo–Sa durchgehend von ca. 8 bis 20/21 Uhr.
- **Souvenirshops, Konditoreien:** meist durchgehend von morgens bis abends geöffnet.
- **Kioske:** bis spät abends, oft bis Mitternacht, teils auch sonntags.
- **Wochenmärkte:** Finden meist am Wochenende, freitags oder samstags, statt. Feste Märkte wie der in Chaniá, Ierápetra oder Iráklion öffnen täglich wie Geschäfte, Lebensmittel werden jedoch meist nur vormittags verkauft.
- **Banken:** Mo–Fr 7.30/8–13.30/14 Uhr.
- **Post:** Je nach Größe des Ortes unterschiedlich lange offen, meist Mo–Sa 8–15 Uhr, in größeren Städten auch bis 20 Uhr.
- **Infobüros** (z.B. E.O.T.): Meist über Mittag geschlossen, manchmal dafür aber abends länger geöffnet.
- **Tankstellen:** Mo–Fr 7–19, Sa 7–15 Uhr
- **Klöster, Kirchen:** Spätestens ab 8/8.30 Uhr bis 15 Uhr geöffnet oder bis zum Abend mit Schließung am Nachmittag. Abgelegene Kirchen sind generell nur dann geöffnet, wenn Gottesdienste stattfinden; manchmal lässt

023kr Foto: bk

Auch internationale Zeitungen sind fast überall erhältlich

Die Touristen haben die Uhr, die Kreter die Zeit

sich im benachbarten Kafeníon oder in der Taverne ein Schlüssel auftreiben.

- **Museen & Ausgrabungen:** Uneinheitlich und variabel je nach Saison und Personalstärke geöffnet. Anhaltspunkt: Di–So von 9–15 Uhr, große und bedeutende Sights auch täglich von 8–17/19 Uhr (je nach Saison), z.B. Knossós, Festós oder AM Iráklion. Fast alle Sehenswürdigkeiten sind an Feiertagen wie Neujahr, Ostern, dem 25.3., 1.5. und Weihnachten geschlossen. An manchen Feiertagen gelten verkürzte Öffnungszeiten.

Achtung

Die Angaben zu den Öffnungszeiten im Reiseteil sind nur als Orientierung zu verstehen und beziehen sich normalerweise auf die HS.

Sind zwei Schließungszeiten angegeben, bezieht sich die frühere auf die NS.

Post

Post *(Tachidromíon)* und **Telefonamt (O.T.E.)** sind strikt voneinander getrennt, und nicht zwangsläufig muss sich in der Post überhaupt ein Telefonapparat befinden. Postämter sind mindestens bis zum frühen Nachmittag, in Städten meist bis zum Abend und auch sonntags geöffnet. Im Postamt kann auch Geld gewechselt werden.

Es wird unterschieden zwischen Inlandspost *(esoterikí)* und Auslandspost *(exoterikí)*. Briefkästen sind gelb und mit der Aufschrift „ELPA“ bzw. „Post“ versehen. Briefmarken sind auch an Kiosken, in Läden und – oft mit Aufschlag – in Hotels erhältlich.

Da die **Portogebühren** ständig steigen, kann folgende Angabe (Stand Anfang 2011) nur als Anhaltspunkt dienen: Ansichtskarten und Briefe bis 20 g kosten einheitlich 0,70 € in alle europäischen Länder.

Postlagerung für maximal zwei Monate ist unter Angabe des Hauptpostamtes plus Zusatz „Poste restante“ möglich.

Sehenswürdigkeiten

Museen

Bei den Museen auf Kreta handelt es sich vor allem um **archäologische und volkskundliche Sammlungen,** die vielfach in Zusammenhang mit Ausgrabungen oder Klöstern stehen. Das Hauptmuseum der Insel ist das **Archäologische Museum in Iráklion,** weitere sehenswerte sind im Folgenden aufgelistet, wobei genauere Informationen bei den jeweiligen Ortsbeschreibungen zu finden sind.

Die Öffnungszeiten sind variabel, sie hängen von dem zur Verfügung stehenden Personal, von anstehenden Renovierungsarbeiten und der Saison ab. Siehe unter „Öffnungszeiten“.

- **Iráklion:** Historisches Museum, Überblick über Iráklions Stadtgeschichte und kretische Kultur; Ikonenmuseum, bedeutendste Ikonensammlung Kretas; Naturhistorisches Museum
- **Chaniá:** Archäologisches Museum, sehenswerte Antikensammlung in alter Kirche; Kretisches Seefahrtsmuseum
- **Réthimnon:** Archäologisches Museum, „klein, aber fein“; Museum of Contemporary

024kr Foto: bk

Braune Schilder weisen auf Ausgrabungsstätten und Sehenswertes hin

Art, Wechselausstellungen zu kretischer Gegenwartskunst; Volkskundemuseum
- **Ágios Nikólaos:** Archäologisches Museum, guter Überblick über das antike Ostkreta
- **Sitía:** Archäologisches Museum
- **Ierápetra:** Archäologische Sammlung, wie Sitía eine willkommene Abwechslung zum „Wust" in Iráklion
- **Mirtía:** neu gestaltetes Museum Nikos Kazantzakis, alles über den kretischen Nationaldichter
- **Vóri:** Ethnografisches Museum, mehrfach ausgezeichnetes Volkskundemuseum in altem Gutshof
- **Limín Chersónisou:** Lychnostasis Museum, „living history museum" zum kretischen Alltagsleben mit Vorführungen und Veranstaltungen

Ausgrabungsstätten

Viele der unzähligen Grabungsplätze auf Kreta sind für die Öffentlichkeit unzugänglich. Man sollte sich auch an Verbotsschilder halten und Zäune respektieren, denn wer aus purer Neugier auf antiken Ruinen herumklettert, zerstört mehr, als er hinterher an Neuem weiß. Es gibt schließlich genügend Ausgrabungsstätten, die offiziell besucht werden können und gute Einblicke in längst vergangene Zeiten geben. Die Grabungsplätze sind, mit Ausnahme der „Highlights" wie Knossós, meist nur bis zum frühen Nachmittag (ca. 15 Uhr) geöffnet. Hier ein Überblick über die wichtigsten antiken

Ruinenstätten, genauere Informationen und weitere, kleinere Stätten sind jeweils bei den entsprechenden Ortsbeschreibungen zu finden.

- **Archánes:** minoischer Friedhof und Siedlung
- **Arméni:** minoischer Friedhof
- **Aptéra:** bedeutende griechische Stadt, großteils nicht ergraben und daher frei zugänglich
- **Agía Triáda:** minoischer Palast und Stadt
- **Chaniá:** antike Stadt, abgezäunte Reste im Kastelli-Viertel, von außen einsehbar
- **Festós:** minoischer Palast und Stadt
- **Falássarna:** antike Hafenstadt an der Westküste
- **Górtis:** römische Provinzhauptstadt Kretas
- **Gourniá:** minoische Großstadt
- **Ítanos:** bedeutende antike Hafenstadt an der Nordostküste
- **Láto:** griechische Stadt archaisch-klassischer Zeit
- **Lissós**: griechische Hafenstadt an der Südküste
- **Káto Zákros:** minoischer Palast und Stadt
- **Knossós**: minoischer Palast und Stadt
- **Mália:** minoischer Palast und Stadt
- **Palékastro/Roussólakos:** minoische Großstadt

Klöster

Klöster befinden sich meist abseits der Touristenhochburgen und Städte, oft in idyllischer (Berg-)Lage. Zumeist sind sie nicht mehr oder nur noch von sehr wenigen Mönchen (oder, seltener, Nonnen) bewohnt. Für eine Besichtigung ist – wie für Kirchen – ordentliche Kleidung (keine Tops/Shorts) und angemessenes Benehmen Voraussetzung. Meist ist ein kleines **Klostermuseum** mit allerhand liturgischem „Zubehör", oft auch ein Verkaufsstand angeschlossen, in dem Klosterprodukte wie Wein oder Olivenöl, Ansichtskarten und Bücher verkauft werden. Manchmal lassen sich auch gute Ikonen-Nachbildungen erwerben. Im Folgenden eine Auflistung der bedeutendsten Klöster Kretas; kleinere sowie weitere Informationen finden sich bei den Ortsbeschreibungen.

- **Moní Agía Triáda:** auf der Halbinsel Akrotíri, nordöstlich von Chaniá
- **Moní Ágios Nikólaos:** nahe dem Ort Zarós am Südabhang des Ída-Massivs
- **Moní Arkádi:** südlich von Réthimnon
- **Moní Goniás:** bei Kolimbári, westlich von Chaniá
- **Moní Gouvernéto:** nördlich des Klosters Agía Triáda
- **Moní Kardiótissa:** an der Nordzufahrt zur Lassíthi-Hochebene
- **Moní Préveli:** an der Südküste nahe Plakias
- **Moní Toploú:** nahe Sitía im Nordosten
- **Moní Vrondísi:** am Südabhang des Ída-Massivs, nahe dem Kloster Ágios Nikólaos

Eintrittspreise

Abgesehen von den Toptouristenattraktionen wie Knossós oder dem Archäologischen Museum in Iráklion sind die Eintrittspreise zu Sehenswürdigkeiten auf Kreta noch moderat. Sie bewegen sich um die 2–6 € für Erwachsene.

In staatlichen Museen sind **Ermäßigungen** von 50 % für Nicht-EU-Studenten und Senioren über 65 üblich. EU-Studenten mit internationalem Studentenausweis, Kinder und Schüler unter 18 Jahren bezahlen keinen Eintritt.

Auch Angehörige spezieller Berufsgruppen wie Archäologen, Journalisten oder Professoren sollten nach Rabatten fragen. An folgenden Tagen ist der **Eintritt gratis:**

- **6. März** (Melina Mercouri-Tag)
- **5. Juni** (Umwelttag)
- **18. April** (International Monuments Day)
- **18. Mai** (International Museums Day)
- **Letztes Wochenende im September** (World Tourism Day)
- an **Sonntagen** vom **1.11. bis 31.3.**
- **an staatlichen Feiertagen**
- am **1. Sonntag jeden Monats** außer im Juli/Aug./Sept.

Die im Besichtigungsteil angegebene Preise dienen nur als Anhaltspunkte, da sie wie die Öffnungszeiten schnellen Änderungen unterworfen sind.

Sport und Erholung

Generell sind der Osten der Insel und auch große Teile des Südens und äußersten Westens noch weitgehend unbeleckt vom Tourismus im großen Stile, weswegen auch Freizeitsporteinrichtungen dort eher rar sind. Umso geeigneter sind diese Gegenden, wenn Ruhe, Erholung oder Wandern im Vordergrund stehen. (Zum Thema Wandern s. Kap. „Wandern auf Kreta".)

Freizeitsportarten werden in erster Linie von den **größeren Hotels** angeboten. Wer in den Ferien bestimmte Sportarten betreiben möchte, sollte sich bereits bei der Reisebuchung gründlich informieren, wo was offeriert wird, denn das Angebot auf dem „freien Markt" ist gering bis nicht vorhanden. Es dürfte z.B. schwer fallen, einen öffentlich zugänglichen Tennisplatz zu finden oder an einem bestimmten Tauchkurs oder an einer Fahrradtour teilzunehmen, wenn man nicht in dem entsprechenden Hotel, auf dessen Grund der Kurs stattfindet, wohnt. Bei weitem nicht alle Sportangebote – Tennis (meist Hartplätze), Tauchen, Surfen, Mountainbiking, Wasserski u.a. –, die die großen Hotelanlagen und Clubhotels bieten, sind für jedermann zugänglich. Auf Sportreisen spezialisiert sind z.B.:

- **Frosch Sportreisen**
Gasselstiege 24, 48159 Münster,
Tel. (0251) 92788-10,
www.frosch-sportreisen.de (v.a. Wanderreisen und Sportclubs auf Kreta im Angebot).
- **Wikinger Reisen**
Postf. 7464, 58125 Hagen,
Tel. (02331) 9046,
www.wikinger-reisen.de (Wander- und Trekkingreisen)
- **Korifi Tours,**
Kapetania 28, GR-70016 Asimi/Kreta,
Tel. (0030) 2893/041440, www.korifi.de
(verschiedene Touren auf Kreta, v.a. Wandern um den Kofínas mit Ausgangspunkt Kapetaniána)

Baden

Baden und Schwimmen ist an fast allen Stränden ein Vergnügen, denn Wassertemperaturen und Wellengang sind angenehm, und die Verunreinigungen halten sich meist in Grenzen. Unmittelbar nach einem Unwetter sollte man die Strände allerdings eher meiden. Auch sollte man lokalen Hinweisen (z.B. Flaggen) Folge leisten, denn obwohl das Meer an manchen Stellen verlockend ruhig aussieht, gibt es vor Kreta immer wieder starke **Strömungen,** die schon manches Unglück ausgelöst haben.

Badeschuhe sind sinnvoll, Sonnenschutz Pflicht. Aufsichtspersonen gibt

025kr Foto: bk

es an Stränden meistens keine - erst ein Strandhotel mit mehr als 250 Betten muss einen ausgebildeten Rettungsschwimmer beschäftigen -, dafür fast überall **Sonnenschirm- und Liegestuhlverleih,** oft auch Boote und Surfbretter zum Mieten. Bei Stränden in Hotelnähe sind vielfach Süßwasserduschen im Freien zu finden.

Wassersport

Wassersport ist auf Kreta der Freizeitsport Nr. 1, und Wassersportorganisatoren unterhalten (meist nur von Juni–September) Filialen in Hotels. Allgemeine Sportprogramme bieten z.B. TUI (großes Wassersportangebot via Overschmidt International) oder Kreta Reisen (Tauchen).

Bootstouren sind in den Häfen, wie z.B. Réthimnon, buchbar, **Bootsverleih** (v.a. Tretboote) ist an touristischen Stränden zu finden. Gelegentlich werden auch **Segelkurse** veranstaltet, doch trotz der Nähe zu Athen und guter Versorgungshäfen (Chaniá oder Iráklions Port of Entry) sind Segeltörns bisher nicht häufig. **Sportsegelboote** können in manchen großen Resorthotels gemietet werden.

Windsurfen ist verbreitet, Bretter (kein Starkwindmaterial) können gemietet werden und Surfschulen (wie Overschmidt International) bieten Unterricht an. Wegen des *Meltémi* ist die Nordküste geeigneter für Anfänger, während an der Südküste, besonders in der Bucht von Plakiás sowie der

Ostküste, starke Winde und damit ideale Konditionen für Fortgeschrittene herrschen.

Wasserski ist vor allem in der Gegend um Eloúnda verbreitet, aber, wie **Parasailing,** auch andernorts gut möglich. **„Bananas“** sind der derzeitige Hit auch auf Kreta: Von Motorschnellbooten werden auf lang gestreckten, aufgeblasenen „Gummibooten“ sitzende Fahrgäste mehr oder weniger sanft durchs Wasser gezogen. Was für die einen ein Riesenspaß ist, verbinden andere jedoch mit Lärm und Gestank – und die Kreter mit barer Münze.

Schnorcheln ist überall erlaubt und lohnt speziell an der Südküste, im Osten und im Westen. **Tauchen** mit Ausrüstung ist hingegen auf fest umrissene Tauchzonen beschränkt, Areale, die überwacht werden und sich je nach Gegebenheiten ändern können. Damit sollen u.a. archäologische Fundstellen geschützt werden. Tauchschulen veranstalten in den großen Badehotels Tauchkurse.

Fast alle größeren Strandhotels der 4/5-Sterne-Kategorie, z.B. Grecotel, verfügen über angeschlossene **Wassersport- und Tauchzentren.** Es gibt nicht nur unterschiedliche Tauchkurse und -exkursionen, sondern auch Kurse unterschiedlicher Länge und Schwierigkeitsgrade in Windsurfing, Segeln, Wasserski, dazu Geräte- und Bootsverleih, Bootstouren, Paragliding, Bananas, Pedalos und Ringos.

Saubere Strände und Meer:
Was will man mehr?

Radfahren

Mountainbiking wird zunehmend populärer, wobei Touren unterschiedlicher Länge und Schwierigkeitsgrade mit geliehenen Rädern unterschiedlicher Qualität im Angebot stehen. Ebenso beliebt bei Urlaubern sind „Bergab-Touren“, bei denen die Teilnehmer per Kleinbus auf einen „Hügel“ gefahren werden und von dort mit mitgeführten Mountainbikes die Abfahrt (zum Hotel) starten.

Wer seriös Fahrradfahren möchte, muss über **gute Kondition und Erfahrung** verfügen. Vorausschauendes Fahren ist nötig, denn die herabbrennende Sonne und der Staub haben schon manchen scheitern lassen. Die Hitze, enorme Höhenunterschiede und der Straßenzustand machen das Fahren problematisch, vor allem der Süden gilt mit Ausnahmen (wie der Region um Ierápetra und der Messará-Ebene) als eher fahrradfeindlich.

Radtouren sollten frühmorgens begonnen werden und sind besonders in Kombination mit Zelten empfehlenswert. Fahrräder dafür können auch geliehen werden, doch wer lieber das eigene Rad im Flugzeug mitnehmen möchte, kann das bei verschiedenen Fluggesellschaften gegen einen Aufpreis tun. Nähere Informationen erteilt jedes Reisebüro. Fahrradreisen bzw. -touren organisiert:

- **Hellas Bike,** www.hellasbike.net, Tel. 28210/60858, Büro in Chánia; Fahrradverleih und Touren unterschiedlicher Länge und Schwierigkeit auf Westkreta.
- **Cretan Adventures,** Odos Evans 10, Iráklion, Tel. 2810/332772, www.cretanadven

tures.gr/en/biking-crete.html; längere Radtouren sowie andere Outdooraktivitäten, v.a. im Osten Kretas.

Reiten

Für Reiter gibt es ein paar **Reitschulen** bei Amníssos, Limín Chersónisou, Maléme, Ágios Nikólaos und Plakiás (siehe dort). **Pferdetouren und Kutschfahrten** bietet FINIKIA – Horse Riding Tours, Iráklion, Tel. 2810/ 317497 und Chersónissos, Tel. 2897/ 023555, http://hersonissos-horse-riding.com.

Golf

2003 wurde nahe Limín Chersónisou der erste Golfplatz auf Kreta eröffnet – **Crete Golf Club** (siehe „Limín") –, inzwischen sind es mehr geworden. Abgesehen von ökologischen Bedenken – schließlich ist umfangreiche Bewässerung nötig, um aus der wüstenartigen Landschaft sattes Grün zu erzeugen – stellt sich mancher die Frage, inwieweit Kreta Golfplätze braucht.

Jeep-Safaris

Ein zweifelhafter Spaß: Man düst quer durch die Prärie, auf Schotterpisten und Staubwegen, donnert durch kleine Dörfer und glaubt sich „frei" zu fühlen – im Pulk von fünf bis zehn Jeeps, die noch dazu für jeden Normalsterblichen kaum zu überholen sind.

Quads

Ebenso geräuschvoll, nur kleiner, sind die v.a. an der Nordküste, und dort um Malía, beliebt gewordenen ATVs (All Terrain Vehicles). Obwohl angeblich geländegängig, findet man sie vor allem auf den Hauptstraßen und Strandpromenaden. Sie können stunden- bzw. tageweise gemietet werden.

026kr Foto: bk

Mit dem Quad die Uferpromenade entlang

Ski laufen

Ski laufen ist im **Idagebirge** zwar gut möglich, doch fehlen entsprechende Einrichtungen wie Hütten oder Hotels, und Lifte sind Raritäten. Die Anreise gestaltet sich oft als schwierig, und Schneereichtum ist nicht garantiert. Und außerdem: Zum Ski fahren bieten sich doch wohl genügend andere, geeignetere Ziele an ...

Wandern

Siehe Kapitel am Buchende.

Verständigungsschwierigkeiten wird man auf Kreta kaum haben

Sprache und Verständigung

Es sollte eigentlich selbstverständlich sein, dass jeder, der ein fremdes Land besucht, zumindest die elementaren Grundzüge der Sprache wie Danken und Begrüßung beherrscht. Obwohl man auf Kreta auch ohne Griechisch durchkommt – abgesehen von den älteren Menschen sprechen die meisten relativ gut Englisch und, dank ihres Gastarbeiterdaseins, oft auch Deutsch – sollte man sich bemühen, wenigstens etwas Griechisch zu lernen. Da spielt es dann auch keine Rolle, das das Kretische ein ziemlich eigenständiger Dialekt ist.

Man wird sich wundern, was einige griechischer Wörter bewirken können. Sofort wächst die Freundlichkeit, denn jeder „Xenos", der griechische Ausdrücke verwendet, zeigt seinen Respekt gegenüber den Gastgebern und steigt in dessen Gunst.

Neugriechisch hat mit dem in Schulen gelehrten **Altgriechisch,** abgesehen von Schrift und Vokabular, nur wenig gemeinsam und ist zugegebenermaßen schwierig. Beim Lernen der Grundbegriffe ist es wichtig, auf die richtige Betonung zu achten.

Obwohl auf den meisten Schildern die Aufschriften auch in oft unterschiedlicher lateinischer Schrift stehen, kann es nützlich sein, sich ein wenig in die **griechische Schrift** „einzuarbeiten". So können griechische Bezeichnungen leichter entschlüsselt und im Wörterbuch nachgesehen werden.

227kr Foto: bk

Die Kreter haben außerdem eine eigene **Körpersprache,** statt z.B. verneinend den Kopf zu schütteln, wird er vielfach nur leicht nach hinten geneigt, bei hoch gezogenen Augenbrauen. „Ja" kann eine leichte Kopfneigung zur Seite sein und „pass auf" die Berührung der Unterlippe mit einem Finger. Eine erhobene, komplett geöffnete Handfläche wird nicht als Grußes-, Dankes- oder Beschwichtigungsgeste, sondern als Beleidigung gesehen.

Eine kleine **Sprachhilfe,** die mit den wichtigsten Begriffen des Reisealltags vertraut macht, findet sich im Anhang. Wer etwas mehr lernen will, dem sei das bei Reise Know-How erschienene Bändchen **„Griechisch – Wort für Wort"** aus der Reihe Kauderwelsch empfohlen, das dem Reisenden auf unkomplizierte Weise und praxisnah Grundkenntnisse vermittelt (auch „AusspracheTrainer Griechisch" als Audio-CD und „Kauderwelsch digital Griechisch" als CD-ROM erhältlich).

Strom

Auf Kreta sind wie bei uns 230 V Wechselstrom üblich. Nur noch sehr selten sind für mitgebrachte Geräte **Adapter** (Zusatzstecker „Südeuropa") für die griechischen Steckdosen nötig.

Telefon und Internet

O.T.E. *(Organísmos Tilepikinoníon tis Elládos)* heißt die halbstaatliche Telefongesellschaft, die Zentralen in größeren Orten betreibt. Dort boten früher schallgeschützte Telefonkabinen die beste Möglichkeit, ungestört und ohne Bargeldeinwurf zu telefonieren. Inzwischen haben **Kartentelefone** an jeder Ecke, für die es Telefonkarten *(tilekarta)* im Wert von 4 € und mehr an jedem Kiosk und manchen Läden gibt **Münzautomaten** abgelöst.

Ein dreiminütiges Gespräch nach Deutschland kostet ca. 2–3 €, wobei es nachts und an Wochenenden günstiger ist. Für innergriechische Gespräche gilt, dass Anrufe zwischen 14 und 17 Uhr verpönt sind, wohingegen es üblich ist, bis spätabends zu telefonieren.

Handynetze werden flächendeckend versorgt, und es bedarf bei Mobiltelefonen mit Vertrag keiner besonderer Voreinstellungen. Das eigene **Mobiltelefon** lässt sich in Kreta problemlos nutzen, denn die meisten Mobilfunkgesellschaften haben Roamingverträge mit den griechischen Gesellschaften Cosmote (GSM 900/1800 MHz und 3G), Vodafone (GSM 900 MHz und 3G) oder Wind Hellas (GSM 900 und 3G). Alle griechischen Handy-Nummern beginnen mit einer Sechs, die auch aus D/CH/A vorzuwählen ist.

Vorwahlnummern

Bei **Inlands- und Ortsgesprächen** muss immer die komplette Vorwahl mitgewählt werden. Eine Vorwahl kann auch für mehrere Orte gültig sein, wobei auf Kreta alle Vorwahlen im Festnetz mit 28 beginnen und mit 0 enden.

- **Iráklion:** 2810
- **Ágios Nikólaos:** 28410
- **Réthimnon:** 28310
- **Chaniá:** 28210
- **Ierápetra:** 28420
- **Sitía:** 28430
- **Límin C./Mália:** 28970
- **Paleóchora:** 28230
- **Kíssamos:** 28220
- **Sfakiá:** 28250

Bei **Auslandsgesprächen** ist folgende Kombination zu wählen: Landesnummer – Ortsvorwahl ohne Null – Rufnummer.

- **Deutschland:** 0049
- **Österreich:** 0043
- **Schweiz:** 0041
- **Griechenland von Deutschland:** 0030, ebenfalls Ortsvorwahl ohne Null vorn

Nützliche Telefonnummern

(in Iráklion, Vorwahl 2810, immer mitzuwählen)

- **Flughafen:** Tel. 245644
- **Telefonservice:** Inland 131; Ausland 139; allg. Infos 134

- Beim Autofahren dürfen Mobiltelefone auch auf Kreta nicht benutzt werden.

Die meisten Hotels bieten Internet, teils **Gästecomputer,** teils **WiFi** (oft nur in der Lobby), oft, aber nicht immer, kostenlos. Die Übertragungsgeschwindigkeit ist meist gering. Im Flughafen Iráklion ist WiFi gratis vorhanden und es gibt in den Städten Internetcafés. Eine Liste findet sich unter: www.greeka.com/internet_cafe-in-greece.htm.

Trinkgeld

Die Deutschen gelten auf Kreta als geizig, da sie annehmen, hinter dem Begriff „Tax and Service inclusive" verberge sich auch das Trinkgeld, und daher mit selbigem sparen. Auch wenn es noch die Ausnahme ist, dass ein Kreter unübersehbar die Hand aufhält und auf ein kleines Extra wartet, ist es angemessen, entsprechend der Dienstleistung ein Trinkgeld zu geben. Obwohl in Restaurants die Kellner fest angestellt sind und auch ein entsprechendes Gehalt bekommen, bleibt zu bedenken, dass dieses selten 500 € erreicht und im Normalfall nur sieben Monate im Jahr gearbeitet wird.

Kann es in Familienbetrieben genügen, die Summe aufzurunden, ist es in größeren Lokalen durchaus üblich, **10–15 %** Trinkgeld zurückzulassen. Gleiches gilt für Zimmermädchen, Gepäckträger, Taxifahrer (runden!) und andere Serviceleistungen. Auch in Kirchen und Klöstern ist oft am Eingang eine Schale oder sogar Kasse dafür zu finden.

Umgangsformen und Verhaltenstipps

Die Kreter haben eine Abneigung gegenüber allzu **freizügigem Auftreten.** Speziell in Kirchen und Klöstern wird auf ordentliche Kleidung geachtet – d.h. keine Shorts, ärmellosen Tops oder kurze, ausgeschnittene Kleider. Dies gilt ebenso bei Privateinladungen.

Verpönt ist es außerdem, **„deutsch zu zahlen",** d.h. dass in Restaurants und Tavernen Leute an einem Tisch getrennt zahlen. Man legt die Summe vorher zusammen, oder es wird abwechselnd für alle gezahlt.

Die Griechen haben ein anderes **Zeitgefühl** – Afrika ist eben nicht weit, und das afrikanische Sprichwort „Europäer haben Uhren, wir die Zeit" scheint auch auf Kreta zu gelten. Man nimmt es weniger genau mit Terminen, und der Nachmittag kann bis 18 Uhr dauern. Man isst mittags kaum vor 14 und abends nicht vor 21 Uhr. Die Mittagspause ist heilig und sollte nicht gestört werden.

Ein **Tabuthema in Unterhaltungen** mit Kretern sind wegen des gespannten Verhältnisses „die Türken". Auch „die Athener" sind für Kreter ein heikles Thema; das Verhältnis zu den Makedoniern (Nordgriechen) ist auf Grund der ähnlichen Geschichte besser als zu den „arroganten" Hauptstädtern.

Militärische Anlagen, auch Flughäfen, sind strengstens überwacht, und man sollte nicht versuchen, in solchen

Sperrarealen anzuhalten, zu fotografieren oder sonst wie aufzufallen.

Zum **Schutz von Landschaft und Umwelt** sind folgende Maßnahmen angebracht: Wegen der großen Trockenheit sollte man äußerst vorsichtig mit Zigarettenkippen und Streichhölzern umgehen, ein Feuer im Freien kann ganze Landstriche zerstören. Zurückhaltung ist ebenfalls geboten, was den **Wasserverbrauch** angeht. Es darf, aus ökologischen Gründen, nicht verschwendet werden, und man sollte vielleicht auf mehrmaliges Duschen täglich verzichten.

Einladungen

Schon *Kästner* riet, Einladungen möglichst nie auszuschlagen, auch auf die Gefahr hin, nach einer Unzahl von Rakís mit getrübter Erkenntniskraft durchs Dorf zu laufen, und er warnte davor, dass die Kreter im Stande seien, den widerspenstigen Gast als Feind zu betrachten und zu verfolgen. Über die Jahrzehnte haben sich die Sitten gelockert, die Vorstellung, mit der Rakíflasche durchs Dorf verfolgt zu werden, ist passé.

Heute erwidert man die Gastfreundschaft, indem man nicht mit leeren Händen eintrifft. Als **Mitbringsel** beliebt sind Süßigkeiten *(gliká)* aller Art, während Blumen meist besonderen Anlässen vorbehalten sind und Alkohol als Geschenk unüblich ist. Gleich nach dem Eintreten werden zur Begrüßung „Löffelsüße" *(glikó tou koutalioú)* – eingemachte Früchte wie Kirschen, Aprikosen, Orangen, Feigen, Quitten – und Wasser oder Weinbrand *(Metaxa)* gereicht. Anschließend gibt es im *Saloni*, dem offiziellen und meist etwas steifen Empfangsraum, einen *Kafés Ellenikós* und weitere Süßigkeiten oder Gebäck.

War die Einladung auf 18 oder 19 Uhr gelegt, kann man sich anschließend wieder unter Dankesbekundungen auf den Weg machen, denn wer zum Essen geladen ist, wird erst gegen 20 oder gar 21 Uhr bestellt, wobei die Einladung meist telefonisch oder persönlich erfolgt. Handelt es sich um ein Familienfest, z.B. eine Taufe, schließt die (schriftliche) Einladung automatisch das anschließende Essen im Haus oder im Restaurant ein. Geschenke werden in diesem Fall vorher ins Haus geschickt oder gebracht.

Das Essen kommt in großen Mengen auf den Tisch, und jeder bedient sich aus den aufgestellten Schüsseln und Schalen, wobei die Griechen eine ziemliche Geschwindigkeit im Essen entwickeln können. Alkohol wird in Maßen genossen, und obwohl die Gläser immer sofort nachgefüllt werden, sollte man sich besser etwas zurückhalten.

Unterkunft

Der **Bauboom** ist, besonders an der Nordküste, beängstigend, die meisten der großen Badehotels befinden sich dort, doch auch die Südküste wird zunehmend erschlossen. Beinahe jeder

Schön gelegen: das „Blue Village" Ferienresort in Gerani

027kr Foto: bk

Bauer oder Dorfbewohner versucht, Privatzimmer zu vermieten, da dies einen zusätzlichen Verdienst darstellt. Neubauten, die zu Ferienwohnungen, Apartments oder Hotelzimmern ausgebaut werden sollen, schießen aus dem Boden, um dann allmählich, je nach Finanzlage der Bauherren, weiterzuwachsen. Einfachste Betonbauweise und schlichte Ausstattung, funktional und leicht sauber zu halten, machen das Bauen erschwinglich. Es dient zugleich als Wertanlage, da es in Griechenland nicht lohnt, Geld auf die hohe Kante zu legen. In Städten wie Réthimnon oder Chaniá finden sich stilvolle Ferienwohnungen jedoch auch in historischen Häusern, die hübsch renoviert wurden.

Ausstattung und Mängel

Für alle im Folgenden beschriebenen Übernachtungsmöglichkeiten gilt, dass man gegen Mängel nicht gefeit ist (aber wo ist man das?), doch generell liegt der Standard höher als in vielen anderen südlichen Ländern und in Rest-Griechenland. Probleme können auftauchen, z.B. was Warmwasser, Abfluss oder Strom anbelangt, außerdem wird oft mit Handtüchern und – in Ferienwohnungen – mit Geschirr und Küchengeräten gespart.

Alle Herbergsbetreiber, ob Hotel oder Privatzimmer, sind dazu verpflichtet, ihr Zulassungsschild mit Lizenznummer im Haus bzw. Zimmer auszuhängen, denn Kategorie und

Grecotels – hier lässt es sich Urlaub machen

Als 1981 die Familie *Daskalantonakis* das erste Grecotel *Rithymna Beach*, eröffnete, blickte man staunend auf das neue Luxushotel. Heute zählt die Kette, die zur Hälfte TUI gehört, 20 Hotels in ganz Griechenland, sechs bzw. sieben davon auf Kreta, allesamt mit vier oder fünf Sternen. Grecotel ist die größte Hotelkette in Griechenland und mit über 4000 Mitarbeitern zugleich wichtigster Arbeitgeber im Fremdenverkehr, vor allem auf Kreta.

Grecotel unterhält eine eigene **Umweltschutz- und Kulturabteilung** und zählt 70.000 „Privilege-Club"-Mitglieder, also Stammgäste.

Es wird Wert auf Stil und diskreten, aber effektiven Service gelegt. Die Anlagen befinden sich alle direkt am Strand, sind großzügig mit viel Grün und verstreuten Bungalows angelegt.

„Unaufdringliche Animation" heißt die Parole, und niemand muss an den Tagesaktivitäten wie Sport oder Meditation, am Kulturprogramm, z.B. Griechisch Kochen oder Sprachkurs, oder am abendlichen Unterhaltungsprogramm teilnehmen.

Außergewöhnlich ist das **kulinarische Angebot** – kein internationalisiertes Standardessen, sondern überwiegend Gerichte aus lokalen und biologischen Zutaten, vielfach typisch Kretisches. Die zugehörige **Agreco Traditional Farm** (seit 2002) in Adele bei Réthimnon beliefert zusammen mit anderen Bio-Betrieben die Grecotels auf Kreta mit Gemüse, Salat, Fleisch und Weinen.

Dieselbe Vielfalt ist charakteristisch für das **Sport- und Freizeitangebot.** Ein Großteil der Sporteinrichtungen wie Tennisplätze, Fitnesscenter, Pools, Volleyballplätze etc. ist kostenlos, hinzu kommen Mountain-Bike-Center sowie Wassersport- und Tauchschulen und ein umfassendes Spa- & Wellness-Angebot.

Zum Konzept passt auch eine besondere **Kinderfreundlichkeit.** In allen Häusern gibt es mindestens einen *„Grecoland Club"* (Kinderbetreuung für 3–12 J.), dazu häufig in der HS auch einen *„Club 4U"* (für 13–17 Jährige).

Die Grecotels im Einzelnen

Infos im Internet: www.grecotel.com.

- **Creta Palace*******, 4 km östlich Réthimnon, in Missíria. Zu den Tophotels Europas zählend, am Sandstrand gelegen. „Gewöhnliche" Zimmer, Suiten und kleine Bungalows rund um Dorfplatz mit Kafenion und Shops. Mehrere Pools (auch innen), Fitnesscenter, Sportangebot, Tennisplätze, Bootsverleih und nahes Wassersportzentrum sowie Tauchschule. Vielerlei Unterhaltung und Kinderprogramme.
- **El Greco******, 8 km östlich von Réthimnon. Familien-Atmosphäre, Sandstrand und mehrere Pools. Terrassenförmige Anlage mit zwei bis drei-geschossigen Haupthäusern und Rei-

Preis unterliegen der Aufsicht der Touristenpolizei. Vom E.O.T., dem griechischen Fremdenverkehrsverband, registrierte Unterkünfte weisen meist am Eingang ein solches blaues Schild auf.

Innerhalb von Orten stellt sich oft das Problem der **Lautstärke.** Griechen sind für unsere Verhältnisse laut und „Nachteulen", und der Lärmpegel ist entsprechend hoch. Wer sich für eine Unterkunft mitten in der Stadt entscheidet, muss darauf ebenso gefasst sein, wie sich ein Strandurlauber in den großen Touristenhotels auf lebhafte Partys und Kinderlärm seitens seiner eigenen Landsleute vorbereiten muss.

Baulärm ist ein weiterer Faktor. Oft werden Hotels mitten in der Hauptsaison umgebaut und Ferienwohnungen schon vermietet, ehe das ganze Gebäude überhaupt fertig gestellt ist.

henbungalows (333 Zimmer), vielseitiges Unterhaltungs- und Freizeitprogramm.

- **Club Marine Palace******, Pánormo, 25 km östlich von Réthimnon. All-Inclusive-Familienclub (278 Zimmer) nahe dem netten Fischerdorf Panormo. Großzügig angelegt mit Bungalows, Dorfplatz, Einkaufsarkade, Taverne, mehreren Pools (auch innen). *Elixir Thalasso Spa* mit Wellnessangebot, vielseitiges Unterhaltungs- und Freizeitprogramm für die ganze Familie. Angeschlossen ist die Luxus-Ferienanlage **Marine Palace Suites*******, in der man ausschließlich in Suiten wohnt.
- **Amirandes*******, Gouvés (bei Iráklion). Direkt an zwei schönen Sandbuchten gelegenes neues Boutique-Hotel mit Bungalows, Villen und mehreren Pools, dazu gepflegte Gartenanlage mit Lagune, Terrassen, viel Marmor und gehobene Atmosphäre, fünf Restaurants Lobby-Bar und verschiedene Zimmerkategorien (214), vielseitiges Unterhaltungs- und Freizeitprogramm sowie großes Wellnessangebot.
- **Grecotel Kalliston*******, nahe Chaniá (4 km) in Gláros. Boutique-Resorthotel, mit Elixir Spa und Gourmetrestaurant, mit mehreren Pools und komfortablen Gästezimmern, Suiten und Bungalows am Strand mit eigenen Pools und Terrassen.
- **Plaza Spa Apartments******, Odos A. Velouchioti 60, am östlichen Rand von Réthimnon, am Meer gelegenes Hoteldorf im Stil eines kretischen Dorfes, großzügige Studios und Apartments, Spa, Freizeit- und Kinderangebot.

Zimmersuche

Da auf Kreta fast jeder Hausbesitzer Zimmer vermietet, ist es unmöglich, eine umfassende Unterkunftsliste zu erstellen. Einzelne Empfehlungen – aus dem sich Jahr für Jahr vergrößerndem Angebot – finden sich bei den einzelnen Ortsbeschreibungen, wobei es sich in erster Linie um Privatzimmer handelt. Da der Standard der meisten Hotels ziemlich ähnlich ist, wird hier grundsätzlich darauf verzichtet, das Katalogangebot der Reiseveranstalter im Einzelnen wiederzugeben. Jedes bessere Reisebüro kann dazu ausführlich Auskunft geben.

Preiswerter ist es generell, während der Nebensaison, im April/Mai (außer Ostern) oder im Oktober nach Kreta zu reisen. Sucht man auf eigene Faust, muss beim Einchecken ein Ausweis abgegeben werden, der jedoch innerhalb von 24 Stunden zurückzugeben ist. Bei einfachen Herbergen ist es ratsam und üblich, sich das Zimmer zunächst unverbindlich zeigen zu lassen und nicht für längere Zeit im Voraus zu bezahlen. Bei weniger als zweitägigem Aufenthalt und Extras wie einem Zusatzbett können **Aufschläge** anfallen, Einzelzimmer gibt es kaum. Balkonzimmer und Meerblick, eigenes Badezimmer oder Kochecke mit Kühlschrank können Mehrkosten bedeuten, wobei jedoch in kleineren und privaten Unterkünften eher nach dem Prinzip „wer zuerst kommt, mahlt zuerst" gehandelt wird, d.h. der Erste kriegt das schönere Balkonzimmer direkt neben dem gemeinsamen Badezimmer zum selben Preis wie der Nächste das dunkle Hinterhofzimmer am Ende des Gangs.

In der Hauptreisezeit (Ostern, Juli/August) ist es sinnvoll, sofern keine Pauschalreise gebucht wurde, rechtzeitig eine Unterkunft zu buchen, am besten schon von zu Hause aus (z.B. Ferienwohnung oder Pension). Privatzimmer von daheim aus zu buchen ist nur sehr beschränkt möglich, allein schon, weil viele Vermieter weder über Fax noch über Internetanschluss verfügen und bei telefonischer Reservierung die Gefahr von Missverständnissen besteht. In der Nebensaison ist es hingegen relativ einfach, vor Ort Zimmer zu finden.

Hotelsuche im Internet

- **www.greekhotel.com/crete**
Liste von Unterkünften nach Kategorien, z.T. mit Links; außerdem Infos zu Tourveranstaltern, Reisebüros und Autovermietern.
- **www.hotelsofgreece.com**
Einige persönliche Hotelempfehlungen meist mit Links und ungefähren Preisangaben. Infos zu vielen Touristenzielen.
- **www.grhotels.gr**
Seite der Hellenic Chamber of Hotels, Tel. 210/3310022. Suchmaske, Infos und Links zu den Hotels mit Kurzbeschreibung und Preisen.
- **www.gtp.gr**
Unter „Accommodations" den Zielort eingeben; relativ große Liste von Hotels der oberen Kategorie, teils mit Links.
- **www.etravel.gr**
Angebot von Unterkünften aller Art auf Kreta bzw. mit Sofort-Buchungsmöglichkeit.
- **Weitere Internetseiten:** www.crete-web.gr, www.cretetravel.com, www.crete.tournet.gr sowie viele Spezialreiseveranstalter für Kreta (s. Kapitel „Vor der Reise/Reiseplanung").

Hotels

Es gibt auf Kreta 120.000 Gästebetten; Hotels werden von der Tourismusbehörde E.O.T. in die **Kategorien** 5* bis 1* unterteilt. Die alte Klassifizierung ging von L (Luxus, 5*) und A bis D (4*–1*). Die Kategorien sind nicht immer leicht nachvollziehbar, man sollte jedoch bedenken, dass die Zuordnung zu einer niedrigeren Kategorie für den Betreiber Steuergewinn bedeuten kann und daher nicht zwangsläufig mit schlechterem Standard einhergeht. Im Zimmerpreis enthalten sein muss die *VAT*, städtische und kommunale Steuern. Check-out ist normalerweise um 12 Uhr mittags.

Es gibt nur eine Handvoll Luxushotels, lediglich 8 % aller Unterkünfte, die eine breite Palette an Freizeiteinrichtungen aufweisen und oft eigenen „Städten in der Stadt" gleichen. Auch die 4*-Kategorie (27 %) ist noch sehr gut ausgestattet, während bei 3* und 2* (je 19 %) bereits die Unterschiede und damit das nötige Quäntchen Glück bei der Wahl wachsen. Bei den darunterliegenden Kategorien (knapp 3 %) ist Vorsicht geboten. Einfachere Hotels laufen manchmal einfach unter der Bezeichnung „Rent Rooms" wie Privatzimmer.

Besonders hübsch sind Hotels, die ihr Domizil in alten, **renovierten venezianischen Stadtpalästen** aufgeschlagen haben, z.B. in Réthimnon oder Chaniá. Besonders der Münchner Veranstalter *Kreta Reisen* hat eine ganze Reihe dieser Häuser im Angebot.

Hotelkategorien

Die offiziellen Kategorien lassen nur sehr eingeschränkt Rückschlüsse auf die Preise zu. Abhängig von Saison/Auslastung oder Renovierungsmaßnahmen ändern sich die Preise außerdem. Deshalb wurde im Text, mit Ausnahme einiger Grenzfälle, auf genaue Preisangaben verzichtet. Folgende

Mit „Rent Rooms"-Schildern bieten Privatvermieter Zimmer an

Symbole dienen als Anhaltspunkte für die Preiskategorie **(Preis pro DZ):**

€	bis ca. 50 €
€€	bis ca. 70 €
€€€	bis ca. 100 €
€€€€	über 100 €

Pensionen

Die Übergänge zwischen Hotels, Pensionen und Privatvermietern sind fließend und Unterschiede nicht immer leicht durchschaubar. Kategorisierungen sind nicht notwendigerweise ein Indiz für Preis und Qualität, doch vielfach wird in Familienbetrieben stärker auf einen guten Zustand der Zimmer geachtet als in größeren Billighotels. Kleinere Hotels bzw. Pensionen können (vor allem in der Nebensaison) preislich durchaus mit Privatvermietern mithalten, bieten dazu aber angenehmerweise meist eigene Bäder und Handtücher.

Privatzimmer

Angekündigt durch das in Kreta allgegenwärtige Schild „Rent Rooms", manchmal auch „Rooms to let" oder auf Griechisch „Δωματια προσ ενοικίαση", sind Pensionen ebenfalls nach E.O.T.-Kriterien in die Kategorien A bis C eingeteilt und stellen für die Vermieter einen einträglichen Nebenverdienst dar. Vor allem im Hinterland, in Städten und in der Nebensaison sind Privatzimmer die ideale Übernachtungsalternative für Sparsame. Bei der Zimmersuche sollte man sich allerdings zunächst vom baulichen Zustand und Alter des Hauses leiten lassen. Der Vorteil neugebauter Häuser liegt auf der Hand: die Installationen und Bäder sind oft funktionstüchtiger, die Möblierung, die generell schlicht ist und sich auf Bett(en), Schrank, Tisch und Stuhl beschränkt, neueren Datums. Auch ist es ratsam, die durchaus nicht unhöfliche Möglichkeit wahrzunehmen, sich ein oder mehrere Zimmer zeigen zu lassen und nie für längere Zeit im Voraus zu zahlen.

Kreta ist insgesamt überreichlich gesegnet mit Privatzimmern, und auch der Standard hat sich insgesamt verbessert. Eigene Badezimmer gehören beispielsweise heute häufig dazu. Vor allem in der Nebensaison und in abgelegeneren Regionen stehen Angebote in Hülle und Fülle zur Verfügung, oft laufen die Vermieter einem nach. Die **Preise** liegen dann wesentlich niedriger als in der Hauptsaison. Man kann bei genügend Zeit und Nerven (und wenig Gepäck), mehrere Unterkünfte abklappern und in Ruhe vergleichen. Manchmal sind auch **Rabatte** aushandelbar, z.B. wenn man mehrere Tage bleibt (oder auch nur einen zögerlichen Eindruck macht). In der Nebensaison lässt sich für rund 30 € ein passables Doppelzimmer bekommen, sonst bewegen sich die Preise je nach Lage und Ausstattung zwischen 40 und 60 €. Einzelzimmer gibt es kaum. Bei der Anmietung ist der Ausweis oder Pass abzugeben; er wird normalerweise bei Begleichung der Rechnung, offiziell nach höchstens 24 Stunden, zurückgegeben.

Dass man nur durchs Wohnzimmer der Vermieter in sein Zimmer gelangt und dadurch mehr oder weniger ungewollt **Familienanschluss** bekommt, ist bei Privatzimmern keine Seltenheit. Die Vermieter wohnen meist im selben Haus oder in nächster Nähe. Auch Lärm (Straße/Nightlife) kann, wie überall im Griechenland, die Nachtruhe erheblich beeinträchtigen.

Warmes Wasser muss garantiert sein, doch meist gibt es nur am Morgen und Abend wirklich heißes Wasser, und bei trübem Himmel kann es auf Grund der Solar-Erwärmung auch mal nur lauwarm sein. Handtücher fehlen in Privatzimmern oft, ebenso können Seife und Toilettenpapier Mangelware sein.

Bei den Ortsbeschreibungen angegebene **Preise** sind nur als Anhaltspunkte zu verstehen, da rasch veränderlich.

Ferienwohnungen und Apartments

Man unterscheidet nach Größe und Ausstattung Ferienwohnungen, Apartments und Studios, die ebenfalls kategorisiert und regelmäßig kontrolliert werden. Unter **Studio** oder **Apartment,** die billigste Version, versteht man meist ein Kombizimmer für zwei Personen mit integrierter Kochecke und Badezimmer, während **Ferien-**

029kr Foto: bk

wohnungen mit mehreren Schlafzimmern und einer Küche für Familien oder Gruppen ideal sind. Zur Grundausstattung gehören Kochplatte(n) oder Herd, Kühlschrank und Kochgeschirr (meist knapp!), fast immer Balkon oder Terrasse und Wäscheständer. Selten findet sich in Städten ein ausgewiesener Parkplatz, auf dem Land oder in den Vororten bestehen diesbezüglich keine Probleme. Vermehrt findet man inzwischen zudem Ferienwohnungen in liebevoll renovierten alten Dorfhäusern oder auch auf Bauernhöfen.

Ferienwohnungen schwanken zwar in Ausstattung und Serviceleistungen – mindestens wöchentlicher Bettwäsche- und Handtuchwechsel sowie Reinigung sind üblich – sie sind aber ein guter Tipp für **Selbstversorger.** So kann angesichts der steigenden Restaurantpreise der Preisunterschied zu einfachen Privatzimmern rasch ausgeglichen werden – zudem locken die frischen Produkte auf den Märkten jeden Hobbykoch ungemein. Da oft mit Solartechnik Warmwasser erzeugt wird, ist auch hier heißes Wasser nicht jederzeit verfügbar, was aber angesichts der hohen Außentemperaturen selten eine wirkliche Beeinträchtigung des Urlaubserlebnisses darstellt.

Ferienwohnungen sollte man, besonders in der Hauptsaison, am besten bereits **zu Hause** bei darauf spe-

Arcus Villas nahe Réthimnon

zialisierten Anbietern **buchen.** Zudem besteht dann die Sicherheit, dass keine zusätzlichen Kosten anfallen und die beschriebene Ausstattung und Leistungen (z.B. Endreinigung) auch tatsächlich enthalten sind. Die maximale Belegungszahl ist vorgegeben. Oft sind Ferienwohnungen etwas abgelegen und machen ein Auto nötig. Sinnvoll ist auch, sich vorher zu vergewissern, ob Grundversorgungseinrichtungen in nächster Nähe vorhanden sind, doch das ist in den Katalogen normalerweise angegeben.

Der **Preis** pro Woche für ein 2-Zimmer-Apartment beginnt je nach Lage und Saison bei etwa 300 € pro Wohneinheit, wobei die Periode von März bis Anf. Juni und ab Sept. meist die billigste ist. Einige Anbieter vermieten an der Südküste auch den Winter über.

Hauptanbieter von Ferienwohnungen/-apartments

- **www.ferienwohnungen-am-strand.de/griechenland,** verschiedene Unterkünfte, Häuser, Apartments, Studios, Villen, auch für Familien und Reisende mit Handicap.
- **Kreta Reisen,** Clemensstraße 49, 80803 München, Tel. 089/333295, www.kreta-reisen.de. Neben dem Schwerpunkt Nordwesten – Chaniá und Réthimnon/Panormo – stehen Ferienwohnungen und -häuser an der Südküste wie in Plakias, Soughia, Preveli, Lassithi u.a. im preiswerten Angebot.
- **Kreta & Griechenland Ferienwohnungen,** Reisebüro A. Damianof, Kirchlesweg 2, 74532 Ilshofen, Tel. 07904/944100, www.kreta-ferienwohnungen.de. Breites, preislich anständiges Angebot an Fewo und -häusern, auch im Süden (z.B. Paleóchora, Sfakiá, Frangokástello, Plakiás oder Agía Galíni, Mátala, Léntas) und zum Überwintern, ab ca. 55 € für ein kleines Apartment, außerdem Flüge, Mietwagen und Transfer buchbar.
- **Jassu Reisen,** Königswinterer Str. 628, 53227 Bonn, Tel. 0228/92626-0 (Mo–Fr 9–18, Sa 9–12.30 Uhr), www.jassu.de, Griechenlandanbieter mit gut 60 Objekten auf Kreta (u.a. im Süden in Frangokástello).
- **TDS Reisen,** Müllerstr. 47, 80469 München, Tel. 089/2609418, www.tdstravel.de; Ferienhäuser u. -wohnungen sowie traditionelle Villen und Steinhäuser an der Nord- und Südküste Kretas.
- **in-hellas Reisen KG,** Ittertalstr. 7, 42719 Solingen, Tel. 0212/5995909 (Mo–Do 9–20, Fr 15–18, Sa/So 11–18 Uhr), www.in-hellas.de; relativ preiswerte Ferienwohnungen, auch Hotels nach Regionen *Nord* (Arolithos, Iráklion, Istron, Réthimnon, Vai), *Süd* (Ierápetra, Kalámaki, Keratókampos, Plakiás) und *West* (Chánia, Falássarna, Frangokástello, Georgioúpolis, Kastélli-Kíssamos, Paleóchora, Stavrós), dazu „Premium Villen" und behindertengerechte Objekte.
- **minotours hellas,** Ferienhausvermittlung Rosalie Großheim, Hüttenbrink 1, 37520 Osterode, Tel. 05522/3934 (Mo–Sa 9–18 Uhr), www.minotours.de; Objekte abseits des Massentourismus.
- **Walter u. Helga Kirmaier,** Hoegnerstr. 26, 85290 Geisenfeld, Tel. 08452/8739, www.kretaferienhaeuser.de; Vermittler luxuriöser Ferienhäuser in Südkreta (Kamilári, Achliá, Pitsídia, Listáros, Kalámaki), aber auch im Norden und im Inland.
- **www.guestinn.com,** Zusammenschluss von Ferienhaus- und -wohnungsvermietern in Griechenland, mit mehreren, sehr empfehlenswerten Angeboten in traditionellen, renovierten Häusern in kretischen Dörfern, siehe dazu den Exkurs „Kálos Orísate – Herzlich willkommen!".

Jugendherbergen

Es gibt auf Kreta empfehlenswerte Jugendherbergen in Iráklion, Réthimnon und Plakiás (siehe unten), darüber hinaus in Sitía, Chaniá und Mália, wobei sich auch manche einfache Hotels/Zimmervermieter „Youth Hostel" nennen.

Hat man einen **internationalen Jugendherbergsausweis** aus dem Heimatland schläft man auch in griechischen Jugendherbergen zum günstigeren Tarif, sonst muss man eine Tagesmitgliedschaft erwerben. Tipp: Kann man auch als Familie beantragen.

- **D:** www.jugendherberge.de
- **A:** www.oejhv.or.at
- **CH:** www.youthhostel.ch

Reservierung ist möglich über **Greek Hostel Association,** Odos Damareos 75, 11644 Athen, Tel. 210/8519530, Fax 7510616, Skokin@hol.gr. Empfehlenswerte Jugendherbergen auf Kreta:

- **Youth Hostel Rethymno,**
O. Tobazi 45, Tel. 28310/22848, www.yhrethymno.com; 8–6-Betten-Schlafsäle (10 €/Bett), mitten in der Stadt in historischem Bau mit Gemeinschaftsräumen, WIFI, Frühstück extra (2 €), ebenso Bettwäsche und Handtücher kostenpflichtig.
- **Youth Hostel Plakias,**
Mírthios (Réthimnon), Tel. 28320/32118, www.yhplakias.com; zwei Wochen vor Ostern bis Ende Okt. geöffnet, 6 große Bungalows mit je 4 Stockbetten, auch DZ, 9.50 € pro Bett/Tag, WI-FI, Frühstück und Wäsche extra.
- **Heraklio Youth Hostel,**
O. Vironos 5, Tel. 2810/286281, Fax 222947, 10 € pro Bett.

Camping

Es gibt auf Kreta nur eine Handvoll Campingplätze, deren **Standard** sich mittlerweile gebessert und an den mitteleuropäischen Durchschnitt angenähert hat. Aufgrund der Bodenverhältnisse, der Zufahrten und fehlender Anschlüsse sind sie vielfach für größere Wohnmobile und Camper ungeeignet. Schatten ist nicht immer gewährleistet. Die sanitären Anlagen sind fast immer schlicht, meist aber sauber. Oft gibt es nur einen Minimarkt, gelegentlich eine Taverne. April bis Oktober, gelegentlich nur Mai bis September geöffnet.

Wildes Zelten bzw. Schlafen an Stränden ist verboten, in der HS finden Polizeikontrollen statt.

- **Infos:** www.travelling.gr/camping/Crete, www.eurocampings.de oder www.rentocamp.com/creta-camping.htm.

Campingplätze an der Südküste (Details siehe Ortskapitel)

- **Paleóchora Camping,** ca. 2 km östlich von Paleochora.
- **Camping Grammeno,** am Ortseingang von Paleóchora rechts Richtung Kountoúra. Nach 4½ km links, direkt am Strand.
- **Apollónia Camping,** Plakiás.
- **Matala Camping,** Matala.
- **Camping Komo (Kommós),** bei Komo Beach, Pitsídia, nahe Matala.
- **No Problem,** 4 km außerhalb von Agia Galini am Fluss.
- **Koutsounari Camping,** ca. 7 km von Ierápetra.

Campingplätze an der Nordküste (Details siehe Ortskapitel)

- **Camping Kissamos, Mithimna Camping** und **Camping Nopigia,** alle im Osten von Kíssamos.
- **Coco Beach,** Tavronítis.
- **Chania Camping,** am westlichen Stadtrand Chanias.
- **Camping Elisabeth,** Réthimnon-Missiria, ca. 5 km von Réthimnon.
- **Creta Camping,** Goúves, 16 km östl. von Iráklion.
- **Camping Chersónisos,** ca. 3 km westl. von Limín Chersonísou.
- **Caravan Camping,** Limín Chersonísou.
- **Sisi Camping,** ca. 7 km hinter Malia.

VERKEHRSMITTEL

Das **Mieten eines Pkw** bietet gegenüber dem öffentlichen Nahverkehr einige Vorteile: Unabhängigkeit, Zeitersparnis (da Busse manche Strecken nur 1–2-mal täglich befahren und lange Aufenthalte in Orten dadurch vorprogrammiert sind) und Flexibilität hinsichtlich entlegener Sehenswürdigkeiten. Nachteile sind vor allem der Stress beim Fahren, besonders auf Gebirgsstrecken und in Städten.

Im **Bus** kann man Landschaft und Leute beobachten, Kontakte knüpfen und die Mentalität der Kreter intensiver kennen lernen. Außerdem ist Busfahren auf Kreta billig. Für Leute, die Zeit haben und denen es nichts ausmacht, an Bushaltestellen zu warten, zumal die Fahrer, wenn das Gefährt voll ist, niemanden mehr zusteigen lassen, ist der Erlebnis- und Abenteuerfaktor beim Busfahren um einiges höher.

Mietfahrzeuge

Es kann preislich günstiger sein, vor allem aber ist es meist unkomplizierter, bereits zu Hause ein Mietfahrzeug zu buchen (s. auch „Vor der Reise: Reiseplanung und Buchung"), da vor Ort Konditionen und Fahrzeuge, Serviceleistungen und Preise höchst unterschiedlich und manchmal schwer durchschaubar sind. Die annoncierten „Schnäppchenpreise" (es gibt sie in der Nebensaison durchaus) erweisen sich bei näherer Überprüfung oft als Bluff. Bei Kurzmieten kann beispielsweise vor Ort eine nicht unerhebliche Selbsthaftung anfallen, möglicherweise kommen noch Gebühren dazu, sind keine Freikilometer im Preis enthalten oder Diebstahl und Unterboden bzw. Reifen nicht versichert. Glücklicherweise haben auch lokale Anbieter mittlerweile zum großen Teil auf Komplettpakete inkl. aller Versicherungen/Vollkasko umgestellt.

Vergleichen lohnt sich, und ein genaues Studium der Vertragsbedingungen ist ratsam. Dazu gehört auch, die auf dem Vertrag angegebene Abholungs- und Abgabezeit, Kilometerstand und Benzinstand zu vergleichen und vor Abfahrt die Hauptfunktionen zu prüfen und dem Vermieter Mängel zu melden.

Ab einer Mietdauer von rund sieben Tagen lohnt es sich, die **Komplettpakete,** die in Deutschland z.B. von *Sunny Cars* oder *holiday autos* angeboten werden, zu buchen. Ansonsten gibt es auch regionale Firmen, wie als größere z.B. *EuroRent* oder *Papas.* Für einen Tag mit umfassender Absicherung sind vor Ort pro Tag ab 25 € zu rechnen, pro Woche mindestens 140 €. Größere lokale Anbieter sind die folgenden:

- **www.autopapas.com,** Tel. 28410/22344
- **www.eurorent.gr** (Elite Car Rentals), Tel. 28970/29246
- **www.rentacarcrete.gr,** Tel. 28970/24631, mehrere Büros z.B. in Chersónisos u. Iráklion.

Die meisten größeren **Hotels** verfügen über Filialen von bekannten Autovermietungen wie Alamo oder Hertz, sind aber oft teurer (ab 40 € pro Tag).

Entlang des Odos 25. Avgoustou in Iráklion reihen sich Autovermietungsbüros wie Perlen einer Kette aneinander, ebenso in den Touristenzentren in Réthimnon, Chaniá und Ágios Nikólaos.

Zweiräder

Bikes können in verschiedenen Größen ausgeliehen werden. Lebensnotwendige Voraussetzung dafür ist **vorsichtige Fahrweise** wegen des oft miesen Straßenzustands mit Schlaglöchern, Geröll, weichem Asphalt und Bodenwellen. Ersatzteile sind schlecht erhältlich, daher ist es sinnvoll, eine eigene Werkzeugkiste mitzunehmen. Noch wichtiger als bei Pkw ist es, den Zustand des Motorrads beim Ausleihen genau zu checken.

Mietverträge sind oft unklar und lückenhaft formuliert, daher genau durchlesen! Der Pass muss als Sicherheit hinterlegt werden, und Vollkasko bzw. *Full Insurance* ist extra abzuschließen, wobei auf die Höhe der Selbstbeteiligung zu achten ist. **Automatic-Mofas** sind für Spritztouren am sichersten und preiswertesten, **Motorräder** stehen von 50 ccm bis zur Harley im Angebot, vor allem Fahrzeuge der Marken Enduro, Suzuki, Yamaha und Kawasaki. Eine 125-ccm-Maschine kostet ohne Vollkasko und Steuern pro Tag um 20 €, ab vier Tagen reduziert sich der Tagespreis. Für ein Zweirad über 50 ccm ist der Führerschein Klasse 1 notwendig. Auch wenn viele Vermieter nicht danach fragen, ist es ratsam, ihn dabei zu haben, denn wenn etwas passiert, ist man der „Gelackmeierte“.

Busse

Es gibt keine Eisenbahn, keine U- oder Straßenbahnen auf Kreta. Zu unterscheiden sind lediglich die Stadtbusse und die Überlandbusse. **Stadtbusse** fahren in Iráklion, Chaniá und Réthimnon und sind dunkelblau. Fahrkarten gibt es an Kiosken an den Haltestellen oder im Bus selbst. Sie sind in Iráklion durchnummeriert (z.B. Flughafenbus Iráklion Nr. 1), und trotz fehlender Pläne fällt die Orientierung relativ leicht.

Die türkisfarbenen **Überlandbusse** der Firma KTEL (in Kooperation mit Minoan Lines) sind auf Kreta, im Unterschied zu anderen griechischen Regionen, erstaunlich modern. Das fahrerische Können der Busfahrer ist enorm.

Die preiswerten **Fahrkarten** – kleine Papierfetzchen, auf denen der Preis, nicht immer auch das Ziel, steht – müssen, wenn möglich, im Busbahnhof vor Reiseantritt gekauft werden. Es werden nur so viele Tickets verkauft, wie Sitzplätze vorhanden sind, und bei längeren Fahrten ist die Sitzplatznummer auf dem Ticket angegeben. Kontrollen sind auch während der Fahrt üblich, daher sollte man das Zettelchen bis zum Reiseende aufheben.

Wenn der Bus voll ist, fährt er ab – möglicherweise auch etwas früher als geplant – bzw. nimmt er unterwegs keine Passagiere mehr auf und fährt einfach an der Bushaltestelle vorbei. **Abfahrtszeiten** werden an Knotenpunkten weitgehend eingehalten, sonst dienen sie jedoch nur als grobe Anhaltspunkte, ebenso kann man sich nicht unbedingt auf Anschlussverbin-

030kr Foto: bk

031kr Foto: bk

Flughafenbus in Iráklion (links) und Überlandbus

dungen verlassen. Größere **Gepäckstücke** werden vor Fahrtantritt dem „Schaffner" oder Fahrer übergeben, der sie im Gepäckraum verstaut.

Normalerweise ist auf dem Bus vorn das **Fahrtziel** angegeben, doch sicherheitshalber vergewissert man sich beim Einsteigen. An Busbahnhöfen wird per Lautsprecher angekündigt, welcher Bus wo abfahrbereit steht – auch in Englisch. Ungünstig ist bei Zielen im Hinterland, dass die Zeiten auf die einheimischen Pendler abgestimmt sind und Busse daher oft nur morgens und mittags verkehren, was oft unerwünscht lange Aufenthalte mit sich bringt. Unbedingt vorher nach **Rückfahrmöglichkeiten** erkundigen! Auf Kreta halten Busse nicht auf Handzeichen abseits der offiziellen Haltestellen.

Streckennetz

Die Organisation KTEL (www.ktel.org) ist zweiteilig: **KTEL Iráklion/Lassíthi,** zuständig für Zentral- und Ostkreta (Busfahrpläne sind im Busbahnhof A in Iráklion, in Ágios Nikólaos, Sitía und Ierápetra erhältlich) und **KTEL Chaniá/Réthimnon** für Westkreta (Buspläne im Busbahnhof C von Iráklion, in Réthimnon, Chaniá und Kastelli-Kíssamos). Hauptknotenpunkte sind Kastelli-Kíssamos, Chaniá, Réthimnon, Iráklion, Ágios Nikólaos, Sitía, Ierápetra, zwischen ihnen gibt es mehrmals täglich Verbindungen (s. bei den jeweiligen Orten). Die Zahl der täglich verkehrenden Busse nimmt in der Nebensaison und vor allem im Winter ab und ist am Wochenende niedriger.

- **Infos** gibt es unter:

www.crete-buses.gr (Fahrpläne, Preise, Fahrtdauer für Busse ab Iráklion Richtung Osten).

www.bus-service-crete-ktel.com/404.html Fahrpläne, Preise etc. für Süd-, Mittel- und Westkreta ab Réthimnon und Chaniá sowie der Hauptlinie Chaniá–Réthimnon–Iráklion).

Taxi

Taxifahrten auf Kreta sind vergleichsweise billig: 1,10 € Grundgebühr plus ca. 0,70 € pro km plus ggf. Gepäck-, Flughafen- und Nachtzuschlag sowie Trinkgeld. Ein **Überlandtaxi** heißt AGORAION *(agoréon)*. Vor Fahrtantritt wird ein Festpreis vereinbart, während in den **Stadttaxis** *(taxí)* normalerweise das Taxameter angeschaltet wird, sofern nicht auch ein Festpreis ausgehandelt wurde. Gelegentlich sind auch bereits besetzte Taxis zur Mitnahme weiterer Fahrgäste bereit. Vorsicht ist an Flughäfen geboten, wo gerne überteuerte Taxifahrten zu Festpreisen angeboten werden, obwohl der Bus in die Stadt in nächster Nähe abfährt, genauso lange braucht und nur einen Bruchteil kostet (s. auch „Ankunft").

Boote

In manchen Regionen des Südens, besonders zwischen Paleóchora und Chóra Sfakíon ist das Boot das einzige Verkehrsmittel. Passagierschiffe machen hier u.a. Station in Soúgia, Agía Rouméli und Loutró, außerdem können Bootsausflüge zu einsamen Badestränden und Inseln gebucht werden. Die Häufigkeit der Abfahrten ist wetter- und saisonabhängig (Details hierzu in den jeweiligen Ortskapiteln).

Trampen

Die Mitnahme von Anhaltern in Mietwagen ist **untersagt.** So sollte man es sich auch verkneifen, Einheimische mitzunehmen, auch wenn es zum „guten Ton" gehört. Passiert etwas, trägt der Mieter die alleinige Schuld. Außerdem ist es ziemlich unsinnig, sich selbst an den Straßenrand zu stellen, denn die Busse sind wirklich billig.

032kr Foto: bk

Ausflugsboote wie dieses verbinden die Küstenorte mit den Inseln

ZEIT

Es gilt die **Osteuropäische Zeit** (OEZ), d.h. auf Kreta ist man der MEZ um eine Stunde voraus (12 Uhr bei uns ist dort bereits 13 Uhr). Wie in Deutschland gilt von April bis Oktober die Sommerzeit, sodass die einstündige Zeitverschiebung immer erhalten bleibt. Es wird häufig nur bis 12 Uhr gezählt, der Zusatz „π.μ" deutet auf vormittags, „μ.μ" auf nachmittags.

033kr Foto: bk

Die Insel und ihre Bewohner

034kr Foto: bk

035kr Foto: bk

Schön am Hang gelegen: Agía Galíni

Straßenheiligtümer
wie dieses sind auf Kreta verbreitet

Idyll mit Ziege bei Falássarna

Landschaft und Geografie

„Hier nun auf Kreta, glaub' ich zu spüren, ist alles älter, geburtendunkler als sonstwo in Griechenland. Kreta ist die Wurzel und der alte knorrige Stamm - so wie es auch daliegt, länglich im Meer: eine Wurzel von allem, was späterhin sproß. In Kreta zeigt sich das Griechische in seiner unbändigen Kraft."

Erhart Kästner

Kreta ist die größte Insel Griechenlands, mit 8300 km^2 Fläche bei 260 km Länge, aber nur 18 bis 60 km Breite. *Erhart Kästner* beschrieb sie einmal als Insel, *„die daliegt in der Form eines jungen Hoffnungsmondes am südlichsten Rande Europas, des Erdteils, den sie aus sich gebar ...".* Sie folgt im Größenvergleich mit den anderen Mittelmeerinseln an fünfter Stelle nach Sizilien, Sardinien, Zypern und Korsika. Zwischen dem 35. und 36. nördlichen Breiten- sowie dem 23. und 26. östlichen Längengrad befindlich, liegt Kreta damit auf gleicher Höhe wie der Nordrand der Sahara. Kein Wunder, dass sie als die sonnigste aller europäischen Ferienregionen gilt - und entsprechenden Zulauf sonnenhungriger Nordeuropäer verzeichnet. Von Kreta zum europäischen Festland sind es rund 100 km, nach Afrika (Tunesien) 300 km und nach Asien (Türkei) 175 km. Kreta ist umgeben von 30 kleineren Inseln, von denen allerdings nur Gavdós, die südlichste europäische Insel, ständig bewohnt ist.

Fast jeder, der sich mit dem Flugzeug Kreta nähert, ist erstaunt über die **geografische und landschaftliche Vielfalt.** Wer andere Inseln Griechenlands kennt, erwartet monotone, dürre, braun-verbrannte Ebenen und karge Berglandschaften. Charakteristische Merkmale von Kreta sind hingegen hohe, im Winter auch schneebedeckte Gebirge, fruchtbare grüne Hochebenen, gewaltige Schluchten und Höhlen sowie unzählige Buchten.

Kreta ist Teil des großen Gebirgsbogens, der sich vom westgriechischen Festland über die Peloponnes Richtung Türkei zieht und der sich im (vor allem Jüngeren) Tertiär zu einer Vielzahl von Einzelgebirgen aufgefaltet hat. Auf diese Weise entstanden auf Kreta vier **Hochgebirgsmassive,** die das Herz der Insel bilden und sich über ihre ganze Länge in West-Ost-Richtung aneinander reihen.

Es handelt sich dabei um das **Ída-Massiv** in Zentralkreta, mit dem höchsten Berg der Insel, dem doppelspitzigen Psilorítis (eine der beiden Spitzen, Tímios Stavrós, misst 2456 m). Im Westen befinden sich die **Weißen Berge** (Léfka Orí) mit dem 2452 m hohen Páchnes und vierzig (!) weiteren Zweitausendern. Im Osten, rund um die Hochebene von Lassíthi, liegt das **Díkti-Massiv** mit dem Díkti als höchstem Berg (2148 m). Im äußersten Osten bildet das **Sitía-Gebirge** mit dem 1476 m hohen Aféndis Stavrómenos den Abschluss.

Während im Norden die Gebirge meist als sanfte Hügelketten zu den Küstenebenen auslaufen, bilden sich im Süden, besonders im Südwesten, **schroffe Steilküsten** mit tiefen Schluchten, die zur Folge haben, dass manche

036kr Foto: bk

Orte dort nur per Boot erreichbar sind und es bis heute keine durchgehende Straße entlang der Südwestküste gibt.

Die berühmten kretischen **Schluchten** entstanden durch Erosionen, die auf die Verschiebungen der Erdplatten zurückzuführen sind. Durch Niederschläge und Schneeschmelze gruben sich die Wasser einst tief in die Kalksteingebirge ein und zerschnitten die steile Felsküste in Nord-Süd-Richtung. Die bekannteste Schlucht der Insel ist die Samariá-Schlucht, mit über 16 km die längste Europas, streckenweise bis zu 1000 m tief und an der schmalsten Stelle nur 3,5 m breit. Daneben locken u.a. Ímbros-, Aradéna-, Eligías- und Tripíti-Schlucht Wander- und Naturfreunde an.

Die wohl bekannteste **Hochebene** ist jene von Lassíthi, eine 72 km² große Schwemmlandfläche in 850 m Höhe, südöstlich von Iráklion, als einzige Hochebene ganzjährig besiedelt und bewirtschaftet. Ebenso groß ist die Askífou-Hochebene nördlich Chóra Sfakíon, kleiner hingegen die Omalós-Hochebene in den Weißen Bergen, bekannt wegen des Zugangs zur Samariá-Schlucht. Die Katharó-Hochebene bei Kritsá und die Nída-Hochebene von Anógia sind nur im Sommer von Hirten – und zunehmend von Wanderern – bevölkert. Die größte **Tiefebene**

Berge, Schluchten und immer wieder Ausblicke aufs Meer

„Hier könnt' ich ein Leben verbringen" – Erhart Kästners Liebeserklärung an Kreta

Welcher deutsche Italienliebhaber kennt nicht *Johann Wolfgang von Goethes* italienische Reisetagebücher? Doch wie viele Hellasfans haben schon von der gerade etwas über ein halbes Jahrhundert alten Beschreibung Griechenlands und besonders Kretas aus der Feder des deutschen Schriftstellers und Bibliothekars *Erhart Kästner* gehört? Dabei sind seine **Erinnerungs- und Reisebücher** über Kultur und Landschaften Griechenlands nicht nur literarische Meisterwerke, sondern bieten noch heute einen unvergleichlichen Lesespaß. *„Man hat ja wohl mehr als eine Heimat auf Erden. Gelobt sei jede, so wie sie ist!"*.

Geboren wurde Erhart Kästner am 13. März 1904 in Augsburg. Er studierte in Leipzig, Freiburg und Kiel, ehe er 1927 eine Stelle als Bibliothekar in der Landesbibliothek im Japanischen Palais in Dresden als Leiter der Handschriften-Abteilung antrat. Zwischen 1936 und 1938 diente Kästner als Sekretär bei *Gerhart Hauptmann*, doch weitere schriftstellerische und berufliche Ambitionen wurden durch den Ausbruch des Zweiten Weltkriegs jäh unterbunden. Irgendwie schaffte es Kästner im Juni 1941 zu einer Dienststelle der Wehrmachtsbetreuung ins besetzte Athen versetzt zu werden, um dort die Aufgabe zu übernehmen, für die deutschen Truppen über Land und Leute zu berichten. Er kam in die Gunst von Sonderausweisen und konnte relativ ungestört in Griechenland, auf den Inseln (1944) und auf Kreta (1943) herumwandern und dort das Land seiner Träume finden.

Zu Kriegsende 1945 geriet Kästner, inzwischen Sanitätsfeldwebel, auf Rhodos in britische Kriegsgefangenschaft und wurde in das Gefangenenlager von Tumilat in Ägypten verlegt. Dort begann er, seine handschriftlichen Notizen zu ordnen und niederzuschreiben. Nach der Rückkehr aus dem Lager nahm er den Bibliotheksdienst wieder auf und fungierte zwischen 1950 und 1968 als Direktor der Herzog-August-Bibliothek in Wolfenbüttel. In dieser Zeit begann er, seine während ausgiebiger Wanderungen durch Griechenland gewonnenen Aufzeichnungen zu überarbeiten und in verschiedenen Teilbänden zu veröffentlichen.

In den Jahren der britischen Gefangenschaft waren bereits „Griechenland", „Die griechische Inseln" und das „Zeltbuch von Tumilat", Letzteres erschien 1949, entstanden. Der Griechenland-Gesamtband kam 1953 in umgearbeiteter Form unter dem Titel „Ölberge, Weinberge" auf den Markt, ihm war jedoch bereits während des Krieges der **Kreta-Band** vorausgegangen, der **1944** im Verlag der Gebrüder Mann in Berlin publiziert worden, aber schon ein Jahr später nicht mehr aufzufinden gewesen war. 1946 neu aufgelegt war „Kreta" erneut im Nu vergriffen. Für die nötige Neuauflage plante Kästner ihn, wie die Aufzeichnungen über die griechischen Inseln, zu überarbeiten, kam allerdings nicht mehr dazu, da er vor deren Fertigstellung am 3. Februar 1974 in Staufen im Breisgau im Alter von 70 Jahren verstarb. Beide Werke erschienen deshalb ein Jahr nach seinem Tod in der Originalfassung.

Liegt es daran, dass Kästner als deutscher Besatzungssoldat unterwegs war, oder ist seine in der heutigen Zeit der Verflachung ungewöhnlich überschwängliche und bilderreich anmutende Sprache daran schuld, dass seine Bücher nicht zum literarischen Handgepäck eines jeden Griechenlandurlaubers gehören, wie Goethe für Italienreisende? Dabei lässt Kästner den ihm verhassten Krieg in seinen Beschreibungen außen vor, ihm geht es um andere Dinge.

„... meine Schuhe, mit denen ich nun schon so lange und weit durch Griechenland gelaufen bin ... ich brauche den Boden unter den Füßen ...“. Immer wieder stößt man in Kästners Büchern auf seine Vorliebe, zu Fuß ein Land zu erkunden, und seine Abneigung gegen Reiten und Autofahren. Kästner war ein leidenschaftlicher Wanderer, der auf Kreta sein Paradies gefunden hatte. Er entwickelte ein ganz besonderes Verhältnis zu Griechenland, interessierte sich jedoch weniger für Hellas als „Bildungserlebnis“, sondern ihn faszinierte vielmehr die lebendige griechische Landschaft und ihre Bewohner.

„Das Land, diese Insel in ihrer Kraft, hat die Kulturen ... zu sich genommen wie Opfer, die der göttliche Stier verschlang. Das Minoische, das Dorisch-Griechische, das Römische, Byzantinische, venezianische Pracht, türkische Wachtürme und Gärten – das ruht nun und dämmert in Trümmern neben- und übereinander und muß sich vertragen.“ In Kästners Kreta-Buch, das der Urfassung von 1943/44 entspricht und daher noch ganz frisch und nicht nachträglich überarbeitet seine Erlebnisse wiedergibt, tritt immer wieder die Liebe zutage, die der berühmteste deutsche Kretabesucher für die Insel entwickelt hat. Mitten in den Kriegswirren zeichnete er ein Kretabild des Augenblicks. Für den deutschen Soldaten mit dem Sonderstatus standen Menschen und Natur, Sitten und Gebräuche noch in ihrem ursprünglichen Einklang.

Vertieft man sich in sein Buch, wird man zur anfänglichen Überraschung schnell feststellen, dass Kästner, wohlgemerkt der verhassten deutschen Besatzungsmacht angehörig, auf Grund seiner Offenheit und Begeisterung für die Insel von den Kretern mit großer Gastfreundschaft aufgenommen und fast als einer von ihnen akzeptiert wurde. Das führte sogar so weit, dass ihn kretische Widerstandskämpfer bereitwillig durch die Samariá-Schlucht führten, obwohl zuvor nicht weit davon entfernt deutsche Soldaten von Kretern in einen Hinterhalt gelockt und getötet worden waren.

„Niemals ist diese Insel, dies Urland, nur lieblich, niemals schmeichelnd, oft erschreckend im Wüsten, trostlos in seiner Menschenverachtung.“ Viele Passagen aus Kästners Kreta-Beschreibung sprechen dem Kretabesucher aus der Seele. Vergleicht man seine Beobachtungen mit der heutigen Realität, wird man leicht feststellen, was während der letzten Jahrzehnte an Ursprünglichkeit unwiederbringlich verloren gegangen ist. Doch damit keine Missverständnisse aufkommen: Nicht jeder Verlust ist zu beweinen – eine verbesserte Infrastruktur und ein gewisser Wohlstand haben den Insulanern durchaus gut getan. Einfache Hütten ohne Strom und fließendes Wasser und Schotterwege mögen zwar bei manchem Touristen kurzzeitig das Gefühl von Romantik und Urtümlichkeit hervorrufen, nicht aber bei jenen, die auf Dauer dort wohnen.

Kästners Buch ist keine Reisebeschreibung im üblichen Sinne, sondern eine kunstvolle Huldigung jenes urtümlichen Kreta, von dem auch er wusste, dass dessen Tage gezählt waren. „Kreta. Aufzeichnungen aus dem Jahre 1943“ ist ein Muss für jeden, der nach Kreta reist: Das Schmökern in Kästners Beschreibungen, mit seiner so mitreißend enthusiastischen Sprache, am besten bei einem klassischen kretischen Sonnenuntergang, an einem schönen, ruhigen Plätzchen, macht einen genauso trunken wie der kretische Wein, den die letzten Strahlen des Sonnenlichts im Glas rubinrot leuchten lassen ...

der Insel, seit vorgeschichtlicher Zeit besiedelt, ist die Messará-Ebene im Süden, schon immer die Kornkammer Kretas.

Kreta ist auch bekannt für seine **Höhlen,** insgesamt sind es mehr als 3000, die oft schon in der Antike als Kultstätten Beachtung fanden. Zu den berühmtesten gehören die Kamáres-Höhle, die Ída-Höhle über der Nída-Ebene und die Díkti-Höhle auf der Lassíthi-Hochebene. In beinahe allen wurde archäologisches Material gefunden, und ihre mythologische Bedeutung überliefern schon antike Autoren. Heute sind diese Höhlen beliebte Ziele der Wanderfreunde.

Kreta liegt am Südrand des Ägäischen Beckens und bildet eine Art Riegel zwischen Europa und Nordafrika. Die Insel im tiefblauen östlichen Mittelmeer verfügt über eine komplizierte Oberflächenstruktur. Geologisch Interessierte finden hier gutes Anschauungsmaterial, zumal die Insel bis heute im Wandel begriffen ist. Das äußert sich vor allem in Gestalt von **Erdbeben,** auf dem benachbarten Santorin dagegen in Form von Vulkanausbrüchen. Kreta ist auf der internationalen Skala als erdbebengefährdetes Gebiet der Stufe 2 eingeordnet. Zuletzt bebte es heftiger im Herbst 2010 (Stärken bis zu 6,4 auf der Richter-Skala). Die Insel erhebt sich genau zwischen der afrikanischen und der europäischen Erdplatte, die sich konstant gegeneinander verschieben und dadurch Energie freisetzen. Dass sich die afrikanische Erdplatte jährlich um rund 2,5 cm unter die europäische schiebt, erklärt die Erdbebengefahr, aber auch die besondere Tiefe des Meeres südlich von Kreta und vor allem bei Santorin.

Bereits seit Jahrtausenden sind auf der Insel deutliche **Niveauveränderungen** feststellbar. So hat sich beispielsweise der Inselwesten um rund acht Meter gehoben und ehemalige Inseln wie Paleóchora und Elafonísi wurden zu Halbinseln, während im Osten Hafenstädte wie Oloús und Sitía im Meer versanken und Halbinseln wie Móchlos und Spinalónga plötzlich zu Inseln wurden. Diese Veränderung der Küstenkontur seit dem 3. Jh. n. Chr. ist auf jene durch die Plattenverschiebung verursachten tektonischen und eustatischen Vorgänge zurückzuführen.

Flora und Fauna

Die Pflanzenwelt

Kreta ist eine typisch **mediterrane Insel,** deren Bild sich zwischen Frühjahr und Herbst mit zunehmender Sonne und steigendem Wassermangel von saftig-grün in trocken-braun verändert. Insgesamt erscheint die Vegetation eher spärlich, oft undurchdringlich, die verkarsteten kahlen Berge sind von Macchia oder Phrygana überzogen. Wasser stammt in erster Linie von Quellen in den Hochgebirgen, die im Hochsommer jedoch meist ausgetrocknet sind. Etliche Bäche, an der Südküste auch unterirdische Süßwasserquellen, von üppiger Vegetation ge-

037kr Foto: bk

rahmt, münden ins Meer, z.B. bei Georgioúpolis, wo sich der einzige Süßwassersee Kretas befindet. Der Grundwasserspiegel ist insgesamt bedenklich abgesunken, da die zunehmende Zahl an Besuchern Sommer für Sommer enorme Wassermengen verbraucht und auch viele Kreter beim Bewässern der landwirtschaftlichen Flächen nicht eben sparsam vorgehen.

Einstmals erstreckten sich auf der Insel riesige **Zypressen- und Zedernwälder,** die durch Abholzung und Überweidung dezimiert wurden. In der Antike nutzte man bereits das Holz, u.a. für die minoischen Paläste, für Haus- und Schiffsbau zur Zeit der Venezianer und Türken oder aber zur Holzkohleherstellung in jüngster Vergangenheit. Die Nutzung großer Areale als Weideflächen für Ziegen und Schafe trug zur weiteren **Reduzierung der Baumbestände** bei, schloss eine Erholung der Bestände von vornherein aus. Inzwischen sind mit ausländischer Hilfe und durch Einsatz der NAWA Crete e.V. (Verein für Umweltschutz und Regionalplanung) **Wiederaufforstungsmaßnahmen** in Angriff genommen worden, doch die Räder greifen langsam, und vor allem Brände durch Unachtsamkeit, manchmal aber auch bewusst gelegt, um billiges Bauland zu

Granatapfelbaum

erschließen, machen immer wieder alle Bemühungen zunichte.

Ein größerer zusammenhängender Baumbewuchs ist heute auf Kreta die Ausnahme: nur einige Kastanienhaine, Bachtäler mit Platanen oder Palmenhaine und ein paar Waldgebiete im Westen (z.B. Weiße Berge, Samariá-Schlucht), vor allem mit Bergzypressen und Aleppokiefern, sind geblieben. Den höchsten Anteil an höherem Bewuchs stellen natürlich wirtschaftlich genutzte **Olivenbäume.** Sie nehmen den Hauptteil der angebauten Flächen ein, daneben existieren Anbauflächen für **Gemüse und Obst,** darunter auch **Weingärten** im Terrassenanbau, die Messará-Ebene und die Region um Ierápetra sind Hauptlieferanten dafür.

Über 2000 verschiedenen Pflanzenarten nutzen die spezifischen Gegebenheiten in Gestalt extremer Höhenunterschiede und unterschiedlicher Klimazonen und machen Kreta zu einer der vegetationsreichsten Mittelmeerinseln. Beinahe **300 Arten** gedeihen **endemisch** auf Kreta, das heißt es gibt sie nirgendwo sonst auf der Welt. Doch Pflanzen fristen auf der Insel kein einfaches Dasein: *„Das Pflanzliche muß sich tausend Listen erdenken, um darüber* (über die sommerliche Hitze) *hinwegzukommen ... Die Steineichen, die Feigen, Kastanien, Zitronen, Orangen, der Lorbeer haben sich Blätter angeschafft, die wie aus dünnem Metall sind, hart und mit glänzender Haut wie aus Lack, die vor dem Austrocknen behütet. ... Agaven, Kakteen und Aloe haben sich fleischige Blätter gebildet, die Wasserspeicher während der Dürre sind. ... Das meiste zieht in die Erde ein, wie der Asphodelos, das hüfthohe göttliche Unkraut, das völlig verschwindet und als Zwiebel wartet, bis bessere Zeiten kommen".* (Erhart Kästner)

Macchia und Phrygana – ein Teppich aus Strauchwerk

Macchia ist der Sammelbegriff für krüppelwüchsige Bäume und Sträucher mit Dornen, die eine Höhe von zwei bis vier Meter erreichen und als fast **undurchdringliches Gestrüpp** Stock und Stein überwachsen können. Im Einzelnen kann es sich um Kräuter, Dornginster, Stechwinde, Wacholder, Mastix, Kermes-Eiche und **Erdbeerbaum** *(Arbutus andrachne)* handeln; Letzteres ist ein Strauch mit leuchtend rotem Holz und lanzettförmigen, lederartigen Blättern. Die kirschgroßen Früchte gleichen von ihrer Oberfläche her Erdbeeren. Auch die **Myrte** *(Myrtus communis)* findet sich darunter, ein süßduftender Strauch, aus dem ein antiseptisch wirkendes Öl gewonnen wird – und aus dessen Beeren man Schnaps destilliert.

Phrygana sind widerstandsfähige Pflanzen mit Dornen, lederigen Blättern oder giftigen Säften zum Schutz vor Schädigung durch Tiere. Dieser meist kugelig wachsende, höchstens **kniehohe Bewuchs** taucht vor allem in überweideten Regionen, auch in extremen Trockengebieten, auf. Phrygana umfasst u.a. die Pflanzen Salbei, Bibernelle, Wolfsmilch, **Asfodelos** (die „Totenblume", die schon bei Homer Erwähnung findet, trägt kleine, weiße bzw. rosa Blüten und lange, schmale Blätter; sie enthält Giftstoffe und wird bis zu 60 cm hoch), **Zistrosen** (*Cistus villosus*, die großen rötlichen Blüten werden zur Harzgewinnung genutzt) und Euphorbien. Dazwischen wachsen oft Kräuter, aber auch Alpenveilchen, Hyazinthen und Lilien sowie Orchideenarten und zahlreiche endemische Pflanzen, die wie in der Macchia Schutz unter höheren Gewächsen suchen.

Kräuter

Oregano, Majoran, Salbei, Thymian, Lavendel, Bohnenkraut, Rosmarin und viele andere Kräuter finden auf Kreta dank des hohen Mineralgehalts der kahlen Böden und wegen der speziellen Gesteinsarten ideale Bedingungen vor. Sie werden als Würzmittel und Heilkräuter verwendet, **Diktamos** (*Origanum dictamus,* ein Lippenblütler) vor allem zum Brauen eines speziellen Tees. Dieses Kraut mit charakteristisch blassen, haarigen Blättern und lila Blüten wächst nur auf Kreta, schwerpunktmäßig in der Samariá-Schlucht. Es ist seit Aristoteles für seine Heilkraft bekannt und wurde zur Geburtshilfe, Wundversorgung und als Aphrodisiakum eingesetzt. Während der Berg-Diktamos als der beste gilt, werden mittlerweile in den Ebenen die Pflanzen gezüchtet, die vorwiegend in den Souvenirshops an Touristen verkauft werden.

Ebenfalls gesund ist ein griechischer Bergtee namens **Malotira,** gewonnen aus einer 50 cm hohen Stängelpflanze mit gelben Blüten, die zwischen Juni und August an Berghängen blüht. **Chorta** schließlich ist ein spinatähnliches Wildgemüse, das in Bündeln gesammelt wird und gedünstet, mit Olivenöl und Zitronensaft abgeschmeckt, als lauwarme Salatbeilage serviert wird.

038kr Foto: bk

Bougainvillea

Blumen und Ziersträucher

Roter Klatschmohn und Miniatur-Alpenveilchen sind weit verbreitet, während Orchideen in den Samariá-Seitentälern bereits stark reduziert wurden. Tulpen, Pfingstrosen und Mittagsblumen finden sich in Gärten und Parks. Bougainvillea, Hibiskus und

Oleander, Letzterer tauchte schon auf minoischen Fresken auf, wachsen an Wegrändern und in Flussbetten. Der Keuschstrauch oder **„Mönchspfeffer"** ist ein bis zu drei Meter hoher Strauch mit ährenförmigen, kleinen, lila Blüten und Früchten, die Pfeffer ersetzen sollen; er wächst an feuchten Standorten.

Recht unscheinbar - wie ein weiteres Liliengewächs namens *Asfodelos* - ist die kindskopfgroße Knolle der **Meerzwiebel** *(Urginea maritima),* die nur im Frühherbst zum Leben erwacht und einen hochaufragenden Stängel mit weißen Blüten treibt. Vor allem an Felshängen bilden etwa zur gleichen Zeit **Feigenkakteen** ihre Früchte aus,

Meerzwiebel (Urginea maritima)

Pflanzen auf Kreta – was wächst wo?

- **Bachvegetation:** Platanen, Riesenschilf, Oleander, Keuschstrauch, Aronstab
- **Dünenvegetation:** Stranddistel, Schneckenklee, Hornmohn, Narzissen
- **An Wegrändern:** Agaven, Riesenfenchel, Spitzgurken, Natternkopf, Ginster
- **Bergregionen:** Zypressen, Zedern, Macchia, Phrygana, Kräuter, Aleppokiefern

die von den Kretern gern gegessen werden. **Agaven** hingegen, aus Mexiko stammend, entwickeln im Juni einen meterhohen Blütenstand und sterben dann ab.

Bäume

Olivenbäume *(Olea europea)* werden auf Kreta seit minoischer Zeit kultiviert, wobei es sich bei den heute existierenden Plantagen meist um Neuanpflanzungen handelt. Die erste richtige Ernte kann zwar erst nach rund zwölf Jahren eingebracht werden, doch dann tragen die Bäume sozusagen jahrhundertelang, und ihre Früchte können alle zwei Jahre im Herbst aufgesammelt werden. Die Olivenölproduktion ist ein industrieller Hauptzweig auf Kreta, das gewonnene Olivenöl ist von hoher Qualität.

Die **Aleppokiefer** *(Pinus halepensis)* ist eine Pinienart, die vor allem in den Weißen Bergen und in der Samariá-Schlucht wächst. Die wenigen noch auf Kreta wachsenden **Zypressen** *(Cypressus sempervirens)* sind in ihrer weiblichen Form sehr ausladend mit fast waagrechten Ästen, die männlichen Exemplare sind schlank und aufragend. Sie können bis zu 40 m hoch werden und tauchen heute am ehesten noch in den Weißen Bergen und der Samariá-Schlucht auf. Zypressen können dank ihrer langen Pfahlwurzeln auch an extrem trockenen und unfruchtbaren Stellen gedeihen und mehrere hundert Jahre alt werden.

Für seine **Dattelpalmen** *(Phoenix theophrastii)*, die bis zu 15 m hoch werden und nur auf Kreta heimisch sind, sind z.B. Vái und Préveli bekannt. Die Früchte sind ungenießbar, anders als die wohlschmeckenden Früchte der verbreiteten, meist wild wachsenden **Feigenbäume** *(Ficus carica)*. Der erste Feigenbaum wurde dem Mythos nach von der Göttin Demeter gepflanzt, und seit der Antike sind die zuckerreichen Früchte ein begehrtes Nahrungsmittel. Kleine, unreife Exemplare werden noch heute in Form von „Löffelsüße" (in Sirup eingemacht) Gästen zum Empfang gereicht, darüber hinaus wird die Pflanze auch medizinisch genutzt.

Durch ihren Geruch fallen **Eukalyptusbäume** *(Eucalyptus globulus)* auf, außerdem durch ihre Rinde, die sich in großen Stücken vom Stamm abschält. Sie können dank tief greifender Wurzeln sehr hoch wachsen, im Mittelmeerraum 20 bis 30 m, sonst sogar noch höher, und tragen charakteristische, längliche, grau-grüne Blätter und zapfenförmige Blüten. Das ätherische Öl der Blätter findet in der Pharmazie Anwendung, aus dem Holz werden Möbel gebaut. Eukalyptus bevorzugt feuchte Standorte und ist nicht heimisch auf Kreta – er stammt aus Australien.

Johannisbrotbäume *(Ceratonia siliqua)* wachsen zahlreich auf Kreta. Sie weisen immergrüne, lederartige Blätter auf und werden wegen ihrer dunkelbraunen, 10–26 cm langen Schoten, die süßlichen Duft verbreiten, viel Zucker enthalten und essbar sind, geschätzt und gelegentlich auch in Plantagenwirtschaft kultiviert. Der Baum wird bis zu 10 m groß. Schon *Johannes der Täufer* soll sich in der Wüste von den Schoten ernährt haben – daher der deutsche Name –, und sie gelten, früher als Leckerbissen heiß begehrt, noch heute in manchen Ländern als gesunde Delikatesse. Außer in der Lebensmittelindustrie finden die Früchte auch als Viehfutter und in der Medizin Verwendung. Typisch waren sie ursprünglich für die Mirabéllo-Bucht.

Ebenfalls nützlich sind die **Edelkastanien** *(Castanea sativea/vesca)*, die sich z.B. an der Straße nach Soúgia oder um Élos im Westen zahlreich finden. Beim Pflücken oder Auflesen der Früchte sollte man Handschuhe tragen oder ein Tuch benutzen, denn die haarigen Hülsen können Allergien auslösen.

Essigbäume *(Rhus coriaria)* kennzeichnet ihr gefiedertes Blattwerk; sie wachsen schnell und werden daher gern als Schattenspender in Städten gepflanzt. Ebenso schützt das ausladende Blattwerk der **Maulbeerbäume** *(Morus nigra)* auf vielen Dorfplätzen vor der unerbittlichen Sonne. So genannt wegen der kleinen schwarzen Beeren und der Tatsache, dass die

Der „göttliche" – Olivenbaum – jahrtausendelang verehrt

Olivenbäume oder „Ölbäume" *(Olea europaea)*, wie sie in der Antike genannt wurden, sind seit der Jungsteinzeit bekannt. Ihre Ursprünge liegen sowohl in Palästina und Syrien als auch auf Kreta, und der gesamte Mittelmeerraum gilt als historische Heimat des Ölbaumes, dessen Wildform, mit winzigen bitteren Früchten, durch Pflege und Zuchtauswahl, Vermehrung, Düngung, Beschneidung und mehrfache Veredelung zur Kulturpflanze gemacht wurde.

Ölbäume tauchen schon auf minoischen Fresken auf und das nicht ohne Grund: Man vermutet, dass der kretische Reichtum und die Vormachtstellung im Mittelmeerhandel während der minoischen Blüte (17. bis Mitte 15. Jh. v. Chr.) besonders dem Ölbaum zu verdanken gewesen ist. Noch heute bedecken Olivenhaine große Teile der Insel. Zahlreiche Funde legen Zeugnis davon ab, dass in mittel- und spätminoischer Zeit Olivenöl das begehrteste Gebrauchs- und Handelsprodukt der Minoer war: So fand man antike Reste von Ölpressen – z.B. in Knossós, Zákros, Vathípetro und Palékastro/Roussolákos –, Ölvorratsgefäße *(Pithoi)* und Tontafeln, die in Tabellenform den Handel mit Olivenöl dokumentieren – es wurde bis nach Ägypten exportiert.

Homers „Odyssee" erwähnt an vielen Stellen die verschiedenen Verwendungsmöglichkeiten von Olivenöl, so bekam z.B. der Held Odysseus bei seiner Heimkehr von der alten Amme die Füße damit gesalbt. Kunstvolle Gefäße für Salb- und Duftöle kamen in der Tat auf vielen Ausgrabungen zu Tage, denn Olivenöl war ein Schönheits- und Körperpflegemittel, was auch im 1. Jh. v. Chr. der römische Dichter Catull beschrieb. Aus Olivenöl wurden nicht nur Parfüms, Salben und Öle zu kosmetischen Zwecken, sondern auch zur Wund- und Heilbehandlung hergestellt, und Duftöle dienten der Luftverbesserung in Wohnungen.

Doch nicht nur die Lebendigen, auch die Toten wurden mit feinriechenden Ölen ge-

Blätter noch heute gern an Ziegen und Maultiere verfüttert werden, wurden die stark in die Breite wachsenden Bäume ursprünglich wegen ihrer Blätter kultiviert, denn diese stellten wertvolles Futter für Seidenraupen dar.

Platanen *(Platanus Orientalis)* erfüllen ebenfalls mit ihrem dichten Blätterdach die Funktion von Schattenspendern. Einer Legende nach sind sie, seitdem ein Priester an einem solchen Baum von Türken erhängt worden ist, immergrün. Platanen wachsen bevorzugt an feuchten Plätzen, z.B. an Bachläufen, und eins der größten Exemplare der Welt befindet sich in Krási (zwischen Limín Chersónisou und der Lasíthi-Ebene); der Baum soll 2000 Jahre alt sein. Die berühmteste Platane steht in Gortis: Unter ihr sollen Zeus und Europa den Minos gezeugt haben.

Tamarisken *(Tamarix)* wachsen als Büsche oder kleine Bäume mit knorrigem Stamm und schuppenartigen Blättern. Sie sind pflegeleicht, feuchtigkeitsliebend und unempfindlich, und das Kuriose daran ist, dass sie wegen ihrer Fähigkeit zur Salzausscheidung auch direkt am Meer gedeihen. An vielen Stränden sind die schlanken Bäume mit nadelartigen, weichen Blättern, an Mimosen erinnernd, als

salbt. Olivenöl spielte eine wichtige Rolle im Toten- und Götterkult, wurde in Heiligtümern gespendet, und bei Geburten und Hochzeiten war es – nach Ovid oder Catull – Sitte, sich einzusalben. Sportler rieben sich vor dem Wettkampf mit Öl aus einem kleinen runden Gefäß ein, dem *Aryballos*, den sie an einem Lederband am Handgelenk trugen. Danach schabten sie das Öl zusammen mit Sand und Staub mit einer *Strigilis*, einem Schabeisen, wieder ab. Eine Statue des großen antiken Bildhauers *Lysipp*, der so genannte Apoxyomenos, um 330 v. Chr. entstanden und heute in den Vatikanischen Museen in Rom aufbewahrt, zeigt diesen Vorgang. Und nicht zuletzt diente Olivenöl auch zur Beleuchtung, es wurde in Öllämpchen gegossen und erhellte dann die Stuben.

Ölbäume und -zweige tauchen häufig auf antiken Vasenbildern auf, meist im Zusammenhang mit Zeus oder Athena, denen der Baum heilig war. Athena soll es gewesen sein, die den Athenern im Wettstreit mit ihrem Bruder Poseidon um die Gunst der Stadt den Ölbaum geschenkt hat. Aber nicht nur in der Antike spielten die „göttlichen" Ölbäume eine wichtige Rolle. In der Bibel ist vom Garten Gethsemane (wörtlich: „Ölmühle") die Rede, wo sich noch heute die acht uralten Ölbäume befinden sollen, unter denen einst Jesus gewandelt ist.

Nicht nur das Öl, auch der Baum diente verschiedensten Zwecken: Die Zweige wurden zu Kränzen verflochten und siegreichen Wettkämpfern aufgesetzt, oder sie dienten dazu, Dämonen abzuschrecken und wurden Toten mit auf den Weg gegeben. Olivenholz wurde zu Werkzeugen und Waffen verarbeitet, bei Homer bestand die Streitaxt des Menelaos beispielsweise aus Olivenholz, und die Keule des Herakles war nach Pausanias' Schilderung ebenfalls aus einem Ölbaum geschnitzt. Und auch die Friedenstaube trägt als Symbol einen Olivenzweig im Schnabel.

Die Oliven selbst galten als begehrtes Nahrungsmittel; schon Vergil war 130 v. Chr. der Meinung, man solle sich von Oliven nähren, die fruchtbar, fleischig und dem Frieden geweiht seien. All diese Zeugnisse belegen, wie hoch geschätzt der Ölbaum von der Antike bis heute ist und weswegen er die Jahrtausende hindurch als „göttliches" Geschenk verehrt wurde.

Windschutz und Schattenspender zu finden.

Ebenfalls oft an Stränden zu finden sind **Wacholdersträucher** *(Juniperus communis)*, kräftig und klein weisen sie nadelartige Blätter auf. Der **Lorbeerbaum** *(Laurus nobilis)* wächst als Busch oder als Baum, bis zu 10 m hoch, an kühlen Orten in der Macchia. Die schwarzen Beeren und die Blätter finden in der Küche und in der Medizin Verwendung. Der Baum gilt als heilig, da Daphne, von Gaia in einen Lorbeer verwandelt, Ziel der göttlichen Begierde war. Lorbeer wird bis heute in religiösen Zeremonien eingesetzt, z.B. in Gestalt von Kränzen und zum Schmuck von Ikonen; er dient auch in Form eines Suds zur Fliegenabwehr – Tiere werden damit eingerieben.

Die Tierwelt

Das Erste, was man auf Kreta an Vierbeinigem sieht, sind normalerweise Ziegen, Schafe und Maulesel. Auch nicht zu übersehen sind die Käfige mit Kanarienvögeln, die auf Balkonen, an Wänden und in Läden hängen und trotz der spartanischen Lebensbedingungen hinter Gittern meist wunder-

040kr Foto: bk

schön singen. Hunde und Katzen sind ebenfalls allgegenwärtig. Hunde tauchen an Stränden oft in Rudeln auf, um die touristischen Hinterlassenschaften zu kontrollieren, während der Begriff „Klosterkatzen" auf Kreta noch seine volle Berechtigung hat.

Doch Kreta beherbergt nicht nur Haustiere. Die **Kretischen Wildziegen** *(Capra aegagrus cretica),* auch „Ibex" oder „Agrími" genannt, sind vom Aussterben bedroht. Umgangssprachlich nennt man sie liebevoll „Kri-Kri" - nach der Bezeichnung eines Hirten für einen jungen Bock, der als Dank für die Befreiung von den deutschen Besatzern US-Präsident Harry Truman geschenkt wurde. Hatten im Altertum ganze Herden die Insel durchstreift, wie ihre häufige Darstellung auf minoischen Münzen zeigt, und hatten Aristoteles und Cicero den Tieren noch besondere Intelligenz zugesprochen, da sie angeblich wussten, dass bei einer Verwundung der Verzehr des Heilkrauts Diktamos hilft, wurden sie nach und nach wegen ihrer großartigen Hörner ausgerottet. Mittlerweile hat sich ihre Zahl zwar wieder auf ca. 1000 bis 2000 Exemplare erhöht, doch trotz Jagdverbotes sind die gelb-braun gestreiften Tiere weiterhin durch Seuchen und Nahrungsmangel gefährdet. Die Einrich-

War einmal ein lebensnotwendiges Familienmitglied: die Ziege

tung von Reservaten auf unbewohnten Felseninseln (z.B. Día, vor Iráklion, und Ágios Theodóros und Ágii Pándes, ebenfalls an der Nordküste) soll helfen, die Art zu erhalten. Vor allem in der Samariá-Schlucht leben noch Restbestände, auf deren Anblick der Wanderer allerdings meist vergeblich wartet. Man hat längst vor der „Invasion" der Nordeuropäer Reißaus genommen.

An **Vögeln** herrscht große Artenvielfalt: Manche unserer heimischen Vögel kommen zum Überwintern hierher, darunter auch seltene Arten wie das Schwarzkehlchen oder die Samtkopfgrasmücke. Außerdem kann man Alpendohlen, Kormorane, Reiher, Eulen und Greifvögel erblicken. Der Nationalpark Samariá in den Weißen Bergen ist ein Asyl für Vögel, insbesondere Greifvögel aller Art, sogar seltene Geier und Goldadler wurden gesehen.

Dort und auch anderswo in naturnahen Regionen sind Siebenschläfer, Marder, Wiesel und Dachs heimisch, während Wild mit Ausnahme von Hasen und Kaninchen selten gesichtet wird. Fledermäuse sind verbreitet, die kretische Wildkatze hingegen ist eine Rarität. Eidechsen, Nattern und giftige Schlangen sowie Skorpione erschrecken vor den Besuchern meist mehr und fliehen, als dass sie dazu neigen, diese anzugreifen. An Insekten sind Zikaden die häufigsten, die unbeliebtesten bei Besuchern sind jedoch die Stechmücken. Schmetterlinge finden sich ebenfalls in großer Vielfalt, und die Bienenzucht ist eine lohnende Einkunftsquelle für die Kreter.

Am Wasser leben **Meeresschildkröten** *(Caretta caretta)*, die allerdings gefährdet sind und daher besser in Ruhe gelassen werden sollten (siehe auch Exkurs im Kapitel „Ostkreta"). **Fische** sind auf Kreta eine Rarität geworden, die Gewässer sind so gut wie leergefischt. Was häufiger noch zu entdecken (und zu fangen) ist, sind Oktopus und Tintenfisch. Beim Tauchen lassen sich außerdem Langusten, Bärenkrebse, Drachenköpfe, Zackenbarsche, Muränen und Muscheln entdecken, die sich an den Stränden eher rar machen.

Bevölkerung

„Es sind dort die schönsten Menschen auf Kreta – die schönsten und die männlichsten in ganz Griechenland, die ich hier sehe ... Der Wuchs der Ölbäume und Steineichen auf dem trockenen, heißen und steinigen Boden könnte die Vorlage sein für solche Gesichter: unter Mühen langsam gewachsen."

Erhart Kästner

Kretische Mentalität

Das **Lebensmotto** „sigá-sigá" – nur langsam – ist nicht unbedingt kretisch, sondern eher griechisch (oder sogar südländisch?). Die Freude am Spiel, der Genuss des Augenblicks, die Geselligkeit und Gastfreundschaft und der ausgeprägte Familiensinn sind ebenfalls keine spezifisch kretischen, sondern eher allgemein griechische Eigenschaften. Wohl aber sind der starke Individualismus, der ungestüme Freiheitsdrang, die wache Neugier und eine gewisse **Schlitzohrigkeit** – das „Reinlegen" ei-

041kr Foto: bk

042kr Foto: bk

nes Freundes gehört zu den höchsten Künsten – für Kreter kennzeichnend.

Kampfgeist, Ehrgefühl, Mut und Tapferkeit und nicht zuletzt die **Dominanz des Männlichen** werden auf der Insel bis heute hochgehalten. Zudem wird gerne alles typisch Griechische vom Kreter noch ins Überdimensionale gesteigert. Kompromisse und Zugeständnisse, Maß und Gleichgewicht sind nicht seine Sache, und er ist der festen Überzeugung, alle Probleme lösen zu können, wozu er oft Fantasie und ungeahnten Improvisationsgeist an den Tag legt. *„Hier ist das Leben eine Improvisation"* – wie wahr, Herr Kästner!

Schuhmacher in Kritsá
und Korbflechter in Iráklion

Das **Ehrgefühl** *(filótimo)* der Kreter und ihr Temperament sind groß, daher war bis in die 1950er Jahre hinein die Blutrache bei Verletzung der Familienehre üblich, speziell in den vormaligen Widerstandsnestern im Hochgebirge der Sfakía. Ehre wird groß geschrieben, aber *„es ist eine eigene Ehre, die da so herrscht. Die Sitte ist streng, das Gastrecht heilig, unantastbar das Mädchentum und die Frau. Was aber vom übrigen irgendwo in der Welt verboten ist, das kümmert hier keinen. Keines Ansehen und Ehre ist hier geschmälert, wenn er stiehlt, raubt und tötet"* – behauptet zumindest Kästner.

Auch in modernen Zeiten ist **Waffenbesitz** auf Kreta noch üblich, und das Gewehr – oft noch uralte Kriegsmodelle – gilt, historisch begründet, als Statussymbol. Etwa eine halbe Million unregistrierter Waffen soll es geben, und so manches Dorf wird von kretischer Mafia kontrolliert. Bis heute gibt es in vielen Dörfern Konflikte mit der Polizei, und langsam bekommt der Ruf der oft glorifizierten **Rebellen aus dem Bergland** einen ersten faden Beigeschmack. Obwohl offiziell Schießverbot herrscht, ist der Brauch des *balothies* (In-die-Luft-schießen) verbreitet, und so wird z.B. in der Nacht vor Pfingsten, bei Hochzeiten oder aber wenn Griechenland Fußball-Europameister wird, viel geschossen.

043kr Foto: bk

Geórgios Skoúlas, Sohn des Künstlers Alkibíades Skoúlas, das Urbild eines Kreters

Familienleben

Obwohl Landflucht und Abwanderung die Entstehung von Kleinfamilien fördern und dazu führen, dass sich die ganze Familie nur noch an Feiertagen trifft, ist das nicht die ursprüngliche und bevorzugte Lebensform der Griechen. Traditionell lebte man in **Großfamilien,** die wirtschaftliche und soziale Sicherheit gewährleisteten. Über die mindestens drei zusammenlebenden Generationen regierte der Vater als uneingeschränkte Autoritätsperson, gefolgt vom ältesten Sohn. Die Töchter waren hingegen weitgehend rechtlos und wechselten nach ihrer Heirat in die Familie des Bräutigams über.

Die **Hochzeit** *(gámos)* zählt neben der Taufe *(báptisis)* zu den wichtigsten Festen im Leben eines Kreters, vor allem einer Kreterin, sie ist daher auch noch am stärksten festen Ritualen unterworfen. Traditionellerweise heirateten die Töchter, ihrem Alter nach, immer vor den Söhnen, denen die Verpflichtung oblag, ihre Schwestern, zusammen mit dem Vater oder ggf. stellvertretend für diesen, „unter die Haube zu bringen".

Voraus geht das jugendliche „Ausschauhalten", meist während der „Volta", dem geschlechtlich getrennten Promenieren auf der Hauptstraße. Das letzte Wort bei der Auswahl des Lebenspartners haben jedoch oft noch die Eltern bzw. der Vater. Offiziell schließt sich die Brautwerbung an, wobei die **Mitgift** *(proîka)* darüber ent-

Das Phänomen „Kafeníon"

Man findet es meist auf dem Dorfplatz, markiert durch einen Schatten spendenden Maulbeerbaum oder eine Platane: das Kafeníon. Es handelt sich meist um eine karge Halle mit Theke am Kopfende, eingerichtet mit den charakteristischen harten Holzstühlen mit Strohgeflecht als Sitzfläche und kleinen Tischchen, die sich zum Teil im Freien befinden und an denen, wie zum Inventar gehörig, immer ein paar alte Männer sitzen. Das Kafeníon ist kein Café im uns geläufigen Sinn – es ist eine Institution, in der bis heute Touristen und Frauen nicht gern gesehen sind.

Traditionell kommen hier die Männer zusammen, werktags und tagsüber vor allem jene, die nicht mehr berufstätig sind. Sie sitzen stundenlang beisammen, ein Glas Wasser oder Kaffee trinkend, selten Alkohol, debattieren über Gott, Fußball, Basketball und die Welt, spielen Tavlí oder Karten, sehen fern oder sitzen einfach nur da und drehen die Perlen ihrer *Komboloi* zwischen den Fingern. Das Kafeníon ist eine „soziale Einrichtung": Hier konsumiert man nicht, hier löst man Probleme, schlägt Zeit tot oder entflieht der Einsamkeit.

Sofern es in einem Ort mehrere Kafenía gibt, scheiden sich oft die Geister: Man geht möglicherweise je nach parteilicher Zugehörigkeit in das eine oder andere. Ursprünglich unterschieden sich diese sogar optisch: Rötlich-braune Türen und Fensterrahmen waren ein klarer Hinweis auf kommunistische Gesinnung, Grün deutete auf Sozialisten und Blau auf Konservative.

Noch heute sind die schlicht bis spartanisch ausgestatteten Gasträume in vielen Dörfern zu finden, während sie in den Städten weitgehend ausgestorben und von „touristisch aufgemachten" Cafés abgelöst worden sind. Was nicht verwundert, denn im traditionellen Kafeníon herrscht kein Verzehrzwang, lediglich eine Ausleihgebühr für Karten und Tavlí-Bretter fällt an, und alte Männer, die über Stunden einen einzigen Kaffee trinken, sind natürlich weit weniger lukrativ als konsumfreudige Touristen, die Cocktails und Häppchen verlangen. Immerhin erlebt das Tavlí-Spiel in letzter Zeit bei jüngeren Menschen, natürlich in schickerem Ambiente, ein Revival.

044kr Foto: bk

scheidet, in welche gesellschaftlichen Verhältnisse das Mädchen einheiraten wird. Dafür, dass sich die Familie des Bräutigams fortan um die Tochter kümmern wird, ist es nötig, eine „Auszahlung" zu leisten, heutzutage vielfach in Form einer Eigentumswohnung. Vor 1983, als die Mitgiftpflicht offiziell abgeschafft wurde, führte diese Verpflichtung oft zu hoher Verschuldung der Brautfamilie.

Die **Heirat** bzw. die kirchliche Trauung sind noch heute das höchste Ziel der Griechinnen. Man sollte natürlich „unberührt" in den Ehestand eintreten, obwohl kurioserweise die Kirche drei Ehen und drei Scheidungen erlaubt! Obwohl seit 1983 die standesamtliche Eheschließung rechtlich ausreicht, stellt die „Krönung" vor dem Altar das eigentliche Ereignis dar, an das sich ein Riesenfest mit „Fressgelage", oft über mehrere Tage, anschließt. Trauzeugen sind dabei (wie Taufpaten) wichtig und zählen, auch wenn nicht verwandt, lebenslang zur Familie.

Früher war die **Rolle der Ehefrau** streng geregelt: Der Patriarch herrschte über alle Belange der Familie, und die Frau war weitgehend rechtlos, hatte sich um den Haushalt, den (möglichst männlichen) Nachwuchs, das Vieh und die Feldarbeit zu kümmern. So war es z.B. zu *Kästners* Zeiten, in den 1940ern, noch üblich, dass sich die Kreterinnen ein Tuch über den Mund banden: *„Sie trug das übliche Schwarz ... und hunderte Male im Tag schlang sie von neuem das Tuch um Kopf, Mund und Kinn, das so gebunden wird, daß es den Mund bedeckt, und das Sprechen eigentlich unmöglich macht. Es ist eine Sitte, die die Gebundenheit der Frauen verrät".*

Mittlerweile haben sich die Sitten entschärft. Mehr und mehr Mädchen erhalten eine Schul-, Universitäts- oder Berufsausbildung und üben (vor allem in den Städten) auch nach der Heirat ihren Beruf weiter aus. Zudem ist es seit einigen Jahren üblich, dass Griechinnen ihren Geburtsnamen behalten, wohingegen die Kinder im Allgemeinen wie der Vater heißen. Andererseits lässt sich in ländlichen Regionen immer noch beobachten, wie gebeugte, arthritische ältere Frauen mühevoll Einkaufstaschen nach Hause schleppen, während ihre Männer Stunden im Kafeníon verbringen.

Beim **Tod** eines Familienmitglieds wird ausgiebig gemeinsam getrauert. Klagegesänge in Versform *(mantinádes)*, aus dem Stegreif von „beruflichen" Klageweibern dargebracht, werden auf dem Land noch heute praktiziert. Vielfach tragen ältere Frauen nach dem Tod eines Familienmitglieds für den Rest ihres Lebens **schwarze Kleidung.** Allerdings ist diese Sitte nicht ausschließlich als Trauerkleidung zu verstehen. Das Schwarz deutet vielmehr auch an, dass die Blüte des Lebens überschritten ist und fortan keine sexuellen Interessen am anderen Geschlecht mehr bestehen.

Moralvorstellungen

Die Moralvorstellungen haben sich gelockert, und ein Seitensprung wird heute natürlich nicht mehr mit Blutrache bestraft. Die junge Generation, besonders in den Städten, nimmt viele der alten Traditionen nicht mehr ernst, obwohl „Gleichberechtigung" und „Emanzipation" auch unter vielen jungen Griechen noch Fremdwörter zu sein scheinen.

Alleinreisende Frauen sollten daher aufpassen: Für einen Griechen signalisiert auch heute noch leichte Bekleidung und kokettes Verhalten „leichte Beute" oder „one night stand" - eine verheiratete bzw. „seriöse" Frau würde sich nach konventionell-griechischen Vorstellungen nie derart exponieren. Da für einen männlichen Griechen die Prinzipien der Unberührtheit beim Eintritt in den Ehestand nicht gelten und „agápi" (Freundschaft) und „érotas" (Liebe) bis zur Ehe streng voneinander getrennt gehalten werden, hat er gegen ein nächtliches Rendezvous mit einer unbedarften Nordeuropäerin nur selten etwas einzuwenden.

Die „Volta"

Die Volta, das „kollektive" Spazierengehen vornehmlich am Samstagabend oder Sonntag, dient dem Sehen und Gesehenwerden und benötigt daher weder ablenkende Schaufenster noch eine spektakuläre Route. Eine kurze Strecke, z.B. die Strandpromenade oder ein Abschnitt der Hauptstraße, genügt, man geht mehrfach auf und ab, in bester Kleidung, frisiert und rasiert, geschminkt und hergemacht, mit Kind und Kegel. Dabei bleiben die Familien unter sich, bzw. es wird, ab einem bestimmten Alter, in gleichgeschlechtlichen Gruppen promeniert. Freundinnen tun sich zusammen und halten Ausschau nach den Typen, die auf ihren Mopeds meist mehr Lärm als Eindruck machen. Kontakte werden geknüpft und feste Rituale laufen ab, die (günstigenfalls) in der Ehe münden sollen.

Philoxenía – von kretischer Gastfreundschaft und der Anpassung an König Tourist

„Tí káneis?" - wie geht's? - hört man nur noch selten auf Kreta, eher schon wird man ein „Hello, please" vernehmen. Vor allem, wenn man sich in den Gassen des hübschen „Touristen-Städtchens" Réthimnon oder an der Hafenpromenade in Chánia bewegt, wo die Umgangssprache nicht mehr Griechisch, sondern vielmehr Englisch ist. Kein Wunder, angesichts der Touristen und Vielzahl von „Shops", „Hotels", „Rent Rooms", „Travel Agencies" und „Car Rentals", die sich in den küstennahen Zentren wie Perlen einer Kette aneinander reihen.

Die Konkurrenz ist groß, wer bestehen will, muss „am Touri" arbeiten, muss ihn locken, sei es durch das passende Speiseangebot oder die Anrede in der eigenen Sprache. Der Kreter nimmt an, das gewohnte Essen - Wiener „Snitzel", Spaghetti oder Pizza und billiges Bier - seien das einzig Akzeptable für einen Nichtgriechen, im äußersten Notfall könnten vielleicht noch vom heimischen griechischen Lokal bekannte Gerichte wie Moussaká, Souvláki oder Gíros serviert werden. Mehrsprachige Speisekarten, teils in Plakatform mit bunten Bildern sind Usus geworden, und beinahe jeder Kellner ist in der Lage, Bestellungen in einer Fremdsprache aufzunehmen.

Doch es gibt sie auch noch, die wahre *philoxenía* (Gastfreundschaft), legendär seit der Antike und Homer. Anders als an vielen anderen Urlaubszielen wird auf Kreta nicht gleich die Hand aufgehalten für eine getragene Tasche oder ein ins Zimmer gebrachtes Extrahandtuch (was nicht heißen soll, das ein paar Drachmen die betreffenden Angestellten nicht freuen), wird geduldig von der Pensionswirtin zum hundertsten Mal einem Gast der (ausgeschilderte) Weg zur Ausgrabung erklärt und das fünfte zur Verfügung stehende Zimmer gezeigt. Im Laden oder auf dem Markt sind die Chancen gut, auch tatsächlich das Obst, das man sich ausgesucht hat, in der Tüte vorzufinden, und nicht den „faulen Bodensatz" der Kiste wie manchmal in Italien oder Spanien.

Man freut sich über ein freundliches „giássas" oder „kaliméra" seitens der Besucher, über ein „parakaló" und ein „efcharistó". Und eine Hand voll solcher Wendungen sollte für jeden Gast eigentlich selbstverständlich zum Urlaubswortschatz gehören. So mancher Besucher macht es sich nur allzu leicht, tut das Griechische von vornherein als „unlernbar" ab, da nicht ableitbar von irgendeiner anderen gängigen Fremdsprache, und setzt stillschweigend voraus, dass jeder Kreter ja sowieso eine Fremdsprache spricht, am besten Deutsch. Es verwundert schon etwas, dass zwar die meisten Italien- oder Spanienreisenden zumindest einen Minisprachführer mit sich führen und sich wenigstens im Flugzeug noch ein paar gängige Floskeln einzuprägen versuchen – und sei es nur „Prost" und „ich möchte mich beschweren ..." –, der durchschnittliche Griechenlandreisende aber von vornherein darauf verzichtet. Beinahe erbost, im harmlosesten Fall aber erstaunt, ist die Reaktion vieler Reisender, wenn ein auf Deutsch vorgebrachtes Anliegen oder eine Frage vom alten Mütterchen in Schwarz, vor dem Haus Gemüse putzend, nicht gleich verstanden wird.

Zugegeben, ein bisschen sind die Kreter auch selbst daran schuld. So wie es heißt, dass sie die ins Extreme gesteigerte Version der Griechen seien, was Individualität, Temperament und Improvisation angeht, gilt das auch in Sachen Gastfreundschaft. Nur allzu erstaunt sind sie oft, wenn ein Besucher den Preis einer Fahrkarte oder eine Wegbeschreibung auf mühsam gelerntem Neugriechisch erfragt. Man erwartet es gar nicht, ist erst überrascht und dann erfreut. Eine Spur französischer Arroganz, ein Tick italienischen Selbstbewusstseins oder eine Idee britischer Ignoranz würde den Kretern manchmal nicht schaden und wäre ein angemessenes Mittel, die ach so reiselustigen Deutschen an einen Ausspruch Valentins zu erinnern: „Der Fremde ist fremd in der Fremde" – und er muss den ersten Schritt gehen.

Die griechische Gastfreundschaft ist kein Fass ohne Boden, und die Grenzen zur Aufgabe der eigenen Kultur, Traditionen, Gebräuche, Gerichte und der eigenen Sprache sind leider schnell überschritten. So mögen doch die Kreter statt „Toast Hawai" lieber ihr ureigenstes Essen anbieten und „Hello, please" einfach vergessen – die Gäste werden es zu schätzen lernen!

Gastfreundschaft

Vielsagend ist die Verwendung des griechischen Begriffes **Xénos** sowohl für „Gast" als auch für „Fremder", d.h. für jeden Nichtkreter; ein Xénos ist für einen Kreter demnach ein Münchner ebenso wie ein Athener. Seit der Antike wird die Gastfreundschaft *(philoxenía)* der Griechen viel gepriesen, jeder Xénos, egal woher, genoss den Schutz, die Bewirtung und Unterbringung durch die Bewohner. Heute ist davon nicht viel übrig geblieben, was auf Grund der Besucherscharen auch wenig verwundert. Dennoch ist bei den Griechen und speziell bei den Kretern die Gastfreundschaft immer noch um einiges ausgeprägter als in anderen Mittelmeerländern. *Erhart Kästner* schwärmte in den 1940er Jahren von den gastfreundlichen Kretern und hob sie über die anderen Griechen hinaus: *„... die Gastfreundschaft ist ein elementarer Trieb, der kräftigsten einer. Auf Kreta, wo alles leidenschaftlich gesteigert ist, ist er noch stärker als auf dem Festland."*

Vom Sparverhalten der Griechen

Die meisten Griechen sind Eigentümer von Haus und Grund, denn wegen der früher hohen Inflationsrate schien es unsinnig, Geld auf die Bank oder in den Sparstrumpf zu legen. So wird jede übrige Drachme in Baumaterial investiert, und bis das Haus, bzw. bei mehreren Kindern die Häuser, komplett steht, können Jahre vergehen. Das meiste wird in Eigenarbeit, zusammen mit Familie und Freunden, gemacht, denn der Bau mit Beton-Fertigteilen erfordert weder Architekt noch Facharbeiter, und auf Ästhetik wird zu Gunsten der Zweckmäßigkeit weitgehend verzichtet, erst recht wenn Vermietung geplant ist.

Manchmal wird erst ein Geschoss bewohnbar gemacht, das nächste dann Jahre später, wenn der Sohn heiratet oder wenn die Vermietung von Gästezimmern lukrativ erscheint. Dank dieser Vorgehensweise erblickt man überall Stahlbetonskelette – eine Vorschrift zum Schutz vor Erdbeben – unterschiedlichen Vollendungsgrades, bei fast allen stehen jedoch, auch wenn sonst alles fertig erscheint, oben noch Betonpfeiler und Baudrähte heraus. Das hatte vor allem den Grund, dass man bis vor ein paar Jahren auf diese Weise die Steuerbehörden von der Unfertigkeit des Hauses überzeugen konnte und noch keine Grundsteuer entrichten musste.

Kretische Namen

Typisch für die Namensgebung der Kreter ist die Endsilbe „-ákis", viele männliche Kreter heißen *Vassilákis, Chatzitákis* oder *Theodorákis*. Dabei ist „ákis" eigentlich eine kindliche, griechische Verkleinerungsform, doch in diesem Falle eine mit Geschichte: Die Sfakioten nannten nämlich während der Freiheitskämpfe jene, die „da unten", an der Küste, lebten, d.h. sich der türkischen Herrschaft beugten, „die Kleinen". Diese akzeptierten die Bezeichnung gerne als Zeichen der Solidarität und Zusammengehörigkeit.

Kultur und Traditionen

Trachten

Alte Trachten sind auf Kreta leider weitgehend ausgestorben. Sie unterschieden sich regional und zeigten Ähnlichkeiten mit türkischen und nordafrikanischen Gewändern. Nur selten trifft man noch auf ältere Frauen und noch seltener Männer in ihren traditionellen Gewändern, und es ist beschämend, zu sehen, wie sich fotosüchtige Touristen dann auf diese stürzen.

Am ehesten erblickt man noch Männer mit den weiten, schwarzen Pumphosen *(wráka)*, die seit dem 16. Jh. getragen werden und ursprünglich wohl afrikanische Piratenkleidung waren, mit den zugehörigen Schaftstiefeln *(stivánia)* oder Wickelgamaschen. Das schwarze um den Kopf getragene Fransentuch (*saríki* oder *mandíli*) bekommt man ebenfalls noch manchmal zu sehen, selten geworden sind jedoch die buntbestickte Weste und die rote Bauchbinde *(bouniálo)*, in der ursprünglich ein Messer steckte, sowie der handgewebte Rucksack *(sakkoúla)*.

Die entsprechende Frauentracht mit *sákkos* und *phoústa* ist heute eine Rarität. In verschiedenen Heimatmuseen, u.a. in Chaniá, Réthimnon und Iráklion, sind die alten Trachten noch zu bewundern. Was jedoch bei den so genannten „kretischen Nächten" dargeboten wird, hat oft nicht mehr allzu viel mit der ursprünglichen Tracht zu tun (ebenso wie die „Krachlederne" kein Synonym für bayerische Tracht ist).

045kr Foto: bk

Musik

Die kretische Musik entspricht der Mentalität der Menschen: temperamentvoll, wild und unbändig. Sie ist stets im 7/8- oder 9/8-Takt, teils monoton, teils ekstatisch und hat einen starken orientalischen Einschlag. Anders als bei der völlig anderen Bouzoúki-Musik des Festlands ist die Lyra das Hauptinstrument der kretischen Musik. Dazu werden oft spontan erfundene Zweizeiler *(mantinádes)* gesungen. Mit Rizítika-Balladen erinnern alte Männer gern an die türkische Besatzungszeit und die Heldentaten der alten Kreter.

Die melodieführende **Lyra** ist ein Streichinstrument aus Maulbeerholz mit drei Saiten, das aufs Knie gestützt wird. Die **Laoúta,** eine Lautenart, dient zur Begleitung, daneben finden **Tambourás** (gitarrenähnliches Instrument, Bouzouki-Variante) und die **Askobandoúra,** ein aus dem Schafmagen gefertigter Dudelsack, Verwendung. Wie in anderen Regionen Europas erlebt auch die kretische Musik derzeit eine Polarisierung: Da gibt es einerseits die populäre, leicht konsumierba-

046kr Foto: bk

re „volkstümelnde“ Richtung, die viele Touristen als „authentisch“ ansehen. Andererseits bemühen sich einheimische Musiker um die Wahrung der traditionellen Musik. Maßgeblich mitbeteiligt an der Renaissance war in den 1970/80ern ausgerechnet ein *Xenos*, nämlich der Ire **Ross Daly.** Eine wichtige Rolle spiel(t)en außerdem die Musiker aus dem Bergdorf Anógia, besonders aus den beiden bedeutenden Familienklans des Orts, **Skoulás** und **Xiloúris.** Vassílis Skoulás und der jung verstorbene Níkos Xiloúris gelten neben Kóstas Mountákis aus Réthimnon immer noch als berühmteste kretische Musiker. Inzwischen sorgt Antónis Xiloúris, der jüngere Bruder von Níkos, für Furore. Unter dem Künstlernamen **Psarantónis** ist er seit seinen ersten Auftritten (1964 als 15-Jähriger) längst zur Legende geworden. Seine Musik kennzeichnet ein hoher künstlerischer und traditionsbewusster Anspruch. Mittlerweile haben sich viele junge Musiker Psarantónis zum Vorbild genommen und widmen sich verstärkt der traditionellen kretischen Musik.

Ebenfalls an den Traditionen orientiert sich die Gruppe **Axos,** die sich aus den Musikern *Jannis Papatzánis, Níkos Katrizidákis* und *Stelios Sykákis* zusammensetzt. In den letzten Jahren haben sie sich mit ihrer Interpretation, beeinflusst von klassischer Musik und dem Jazz, nicht nur auf Kreta einen Namen gemacht. Einen anderen Weg geht schließlich **Miltiádes Paschalídes.** Ihm ist es gelungen, mit seiner Mischung aus kretischer Musik und modernem Rock ein breites Publikum anzusprechen und sich als Popstar zu etablieren.

Tanz

Die kretischen Tänze machten auf Kreta regionale Entwicklungen durch, und die an verschiedenen Orten praktizierten Tänze unterscheiden sich teilweise erheblich.

Der **Sirtós** ist ein Reigentanz im 7/8-Takt, bei dem ein Vortänzer einen offenen Tänzerkreis anführt. Es gibt davon lokale Varianten, wie den *Cha-*

Kóstas Mountákis gilt als einer der großen kretischen Volksmusiker

Alter Instrumentenbauer in Réthimnon

niótikos (angeblich in Chaniá „erfunden"), den *Rethimniótikos* (aus Réthimnon) und andere. Wie der Sirtós ist auch der **Pentozális** kein Paartanz, sondern ein Gruppentanz, was typisch ist für die kretischen Tänze. Es handelt sich um einen traditionellen Fünfschritt-Tanz aus Ostkreta oder Réthimnon, bei dem sich eine Reihe von Tänzern an den Schultern fasst und nach langsamem Anfang die Geschwindigkeit steigert, bis hin zu akrobatischen Einlagen.

Auch beim **Pidichtós,** einem weiteren Gruppentanz, der besonders in Zentralkreta beliebt ist, legt der Vortänzer besonders viel Agilität an den Tag. Der Pidichtós war ursprünglich ein antiker Tanz der Krieger, dargeboten, bevor sie in den Kampf zogen. Der **Soústa** (wörtlich „Spiralfedern", auch *Sitía soústa*) ist der einzige kretische Paartanz, er wird bevorzugt bei Feiern „aufs Parkett gelegt".

Einheimische treffen sich am Wochenende in den *Krítika Kéntra,* den Tanzhallen, um bei guter Stimmung (und gehobenen Preisen für Eintritt, Essen und Trinken) das Tanzbein zu schwingen.

047kr Foto: bk

Der Sirtáki-Mythos

Der auf Kreta allgegenwärtige Sirtáki, zum **Symbol kretischer Lebenslust** geworden und bei allen möglichen Gelegenheiten den Touristen vorgeführt oder zum Nachahmen nahe gelegt, ist **überhaupt nicht kretisch** und noch nicht einmal authentisch griechisch. Es handelt sich vielmehr um eine vereinfachte Sirtós-Variante vom Festland, die speziell für den Film **„Alexis Sorbas"** (1964, nach dem gleichnamigen Buch von Nikos Kazantzakis) erfunden wurde. Korrekterweise hätte *Anthony Quinn* einen Pentozális darbieten müssen, doch dieser erschien zu kompliziert. Aus diesem Grund komponierte *Mikis Theodorákis* eine Musik für eine vereinfachte Choreografie, die dem städtischen *Chasapiko-Tanz* nachempfunden war, der wiederum ursprünglich ein Tanz der Fleischerzunft mit Ursprüngen in Byzanz ist. Damit war der Sirtáki („kleiner Sirtos") erfunden. Er wurde im Film zu kreta-unüblicher Bouzouki-Musik getanzt. Inzwischen hat sich der Sirtáki in den Köpfen der Besucher als derart kretisch/griechisch festgesetzt, dass selbst viele Einheimische der Meinung sind, er sei typisch kretisch.

Feste und Feiertage

Kirchliche Feste werden lebhaft gefeiert, was wiederum zeigt, wie fest die orthodoxe Kirche im Alltagsleben der Kreter verankert ist. Überregional sind dabei nur die wenigsten, viele werden lokal bzw. in bestimmten Kirchen oder Klöstern in Form von Patronatsfesten gefeiert. Daneben gibt es Jahreszeiten- und Erntedankfeste sowie Gedenkfeiern für Widerstandskämpfer und zur Erinnerung an historische Ereignisse.

Patronatsfeste

Es gibt zahlreiche lokal begrenzte religiöse Feste zu Ehren verschiedener Heiliger, Märtyrer oder Kirchenväter (z.B. Georgios, Dimitrios, Maria, Ioannis, Marina, Pandeleimon). In den Dörfern wird am Patronatstag **zu Ehren des jeweiligen Schutzheiligen** ein Kirchweihfest *(Panigíria)* zelebriert, mit Morgengottesdienst, gelegentlich mit Prozession und mit anschließender Feier mit Essen und Trinken, einer Art Markt und vielen lokalen Spezialitäten. Während solcher Festtage sind die meisten Läden geschlossen.

Die großen Kirchenfeste

Neben Ostern wird vor allem das **Panagia-Fest** (Mariä Himmelfahrt) am 15. August groß gefeiert, während **Weihnachten** oft als weniger bedeutsam erachtet wird. Am Heiligen Abend laufen die Kinder, die Weihnachts-Kalanda singend, von Haus zu Haus. Die Bescherung erfolgt erst an Silvester (Warten auf *Ágios Vasílis*), wobei es üblich ist, vor Mitternacht das Licht auszuschalten und etwas Goldenes anzufassen. Ein Feuerwerk und, besonders auf Kreta, Gewehrschüsse begrüßen das Neue Jahr.

Ostern gilt als Hauptfest (Ostersonntag: 24.4.2011, 15.4.2012, 5.5.2013). Trotz der Allgemeingültigkeit des gregorianischen Kalenders seit 1923 werden das griechische Oster- und Pfingstfest immer noch **zeitversetzt zu unserem** gefeiert, gemäß dem alten orthodoxen Kalender. Das Osterfest erstreckt sich über eine ganze Woche, die „Große Woche" genannt, und gleicht beinahe einem Volksfest mit musikalischen Darbietungen. Die ganze Familie trifft zusammen, wobei jeder Speisen und Getränke mitbringt, es wird gemeinsam gekocht und gebacken.

Während der ganzen **Karwoche** finden Messen statt. Am Donnerstagabend vor Ostern wird der Epitaph von jungen Mädchen mit Blumen geschmückt, am Karfreitag *(Magáli Paraskeví)* findet eine Trauerprozession statt. Bis Samstag um Mitternacht erschallen dunkle Glocken zur Symbolisierung des christlichen Dramas, dann beschließen die Auferstehungsmesse und ein Freudenfeuerwerk die seit Rosenmontag andauernde 40-tägige Fastenzeit. Am Karfreitag findet abends eine feierliche Kerzenprozession statt.

In der Nacht zum Sonntag endet der Abendgottesdienst mit dem Jubelruf

Griechische und kretische Feiertage

Allgemeine Feiertage

• **31.12/1.1. – Silvester/Neujahr,** an Silvester ziehen die Kinder von Haus zu Haus und sammeln Geld und Süßigkeiten, wobei der Tag offiziell als Arbeitstag gilt. Zu Mitternacht werden die Fenster geöffnet und der *Vasilopita* (Neujahrskuchen) mit einer besonders Glück bringenden eingebackenen Münze angeschnitten. Der Neujahrstag gilt der Verehrung des *Ágios Vasilios,* der den Kindern, ähnlich dem Nikolaus, Geschenke bringt.

• **6.1. – Hl. Drei Könige/Theophania,** in Erinnerung an die Taufe Christi wird an diesem Tag das Wasser gesegnet. Es finden Messen am Strand statt, wobei ein Kreuz vom Priester ins Wasser geworfen wird, das junge Männer wieder herausholen.

• **Februar – „Aschenmontag",** der Montag nach Fasching, ähnlich unserem Aschermittwoch, signalisiert den Beginn der Fastenzeit.

• **25.3. – Nationalfeiertag,** erinnert an den Befreiungskrieg 1821 gegen die Türken. Die Kirchen werden mit Zweigen geschmückt und Palmkränze an die Haustüren gehängt.

• **März/April – Ostern** *(Páscha)* fällt, wie das orthodoxe Pfingstfest, nicht mit dem hiesigen Termin zusammen. Feiertage sind auch Karfreitag und Ostermontag.

• **Mai – Christi Himmelfahrt,** außer Gottesdiensten gibt es ein Feuerwerk, und es wird viel getanzt; groß gefeiert v.a. in Ágios Nikólaos.

• **Mai/Juni – Pfingsten,** 40 Tage nach Ostern.

• **1. 5. – Tag der Arbeit** *(Protomaiiá),* in die Scheibenwischer von Autos werden Blumen gesteckt.

• **21.5. – Nationalfeiertag,** erinnert an die Befreiung von der deutschen Besatzung am Ende des Zweiten Weltkriegs.

• **15.8. – Mariä Himmelfahrt,** größtes Marienfest, das besonders in Klöstern, speziell im Kloster Chrissoskalítissa an der Westküste, in Mochós und Ágios Nikólaos (dort mit sportlichen Wettkämpfen) gefeiert wird, eines der wichtigsten kirchlichen Feste in Griechenland.

• **28.10. – Nationalfeiertag** oder **„Ochi"-Tag,** der eigentliche Nationalfeiertag der Griechen und zugleich Namenstag des Hl. Dimitrios. Er erinnert an das „Nein" des Regierungschefs *Metaxas,* mit dem er 1940 die Aufforderung *Mussolinis* zur Kapitulation ablehnte. Es folgten der Kriegseintritt Griechenlands auf Alliiertenseite und der Einmarsch von Italienern und Deutschen.

• **25./26.12. – Weihnachten** *(Christoujennon),* früher war das Fest eher unbedeutend, heute haben sich das Aufstellen von Christbäumen (importiert) und ähnliche Rituale eingebürgert.

Lokale Feste (Auswahl)

• **Februar:** In Réthimnon wird Fasching groß gefeiert.

• **8.5.:** Johannes der Evangelist wird u.a. im Kloster Préveli gefeiert.

• **24.6.:** Sonnwendfeier zu Ehren Johannes des Täufers mit großem Feuer.

• **29/30.8.:** zweitägiges Fest zu Ehren Johannes des Täufers, v.a. in Moní Goniás nahe Rodopós.

• **14.9.:** Tag der Kreuzeserhöhung in verschiedenen Orten im Ída-Gebirge; Besteigung des Psiloritis (Gipfelkapelle).

• **9.11.:** Gedenktag an den Widerstand gegen die Türken im Kloster Arkádi. Feiertag und Festivitäten in Réthimnon, mit einem Halbmarathon vom Kloster in die Stadt.

• **Auswahl an Festivals:** *Chaniá* („Bauern-Fest" im August); *Réthimnon* (Renaissance-Festival im Sommer auf der Fortezza); *Iráklion* (Festival mit Musik und Theater im Kazantzakis-Freilufttheater und auf Kastell Koúles); *Ágios Nikólaos* (Lató Festival); *Sitía* (Kornaria-Festival/Rosinen-Fest im August) oder *Ierápetra* (Kirvía-Fest im Sommer).

• **Infos im Internet:** www.visitgreece.gr (Fremdenverkehrsamt) oder www.culture.gr (Kultur-Ministerium).

„Christus ist auferstanden!“, danach entzündet der Priester die Osterkerze *(ágio fos)*. Mit dieser machen die Gemeindemitglieder ihre mitgebrachten Kerzen an und nehmen sie mit, um die Hausikone zu beleuchten. Noch in der Kirche stößt man mit den typischen, rot gefärbten Eiern an, die jeder bei sich hat. Draußen wird ein Holzstoß mit verborgenen Feuerwerkskörpern in Brand gesetzt. In derselben Nacht wird bei einem großen Familienessen *Magirítsa*, eine Suppe aus Lamminnereien, verzehrt.

Am Ostersonntag folgt auf den morgendlichen Kirchgang ein großes Fest, bei dem Lammbraten (meist vom Grill), *Kokorétsi* (Spieße aus Lamminnereien) und andere Spezialitäten gegessen werden. Dazu gibt es Musik und reichlich Wein.

In *Nikos Kazantzakis'* Roman „Griechische Passion“ werden die traditionellen Osterrituale ausführlich beschrieben.

Religion

Die griechisch-orthodoxe Kirche

Die griechisch-orthodoxe Kirche ist eine **halbautonome Volkskirche,** die in der Tradition des Urchristentums steht. Sie ist bodenständig und volksnah, der kirchliche Segen wird z.B. bei allen möglichen weltlichen Unternehmungen, sei es eine Gebäudeeinweihung oder Schiffstaufe, eingeholt. Im Unterschied zur katholischen ist die griechisch-orthodoxe Kirche weniger zentralistisch und verfügt kaum über Weisungsrechte – einer der Gründe, der zur Trennung zwischen römisch-katholischer und orthodoxer Kirche geführt hat.

Andererseits übernimmt sie trotz ihres Reichtums vor allem in Gestalt großer Ländereien **kaum karitative Funktionen.** Für Wohlfahrtsaufgaben ist der Staat zuständig, und die paar hundert verbliebenen Mönche und Nonnen übernehmen selten soziale Aufgaben, vielmehr leben sie nach mystisch-asketischem Ideal in ihren noch knapp vierzig Klöstern.

Die griechisch-orthodoxe Kirche untersteht bis heute direkt dem griechisch-orthodoxen **Patriarchen von Istanbul.** Lokales Oberhaupt ist der Erzbischof in Iráklion, ihm unterstehen sieben Diözesen mit je einem Bischof oder *Metropoliten* als Vorstand und Stellvertreter Christi. Der Metropolit wiederum wird durch den *Papás* oder Dorfpfarrer vertreten, der den Kontakt zu den Gläubigen aufnimmt.

Orthodoxie – Geschichte und Grundsätze

Die Orthodoxie hat ihre Wurzeln im Machtkampf zwischen römischem Papst und den im oströmischen Reichsteil beheimateten Bischöfen. Während man sich im Osten ganz an das Bekenntnis von Christus („Ich bin der Weg, die Wahrheit und das Leben“) hielt, baute man in Rom eine päpstlich dominierte Macht auf, der sich die Ostkirche nicht unterordnen wollte.

048kr Foto: bk

Diese Weigerung führte im 9. Jh. zum Schisma, zur **Spaltung,** und 1054 zur endgültigen Trennung zwischen römisch-katholischer und griechisch-orthodoxer Kirche.

Nach orthodoxer Anschauung verkörpert nur die Person Christi die „ungefälschte Meinung über Gott und seine Schöpfung", wie es einer der alten Kirchenväter, *Anastasius,* einmal niederschrieb. So gilt in der Ostkirche nur Christus als umfassende und einzig wahre Meinung, als der rechte Glaube – *orthós* („richtig, aufrecht") *dóxa* („die Meinung, der Glaube"). Die Orthodoxie sieht sich als Wahrer des überlieferten Glaubens und der Tradition, die rein und unverfälscht die Zeiten überstehen muss.

Anders als in der römisch-katholischen Kirche herrscht in der orthodoxen ein recht **lockeres hierarchisches System.** Nach orthodoxer Meinung ist nämlich niemand auf Erden unfehlbar, und so kann auch die uneingeschränkte **Macht des Papstes nicht anerkannt** werden. Zudem lehnt man im Osten das Dogma von der unbefleckten Empfängnis ab, und die Anrufung von Heiligen zur Vergebung reicht nicht aus, da sich der sündige Mensch

Wie wichtig der Glaube ist, zeigen die vielen Kapellen und Kirchen auf Kreta

049kr Foto: bk

durch aufrichtige Reue und das Befolgen göttlicher Gebote selbst von der Schuld reinigen muss.

Dies sind nur ein paar Unterschiede, die sich im Laufe der Jahrhunderte herausgebildet haben – im Kern ging es ursprünglich um die Machtverteilung. Während in der Ostkirche die **Bibel als oberste Instanz** angesehen wurde und wird, nimmt der Papst in der römisch-katholischen Kirche eine absolute Machtposition ein, die es ihm erlaubt, Dogmen in die Welt zu setzen. Den Primat des Papstes, der sich als „Nachfolger des Apostels Petrus" und als „Stellvertreter Jesu Christi" auf Erden sieht, lehnt die orthodoxe Kirche ab. Die Anerkennung der Kirche als absolutistische Institution würde sich nicht mit den Aussagen von Christus decken, der erklärt haben soll „mein Reich ist nicht von dieser Welt" (Joh. 18.36) und zum Machtanspruch eines Einzelnen sagte: „Wenn einer ein Erster sein will, muss er der Letzte von allen sein" (Mk. 9.35).

Reformvorhaben

Seit 1998 ist *Bartholomeos I.* das Oberhaupt der griechisch-orthodoxen Kirche – er residiert in Istanbul (Konstantinopolis) und soll die Kirche in eine neue Epoche führen. Der ökumenische Patriarch fungiert auf Kreta als die maßgebliche höchste Instanz, anders verhält es sich in Restgriechenland. Dort wurde seit seiner Wahl zum neuen Erzbischof, 1998, *Christodoúlos von Demetrias* als unmittelbares kirchliches Oberhaupt angesehen. Bis zu seinem Tod im Januar 2008 hat er sich als Reformer einen Namen gemacht und mischte tüchtig auf der politischen Bühne mit. Neues Oberhaupt wurde Hieronymos von Theben.

Die griechisch-orthodoxe Kirche hat gegenwärtig keinen leichten Stand und es gilt, vielerlei Aufgaben in den Griff zu bekommen: die Rückgewinnung der Jugend, die sich vermehrt von der Kirche abwendet, da sie die dogmatische Starre und die Einmischung der Kirche in den Privatbereich bemängelt, die Verbesserung des Verhältnisses zur Regierung, die die Trennung Staat – Kirche vorantreiben will, die Ordnung der angeschlagenen Finanzsituation, innerkirchliche Reformen und die Verbesserung der Kontakte zu anderen Kirchen, wie der katholischen oder protestantischen.

Trotz aller Volksnähe haftet der griechisch-orthodoxen Kirche der Ruf an, dass sie sich weitgehend gegen Veränderungen und soziale Reformen sperrt und immer noch an die alten Beschlüsse der Siebten Ökumenischen Synode von 787 n. Chr. festhält.

Kirche und Staat

Die Kirche bekleidet in Griechenland eine wichtige Position und übt nach wie vor großen Einfluss aus. Obwohl der Staat 1983 standesamtliche Trauungen den kirchlichen rechtlich gleichstellte, ist die Macht der Kirche auch in diesem Bereich ungebrochen. Die Kirche erlaubt (kurioserweise) drei Eheschließungen und drei Scheidungen, ein Kirchenaustritt ist hingegen unmöglich und undenkbar. Wehrdienstverweigerung aus religiösen Gründen ist untersagt, da seit jeher eine enge Verbindung zwischen Militär und Kirche besteht.

Wie wichtig die Kirche noch heute im Alltagsleben ist, zeigt die Tatsache, dass ein Neugeborenes nach 40 Tagen das Haus erstmals verlassen darf, um zum Pfarrer zur Segnung gebracht zu werden. Das erste Pflichtmysterium, im ersten Lebensjahr, ist die Taufe. Konfirmation, Kommunion oder Firmung gibt es hingegen nicht.

Die Bemühungen von der sozialistischen PASOK-Partei in den 1980er-Jahren, Staat und Kirche zu trennen, und *Papandreous* Vorschlag von 1987, die Kirche zu enteignen, stießen auf erheblichen Widerstand und scheiterten. Die Popularität der Kirche auf Kreta begründet sich zu allererst aus der **Vorkämpferrolle** während der Besatzungszeit. Besonders die Klöster fungierten als Widerstandsnester und Zufluchtsorte, doch auch sonst standen die Pfarrer im Kampf ihren Mann, sorgten für Verpflegung und Nachschub und unterhielten geheime Schulen als Garanten für die Bewahrung kretischer Kultur zur Zeit der Türken.

Abt *Gabriel* von Kloster Arkádi gilt als besonderer „Held“, da er 1866 zusammen mit Widerstandskämpfern in den Tod ging, das Kloster Moní Préveli hat während des Zweiten Weltkriegs mit Widerstandskämpfern und Engländern zusammengearbeitet, ebenso wie Toploú bei Vái aktiv den Widerstand gegen das deutsche Militär förderte.

Der Papás

Die **Standesunterschiede** zwischen Priestern und Gläubigen sind gering, und der Papás – abgeleitet von *papadopediá,* der „Vater der Gotteskinder“ – genießt Respekt und Ansehen. Anders als hierzulande wird keine Kirchensteuer erhoben, und es werden nur wenige hauptamtliche Kirchenbeschäftigte, wie die Bischöfe, vom Staat bezahlt. Der „kleine“ Dorfpriester hingegen hat kaum Anteil am Reichtum seiner Kirche und erhält nur ein relativ kleines Gehalt. Lediglich von seinen „Schäfchen“ im Dorf darf er bei Feierlichkeiten, wie Taufen oder Hochzeiten, auf einen Bonus, manchmal noch heute in Form von Naturalien, für seine Dienste hoffen.

Der Papás gehört zum Dorfbild, er diskutiert im Kafeníon mit, kauft auf dem Markt ein, bestellt das Feld und nimmt mit Frau und Kindern an der „Volta“ teil. Er ist leicht erkennbar am Bart, am (heute nicht mehr obligatorischen) Haarknoten, am steifen Hut *(kalímafchi)* und am schwarzen Talar *(rásso).* Er steht mitten im Leben, muss verheiratet sein und sollte sich durch Vorbildhaftigkeit und Lebenserfahrung auszeichnen. Er fungiert als Priester und Standesbeamter in einer Person, hat aber niemals eine wissenschaftliche Ausbildung absolviert, sondern lediglich Liturgie-Kurse, z.B. für Kirchengesänge, besucht. Der Papás darf keiner Klostergemeinschaft angehören und kann ohne Theologiestudium in der Hierarchie nicht aufsteigen. Ein Bischof hingegen ist unverheiratet, hat oft das Mönchsgelübde geleistet und Theologie studiert.

Gottesdienst und Gotteshäuser

Auf Kreta existieren heute etwa 3000 Kirchen und Kapellen, über 800 Gemeindekirchen mit Gemeindepriestern. Viele der Gotteshäuser sind nicht ständig, sondern nur während der Sonntagsgottesdienste oder sogar nur am Namenstag des Kirchenpatrons zugänglich.

Der Gottesdienst fungiert als sozialer Treff, er läuft weitgehend ohne steife Formalitäten ab. Die Gläubigen sitzen oder stehen im Kirchenhaus, nach Geschlechtern getrennt. Ein Abendmahl gibt es nur unmittelbar vor Ostern *(koinonía).* Wichtigstes Element während des rund 90-minütigen Gottesdienstes sind die *Ieropsaltes,* die vom Vorsänger *(psalter)* dargebracht und von der Gemeinde stimmlich begleitet werden.

Als **Weihgaben** *(anathémata)* finden sich in Kirchen, meist an einer Schnur um Ikonen aufgereiht, gehämmerte Silbertäfelchen. Bei genauerer Betrachtung offenbaren sie die vereinfachten Darstellungen eines Ehepaares oder eines Babys, eines Herzens oder von Gliedmaßen und sind als Bitte um oder Dank für Heilung, glückliche Ehe oder Geburt zu verstehen. Oft werden auch persönliche Schmuckstücke, Ringe oder Uhren, als Opfergaben an der gleichen Stelle dargebracht.

Auf dem Land unterwegs, wird man schnell überall die kleinen Pfeiler mit **Miniaturkirchlein** oder in Form von Betsäulen bemerken. Diese *Ikonostássia* stehen vielfach an Straßenrändern, bevorzugt an Schluchten, Kurven oder unfallträchtigen Stellen, und die Kreter bekreuzigen sich hier. Vom einfachen kleinen Schrein mit Glastürchen zum Aufmachen und mit Heiligenbild, Lämpchen oder Kerze im Inneren bis hin zu aufwendig und detailreich gestalteten kleinen Kirchlein, die manchmal formal den nahe gelegenen Dorfkirchen angepasst sind, ist die Variationsbreite groß.

050kr Foto: bk

Politik, Verwaltung und Bildung

Griechenland ist in zehn Regierungsbezirke aufgeteilt, Kreta ist einer davon und schickt 13 Abgeordnete ins Parlament. Die über **600.000 Kreter** leben etwa zur Hälfte in den Einzugsgebieten der drei Großstädte an der Nordküste, in Iráklion, Chaniá und Réthimnon. Auf einen Quadratkilometer kommen im Schnitt 72 Einwohner, vier weniger als im griechischen Durchschnitt.

Die Insel Kreta selbst ist in die vier Verwaltungsbezirke *(nomói)* Chaniá (150.000 Einwohner), Réthimnon (82.000), Iráklion (knapp 300.000) und Lassíthi (76.000) aufgegliedert, die jeweils einem von der Regierung in Athen bestimmten *Nomárchos* (Bezirksvorsteher) unterstehen. Jeder Bezirk zerfällt in vier bis sieben Provinzen *(eparchíes)* und diese wiederum in 1300 Gemeinden *(kinótites)*. 1972 löste **Iráklion** Chaniá als **Hauptstadt** ab und bildet seither das politische und wirtschaftliche Zentrum der Insel. Den Großstädten Iráklion (ca. 140.000 Einwohner), Chaniá (ca. 55.000) und Réthimnon (ca. 33.000) folgt größenmäßig Ágios Nikólaos (ca. 12.000), dann Ierápetra und Sitía mit je rund 9000 Einwohnern. Die beiden großen Häfen der Insel befinden sich in Iráklion und in der Soúda-Bucht bei Chaniá.

Der **Verwaltungsapparat** in Griechenland ist aufgeblasen und gilt seit jeher als wenig effektiv. Mehr und mehr Stellen drohen Kürzungen zum Opfer zu fallen. Da Athen sehr zentra-

051kr Foto: bk

Hier wird Politik gemacht: das Rathaus von Iráklion

listisch die Geschicke des Landes leitet, spielt die Improvisation - anscheinend zunehmend mit der Entfernung vom Zentrum - auch im öffentlichen Leben eine wichtige Rolle.

Politik und Parteien

Kretische Politik zeichnet sich durch starke Ablehnung staatlicher Bevormundung und Autorität aus, was sich aus dem historisch begründeten Freiheitsbedürfnis der Kreter erklärt. Ein Indiz für den Wunsch nach Eigenständigkeit war die nach dem Ende der Militärjunta und zu Beginn der „modernen Demokratie" in Griechenland durchgeführte Abstimmung von 1974 über Monarchie oder konstitutionelle Demokratie, bei der sich die Kreter weit klarer als die Festlandsgriechen gegen die Monarchie aussprachen.

Die großen griechischen **Parteien** sind die konservative Néa Demokratía (ND), die die Farbe blau zum Symbol hat, die sozialistische PASOK, mit grün gleichgesetzt, und die kommunistische KKE, die durch rot symbolisiert wird. Auf Kreta hat PASOK traditionell die meisten Anhänger, doch in einigen Bergdörfern, die als „traditionelle Quertreiber" bekannt sind - wie Anógia -, hat die KKE ihre Hochburgen bis heute behauptet.

Mit der Unterstützung von *Andreas Georgiou Papandreou* und der **sozialistischen PASOK-Partei** bei den Wahlen 1981 brachten die Kreter zum Ausdruck, dass sie dem von PASOK angestrebten NATO-Austritt und der Auflösung der Stützpunkte zustimmten. Vier Jahre später schnitt aus eben diesen Gründen sogar der aus Chaniá stammende Politiker *Kóstas Mitsotákis* (Néa Demokratía) gegen Papandreous PASOK schlecht ab. Zwischen 1990 und 1993 gelangte er dennoch als Premier an die Spitze, doch nicht auf Grund eines guten Wahlergebnisses auf Kreta. Die NATO-Stützpunkte sind letztlich geblieben und werden toleriert, während die US-Basen (Timbáki/Goúves) bis heute den Kretern ein Dorn im Auge sind – wobei man schon vergessen hat, dass die US-Dollars nach dem 2. Weltkrieg die Infrastruktur der Insel wiederhergestellt haben, und dass die USA auch maßgeblich zum Ende der verhassten Militärdiktatur 1974 beigetragen haben.

Die Nachfolge von Andreas Georgiou Papandreou im Amt des **Ministerpräsidenten** – die Amtsdauer beträgt vier Jahre bei beliebig häufiger Wiederwahl – trat 1996 nach dessen Tod sein Parteifreund **Kóstas Simítis** an, der 2000 wiedergewählt wurde. Der in Marburg promovierte PASOK-Politiker zielte mit seiner energischen Politik auf eine Annäherung an Europa und bewirkte die Aufnahme in die Währungsunion.

2004 übernahm dann die Néa Demokratía (ND) unter **Kostas Karamanlis** als Ministerpräsident die Regierung und gewann 2007 erneut die Wahl. Geschwächt durch einen Immobilienskandal 2008 und angesichts der Wirtschaftskrise verlor Karamanlis bei den Parlamentswahlen am 4. Oktober 2009 seine Regierungsmehrheit und das Amt übernahm **Giorgos Andrea Papandreou** (PASOK). Er versucht seither – unter Aufsicht der EU –, das Land aus seiner größten Krise zu führen.

Staatspräsident ist seit 2005 trotz konservativer Parlamentsmehrheit der frühere Außenminister von der PASOK, **Karolos Papoulias.** Er wurde 2010 für eine zweite (die letzte) Amtsperiode wiedergewählt.

052kr Foto: bk

Vater (oben; Andreas Georgiou Papandreou) und Sohn (Giorgos Andrea Papandreou)

Soziale Absicherung

Berufstätige gehören in Griechenland einer Versicherungsanstalt, normalerweise der IKA (Idrima Koinonikón Asfalíseon), der Staatlichen Sozialversicherungsgesellschaft, an. Spezielle Berufsgruppen wie Ärzte, Landwirte, Freiberufler und Priester sind Zugehörige eigener Organisationen. Jeder Staatsangestellte ist verpflichtet, Kranken- und Rentenversicherungsbeiträge zu zahlen, während für in der Privatwirtschaft Tätige **keine Pflichtversicherung** besteht.

Der Beitrag zur Renten-, Sozial- und Krankenversicherung wird zu etwa zwei Dritteln vom Arbeitgeber getragen. Arbeitslosengeld wird aus diesem Pool, unabhängig vom früheren Lohn, gezahlt. Das Rentenalter ist abhängig von Versicherungsdauer und Art der Arbeit und wird normalerweise von Männern mit 65, von Frauen mit 60 Jahren erreicht, bzw. tritt nach 35 Jahren Versicherungsdauer mit frühestens 58 Jahren ein.

Die IKA beschäftigt Vertragsärzte, die auch im Krankenkassengebäude stundenweise (neben ihrer normalen Praxistätigkeit) Routineuntersuchungen und Behandlungen durchführen. Behandlungen von diesen Ärzten sind kostenlos bei Vorlage des „bibliario" (für ärztliche Eintragungen). Gleiches gilt für öffentliche und IKA-Krankenhäuser, während für (in Griechenland eher billige) Medikamente immer 25 % zugezahlt werden muss. Der Besuch von privaten Ärzten und Hospitälern muss vom Patienten selbst getragen werden.

Bildung

Das griechische Schulsystem hat in den letzten Jahrzehnten einen Wandel in vielerlei Hinsicht durchgemacht. Es unterscheidet sich von unserem vor allem dadurch, dass es nur eine **sechsjährige Schulpflicht** gibt. Nach dem Kindergarten *(paidikós stathmós)* muss jedes Kind ein Jahr, sein fünftes Lebensjahr, in der Vorschule verbringen. Danach schließen sich sechs Pflicht-Grundschulklassen *(dimotikó sholío)* an, während der nachfolgende Besuch des **Gymnasiums** fakultativ ist, jedoch von den meisten praktiziert wird.

Mit 15 Jahren ist der erste Abschluss dann erreicht, und Jugendliche mit größeren Ambitionen gehen weiter auf ein normalerweise allgemein bildendes **Lyceum,** wo nach drei weiteren Jahren das **Abitur** *(apolitírio)* die Ausbildung abschließt.

Wer vorhat zu studieren, unterzieht sich bereits während seines letzten Jahres Prüfungen, die über die Aufnahme an einer **Universität oder Fachhochschule** entscheiden. Dabei kann nicht jedes Fach an jeder Universität studiert werden, und der Student kann zwar Prioritäten setzen, hat jedoch keine Garantie, auch dort studieren zu können, wo er möchte. Die Hochschullaufbahn wird normalerweise mit dem **Diplom** *(ptíchio)* nach vier Jahren abgeschlossen, eine Fortsetzung des Studiums bis hin zum **Magister** *(metaptichiakó)* würde weitere ein bis zwei Jahre dauern. Üblicherweise lernt heute jeder Grieche und jede Griechin, der/die eine höhere Schule besucht, **mehrere Sprachen,** zuerst Englisch, danach meist Deutsch, manchmal auch Französisch.

Kretas Universität ist die **University of Crete,** deren Fakultäten sich auf Iráklion, Réthimnon und Chaniá verteilen. Während in Iráklion rund 5500 Studenten Naturwissenschaften (Physik, Mathematik, Chemie, Medizin) studieren, werden in Chaniá Sprachen, Philosophie, Soziologie, Psychologie und Pädagogik angeboten (ca. 3000 Studenten). In Réthimnon befindet sich die Polytechnische Hochschule.

Wer nach Schul- bzw. Universitätsabschluss in den Staatsdienst eintritt, hat recht angenehme Arbeitszeiten: von 7.30 bis 15 Uhr – jedoch mit weit geringerem Verdienst und weniger Vergünstigungen als hierzulande.

Wirtschaft

„Das Land hat das Köstliche – das täglich Notwendige hat es nicht. Es hat Überfluß im Überflüssigen, es hat Wein, Mandeln, Melonen, Orangen, goldglasige Rosinen, es hat die Früchte des Paradieses – aber Brot hat es nicht. Es hat Marmor – aber kein Holz. Es hat die Menschheit gelehrt, Tempel zu bauen und Paläste – aber es baut sich selbst nicht einmal saubere Häuser ...“

Erhart Kästner

Heute spielt Kreta für die Wirtschaft Griechenlands eine wichtige Rolle, kommt doch rund ein Fünftel des gesamtgriechischen Einkommens von dieser Insel im Süden der Ägäis. Hauptstandbeine der kretischen Ökonomie sind die **Landwirtschaft** und der **Tourismus,** welcher wiederum in enger Verbindung mit dem Handel und der Bauindustrie steht. Während nur ein Viertel aller Griechen in der Landwirtschaft tätig ist, sollen es auf Kreta noch mehr als die Hälfte aller Erwerbstätigen sein. Die Zahlen verfälschen jedoch etwas die Realität, denn die meisten Kreter sind nebenberuflich oder saisonal in der Tourismusbranche tätig, sie vermieten Zimmer oder arbeiten vor und nach der Olivenernte Teilzeit in Hotels oder Restaurants.

Nur **ein Drittel** der gesamten Bodenfläche Kretas ist **landwirtschaftlich nutzbar.** Die niedrige Vegetationsgrenze (ca. 600 m), die steinigen, nährstoffarmen Böden sowie das hügelige Terrain und der chronische Wassermangel machen die Landbewirtschaftung zu einem schwierigen Unterfangen. Hinzu kommen oft rückständige Arbeitsmethoden und kleine, wenig effektiv bearbeitbare Parzellen, für die der Maschineneinsatz meist nicht lohnt.

Diese Landzersplitterung ist vor allem auf das herrschende System der Erbteilung und des Aussteuermodus zurückzuführen. So werden über 80 % der landwirtschaftlich nutzbaren Flächen von Klein- und Kleinstbetrieben bewirtschaftet, die Durchschnittsgröße beträgt nur 3,1 ha. Zum Vergleich: in der EU gelten erst Flächen ab 6 ha als rentabel. Ein bäuerliches Genossenschaftssystem, das den Absatz und Vertrieb der Produkte regelt, hat sich im Wein- und Olivenanbau bewährt; sonstige landwirtschaftliche Kooperation existiert auf Grund des aus-

053kr Foto: bk

geprägten Individualismus jedoch kaum.

Anbauprodukte

Oliven

Über die Hälfte des Nutzlandes wird für den Olivenanbau verwendet – die Ölbaumhaine stellen das landschaftliche „Leitmotiv" Kretas dar. Sobald Ende Oktober die Hotels schließen, eilen die meisten Angestellten in die Olivenhaine, denn der Winter ist die Haupterntezeit für Oliven.

An die **20 Millionen Olivenbäume** sollen es sein, die Unmengen Tonnen Öl hervorbringen. Pro Baum können gut 3 l qualitativ hochwertiges Öl gewonnen werden (in Italien und Frankreich rund 2 l, auf dem griechischen Festland 2,5 l). Ein großer Teil davon wird im eigenen Land konsumiert, ein Teil wird exportiert und der Rest fließt in zumeist italienische Tanklaster und wird zu billigen EU-Ölverschnitten verarbeitet. Zum Glück wird in immer mehr Läden das ausgezeichnete griechische Olivenöl der verschiedenen Produzenten, v.a. Genossenschaften, in großer Vielfalt angeboten („Cretan Products"), ebenso wie Kräuter, Rakí u.a. typisch kretische Produkte.

Olivenhaine so weit das Auge reicht

Wein

Der Anbau von **Trauben,** etwa 10 % der gesamten Agrarflächen einneh-

Weinbeeren, Rosinen, Korinthen und Sultaninen

Griechische Trauben gibt es seit einigen Jahren im heimischen Supermarkt: hübsch klein, ohne Kerne und schön süß. Das sind Tafeltrauben der Sorte *Rozaki,* die z.B. um Archánes angebaut werden. Daneben gibt es die „Weintrauben" im eigentlichen Sinn, aus denen Rot- und vor allem Weißweine hergestellt werden.

Weniger typisch kretisch sind die Weinbeeren in getrockneter Form: Die Rosinenherstellung ist eigentlich türkischer Herkunft. Das Verfahren, Trauben durch Trocknung zu konservieren, gelangte mit den Tausenden von Griechen, die unter *Venizélos* im Rahmen des groß angelegten Bevölkerungsaustausches aus der Türkei (bzw. Kleinasien) in ihre „Heimat" Griechenland zurückgebracht wurden, auch nach Kreta. Trauben, die sich für die Weinproduktion nicht eignen, da ihr Zuckergehalt zu hoch ist, werden seither getrocknet und können wegen ihrer langen Haltbarkeit und des geringen Gewichts gut exportiert werden.

Um die 100.000 Tonnen werden jährlich ausgeführt, Deutschland gilt dabei als der viertgrößte Rosinen-Importeur der Welt. Der Eigenbedarf auf Kreta ist hingegen minimal, obgleich sogar Straßenhändler neben verschiedenen Nusssorten, Pistazien und Kürbiskernen auch Rosinen in kleinen Tütchen verkaufen.

Die Herstellung von Rosinen ist zeitaufwendig und wegen des Wetters riskant. Traditionell findet der Auftakt in den Weingärten am 15. August, an Mariä Himmelfahrt, statt. Ist die Lese beendet, wird gedörrt. War es früher üblich, die Trauben auf dem Boden ausgebreitet zu trocknen, manchmal auf Folien geschichtet oder bei kleineren Mengen auch im Ofen, sind heute Trocknungsständer aus Metall verbreitet, die notfalls schnell mit Planen überdeckt werden können. Die Beeren fallen nach zehn bis fünfzehn Tagen trocken von den Ständern herunter und können aufgesammelt werden. Bis zum 20. September muss die Rosinenherstellung traditionellerweise beendet sein, denn sonst könnten Regenfälle die komplette Ernte zerstören. Rosinen, die für den Versand bestimmt sind, werden nach der Trocknung noch zusätzlich gepresst, um Fäulnis und Schimmel zu verhindern. Um den Trockenfrüchten ein besseres Aroma zu verleihen, werden sie mit Lorbeerblättern geschichtet – insgesamt ein aufwendiges Verfahren.

Zum Schluss soll das Rätsel der verschiedenen Bezeichnungen gelöst werden: „Rosinen" ist der Oberbegriff für alle Arten von getrockneten Weinbeeren. „Zibeben" und „Sultaninen" – der türkische Begriff für eine spezielle Traubenart – bezeichnen große, hellgelbe Rosinen, kernlos und dünnschalig. „Korinthen" hingegen sind kleinere, fast schwarze getrocknete Beeren, ebenfalls kernlos.

mend, hat auf Kreta seit minoischer Zeit Tradition. Rund 20 % der gesamtgriechischen Produktion kommt aus Kreta. Wein und die Rosinenproduktion spielen nach den Oliven die „zweite Geige" in Kretas Landwirtschaft. Im 15. Jh. wurden die verbreiteten Malvasier-Trauben sogar nach Europa und auf die Kanaren transportiert. Erst nach der Türkenherrschaft erholten sich die Bestände wieder, und heute wird zum Teil großflächiger Terrassenanbau betrieben. Im Hinterland von Iráklion, um Péza, befindet sich das **größte Weinbaugebiet Griechenlands,** und auch die Region um Sitía gilt als „Weinland".

Bei Archánes werden vor allem Tafel- (Rozaki-) Trauben angebaut, die auch in die **Rosinenproduktion** und

054kr Foto: bk

anschließend ins Ausland gehen. Im Unterschied dazu werden die rund 4000 Tonnen Rot- und Weißwein, die auf der Insel produziert werden, nur zu einem kleinen Teil ausgeführt; der Großteil wird von den Kretern selbst und deren Gästen konsumiert. Die leichten Lehmböden und der konstante Sonnenschein erweisen sich als ideal für Weinbau und Rosinenproduktion.

Obst und Gemüse

Außer Oliven gedeiht auf Kreta Gemüse und Obst verschiedenster Art, das großteils nach Mitteleuropa exportiert wird. Getreide und Kartoffeln werden in nur geringem Umfang kultiviert. Eher neu ist der Anbau tropischer Früchte (Avocados, Kiwis, Ananas), und auch mit Kaffeepflanzen wird experimentiert. Zitrusfrüchte scheinen, da gewinnträchtig, die Frucht der Zukunft zu sein. Mandeln gedeihen vor allem in der Ebene von Neápolis.

Die eigentliche Spezialität Kretas sind jedoch **Bananen,** eine besondere, kleine, feste und süße Sorte, die aus dem Nahen Osten stammt und vorwiegend im Osten der Insel (z.B. um Mália und Ierápetra) in Gewächshäusern kultiviert wird. Leider bleibt nur ein kleiner Teil auf der Insel selbst, das Meiste wandert nach Athen oder in nordgriechische Babynahrungsfabriken.

An dritter Stelle in der landwirtschaftlichen Produktion steht **Wintergemüse,** dessen Anbau nur rund 2 % der Flächen einnimmt und sich rund um Iráklion, in der Messará-Ebene und in der Ierápetra-Region konzentriert. Es handelt sich vor allem um Tomaten, Gurken, Auberginen und Artischocken, wobei vieles ganzjährig in Treibhäusern für den EU-Markt gezüchtet wird.

Der **Obstanbau** ist flächenmäßig noch etwas geringer vertreten: Orangen, Mandarinen und Zitronen stammen vor allem von Plantagen an der westlichen Nordküste, rund um Fódele, aber auch um Ierápetra, während Bananen und Melonen aus den Treibhäusern der Südküste und um Mália, tropische Früchte vor allem von der Messará-Ebene kommen. Andere Früchte gedeihen schwerpunktmäßig auf der Lassíthi-Hochebene.

Die meisten Zitrusfrüchte wandern wie Sultaninen und Bananen in den **Export.** Die EU fördert die Erweiterung des Exportangebotes, um den oft hoch verschuldeten Bauern entgegenzukommen, die mit der Errichtung von Treibhäusern und der Installation von Bewässerungssystemen zu kämpfen haben.

Einerseits fließt dadurch zwar Geld ins Land, andererseits wächst jedoch die **Abhängigkeit vom Ausland** weiter. Obwohl viele Nahrungsmittel aus eigener Produktion im Lande bleiben, kann sich die Insel nicht selbst versorgen. Vor allem Getreide, Kartoffeln und Mehl müssen teuer eingeführt werden.

055kr Foto: bk

Viehwirtschaft und andere Wirtschaftszweige

Viehwirtschaft ist ein weiterer wichtiger Faktor der kretischen Wirtschaft. Rund 300.000 Ziegen und 600.000 Schafen stehen dabei nur 18.000 Rinder und 84.000 Schweine gegenüber; daneben hält fast jeder Bauer Hühner. Die praktizierte intensive **Weidewirtschaft** hat allerdings ihre negativen Auswirkungen auf Landschaftsökologie und Wiederaufforstung (s. auch „Flora und Fauna").

Das Weingut Boutari bei Iráklion

Obst und Gemüse in Hülle und Fülle

056kr Foto: bk

Schafe und Ziegen werden überwiegend in Herden auf Weiden gehalten, doch die Zeiten, in denen Hirten den Sommer über in kleinen Rundhütten aus Bruchsteinen *(mitado/koumos)* lebten, dort die Schafe scherten und molken, Käse produzierten und Felle gerbten, sind vorbei. In der Nída-Ebene existieren zwar noch einige Hütten, die meisten von ihnen sind aber verlassen. Meist dienen ein oder zwei Ziegen der Familie als Milchquelle. Sie werden morgens zu einem saftigen Futterplatz gebracht, dort angebunden und abends wieder in den Stall zurückgeführt. Schafe und Ziegen liefern jedoch nicht nur Fleisch und Milch, sondern auch Leder, Wolle und Horn und sind daher für die heimische Warenproduktion (v.a. Leder- und Wollwaren) von unschätzbarem Wert.

Das **Handwerk** steht in enger Verbindung zur Tourismusindustrie, viele der Souvenirartikel, wie Olivenholzschnitzereien, Kräuterbuketts, Ledertaschen, Handarbeiten oder Wollpullover stammen aus Inselproduktion und fördern die heimische Wirtschaft, wobei besonders Lederwaren zu extremen Niedrigstpreisen bei geringen Gewinnspannen angeboten werden. Eine wichtige Rolle spielen außerdem (wieder) Keramikartikel.

Anders als die Viehzucht ist der **Fischfang** auf Kreta kein wichtiger Erwerbszweig mehr. Die Ägäis ist weitgehend **leergefischt,** der jahrelange Raubbau durch Dynamitfischerei for-

057kr Foto: bk

derte sein Tribut. Heute stechen nur noch kleinere Boote und etwa hundert Trawler regelmäßig in See, sie legen oft weite Wege an die afrikanische und türkische Küste zurück. Der weitaus meiste Fisch in Kretas Küchen wird heute eingeführt.

Gleichermaßen unbedeutend ist die **Forstwirtschaft** (nur ca. 2 % Waldfläche), und die in der Vergangenheit ebenso arbeitsintensive wie einträgliche **Holzkohleherstellung** (Zypressenholz), konzentriert auf die Hänge des Ídagebirges im Hinterland von Réthimnon (um Melidóni), die heute so gut wie ausgestorben ist.

Industrie

Bodenschätze spielen auf Kreta keine Rolle, ebenso ist die Industrie eher unbedeutend. Sie konzentriert sich auf den Großraum Iráklion, wo Nahrungsmittel verarbeitet werden (Konserven, Getränke, Olivenöl, Rosinen). Dank des Baubooms in den Touristenzentren entlang der Küste geht es der **Baustoffindustrie** (Steinbrüche, Zementwerke) zurzeit recht gut. Bauen ist preiswert, Architekten verdienen

Schafe sind genügsame Tiere

Fischer sind eine aussterbende Spezies

wenig, und größere Bauunternehmen sind unnötig: Man packt selbst an, beschafft sich das Material und legt los. Beton ist reichlich vorhanden, Ziegel hingegen kommen vom Festland, und auf teures Importholz wird so weit möglich verzichtet.

Eine groß angelegte **Verstaatlichung von Großbetrieben** zur Sicherung der Arbeitsplätze in den 1980er Jahren brachte nicht den erhofften Erfolg, sie erwies sich vielmehr großteils als unrentabel. Mehr und mehr Kreter waren gezwungen, sich Zweitbeschäftigungen, z.B. im Tourismus, zu suchen. Das Konkurrenzdenken wuchs, was besonders die oft illegalen Zuwanderer aus ehemaligen Ostblockstaaten, vor allem Albaner, zu spüren bekamen und bekommen. Anders als diese werden die meist als „fliegende Händler" tätigen Sinti und Roma toleriert, da sie legal ins Land gekommen sind.

Griechenland in der EU

Griechenland wurde 1981 als erstes Land im östlichen Mittelmeerraum als Vollmitglied in die EU aufgenommen und trat im 2000 der Währungsunion bei; seit 2002 gilt der **Euro** als Zahlungsmittel. Die Anbindung an das vereinte Europa hatte Konsequenzen: einerseits Skepsis und Unmut – v.a. wegen der Senkung der Durchschnittslöhne und der gestiegenen Lebenshaltungskosten – andererseits eine deutliche Steigerung des Selbstbewusstseins. Schließlich war man lange mit **Inflationsraten** von 15–20 % das Schlusslicht von Europa gewesen.

Heute sollen es um 4 % sein, doch wer weiß das schon genau. Gerade die **Wirtschaftskrise 2009/10** hat gezeigt, wie in Griechenland Klientelpolitik, Korruption, Schattenwirtschaft und Steuerhinterziehung das Land an den Rand des Ruins geführt haben. Überwacht von der EU muss nun die griechische Regierung nicht nur mit Sparmaßnahmen das Haushaltsdefizit drastisch verringern, sondern auch gegen die genannten Übel angehen. Trotz vieler Proteste und Streiks stehen die meisten Griechen hinter den Maßnahmen der Regierung und der EU. Es bleibt zu hoffen, dass die Krise bald überwunden wird und die Griechen daraus gelernt haben.

Hoch ist zudem noch immer die **Arbeitslosenquote** (fast 12 %), wobei der Zustrom von Arbeitskräften aus dem Balkan diesbezüglich neue Probleme aufwirft. Gerade mit den **Flüchtlingsströmen** aus Regionen außerhalb der EU kann das Land nicht mehr allein fertigwerden – auch hier muss die EU seinem südöstlichsten Mitglied unter die Arme greifen.

Tourismus und Umweltschutz

Kreta – Sonnenstudio Mitteleuropas

Die Basis der kretischen und griechischen Wirtschaft bildet der **Tourismus.** Von 15 Mio. Griechenlandurlaubern pro Jahr, davon 2,2 Mio. Deutsche (2009), zog es ca. 3 Mio., darunter 700.000 Deutsche, nach Kreta, die meisten in den Monaten Juni bis September. Einen echten Tourismus im Winter gibt es trotz jüngster Versuche bislang nur in Ansätzen.

Mit den Olympischen Spielen 2004 in Athen war **Griechenlands Ansehen** gestiegen, doch ebenso schnell kam das Land 2009/10 in Verruf. Als 2009 die wirtschaftlichen Probleme und die Unzufriedenheit in der Gesellschaft zunahmen, es zu **Streiks und gewaltsamen Ausschreitungen,** sogar mit Toten, kam, wuchs die Unsicherheit, und die Zahl der Griechenlandreisenden sank.

2009 wurde landesweit **nur noch 50 % Hotelauslastung** verbucht, selbst auf Kreta, das selbst nicht von Unruhen betroffen war, gingen die Reservierungen um rund 10 % zurück. Im Jahr 2010 war – entgegen aller Prognosen – wieder ein leichter Anstieg der Zahlen zu spüren, gerade der Zuwachs an Urlaubern auf Kreta und Rhodos sorgte für geringeren Rücklauf als befürchtet. Nun bleibt zu hoffen, dass sich die wirtschaftliche und soziale Situation bessert und die Touristen zurückkommen in dieses gastfreundliche „Land der Sonne".

Kreta ist das **Topreiseziel in Griechenland** geblieben, hier war der Hotelstandard schon immer verhältnismäßig hoch und existiert ein perfektes Angebot an Besuchereinrichtungen. Die 300 Sonnentage im Jahr machen Kreta zum „Sonnenstudio Mitteleuropas", und die vielseitige Landschaft, die verschiedenste Urlaubsformen ermöglicht, verleiht der Insel den Ruf, der „Rolls Royce" unter den griechischen Urlaubszielen zu sein.

058kr Foto: bk

Knossós ist noch immer eine der Hauptattraktionen der Insel

Tourismusindustrie und Dienstleistungssektor

Mehr als die Hälfte aller Hotelbetten stehen im Bezirk Iráklion, in Chaniá sind es etwa ein Viertel, und die Regionen Réthimnon und Lassíthi machen zusammen die restlichen 25 % aus. Der Tourismus verspricht **hohe Umsätze,** zumindest für die großen internationalen Konzerne und Reiseveran-

Kálos Orísate – Herzlich willkommen!

Auf Kreta bzw. in Griechenland gibt es eigentlich nur zwei Übernachtungsalternativen: Mehr oder weniger touristische (Strand-)hotels oder kleine Pensionen bzw. Privatzimmer/Ferienwohnungen, deren Standard und/oder Lage stark variieren. Vergleicht man die Situation mit anderen Ländern, wo beispielsweise Bed & Breakfast, Inns oder „Urlaub auf dem Bauernhof" verbreitet sind, versteht man das Anliegen der Griechin *Peggy Balitsári* und der Französin *Lise Rapin*. Beide hatten lange in Frankreich gelebt und waren viel gereist. Als sie nach Hellas umsiedelten, war ihr Resümé in Sachen Hotelangebot eher ernüchternd. Mit dem bewährten französischen Konzept der Landunterkünfte vor Augen war ihre Vision, etwas Ähnliches auch in Griechenland zu schaffen.

Gemeinsam mit der Schweizerin *Denise Jenelten* riefen *Peggy* und *Lise* deshalb 2003 das Unternehmen **Guest Inn** ins Leben und suchten nach kleinen Unterkünften und geeigneten **Gastgebern in ländlichen Regionen, abseits des Massentourismus** – damals ein fast revolutionäres, riskantes Vorhaben. Individualreisende waren die Zielgruppe, kontaktfreudige, vielseitig interessierte Besucher, die auf das direkte Kennenlernen von Gastgebern und Dorfbevölkerung Wert legen, aber dennoch Ruhe, Erholung und Landschaftserlebnis suchen. Man begann das Unternehmen mit einer Handvoll Adressen, heute sind daraus, verteilt auf Griechenland, insgesamt um die 60 Unterkünfte, davon allein 18 auf Kreta, geworden.

Eine eigene Klassifizierung wurde eingeführt, die bezeichnenderweise aus Sonnenblumen besteht – ein bis vier Blümchen, je nach Qualitätsstandard. Übergreifende Kriterien sind Sauberkeit, solide und geschmackvolle Ausstattung und ein regionaltypisches Frühstück. Interesse am Umgang mit Gästen, Englischkenntnisse und die Kultivierung der in Vergessenheit geratenen legendären griechischen Gastfreundschaft sind mindestens ebenso wichtige Bedingungen, um als Gastgeber in das Netzwerk aufgenommen zu werden. Zudem sollten die Herbergen, großteils in ruhiger, landschaftlich idyllischer Lage, in die Umgebung passen und lokale Lebensweise und Architektur widerspiegeln.

Der touristische Aspekt war und ist jedoch nur eine Seite der Medaille. Es ist den Gründerinnen ein wichtiges Anliegen, kleine familiär geführte Strukturen in wenig bekannten Regionen zu fördern, Leute anzulocken und damit den Agrotourismus zu fördern. Zu Zeiten, in denen kleine Dörfer im kretischen Hinterland verstärkt davon bedroht sind, verlassen zu werden, da junge Leute in die Küstenstädte mit besserem Jobangebot abwandern, soll mit den Guest Inns der alternative Tourismus, wenn auch in bescheidenem Rahmen, forciert werden.

237kr Foto: gi

Innenhof der Arcus Charming Houses in Argyroupoli

Enagron Farm bei Axós

Generell sind die Unterkünfte klein und werden unterteilt in Kategorien wie **Traditional Inns, Charming Houses, Charming Guests Houses** und **Farms.** Als „Charming Houses" firmieren z.B. die **Arcus Charming Houses** in Argyroupoli (s. Kapitel „Die Almíra-Bucht – von Réthimnon westwärts"). Dort kümmern sich *Yannis* und *Eleni Deliyannaki* mit ihren Eltern um die Gäste. Zwei Häuser für 4–6 Personen, zwei Apartments und ein Studio für jeweils 2–3 Personen, zwischen 46 und 105 qm groß, beherbergen maximal 21 Besucher. Der Komplex mitten im alten Dorf besteht aus mehreren liebevoll renovierten, aufgestockten Steinhäusern mit alten Gewölben u.a. original erhaltenen Bauelementen. Sie gruppieren sich rings um einen Garten mit Pool. Abgesehen von der geschmackvollen Möblierung und den liebevollen Details sind die voll ausgestatteten Küchen ideal für Selbstversorger. Flatscreen-TVs, CD-/DVD-Player und Laptops mit gratis WiFi in jeder Wohneinheit gehören ebenfalls zur Ausstattung und jede Wohnung verfügt über einen Sitzplatz im Freien. Das Frühstück sieht jeden Morgen anders aus, beinhaltet jedoch immer lokale, saisonale Zutaten und Spezialitäten.

Anders präsentieren sich die beiden Farmen im Angebot, die tatsächlich früher einmal landwirtschaftliche Anwesen waren: die **Dalabelos Farm** bei Pánormos (s. Kapitel „Pánormos") mit zehn Zimmern (max. 30 Gäste) oder die luxuriösere **Enagron Farm** (s. Kapitel „Axós") auf halbem Weg zwischen Iráklion and Rethymnon. Letztere bietet zugleich die Möglichkeit, Kreta auch kulinarisch intensiv kennenzulernen. Zugehörig ist nämlich ein Restaurant, in dem lokale Produkte verarbeitet und serviert werden, inklusive Kräuterkammer und Weinkeller. Vom Serviceangebot her gleicht die Farm fast einem Hotel: Es gibt Leihfahrräder, eine Bibliothek und eine Managerin. Dennoch sind die großzügigen Studios und 2- und 3-Zimmer-Apartments in der Nebensaison schon für knapp über 60 € zu haben.

Die **Achlada Mourtzanakis Residence,** 20 km westlich Iráklion (s. Kapitel „Fódele"), besteht aus vier „Traditional Cottages" für 2–4/5 Personen, jeweils 70 qm groß.

Absolut idyllisch gelegen, in Kato Kapetaniana, einem kleinen Dorf im Hinterland mit Blick auf das Libysche Meer und die Berge, lädt **Thalori** als „Charming House" (s. Kapitel „Agî Déka) mit Preisen ab 56 € pro Wohneinheit ein.

Das „Traditional Inn" **Velani** (s. Kapitel „Die Lassithi-Hochebene; Die Nordroute") schließlich liegt auf dem Weg zur Lassithi-Hochebene, zwischen Olivenhainen und Wäldern, und ist prädestiniert für Ruhesuchende und Wanderer. Die 12 schlicht-modernen Zimmer für bis zu 34 Gäste verteilen sich wie bei einem klassischen Inn auf zwei Gebäude. Noch einsamer, direkt auf der Lassithi Hochebene stehen die vier „Traditional Houses" **Vilaeti** (s. Kapitel „Ágios Geórgios").

● **Infos:** Guest Inn, Tel. 210/9607100 (Athen), www.guestinn.com. Website mit genauen Beschreibungen, Fotos und einfacher Buchungsmöglichkeit. Die meisten Unterkünfte können ganzjährig gebucht werden, und wer mit Minoan Lines anreist oder Auto Europe nutzt, bekommt dort Rabatt. Es gibt für Zwischenstopps in Athen drei der Organisation angeschlossene Hotels in der Hauptstadt.

060kr Foto: gi

Insel und Bewohner

236kr Foto: bk

stalter, ist (noch) ausbaufähig und die Arbeit ist angenehmer als in der Landwirtschaft, weswegen ein wachsender Anteil der Bevölkerung zumindest zeitweise auch im Reisegewerbe arbeitet.

Der Tourismus als Dienstleistungssektor schafft einerseits **Arbeitsplätze** - Zimmervermietung und Hotelgewerbe, Auto- und Bootsverleih, Restaurants, Souvenirshops, Reisebüros, Tourveranstaltungen und Museumsführungen - und bremst dadurch die früher akut drohende Abwanderung, fördert jedoch andererseits die **Landflucht,** da sich die Touristenzentren an den Küsten, vor allem im Norden, konzentrieren und die Beschäftigten sich bevorzugt in der Nähe ihrer neuen Arbeitsplätze niederlassen.

Die negativen Folgen des Kretatourismus

Die Küstenregion ist bereits heute wirtschaftlich komplett vom Tourismus abhängig, und der Kontrast zum Landesinneren ist enorm. Dort ist der Lebensstandard um einiges niedriger, herrscht zum Teil sogar Armut. Dörfer überaltern und es droht die Gefahr, dass ganze Inlandssiedlungen in zehn oder zwanzig Jahren komplett ausgestorben sein werden, da sich die Nachkommen mehr und mehr auf den küstennahen und einträglicheren Tourismus konzentrieren und dafür Landbau und Viehzucht aufgeben.

Landflucht und Abwanderung, Überfremdung und Auflösung der Familien- und Dorfverbände, der Wandel von Sitten und Moralvorstellungen, die Vernachlässigung der Kultur und das Aussterben von Traditionen könnten die Folgen sein. Prestigebedürfnis und Konkurrenzdenken steigen, und die Kluft zwischen Alt und Jung, Land und Stadt, Tradition und Fortschritt, Küste und Hinterland weitet sich.

Umweltfreundliche Energiegewinnung

Überfüllte Strände im Sommer - Kreta braucht die Winterpause

Mancher Kretareisender früherer Zeiten wird schon jetzt die Insel kaum mehr wieder erkennen – und mit den alten Kretern scheinen viele der Tugenden, die man so gerne als typisch kretisch feierte, auszusterben und nurmehr als bloße „Touristenattraktion" fortzubestehen. Was in anderen griechischen Regionen längst zu beobachten ist – der Verlust der auf die Antike zurückgehenden Gastfreundschaft – könnte Kreta seinen letzten Reiz nehmen. Es bleibt nur zu hoffen, dass sich die Kreter wieder einmal als zu starrköpfig erweisen und alles daran setzen, ihre Andersartigkeit zu wahren.

Kreta steht für „Sonne, Strand und Faulenzen", doch zunehmend erobern sich **andere Urlaubsformen** – Wander- oder Fahrradreisen, Kulturreisen, Ökotrips oder Meditationsferien – ihre Nischen. Zum Glück für die Insel beschränkt sich der Tourismus heute noch größtenteils auf die Monate April bis Oktober, und es bleibt zu hoffen, dass es auch weiterhin keinen **Wintertourismus** in größerem Stil geben wird. Bisher besteht auf Kreta seitens der Hoteliers, Laden- und Restaurantbetreiber – anders als beispielsweise auf der Chalkidiki oder auf Rhodos, wo ebenfalls milde Winter herrschen – nur wenig Interesse, die Saison zu verlängern.

Kreta braucht die paar **Ruhemonate** dringend, um den sommerlichen Ansturm ökologisch und sozial halbwegs verkraften zu können. Würde der Win-

AGRECO – Biofarm mit Anspruch

Kostas Bouyoúris ist Landwirt aus Leidenschaft und Gründer der 1995 ins Leben gerufenen Firma Agreco. Der studierte Agrarwissenschaftler hat es sich zum Ziel gemacht, **Landwirtschaft, Umweltschutz und Tourismus** unter einen Hut zu bringen und gilt heute als gefragter Fachmann im Bereich der „Sustainable Agriculture", der **nachhaltigen Landwirtschaft.**

Ehe er bei Agreco aktiv wurde, war er als Projektleiter für verschiedene landwirtschaftliche und umweltschutztechnische Projekten tätig, mehrfach z.B. für den WWF oder die Sea Turtle Protection Society of Greece (STPS), die sich für den Schutz von Meeresschildkröten einsetzt. Für *Bouyoúris* ist „alternativer oder biologischer Landbau" mehr als nur ein Modetrend, seine Philosophie basiert auf dem anthroposophischen Ansatz *Rudolf Steiners,* und so vertritt er die Meinung, dass gesunde Ernährung hauptverantwortlich für einen gesunden Körper und Geist seien.

Bouyoúris ist Landwirt, Gärtner, Biologe und Unternehmer und übt Vorbildfunktion auf die regionale Landwirtschaft aus. Er leitet eine wachsende Zahl von Bauern an, nach „organischen" und umweltgerechten Gesichtspunkten Gemüse und Salat, Obst und Kräuter, Blumen und Zierpflanzen zu produzieren. Sämtliche **Hotels der Grecotel-Kette** auf der Insel werden von Agreco bzw. kooperierenden Bauern im Umkreis der Hotels mit Lebensmitteln beliefert. Zudem setzt man sich in den Hotels für Kompostierung und Müllvermeidung bzw. -recycling, Wassereinsparnis und widerstandsfähige Pflanzenarten – für „Alternative Hotel Gardening" - ein. Vor einigen Jahren hat *Kostas* die **Mediterranean Association of Soil Health,** kurz M.A.S.H. (www.edaphon.com) mitgegründet. Hauptziel ist der Zusammenschluss von Biobauern, Hilfe bei Planung und Management, und der erzieherische Aspekt, d.h. vor allem die Arbeit mit Kindern.

Bouyoúris erzieherisches Ziel gipfelte im Jahr 2002 in der Einrichtung einer **„Musterfarm"** bei Adele (Réthimnon). Die „Agreco Farm" befindet sich auf 40 ha Grund der Hotelfamilie *Daskalantonakis* (Grecotel). Hier sollen Besucher, vor allem Kinder, alte kretische Traditionen und Lebensweisen kennenlernen. Nach dem Vorbild eines Bauerndorfs des 17. Jahrhunderts wurden mehrere Steingebäude nachgebaut. Der Hof bildet das Herz der Farm und wird bevölkert von allerlei Getier wie Rehen, Wildziegen, Kaninchen, Rebhühnern, Fasanen, Wachteln, Tauben und Hühern, Enten und Gänsen, Wildschweinen, Eseln, Schafen, Ziegen und Straußen, dazu wurden Bienenstöcke aufgestellt.

Zur Farm gehören eine alte Ölpresse und Getreidemühle, Kapelle und Wassermühle, ein Weinkeller und eine Raki-Destillerie, eine Käserei und Backöfen, Werkstätten, in denen gewebt, gestickt und geschmiedet wird, sowie eine Küche, in der kretische Hausfrauen z.B. die Konservierung von Früchten oder das Trocknen von Kräutern vorführen. Organisierte Touren und Aufenthalte auf der Musterfarm sollen Interessierten, v.a. Grecotel-Gästen, landwirtschaftliche Techniken, aber auch Bioprodukte und ihre Verarbeitung näher brin-

ter zur vollen Touristensaison, könnte das fatale Folgen für die Insel haben. Der Exodus für die kretische Landwirtschaft und die kleinen Dörfer im Hinterland wären eine grausame denkbare Folge – wer soll schließlich die Felder bestellen oder die Oliven ernten, wenn die jungen Erwerbstätigen auch im Winter in den Strandhotels bedienen? Durch verstärkte Bautätigkeit

gen. Das Angebot reicht von Brotbacken über Käseherstellung, Traubentreten, Olivenpressen bis hin zur Mehlherstellung in der antiken Wassermühle.

Im zugehörigen Laden gibt es alles von Quittengelee, Diktamus-Tee und Honig, über Raki und Wein bis hin zu Olivenöl, Oliven, Eingemachtem und Kräutern. Zu der Vielfalt an hausgemachten Produkten kommen weitere organische Produkte von anderen Herstellern aus Kreta und Griechenland, die die Palette mit aromatischen Ölen, Tees, Kosmetika und Ouzo komplettieren.

In der **Taverne von Agreco** werden kretische Leckerbissen serviert, die aus farmeigenen biologischen Produkten zubereitet werden. Das Menü umfasst sechs Gänge, jeder davon besteht aus traditionellen kretischen bzw. griechischen Gerichten. Ein großer Olivenbaum und Weinranken, die sich um die Pergola winden, spenden Schatten auf der steinernen Terrasse mit atemberaubendem Ausblick hoch oben auf das Meer, umgeben von Weinbergen und Olivenhainen im Hinterland von Réthimnon. Wenn dann noch der hauseigene Wein – Chardonnai, Kotsifali oder „Private Collection“ (Kotsifali-Syrah) – fließt, gefolgt von einem Rakí, scheint die Welt komplett in Ordnung zu sein.

● **Agreco Farm,** Adelianos Kampos, Adele Village, Tel. 28310/72129, www.grecotel.com/crete/agreco. Anmeldung in jedem Grecotel. Geführte Touren jeweils ab 18.30 Uhr, anschließend kretisches Menü. Für Gäste des Club Marine Palace (All-inclusive) vormittags Gratis-Touren inklusive Mittagessen. Mai–Okt. Di–Sa ab 18 Uhr, Reservierung nötig, Taverne auch So ab 11 Uhr.

würde die Insel noch weiter zugepflastert, der Süden komplett erschlossen und das Hinterland zum bloßen Tagesausflugsziel mit ausgestorbenen „malerischen“ Ortschaften degradiert. Bisher stoßen die Bestrebungen geschäftstüchtiger Tourismusfachleute, die Insel nicht nur zum ganzjährigen Urlaubsziel zu machen, sondern noch weiter zu erschließen, auf Widerstand und Skepsis. Sicher, ein Ausbau der Verbindungsachsen nach Süden würde den Tourismus dort fördern, der auch im Winter dank Ferienhäusern und -wohnungen etwas Geld bringt. Es ließen sich bestimmt auch Wege finden, den entlegensten Dörfern im Hinterland zu mehr Attraktivität zu verhelfen. Ob das jedoch langfristig der Insel zuträglich wäre, ist zu bezweifeln.

Ein weiterer kritischer Punkt in der Entwicklung des Kretatourismus ist die zunehmende Verbreitung von **All-Inclusive-Hotels.** Abgeschottet in seiner Luxus-Enklave nimmt hier der Besucher kaum mehr lokale Dienste in Anspruch, ein Umstand, den die Läden, Restaurants und anderen besucherorientierten Einrichtungen im Umkreis deutlich zu spüren bekommen. Andererseits sorgen solche „Hoteldörfer“ für zahlreiche Arbeitsplätze, vor allem im Servicebereich, und helfen durch die enormen Mengen an Lebensmitteln, die herangeschafft werden müssen, gleichzeitig der lokalen Wirtschaft, vor allem der Landwirtschaft.

Umweltschutz und Umweltzerstörung

Dass auf Kreta Massentourismus vorherrscht, kann nicht geleugnet werden, ebenso wenig die Gefahr, dass die Strände weiter mit hässlichen Betonungetümen und riesigen Freizeitanlagen vollgepflastert werden und mehr und mehr die vormals idyllischen Rückzugsgebiete einzelner Individualreisender, wie die Südküste, ebenfalls der **Bauwut** anheim fallen. Das Hinterland droht durch Betonpisten für den zunehmenden Straßenverkehr zerschnitten zu werden, und der Tourismus könnte sich wie eine bösartige Geschwulst in den letzten Winkel der Insel ausbreiten.

Hoffen wir, dass solche Vorstellungen eine böse Utopie bleiben – obwohl Ansätze unübersehbar sind. Immerhin entsteht allmählich eine griechische **Umweltschutzbewegung,** hat das Wort „Umweltschutz" Einzug in griechische Lexika gehalten und wurden erste staatliche Programme, z.B. zum Schutz des Meeres, initiiert. Vorreiter in diesen Bemühungen sind solche Organisationen wie NAWA Crete e.V. (Verein für Umweltschutz und Regionalplanung), EPO (Griechische Gesellschaft für Naturschutz und ökologische Landesentwicklung), WWF (World Wildlife Fund) und Greenpeace, neben lokalen und stärker spezialisierten Initiativen. Politische Parteien wie die „Grünen" sind in Griechenland bisher weitgehend bedeutungslos.

Auch erste zaghafte Versuche in Richtung eines „sanften Tourismus" machen sich bemerkbar. Wegweisend und beispielhaft sind die Bemühungen von TUI, umweltverträglichen Tourismus in Großhotels zu fördern, auf kleinerer Ebene sind Ketten wie Guest Inn oder Grecotel dabei, neue Wege zu beschreiten, indem sie sich für den Umweltschutz, Energieeinsparung und Authentizität einsetzen.

Die Nutzung von Sonne und Wind stellt einen maßgeblichen Schritt in eine bessere Zukunft dar. Eines der weltweit größten **Photovoltaik-Kraftwerke** bei Iráklion (Amorco/Enron Solar) liefert seit 2003 ca. 50 MW Leistung und versorgt 100.000 Kreter mit Strom. Ebenfalls in Betrieb ist der **Xirolimni-Windpark** mit 17 Windmühlen (östlich Mália, im Besitz der Staatlichen Elektrizitätsgesellschaft PPC). Zusammen mit Windparks privater Anbieter, z.B. bei Sitia, stammen gegenwärtig 200 MW Strom auf Kreta aus Windkraft. Eine intensivere Nutzung dieser beiden von Staat und EU subventionierten Energien ist angestrebt und mehrere Projekte sind in Planung.

Das **Umweltbewusstsein** in Griechenland und auf Kreta ist noch unterentwickelt, selbst wenn die Insel in Hellas noch positiv herausragt. Zum Teil liegt das auch am Fehlen finanzieller Mittel und mangelnder Aufklärung. **Müllvermeidung** und erst recht Mülltrennung sind bislang Fremdwörter – Plastikflaschen und -tüten an Straßenrändern sprechen Bände. Wilde Mülldeponien in idyllischer Landschaft sind verbreitet, man kehrt zwar im Hause und vor seiner eigenen Tür, schafft dann den Schutt jedoch in die nächste Schlucht, oder verbrennt ihn illegal unter enormen Rauchwolken.

Verschmutzte **Strände** gehören zum Alltagsbild, wobei es nicht unbedingt allein die Touristenabfälle sind, die für Unmut sorgen – gute Beherbergungsbetriebe kümmern sich zunehmend um die Sauberkeit der zu ihren Grundstücken gehörenden Strandabschnitte – sondern vielmehr Teer- und Ölrückstände und **Abwässer,** die ungeklärt ins Meer geleitet werden, darunter Chemikalien wie Pflanzenschutz- und Düngemittel von den Treibhäusern und Anbauflächen. Denn die riesigen Monokulturen sind nicht problemlos: Abgesehen vom enormen Wasserverbrauch sind sie schädlingsanfällig und damit pestizidabhängig; die eingesetzten Gifte wandern ins Abwasser, und der Teufelskreis schließt sich.

Der rücksichtslose **Straßenbau** trägt dem Wunsch der Besucher Rechnung, jedes noch so entlegene Nest auf der Insel bequem auf möglichst breiter, wenig kurvenreicher Straße zu erreichen. Wobei natürlich auch die Kreter solche Highways den gewohnten Erd- und Schotterwegen vorziehen. Ohne Rücksicht auf Natur, Flora und Fauna wird gebaut und zerstört.

Dezimierte Waldbestände bewirken Versteppung, die Überweidung durch Ziegen und Schafe verhindert eine Erholung der Flächen. Langfristige Folgen sind Veränderungen im Mikroklima, abnehmende Niederschlagsmengen und zunehmende Erosion sowie Überschwemmungen, wenn es im Frühjahr vermehrt regnet. **Wiederaufforstungsmaßnahmen** mit ausländischer Hilfe und forciert durch die NAWA Crete e.V. brachten bisher nur punktuell Erfolge, zumal ihre Bemühungen immer wieder durch Unachtsamkeit und nicht selten auch durch bewusst verursachte Brände zurückgeworfen werden.

Das Benehmen der Gäste

Monokulturen und Tourismus sind die beiden Hauptfaktoren, die in jüngster Vergangenheit zum konstanten Absinken des Grundwasserspiegels beigetragen haben und damit den **Wassermangel** immer eklatanter machen. Kurioserweise soll es Urlauber geben, die sich plötzlich genötigt sehen, statt, wie zu Hause, zwei- oder dreimal pro Woche zu duschen, im Hotel zweimal täglich, jeweils unter Benutzung frischer Handtücher, zu plantschen.

Doch der Tourismus schafft nicht nur zusätzlichen Bedarf an Wasser, das durch die in Hotels anfallenden riesigen Wäsche- und Geschirrberge verschmutzt wird, er produziert auch **mehr Müll** durch Wegwerfgeschirr, Miniaturpackungen, Flaschen und sonstige Behältnisse. Zusätzlich geben viele Besucher durch ihren häufig nachlässigen Umgang mit Abfällen ein mehr als **schlechtes Vorbild** ab. Während man zu Hause auf jeden, der auch nur ein Papierchen fallen lässt, mit dem Finger deutet, wird auf Reisen die leere Plastikflasche cool aus dem Autofenster geworfen – ganz nach dem Motto: „Machen die selber ja auch so!". Es wäre unsinnig, den Urlauber aufzufordern, auf den umweltbelastenden Flug nach Kreta zu verzichten und sich per Pkw auf die Fahrt zu machen, aber ist es vermessen zu verlangen, dass im Ausland zumindest dieselben Verhaltensweisen an den Tag gelegt werden wie daheim?

065kr Foto: bk

KRETA – DIE INSEL DES ZEUS

064kr Foto: bk

063kr Foto: bk

Knossós
oder die „unbekannte Welt der Minoer"

Heilige und Ikonen

Zeus soll in Stiergestalt
Europa betört haben

Archäologie, Mythen und antike Quellen

Die unbekannte Welt der Minoer

Nichts scheint faszinierender, als sich zeitlich weit entfernte, fremde Kulturen in all ihrer Pracht fantasievoll auszumalen. Ein Blick in die Regale der Buchhandlungen zeigt eine Fülle von Romanen, deren Helden in der Frühzeit, auch in minoischer Zeit, Abenteuer erleben. Vieles, was die Grabungen zutage gefördert haben, scheint fremdartig, manches vertraut. Doch was wissen wir eigentlich wirklich über die Minoer, die im 3. und 2. Jahrtausend v. Chr., also noch vor der eigentlichen griechischen Antike, in den anscheinend prächtigen Städten und Palästen auf Kreta lebten und die **erste europäische Hochkultur** bildeten?

Verhältnismäßig wenig, in erster Linie deswegen, weil schriftliche Primärquellen fehlen. So hat uns kein Zeitgenosse über seine Welt erzählt, ist nicht wie bei den Griechen und Römern eine Fülle von Quellen unterschiedlichster Art erhalten, helfen uns nicht, wie bei jenen, Gedichte, wissenschaftliche Abhandlungen, Reiseberichte oder Romane, eine Vorstellung von den damaligen Gegebenheiten zu bekommen. Aus der minoischen Welt sind nur Sachquellen erhalten, **Ruinen, Kunstdenkmäler und Alltagsfunde** (Keramik, Schmuck, Waffen und Kultgegenstände), und diese können nur einen schwachen Abglanz der einstigen Hochkultur geben.

Kein Wunder, dass die Fantasie bei der Erforschung dieser Kultur eine be-

sonders große Rolle spielte – schon *Arthur Evans*, der zu Beginn unseres Jahrhunderts die Ausgrabung von Knossós durchführte, wirkte dabei wegweisend. Zunächst soll jedoch nicht jene fantastisch-irreale minoische Welt, die in den Köpfen vieler Forscher und Autoren entstand, geschildert werden – auf die Problematik der Interpretation archäologischer Funde kommen wir später zurück. Vorab sollen anhand einiger gesicherter Ansatzpunkte wichtige Aspekte des minoischen Lebens skizziert werden. Drei „Säulen" waren es, die die minoische Welt getragen haben: Gesellschaft, Wirtschaft und Religion – wobei diese drei Aspekte im Alltagsleben wohl nicht streng zu trennen waren und eher eine Einheit bildeten.

Gesellschaft

Über die soziale Situation einer vergangenen Kultur gibt am besten ihre Architektur Aufschluss. Leider ist gerade in dieser Hinsicht bei den Minoern viel falsch interpretiert worden. Allein

Symbol des Minoischen: Knossós

der Name „Palast“ ist, geht man von seiner eigentlichen Bedeutung als prunkvolles Haus, als Wohnsitz eines Herrschers aus, falsch gewählt, denn die **minoischen Paläste** waren formal und funktional vielseitige Baukomplexe. Sie standen sicherlich im Zentrum der minoischen Welt, doch nach außen, zur sie umgebenden Stadt waren sie weder abgeschlossen noch besonders abgehoben. Sie gingen vielmehr mit der Siedlung eine feste Einheit ein - ein Aspekt, der zumeist bei Rekonstruktionen und Beschreibungen vergessen wird.

Der zentrale Baukomplex - für den sich der Name *Palast* eingebürgert hat - und dessen Bewohner bildeten den **Kern der minoischen Gesellschaft,** oder besser, sie dominierten den Rest der Bevölkerung. Dieser Oberschicht folgte hierarchisch eine Gruppe von Technikern, Kunsthandwerkern und „Verwaltungsbeamten“, denn schließlich war die Verwaltung der riesigen Magazinräume, die zu den Palästen gehörten, eine nicht unbedeutende Aufgabe. Nach dieser wichtigen Gesellschaftsgruppe kam die Schicht der Seeleute, Händler und Krieger, danach der Landadel und schließlich die übrigen Minoer, die niedrige Arbeiten versahen. Die unterste Stufe auf der gesellschaftlichen Leiter nahmen die Sklaven ein.

Interessanterweise deutet das Fundmaterial darauf hin, dass in der minoischen Zeit die **Frauen dominant** waren. Ihnen wird beispielsweise auf Fresken eine wesentlich differenziertere und detailliertere Darstellung zugemessen, sie treten selbstbewusst auf, während die Männer nur als „anonyme Masse“ dargestellt werden.

Die minoische **Oberschicht** übte neben politischer und wirtschaftlicher auch gleichzeitig die religiöse Macht aus. In ihren zentralen Wohnkomplexen in den Städten befanden sich neben Magazinen und Werkstätten auch kultisch-repräsentative Bereiche, wie Badebecken mit Treppen (für rituelle Waschungen?), Heiligtümer, Schautreppen, Korridore und Zentralhöfe für Zeremonien mit größerem Publikum - möglicherweise für öffentliche Darbietungen.

Ein minoischer Palast war demnach eine Verbindung von Produktionsstätte, Verwaltungszentrum und Kultort, eingebunden in eine pulsierende Siedlung. Im Palastbereich kann man sich durchaus eine **hoch stehende höfische Kultur** vorstellen, elegant und lebensfroh - das deuten auch die wenigen Reste der Wandmalereien an. Den Minoern waren Kriege, Aggression und Brutalität anscheinend lange Zeit fremd.

Wirtschaft

Die Wirtschaft und der damit verbundene Handel - man kann sogar von Welthandel sprechen - bildeten das Rückgrat und die Basis der minoischen Welt. Auf Kreta wurde eine vielfältige **Landwirtschaft** betrieben: Man baute Weizen, Gerste, Obst, Hülsenfrüchte und Wein an, es wurden Olivenhaine kultiviert, Schaf- und Ziegenhaltung, Bienenzucht und Holzwirtschaft be-

trieben. Daneben wurden in einfachem Stil schon **Bodenschätze** abgebaut und die gewonnenen Erze in den zentralen Palastkomplexen verarbeitet.

Der Reichtum der Insel an Natur- und Handwerksprodukten gipfelte in einem regen **Seehandel,** der Kreta über Jahrhunderte eine unangefochtene Spitzenstellung im östlichen Mittelmeer einbrachte. Erst der Niedergang der Wirtschaftsmacht, durch verschiedene Ereignisse ausgelöst – Naturkatastrophen und das Auftauchen der kriegerischen Mykener sind nur ein Teil –, brachte die minoische Welt ins Wanken und schließlich zum Untergang.

In minoischer Zeit erlebte der Handel auf Kreta eine Blüte

Religion und Kult

Das Fundmaterial lässt darauf schließen, dass im Zentrum der kultischen Verehrung eine Mutter-, Erd- oder **Fruchtbarkeitsgöttin** stand und daneben eine **„Schlangengöttin",** mit unbedeckten Brüsten und einer Schlange als Symbol der Unterwelt dargestellt. Auch diese Weihgaben und Kultgegenstände bestätigen die These von der Dominanz des Weiblichen. So vermutet man auch, dass diejenigen, die den Kult ausübten, Priesterinnen waren. Ekstase und Rausch (Opium), Tanz und Opferriten sollen von zentraler Bedeutung gewesen sein.

In der agrarisch orientierten Gesellschaft spielten auch **Vegetationskulte** eine dominante Rolle. Auf Kreta muss der **Stierkult** im Mittelpunkt der Glaubenswelt gestanden haben, wie Opfergefäße in Stierkopfform und die Allgegenwärtigkeit des Tiers als Symbol belegen. Auf Wandbildern finden sich Darstellungen von Stierspielen: Sprünge von Menschen über Stierrücken, mit einer anschließenden Opferung des Tieres. Die minoischen Fruchtbarkeits- und Vegetationskulte, wie auch der Stiersprung, tragen deutliche orientalische Züge, denn in mesopotamischen und ägyptischen Kulturen ist Derartiges bereits viel früher überliefert.

Ein rätselhaftes Symbol der Minoer ist die **Doppelaxt.** Interessanterweise bedeutet das wahrscheinlich dafür gebrauchte Wort *labrys* zugleich auch **Labyrinth.** Hatte man vielleicht die repräsentativen Hallen zunächst nach den scheinbar allgegenwärtigen Doppeläxten Labyrinth genannt? Und ist vielleicht, nachdem diese Bedeutung verloren gegangen war, nur der Sinn eines „undurchschaubaren Baukomplexes“ übrig geblieben? Auf jeden Fall gilt das Labyrinth als eine typisch minoische „Erfindung“. Berühmt wurde dasjenige von **Knossós** – wobei sich dahinter wohl nur eine Beschreibung für die in der Tat wirklich verwirrend angelegten Gassen und Bauteile der Stadt verbirgt.

Sir Arthur Evans – „Vater“ der minoischen Welt

Sir Arthur Evans wurde am 8. Juli 1851 in Wales als Sohn des Papierfabrikanten *John Evans* in wohlhabenden Verhältnissen geboren. Das Interesse an der Antike wurde Arthur schon in die Wiege gelegt, bereits Vater und Großvater galten als angesehene Privatgelehrte – Dilettanten im wahrsten Wortsinne, also nicht „Stümper“, sondern gelehrte Kunstliebhaber, die sich mit **Altertumskunde** befassten. Kein Wunder, dass auch der Sohn Geschichte studierte, erst in Oxford, dann in Göttingen, und schon früh eine privat finanzierte und organisierte Grabung in Trier in Angriff nahm.

Auf seiner ersten Balkanreise, 1871, durch das Grenzgebiet des habsburgischen und türkischen Kroatiens, zeigte sich Evans tief beeindruckt von den politischen, religiösen und kulturellen Gegensätzen, und sein Entschluss stand fest: Er wollte sich fortan der Politik, Volkskunde, Kultur und Geschichte der Balkanländer widmen. Als Sonderkorrespondent des „Manchester Guardian“ setzte er sich für die **Menschenrechte der Slawen** ein und unterstützte Hilfsorganisation für Balkanflüchtlinge.

27-jährig heiratete er *Margarete Freeman,* Tochter von *Edmund Freeman,* einem Historiker und späteren Professor für Neuere Geschichte an der hoch angesehenen Universität von Oxford.

Evans, der Ausgräber von Knossós

Wenig später endete Evans kurze Karriere als politischer Korrespondent jäh: Er wurde 1882 aus Ragusa (Dubrovnik) ausgewiesen und musste für sechs Wochen in österreichische Haft.

Erste Hinweise auf eine vorhomerische Kultur

Nach seiner Entlassung sah sich der junge Engländer nach einem neuen Betätigungsfeld um und erinnerte sich seiner früheren Leidenschaft, der Altertumswissenschaft. Stein des Anstoßes war ein Zusammentreffen mit dem damals 61-jährigen **Heinrich Schliemann** in Athen, zu dem er 1883 mit seiner Frau reiste. Enthusiastisch schilderte dieser seine Grabungen in Troja und Mykene, sprach von früheren Kulturen und Funden und stachelte Evans Entdeckergeist erst richtig an.

Ein Jahr später übernahm Evans die Kuratorenstelle im **Ashmolean Museum Oxford,** das damals eher einem Raritätenkabinett glich und mit dem hochkarätigen archäologischen Museum, das es heute ist, wenig zu tun hatte. Für Evans wurde diese Arbeitsstelle zum Zentrum seiner archäologischen Forschungen, und er war es auch, der dem Museum neue Impulse gab.

Immer wieder auf Griechenlandtour, entdeckte er bei einem Händler in der Athener Plaka ein Siegel mit Hieroglyphen, aus Kreta stammend, das ihn sehr interessierte. Nach eingehendem Studium trug er 1893 erstmals die These vor, dass es eine **vorhomerische Bilderschrift** gegeben habe, die auf Kreta entstanden sei. Derart inspiriert, machte er sich 1894 nach Kreta auf und entdeckte weitere Spuren einer frühen Schrift, konnte sogar zwischen einer Bilder- und einer **Silbenschrift** (Linearschrift) unterscheiden.

Evans besuchte – wie jeder moderne Tourist auch – Knossós oder zumindest das, was damals davon schon bekannt war (und das war nicht viel). Er lernte **Frederico Halbherr,** einen der Pioniere der Feldarchäologie auf Kreta, meist auf einem schwarzen Hengst unterwegs, kennen und war von der Persönlichkeit des Südtirolers beein-

068kr Foto: bk

druckt. Halbherr machte ihn mit *Minos Kalokairinos* bekannt, den ersten Ausgräber auf Knossós (1878), und begeistert kaufte Evans ein Viertel des Kephala- oder Palast-Hügels, in weiser Voraussicht, damit einmal Kontrolle über die Grabungstätigkeiten zu erlangen.

1895 hielt sich Evans erneut auf Kreta auf, doch dann verhinderten die Aufstände der Kreter gegen die Türken weitere Aktivitäten. Erst wieder nach der Befreiung, 1898, konnte der Engländer auf die Insel zurückkehren und das gesamte Areal schließlich erwerben.

Mit Schaufel und Spaten –
es gibt noch viel zu entdecken

Mit Schaufel und Spaten nach Knossós

Am 23. März 1900 begann die erste Grabungskampagne unter Evans in Knossós mit 180 Arbeitern. Sie endete bereits am 2. Juni, aber im nächsten Jahr waren schon 250 Männer und Frauen involviert. Doch der Aufwand hatte seinen Preis, und Evans machte sich auf die Suche nach Sponsoren. 1899 war der „Cretan Exploration Fund“ unter Vorsitz von *Prinz Georg von Griechenland* und verwaltet vom

Britischen Archäologischen Institut in Athen eingerichtet worden. **David Hogarth,** der Chef des Instituts war ein enger Freund von Evans, und der Finanzverwalter *George MacMillan* fungierte seit langen Jahren als enger Vertrauter und Berater der Familie.

Im Laufe der Zeit erwies sich dieser „Fond" jedoch als wenig hilfreich, zumal sich Evans und Hogarth in die Haare gerieten. Der grabungsbesessene Evans steuerte, vor allem nach dem Tod seines Vaters 1908 und einer entsprechenden Erbschaft, viel – vor allem für Grunderwerb und Rekonstruktionen – aus seiner Privatkasse bei.

Evans nahm die Grabungen als praxisunerfahrener Forscher auf, verfügte mit Hogarth und Mackenzie jedoch über sachkundige Berater und Helfer. Gerade **Duncan Mackenzie** entwickelte sich zur rechten Hand von Evans, war jedoch charakterlich und physiognomisch das Gegenteil von diesem. Evans war eine ungewöhnliche Erscheinung: Dunkelhaarig, braunäugig, nur 1,57 m groß und drahtig, steckte er voller Temperament, war leicht zu begeistern, überberstend vor Elan und humorvoll – aber auch schwierig im Umgang. Dabei vergaß er nie seine „feinen englischen Sitten", so war er selbst in der größten Hitze nie in kurzen Hosen zu sehen.

Grabungsleiter *Duncan Mackenzie* hatte bereits 1896–99 Grabungen auf Melos und dann in Rom geleitet, er war ein umgänglicher Zeitgenosse, der oft und gerne mit den kretischen Mitarbeitern feierte. Ihm oblag in Knossós die Aufgabe, ein **Grabungstagebuch** zu führen, was zu einer Zeit, in der wissenschaftliche Grabungskriterien noch gar nicht erarbeitet waren, durchaus ungewöhnlich war.

Während Evans kein einfacher Chef gewesen sein soll – man sagte ihm nach, er sei gefühllos und wechsle seine Mitarbeiter nach Gutdünken – pflegte Mackenzie beste Verbindungen, gleichermaßen zu den Arbeitern wie auch zu seinem Boss. Er verstand es, sowohl mit den Kretern zu essen und zu trinken als auch mit dem feinen Gentleman Evans zu kooperieren.

Wenn am Samstag die Löhne ausbezahlt wurden, versammelten sich mittags die in Feiertagstracht gekleideten **Arbeiter und Angestellten** vor der Villa Ariadne, die 1906 von *Christian Doll* als Evans' Grabungshaus erbaut worden war. Zum Grundlohn (8 Piastres, 1 Schilling, 4 Pence) gab es einen Bonus für gute Arbeit, der zwischen einem und acht Piastres lag. Mackenzie war für das gute Klima im Team verantwortlich, und es gelang ihm, die von Evans bewusst aus Christen und Moslems zusammengesetzten Mannschaften zusammenzuhalten. 1929 trat *John Pendlebury* seine Nachfolge an, und sechs Jahre später starb Mackenzie in geistiger Umnachtung.

Theodore Fyfe von der „British School at Athens" unterstützte Evans als Architekt und wurde dann 1905 von Christian Doll abgelöst, dem 1922 *Piet de Jong* folgte. Daneben waren *Noel Heaton* und *Émile Gilliéron* (Schweiz) mit Sohn *Edouard* als Maler und Zeichner (Rekonstruktion der Fresken) nach Knossós berufen worden. Letztere hatten sich durch Rekonstruktionen für internationale Institute in Athen bereits einen Namen gemacht und waren zudem als Zeichenlehrer am griechischen Hof, dann als Unternehmer tätig gewesen: Sie hatten galvanoplastische Nachbildungen antiker Antiquitäten für die Firma WMF in Geißlingen angefertigt.

Als Vorarbeiter fungierte 1902–1905 der Zypriote *Gregorios Antonion*, dessen Vergangenheit als Grabräuber gern verschwiegen wurde; zuvor war er auf Grabungen Hogarths im Einsatz gewesen. Er wurde abgelöst durch *Emmanuel Akoumianakis*, von den Arbeitern **Manolaki,** von Evans beinahe zärtlich „my mountain wolf" gerufen. Manolaki, der als hervorragender Organisator, als umsichtig, interessiert und verantwortungsbewusst galt, kam bei der Invasion Kretas durch deutsche Truppen 1941 ums Leben – sein Grab befindet sich oberhalb der Grabung von Agía Paraskévi.

1901 erwarb Evans den Rest des Hügels, und im selben Jahr war der Palastgrundriss komplett freigelegt – so viel zur Schnelligkeit der Grabungsarbeiten, selbst für heutige Maßstäbe fast unvorstellbar! Das Publikumsinteresse war erwacht, und die **internationale Öffentlichkeit** nahm regen Anteil am Fortschreiten der Arbeit, getrieben von der Vorstellung, dass sich hier eine ganz neue Welt auftäte. Die Grabungen waren Veranstaltungsort von gesellschaftlichen Ereignissen wie Dinnerpartys und Empfängen. Persönlichkeiten und Fachleute aus aller Welt pilgerten nach Knossós, britische und französische Offiziere kamen mit ihren Familien aus Candia (Iráklion), um einen Blick auf die spektakulären Funde zu werfen. Kein Wunder, dass Evans schnell davon überzeugt war, der Vorstellungskraft der illustren Gäste auf die Sprünge helfen zu müssen.

Neue Erkenntnisse und fantastische Interpretationen

Neben den **Rekonstruktionen aus Beton** sorgten die **Fresken** für großes Aufsehen. Nur geringste Reste waren erhalten, doch aus diesen schufen besonders die beiden Schweizer, Vater und Sohn Gilliéron, neue farbenprächtige Kunstwerke. Trotz aller Bemühungen um wissenschaftliche Genauigkeit siegten der Zeitgeist und der Hang zur Vollständigkeit über die minoische Realität. Gerade die Aussage eines Besuchers, der vor Begeisterung beim Anblick eines Freskos ausgerufen haben soll: „Mais, c'est sont des Parisiennes!" – aber, das sind doch Pariserinnen – trifft voll ins Schwarze. Wir haben mit den Fresken **Kunstwerke des beginnenden 20. Jh.** vor uns, einen Cocktail aus Historismus und Jugendstil, gewürzt mit einem Hauch des minoischen Originals!

Die Grabungen wurden in wahnwitziger Geschwindigkeit vorangetrieben, und das forderte seinen Tribut in Gestalt von riesigen Mengen Beton, die nötig wurden, um das Gelände zu sichern und die antike Substanz zu rekonstruieren. Evans wurde zum allgegenwärtigen „Grabungsgespenst", mit seinem Spazierstock in der Hand

schwebte er über die Grabung und notierte Wichtiges in seinem Privat-Tagebuch, während Mackenzie das offizielle Grabungstagebuch führte; beide werden heute im Ashmolean Museum in Oxford aufbewahrt.

1905 stellte der Engländer erstmals sein **Chronologiegerüst** zur ägäischen Frühgeschichte vor, das er aus seiner Kenntnis der unterschiedlichen Bauphasen und der zugehörigen Keramik entwickelt hatte. 1912 ergänzte Evans seine Ansichten in einem Aufsatz, er behauptete erstmals, die **minoische Kultur** sei eine **eigene Kulturepoche** und habe als „älteste Quelle der griechischen“ zu gelten.

Bis 1936 wurden die Ergebnisse der Grabung in großformatigen aufwendigen Bänden publiziert, und dabei kamen auch die Hauptfragen, die bis heute die Forschung beschäftigen und die um Herkunft, Machtwechsel und Niedergang kreisen, erstmals zur Sprache. Doch mehr und mehr gab sich Evans seiner **regen Fantasie** hin, er deutete die ursprünglichen Aufzeichnungen immer öfter um und interpretierte neu – was gehäuft öffentliche

Fantastische Interpretationen der Wandbilder von Knossós verfälschten das Bild

Kritik nach sich zog. Evans erfand Raumbezeichnungen und ließ seine persönliche Leidenschaft für Flora und Fauna in die Rekonstruktionen einfließen. Für ihn war Kreta zu einer Passion geworden, zu einem realen Raum, den er mit neuem Leben erfüllen wollte.

Evans' Grabungen aus heutiger Sicht

„Die Ausgräber von Knossós haben Knossós gefunden und gründlich zerstört ... Dies Neue, es wird altern in Schande ...“

Erhart Kästner

Zugegeben, Erhart Kästner mag gegenüber dem Briten Arthur Evans kriegsbedingte Vorbehalte gehabt haben – immerhin war Kästner ab 1941 als Besatzungssoldat auf Kreta unterwegs –, doch ist seine Einschätzung im Nachhinein nicht ganz falsch. Dennoch: obwohl während der Grabungen viel zerstört wurde und die Rekonstruktionen mehr als fragwürdig sind, waren Evans und seine Crew keine Dilettanten, sondern arbeiteten zu Beginn des 20. Jh. auf dem neuesten Stand der Technik. Mutwillen und schlechte Absicht kann man Evans wahrlich nicht vorwerfen, schon eher übertriebenen Ehrgeiz und eine rege Fantasie, schoss er doch beim Aufdecken und Erklären einer bis dato unbekannten Kultur des Öfteren weit über das Ziel hinaus. Betrachtet man den Ablauf der Grabungen zu Evans Zeiten, bei denen bereits revolutionär-moderne Methoden zur Anwendung kamen, und vergleicht diesen mit heutigen Ausgrabungen, werden die Unterschiede deutlich.

Bei aller Kritik an Evans' wahnwitzigem Grabungstempo, der unvollständigen bzw. **oberflächlichen Aufzeichnung der Ergebnisse** und dem Zunichtemachen von Befunden durch **voreilige Rekonstruktionen,** muss zur Rechtfertigung des Briten gesagt werden, dass er auf der Höhe der Grabungsmethodik um 1900 war. So wurde die in Massen gefundene Keramik nach festen Normen kategorisiert, die verschiedenen Erdschichten wurden deutlich unterschieden, und Befunde wurden fotografisch dokumentiert. Das Voranschreiten der Grabung beobachtete man regelmäßig von einem „Observation Tower“, denn das Ziel war, die Übersicht nicht zu verlieren und gegebenenfalls aus der Vogelperspektive Zusammenhänge schneller zu erkennen.

Heute werden, anders als unter Evans, kleinste Schichten behutsam und sorgfältig abgehoben, quasi Millimeter für Millimeter genau dokumentiert. Neben Zeichnungen werden Detailfotos zur Dokumentation eingesetzt, Computerprogramme helfen beim Kategorisieren und Zusammenführen der Befunde, und die unterschiedlichsten naturwissenschaftlichen Disziplinen kooperieren bei Fundidentifikation und -datierung.

Bei allem Enthusiasmus und allen hochgesteckten Erwartungen, die der Grabungscrew eigen war, gab es eine Menge Probleme, deren Lösung heute mit neuesten Techniken in Angriff genommen würde. Evans war sich hin-

070kr Foto: bk

gegen noch nicht richtig bewusst, dass er mit seinen **„Sicherungsmaßnahmen“** mehr zerstörte als sicherte. Sie waren besonders wegen der Schnelligkeit, mit der die Arbeiten vorangetrieben wurden – das Hauptübel der Knossós-Grabung –, nötig geworden.

Gleichzeitig begann Evans, Erhaltungsmaßnahmen und Rekonstruktionen durchzuführen, Letzteres unter der Annahme, die gefundene neue Kultur sogleich der Öffentlichkeit angemessen präsentieren zu müssen. Unter Zuhilfenahme des neuen Baumaterials Stahlbeton glaubte er, zwei Fliegen mit einer Klappe schlagen zu können: die Funde auf Dauer zu sichern und antike Substanz „vorzutäuschen“.

Es gelang Evans, aus Kenntnis der Schichten und der zugehörigen Keramik, unterschiedliche Bauphasen zu differenzieren, auf die basierend er ein chronologisches System aufbaute und 1905 vorstellte. Es bildet bis heute das **Gerüst der ägäischen Chronologie** – obwohl man längst viele Dinge neu interpretiert bzw. andere Zusammenhänge erkannt hat. Vergleicht man heute die offizielle Grabungspublikation, die Evans nach Abschluss der Ar-

Das Ausgrabungsareal des minoischen Palastes von Festós

Insel des Zeus

beiten herausgab, mit den ursprünglichen Tagebuchaufzeichnungen und dem Grabungstagebuch, stellt man oft bedenkliche Diskrepanzen fest, die schon zu Evans' Lebzeiten zu heftigen Auseinandersetzungen und sogar Betrugsbezichtigungen seitens der Boulevardpresse führten.

Im Laufe jahrzehntelanger Forschungen wurde und wird das „minoische Gebilde" von Evans mehr und mehr modifiziert. Zweifellos haben er und seine Mitarbeiter etliches richtig erkannt, doch ist vieles in der Eile und auf Grund fehlender wissenschaftlicher Erfahrungen **falsch interpretiert** worden. Auf Grund fehlender Vergleiche und mangels technischer Möglichkeiten war es in vielen Fällen gar nicht möglich, anders zu deuten oder einzuordnen. Das war nicht allein Evans' Schuld, sondern ein Zeitproblem. Was dem Engländer hingegen vorzuwerfen ist, ist der von ihm vertretene **Absolutheitsanspruch,** den er mit Beton noch untermauerte und womit er zugleich andere Spuren unwiederbringlich zerstörte, ob bewusst oder unbewusst, sei dahingestellt.

Erst langsam und in mühsamer Kleinarbeit, vor allem am Schreibtisch, gelingt es der Wissenschaft, das Evanssche Knossósbild zu modifizieren und zu erneuern. Denn was einmal in Beton gegossen wurde, lässt sich leider nicht so leicht wieder herauslösen, und so bleibt die wahre minoische Welt den Besuchern von Knossós auch weiterhin verborgen. Was in Erinnerung bleibt, ist das Knossós des Sir Arthur Evans.

Jahrtausendealte Funde und ihre Deutung

„Wir müssen erkennen, daß es in der Archäologie ... keine anderen Fakten gibt als ‚beobachtbare Daten'. Was wir zur Verfügung haben ..., sind zufällig erhaltene Reste materieller Art, die wir so gut wie möglich interpretieren."
S. Piggot

Diese Aussage eines bedeutenden englischen Archäologen – es gäbe keine überlieferten Fakten, sondern nur materielle Reste, die beliebig interpretiert werden könnten – sollte man sich einprägen, weil diese Behauptung bei der Beschäftigung mit der kretischen Antike besondere Aktualität erhält. Um die Hinterlassenschaften der Minoer, der legendären Vorfahren der Kreter, kommt kein Besucher der Insel herum, und es gibt wohl keinen Reisenden, der nicht eine der berühmt-(berüchtigt)en Ausgrabungsstätten minoischer Kultur, z.B. Knossós oder Festós, besucht. Nicht umsonst gehören die archäologischen Hinterlassenschaften zu den Hauptanziehungspunkten der Insel. In keinem Kreta-Reiseführer darf demnach eine umfangreiche Würdigung der Antike bzw. der minoischen Epoche fehlen, allein schon wegen der touristischen Attraktivität. Kaum jemand weiß dennoch von der besonderen Bedeutung von Kretas Frühgeschichte für die europäische Kultur insgesamt.

Es ist an der Zeit, endlich mit lange traditierten, missverständlichen und oft sogar falschen Darstellungen und

Der Thron von Falássarna
wird ganz unterschiedlich gedeutet

Interpretationen aufzuräumen. Seit den Ausgrabungen von *Sir Arthur Evans* zu Beginn des letzten Jahrhunderts haben sich die Bibliotheken kontinuierlich mit Forschungs- und Spekulationsliteratur gefüllt. Dem englischen Forscher ist es, vielleicht gar nicht einmal willentlich, gelungen, seine Sicht der minoischen Zeit ein für alle Mal festzubetonieren – im wahrsten Sinne des Wortes.

Beton prägt leider nicht nur das Grabungsareal von Knossós, sondern scheint bis heute auch neue Denk- und Interpretationsversuche zu blockieren; kritische Stimmen werden ignoriert bzw. zum Verstummen gebracht. Man sollte sich deshalb selbst als „Normaltourist" ohne archäologische Vorbildung nicht vom „Archäo-Park Knossós" blenden lassen, sondern hinter die Betonwände und bunten Betonsäulen blicken. Dort verbirgt sich eine fremde, faszinierende Welt, in der vieles noch im Dunkeln liegt. Die folgenden Ausführungen sollen Hilfestellung dabei leisten, sich anhand der wenigen wirklich gesicherten Anhaltspunkte ein eigenes Bild zusammenzupuzzeln, statt sich zu sehr auf moderne Rekonstruktionen und fantasievolle Geschichten von Führern und Reisebüchern verlassen zu müssen.

Archäologische Forschung auf Kreta

Die Wiederentdeckung der griechischen Antike

Im Laufe des 18. Jh. nahm die Begeisterung europäischer Bildungsreisender für griechische Ruinen zu. Besonders im frühen 19. Jh. tummelten sich deutsche, französische und britische Diplomaten, Kunstinteressierte, Händler und Forscher in Griechenland. Als berühmtes Beispiel soll hier nur Bayerns König *Ludwig I.* erwähnt werden, dessen Agent *Johann Martin von Wagner* 1812/13 die so genannten Ägineten, die Giebelskulpturen des antiken Tempels auf der Insel Ägina vor den Toren Athens, erwerben konnte; sie wurden in der Münchner Glyptothek aufgestellt.

Im Nu wurde die griechische Antike als „reiner" und „klassischer" als das antike Rom eingestuft und beeinflusste besonders während des **Klassizismus** die europäische Kunst tiefgreifend. Auch der griechische Freiheitskampf, der mit der Krönung *Ottos von Bayern* zum König von Griechenland 1829 erfolgreich endete, erhielt Auftrieb durch europäische gebildete Kreise, die sich, von der „Wiederentdeckung Griechenlands" angespornt, auch in ihren Heimatländern für eine militärische und politische Unterstützung der griechischen Befreiung einsetzten.

Der Beginn der Ausgrabungen auf Kreta

An Kreta gingen all diese Entwicklungen zunächst vorbei. Hier hatten weiterhin die Türken das Sagen, die „Wiege Europas" lag noch im Dunkeln. **1877** begann erstmals der kretische Kaufmann **Minos Kalokairinos** aus Candia, dem späteren Iráklion, Grabungen auf dem Kephala-Hügel in **Knossós** durchzuführen. Seine Ergebnisse wurden zwar niemals publiziert, doch der deutsche Forscher *Ernst Fabricius* schrieb 1886 darüber in den Athener Mitteilungen, einem Organ des *DAI* (Deutsches Archäologisches Institut) in Athen, das bis heute aktuell über Ausgrabungen in Griechenland berichtet. Auch wenn *Kalokairinos* noch nicht wusste, was er da entdeckt hatte, entstand dennoch allmählich ein Bewusstsein dafür, dass hier eine bislang unbekannte, sehr alte Kultur zutage gefördert worden war und dass die Entdeckungen vergleichbar seien mit denen von *Heinrich Schliemann* in Tiryns auf der Peloponnes 1878.

Natürlich hatte eben dieser Schliemann auch von Knossós gehört und plante, dieser wieder entdeckten alten Kultur „auf die Sprünge" zu helfen, doch das Vorhaben scheiterte aus verschiedenen Gründen. So blieb die „Entdeckung" der minoischen Kultur in erster Linie dem Briten **Sir Arthur Evans** sowie dem Südtiroler *Federico Halbherr* vorbehalten. Am **23.3.1900,** nach der Befreiung Kretas von der Türkenherrschaft, begann Evans nach langwierigen Grundstücksverhandlungen mit den Ausgrabungen, die bis 1905 andauern sollten. Am 4. Juni desselben Jahres begann Halbherr mit der Erforschung von **Festós,** und das „Ausgrabungsfieber" griff schnell auf andere Orte über: Man machte sich energisch daran, die älteste Hochkultur Europas ans Tageslicht zu bringen.

Die Entdeckung der minoischen Kultur

Den Begriff „minoisch" verwendete Evans 1902 erstmals in einem Aufsatz im archäologischen Mitteilungsblatt der „British School at Athens". Es war ihm schnell klar geworden, dass es Verbindungen zwischen Kreta und der zur selben Zeit bestehenden **mykenischen Kultur des griechischen Festlands** gegeben haben musste. Seine Behauptung, die Insel habe zu Anfang über das mykenische Griechenland

072kr Foto: bk

dominiert, wurde erstmals 1927 von *M. P. Nilsson* in Frage gestellt. Daraus entwickelte sich die heute gängige Meinung, nach der Mykene, die bronzezeitliche Stadt auf der östlichen Peloponnes, durch Einwanderer aus dem Norden gegründet worden war und eine eigenständige, lediglich minoisch beeinflusste Kultur entwickelte. Ab den 1930er Jahren tauchten in der Forschung erste Stimmen auf, die den Mykenern ihrerseits ab dem 15. Jh. v. Chr. Einflussnahme auf Kreta zusprachen.

Der Streit um die mykenische Machtübernahme

So entstand die These, dass ab der zweiten Hälfte des 15. Jh. die Mykener in Knossós das Kommando übernahmen. Das Beweismaterial dafür, die Keramik, wurde in jüngster Zeit durch neue Forschungen, vor allem auch deutscher Archäologen wie *Wolf-Dietrich Niemeier*, völlig anders eingestuft – was die frühere These in ein ganz anderes Licht stellt. Strittig ist dabei keinesfalls grundsätzlich die mykenische Machtübernahme auf Kreta, sondern vielmehr scheiden sich die Geister beim „wie" und „wann".

Dabei spielt die Entdeckung zweier **kretischer Silbenschriften** eine große Rolle, den beiden ersten überlieferten europäischen Schriftformen. Die neu-

Zweite Hauptattraktion nach Knossós: der minoische Palast von Festós

ere davon, die **Linear-B-Schrift,** weist im Unterschied zu der älteren **Linear A** griechische Elemente auf und muss demnach von den Mykenern eingeführt worden sein. Nach neuesten Untersuchungen sind die gefundenen Linear-B-Tafeln nicht, wie ursprünglich angenommen, um 1400 v. Chr., sondern wohl erst ins 13. Jh. zu datieren. Die Konsequenz: bisher als schlüssig dargestellte historische Ereignisse sind umzuinterpretieren oder einfacher: Es gibt keine archäologisch ausreichenden Quellen, die eine mykenische Machtübernahme schon in der zweiten Hälfte des 15. Jh. belegen.

Hiermit stoßen wir erstmals auf das „Problem Evans". In der Begeisterung, eine neue Kultur entdeckt zu haben, wurde zu schnell und zu wenig sorgfältig gegraben und trotz neuester Technik und des eigenen wissenschaftlichen Anspruchs vieles übersehen, unabsichtlich zerstört oder falsch interpretiert. Damals waren Evans' Entdeckungen das weltweite Tagesgespräch; sie wurden mit großem Interesse verfolgt, vor allem in Athen, wo verschiedene internationale Institute, die nach antiken Resten forschten, ihre Niederlassungen hatten.

Die Erforschung des minoischen Kreta nimmt ihren Lauf

Die Nationalitäten teilten sich fortan die Erforschung der Insel auf, und nachdem Schliemann bereits in den 70er Jahren des 19. Jh. in Mykene das Zeitalter der großen archäologischen Entdeckungen eingeleitet hatte, begann um die Jahrhundertwende die zweite Phase der Forschungen mit der Erkundung Kretas. Dort war bereits um 1900 *J. Chazidakis* als erster griechischer Kurator eingesetzt worden, der neben Evans mit italienischen Forschern, u.a. Frederico Halbherr, verschiedene Höhlen und **Tílissos** zu erforschen begann. Die Italiener bzw. Halbherr selbst machten sich in **Agía Triáda** und **Festós** ans Werk, und Evans' Freund und Leiter der „British School of Archeology" in Athen, *D. G. Hogarth*, erforschte die **Psichró-Höhle** auf der Lassíthi-Hochebene, **Palékastro** und **Zákros.** Franzosen (wie *F. Chaponthier* und *P. Demargne*) arbeiteten erst ab den 1920er Jahren – vorher waren sie noch in Delos beschäftigt – vor allem in **Mália,** und amerikanische Forscher, darunter *H. Boyd* und *E. Hall*, unterstützt von *R. B. Seager*, griffen in **Gourniá, Móchlos** und **Vasilikí** zu Schaufel und Spaten.

Im Laufe der Zeit und besonders in den letzten Jahrzehnten übernahmen mehr und mehr die **Griechen** selbst das Kommando auf Kreta: Zunächst *St. Xanthoudides*, *St. Alexiou* und *C. Davaras*, gefolgt von *N. Platon* (Káto Zákros), *J. Tzedakis* (mit dem Schweden *E. Hallager* in Chaniá tätig) sowie *J. Sakellarakis* und Frau, die in Archánes das berühmte „Menschenopfer" fanden. Die archäologische „Feldarbeit" war und ist, besonders auf Kreta, nur ein Aspekt, schon früh setzte daneben die „Forschung am Schreibtisch" ein. Die Nachfolgegeneration von Evans nahm die Aufarbeitung der überwältigenden Funde in Angriff, mit der man bis heute beschäftigt ist.

073kr Foto: bk

Evans' Chronologie und ihre Problematik

Bei allen archäologischen Forschungen kommt der **Keramik** eine besonders wichtige Rolle zu, da sie den jeweiligen Zeitgeschmack am besten verkörpert und ein „Leitfossil" jeder Kulturstufe darstellt. Doch gerade für die interessante Spätphase in Knossós (ab ca. 1450 v. Chr.) hatte Evans wenig übrig, denn eine andere Macht, die Mykener, und ein Erdbeben hatten zu diesem Zeitpunkt bereits den Niedergang der minoischen Kultur eingeleitet. Deshalb wurden Funde dieser Schichten kaum beachtet und unwiderruflich bei den Grabungen zerstört – die ursprünglichen Grabungstagebücher – nicht jene, die von Evans später „bearbeitet" wurden – sprechen Bände. Nur so konnte es auch zur **falschen Datierung der Linear-B-Tafeln** (um 1450 v. Chr.) kommen. Nach neuesten Forschungen sind sie wohl etliche Jahrzehnte jünger, wie Vergleiche mit Festlandsfunden aus dem spätem 13. Jh. v. Chr., u.a. aus Mykene selbst, und mit Keramikfunden aus den obersten Fundschichten in Knossós andeuten.

Der minoische Palast von Mália

Evans hat nicht nur den Namen „minoisch" für die bronzezeitliche kulturelle Blüte Kretas eingeführt, sondern auch gleich die chronologische Unterteilung in **Früh-, Mittel- und Spätpha-**

se (FM, MM und SM) geliefert. Jede dieser drei Phasen wurde von ihm weiter in je drei Zeitstufen und diese schließlich in A und B unterteilt, ein anscheinend klug durchdachtes wissenschaftliches Modell, das jedoch an einem grundlegenden Punkt einen Haken hat: Das Leben kennt keine systematische „Schubladeneinteilung".

Die **relative Chronologie,** d.h. die zeitliche Zueinanderordnung nach stilistischen Kriterien, entwickelte Evans aus dem sich in den verschiedenen Grabungsschichten unterscheidenden Keramikstil. Die **absolute Chronologie,** d.h. die Verbindung dieses Zeitgerüsts mit übergreifenden, zeitlich gesicherten Ereignissen in der Frühgeschichte, ergab sich auf Grund der Beziehungen von Knossós zu Ägypten und zu den alten Kulturen in Kleinasien – ein scheinbar schlüssiges System, das bis heute angewendet wird, obwohl die Methodik nachgewiesenermaßen in vielen Punkten veraltet und überholt ist. Evans hat sich in den Köpfen eingenistet, und bisher ist es noch keinem anderen Forscher gelungen, mit einer anderen Chronologie auf allgemeine Anerkennung zu stoßen.

Der heutige Stand der Forschung

Der griechische Forscher und Ausgräber von Káto Zákros, *Nikolaos Platon*, versuchte sich erstmals von Evans' Einteilung zu lösen und orientierte sich an den Einschnitten in der Baugeschichte der Paläste. Er führte Begriffe wie „präpalatial" (Vorpalastzeit) und „neopalatial" (Zeit der neuen Paläste) ein. 1988 wurde diese Chronologie von *Peter Haider* um die Erkenntnis ergänzt, dass Platons „postpalatiale" Phase (Nachpalastzeit) dem Fundmaterial zufolge nicht die letzte war.

Besonders in jüngerer Zeit erlebt die Chronologieforschung neue Impulse, da verstärkt **naturwissenschaftliche Methoden** zum Einsatz kommen. So ergaben dendrochronologische Untersuchungen an kalifornischen Fichten, bei denen die Jahresringe zur Altersbestimmung herangezogen werden, sowie die Erforschung vulkanischer Säuremerkmale in Kernschichten der Grönlandgletscher und deren Vergleich mit Radiokarbondaten von der ägäischen Insel Santorin zeitliche Übereinstimmungen, die es möglich machten, einen Vulkanausbruch auf Santorin relativ genau auf 1645–1626 v. Chr. zu datieren. Die Folge dieser Erkenntnis wäre, dass das Datengerüst der ägäischen Spätbronzezeit neu überdacht werden müsste.

Die neuen Forschungsergebnisse haben denn auch eine Suche nach neuen **Fixpunkten** im Datengerüst der **minoischen Stilstufen** ausgelöst (*Sakellarakis* 1991, *Dickinson* 1994, s. Literaturverzeichnis), und derzeit kursieren in der Fachwelt sehr unterschiedliche Chronologien, von der alten von Evans bis zum jüngsten vermittelnden Versuch von *Brina Otto,* 1997.

Die Problematik der relativen und absoluten Chronologie und der Fixpunkte, besonders in der ägäischen Frühzeit, gäbe Anlass zu ausgiebigen Diskussionen – mit dem wahrscheinlichen Resultat: „Nichts Genaues weiß man nicht!" Es sei jedoch abschlie-

Minoische Chronologie

Im Folgenden findet sich eine Gegenüberstellung von *Evans'* Chronologie und einem überarbeiteten Datengerüst, dem verschiedene neue Erkenntnisse von Wissenschaftlern wie *Platon, Otto* und *Niemeier* zugrundeliegen und das den in diesem Buch gemachten Ausführungen als Basis dient.

Evans' minoisches Zeitgerüst

FM I–III 2900–2100/2000 v. Chr. = „Vorpalastzeit" (nach *N. Platon*)
FM I 2900 - 2800 v. Chr.
FM II 2800 - 2400 v. Chr.
FM III 2400 - 2100/2000 v. Chr.
MM 2100/2000–1580 v. Chr.
MM I und II 2100/2000–1700 v. Chr. = „1. Palastzeit" oder „Zeit der alten Paläste"
MM III–SM II 1700–1580 v. Chr. = „2. Palastzeit" oder „Zeit der neuen Paläste"
SM I–III 1580 - 1200 v. Chr. = „Nachpalastzeit"
SM I 1580 - 1475 v. Chr.
SM II 1475 - 1400 v. Chr.
SM III 1400 - 1200 v. Chr.

Eine neue Chronologie zur minoischen Zeit

Jahr	Ägäische Zeitstufen	Altkretische Palastzeiten	Altkretische Kulturstufen
3000	Frühe Bronzezeit	Vorpalastzeit (ca. 2700 - ca. 2100/2000)	**Vorminoische Epoche**
2100	Mittlere Bronzezeit		
2000		Ältere Paläste (Erste Palastzeit)	**Minoische Epoche**
1700	Späte Bronzezeit	Erdbeben	Minoische Blütezeit
1650		Jüngere Paläste (Zweite Palastzeit)	
1600 (?)		Thera-Katastrophe Erdbeben	
1450		Zerstörung der Paläste Ende des Palastes von	Zerstörungshorizont Zwischenzeit
1400		Festós (um 1410) Ende des Palastes von Knossós (um 1370/75)	
1350		Späte Paläste (Dritte Palastzeit) Knossós, Archánes, Chaniá/Kydonia Megaronbauten in Agía Triáda, Tílissos, Gourniá, Komi, Samonas	**Mykenischer Einfluss**
1200		Zerstörungen durch Seevölker	**Subminoische Zeit**
1100		Nachpalastzeit	

ßend noch ein Zitat zu der Absurdität der von Evans von Anfang an festgeschriebenen Dreiereinteilung, der alle Befunde und Funde strikt untergeordnet wurden, erlaubt: „Das System der Dreifacheinteilung, an dem Forscher so große Freude haben, hat keinerlei Rechtfertigung, außer vielleicht einer psychologischen", so urteilte 1939 der Forscher *O. Broneer* über die Tendenz seiner Kollegen, alle Erkenntnisse in ein übersichtlich gegliedertes System zu zwängen.

●**Buchtipp:** *Angelos Chaniotis,* Das Antike Kreta (C.H.Beck Wissen, 2004), gut lesbare Einführung in die antike Geschichte Kretas.

Antike Quellen

Außer den streitenden Wissenschaftlern der Neuzeit beschäftigten sich auch schon antike Autoren mit dem Leben und den Ereignissen im alten Kreta. Sie berichten längst nicht nur über mythische und historische Ereignisse, sondern geben auch ein anschauliches Bild von der Insel zu ihrer Zeit. Eine der wichtigsten Quellen stellt die „Geographika" des **Strabon** dar, der im späten 1. Jh. v. Chr. lebte. Im zehnten Buch geht er ausführlich auf Kreta ein, beschreibt die Geografie (Ausmaße, Ída als höchsten Berg, Levka Ori) und unterschiedliche Volksgruppen. Die Ureinwohner („Autochthonen") nennt er „Eteokreter" und „Kydonen", während die anderen „Zugewanderte", d.h. Dorer, seien. Strabon erzählt überdies von jenem berühmten Dichter, Priester und Philosophen *Epimenides,* der um 600 v. Chr. auf Kreta gelebt haben soll.

Homer berichtet in der „Odyssee" und der „Illias" über das „heroische" Zeitalter der Insel, geprägt von berühmten Persönlichkeiten wie *Rhadamanthys* (nicht identisch mit Minos' Bruder), der als erster Kreta kultiviert haben soll. *Minos,* ein hervorragender Gesetzgeber und der erste kretische Thalassokrat (Seeherrscher) findet ebenfalls Erwähnung. Beide Herrscher sollen von Zeus persönlich die Gesetze erhalten und deshalb alle neun Jahre in der Grotte des Göttervaters mit diesem Zwiesprache gehalten haben. Interessanterweise waren gerade über Minos sehr unterschiedliche Überlieferungen im Umlauf, die scheinbar von der Meinung des Autors zu Kreta abhingen; sie vermitteln nicht immer einen positiven Eindruck.

Unbestritten ist jedoch die große Bedeutung der Gesetzgebung in kretischer Frühzeit, die die anderen Griechen nachzuahmen suchten, wie Strabon berichtet. Berühmtester „Nachahmer" soll *Lykurg von Sparta* gewesen sein, der auf Kreta die überlieferten Gesetze studiert und dann in seiner Heimat eingeführt haben soll. Strabon geht detailliert auf die Gesetzgebung ein und beruft sich dabei auf eine ganze Reihe historischer Quellen, z.B. *Aristoteles'* „Politikon".

Im 1. Jh. n. Chr. setzt sich **Plinius der Ältere** mit Kreta auseinander und erwähnt z.B., dass der Name „Kreta" von der Nymphe *Krete* abstamme und dass die Insel wegen ihrer hundert Städte berühmt gewesen sei.

Doch es gibt es auch weniger positive Stimmen, so greift **Paulus** in einem seiner Briefe ein in der Antike verbreitetes Vorurteil gegenüber den Kretern auf: „Alle Kreter sind Lügner".

Griechische Mythologie

Es waren nicht die antiken Autoren oder Forscher, die den Ruf der Insel weit über geografische Grenzen und Zeiten getragen haben, sondern vielmehr die über Jahrhunderte hinweg tradierten Mythen und **sagenhaften Heldengeschichten.** Viele dieser Erzählungen sind uns durch Gelehrte wie *Diodorus Siculus,* der im 1. Jh. v. Chr. in Sizilien gelebt und eine Universalgeschichte in 40 Büchern geschrieben hat, sowie durch *Strabon, Apollodor, Homer* und *Platon* erhalten. Die griechische Mythologie gehörte jahrhundertelang zur Allgemeinbildung und scheint in moderner Zeit etwas in Vergessenheit geraten zu sein. Vielleicht ist gerade ein Urlaub auf Kreta der ideale Ort und Zeitpunkt, auf diesem Gebiet Versäumtes nachzuholen.

Dass ausgerechnet Kreta als Geburtsort vieler Götter und Helden in der griechischen Mythologie auftaucht, liegt daran, dass die Insel als Vorreiter fungierte, dass man hier zuerst – auch dank der geografischen Nähe – orientalische Gepflogenheiten, wie das Spinnen von Mythen, übernahm und modifizierte. Die restliche griechische Welt lernte von der kretisch-minoischen Götter- und Glaubenswelt.

Wer kennt ihn nicht, den männlichsten aller männlichen Götter, Zeus – die Personifizierung alles Griechischen –, dabei war er gar nicht von Anfang an dabei. Nach altgriechischer Vorstellung waren es vielmehr *Uranos,* der Himmelsgott, und *Gaia,* die Erdmutter, die die Titanen zeugten und damit das **erste Göttergeschlecht,** das auf der Erde herrschte, hervorbrachten. Von den nachfolgenden Ereignissen, besonders jenen, die sich auf Kreta zugetragen haben, erzählen unterschiedliche Versionen – die gängigste sei im Folgenden beschrieben.

Am Anfang waren Götter und Helden

Kronos war als Sippenältester der „Chef" der Titanen, doch lastete auf ihm ein Fluch: Sein Vater hatte ihm vorhergesagt, dass ihn eines Tages einer seiner Söhne vom Thron stoßen werde. Deshalb verschluckte er kurzerhand alle neugeborenen Kinder seiner Frau.

Entrüstet bat die erneut schwangere **Rhea,** nachdem Kronos schon fünf Kinder *(Hestia, Demeter, Hera, Hades* und *Poseidon)* verschluckt hatte, ihre Eltern um Rat, und diese schickten ihre Tochter nach Kreta, in eine Höhle am Berg Ida. Dort gebar Rhea den **Zeus** und wickelte dann einen Stein in eine Windel, den sie Kronos überreichte. Dieser schluckte ihn als vermeintliches Kind. Zeus dagegen wurde von Nymphen aufgezogen und von den um den Berg lebenden Kureten geschützt. Letztere veranstalteten immer dann mit ihren Waffen einen lärmenden

Hat Minos gelebt? – Über den Wahrheitsgehalt der griechischen Mythologie

Geschichten und Sagen

Minos, einer der Söhne des *Zeus* und der *Europa*, galt in der Antike als „Königlichster unter allen Königen", hatte er sein Zepter doch vom Göttervater selbst erhalten, mit dem Auftrag, als gerechter Gesetzgeber und Vertrauter des Zeus zu wirken. Minos heiratete **Pasiphae,** die Tochter des Sonnengotts *Helios*, die ihm vier Söhne und vier Töchter (unter ihnen *Ariadne*) gebar.

Um nach dem Tod seines Ziehvaters *Asterios* ganz Kreta zu besitzen – er hatte sich mit seinen beiden Brüdern die Insel zunächst aufgeteilt –, bat Minos um „göttlichen Beistand". *Poseidon*, Meeresgott und Bruder des Zeus, schickte daraufhin einen **wilden Stier,** der das Land der anderen Brüder verwüstete und diese vertrieb. Minos sollte den Stier anschließend Poseidon opfern, was ihm angesichts des „göttlichen" Tieres aber missfiel. Er weigerte sich, woraufhin Poseidon, erbost über die Befehlsverweigerung, Pasiphae verzauberte und sie in Liebe zu dem Stier verfallen ließ. Um dem geliebten Tier näher zu kommen, gab Minos' Gemahlin bei dem berühmten Bildhauer *Daidalos* eine künstliche Kuh in Auftrag, und die Folgen des Seitensprungs sind bekannt: Pasiphae gebar den **Minotauros,** ein Mischwesen aus Mensch und Stier, das kurzerhand in das ebenfalls von Daidalos geschaffene Labyrinth gesteckt wurde – damit ja nichts an die Öffentlichkeit gerate und Anlass zu Tratsch geben könnte ...

Nachdem einer der Söhne des Minos in Athen nach einem sportlichen Wettkampf unter mysteriösen Umständen ums Leben gekommen war, sann der König auf Rache. Wieder einmal half ihm Zeus, indem er Hunger und Pest in Athen ausbrechen ließ. Um die Stadt zu retten, mussten sich die Athener verpflichten, zur Sühne alle neun Jahre sieben Mädchen und sieben Jungen nach Kreta zu schicken, die dem Minotauros zum Fraß vorgeworfen wurden. Bei der dritten „Sendung" der Menschenopfer nach Kreta – die griechische Mythologie kann manchmal sehr genau sein – war der Königssohn **Theseus** dabei, um dem Spuk ein Ende zu bereiten. Minos' Tochter **Ariadne** verliebte sich in Theseus und gab ihm auf Daidalos' Rat ein Garnknäuel, den sog. Ariadnefaden, zur Wegmarkierung mit ins Labyrinth. Theseus tötete das Ungeheuer, fand zum Ausgang zurück, schnappte sich die athenischen Kinder und floh kurzerhand mit ihnen und Ariadne Richtung Athen.

Da sich die Gedankengänge von Göttern manchmal von denen der Menschen unterscheiden, musste Theseus auf Geheiß der Göttin *Athena* Ariadne auf Naxos zurücklassen; sie war dazu bestimmt, die Gemahlin des dort lebenden Weingotts *Dionysos* zu werden. Einstweilen tobte auf Kreta der Minos und sperrte **Daidalos,** den er als Mitdrahtzieher ansah, mit dessen Sohn **Ikarus** ins Labyrinth. Der Erfinder tüftelte die erste Flugmaschine aus und entkam, während sein Söhnchen, der zu nahe an die Sonne geriet, abstürzte und starb. Minos aber verfolgte den Künstler bis nach Sizilien, wo angeblich die Töchter des Königs *Kokalos* ihn im Bade töteten. Danach soll Minos noch als Richter in der Unterwelt tätig gewesen sein.

Geschichte und Wirklichkeit

Wie viel Historisches sich hinter den Mythen verbirgt, mag umstritten sein, dass jedoch ein realer Kern existiert, darf nicht bezweifelt werden. Die **Überlieferung** griechischer Urgeschichte lag zunächst in den Händen von Dichtern wie **Homer** oder **Epimenides,** die derartige Ereignisse „künstlerisch" aufarbeiteten. Sie konnten sich dabei auf die Tradition der Griechen, Ereignisse mündlich von Generation zu Generation weiterzugeben, stützen und fassten als Erste die Mythen und Sagen in schriftliche Form, ehe sich im 5. Jh. v. Chr. erstmals bewusst Geschichtsschreiber mit der Vergangenheit beschäftigten.

Gelehrte wie **Herodot** und **Thukydides** setzten sich mit den Zeugnissen der Dichter und mündlichen Erzählungen auseinander und begannen sie auszuwerten. Jener Zeit entstammt auch die Behauptung, Minos sei ein hervorragender Gesetzgeber gewesen und damit auch eine **historische Person.** Problematisch erweist sich hingegen die Frage nach der Zeit, in der Minos lebte; nach Homer und *Hesiod* war es in der dritten Generation vor dem trojanischen Krieg. Wissenschaftler nehmen diesen Ansatz zum Anlass, die sagenhaften Gestalten aus der „Ilias" und der „Odyssee" sowie jene aus den Mythen in die **Chronologie der minoischen Kultur** einzuordnen und damit mythische Überlieferungen mit historischen Ereignissen zu verknüpfen.

So wird die Ausbreitung der minoischen Kultur mit der Vertreibung der beiden Brüder des Minos aus Kreta sowie mit der Zerstörung der Paläste in Mália und Festós (um 1450 v. Chr.) als Folge des Streits der drei um die Herrschaft in Verbindung gebracht. Andere meinen, dass Minos die gerade an die Macht kommenden Mykener – dabei war er doch selbst gar keiner – verkörpere und seinen Bruder *Rhadamanthys* ablöse, der für das Minoische stehe. Man sieht, den Spekulationen sind keine Grenzen gesetzt.

Bedenkt man jedoch, dass derartige Überlieferungen im Laufe vieler Generationen Ergänzungen, Neuinterpretationen, Kürzungen und vor allem dramatische Verdichtungen erlebten, wird klar, wie unsinnig eine Verknüpfung mythischer Überlieferung mit genau fixierbaren historischen Ereignissen ist. Solche Erzählungen ohne andere Hilfsmittel, wie genaue archäologische Belege oder Schriftquellen, zu entschlüsseln, ist unmöglich.

Ein weiterer Denkanstoß zum Schluss: Wäre es nicht auch möglich, dass **„Minos"** nichts anderes als ein **Herrschertitel** war, wie „Pharao" oder „Caesar"? So bemerkt man beim Studium von *Diodorus Siculus,* dass sich aus der kretischen Überlieferung zwei verschiedene „Minos" herauskristallisieren lassen. Der erste begründete und festigte ein Reich auf Kreta, der andere breitete die Macht im östlichen Mittelmeer aus, gründete Städte und kam bei einem Eroberungszug in Sizilien um – was dafür sprechen würde, dass die Herrscher „Minos I.", „Minos II." usw. genannt wurden und sich in der Überlieferung nur der Titel erhalten hat ...

Tanz, wenn der Säugling zu schreien begann. Die weise Ziege *Amaltheia* ernährte „Klein-Zeus" zunächst mit Honig und Milch, und später diente ihr Fell Zeus als Schutzschild und verlieh dem Knaben Unverletzbarkeit. Das Horn garantierte ihm ewiges Essen und Trinken. Nach einer anderen Version soll die Ziege in einen eisernen oder goldenen Hund verwandelt worden sein, der die Höhle bewachte.

Kaum erwachsen, übernahm Zeus das „Kommando" im Götterhimmel: Er gab seinem Vater zunächst ein Brechmittel, so dass er alle Geschwister ausspuckte, und stürzte schließlich mit deren Hilfe das Geschlecht der Titanen. Auch wenn der Berg Olymp in Nordgriechenland zum Göttersitz auserkoren wurde, behielt Zeus zu Kreta ein besonderes Verhältnis: Hier ehelichte er *Hera,* und hier gönnte er sich manch amouröses Abenteuer.

Talos war eine weitere wichtige kretische mythische Figur. Der eherne Riese soll Kreta regelmäßig umwandert und Steine gegen Fremde, die sich der Insel näherten, geschleudert haben. Der Erzriese hatte nur eine verwundbare Stelle am Knöchel, die ihm später zum Verhängnis werden sollte. Denn als die Argonauten auf Kreta vorbeikamen, betäubte ihn *Medea* durch Zaubersprüche. Der Riese stürzte, schürfte sich den Knöchel an der spezifischen Stelle auf und verblutete. „Talos" bedeutet übrigens auch „Sonne" und taucht in einem Beinamen des Göttervaters, „Zeus Tallaios", auf. Der Riese wurde nämlich auch als kretischer Sonnengott verehrt.

Doch zurück zu Zeus und dessen berühmtestem Liebesabenteuer, das die Verbindungen zum Orient noch besser verdeutlicht: Eines Tages verliebte er sich in eine orientalische Prinzessin namens **Europa,** Tochter des König *Agenor von Phoenizien.* Als Götterchef warb er nicht lange, sondern entführte das Mädchen kurzerhand, indem er sich in einen zahmen Stier verwandelte. Er ließ sie aufsitzen und ab ging's nach Kreta – eine Szene, die bis in unsere moderne Bilderwelt fortlebt. Mit der wunderschönen Europa verlebte Zeus wohl eine ganze Reihe intimer Stunden, denn er zeugte mit ihr drei Kinder: *Minos, Rhadamanthys* und *Sarpedon* (manche Quellen, wie Homer, nennen nur die beiden Ersten).

Danach verlor er schnell sein Interesse – kein Wunder, war ihm doch seine Frau *Hera* auf die Schliche gekommen – und ließ die arme Europa auf Kreta sitzen. Die Verlassene tröstete sich mit dem kretischen König *Asterios,* der ihre Kinder als die seinen annahm. Die drei Brüder teilten Kreta unter sich auf und wählten Knossós zur Hauptstadt, doch letzten Endes setzte sich **Minos** als Alleinherrscher durch.

Allein diese Sage belegt die Bedeutung Kretas für die griechische Glaubenswelt: Hier liegt der Ursprung von Hellas. Die Kreter galten als diejenigen, die den Götterkult eingeführt hatten, und ihre Riten wurden als maßgeblich betrachtet. Diese Dominanz wirkte sich so aus, dass Kreta den Ägäisraum nicht nur wirtschaftlich und machtpolitisch, sondern vor allem kulturell und religiös kontrollierte und beeinflusste.

Geschichte

Die Zeit der Minoer

Frühe Kulturen

ca. 6000–2700 v. Chr.

Begeben wir uns jetzt aber endlich auf eine Zeitreise ins alte Kreta und lassen die verschiedenen Epochen Revue passieren. **Erste Siedlungsspuren** auf Kreta lassen sich ins 7. Jtsd. v. Chr. zurückverfolgen. Woher die ersten Siedler kamen, ist unklar. Ortsnamen, aber auch Keramikformen und -dekors lassen auf ostanatolischen Ursprung schließen, aber auch afrikanische Elemente meint man entdeckt zu haben. Zunächst lebten die Menschen in Höhlen, dann errichteten sie Hütten aus vergänglichem Material und später erste Häuser aus Bruchsteinmauerwerk und Lehm, von denen Spuren z.B. unter den ältesten Palästen von Knossós und Festós gefunden wurden. Schon an den frühen Bauten lässt sich die für Kreta typische Bautechnik erkennen: Die Mauersockel wurden außen sorgfältig aufgemauert, während auf der Innenseite mit weniger Präzision gearbeitet wurde; darüber wurde dann eine Lehmziegelmauer hochgezogen.

Mit der **Sesshaftwerdung** entwickelten sich Ackerbau und Viehzucht, und die handwerklichen Fähigkeiten wurden perfektioniert, z.B., wie Funde zeigten, die Weberei. Ein einschneidendes Ereignis im **Neolithikum** war die Erfindung des Brennofens und damit das Aufkommen des

Töpferhandwerks. Funde von Idolen, kleine Ton- oder Marmorfigürchen, die einen jugendlichen männlichen Gott ungewisser Benennung und eine fettleibige Fruchtbarkeitsgöttin darstellen (Beispiele im Archäologischen Museum Iráklion, Saal I), geben Einblick in die Kultwelt der Frühzeit.

Politisch maßgeblich waren in dieser Zeit die beiden Großmächte Ägypten und Mesopotamien. Das östliche Mittelmeer kontrollierten jedoch schon damals die seetüchtigen Kreter, die beste **Handelsbeziehungen** mit dem Nahen Osten pflegten. Kein Wunder, dass man ägyptische und mesopotamische Vorbilder in Verwaltung, Wirtschaft, Kultur und Schrift vermutet. So versuchen die Forscher immer wieder, die relative Chronologie Kretas durch Vergleiche mit Ägypten zu fixieren. Einerseits wurden nämlich ägyptische Importstücke auf Kreta gefunden (Stein-, Alabastergefäße, Fayencen, Siegel, Skarabäen, Statuetten), andererseits entdeckte man Kretisches in Ägypten (z.B. Tongefäße).

Vorpalastzeit

ca. 2900–2100/2000 v. Chr.

Eine andere einschneidende Neuerung kam im 3. Jtsd. nicht aus dem Nahen Osten, sondern aus dem Norden: die **Metallverarbeitung.** Damit war die **Bronzezeit** angebrochen und Handwerk, Handel und Seefahrt erlebten in jenen Jahrhunderten auf Kreta eine erste Blüte. Die Insel bildete das Zentrum der „ägäisch-anatolischen Kulturgemeinschaft" im östlichen Mittelmeer, die noch stark von den Hochkulturen Ägyptens und Mesopotamiens beeinflusst war. Auf Kreta entstanden erste Herrenhäuser mit umgebenden Siedlungen, so in Pírgos, Vassilikí oder Mírtos, und die ursprünglich ländliche Gemeinschaft verwandelte sich langsam in eine proto-urbane, vorstädtische Gesellschaft.

Nicht nur die Metallverarbeitung sorgte für revolutionäre Neuerungen, auch im Bereich des **Töpferhandwerks** wurden Erfindungen gemacht, wie die Töpferscheibe oder die Entdeckung der Vielfarbigkeit durch Regelung der Luftzufuhr beim Brennvorgang. Aus Ägypten übernahm man die Steingefäßherstellung (Funde von der Insel Móchlos und aus der Messará-Ebene im Archäologischen Museum Iráklion), und auch in der Schmuckherstellung verbesserten sich die Handwerker zusehends (z.B. Filigran-Goldschmuck aus Móchlos, ebenfalls im Archäologischen Museum Iráklion). Neben vereinzelten Siedlungsfunden stammen die hochwertigen Überreste vor allem aus Gräbern. Neben Tholoi, den runden Grabhügeln reicher Familien, finden sich rechteckige Kammergräber, in denen die Toten in Hockstellung beigesetzt und ihnen Keramik, Schmuck, Idole und andere Alltagsgegenstände mit auf die Reise ins Totenreich gegeben wurden.

Um 2100/2000 v. Chr. ergriff Unruhe den ägäischen Raum: Völkerwanderungen in Griechenland, die so genannte **Dorische Wanderung,** hatten Verdrängung und Austausch von Bevölkerungsgruppen zur Folge.

074kr Foto: bk

Ältere Paläste

ca. 2100/2000–1700 v. Chr.

Das herrschende Durcheinander nahm man zwar auch auf Kreta wahr, doch große Auswirkungen hatte es hier nicht. Gegen Ende des 3. Jtds. hatte Kreta die uneingeschränkte **Vormachtstellung in der Ägäis** erreicht, und ab etwa 2100/2000 v. Chr. wuchsen die Siedlungen zu urbanen Zentren heran, und es vollzog sich ein Wandel von einer Agrargesellschaft zu einer **höfisch-urbanen Gesellschaft** und Kultur. Im Mittelpunkt der Städte wurden die alten Herrenhäuser prunkvoll ausgebaut, und man kann erstmals von „Palästen" (von lateinisch *palatinus,* einem der sieben Hügel Roms, auf dem sich die römischen Kaiser ihre palastartigen Wohnkomplexe erbauten) sprechen. Davon leitet sich der wissenschaftliche Begriff der „Zeit der älteren Paläste" bzw. der **„ersten Palastzeit"** ab.

Der Begriff hat sich eingebürgert, auch wenn bei genauem Hinsehen die minoischen Anlagen mit jenen prunkvollen Anlagen aus spätrömischer und mittelalterlicher Zeit wenig gemein haben. Die minoischen „Paläste" sind mehr ein Sammelsurium aus repräsentativen, kultischen und wirtschaftlich

Nicht immer leicht zu entschlüsseln: Mauern und Bauteile

genutzten Räumen, die um eine zentrale Platzanlage gruppiert waren. Um diese Komplexe herum lagen die Wohnstädte, wobei die Grenzen beider Bereiche oft verschwammen.

Spuren dieser älteren Paläste finden sich an alten minoischen Siedlungsplätzen wie **Knossós, Festós** und **Mália.** Sie fungierten nicht nur als Herrschaftssitze, sondern zugleich als wirtschaftliche, politische und religiöse Zentren. Daneben entwickelten sich große Hafenstädte wie Kydonia (Chaniá), Gourniá, Psíra, Móchlos und Palékastro sowie einzelne ländliche, isoliert stehende Herrensitze.

Die Tatsache, dass die Hafen- und Palaststädte unbefestigt blieben, verdeutlicht die bedeutende Rolle und das Ansehen der **kretischen Flotte,** die nicht nur die Seemacht begründete, sondern zugleich für blühenden Handel und damit für die Ausbreitung der minoischen Kultur im gesamten Ägäisraum sorgte. Überall in der Ägäis (Kos, Melos, Rhodos, Samos und Karpathos) und in Kleinasien (Milet und Knidos) entstanden **kretische Niederlassungen** oder Kolonien, darüber hinaus Handelsstützpunkte in Ägypten und an der Küste des Nahen Ostens.

Entscheidend für die zeitliche Fixierung verschiedener Epochen ist die Keramik, die als „Leitform" kulturelle Veränderungen am deutlichsten widerspiegelt. Bei Funden der ersten Palastzeit lässt sich eine Übernahme des kykladischen Spiraldekors und ornamentale Bemalung feststellen. Die großformatige, stark dekorative, kaum figürliche Bemalung nimmt stark Bezug auf die plastische Form des Gefäßes und bildet ein harmonisches Ganzes. Erstmals kommt die so genannte **Kamareskeramik** ins Spiel, die nach dem ersten Fundort, der Kamáres-Kultgrotte, so benannt wurde und dank der weiß-roten Bemalung auf grau-schwarzem Grund unverwechselbar ist. Hochqualitative Funde lieferte überdies die Gruppe der **Eierschalenkeramik,** eine besonders dünnwandige Ware, die als preiswerter Ersatz für Metallgefäße anzusehen ist.

Das schier unerschöpfliche Repertoire der Künstler kommt auch in den Rollsiegeln, inspiriert durch mesopotamische Kunst, in figürlichen **Siegeln** in Form von Anhängern und Ringen zum Ausdruck. In den Bereichen der Metallbearbeitung und vor allem der **Goldschmiedekunst** geht die Entwicklung rapide voran; ein Musterbeispiel ist der so genannte „Bienenanhänger" aus Mália (1800–1700 v. Chr.).

Erstmals taucht auch vor 2000 v. Chr. eine Art **Hieroglyphenschrift** auf, die wohl ägyptische Vorbilder hatte. Ein berühmter Fund, der diese Schrift aufweist, ist der „Diskos von Festós", eine Tonscheibe mit 45 bis heute nicht entzifferten Zeichen (im Archäologischen Museum Iráklion ausgestellt). Aus dieser Hieroglyphenschrift konnten sich später die berühmte Linear-A- (um 1700 v. Chr.), dann die Linear-B-Schrift entwickeln.

Die erste minoische Hochphase fand um 1700 v. Chr. durch ein verheerendes **Erdbeben** ein abruptes Ende.

075kr Foto: bk

Jüngere Paläste – die minoische Blüte

ca. 1700–1450 v. Chr.

Dieses katastrophale Erdbeben konnte die minoische Gesellschaft jedoch nicht wirklich erschüttern. Sofort begann ein groß angelegter **Wiederaufbau** der zerstörten Siedlungen und Paläste, prächtiger als zuvor. Neben den großen Palästen und den umgebenden Städten und Siedlungen bildeten sich neue ländliche Fürstensitze als Agrarzentren heraus. In der theokratischen Gesellschaft spielte weiterhin die Residenzstadt die Hauptrolle, in der König und Königin, Priester und Priesterinnen, Beamte, Händler, Handwerker, Seeleute, Fischer, Bauern und Unfreie ein festes hierarchisches Gefüge bildeten. Als „Primus inter pares", als Beste unter Gleichen, übernahm **Knossós** unter den Residenzstädten die **Führungsrolle.**

Die minoische Blüte während der **Zweiten Palastzeit** machte sich auch in einem enormen Bevölkerungswachstum bemerkbar: In Knossós lebten nun mindestens 50.000 Einwohner, in ganz Kreta zwischen 200.000 und 250.000 (heute: über 600.000); in

Der Diskos von Festós

der Fachwelt gibt es jedoch auch noch wesentlich höhere Schätzungen.

Der schon gut entwickelte **Handel** richtete sich vor allem ab 1600 v. Chr. verstärkt nach Norden aus; von dort führte man die auf Kreta nicht vorhandenen Bodenschätze, wie Zinn zur Herstellung von Bronze, ein. Im Westen dehnten sich die Beziehungen bis nach Sizilien und sogar auf die Balearen aus, im Osten und Süden wurden sie in den Vorderen Orient, nach Mesopotamien und Ägypten ausgeweitet. Dorthin lieferten die Minoer bzw. Kreter u.a. Olivenöl, Wein, Holz, Keramik und Waffen.

Die beachtliche Flotte sowie die kulturelle und wirtschaftliche Dominanz verliehen Kreta in jenen Jahrhunderten die uneingeschränkte Herrschaft im östlichen Mittelmeer. Es ist nicht übertrieben, Kreta als **erste Seemacht der Weltgeschichte** zu bezeichnen. Während dieser so genannten „Kretischen Thalassokratie" hatte man weder äußere noch innere Feinde zu fürchten, und da größere kriegerische Auseinandersetzungen im gesamten Ägäisraum nicht stattfanden, spricht man auch von der „Pax Minoica", dem minoischen Frieden.

Lediglich ein Naturereignis sorgte für Unruhe und sollte tief greifende Folgen haben: der **Vulkanausbruch** auf der Kykladeninsel **Santorin** (Thera). Das genaue Datum dieses Ereignisses liegt immer noch im Dunkeln, es gibt dazu etliche Theorien (s. „Archäologische Forschung auf Kreta"). Nach jüngsten naturwissenschaftlichen Untersuchungen soll der Ausbruch zwischen 1645 und 1626 v. Chr. stattgefunden haben. Ägyptische Texte, die die Folgen eines Vulkanausbruchs, nämlich Sturzfluten und tagelange Dunkelheit, schildern, fallen in die frühe Regierungszeit von *Ahmose* und legen eine Datierung um 1565–1540 v. Chr. nahe. Doch gleichgültig, wann genau nun der Vulkan die Insel zerstörte, sicher ist inzwischen, dass dieser Ausbruch für Kreta keine direkten Folgen, z.B. durch eine Flutwelle, hatte. Dennoch schwächte das Ereignis das Selbstverständnis der Minoer grundlegend, ihr für beständig gehaltenes Weltbild war ins Wanken geraten.

Zwischen 1600 und 1500 v. Chr. machte sich ein stetiger **Rückgang der Einflussnahme** in der Ägäis bemerkbar. Damit einher ging ein wachsender Einfluss der **mykenischen Kultur** – der zweiten vorgriechischen Hochkultur, benannt nach der Stadt Mykene auf der östlichen Peloponnes, anhand des Fundmaterials und des Wandels der Bautechniken zu beobachten. Innerhalb der minoischen Gesellschaft scheinen die Naturkatastrophe und die Einbuße der Machtposition im Mittelmeerraum sowie der Aufstieg der Mykener im Laufe der Zeit für Unruhe und Umwälzungen gesorgt zu haben. Diese müssen derart zugenommen haben, dass sie letztendlich zu **bürgerkriegsähnlichen Zuständen,** Verwüstungen und Brandschatzungen führten. Aus diesen Ereignissen erklärt sich der bei Grabungen entdeckte „Zerstörungshorizont", eine Fundschicht mit Brandspuren, die um 1450 v. Chr. zu datieren ist.

Zwischenzeit – die Dominanz von Knossós

ca. 1450–1375 v. Chr.

Nach über einem halben Jahrtausend der Blüte erlebte die minoische Welt um 1450 v. Chr. einen Einschnitt: die **Zerstörung der Paläste** und mancher Städte durch eine **Brandkatastrophe.** Bislang vermutete man, dass damals Mykener die Insel eroberten und auf Knossós einen zentralen Regierungssitz errichteten. Bestätigt glaubte man sich durch Funde von Linear-B-Täfelchen, die griechische und nicht minoische Zeichen und Buchstaben vorweisen, und durch mykenische Keramik. Nach neuesten Untersuchungen sind diese Funde jedoch nicht um 1450 v. Chr. zu datieren, sondern tauchen frühestens ab etwa 1375 v. Chr. auf. Auch bei der zwischen 1450 und 1400 v. Chr. zu datierenden Keramik aus Knossós im so genannten „Palaststil" handelt es sich nach einer Untersuchung des deutschen Archäologen *Wolf-Dietrich Niemeier* stilistisch um eine minoische Weiterentwicklung und keinesfalls um mykenische Ware.

Wir befinden uns damit erneut mitten in wissenschaftlichen Diskussionen, dieses Mal um die wichtige **Frage des Machtwechsels** auf Kreta. Lange brachte man den Zerstörungshorizont um 1450 mit dem Vulkanausbruch auf Thera/Santorin in Verbindung. Wie erwähnt, ist diese Theorie heute widerlegt, nicht nur auf Grund naturwissenschaftlicher Methoden, sondern auch wegen der Keramik, von der auf Kreta wesentlich weiter entwickelte Stücke gefunden wurden als auf Santorin.

Beliebt ist die These, dass Schwierigkeiten, wie die Teilzerstörung der Flotte, die Vernichtung von Ernten, die Schwächung des Handels, soziale Probleme oder Organisationsprobleme in Krisensituationen, ein Machtvakuum und damit ideale Voraussetzungen für eine **mykenische Eroberung** geschaffen hätten. Bisher wurde gern ein Fresko aus dem Grab des ägyptischen Pharao *Thutmosis III.* (1490–36) herangezogen, um den Herrschaftswechsel zu untermauern. Auf diesem soll der Wechsel von minoischen Bildelementen und Figuren zu mykenischen klar erkennbar sein – eine Theorie, die mehr und mehr Forscher anzweifeln.

Neueste Forschungen haben verblüffende Ergebnisse gebracht, die die alten Thesen über den Haufen werfen. Dazu müssen wir uns zunächst vor Augen führen, wie das Leben vor 1450 auf Kreta aussah: Zahlreiche herrschaftliche „Villen" waren auf der ganzen Insel verteilt, entweder in isolierter Lage oder im Zentrum von Siedlungen. An die Spitze dieser Adelsgesellschaft hatten sich die Herrscher von Knossós gesetzt, gefolgt von den „Fürsten" anderer größerer Orte, wie Agía Triáda oder Festós. Am unteren Ende stand der „Landadel".

Die Bauten, die auf dem Zerstörungshorizont von 1450 entstanden, verdeutlichen einen entscheidenden Wandel: Während die Siedlungen sofort wieder aufgebaut wurden, sind die zerstörten Paläste von Festós, Agía Triáda, Mália, Káto Zákros und die

Landhäuser des Landadels nie erneuert worden. Nur Knossós und die Villen in seiner Nähe sowie sein Hafen waren weitgehend unzerstört geblieben und wurden renoviert. Dieser interessante Befund schließt ebenfalls eine natürliche Katastrophe, wie sie das Ende der ältesten Palastzeit bewirkt hat, aus und lässt auf **kriegerische Auseinandersetzungen** schließen – zwischen wem, werden wir im Folgenden sehen.

Das Fundmaterial bestärkte die Herausbildung von **zwei neuen Erklärungsmodellen** für diese Zwischenzeit: Die eine These besagt, dass innere Unruhen es den Mykenern leicht gemacht hätten, sich nach einer militärischen Invasion auf Kreta festzusetzen. Knossós konnte sich jedoch weiterhin behaupten und soll, scheinbar in **Koexistenz mit den Eindringlingen,** fortbestanden haben. So hätten sich zwei Machtbereiche, Knossós und sein Einflussgebiet und das mykenisch geprägte Restkreta, gegenüber gestanden.

Schlüssiger erscheint die zweite Theorie: Danach haben ebenfalls schwere innere Unruhen und Streitereien zwischen den einzelnen Städten die Insel erschüttert. Die Dynastie von Knossós konnte sich jedoch, vielleicht auch dank mykenischer Söldner, gegen die anderen Fürsten durchsetzen. Dieser **mykenische Kriegeradel** hätte dann um 1375 (Brandhorizont in Knossós) die alten Herrscher von Knossós abgelöst und den einschneidenden politischen und gesellschaftlichen Wandel vom minoischen zum mykenischen System eingeleitet – mit **Knossós als absoluter kretischer Zentralmacht.**

Späte Paläste – die Zeit der mykenischen Dominanz

ca. 1375–1200 v. Chr.

Diese Phase wird auch als **Nachpalastzeit** oder **Dritte Palastzeit** bezeichnet, da *Evans* annahm, dass nach der Zerstörung von Knossós um 1375 v. Chr. **keine Neubauten** mehr entstanden. Heute weiß man mehr: Die Machtübernahme der Mykener nach 1375 veränderte vieles – zwar blieb der Einfluss der minoischen Kultur noch lange spürbar, doch die mykenische Präsenz auf Kreta verstärkte sich, nachdem Mykene auch in der Ägäis zur dominanten Macht geworden war.

Dabei darf man sich diesen mykenischen Kriegeradel (vgl. *Homers* „Illias" und „Odyssee") nicht als geschlossene Gruppe vorstellen, vielmehr handelte es sich um einen lockeren Bund mehrerer Kleinkönigtümer, die mehr oder weniger gut miteinander kooperierten. Auch wurden die Minoer nicht durch große kriegerische Auseinandersetzungen von der Bildfläche verdrängt, sondern die mykenische Kriegerkaste ersetzte die herrschende Oberschicht. **Mykenische Fürsten** nutzten das entstandene Machtvakuum, das durch die inneren Streitereien der minoischen Oberschicht entstanden war.

Selbst nach der Machtübernahme in Knossós, um 1375/70, kam es zu keiner intensiven mykenischen Kolonisation, wie z.B. auf Rhodos, lediglich eine mykenische Dynastie übernahm die Herrschaft über die zum Großteil aus Minoern bestehende Bevölkerung. Das Fundmaterial verursachte eine Verzerrung des Bildes, denn die **wachsende Zahl von Waffen** aus dieser Periode (zu sehen im Archäologischen Museum Iráklion, Saal VI) wurde so gedeutet, dass die friedlichen minoischen Zeiten zu Ende gewesen wären. In Wahrheit besagt diese Fundhäufung allerdings nur, dass sich ein Machtwechsel vollzogen hat: Während sich die minoischen Fürsten auf die Schlagkraft ihrer Flotte und auf fremde Söldner verlassen hatten, waren die Mykener eine von Kriegern dominierte Gesellschaft, bei denen Waffen ein Prestigeobjekt und keine Handelsware, wie bei den Minoern, waren.

Im 14. und 13. Jh. v. Chr. übernahmen die Mykener die Führungsrolle in der griechischen Welt, und so breitet sich auch ihre Kultur aus. Es finden sich Spuren bis hinauf nach Thessalien, auf den Ionischen Inseln und an der kleinasiatischen Küste, wo enge Beziehungen zwischen Mykenern und Hethitern (Mykene und Troja) nachgewiesen werden konnten.

Als die Mykener sich nach 1375 auch auf Kreta installiert hatten, entstand in Knossós ein **neuer Palast,** der sich deutlich von seinem Vorgänger unterschied, da er stärker ökonomisch ausgerichtet war und wohl als reiner Verwaltungsbau fungierte: größere repräsentative und kultische Räume fehlen, das Megaron taucht als neuer Bautyp auf. Im mykenischen Herrscherpalast setzte man anscheinend die von Knossós vorher betriebene zentralistische Machtpolitik fort und festigte sie.

Dabei fand eine **neue Schrift,** die **Linear B,** Verwendung, wie Tontafelfunde u.a. in Knossós, Chaniá, Mykene und Pylos zeigen, die Verwaltungsbelange von Palästen und Tempeln zum Inhalt haben.

Wie die Mykener, nach ihrer Herkunft auch „Achäer" genannt, Mitte des 2. Jtsd. v. Chr. plötzlich zur dominierenden Macht aufsteigen konnten, ist immer noch umstritten – sicher unterstützte der Niedergang der minoischen Welt die mykenische Ausbreitung erheblich.

Subminoische und Geometrische Zeit

ca. 1100–800 v. Chr.

So überraschend die Mykener aufgetaucht waren, so mysteriös verschwand ihre Kultur auch wieder. Wanderbewegungen hatten sie hergebracht und zerstörten zu Ende des 2. Jahrtausends v. Chr. den mykenischen Machtbereich. Diese Völkerwanderungen sind unter dem Schlagwort **„Seevölker"** ins Alte Testament und in die Geschichtsbücher eingegangen. Die Gruppen bedrohten sogar Ägypten, ehe sie wohl um 1176 von *Ramses III.* vernichtend geschlagen wurden. Andere Zuwanderer konnten sich in Palästina festsetzen, da durch den zeitgleichen Niedergang des im Vorderen Orient dominierenden Hethiterreichs ein Machtvakuum entstanden war. All diese **Völkerwanderungen** hinterließen auch auf Kreta ihre Spuren, wie Zerstörungshorizonte in fast allen Siedlungen belegen.

Das **Ende der mykenischen Herrschaft** wird aber nicht nur auf die Völkerwanderungen zurückgeführt. Man vermutet, dass gegen 1100 v. Chr. die Grenzen des Wachstums erreicht worden waren und der wirtschaftliche und politische Zusammenbruch des starren Gesellschafts- und Tauschsystems nicht mehr aufzuhalten war. Lange Zeit wurde die auf den Niedergang folgende Epoche als kultureller Rückfall betrachtet, sprach man von **„dunklen Jahrhunderten“.** Mehr und mehr zeigt die Forschung jedoch inzwischen auf, dass es zwar ein Ende der mykenischen Kultur gab, danach jedoch nicht alles erstarb. Auch auf Kreta gab es keinen radikalen Bruch, sondern alte Traditionen verknüpften sich mit neuen, so dass am Ende der Boden für eine neue Epoche geebnet war, für die geometrische Zeit.

Eine ganze Reihe **neuer Völkergruppen,** zumeist dorischen Ursprungs, ließen sich in Griechenland nieder und übernahmen eine dominierende Rolle. Auch auf Kreta entstanden wieder wohlhabende Städte, deren Kennzeichen die **Akropolis,** eine Trutzburg zum Schutz vor nachbarlichen Übergriffen, wurde. Auf der Insel lebten viele unterschiedliche Volksgruppen nebeneinander, wie schon Homer berichtete: Pelasker, Achäer, Kydonen, Eteokreter und Dorer.

Nach 1100/1000 v. Chr. machte sich allmählich ein Wiederaufschwung Kretas bemerkbar. Neben Bronze kam Eisen in Gebrauch, ein neues Zeitalter brach an, die **Eisenzeit.** Neu war die Verbrennung der Toten, und als revolutionär erwies sich der **geometrische Keramikstil.** Insgesamt kam es trotzdem zu keinem abrupten Wandel, wie gerne behauptet wird, sondern es lief, wie Funde belegen, eine kontinuierliche Entwicklung vom minoisch-mykenischen zum geometrischen Stil ab. Die geometrische Keramik spiegelt den Anbruch der so genannten **griechischen Epoche** wider, obwohl besonders in der Kleinkunst minoische Elemente noch deutlich an die vergangenen großen Zeiten Kretas erinnerten. Während dorische Siedlungen in Meeresnähe entstanden, blieben in den Bergen minoische Fluchtsiedlungen (z.B. Karfí und andere im Osten Kretas) bis ins 9. Jh. hinein erhalten; dort lebte ein eigener **subminoischer Stil** fort.

Das antike Kreta

Unsere Zeitreise durch Kretas Vergangenheit hat uns schließlich in eine Epoche gebracht, die vielen Griechenlandbesuchern besser geläufig ist als die minoische Zeit. Griechische Tempel, die Athener Akropolis, schöne, oft nackte Jünglinge und Mädchen lebensgroß in Stein gehauen, hübsche, mit illustren Geschichten versehene Keramik – wer kennt das nicht? Allerdings denkt man bei Kreta selten an die **griechische Antike,** und die **römische Phase** ist erst recht weitgehend unbekannt. Dabei hört ja mit dem Ende der minoischen Epoche das Leben auf Kreta nicht auf, um dann erst mit dem Freiheitskampf gegen die Türken wieder einzusetzen. Auch in der Zwischenzeit spielte Kreta eine Rolle, wenn auch nicht so wegweisend und bedeutsam wie in minoischer Zeit.

Dass viele hochinteressante Ruinenstädte auf Kreta kaum besucht sind, liegt in erster Linie daran, dass sich alle zielstrebig auf die Minoer „stürzen“ und, davon geblendet, nahe liegende Schätze anderer Zeiten übersehen.

Archaische Zeit

ca. 800–550 v. Chr.

Kennzeichnete die minoische Zeit eine insgesamt große politische Einheitlichkeit, kann man das von den Kretern in archaischer Zeit nicht mehr behaupten. Zahlreiche unabhängige Städte und ihre Eigeninteressen ließen **keine übergeordnete politische Einheit** mehr zu. Im 8. und 7. Jh. v. Chr. wurden die alten minoischen Zentren wiederbesiedelt und alte Kultstätten weiterbenutzt. Kreta gewann allmählich seine **kulturelle Vorreiterrolle** zurück, und es gelang den kretischen Städten sogar, wie in der „glorreichen Vergangenheit“ Handelsverbindungen aufzubauen.

Erneut spielen in der Kunst **Anregungen aus dem Orient** eine wichtige Rolle, und neben bereits bekannten Motiven und Techniken werden von dort neue technische und künstlerische Errungenschaften übernommen: Quaderbau, Monumentalplastik, Hohlgussverfahren, Granulation, Filigrantechnik oder typologische Elemente wie Mischwesen und Löwen.

Im **orientalisierenden Stil** des 7. Jh. wird die griechische Kunst zwar stark vom Orient beeinflusst, man ahmt jedoch nicht einfach nach, sondern entwickelt eigene Ausdrucksformen. In der Architektur entsteht der heute synonym für Griechenland stehende Tempelbautyp, und die menschliche Figur tritt in der Kunst aus dem Zusammenhang heraus und erobert selbstbewusst die Welt.

Gerade in der früharchaischen oder orientalisierenden Phase übernimmt Kreta mit dem **Dädalischen Stil** besonders in der Rund- und Reliefplastik die führende Rolle im griechischen Kulturkreis. Der Name bezieht sich auf den legendären kretischen Künstler *Daidalos*, der, wie die kretische Plastik, bedeutsam war. Die freie Modellierung von Bewegungen und Formen sollte sich für die weitere Entwicklung der griechischen Plastik als wegweisend herausstellen; typische Beispiele sind die „Dame d'Auxerre“ (um 650 v. Chr.) oder – noch in der primitiven Sphyrelaton-Technik (Bronzebleche über Holzkern) – die etwa gleichzeitige Göttertrias von Dréros (Apollon, Leto, Artemis), die Göttertrias von Górtis sowie die sitzenden Göttinnen des Tempels Λ von Priniás (ca. 630/20).

Darüber hinaus erwarb sich Kreta eine besonderen Ruf in der Toreutik: Kretische Bronzekunstwerke wurden nach Korinth, Olympia und Delphi exportiert. Die ältesten kretischen **Tem-**

076kr Foto: bk

Beispiel für antike griechische Stadtplanung: Lató

pel entstanden im 7. Jh. v. Chr. als einfache Rechteckbauten, mit Eingang an der Schmalseite. Auch wenn vor allem der Skulpturen- und Reliefschmuck, beispielsweise am Tempel A in Priniás, deutlich den neuen griechischen Stempel trägt, spürt man bei Einzelelementen, wie der Mittelsäule, noch deutlich die minoische Vergangenheit.

Die künstlerischen Errungenschaften sind aber nur ein Faktor, der Kreta in der Archaik zu Ansehen verhalf, die Insel nahm auch wegen ihrer **Rechtsprechung** eine herausragende Stellung ein. Einen Hinweis, wie berühmt Kreta in diesem Bereich war, liefert das nachträglich um 450 v. Chr. in Stein gehauene Stadtrecht von Górtis. Es hatte sich einen derart herausragenden Ruf erworben, dass es selbst über 400 Jahre später, in römischer Zeit, noch verehrt und ausgestellt wurde.

Klassik und Hellenismus

550–67 v. Chr.

In jenen Zeiten, als **Athen und Sparta** die griechische Welt beherrschten, wurde es auf Kreta ruhiger. Die Insel war an „Welt"-Ereignissen, wie dem Perser- oder dem Peloponnesischen Krieg, nicht beteiligt – Kreta stand am Rande der Ereignisse und Entwicklungen. Ein Grund dafür war sicher die Zerstrittenheit der zahlreichen Stadtstaaten, aus denen lediglich Knossós und Górtis herausragten. Nur die Rechtsprechung war antiken Autoren eine Erwähnung wert. So schrieb der Historiker *Herodot,* dass Spartas Herrscher *Lykurg* Rat in Kreta gesucht hätte, und *Platon* bezeichnete Kreta als „Ursprungsort menschlicher Gesetzgebung".

Noch heute erlaubt das überlieferte **Stadtrecht von Górtis** (s. Messara-Ebene), aus dem 5. Jh. v. Chr. stammend und 1889 von *Frederico Halbherr* und *Ernst Fabricius* entdeckt, einen Einblick in die Bedeutung Kretas. Es handelt sich um eines der ältesten und umfassendsten Rechtsdokumente der Menschheitsgeschichte, bestehend aus 42 Steinblöcken, in die 12 Gesetzestafeln à 52 Zeilen in kretisch-dorischem Dialekt (ohne Phi, Chi, Psi,

Omega) eingemeißelt wurden, und zwar als *Bustrophedon* („ochsenwendig"), d.h. man begann von links nach rechts zu schreiben, setzte die nächste Zeile dann von rechts nach links mit gespiegelten Buchstaben fort usw. Die Tafeln enthalten Präzedenzfälle aus dem Verfassungs-, Zivil-, Straf- und Prozessrecht, die als Leitlinien für künftige Generationen zu verstehen waren – eine Art ewigwährendes Bürgerliches Gesetzbuch. Dabei darf nicht übersehen werden, dass zur Zeit der Schöpfung dieser Texte noch keine Form der Demokratie herrschte, sondern eine Oligarchie, in der eine Oberschicht das Sagen hatte. Dennoch erhielten die Bürger erste Freiheiten und Rechte zugestanden!

Wegen seiner strategisch bedeutsamen Geografie war Kreta ein gern gesehener **Verbündeter,** erst recht, weil die Bewohner als treffsichere Bogenschützen und herausragende Guerillakämpfer berühmt-berüchtigt waren. Dabei schlossen allerdings die Städte unabhängig voneinander Bündnisse, vor allem mit Libyen und Ägypten. Eine übergeordnete politische Einheit gab es nicht.

Als es nach dem Tode *Alexanders des Großen*, 323 v. Chr., zu Erbschaftsstreitigkeiten kam und um Land- und Machtansprüche gestritten wurde, hatten die griechischen Auseinandersetzungen auch Folgen für die Insel: Immer wieder brachen **Bürgerkriege** zwischen einzelnen Städten aus, in die sich im Laufe des 2. Jh. auch vermehrt Pergamon und dann – zunächst eher widerwillig – Rom einmischten.

077kr Foto: bk

Der antike Hafen von Falássarna

Kreta als römische Provinz

67 v. Chr.–395 n. Chr.

Nachdem auf Kreta wieder etwas Ruhe eingekehrt war, machte sich die Insel im 1. Jh. v. Chr. einen Namen als „Piratennest", was besonders den neuen Herren aus Rom ein Dorn im Auge war. 69 v. Chr. erhielt der römische Praetor *Quintus Caecilius Metellus* den Auftrag, gegen die **Seeräuber** auf Kreta vorzugehen. Wie sein Beiname „Creticus" andeutet, erfüllte er diese Aufgabe erfolgreich, allerdings sollte es ganze drei Jahre dauern, ehe die

„Weltmacht" den heftigen kretischen Widerstand brechen konnte.

Etwas Positives hatte die neue Machtkonstellation für die Kreter dennoch: Die zerstrittenen kretischen Städte wurden vereinigt; Kreta wurde mit Nordafrika zur **Provinz „Creta et Cyrene"**, mit Verwaltungssitz Górtis und Garnisonsstadt Knossós, zusammengefasst. Abgesehen von einer friedlichen Koexistenz rangen die freiheitsliebenden Kreter den Römern steuerliche und rechtliche Zugeständnisse ab, denn schließlich war die Insel nicht nur ein wichtiger Militärstützpunkt im Mittelmeer, sondern sie spielte als „Kornkammer" zugleich eine große Rolle für die Versorgung.

Mit den Römern begann eine **neue kretische Blütezeit,** da sich die Insel zur Drehscheibe des römischen West-Ost-Handels mauserte. Straßen, Bauten und Heiligtümer entstanden, und vor allem unter Kaiser *Hadrian* (117–138 n. Chr.) erstrahlten die Insel und die Hauptstadt Górtis in neuem Glanz, welcher bisher allerdings nur sehr bruchstückhaft ans Tageslicht gebracht wurde.

Auch bei der **Christianisierung** der römischen Welt spielte Kreta eine nicht unerhebliche Rolle. Schon 59 n. Chr. hielt sich *Paulus* als römischer Gefangener in der kretischen Hafenstadt Kalí Liménes auf und erteilte seinem Begleiter *Titus* den Auftrag, die Insel zu christianisieren. Titus konnte jedoch auch als erster Bischof die Verfolgungen nicht verhindern. Auf dem Höhepunkt der schrecklichen Ereignisse wurden 250 n. Chr. zehn kretische Bischöfe hingerichtet – der Ort Ágii Déka nahe bzw. über dem antiken Górtis erinnert an sie (s. Messará-Ebene).

Ab der Neuordnung des römischen Reichs, 293 n. Chr. durch *Diocletian,* gehörte Kreta zum östlichen Reichsteil. Nach dem so genannten Toleranzedikt des *Konstantin* (313), das den christlichen Glauben zur Staatsreligion erhob, erlebte das Christentum auch auf Kreta einen Schub. Bei der Provinzeinteilung Konstantins im Jahre 337 wurde Kreta der Praefectura „Praetoria Illyrici, Italiae et Africae" zugeordnet und geriet mit der Trennung in ein West- und Oströmisches Reich 395 endgültig unter **oströmischen Einfluss.**

Kreta als byzantinische Provinz

395–827 n. Chr.

Nach der Teilung des römischen Reiches erlebte Kreta als **militärischer Stützpunkt** der Byzantiner eine Aufwertung, zudem die Insel seit jenen Tagen dem Patriarchen von **Konstantinopel** (Istanbul) unterstand. Die frühchristliche Epoche läutete für die Insel einen neuen Höhepunkt ein, vor allem im Bauwesen. Christliche Gemeinden blühten auf, und der Wohlstand griff um sich, was sich auch an der wachsenden Zahl von **Kirchen,** darunter bedeutende, wie die Titus-Basilika in Górtis, bemerkbar machte.

Die stabilen innenpolitischen Verhältnisse, für die die Byzantiner sorgten, ließen Kreta unter den 64 Reichsprovinzen wirtschaftlich und machtpolitisch auf Rang 11 aufsteigen. Zudem zählte man auf der Insel 22 Städte und zur Zeit von Kaiser *Leon III.* (717–41) zwölf kretische Bistümer.

Ein Ende fanden die „Goldenen Zeiten" im Laufe des 7. und 8. Jh. n. Chr.: Slawen, Perser und Araber drangen ins Byzantinische Reich vor und eroberten eine ganze Reihe von Provinzen, 642/43 die Kyrenaika und 649 Zypern. In Kreta nahm man diese Ereignisse nur am Rande wahr, erst im 9. Jh. sollte es auch hier mit den ruhigen und friedvollen Jahren ein Ende haben.

078kr Foto: bk

Überall erinnern Denkmäler an den kretischen Freiheitskampf

Der lange Kampf um die Freiheit

„Ich erhoffe nichts, ich fürchte nichts – ich bin frei"

(Inschrift auf dem Grab von *Níkos Kazantzákis*)

Schon die Römer bekamen den ausgeprägten **Unabhängigkeits- und Freiheitsdrang** der Kreter zu spüren. Auch wenn sie nach zähem Ringen ihre Macht auf Jahrhunderte hin festigen konnten, kontrollierten in den schwer zugänglichen und unwirtlichen Regionen der Insel weiterhin die unbeugsamen Einheimischen das Geschehen. Daran sollte sich auch im Laufe der weiteren Geschichte nichts ändern, und nur so ist es zu erklären, dass der kretische Freiheitsgeist bis heute einen mythischen Klang für die Bewohner hat. Dank dieser Charaktereigenschaft konnten sich kretische Eigenheiten durch Jahrhunderte der Fremdherrschaft und Unterdrückung hindurch halten. Dass dabei die Kirche eine entscheidende Rolle spielte, erklärt ihre hoch angesehene Stellung auf Kreta bis in moderne Zeiten.

Die arabische Besetzung

827–961

Die ruhigen Zeiten im Oströmischen Reich neigten sich ab dem 7. Jh. dem Ende zu, und im 8. Jh. tauchten im östlichen Mittelmeer die Araber als neue Macht auf. Als Piraten gelang es ihnen, die Seefahrt im Mittelmeer immer wieder zu stören und die Küstenbewohner in Angst und Schrecken zu versetzen. Auch Kreta blieb von den Übergriffen der **arabischen Piraten** nicht verschont. 824 suchte *Abu Hafs Omar,* ehemaliger Oberbefehlshaber der arabischen Truppen im maurischen Spanien, nach einer neuen Bleibe und legte an der kretischen Südküste an. Nach einer Legende ließ er nach der Landung alle Schiffe verbrennen, um einen Rückzug zu unterbinden und seinem Gefolge klar zu machen, dass dies nun seine neue Heimat sei.

Im Laufe der Jahre eroberten Abu Hafs Omar und seine Mannen nicht nur die alte Hauptstadt Górtis, sondern große Teile der Insel. Plünderungen, Ausbeutung und Knechtung der Bewohner, Christenverfolgung und die Zerstörung aller Bischofssitze außer Górtis waren die Folgen. 828 gründete Omar beim heutigen Iráklion seine neue Festung, Rabd Al Khandak. Von dieser Bastion aus versuchte er, meist vergeblich, den Kampf gegen die kretischen Guerillakämpfer in den Bergen aufzunehmen, und von hier aus lenkte er, erfolgreicher, die arabische Piraterie im Mittelmeerraum. Es dauerte über hundert Jahre, bis es den Byzantinern dank überlegener Kriegstechnik gelang, diesen Stachel zu ziehen und Kreta den Arabern zu entreißen.

Die zweite byzantinische Epoche

961–1204

Auch wenn die arabischen Piraten das Mittelmeer unsicher machten, stellten sie für Byzanz keine elementare Gefahr dar. Zu überlegen war die „Kriegsmaschinerie" der Oströmer, besonders deren Flotte. Dank des **„griechischen Feuers"** (beschrieben im gleichnamigen Krimi von *Luigi Malerba*) konnten die Byzantiner lange vor Erfindung des Schießpulvers tödliche Feuerkugeln auf ihre Gegner abschießen. Da die brennenden Geschosse auch bei Wasserkontakt nicht erloschen, waren sie besonders in Seeschlachten beliebt. Ein syrischer Ingenieur namens *Kallinikos* soll diese Wunderwaffe um 672 n. Chr. erfunden haben, und es gelang den byzantinischen Herrschern über fünf Jahrhunderte lang, das Verfahren der Herstellung geheim zu halten. Erst 1221 kamen die moslemischen Rivalen hinter das Geheimnis und setzten es ihrerseits ein.

Doch zurück nach Kreta, wo Byzanz im späten 10. Jh. eine überragende Machtposition wiedererlangte. Auf Initiative von Kaiser *Romanos II.* (959–63) eroberte der legendäre byzantinische General *Nikephoros Phokas* 961 Kreta zurück; er sollte zwei Jahre später Romanos als Kaiser ablösen. Nikephoros verstand es, das „Griechische

Feuer" erfolgsbringend einzusetzen, und nach halbjähriger Belagerung gelang es ihm schließlich, die arabische Festung Al Khandak zu erobern.

Nach der Vertreibung der Araber wurde Kreta zur **byzantinischen Flottenbasis** ausgebaut, und ein wirtschaftlicher und kultureller Wiederaufschwung setzte ein. Um die stark dezimierte Inselbevölkerung wieder „aufzustocken", wurden Familien aus Konstantinopel und europäische Kaufleute aus Genua und Venedig als Neusiedler angeworben. Das Revival wurde derart euphorisch betrieben, dass aus arabischer Zeit kaum Hinterlassenschaften übrig geblieben sind.

An dem Aufschwung Kretas im 11. und 12. Jh. hatten Kaufleute aus Europa Anteil. Vor allem die **Genueser** kontrollierten die Handelsflotte und errichteten Kastelle und Stützpunkte zur Sicherung der Insel, wie in der Mirabéllo-Bucht bei Ágios Nikólaos.

Mit der wirtschaftlichen Blüte nahm man auch die Wiederherstellung der christlichen Ordnung, die von den Arabern weitestgehend abgeschafft worden war, in Angriff. Eine intensive Missionstätigkeit führte um die Wende vom 10. zum 11. Jh. zu einer **zweiten Christianisierung,** und der Bruch zwischen Ost- und Westkirche (1054) hatte die Festsetzung der **Orthodoxen Kirche** auf Kreta zur Folge.

Die venezianische Epoche

1204–1645/69

Ein jähes Ende fand der byzantinische Höhenflug zu Beginn des 13. Jh. Während des vierten Kreuzzuges, zwischen 1202 und 1204, wurde von den christlichen Kreuzfahrern Konstantinopel erobert. Kreta selbst war zwar militärisch nicht beteiligt, doch der Besitzer der Insel, *Bonifazius II.*, Markgraf von Montferrat und König von Thessaloniki, der sie von *Kaiser Alexius III. Angelos* (1195–1203) geschenkt bekommen hatte, verkaufte Kreta wegen drückender Schuldenlast kurzerhand an die **Republik Venedig.** Diese Handelsmacht hatte längst ein Auge darauf geworfen, denn für Venedigs Levante-Handel spielte die Insel strategisch eine äußerst wichtige Rolle.

Mit der Inbesitznahme Kretas durch Venedig im Jahre 1204 geht formal die byzantinische Epoche zu Ende, doch unterschwellig lebte das byzantinische Kulturgut natürlich fort. Auch die politische Übernahme verlief nicht so reibungslos, wie häufig dargestellt. Bei weitem nicht alle Kreter gaben klein bei – mehrere Aufstände sind überliefert –, und auch die Vertreibung der Genueser, Venedigs altem Handelsrivalen, gestaltete sich nicht einfach. Schließlich konnte sich die Republik Venedig durchsetzen, und *Jacopo Tiepolo* wurde zum ersten Gouverneur ernannt.

Unter venezianischer Herrschaft entwickelte sich Kreta zum Eckpfeiler der Seerepublik Venedig im östlichen Mittelmeer, und das ging mit einem tief greifenden sozialen Wandel einher. Venedig etablierte ein **absolutistisches Regime** und teilte die Insel als Lehen unter venezianischen Adels- und Kaufmannsfamilien auf. Zwar durften byzantinische Adelsfamilien ihre Güter behalten, sofern sie die neuen Herren anerkannten, doch der einfachen kretischen Bevölkerung wurden hohe Steuern und andere Repressalien auferlegt. Kein Wunder, dass es im Laufe der venezianischen Herrschaft zu vierzehn größeren **Aufständen** kam, die jedoch mit Hilfe der Söldnertruppen zumindest vorübergehend niederschlagen werden konnten.

Eine nicht zu unterschätzende Rolle spielte die **kretische Kirche,** die sich als Teil der Ostkirche vehement gegen den von den Venezianern propagierten Katholizismus wehrte. Dank der Verbindungen kretischer Adelsfamilien zu Byzanz erhielt man von dort zwar militärische Hilfe, doch eine byzantinische Rückeroberung fand nicht statt. Der große Aufstand 1283–99 unter dem kretischen Führer *Alexios Kallergis* führte zum **Friedensvertrag** vom 4.4.1299, der „Pax Alexii Calergii", in der die Venezianer der orthodoxen Kirche eine gewisse Selbstständigkeit zugestehen mussten. Ruhe kehrte deswegen aber nicht ein, die Revolten dauerten an, und nach einem Aufstand unter *Johannes Kallergis* in der zweiten Hälfte des 14. Jh. wurde von den Venezianern u.a. das harte Verbot ausgesprochen, die Lassíthi-Ebene weiter zu bebauen.

Auf dem Land ging es primitiv zu, doch die kretischen Städte erblühten. Mit **prunkvollen Bauten,** die bis heute das Bild der Insel prägen, gelangte die damals moderne **italienische Renaissancekunst** in den griechischen Osten. Wie *Erhart Kästner* bemerkte, bestand Kreta damals aus „lauter kleinen Venedigs". Daneben wirkten sich die fortbestehenden engen Kontakte zu Konstantinopel besonders in der Sakralkunst und im Kirchenbau aus. So stifteten allein im 13. Jh. sechs byzantinische Kaiser Geld für die Errichtung von elf großzügig mit Fresken ausgestatteten Kirchen.

Die engen Beziehungen zwischen der Insel und der alten oströmischen Kapitale sorgten nach der Eroberung Konstantinopels 1453 durch die Türken für eine Zuwanderung geflohener byzantinischer Intellektueller. Unter ihrem Einfluss erlebte Kreta eine **Nachblüte der byzantinischen Kunst und Kultur,** mit der Klosterschule Agía Katharína in Iráklion als geistigem Zentrum.

Gleichzeitig vollzog sich in der **Malerei** ein Wandel: Der starre, orthodoxe Stil – flächig, anaturalistisch und mit streng hierarchischer Figurenanordnung – lockerte sich und übernahm individuellere Züge. Eine perspektivische Raumdarstellung und naturalistischere Landschaften traten neu hinzu. Dabei darf sicher der italienische Einfluss nicht unterschätzt werden. Einer der Hauptvertreter dieser „kretischen Schule", dem man auf Kreta immer wieder begegnet, war *Michaíl Damaskinós,* zu dessen Schülern kein Geringerer als *El Greco* gehörte.

Im 15. Jh. tauchte am östlichen Horizont eine neue Gefahr auf: die Türken. Nach der Eroberung von Konstantinopel konnte das türkische Reich kontinuierlich auf die griechische Welt ausgreifen. **Türkische Piraten** trieben in der Ägäis ihr Unwesen, und 1645

079kr Foto: bk

schickte sich *Sultan Ibrahim* an, mit Kreta eine der letzten christlichen Bastionen im östlichen Mittelmeer zu erobern. Chaniá und Réthimnon konnten relativ schnell erobert werden, doch Candia (Iráklion) setzte sich mehr als zwanzig Jahre gegen die türkischen Belagerer erfolgreich zur Wehr.

Obwohl von europäischer Seite die **Expansion der Türken** mit Sorge beobachtet wurde, blieb Hilfe aus. Mit Verbissenheit und Geschick hatte der venezianische Feldherr *Francesco Morosini* Candia verteidigt; erst am 5.9.1669 musste er auf Grund mangelnder Unterstützung von Venedig kapitulieren. Die Venezianer räumten daraufhin Kreta, mit Ausnahme einiger Inselfestungen wie Spinalónga und Gramvoúsa, die nie von den Türken erobert werden konnten und noch lange in venezianischer Hand blieben. Die Kreter hingegen hatten wieder einmal ein neues, und wie sich noch herausstellen sollte, unnachgiebiges, grausames Oberhaupt bekommen.

Im 13. Jh. gelangte Kreta unter venezianische Herrschaft. Hier der Löwe, das Wappentier der Seerepublik

Die türkische Herrschaft

1669–1898

Zunächst wurde das Auftauchen der Türken von den Kretern begrüßt, sah man doch in den Muslimen die idealen Partner, um die verhassten Venezianer loszuwerden. Doch bald schon merkten die Einheimischen, dass sie den Teufel mit dem Beelzebub ausgetrieben hatten. Die Türken machten sich sofort daran, die Kreter in angepasste Untertanen zu verwandeln. Unterdrückung und Verfolgung, Steuern und Abgaben sowie die Bevorzugung der türkischen Neusiedler, die von jeglicher Steuerpflicht befreit wurden, trieben viele Kreter in den **Widerstand.** Die Türken versuchten nicht nur, die wirtschaftlichen Grundlagen und den orthodoxen Glauben zu zerstören, sondern zugleich die einheimische Bevölkerung zu dezimieren und gefügig zu machen. Als Mittel war ihnen dazu die **„Knabenlese"** *(paidomássoma)* gerade recht, bei der kretische Jungen in den osmanischen Militär-Eliteverband zwangsrekrutiert wurden.

Die Türken gliederten die Insel verwaltungstechnisch auf, und es entstanden **vier Bezirke** (wie noch heute!), mit jeweils einem Pascha als Vorstand: Iráklion, Chaniá, Réthimnon und Sitía, wobei der Pascha von Iráklion zugleich als Gouverneur der Insel fungierte. Die Ländereien wurden großteils beschlagnahmt und Türken übereignet, kretische Landbesitzer mussten hohe Steuern zahlen, und Christen, die nicht zum Islam übertreten wollten, wurden mit einer Kopfsteuer belegt.

Auch mit Versprechungen trieben die neuen Herrscher die **Islamisierung** voran – ganze Ortschaften traten wegen der hohen Forderungen und sogar massiver Drohungen zum Islam über. Man darf sich nicht von Zahlen täuschen lassen, die besagen, dass im 18. Jh. vier Fünftel der kretischen Bevölkerung muslimisch gewesen seien, denn man war nur auf dem Papier Moslem, in Wahrheit jedoch Christ. Zwar wurden die großen Kirchen in **Moscheen** umgewandelt, doch die Klöster, meist in entlegenen Gegenden, existierten fort, unterhielten heimlich Schulen für kretische Kinder und pflegten so nicht nur den orthodoxen Glauben, sondern auch die kretische Kultur. Auch wenn die Insel nach außen ein Teil des osmanischen Reichs geworden war, lebte unterschwellig das christlich-orthodoxe Kreta als Nährboden für Aufstände und Unruhen weiter.

Während sich die Mehrheit der verbliebenen Kreter mehr schlecht als recht mit den neuen Herrschern arrangierte, zogen sich die unbeugsamen Einheimischen in fast unzugängliche Regionen in den Weißen Bergen, im Ída- und im Díkti-Gebirge zurück. Die abgelegene Sfakía wurde zur Heimat der Widerstandskämpfer, der *Kléftes* oder „Spitzbuben", die sich die lebensnotwendigen Dinge einfach raubten – die Sfakía hat sich bis heute den Ruf als das „Land der Unbeugsamen" bewahrt. Auf Unterstützung von außen konnten sich die Freiheitskämpfer kaum verlassen, denn obwohl die Venezianer in Gramvoúsa, Soúda und Spinalónga bis 1715 Festungen unterhielten, war ein Rückeroberungsversuch 1692 gescheitert.

Erst der russisch-türkische Krieg, 1768–74, schien den Unbeugsamen günstige Gelegenheit zu bieten. *Iannis Vlachos*, unter dem Spitznamen **Daskalajánnis** („Lehrer Iannis") bis heute legendär, war ein reicher Schiffsreeder aus Anópolis, der beste Verbindungen nach Russland hatte. Er führte einen großen **Aufstand der Sfakioten** an, während dem es den Aufständischen kurzzeitig gelang, sich von den Türken zu befreien. Mit nur 200 Verteidigern konnte der Versuch der Besatzer vereitelt werden, ein riesiges Heer durch die Samariá-Schlucht zu schleusen, doch am Ende mussten sich die Widerstandskämpfer der überlegenen militärischen türkischen Macht beugen.

Der Pascha von Chaniá ließ – nach der Methode „verbrannte Erde" – Dörfer und Felder verwüsten und Einwohner versklaven. Die Kämpfer um Daskalajánnis zogen sich zunächst in die Berge zurück, doch der Anführer wurde unter Vorspiegelung falscher Angebote und der Aussicht auf Friedensverhandlungen nach Megalo Kastro gelockt und dort kurzerhand gefangen genommen. Der türkische Pascha fackelte nicht lange und ließ den Freiheitskämpfer brutal hinrichten: Bei Daskalajánnis' Häutung musste sein Bruder zusehen, der daraufhin verrückt geworden sein soll.

Zimperlich gingen die Türken mit den aufständischen Kretern auch in

080kr Foto: bk

den folgenden Jahrzehnten nicht um – einer der Gründe, warum die Kreter (und Griechen überhaupt) bis heute auf ihre Nachbarn nicht gut zu sprechen sind. 400 Jahre der Unterdrückung, deren Ende in manchen Re-

Zur Zeit der Türkenherrschaft entstanden zahlreiche Moscheen mit Minaretten

gionen kaum hundert Jahre zurückliegt, bleiben in Erinnerung, und die Wunden sind bei vielen Griechen noch nicht verheilt. Diesen Aspekt übersieht man gerne, wenn heutzutage von den fast alltäglichen Spannungen zwischen beiden Völkern in der Ägäis die Rede ist.

Die Ereignisse um Daskalajánnis brachten keine Ruhe, im Gegenteil: Vor dem Hintergrund der französischen Revolution griff auch auf Kreta ein wachsendes Nationalbewusstsein um sich, und der Ruf nach Freiheit wurde lauter. In ganz Griechenland regte sich zu Beginn des 19. Jh. der Widerstand gegen die türkische Zwangsherrschaft, und anders als zuvor nahm die Unterstützung in Westeuropa für den **griechischen Freiheitskampf** zu.

Als auf dem Festland 1821 der Unabhängigkeitskampf ausbrach, mischten sich angesichts der Unterlegenheit der Griechen gegenüber der Militärmacht ab 1827 europäische Großmächte ein. Folge war zwei Jahre später ein in London geschlossener **Friedensvertrag** zwischen Griechenland und der Türkei, demzufolge sich Letztere aus großen Teilen des Festlandes zurückziehen musste; Frankreich, Großbritannien und Russland fungierten als Garanten. 1832 kam es schließlich zur Proklamation des **unabhängigen griechischen Staates,** mit *Otto I.*, Sohn von *Ludwig I. von Bayern*, als erstem König von Hellas.

Wie das restliche Griechenland begehrte ab 1821 auch Kreta verstärkt auf, doch die Guerillakämpfer hatten Schwierigkeiten, sich gegen die türkische Übermacht durchsetzen. Die Türken hielten sich immer dann, wenn sie der tapferen Kämpfer nicht habhaft werden konnten, an Unschuldige, Frauen und Kinder. So ließen sie den Bischof von Chaniá, *Melchisedek*, wegen seiner Unterstützung der Aufständischen öffentlich hinrichten, und 1823 wurden 2700 Frauen und Kinder, verteidigt von 150 Männern, in der Höhle von Mílatos von einem türkischen Heer belagert und buchstäblich „ausgeräuchert". Im folgenden Jahr kam es zu einem ähnlich grausigen Ereignis in der Melidóni-Höhle, und 1828 verteidigten 700 kretische Aufständische Frangokástello vergeblich gegen 8000 türkische Soldaten.

Als sich die Mächte in London zu den Friedensverhandlungen zusammensetzten, blieb Kreta jedoch unbeachtet und damit unter türkischer Herrschaft. Die Türken verpachteten die Insel kurzerhand einträglich an **Ägypten,** als Gegenleistung für die im Kampf gegen die Griechen geleistete Militärhilfe. Nach einer rigorosen, über zehn Jahre dauernden Ausbeutung wurde Kreta dann ab 1840 wieder als **osmanische Provinz** von den Türken selbst verwaltet.

Eine trügerische Ruhe hatte sich über Kreta gesenkt – die Ruhe vor dem Sturm, denn nach der Jahrhundertmitte sollte der kretische Freiheitskampf in seine erbitterte Endphase treten: **„Freiheit oder Tod!".** Gerade die Klöster hielten in jenen Jahren als Zentren der kretischen Kultur und Sprache und des orthodoxen Glaubens wie Felsen in der Brandung die Stellung und boten darüber hinaus den Unbeugsamen Unterschlupf. Die Mönche griffen im Notfall sogar selbst zu den Waffen, wie am 8. September 1866, dem kretischen Nationalfeiertag. An jenem Tag sprengten sich mehrere Kreter – Frauen, Kinder, Freiheitskämpfer und Mönche – unter Leitung von Abt *Gabriel* nach vergeblicher Verteidigung in der Waffenkammer des Klosters Arkádi bei Réthimnon in die Luft, um so dem anstürmenden türkischen Heer zu entkommen.

Ähnlich unrühmliche Aktionen der Türken wie die Verwüstung der Lassíthi-Hochebene lenkten endlich auch die Aufmerksamkeit der europäischen Öffentlichkeit auf Kreta, und 1897 schritten die europäischen Großmächte Großbritannien, Frankreich, Italien und Russland ein: Sie entsandten Kriegsschiffe gen Kreta, um die Auseinandersetzungen ein für allemal zu beenden. Unter dem militärischen Druck wurden im November 1898 die Türken gezwungen, die Insel aufzugeben. Unter Hochkommissar *Prinz Georg* erhielt Kreta einen **autonomen Status** zugestanden – nach über 200-jähriger Türkenherrschaft hatten die Unbeugsamen dank ihres unermüdlichen Freiheitskampfes ihre Unterdrücker endlich abgeschüttelt. Unter unbeschreiblichem Jubel der Bevölkerung übernahm im Dezember 1898 **Prinz Georg** sein Amt und residierte fortan in Chaniá.

Kreta im 20. Jahrhundert

Das autonome Kreta und der Anschluss an Griechenland

1898–1913

Die Freude über die Vertreibung der türkischen Herren sollte jedoch nicht lange anhalten. Erneute Unruhen brachen aus, als Kreta **Anschluss an Griechenland** forderte und die vier Großmächte, die die vier Regionen beaufsichtigten (Italien: Chaniá, Großbritannien: Iráklion, Russland: Réthimnon, Frankreich: Lassíthi), dies ablehnten. In dieser Phase trat ein Mann auf den Plan, der bis heute als Nationalheld Kretas verehrt wird: **Elefthérios Venizélos** (aus Mourniés bei Chaniá). Venizélos setzte sich vehement für die Unabhängigkeit Kretas von den Großmächten und einen Anschluss, die *Enosis,* an Griechenland ein.

Als Justizminister unter Prinz Georg führte er den **Putsch von 1905** an, und es gelang ihm 1906, Georg zum Rücktritt zu zwingen. Venizélos ging anschließend nach Athen und betrieb den Anschluss Kretas an das „Mutterland" von dort aus weiter. Als er 1910 zum griechischen Premier gewählt wurde, berief er zwei Jahre später, ohne verfassungsrechtliche Grundlage, erstmals kretische Abgeordnete ins griechische Parlament. Kretas große Stunde schlug bei den Friedensverhandlungen 1913 in London, die den Balkankrieg (1912–13) beenden sollten, während dem sich die Balkannationen von der osmanischen Herrschaft befreien wollten. Während dieser Konferenz konnte Venizélos u.a. den Anschluss Kretas an Griechenland durchsetzen. Der **Friedensschluss** vom **30. Mai 1913** stellt einen Meilenstein in der kretischen Geschichte dar.

In der Folgezeit war Kretas Geschichte eng mit der von Hellas verknüpft, und immer wieder nahmen Kreter wichtige Positionen ein. Dem Eintritt von Griechenland in den **Ersten Weltkrieg** auf Seiten der Entente (Frankreich, Großbritannien und Russland) ging ein langer innenpolitischer Streit voraus. Während Venizélos und liberale Kreise diese Parteinahme favorisierten, wollten König *Konstantin I.* und die Monarchisten die Mittelmächte unterstützen. Der erzwungene Rücktritt Venizélos' mündete 1917 in einen Putsch: Eine Gegenregierung zwang Konstantin I. zum Abtreten, sein Sohn *Alexander* bestieg den Thron, und Venizélos erklärte den Mittelmächten und dem Osmanischen Reich den Krieg.

Nach dem Ende dieses Krieges versuchten einige griechische Politiker, ihre Idee vom **Großgriechischen Reich** umzusetzen und das Osmanische Reich endgültig auszulöschen. 1920 scheiterte ein Vorstoß gegen Ankara, Venizélos erlitt eine Wahlniederlage, und Konstantin bestieg erneut den griechischen Thron. Venizélos wurde zum „Stehaufmännchen", und nach einer deprimierenden militärischen Niederlage der Griechen 1922 gegen die Türken wählte man ihn prompt ein Jahr später erneut zum Ministerpräsidenten.

Während der Friedensverhandlungen von Lausanne forderte der Kreter daraufhin eine tief greifende Maßnahme: In einer **Umsiedlungsaktion** großen Stils sollten beide Erzrivalen Bevölkerungsteile austauschen. So mussten, gegen ihren Willen, etwa 600.000 Türken Griechenland und etwa 1,5 Mio. Griechen das türkische Kleinasien verlassen. Viele der Neuankömmlinge siedelten sich in Nordgriechenland und Athen an, doch einige Zehntausende verschlug es auch nach Kreta. Die Mehrzahl davon blieb in Iráklion, der Vorort „Nea Alikarnassos" – in Flughafennähe – erinnert mit seinem Namen noch daran. Anfangs war das Elend groß, doch allmählich sorgten Steuernachlässe, Kredite und Landzuteilungen für Besserung, und der Aufbau neuer Industrien durch die Einwanderer, wie z.B. die Rosinenherstellung oder die Produktion von Webwaren, wurde forciert.

Kreta im Zweiten Weltkrieg

Im Jahr 1936 kam es zu einer weit reichenden innenpolitischen Kehrtwende, *General Metaxas* baute eine **faschistische Diktatur** auf. Da sich die Griechen 1940 einem Anschluss an Italien mit einem klaren „ochi" (Nein) verweigerten – der Tag wurde zum Nationalfeiertag erklärt –, griffen italienische Truppen Hellas an.

Dank eines Abkommens mit England waren zwar britische Truppen nach Kreta verlegt worden, doch die Italiener konnten, unterstützt von deutschen Truppen, das Festland erobern; Regierung und König flüchteten nach Kreta. Am 21. Mai 1941 landeten **deutsche Fallschirmtruppen und Gebirgsjäger** auf der Insel. Diese Aktion forderte auf beiden Seiten hohe Verluste, insgesamt mehr als 10.000 Tote, denn die Briten waren auf den Angriff vorbereitet. Während sich, wie so häufig, die Mehrheit der Bevölkerung scheinbar ihrem Schicksal ergab – viele Kreter betonen noch heute, dass von den vielen Besatzungsmächten die Deutschen die fairsten gewesen seien –, zogen sich die Unbeugsamen in die Berge zurück und führten einen Guerillakrieg (s. auch Exkurs im Kapitel „Das Umland von Chaniá").

Legendär war dabei die Entführung des deutschen Kommandanten General *Karl Kreipe*. Als Sühne verfuhren die Besatzer, wie schon andere Mächte vor ihnen, nach dem Motto: „Zehn tote Kreter für einen toten Deutschen" und begannen, ganze Dörfer, z.B. Kándanos, Áno Viános, Anógia und Gerakári, dem Erdboden gleichzumachen und Teile der Bevölkerung zu erschießen. Zahlreiche Mahnmale erinnern heute an den Widerstand der Kreter, und der alliierte Soldatenfriedhof bei Soúda sowie der deutsche bei Máleme rufen dieses dunkle Kapitel in der Geschichte ins Gedächtnis zurück.

Nach Kriegsende, 1945, befand sich die Insel in erbärmlichem Zustand: zerbombte Städte, niedergebrannte menschenleere Dörfer und eine brachliegende Infrastruktur und Wirtschaft. Statt eines schnellen Wiederaufbaus folgte ein blutiger **Bürgerkrieg** zwischen monarchistischen Regierungstruppen und kommunistischen Verbänden. Ein Ende fand der Kampf erst 1952 mit der endgültigen Niederlage der Kommunisten, von denen viele in die Sowjetunion flüchteten. Eine **konstitutionelle Monarchie,** legitimiert durch eine neue Verfassung, setzte sich wieder durch.

Erst in den späten 1970ern durften die alten kommunistischen Kämpfer in ihre Heimat zurückkehren. In dieser Zeit spielt der eindrucksvolle Film „Rückkehr nach Kythera" von dem herausragenden griechischen Regisseur *Theo Angelopoulos*. Die Hauptrolle spielte der unvergleichliche, inzwischen verstorbene Kreter *Manos Katrakis* aus Chaniá.

Das moderne Kreta

Dass sich Kreta nach den dunklen Ereignissen im und nach dem 2. Weltkrieg dennoch erholte, ist vielfältiger internationaler Hilfe, u.a. seitens der UNO und der Rockefeller Foundation, zu verdanken, die den **Wiederaufbau** von Wirtschaft, Handel und Infrastruktur förderte. Verfolgt man die Diskussionen um die Stützpunkte der **6. US-Flotte** auf der Insel, taucht der Verdacht auf, dass man mittlerweile vergessen hat, dass es vor allem US-Dollars waren, die Kreta den Sprung in die Moderne ermöglichten.

In die Phase der Erholung fällt zugleich die Epoche der **Militärdiktatur** zwischen 1967 und 1974, gekennzeichnet durch die Missachtung jeglicher Menschenrechte und die Verfolgung Andersdenkender, in der die CIA eine dubiose Rolle spielte. Nachdem im Zuge der Zypernkrise 1974 die Diktatur, erneut unter Mithilfe der USA, gestürzt werden konnte, stand man vor der Wahl: **konstitutionelle Demokratie** oder Rückkehr zur parlamentarischen Monarchie. In einer denkwürdigen Volksabstimmung entschieden sich die „Erfinder der Demokratie" für die erste Option. Interessant dabei ist, dass auf dem Festland 69,2 % gegen die Monarchie stimmten, auf Kreta jedoch beachtliche 91 %!

Der erste demokratische Ministerpräsident war **Konstantin Karamanlís** von der konservativen Partei Nea Demokratia (ND). Vor allem wegen der proamerikanischen Haltung wurde die ND jedoch 1981 abgewählt, und die sozialistische **PASOK** unter dem charismatischen **Andreas Papandreou** kam an die Macht. Die anfänglichen Forderungen nach Auflösung der amerikanischen Stützpunkte und dem Austritt aus der NATO wurden nach und nach zurückgenommen. 1981 trat Griechenland als Vollmitglied in die EG ein.

Für die Griechen selbst hatte der **EG-Beitritt** zunächst nur negative Auswirkungen: Preisanstiege, Inflation, Arbeitslosigkeit und anderes. Dennoch war man stolz darauf, gleichberechtigter Teil Europas zu sein. Doch auch politisch scheint dem Land ein stetiges Auf und Ab treu zu bleiben. Zwischen 1985 und 1989 herrschten Papandreou und seine PASOK, doch Korruptionsvorwürfe (wie der Finanzskandal um die Bank of Crete) und Papandreous Trennung von seiner Frau und die Heirat einer jungen Stewardess ließen die PASOK in der Gunst der Griechen enorm sinken.

So versuchten zwischen 1990 und 1993 der konservative Kreter **Kostas Mitsotákis** (aus Chaniá) und die ND, mit einem rigorosen Sparkurs das Land wieder flott zu machen. Kein Wunder, dass diese Politik beim „kleinen Volk" nicht ankam und 1993 der mittlerweile fast achtzigjährige Papandreou wieder an die Spitze zurückkehrte.

Nach seinem Tod im Frühsommer 1996 blieb das befürchtete Chaos aus, und der damalige Ministerpräsident **Kostas Simítis** (PASOK) übernahm bis 2004 das Amt. Danach sorgte **Kostas Karamanlis** (ND) für neuen Wind und selbst auf Kreta musste die PASOK erhebliche Verluste einstecken. Dort konnte dafür der neue linksradikale Zusammenschluss SYN (Synapismos) beachtliche Erfolge verbuchen. 2009 kam es angesichts der Wirtschaftskrise zu einem erneuten Wechsel, **Giorgos Andrea Papandreou** (PASOK) wurde Ministerpräsident. Zur jüngsten Geschichte siehe auch unter „Politik, Verwaltung und Bildung".

Die byzantinische Kultur – Kretas kulturelle Basis

Das Byzantinische Reich

Die Eroberung **Konstantinopels,** des heutigen Istanbuls – der antike Name der Stadt lautet Byzantion oder Byzanz –, durch den osmanischen Sultan *Mehmed II.* am 29. Mai 1453 radierte zwar das Byzantinische bzw. **Oströmische Reich** aus, konnte jedoch kulturelle Traditionen nicht ausrotten. Diese hatten nämlich auch in die griechisch-orthodoxe Kirche Einzug gehalten und konnten so, durch Jahrhunderte der türkischen Besetzung, bis heute tradiert werden.

Auch wenn im westeuropäischen Kulturkreis das Byzantinische in den Hintergrund rückte, spielten Byzanz und sein Reich eine wichtige Rolle in der europäischen Geschichte. Vielleicht sind die geografische und historische Trennung – das östliche Mittelmeer stand schließlich bis ins 20. Jh. unter türkisch-islamischem Einfluss – einer der Gründe für die hierzulande herrschende Unkenntnis über diese Epoche, vielleicht erschweren aber auch die fremdartigen Elemente der byzantinischen Kultur westlichen, lateinisch-römisch geprägten Menschen den Zugang.

Es wäre aber ein Fehler, die byzantinische Kultur allein mit der oströmischen Kirche zu verknüpfen, denn Byzanz war mehr: eine einzigartige Synthese zwischen römischer, griechischer und orientalischer Welt, ein **Bindeglied zwischen Antike und Christentum,** zwischen Ost und West. Verschwanden im Mittelalter in Westeuropa die griechisch-antiken Wurzeln beinahe komplett – sie wurden erst in der Renaissance wieder entdeckt –, lebten sie im byzantinischen Einflussbereich kontinuierlich fort.

Eine einheitliche byzantinische Kultur zu erwarten wäre jedoch verfehlt, basiert sie doch gerade auf der **Vielfalt der Regionen** des oströmischen Reiches, das von Griechenland bis weit hinein in den persischen Bereich, in den Balkan, ans Schwarze Meer und nach Nordafrika reichte. Auch wenn ab dem 7. Jh. Griechisch als Amtssprache eingeführt worden war, handelte es sich bei der Bevölkerung des Byzantinischen Reiches um ein Vielvölkergemisch, eine **multinationale Gesellschaft,** in der unterschiedliche Sprachen gesprochen wurden. Dies führte natürlich zu Verständigungsproblemen, besonders in kirchlichen Fragen, mit dem lateinisch geprägten Westen Europas.

Doch auch innerhalb des Oströmischen Reiches kriselte es immer wieder, da gerade die Dominanz des „griechischen Elements" in der Gesellschaft zu antibyzantinischen Stimmungen in den vom griechischen Festland entfernteren Provinzen führte. Es wundert nicht, dass diese Provinzen gern andere Mächte, wie die sich seit dem späten 7. Jh. schnell ausbreitenden Araber, als neue Herren favorisierten. Diese Konflikte waren Ausdruck des Gefälles zwischen der Hauptstadt Konstantinopel und den Provinzen, vor allem jenen an der Peripherie zu den angrenzenden Mächten.

Betrachtet man die erhaltenen Überreste der byzantinischen Kultur, muss man sich zudem fragen, ob nicht zu sehr **städtische Elemente** in den Vordergrund rückten und Gebräuche und Sitten der Landbevölkerung vielfach kaum Beachtung fanden. Auch wenn es viele prächtige byzantinische Städte gab, darf man nicht außer Acht lassen, dass das Oströmische Reich besonders in seiner Frühzeit ein reiner Agrarstaat gewesen war. Um das byzantinische Wesen vollständig zu begreifen, wäre es nötig, Hoch- und Volkskultur gemeinsam zu betrachten – wie es in der jüngsten Forschung mehr und mehr versucht wird.

Die Abwanderung aus den ländlichen Regionen war im Laufe des 5. und 6. Jh. durch eine hohe Steuerlast verstärkt worden. Das Kaiserhaus benötigte die Gelder für den aufgeblasenen Beamtenapparat und vor allem für die Finanzierung des Militärs. Während im Westteil des Römischen Reiches, auch beeinflusst durch Völkerwanderungen, diese **Landflucht** erheblich zur Instabilisierung beitrug, kam es in Byzanz nicht zum Zusammenbruch.

Erhebliche soziale Umschichtungen waren die Folge, während derer sich besonders der wohlhabende Adel aus dem öffentlichen Leben zurückzog und aufs Land oder in die Klöster ging. Der „Machtfaktor Kaiser" wirkte als stabilisierender Faktor und hatte ab dem 7. Jh. eine straffere, auf dem Militär basierende Neuordnung zur Folge. Interessant auch, dass sich die Monarchie eng mit der Kirche verband. Dabei zog es die intellektuellen Kreise nicht in den Staatsdienst, sondern in Klöster und Kirchen. Angesichts dessen erstaunt es nicht, dass sich die oströmische bzw. **orthodoxe Kirche** zur treibenden Kraft in Kunst und Kultur entwickelte, die die Jahrhunderte überdauerte und bis heute wirkt.

Die vier Standbeine der byzantinischen Welt

Anders als der lateinisch-römisch geprägte Westen basierte die byzantinische Kultur auf vier sehr unterschiedlichen Standbeinen, von denen jedes auf seine Weise das byzantinische Weltbild prägte.

Das **Christentum** steckte anfangs noch voller Widersprüche, und so entstanden heterogene Strömungen. Für eine entscheidende Neuorientierung sorgte erst das Mönchtum. Die Kirche übernahm fortan die Rolle als Bildungsinstitution für das Volk.

Besonders für die gebildete Schicht spielte das **griechische Erbe,** als zweites Standbein, eine wichtige Rolle. Die anfängliche Spannung, die zwischen christlichen und griechischen Vorstellungen herrschte (s. *Augustinus* in seinem Werk „Confessiones" – Bekenntnisse), konnte im Laufe der Zeit abgebaut werden, und Hellenismus und Christentum verschmolzen zu einer neuen Einheit.

Als dritter Einflussfaktor blieben **römische Elemente** erhalten, weniger im geistig-kulturellen Bereich als vielmehr im Verwaltungswesen, in der Gesetzgebung und im Rechts- und Militärwesen.

Den letzten und interessantesten Beitrag lieferte schließlich das **Orientalische,** das schon in griechisch-antiker Zeit eine nicht unbedeutende Rolle in den Randgebieten des griechischen Kosmos gespielt hatte. Vermittlerfunktion übernahm dabei besonders der kleinasiatische Raum. Orientalische Züge machten sich in vielerlei Bereichen bemerkbar: im Hofzeremoniell, hinsichtlich der Stellung der Frau und des Dualismus zwischen irdischer und himmlischer Welt sowie bezüglich apokalyptischer Vorstellungen.

Interessant ist, welche Wandlungen das byzantinische Weltbild im Laufe der Zeit durchmachte. So rückte die Volksfrömmigkeit, mit all ihren alten Vorstellungen und Mythen aus der griechischen Tradition, wieder in den Vordergrund – wenn auch nun in einer „christianisierten" Version – und drängte die in der hellenisch-römischen Epoche gewonnenen naturwissenschaftlichen Erkenntnisse um das physikalische Weltbild wieder in den Hintergrund. Plötzlich stand die Erde wieder im Mittelpunkt des Kosmos, obwohl zuvor griechische Gelehrte zu ganz anderen Schlüssen gelangt waren. Die Vorstellung von Byzanz als alleinigem Erben des Römischen Reiches führte schließlich dazu, dass man nicht nur imperialistische Ziele verfolgte, sondern auch einen **kulturellen Universalitätsanspruch** bekundete, untermauert von christlicher Rechtgläubigkeit – Ideen, die den alten Griechen fremd gewesen waren.

Der byzantinische Einfluss auf Kreta

Lange Zeit befand sich Kreta im Einflussbereich des Byzantinischen Reiches, wenn auch nur in der Randzone. So vollzog sich hier die künstlerisch-kulturelle Entwicklung zeitversetzt zur Hauptstadt. Nach dem Fall Konstantinopels 1453 hatte Kreta einen ungeahnten Boom erlebt und war unvermittelt in den **Mittelpunkt der spätbyzantinischen Welt** gerückt. Da die Insel schon zu Beginn des 13. Jh. an die Venezianer verkauft worden war, blieb Kreta das Schicksal anderer byzantinischer Provinzen, die unter türkische Herrschaft gerieten, (noch) erspart. Der Versuch der Venezianer, ihre westliche Kultur auch den Kretern aufzuzwingen, gelang nur oberflächlich, Kreta blieb eine byzantinisch geprägte „Insel im Meer des Islam".

Zahlreiche Künstler und Intellektuelle, die dem Untergang Konstantinopels entkommen waren, ließen sich auf Kreta nieder. Im Laufe der Jahre kam es zu einer interessanten Vermischung von spätbyzantinischen Elementen mit den venezianisch-italienischen Ideen der neuen Herren auf Kreta. So erlebte die Insel im 15. und 16. Jh. eine kulturelle Blüte, deren Ergebnis, die **„kreto-venezianische Kunst"**, eine einzigartige Stellung in der Geschichte der byzantinischen Epoche einnahm und die bis heute einen großen Teil des besonderen Reizes kretischer Städte wie Chaniá oder Réthimnon ausmacht.

Byzantinische Kultur im Überblick

4.–9. Jh.

Innen- und außenpolitische Unruhen (Araber, Goten, Hunnen, Slawen, Perser)

- **284–305:** Diokletianische Reichsreform; Trennung des römischen Reiches in einen West- und einen Ostteil. Beginn der politischen, kulturellen und ökonomischen Auseinanderentwicklung
- **4.–7. Jh.: Frühbyzantinische Epoche** – es gibt noch keine kulturelle Einheitlichkeit
- **395:** Endgültige Trennung von West- und Ostrom unter *Theodosios I.*
- **527–565:** Zeitalter Justinians
- **8. und 9. Jh.: Zeit der Krise** – Phase der Auseinandersetzung mit außenpolitischen Gegnern
- **726–843:** Kunst des Ikonoklasmus, Zeit des „Bilderstreits"
- **9. Jh.: Konsolidierungsphase**

Ende 9.–12. Jh.

Byzantinische Blütezeit – kulturelle Einheitlichkeit

- **1081–1185:** Komnenische Kunst

13.–15. Jh.

Spätbyzantinische Epoche, Kreta wird ein wichtiges Zentrum

- **1261–1453:** Kunst der Paläologen

Ab 15. Jh.

Byzantinische Elemente bestehen in den Provinzen fort

081kr Foto: bk

Byzantinische Kunst und Architektur

Bildende Kunst

Auf dem Gebiet der Bildenden Kunst sind neben der **Freskomalerei** vor allem **Ikonen** erhalten, die schon fast zu einem Synonym für byzantinische Kunst geworden sind. In der orthodoxen Theologie verfließen die Grenzen, und so wird jedes christlich-religiöse Bild, egal in welcher Technik, auf welchem Malgrund, in welchem Zusammenhang oder für welchen Zweck gefertigt, zur „Ikone" im Sinne von „Abbild, Bild" (griech. *eikóna*). In der Kunstgeschichte hat man diesen umfassenden Begriff jedoch auf die **religiöse Tafelmalerei** reduziert, wobei die Künstler sich keinesfalls auf das eine oder andere spezialisiert haben, sondern sowohl Tafelbilder als auch Fresken anfertigten. So läuft auch die künstlerische und stilistische Entwicklung der beiden Genres prinzipiell gleich ab. Da jedoch qualitativ und quantitativ Ikonen besser überliefert sind als Fresken, die, im Bauzusammenhang stehend, häufiger zerstört und beschädigt wurden, wird meist

Panagía Kéra ist ein Musterbeispiel für byzantinische Architektur und Kunst

die Tafelmalerei herangezogen, um die Entwicklung darzustellen.

Herrschte in der frühbyzantinischen Epoche, vom 4. bis 7. Jh., noch kulturelle und künstlerische Heterogenität, kam es in den Jahren 726–843 zum so genannten **Ikonoklasmus,** dem „Bilderstreit". Zunächst hatten die „Bildergegner" das Sagen, und ein kaiserliches Verbot figürlicher Heiligendarstellung wurde erlassen. Am Ende setzten sich jedoch die Befürworter bildlicher Darstellungen durch, und mit dem Erreichen des kulturellen Höhepunkts (10.–12. Jh.) erlebte in Byzanz auch die Malerei eine neue Blüte. Fresken entfalteten sich im 11. Jh. besonders prächtig, noch ganz im **abstrakt-flächigen Stil** gehalten, mit streng frontal dargestellten, klar konturierten Figuren in unplastischer Form.

Im 12. Jh. setzte sich dann ein eher monumentaler Stil durch, bekannt unter dem Namen **Komnenische Kunst** (1081–1185). Der Name ist auf das damals herrschende Adelsgeschlecht der *Komnenen* zurückzuführen. Der Malstil ist stark zeichnerisch-linear, aber expressiver, die Figuren sind schlanker, lebhaft-bewegt mit ausdrucksvoller Gestik.

Wie Ágios Geórgios in Kournás zeigt, hält ab dem späten 12. Jh. die **neoklassizistische Richtung** Einzug, die die „spätbyzantinische Epoche" einleitet. Man kehrt wieder stärker zum klassischen Menschenbild zurück. Eine gewisse Beruhigung und Erstarrung einerseits und eine archaisierend-lineare Darstellungsweise andererseits sind charakteristisch.

Etwa hundert Jahre später fließt in Gestalt des **„Paläologischen Stils"** (1261–1453) erneut starker Einfluss aus Byzanz ein. Bildschemata werden nun weniger dogmatisch gehandhabt, und neue Themen treten hinzu. Werden zu Anfang die Figuren in alter Tradition noch mit eher plumpen Körperformen dargestellt („Schwerer Stil"), weicht – wie das Musterbeispiel für diesen Stil schlechthin, die Kirche Panagía Kerá in Kritsá, zeigt – die plumpe Starre allmählich schlankeren, bewegteren und plastischeren Figuren („Höfischer Stil"). Einer der Hauptvertreter dieses Stils ist **Michaíl Archángelos,** der erst in Archánes tätig ist und dann auch Meisterwerke in der Panagía-Kirche in Fódele und in Panagía Kerá nahe Kritsá liefert. Stilistisch ist nach der venezianischen Machtübernahme der Einfluss der Italiener nicht nur in Details spürbar, auch inhaltlich müssen die Kreter einige Kompromisse eingehen, wie die häufiger auftauchende Figur des *Heiligen Franziskus von Assisi* andeutet.

Für einen künstlerischen Schub sorgten gegen Ende des 14. und in der ersten Hälfte des 15. Jh. Künstler, die aus dem von Türken eingenommenen Konstantinopel nach Kreta strömten. Zu ihnen gehörten auch **Manuel** und **Johannes Phókas** (Fresken z.B. in Kirchen in Embáros, 1436/37, Avdoú, 1449 und Épano Sími, 1453–78). Mit ihrem Stil, geprägt von großformatigen, frontal ausgerichteten Figuren mit charakteristischen weißen Umrisslinien, rein geometrischen Gesichtsformen und einer sehr schematisierten

Ausführung der Modellierung, wurden sie zu Wegbereitern der berühmten **„Kretischen Malschule“.**

Zu deren berühmten Künstlern gehörte auch **Andreas Rítzos** (etwa 1421 bis 1492), der sowohl im traditionellen byzantinischen Stil malen konnte, als auch perfekt die italienisch beeinflusste Malweise beherrschte. Berühmt sind seine Werke besonders wegen ihrer kleinteiligen Ausführung, der italienisch beeinflussten Farbigkeit und dem Licht- und Schattenspiel. Zwischen 1527 und 1630 sind allein in Chandax (Iráklion) 124 Maler archivalisch gesichert, darunter ein weiterer bedeutender Künstler, **Theophánes Strelítzas** („der Kreter“), der als größter Ikonen- und Freskomaler seiner Zeit galt. Zeitgenossen nannten ihn auch *Aristos Agiographos,* den „besten Heiligenmaler“, doch leider sind auf Kreta keine Werke von ihm erhalten.

Die Ikonenmalerei erlebte Ende des 16. Jh. unter anderem dank **Michaíl Damaskinós** (zwischen 1570 und 1591 in den Archiven von Chandax erwähnt, zwischen 1577 und 1582 auch in Venedig) eine neue Blüte. Die Werke dieses Künstlers sind im Ikonenmuseum von Iráklion (s. dort) zu studieren.

Drei Stilrichtungen sind in dieser Zeit auf Kreta nachweisbar: einmal das Bewahren der byzantinischen Traditio-

Die Ikonostase
von Ágios Minás in Iráklion

Die kretische Renaissance

Die Eroberung von Konstantinopel 1453 durch die Türken löschte zwar die politische Macht des byzantinischen Reiches aus, doch die byzantinische Kultur konnte in anderen Ecken des ehemaligen Reiches fortbestehen. Viele Wissenschaftler und Künstler fanden auf Kreta, damals noch in sicherer venezianischer und damit christlicher Hand, eine neue Heimat. Auf der Insel konnte die östliche Kunstrichtung nicht nur fortleben, sondern erlebte sogar eine neue Blüte, die bis in die zweite Hälfte des 16. Jh. andauerte, als auch Kreta von den Türken erobert wurde.

Das Agía-Ekateríni-Kloster der „Mönche des Berges Sinai" in Chandax (Iráklion) entwickelte sich zur bedeutendsten Hochschule der orthodoxen Kirche. Hier studierte man Theologie, Philosophie, Malerei, Recht, Rhetorik und Literatur. Unter den Studenten war der bedeutendste Maler des 16. Jh., *Michaíl Damaskinós,* der wohl auch zeitweise als Lehrer des weltberühmten Malers *El Greco* fungierte (s. Exkurs im Kapitel „Iráklion, Umland"). Auch der kretische „Nationaldichter" *Vitzéntzos Kornáros* („Erotokritos") studierte an der Klosterschule. Diese Konzentration „byzantinischer Intelligenz" macht aber nur einen Teil der kretischen Renaissance aus.

Viele der gebildeten Kreter lernten die italienische Kultur, die die venezianischen Herren mitgebracht hatten, kennen und schätzen, und nicht wenige Angehörige der Oberschicht studierten einige Zeit in Venedig oder Padua, wie auch Damaskinós und El Greco. Der Einfluss der italienisch-venezianischen Renaissance blieb in der spätbyzantinischen Welt nicht ohne Spuren: Es entstand auf Kreta eine ungewöhnliche Mischung der eigentlich einander so fremden byzantinischen und italienischen Kulturen. So gab es neben den stark orthodox geprägten Klosterschulen auch Akademien nach italienischem Vorbild, die diese Vermischung förderten.

So konnte auf Kreta auch die Basis für die neugriechische Dichtung gelegt werden. Neben Kornáros waren weitere, einflussreiche Dichter auf der Insel zu Hause, wie *Geórgios Chortátzis* und *Markos Antonios Phóskolos.* Nicht zuletzt diesen Autoren ist es zu verdanken, dass man sich langsam von den antiken Vorlagen löste und dass im Kreta des 16. Jh. sprachlich die Basis für das Neugriechische gelegt wurde.

Besonders bedeutend waren während der kretischen Renaissance die Ikonen. Tafelbilder waren während ihrer Blüte nicht nur auf der Insel gefragt, die kretische Malerei war im ganzen Mittelmeerraum geschätzt und begehrt. So konnte es vorkommen, dass Venedig auf einen Schlag 900 Marienikonen aus Kreta orderte. Doch auch in der griechischen und der übrigen orthodoxen Welt waren Tafelbilder aus Kreta heiß geliebt – bis in der zweiten Hälfte des 17. Jh. die Türken dem künstlerischen Schaffen ein Ende setzten.

nen, zum anderen der Versuch, östliche und westliche Elemente zu verbinden, und zum Dritten eine Angleichung an die westliche (venezianische) Malweise. Zumeist verschmolzen Künstler alle drei oder mindestens zwei dieser Richtungen in ihrem Werk.

Damaskinós war nicht nur der berühmteste Vertreter dieser Epoche, er gilt auch als bester Ikonenmaler aller Zeiten. Er war es auch, der sich in seinem Werk langsam, aber stetig von den alten byzantinischen Prinzipien der Malerei abwandte. Er galt als ausgesprochen **eklektischer Maler,** finden sich in seinem Werk doch verschiedene Stile und Vorbilder. So lassen sich italienische Einflüsse, wie die perspektivisch korrekte Gestaltung des Raumes, und ikonografische Details, die in der Ostkirche unbekannt waren, wie die Taube des Heiligen Geistes, in allen seinen Werken erkennen. Daneben bleiben aber konstant byzantinische Stilelemente erhalten, z.B. die stets goldfarbenen Lichtquellen oder der tafelartige Aufbau der Berge. Es entstanden Ikonen, die heute noch durch ihre Mischung zweier einander zutiefst fremder Stile faszinieren.

Im Laufe des 17. Jh. geht diese Loslösung vom byzantinischen Erbe weiter. Nur wenige Maler, wie **Emanuel Tzáne,** versuchten, an die Tradition der kretischen Ikonenmalerei anzuknüpfen. Für ein plötzliches Ende der künstlerischen Entwicklung sorgte die türkische Machtübernahme. Nur in den Klöstern lebte die Tradition fort, doch kaum mehr in künstlerisch herausragender Ausprägung. Auf Ikonen des 18. Jh. sind die Darstellungen mehrfigurig, bewegt, perspektivisch und erzählend.

Sakralarchitektur

Trotz eigener neuer Darstellungsweisen und Stile blieb Byzanz seiner engen Beziehung zur griechisch-römischen Antike treu. Das zeigt sich besonders in der Architektur, speziell in der byzantinischen **Sakralarchitektur.** Dort bildeten sich vier Grundtypen heraus: die Einraumkapelle, die Basilika, die Kreuztonnenkirche und die Kuppelkirche. Auf Kreta finden sich besonders viele Beispiele mittel- und spätbyzantinischer Sakralarchitektur, die nach der Rückgewinnung der Insel durch Byzanz, 961, entstanden.

Die Kirchen finden sich großteils in Zentral- und Westkreta – am häufigsten tonnenüberwölbte Einraumkapellen, daneben rund hundert Kuppelkirchen, konzentriert im Raum um die venezianische Metropole Candia (Iráklion). Die **Kreuzkuppelkirche,** der Vier-Stützenbau mit Zentralkuppel, wurde zum Prototyp mittelbyzantinischer Architektur und tauchte ab Anfang des 10. Jh. in Kreta auf.

Das ikonografische Schema

Besucher byzantinischer Kirchen oder Ikonen-Museen werden zumeist den Eindruck des Schematischen in Erinnerung behalten. Nur wer sich genauer mit den Kunstwerken beschäftigt, wird feststellen, dass hinter der strengen Fassade durchaus Entwicklung und Bewegung zu beobachten sind. Ausgehend vom politischen, ökonomischen, kulturellen und vor allem auch religiösen Zentrum Konstantinopel wurde ein Schema für die **Ausmalung der Kreuzkuppelkirchen** entwickelt. Im Prinzip folgen Kirchenneubauten bis heute dem uralten orthodoxen Bauprogramm, dessen Einhaltung von der erzbischöflichen Behörde überwacht wird.

Die bildliche Ausgestaltung des klassischen Bautypus der Kreuzkuppelkirche, wegen des Grundrisses in Form eines griechischen Kreuzes so genannt, unterliegt festen Regeln. Die **Fresken** folgen einem Bildprogramm, das zwischen **vertikaler und horizontaler Hierarchie** unterscheidet. Heiligenbilder fungieren eher als Symbole denn als Charakterstudien, und die Landschaften sind wenig real, vielmehr stilisiert und nichtperspektivisch gehalten. Hauptaufgabe der byzantinischen Malerei und der davon abgeleiteten griechisch-orthodoxen ist die Darstellung verbindlicher theologischer Glaubenswahrheiten und nicht die Übermittlung unterhaltsamer und belehrender Erzählungen.

Das **Kirchengebäude** verkörpert nach orthodoxer Auffassung das All, den gesamten Kosmos, den Himmel und den irdischen Lebensbereich.

Vertikale Hierarchie:

1. Himmlische Sphäre: Kuppel mit Christus Pantokrator als Allherrscher und Himmelsfürst umgeben von Erzengeln und Propheten (im Tambour); Christus blickt auf die Welt, den Kosmos, herab.

2. Übergangszone: Dem Tonnengewölbe kommt vermittelnde Funktion zwischen himmlischer Welt (Kuppel) und irdischer Zone (Kirchenraum) zu. Die obere Wandzone, in rechteckige Bildfelder *(Diachora)* und parallel übereinander gestaffelte Register unterteilt, schmücken Themen aus dem 12-Festezyklus *(Dodekaorton)*, dem Festtagskalender der orthodoxen Kirche. Daneben tauchen sekundäre Themen, gelegentlich aus dem Alten Testament, auf. In der Apsiswölbung, wo sich Himmel und Erde vereinigen, erscheint die Mutter Gottes, manchmal mit ihrem Sohn; in den Pendentifs tauchen die vier Evangelisten auf.

Trotz freier Themenverteilung lassen sich gewisse Regelmäßigkeiten erkennen. So wird im östlichen Teil bevorzugt die Geburt Christi dargestellt, im Norden die Hadesfahrt, im Süden das Jüngste Gericht und im Westteil die Kreuzigung.

Die Hauptthemen:

- **Maria Verkündigung** – *Evangelismos* (Lukas 1, 26–38)
- **Geburt Christi** – *Genesis* (Matthäus 2, 1–13 und Lukas 2, 1–10)
- **Darbringung im Tempel** – *Hypapante* (Lukas 2, 22–38)
- **Taufe** – *Baptesis* (Matthäus 3, 13–17, Markus 1, 9–11, Lukas 3, 21–22, Johannes 1, 26–36)
- **Verklärung** – *Metamorphosis* (Matthäus 17, 2–9, Markus 9, 2, Lukas 9, 28–36)
- **Aufweckung des Lazarus** – *Egersis tu Lazaru* (Johannes 11, 1–45)
- **Kreuzigung** – *Staurosis* (Matthäus 27, 33–36, Markus 15, 22–41, Lukas 23, 33–49, Johannes 19, 18–37)
- **Hadesfahrt** – *Anastais* (ohne Quellen)
- **Himmelfahrt** – *Analepsis* (Apostelgeschichte 1, 6–11)
- **Pfingsten** – *Pentekoste* (Apostelgeschichte 2, 1–13)

3. Irdische Sphäre: An den unteren Wandteilen, in rechteckigen Feldern und schmaleren Registern, finden sich weitere Heiligenfiguren, außerdem Szenen aus deren Leben und aus der Lebens- u. Leidensgeschichte *(Synaxarion)* des jeweiligen Kirchenpatrons.

Horizontale Hierarchie:

1. Der **Altarraum** *(Bema)* ist als Symbol des mystischen Himmels der wichtigste Bereich und wird mit liturgischen Themen ausgemalt. In der Apsis: Maria und Jesus (immer als Erwachsener dargestellt) mit dem Erzengel.

2. Im **Naos,** dem irdischen Bereich, in dem sich die Gemeinde versammelt, finden sich das Jüngste Gericht und die Darstellung der Höllenqualen. Eine Ikonostase aus Holz trennt den Gemeinderaum vom Altarraum, zu dem keine Frauen zugelassen sind. Diese Schranke ist reich geschmückt mit Ikonen und wird durch drei Türen durchbrochen, wobei die mittlere, die „Königstür", zum dahinterliegenden Altar führt. Links darüber hängt die Marienikone, daneben die Patronatsikone.

Sogar die einfachen Landkirchen – **Einraumkapellen** – wurden wie die Kreuzkuppelkirchen nach festen ikonografischen Programmen, der Größe und Form angepasst bzw. vereinfacht, ausgemalt. So befinden sich in der Apsis die Mutter Gottes oder der thronende Christus. Die so genannte *Deesis* – mit Christus Pantokrator als Weltenrichter zwischen Mutter Gottes und Johannes dem Täufer – gehört in die Apsiswölbung oder an eine der Längswände. Im unteren Apsisteil findet sich die Kreuzigung Christi als Erlösung der Menschen (Opferlamm – *Melismos*) oder ein Opfertisch zwischen Liturgie feiernden Hierarchen.

Oberhalb der Apsiswölbung: der Triumphbogen, manchmal mit der Darstellung der Heiligen Dreifaltigkeit sowie links und rechts die Verkündigungsszene *(Evangelismos).* In der Ostwandnische befindet sich das Grab-Christi-Symbol, an der Nordwand des Altarraums Isaaks Opferung, die Himmelfahrt oder das Pfingstfest, an den Seitenwänden Heiligenfiguren.

Öffentliches und geistiges Leben

Eine entscheidende Rolle im öffentlichen Leben der Griechen spielte seit der Antike die so genannte **Leiturgia.** Damit war ursprünglich jede öffentliche Tätigkeit des Bürgers für das Staatswesen gemeint, in byzantinischer Zeit wurde dieser Begriff jedoch mehr und mehr nur auf den Kult, also den **Gottesdienst,** beschränkt.

Die Leiturgia und christliche Elemente wurden zum Hauptbestandteil des öffentlichen bürgerlichen Lebens, und die Wechselbeziehungen zwischen kirchlicher Leiturgia und politischen Zeremonien nahmen zu. Das Ergebnis: staatliches, kirchliches und geistiges Leben wurde von ganz spezifischen Formen geprägt, doch unter dem augenscheinlich Schematischen blieb Platz für Entfaltung. Gerade das **asketische Leben der Mönche** wurde in der breiten Öffentlichkeit, besonders in der Oberschicht, zum buchstäblich „vergötterten" gesellschaftlichen Ideal hochstilisiert, das jedoch am Ende die wenigsten erreichten ...

083kr Foto: bk

Die Regionen im Überblick

084kr Foto: bk

085kr Foto: bk

Die Nordküste beim Kloster Gouvernéto

Strand an der Südküste bei Frangokástello

Kourtaliotiko-Schlucht
im Landkreis Réthimnon

Urlaub auf Kreta

„Hat man vergessen, daß Reisen eine Kunst ist, die ebensoviel an Sammlung, an Frommheit und Bildung voraussetzt, als sie sodann gewährt ... Hat man vergessen, daß jeder Landschaft ein eigener Pendelschlag einwohnt ... – und daß sie sich abweisend zuschließt, wenn man den überhört? In Griechenland ist es das Zeitmaß des Eselgangs ...“
Erhart Kästner

Hat *Erhart Kästner* bereits zu Beginn der 1940er geahnt, wie sehr das Reisen einmal zu einem oberflächlichen Freizeitvergnügen verkommen, wie das Ziel auswechselbar werden und die Reise sich auf ein paar Faktoren wie Strand, Sonne und reichliches Essen reduzieren kann? Das Rad der Zeit lässt sich nicht zurückdrehen, man kann heute tatsächlich nicht mehr dem „Zeitmaß des Eselsgangs“ folgen, doch gerade der Urlaub auf einer archaischen Insel wie Kreta kann den Besucher anregen, sich über sein hektisches Leben Gedanken zu machen und etwas von dem der Landschaft eigenen „Pendelschlag“ mit nach Hause zu nehmen. Dazu ist nicht einmal der Aufenthalt an einem einsamen Strand oder in einem abgelegenen Bergdorf notwendig – die gibt es auf der Insel ohnehin bald nicht mehr –, auf Kreta spürt man diesen eigenen Rhythmus noch deutlich überall, wenn man nur genau acht gibt.

Im Folgenden soll ein Überblick über die Regionen Kretas und ihre Besonderheiten gegeben werden: Für welche Art von Urlaub ist welcher Teil der Insel am besten geeignet, was wird an touristischer Infrastruktur geboten? Konkrete Tipps, vor allem zu den Rubriken „Essen und Trinken“, „Einkaufen“ und „Unterkunft“, finden sich in den jeweiligen Ortsbeschreibungen; an dieser Stelle sollen dagegen nur allgemeine Überlegungen und Orientierungshilfen gegeben werden, die dem Besucher schon vor der Reise die Möglichkeit geben, die einzelnen Gebiete der Insel kennen zu lernen und das für die eigenen Bedürfnisse Passende herauszufinden.

„Sonnenstudio“ und Ferienparadies

Kreta zählt zu den beliebtesten Reisezielen in den deutschsprachigen Ländern, aber auch in England, Frankreich, Italien, den Niederlanden und zunehmend in Osteuropa und Übersee wird die „Sonneninsel“ mit ihren **300 Tagen Sonnenschein im Jahr** immer beliebter. So sind es in erster Linie Sonnenhungrige aus dem klimatisch wenig verwöhnten Norden Europas, die nach Kreta pilgern. Bei den meisten Inselbewohnern lösen die zum „Braten“ am Strand aufgereihten, knapp oder gar nicht bekleideten Touristen nur Kopfschütteln aus, und insgeheim nennen die Einheimischen jene Spezies *Souvláki:* Die „Sonnenanbeter“ drehen sich in der Hitze solange hin und her, bis sie gar bzw. braun sind. Obwohl viele Kreter die Besucher nicht nur in Sachen Sonnenbaden nicht verstehen, hält sie ihre **Gast-**

Touristengruppe am Flughafen Iráklion

freundschaft nicht davon ab, den Gästen den Aufenthalt so angenehm wie möglich zu machen. So wird in den letzten Jahren die touristische Infrastruktur überall verbessert – leider nicht immer zum Positiven.

Seit einigen Jahren nimmt mit dem Pauschaltourismus im großen Stil auch die Zahl der Kleinanbieter, der Ferienwohnungen und Privatzimmer, zu. Sie konzentrieren sich vor allem auf Regionen, die für den groß angelegten Fremdenverkehr aus Gründen der Infrastruktur ungeeignet sind, beispielsweise an der schwerer zugänglichen Südwestküste.

Entlang der Nordküste wachsen dagegen die Ferienorte immer stärker zu einem durchlaufenden Streifen zusammen, die Hotelanlagen reihen sich aneinander, und diese Entwicklung zieht eine entsprechende **touristische Infrastruktur** nach sich. Autovermietungen, Wechselstuben, Tavernen, Souvenirshops und Mini Markets schießen wie Pilze aus dem Boden, wobei das Angebot weitgehend standardisiert ist. Aus diesem Grunde werden in den Ortsbeschreibungen auch nur ausgewählte, aus dem Normalangebot herausragende Tipps aufgeführt.

Baden auf Kreta

Noch sind die kretischen Strände nicht stark verschmutzt, und vieles, was herumliegt, stammt von den Touristen selbst. Generell ist die Nordküste, da stärker frequentiert und Sitz der größten Städte und Touristenzentren, von Verschmutzungen eher betroffen als die Südküste. Die von Westen her wehenden Meltémi-Winde schwemmen oft Teerbrocken an die Strände, unliebsame Überbleibsel der Schiffe, die weit draußen auf dem Meer ihre Öltanks – widerrechtlich – reinigen. Nicht besser verhalten sich viele Besucher, die am Strand ihren Dreck einfach liegen lassen. Nicht alle Strände werden von Stadtverwaltung oder Grundbesitzer gereinigt. Seit einiger Zeit dürfen Strandabschnitte von maximal 500 m² von den Kommunen auch privat verpachtet werden – eine

Maßnahme, die die Qualität der Strände weiter verbessert hat.

Insgesamt gesehen gehören die Strände Kretas zu den saubersten am ganzen Mittelmeer, was die Auszeichnung von fast 100 mit der „Blauen Flagge" der EU (www.blueflag.org), vergeben für herausragende Strand- und Wasserqualität, belegt. Zu den Topstränden zählen demnach jene im Bezirk Lassíthi (41), der Großteil davon um Ágios Nikólaos, gefolgt von Ierápetra (ostwärts bis Makrigialó) sowie bei Sitía (u.a. Agía Fotía) und in der Mirabéllo-Bucht nordwärts. Der Bezirk Iráklion verbucht 14 beflaggte Strände, die meisten um Chersónisos, Rethímnon 13 und Chaniá 27.

Die Regionen und ihre Strände

Während im Norden Kretas lange Sandstrände, quasi ein die ganze Küste entlanglaufender Streifen, dominieren, und das Hinterland langsam ansteigt, befinden sich die meisten Strände im Süden in malerischen Buchten und werden überragt von eindrucksvollen Berglandschaften. Im Norden befinden sich die großen Hotelkomplexe, alles ist bestens erschlossen, der Süden steht gerade am Übergang vom Individual- zum Pauschaltourismus. Ursprünglich sind dagegen die Strände an der West- und Ostküste, zumeist eine Mischung der beiden genannten Extreme.

Die **Nordstrände** sind flach abfallend und mit einigen Ausnahmen weitgehend zugebaut. Hier befinden sich vor allem kinderfreundliche Hotels mit entsprechenden Einrichtungen. Die langen Sandstrände und flachen Ufer sind ideal für Familien und Menschen, die gerne in Gesellschaft sind, „Leben" um sich brauchen und nicht ausschließlich Ruhe und Erholung suchen.

Gelegentlich können starke Strömungen und Meltémi-Winde Strandabschnitte gefährlich machen, und deshalb sollte man Badeverboten oder Warnungen Folge leisten. Die meisten Strände im Norden sind allgemein gut zugänglich, aber schattenlos – Sonnenschirme gibt es gegen eine kleine Gebühr bzw. in manchen Hotels kostenlos. Viele der Hotelstrände stehen auch Nicht-Gästen zur Verfügung, werden allerdings nicht zwangsläufig konstant gereinigt.

An der Nordküste liegen die begehrtesten Baderegionen im Westen, um Chaniá und direkt im Osten Réthimnons. Berühmt und entsprechend überlaufen sind auch die Strände zwischen Iráklion und Mália. Weniger überfüllt und dennoch schön, aber durch die Steilküste nicht überall zugänglich, sind die kleineren Badeplätze in der Mirabéllo-Bucht (Eloúnda und Ágios Nikólaos).

Besonders schöne Badestellen finden sich im **Nordwesten** am Golf von Kíssamos, im **Westen** bei Falássarna und Elafonísi. Die schönsten Plätze im **Osten** liegen bei Palékastro und Káto Zákros, die an die Südsee erinnern, während Vái überlaufen und – trotz seiner Palmen – im Sommer alles andere als idyllisch ist.

Der **Süden** kann mit einer ganzen Reihe traumhafter Badebuchten und

087kr Foto: bk

kleiner Strände aufwarten, so (von West nach Ost) um Paleóchora, bei Lissós, Soúgia, Agía Rouméli, bei Chóra Sfakíon und Frangokástello, von Plakiás ostwärts bis Préveli, um Agía Galíni und in der Bucht von Messará, bei Léndas und schließlich um Ierápetra. Die Südstrände sind in der Regel schlechter zugänglich, dafür aber malerisch in Buchten, umgeben von steilen Berghängen, gelegen. Ausnahmen gibt es, so beispielsweise die Bucht von Messará, doch die allerschönsten Badestrände sind meist nur zu Fuß erreichbar und entsprechend wenig besucht – zumindest im Vergleich zu den im Sommer überfüllten im Norden. Vielfach handelt es sich nicht um Sandstrände, sondern um Badebuchten mit Kies oder Fels.

Idyllisch-leerer Strand
bei Geráni in der Nebensaison

Die Urlaubsregionen und ihr Angebot

Überblick

„Alle größeren kretischen Städte liegen im Norden; das Leben der Insel hat sich seit Jahrhunderten nach Norden gewandt. Im Süden gibt es nur steile Küsten und Berge."
Erhart Kästner

Die geografischen Verhältnisse der Insel haben dafür gesorgt, dass der Norden Kretas immer schon das Lebenszentrum und Herz der Insel war, der schwer zugängliche Süden hingegen mit wenigen Ausnahmen immer schon als „etwas ab vom Schuss" galt.

Beginnend im **äußersten Westen** der Insel, im Bezirk Chaniá, sind in und um die Orte Falássarna, Kastelli-Kíssamos und Kolimbári schwerpunktmäßig kleinere Hotels und vor allem kleinere Bungalowanlagen, Ferienwohnungen und Apartments zu finden; nur in Kastelli-Kíssamos etablieren sich in letzter Zeit mehr größere Hotels.

Etwa ab Máleme beginnt hier im Nordwesten die **„Touristenküste":** Sie zieht sich, mit einigen Unterbrechungen, ostwärts ungefähr bis Mália. Die Hauptorte entlang dieses Streifens, an dem sich die meisten der großen Badehotels, Ferienanlagen und All-Inclusive-Komplexe aneinander reihen, sind: Máleme, Plataniás, der Einzugsbereich Chaniá, Stavrós, Kalíves, Kókkino Chorió, der Bereich um Georgioúpolis, Geráni, Atsipópoulos, der Einzugsbereich Réthimnon mit Platánes, Adéle, Stavrómenos, Panórmo und Balí. Im Bezirk Iráklion sind es Orte wie Fódele, Agía Pelagía, Amoudára, Amníssos, Kokkíni Cháni, Gournés, Káto Gouvés und besonders die

088kr Foto: bk

Bucht von Mália, beginnend mit Limín Chersónisou (und Dörfern wie Koutouloufári, Piskopianó, Anissáras, Analípsi) über Stális bis Mália und das direkt anschließende, bereits im Bezirk Lassíthi gelegene Sísi.

Ostwärts wird es an der Nordküste proportional zu den kleineren Bettenkapazitäten der Hotels und mit Zunahme der Ferienapartments und Privatzimmer ruhiger. Schön in der Mirabéllo-Bucht gelegen sind Eloúnda – noch sehr touristisch, da sich hier die Tophotels der Insel befinden – und Ágios Nikólaos, das im Zentrum noch seine authentisch griechischen Strukturen bewahrt hat. In Ístro, Sitía, Agía Fotiá, Vái und Ítanos überwiegen kleinere Beherbergungsbetriebe und Privatunterkünfte. Die Straßen werden schlechter, und nach Palékastro und Káto Zákros verschlägt es nur noch Wenige, die auf eigene Faust reisen, obwohl auch dort die Bettenzahl in Privatunterkünften zunimmt.

Ähnliches wie für den Nordosten gilt für die **Südküste,** zumindest noch im Moment. Wegen der Entfernungen zu den beiden Flughäfen und der schlech-

Zwei Welten treffen aufeinander

ten Verkehrsverbindungen zwischen Nord- und Südküste, wegen der relativ langen Fahrtzeiten und oft schlechten Straßen meiden Großveranstalter diesen Teil der Insel. Selbst in schon gut erschlossenen Orten wie Paleóchora, Plakiás, Agía Galíni und Mátala halten sich die Größen der Hotels bzw. der häufiger anzutreffenden Bungalowkomplexe in Grenzen, und monumentale Familien-, Club- und Sporthotelkomplexe fehlen (noch).

Von zu Hause aus können an der Südküste schwerpunktmäßig Ferienwohnungen, Apartments oder Studios gebucht werden. Lediglich östlich von Ierápetra und in Plakiás beginnt man, den schmalen Küstenstreifen, ähnlich wie im Norden, für Pauschaltouristen auszubauen. In beiden Regionen finden sich zunehmend auch größere Hotelkomplexe neben den zahllosen kleineren Vermietern.

Von den Städten haben sich im Westen **Chaniá** und **Réthimnon,** im Osten die moderneren Orte **Ágios Nikólaos, Sitía** und **Ierápetra** noch am ehesten etwas Originalität bewahrt. Speziell die Altstädte von Chaniá und Réthimnon lassen noch erahnen, wie es früher überall auf Kreta ausgesehen haben muss. In diesen beiden Städten finden sich auch etliche hübsch restaurierte alte Häuser, die in kleine Hotels oder Ferienwohnungen umgewandelt wurden. Die östliche Umgebung von Réthimnon ist Standort vieler Luxus- und Resorthotels.

Iráklion hingegen wird seiner Funktion als Hauptstadt voll gerecht, die Touristen verlaufen sich, und es herrscht griechische Umtriebigkeit. In der Stadt selbst existieren einige eher unattraktive Hotels und Privatvermietungen, die Badehotels liegen alle außerhalb – wenige im Westen, die meisten östlich.

Typisierung der Orte und Regionen

Die einzelnen Orte und Regionen werden unter Verwendung folgender Kategorien charakterisiert:

<1>: Touristenzentren: Regionen, die voll auf Tourismus ausgerichtet sind und über entsprechende Infrastruktur verfügen. Hier wurde ein auswechselbares Mittelmeer-Ambiente kreiert, vielfach aus dem Nichts gestampft. Solche aus der Retorte geborenen Siedlungen sind keine ursprünglichen kretischen Orte.

<2>: Zum Urlaubsort gewordene Gemeinden: Städte und Orte, deren Orginalstrukturen zwar noch ansatzweise erhalten sind, wo aber die touristische Infrastruktur entweder integriert wurde oder sich in den Randzonen, bevorzugt in Küstennähe, angesiedelt hat und ein Eigenleben führt.

<3>: Orte, in denen der Tourismus keine dominante Rolle spielt: Gemeinden, in denen Hotels und Apartmenthäuser zwar zum Ortsbild gehören, es aber noch nicht beherrschen.

<4>: Wenig vom Tourismus berührte Orte: Gemeinden oder Regionen, die nur von einer kleinen Zahl von Touristen, die Ursprünglichkeit und Erholung suchen, aufgesucht werden, oft in Form von Tagesausflügen. Touristische Einrichtungen sind im geringen Umfang vorhanden.

Im Folgenden sollen die einzelnen Regionen in Bezug auf die Eignung für bestimmte Arten von Urlaub charakterisiert werden, neben der touristischen Infrastruktur finden örtliche Gegebenheiten wie Landschaft, Lage und Strandqualität Beachtung. Einzelempfehlungen zu Unterkünften finden sich bei den jeweiligen Orten, hier sei nur das allgemeine Angebot geschildert. Gleiches gilt für die anderen Rubriken: Nur die Schwerpunkte und Besonderheiten der jeweiligen Region werden erwähnt.

Iráklion und Hinterland <2/3>

Die Stadt selbst, wie auch das Hinterland, sind touristisch wenig geprägt. Hier kann man noch „Hellas pur" erleben. Iráklion ist eine **typisch griechische Großstadt,** ohne besondere Reize; sie fungiert vor allem als Verteiler nach Ost und West dank der strategisch günstigen Lage und des Flughafens und Hafens. In Iráklion pulsiert das Leben, und statt einer Vielzahl von Souvenirläden und Touristenrestaurants gibt es hier noch viel Ursprüngliches, nicht zuletzt den Markt.

Die typischen mittelgroßen Stadthotels finden sich vor allem rund um den Hafen und im Stadtzentrum. Eine Rundtour ins Hinterland, wo der **Weinanbau** dominiert, lohnt, zum Beispiel nach Archánes. Je weiter man sich vom weltberühmten Vorort Knossós entfernt, umso ursprünglicher werden die Orte, und nur höchst selten werden Zimmer privat vermietet.

Der **Küstenstreifen** östlich der Stadt ist ansehnlicher als der sich unmittelbar im Westen anschließende, wo sich **Industrieansiedlungen** ausbreiten und Luft- und Wasserqualität nicht die besten sind. Auch die Lärmbelästigung kann in Verbindung mit dem stärkeren Verkehrsaufkommen und Schwerlastverkehr hier größer sein.

Die Nordküste von Iráklion bis Mália <1>

Hier handelt es sich um die **touristisch „heißeste" Region** von Kreta. Um Gournés herum (<2>) ist der Strand zwar überwiegend mit großen Hotelkomplexen verbaut, aber noch handelt es sich noch nicht um ein Toptouristenziel wie im Falle von Limín Chersónisou (<1>) und Mália (<1>). Die **Bucht von Mália** mit Limín Chersónisou, Anissáras und Stalída, Mália selbst und Sísi ist zugepflastert mit touristischen Einrichtungen aller Art, darunter sind zahlreiche gigantische Ferienanlagen und Betonburgen. Eine Hotelstadt reiht sich an die andere, viele davon deklariert als „Familien-" und „Clubhotels" oder „All-Inclusive-Herbergen".

Weder **Limín Chersónisou** noch Mália sind hübsche oder gewachsene Städte, vor allem bei ersterem handelt

092kr Foto: bk

es sich eigentlich nur um eine Hauptstraße, entlang derer sich alle möglichen touristischen Einrichtungen befinden, allesamt ähnlich und jeweils in mehrfacher Ausführung.

Mália hingegen zeichnet sich durch sein **Nachtleben** aus, gilt als die „Partytown" Kretas und ist vor allem bei jungen Leuten beliebt. Immerhin hat sich der Ort einen sehenswerten alten Dorfkern bewahrt. Das Nachtleben konzentriert sich auf die Umgebung der großen Hotelanlagen. Sowohl Limín Chersónisou als auch Mália sind Zentren für Disco-Aktivitäten.

Die meisten der **Hotels** verfügen über **eigene Strandabschnitte** mit Liegestuhl- und Sonnenschirmverleih. Bootstrips, Parasailing und Schnorcheln können in organisierten Touren unternommen werden. Ebenso verfügen die meisten größeren Hotelanlagen über Tennisplätze, Fitnesseinrichtungen und natürlich Pools. In den Küstenortschaften, die beinahe aneinander gewachsen sind, finden sich Souvenirshops mit Standardangebot und kleine Supermärkte für den täglichen Bedarf. Kurzum ist dies die ideale Region für Leute, die tagsüber Strand und Sonne genießen und sich am Abend im Nachtleben tummeln möchten.

Bewegt man sich vom schmalen Küstenstreifen weg, findet man im **Hinterland** hübsch renovierte Dörfer wie Chersónisou oder Piskopianó, die ihr Überleben und ihre heutige Attraktivität vor allem dem Tourismus und einer gehörigen Portion an Eigeninitiative zu verdanken haben.

Mirabéllo-Bucht <2>

Das Areal um Eloúnda und Ágios Nikólaos ist die **östlichste „Touristenbastion"** im Nordteil der Insel; sie gehört bereits zum Verwaltungsbezirk Lassíthi. Der Eloúnda-Bucht vorgelagert sind mehrere unbewohnte Inseln. Badehotels und Ferienanlagen finden sich vor allem im Umkreis von Eloúnda und auch noch in Ágios Nikólaos.

Die Mirabéllo-Bucht im engeren Sinne, also ihr südlichster Teil, weist zwar einige touristische Einrichtungen auf, verfügt jedoch kaum über große Hotelkomplexe, stattdessen sind vielfach

089kr Foto: bk

Touristisches Bimmelbähnchen in Límin Chersónisou

Zurückhaltender Luxus mit Ausblick: Hotel Domes of Elounda

Apartmentanlagen und Ferienwohnungen zu finden. Die Dörfer sind vielfach sehr einfach, sie leben von der Landwirtschaft, und Gäste spielen hier (noch) die zweite Geige.

Eloúnda <1/2>

Das Umland von Eloúnda ist vor allem Ferienziel einer eher betuchteren Kundschaft. Hier befinden sich gleich mehrere **Tophotels,** die beinahe eigene Städte darstellen. Wegen der Klientel gibt sich die Region unaufdringlich und dezent; die Zersiedelung ist (noch) gering. Eloúnda selbst, mit der vorgelagerten **Leprainsel Spinalónga,** einem beliebten Ausflugsziel, bietet abgesehen von einer traumhaft windgeschützten Buchtlage kaum Reize.

Der Ort ist fest in der Hand des Massentourismus: Ganze Bus- und Bootsladungen aus Ágios Nikólaos bevölkern ihn tagsüber, drängeln sich in den allesamt gleichen Souvenirshops und essen in den universell austauschbaren Strandtavernen. Doch immerhin kehrt am Abend noch Ruhe ein, und die hier wohnenden Gäste und Einheimischen haben den Ort dann wieder für sich. Die **Strände** sind hier wenig familienfreundlich, da sie selten flach und sandig sind, sondern meist über Felsen gleich ins tiefe Wasser abfallen, das hier aber umso klarer und einladender ist.

Ágios Nikólaos und Umland <2>

Hier wird touristisch alles geboten, und wegen der malerischen Mirabéllo-Bucht ist die Stadt in der Hauptsaison stark frequentiert. Dennoch konnte ein Teil des typisch griechischen Kleinstadtcharakters bewahrt werden, und die Lage über dem sagenumwobenen **Voulisméni-See** ist spektakulär. Der Hafen verbindet die Stadt mit den vorgelagerten Inseln und Sitía. Während die stadtnahen Strände eher zu wünschen übrig lassen, sind jene in der Umgebung, z.B. bei Ammoudára, schöner, allerdings dicht flankiert von Hotels. An Cafés und Lokalen besteht kein Mangel, auch Nachtleben existiert.

Ágios Nikólaos dient als günstiger Ausgangspunkt für Exkursionen in die **ländliche Umgebung,** z.B. in das Bergdorf Kritsá, nach Panagía Kerá und zu den Ausgrabungen von Lató.

OSTKRETA <3/4>

Die Ostküste im Anschluss an die Mirabéllo-Bucht und vor allem der äußerste Südosten sind fremdenverkehrstechnisch **wenig erschlossen.** Die Landschaft ist karg, viele Regionen sind nur dünn besiedelt. In **Sitía** finden sich noch zahlreiche touristische Einrichtungen, auch in größerem Stile, während weiter östlich das Angebot spärlicher wird und sich nur noch selten große Hotels und Apartmentkomplexe finden.

In Orten wie Palékastro oder Áno und Káto Zákros versammeln sich in erster Linie **Tagesausflügler** und eine Hand voll Individualtouristen. Außer der Möglichkeit zum **Zelten und Campieren** stehen vor allem Pensionen und Privatzimmer zur Verfügung. Die Strände sind traumhaft, wenig überlaufen, aber auch nicht immer ganz sauber (Hinterlassenschaften der „wilden" Camper). Hauptattraktion im Osten ist der Palmenstrand von Vái, der zwar tagsüber vor Ausflüglern aus allen Nähten zu platzen scheint, aber keinerlei Übernachtungsmöglichkeit bietet und unter Schutz steht.

Landschaftlich ist nur wenig Abwechslung geboten, Bäume (und Schatten) sind rar, doch von schroffen Felshängen und Buchten eröffnen sich immer wieder spektakuläre Ausblicke aufs Meer, und Fahrten durch diese **karge Berglandschaft** haben durchaus ihren Reiz. Die Region ist perfekt geeignet für Ruhebedürftige. Wenige kleine Weiler, dank des Phänomens der Landflucht zum Teil schon entvölkert, militärische Sperrgebiete und staubige Straßen prägen das Bild. Dank EU-Geldern handelt es sich nur noch selten um Staub- oder Schotterpisten, die sich schmal und kurvig durch die wüstenartige Flora schlängeln.

Gelegentlich unterbrechen auf der Fahrt südwärts Gewächshäuser und Bananenplantagen das stereotype Bild.

Darüber hinaus locken zahlreiche **archäologische Ausgrabungsstätten.** Diese sind zwar häufig für Laien wenig aussagekräftig, da oft in den vielen Jahren seit der Aufdeckung stark überwuchert, und sie befinden sich zudem meist weit ab vom Schuss, doch andererseits ermöglichen sie einen unverstellten Blick zurück in die Vergangenheit.

Sitía und Umland <3>

Die **östlichste größere Stadt** konnte sich dank ihrer Abgeschiedenheit, der malerischen Lage und einiger Sehenswürdigkeiten ein gewisses Flair bewahren. Sitía ist auf Besucher eingestellt, auch Ziel von Pauschaltouristen, doch „Hotelbunker" fehlen. Wie Bauruinen andeuten, scheint der Pauschaltourismus im größeren Stile hier nicht einträglich genug gewesen zu sein. So dominieren heute kleinere Hotels, Pensionen und vor allem Privatzimmer und Apartments.

Sitía ist ein ländlicher Ort in **idyllischer Hanglage,** der in erster Linie von der Landwirtschaft, erst in zweiter vom Tourismus profitiert. Trotz des Hafens verkehren kaum Ausflugsboote. Die Umgebung ist nur dünn besiedelt, und auf den kargen Böden werden Wein, Oliven und Bananen angebaut.

Die Ostküste <4>

In den äußersten Osten verirren sich meist nur Tagesausflügler wegen der archäologischen Ausgrabungsstätten oder vereinzelte Individualtouristen, die **Ruhe und Abgeschiedenheit** suchen und tolle Strände finden. „Rooms" und Apartments sind zu finden, doch große Beherbergungsbetriebe fehlen. Diese landschaftlich ungewöhnliche Region, trocken, dürr und heiß, an Afrika erinnernd, kann als eines der letzten Refugien der **Individualreisenden** bezeichnet werden. Doch selbst hier sind erste, wenn auch bescheidene Indizien eines Aufschwungs zu bemerken. In beinahe jedem Haus werden Zimmer vermietet, kleinere Hotels entstehen.

Ierápetra und Umland <2/3>

Verglichen mit der ruhigen Ostküste bieten die **östlich von Ierápetra** gelegenen Orte Makrigialós, Koutsoúras, Agía Fotiá, Férma und Koutsounári (<2>, alle im Bezirk Lassíthi) Kontrastprogramm. Die Orte, oder besser Feriensiedlungen, sind entlang der Küstenstraße zusammengewachsen. Mittelgroße Hotelanlagen, Apartmentkomplexe, Bungalows und „Rooms" (vermehrt auch in Deutschland buchbar) reihen sich aneinander – lediglich unterbrochen von Gewächshäusern, Souvenirshops und Tavernen.

Ierápetra (<3>) ist die einzige größere Hafenstadt an der Südküste und zugleich ein Agrarzentrum. Sie gilt als die südlichste Stadt Europas, mit dem angenehmsten Klima und den im Jahresdurchschnitt höchsten

Temperaturen und lockt auch im Winter Besucher an (Ferienwohnungen). Im Sommer können fast afrikanische Temperaturen herrschen, doch für die Nebensaison und besonders den Winter ist diese Region ideal. Die Lage der Stadt ist zwar weniger malerisch als die von Sitía, aber ansonsten ist der Charakter der beiden Orte ähnlich: etwas verschlafen, ruhig, sauber und vom Pauschaltourismus - zum Glück - noch wenig berührt.

In Ierápetra machte sich noch vor ein paar Jahren deutlich Aufbruchstimmung bemerkbar - eine neue Strandpromenade entstand, ein neues Marktgebäude und eine Museumsrenovierung wurden geplant - doch daraus ist nicht viel geworden. Das Geld scheint ausgegangen zu sein und der ganz große Besucherstrom blieb aus.

In der Altstadt selbst sind recht anständige Familienpensionen und Privatzimmer zu finden, an der Uferpromenade Richtung Osten reihen sich hingegen einige Hotelneubauten, Bauskelette und (Kies-) Strände aneinander. Zu der vorgelagerten **Badeinsel Chrisí** (Camping möglich) verkehren regelmäßig Ausflugsboote.

Ierápetra ist eine **sehenswerte Stadt** mit einer venezianischen Hafenfestung, einem Fischerhafen, einer türkischen Altstadt und einem sehenswerten archäologischen Museum. Die Neustadt präsentiert sich typisch neugriechisch mit hübscher Strandpromenade, das Geschäftsleben konzentriert sich auf die unmittelbar dahinter liegenden Straßen. Eine typisch touristische Infrastruktur fehlt weitgehend, so dauert es auch, bis z.B. deutsche Zeitungen bis hierher vordringen. Wenige Souvenirshops und Reisebüros versorgen die Touristen, ansonsten geht man in dieselben Tavernen, Cafés und Geschäfte wie die Einheimischen. Obwohl an den Stränden derzeit mehr und mehr größere Hotels und Bungalowanlagen aus dem Boden schießen, findet der Individualreisende in zahlreichen Privatzimmern und Ferienwohnungen noch ideale Bedingungen vor. Westlich der Stadt gewinnt die Landwirtschaft (Gemüseanbau) die Überhand.

DIE SÜDKÜSTE <1-3>

Die Südküste Kretas ist nicht so einheitlich, wie man auf den ersten Blick vermuten möchte, und davon, dass dieser Streifen noch ein Idyll für Individualtouristen ist, kann auch nicht mehr die Rede sein. In vielen Südküstenorten, wie Léntas (Bezirk Iráklion), Frangokástello, Loutró, Agía Rouméli und Soúgia (alle Bezirk Chaniá), überwiegen noch kleine Beherbergungsbetriebe. Lediglich in Ierápetra (s.o.) und Mátala (Bezirk Iráklion), in Agía Galíni und Plakiás (Bezirk Réthimnon), Chóra Sfakíon und Paleóchora (Bezirk Chaniá) hat der Pauschaltourismus unter dem Motto „Kreta mit Atmosphäre" oder „das Richtige für Ruhesuchende" schon in größerem Umfang Einzug gehalten, aber auch hier dominieren noch die Privatvermieter.

Der Unterschied zur Nordküste ist, dass der Süden infrastrukturell schlecht erschlossen ist, aber man noch die **Auswahl hat:** von reinen Touristenorten, wie Agía Galíni, bis hin zu unscheinbaren Dörfern ohne touristische Infrastruktur, in denen sich statt Liegestuhl-Kolonien die Gewächshäuser bis zum Strand hinziehen, wie westlich von Ierápetra.

Messará-Ebene <1>

Etwa auf der Höhe Iráklions zieht sich im Süden die Messará-Tiefebene hin, und da sie über mehrere Sehenswürdigkeiten verfügt – Górtis, Agía Triáda und Festós – ist diese Region vielbesucht. **Mátala,** in den 1960ern populärer Hippietreff, danach Ziel der Rucksack- und Individualtouristen und heute Pauschalurlaubsziel, hat, abgesehen von überfüllten Stränden, zu abenteuerlichen Kletterpartien animierenden Höhlen und den üblichen Massenparkplätzen und Tourismuseinrichtungen, wenig zu bieten.

Das nahe gelegene **Agía Galíni** lohnt hingegen eher, allein schon wegen seiner malerischen Lage, der propperen, sich die Hügel hinaufziehenden Altstadt und wegen des Hafens. Sind es im engen malerischen Gewirr der Altstadtgassen die Privatzimmervermieter und im Hafenviertel sowie an den

Kleine Hotels wie das Zafiria in Mátala sind typisch für die Südküste

Hauptstraßen die kleineren Hotels und Familienpensionen, die das Geschäft machen, reihen sich oben am Hügel die großen „Ferienburgen" aneinander. Authentisch Kretisches wird man hier kaum finden, internationalisierte Tavernen und Souvenirläden bieten ein weitgehend standardisiertes Angebot ohne größere Höhepunkte.

Von Plakiás bis Paleóchora <2/3>

Was früher einmal als Geheimtipp unter Rucksacktouristen gehandelt wurde, ist inzwischen ein bekanntes Urlaubsziel. In **Plakiás** (<2>) schießen inzwischen Neubauten aus dem Boden und prägen zunehmend die spektakuläre Lage des Ortes, doch die Strände zählen immer noch zu den schönsten der Insel. Abgesehen davon, dass hier ständig Südwestwinde wehen, ist die Region ideal für Familien mit Kindern und Badefreunde.

Westwärts reihen sich einige Orte aneinander, die vor allem Ferienwohnungen, Apartments und Privatzimmer bieten: Frangokástello, Chóra Sfakíon und Loutró. **Frangokástello** (<2>) kann man eigentlich nicht als „richtigen" Ort bezeichnen, doch dort, wo man bisher mit der Stille und Weite der Landschaft und seiner Unberührtheit warb, wird in letzter Zeit der viel gepriesene Sandstrand planlos mit Apartmentanlagen und Tavernen bestückt – derzeit zum Glück noch in beschränkter Zahl.

Chóra Sfakíon (<2>) ist die Drehscheibe für Wanderer, die die **Samariá-Schlucht** durchlaufen, denn von deren Endpunkt, Agía Rouméli, bringen Boote Besucher hierher. Hier isst man nach der Wanderung noch schnell in einer der Tavernen, die sich entlang des Hafens aufreihen, und kauft rasch ein Souvenir in einem der Shops in den Straßen dahinter, um dann wieder in den Bus einzusteigen und Richtung Nordküste zu fahren. Doch die Zeiten, in denen Chóra Sfakíon am Abend ausgestorben war, sind vorbei, denn die Anzahl der zumeist wanderlustigen Individualtouristen nimmt stetig zu. Sie nächtigen in einem der sich mehrenden Bungalowhotels, Apartments und Privatzimmer, erkunden tagsüber das Umland und unternehmen Ausflüge zur südlichsten Insel Europas, Gávdos.

Loutró (<3>) ist ein winziger, malerischer Ort in einer schmalen Bucht, der sich trotz des gestiegenen Ansturms noch ein gewisses Maß an Ruhe und Authentizität bewahren konnte. Abgesehen von einigen Tavernen und zwei kleinen Hotels sind vor allem Privatzimmer zu mieten.

Soúgia (<3>), ein beschaulicher Fischerort in malerischer Lage nahe der Ausgrabung von Lissós, bietet noch Ruhe und kleine Herbergen zum Nächtigen, präsentiert sich allerdings andererseits etwas dörflich verschlafen.

Paleóchora (<2>) hingegen, ein malerischer Ort auf einer Halbinsel, ist im Begriff, sich zum Top-Touristenzentrum im Südwesten Kretas zu entwickeln. Die Bautätigkeit ist rege, und Pauschaltouristen erobern die Region. Zunehmend werden hier auch im

Winter Ferienwohnungen angeboten. Noch hat der Ort mit der Altstadt, dem kleinen Hafen und dem venezianischen Kastell seinen Reiz bewahren können, ein herrlicher Sandstrand im Westen und ein schmaler Kiesstrand im Osten laden zum Baden ein.

Der äusserste Westen <2–3>

Die **Westküste** der Insel (<3>) ähnelt bezüglich ihrer Infrastruktur und vor allem in Sachen Fremdenverkehr der Ostküste, ist allerdings etwas besser erschlossen und wird immer beliebter. Die Landschaft ist bizarr und rau, und immer wieder bieten sich spektakuläre Ausblicke auf das Meer und die Halbinsel Gramvoúsa. Auf dem Weg nach Norden prägen Gewächshäuser und landwirtschaftliche Anbauflächen das Bild, und erst in **Falássarna** (<3>) mit traumhaftem, fast karibischem Strand bietet sich Gelegenheit zum Nächtigen in einem der zur Verfügung stehenden Privatzimmer oder Apartments. Hier ist man ab vom Schuss, fern vom touristischen Rummel und nah an den besten Badestränden der Insel. Große Freizeitanlagen, Sportmöglichkeiten und Luxushotels sind nicht vorhanden.

In der nördlich gelegenen Kíssamos-Bucht mit dem Hauptort **(Kastélli)-Kíssamos** (<3>) glaubt man sich, zumindest kurzzeitig, in ein „wahres" kretisches Dorf versetzt: Hier machen die kleinen Läden mittags zu, sitzen die Einheimischen in ihren Tavernen und beäugen noch vorsichtig jeden Besucher, den es in ihr Städtchen verschlagen hat; einige große Strandhotels befinden sich außerhalb.

Die **Halbinsel Rodopós** ist verkehrstechnisch kaum erschlossen, doch im kleinen gleichnamigen Hauptort sowie in Kolimbári können Besucher unterkommen. **Kolimbári** (<3>) bietet als kleiner Fischer- und Badeort eine malerische Lage zwischen Meer und Felsen und einen langen, bis Máleme reichenden Kiesstrand, allerdings abgesehen von Kloster Goniás wenige Highlights.

091kr Foto: bk

Der Westen, hier Kíssamos, ist touristisch noch weitgehend unberührt

Zwischen Kolimbári und Máleme nimmt die Zahl der Herbergen allmählich zu, doch noch sind kleinere Hotels, Rent Rooms und Ferienwohnungen lose verstreut. Erst östlich von **Máleme** (<1/2>) beginnt der touristische Küstenabschnitt Westkretas. Von dort über die Hauptorte Geráni und Plataniás reihen sich touristische Einrichtungen, Autovermietungen, Shops, Mini Markets und Kneipen entlang der Küstenstraße wie die Perlen einer Kette aneinander, man merkt kaum, wann der Ortsname wechselt. Verlässt man den Strandstreifen landeinwärts, trifft man auf die alten Ortskerne, die allerdings auch mehr und mehr dem modernen Fremdenverkehr Rechnung tragen.

Die Nordküste von Chaniá bis Réthimnon <1/2>

Chaniá und Umland <1/2>

Chaniá (<1/2>) konnte sich noch recht viel von seinem eigenständig-kretischen Charakter bewahren und wird nur in bestimmten Vierteln (wie der Altstadt, um den Hafen) deutlich vom Tourismus überschwemmt. Anders als in Réthimnon verlaufen sich in den verschiedenen historischen Stadtteilen die Menschenmengen mehr, auch in der Hochsaison. Man findet, ebenfalls im Unterschied zu dort und ähnlich wie in Iráklion, noch authentische Ecken ohne Souvenirshops und „Rent Rooms"-Schilder.

Trotzdem ist das Urlaubsangebot groß, die Region ist für Familien genauso geeignet wie für Alleinreisende, für Individual- und Pauschaltouristen gleichermaßen. Kultur- und Geschichtsinteressierte kommen in der Stadt selbst auf ihre Kosten – auch das Nachtleben lässt nicht zu wünschen übrig –, während im Umland für Badespaß und Freizeiterlebnis gesorgt ist.

Fest in der Hand des Pauschaltourismus ist das bereits auf der **Halbinsel Akrotíri** gelegene Örtchen Kókkino Cháni (<1>), während Orte wie Stavrós (<2/3>), an der Nordwestecke der Halbinsel, zwar Ferienwohnungen und Privatzimmer anbieten, jedoch trotz der schönen Strände und Badebuchten vom Besucheransturm im großen Stil bisher noch verschont geblieben sind.

Réthimnon und Umland <1/2>

Kalíves und **Georgioúpolis** (<1>) sind große touristische Hochburgen ohne Flair, wie auch die Region westlich der Stadt Réthimnon (<1/2>). Die Stadt selbst gibt wiederum ein sehr kontroverses Bild ab: einerseits exzellent erhaltene **historische Bausubstanz,** zahlreiche hochkarätige Sehenswürdigkeiten und Museen, malerische Altstadtgassen und ein schöner Hafen, andererseits Souvenirshop an Souvenirshop, Taverne an Taverne und Touristen so weit das Auge reicht. Réthimnon ist eigentlich zu schön, um dermaßen überrannt zu werden, denn wegen der flächenmäßig geringen Größe konzentriert sich der Tourismus voll auf Altstadt und Hafenareal.

Die Stadt und ihr unmittelbares küstennahes Umland sind die derzeitige Boomregion Kretas. Überall wird gebaut, Hotels und die entsprechende Infrastruktur schießen wie Pilze aus dem Boden. Man zielt besonders auf Familien und kindgerechte Einrichtungen ab, daneben befinden sich in bzw. bei Réthimnon die größten und erlesensten Hotels der Insel.

Östlich von Réthimnon, dessen Strände sozusagen mitten in der Stadt beginnen, schließen sich Feriensiedlungen wie **Platánes, Pánormos** (<1>) und **Balí** (<1>) an, keine eigentlichen Dörfer mehr, sondern Anhäufungen von Hotelbunkern, Apartmentkomplexen, Tavernen, Souvenirshops und Badestränden, die im Sommer hoffnungslos überfüllt sind – Orte aus der touristischen Retorte, die beliebig austauschbar sind.

Die Nordküste zwischen Réthimnon und Iráklion

<2/3>

Ähnlich wie in der Region im Osten von Iráklion entstehen auch am Küstenstreifen direkt westlich der Stadt neue Refugien des Massentourismus. Für Individualtouristen ist das ein wenig geeignetes Ziel, eher bietet sich da schon die Berglandschaft zwischen Réthimnon und Iráklion entlang der so genannten „Old Road" an, die sich parallel zur Küste durchs **Hinterland** zieht. Hier werden vermehrt Privatunterkünfte angeboten, und hier befinden sich mit **Axós** (<3>) und **Anógia** (<3>) zwei der urtümlichsten kretischen Bergdörfer. Sie stellen sich vermehrt auf Besucher ein, doch größere Hotels werden hier wohl nicht so schnell entstehen; Privatunterkünfte und Pensionen warten auf Besucher.

Mit Annäherung an die Hauptstadt verschlechtert sich die Luft- und Wasserqualität, tauchen Fabrikschlote auf, die die riesigen Hotelkomplexe am Wasser in graue Dampfwolken hüllen. **Fódele** (<2>), **Agía Pelagiá** (<1>) und **Amoudára** (<2>) – Topurlaubsziele der Billigveranstalter – sind die Hauptorte in nächster Nähe zum wichtigsten Flughafen der Insel.

Im Südwesten Iráklions befindet sich mit **Arolíthos** (<1>) ein Ort, der eine neue, nicht unumstrittene Idee in die Tat umsetzt: Im Hügelland vor Iráklion hat man ein total künstliches Dorf – eine Art Hoteldorf mit Freizeitpark – erbaut, in dem Abend für Abend Besucher in „Kretischen Nächten" ein stark vereinfachtes Bild vom urtümlichen kretischen Leben vorgespielt bekommen. Wie dieses Modell zu bewerten ist, mag jeder für sich entscheiden: als Bewahrer kretischen Erbes und kretischer Traditionen oder als oberflächliche Touristenattraktion ...

093kr Foto: bk

Iráklion und das nördliche Insel-zentrum

094kr Foto: bk

095kr Foto: bk

Der Jachthafen von Iráklion

Dem Strand von Mália vorgelagerte Insel mit Kapelle

Windmühle auf der Lassíthi-Hochebene

Iráklion Überblick

„Wie oft habe ich mich über diese Stadt geärgert und sie sogar verflucht. Doch sie hält mich auf eine seltsame Weise gefangen" – der Architekt *Iannis Perseláki*s brachte mit diesen Worten die Hass-Liebe der Bewohner zu ihrer Stadt auf den Punkt. *Henry Miller* zeigte hingegen, vielleicht, weil er Ausländer war, Überraschung und Erstaunen: *„Jeder Zollbreit von Heraklion ist malenswert; es ist eine wirre, eine bedrückende Stadt, völlig anormal, völlig heterogen, eine Traumstadt, die in einer Leere zwischen Europa und Afrika schwebt und stark nach rohen Häuten, Kümmelsamen, Teer und subtropischen Früchten riecht"* („Der Koloss von Maroussi", 1940).

Auch Besucher Kretas, die sich die Mühe machen, einen Blick hinter die Kulissen zu werfen, werden sich wundern, was dieser „Moloch", der so manchen Touristen brutal abstößt, in Wahrheit zu bieten hat. Zugegeben, der erste Eindruck von Iráklion ist abschreckend, die wilde Bauwut vergangener Jahrzehnte, Müll, Dreck und Lärm erwecken den Eindruck einer **Großbaustelle.**

Die **Bauwut** in Iráklion wurde durch die Zerstörungen während des Zweiten Weltkriegs, als die Altstadt zu zwei Dritteln in Schutt und Asche gelegt worden war, forciert. Im Nachkriegskreta nahm man keinerlei Rücksicht auf Ästhetik oder historisches Erbe. Aber auch Iráklion hat von den Olympischen Spielen profitiert: Ein Fußballstadion, das Pankritio Stadio, wurde im Westen erbaut, neue Umgehungsstraßen sorgen für Verkehrsentlastung, historische Bauten wurden renoviert und Bauten wie das Naturhistorische Museum entstanden. Eine neue Hafenpromenade wurde angelegt und das Areal um die venezianische Stadtmauer gewinnt zunehmend an Attraktivität.

Über die Grenzen der Insel hinaus genießt die Hauptstadt Kretas keinen besonderen Ruf: Man bezeichnet sie gerne etwas verächtlich als **„Klein-Athen"** oder „Wasserkopf Kretas". Immerhin ist die größte Stadt der Insel mit ihren über 140.000 Einwohnern inzwischen die fünftgrößte in ganz Griechenland – nach Athen, Thessaloniki, Piräus und Patras. Heute lebt jeder fünfte Bewohner der Insel im **Wirtschafts- und Ballungszentrum** Iráklion. Neben Industrie, vor allem Nahrungsmittelverarbeitung und Baustoffe, befindet sich hier der Sitz von vier wichtigen Universitätsfakultäten – Medizin, Mathematik, Physik und Chemie – mit etwa 5500 Studenten. Den Aufbruch in eine neue Zeit markiert auch das nahe der Stadt befindliche **Solarkraftwerk,** eines der größten der Welt. Es versorgt seit 2003 den Ballungsraum mit Strom (s. auch „Die Insel und ihre Bewohner: Tourismus und Umwelt").

Iráklion ist eine junge Stadt, deren Aufstieg erst nach 1923 begann, im Zuge einer groß angelegten **Umsiedlungsaktion,** während der sich viele Griechen aus der Türkei im Großraum Iráklion, z.B. in Néa Alikarnassós, niederließen. Fast über Nacht schossen damals ganze Vororte aus dem Boden. Der zweite Bevölkerungsschub folgte in den späten 1950ern, und seither zieht es vor allem die junge Landbevölkerung in die Hauptstadt, deren Einwohnerzahl sich in den letzten vierzig Jahren verdreifacht hat. Im gleichen Zeitraum stagnierte dagegen die Gesamteinwohnerzahl der Insel, lediglich in der Touristenregion um Ágios Nikólaos ist die Tendenz ebenfalls steigend.

Dieses Phänomen der **Landflucht** könnte sich zum brennendsten Problem der nächsten Jahre entwickeln, zusammen mit der Ausbreitung des Tourismus und all seinen negativen Auswirkungen. Auch hat die **Bevölkerungsexplosion** Iráklion kaum zu bewältigende soziale, wirtschaftliche und städtebauliche Probleme eingebracht. Die Industrie auf Kreta bietet bei weitem zu wenig Arbeitsplätze, und der entlang der Nordküste aufblühende Tourismus könnte zwar längerfristig Erleichterung für den Arbeitsmarkt in Iráklion bringen, er zieht jedoch andererseits einschneidende Umwälzungen und tief greifenden sozialen Wandel nach sich.

Zum brodelnden Treiben der Einheimischen kommt in „Klein-Athen" die zunehmende Zahl von (Tages-)Touristen, und Beschaulichkeit oder Ruhe sind beileibe nicht die dominanten Merkmale der Stadt. Dafür erhält man hier – die Ausnahme auf Kreta – Gelegenheit zum Studium des **griechischen Alltags** – was eine willkommene Abwechslung zum Strandleben sein kann. Wer aufmerksam durch die

Stadt geht, kann zudem noch genügend reizvolle Ecken entdecken.

Geschichte

Bescheiden waren die Anfänge von Iráklion: In minoischer Zeit existierte hier nur ein kleiner, unbedeutender Hafen. Das Zentrum befand sich in **Knossós,** das wiederum heute nur ein Vorort ist, und dessen Haupthafen, Amnissós, lag weiter östlich. Erst in griechischer Zeit entstand um den winzigen Hafen herum eine Siedlung namens Herakleia. Aus jener Zeit sowie aus der römischen und frühbyzantinischen Epoche haben sich nur **spärliche Reste** erhalten, wie Spuren der Stadtmauer, die südwestlich der Odos Dedalou entdeckt wurden. Immerhin kommt die Stadt im Werk des Historikers *Hierokles Grammatikos,* der im 6. Jh. n. Chr. lebte, vor: Er listete Herakleia als eine von 22 Städten auf Kreta auf.

Als einschneidendes Ereignis entpuppte sich die **Eroberung Kretas** durch die **Sarazenen** unter *Abu Hafs Omar* nach 824. Ausgerechnet Herakleia wählte der arabische Herrscher als Sitz seiner neuen großen Festung Rabd el Khandak, der „Burg mit dem Graben", aus. Sie war bis zur Eroberung 961 durch den späteren byzantinischen Kaiser *Nikephoros Phokas* als berühmt-berüchtigte Piratenhochburg gefürchtet. Die **Byzantiner** zerstörten die Festung, wie Chronist *Michael Attaleiates* im 11. Jh. überliefert. Er erzählt weiter, dass Phokas Kreta neu geordnet und Iráklion zum Zentrum des religiösen Lebens erhoben habe. Damals verlegte der Metropolit von Kreta seinen Sitz von Górtis nach Iráklion. Phokas schleifte jedoch nicht nur die Festung, sondern legte auch die darum befindliche Stadt in Schutt und Asche. Der Versuch, eine neue byzantinische Stadt an anderer Stelle zu errichten, scheiterte am Widerstand der Kreter und der byzantinischen Neuansiedler. So entstand auf den Ruinen eine neue, befestigte Stadt namens Chandax.

Aus „Chandax" machten die **Venezianer** kurzerhand „Candia", nachdem sie 1204 die Insel den Byzantinern abgekauft hatten, und leiteten in der Stadt eine erste Blütezeit ein. Venezianer und einheimische Großgrundbesitzer ließen sich in der Stadt Paläste erbauen, und so entstand neben Réthimnon und Chaniá hier ein urbanes Zentrum mit hoher Lebensqualität – eine **italienische Renaissancestadt** mit griechisch-byzantinischem Touch. Nach dem Fall Konstantinopels, 1453, siedelten sich gerade in Candia viele der von dort geflohenen Intellektuellen und Künstler an und sorgten für eine **spätbyzantinische Blüte.**

So richtete die Berg-Sinai-Schule, eine Dépendance der Klosterschule der Heiligen Katharina vom Sinai-Kloster, damals die wichtigste Hochschule im Osten, in der Ekaterini-Kirche eine Lehr- und Forschungsstätte ein. Die **Ikonenmalerei** erlebte Ende des 16. Jh., unter anderem dank *Michaíl Damaskinós,* eine neue Blüte, und auch architektonisch geschah einiges. Aus Angst vor den Türken wurden bereits ab 1462 die **Festungsanlagen** verstärkt, und 1550–60 erneuerte der italienische Festungsspezialist *Michele Sanmicheli* im Auftrag des Dogen von Venedig die Anlage nach modernsten Gesichtspunkten – sie wurde damit zu einer der stärksten im Mittelmeerraum.

Seine „Feuertaufe" bestand das befestigte Candia 1648, nach dem Fall von Chaniá und Réthimnon, als die **Türken** vor den Toren der Stadt auftauchten. Ganze 21 Jahre lang setzten sich die Venezianer erfolgreich den türkischen Angriffen zur Wehr, ehe am 27.9.1669 der venezianische Statthalter *Francesco Morosini* kapitulierte, nachdem er freien Abzug für die venezianischen Verteidiger ausgehandelt hatte. Eine der längsten Belagerungen der Neuzeit ging damit relativ glimpflich zu Ende, und doch sollen die langjährigen Auseinandersetzungen etwa 30.000 Venezianer und 120.000 Türken das Leben gekostet haben.

Nach der venezianischen Blüte verschwand die Stadt während der über 200 Jahre andauernden Türkenherrschaft in der Versenkung, auch weil die Türken Chaniá zur neuen Hauptstadt machten. Die Kreter nannten die Stadt in jener Zeit „Megalokastro" (große Burg), und mancher alte Kreter, auch *Níkos Kazantzákis* in seinem Roman „Alexis Sorbas", bezeichnet sie noch heute so. Nach der **Befreiung von den Türken,** 1898, erhielt die Stadt wieder ihren antiken Namen, wenn auch in neugriechischer Version – aus „Herakleia" war „Iráklion" geworden –, doch erst nach dem Anschluss Kretas an Griechenland gewann sie wieder allmählich an Bedeutung.

Iráklion litt erheblich im **Zweiten Weltkrieg.** Während der Eroberung Kretas durch deutsche Truppen im Mai 1941 wurde gerade die Hafenstadt schwer von **deutschem und britischem Bombardement** getroffen – ein Großteil der Altstadt wurde dabei zerstört. 1944 rückten die deutschen Besatzer wieder ab, Chaniá blieb jedoch bis Kriegsende, 1945, in deutscher Hand. Nur langsam begann überall der Wiederaufbau, dessen ziellose Auswüchse seit den 1960ern bis heute zu sehen sind. Einen Boom erlebte Iráklion besonders ab 1972, als die Stadt unter der Herrschaft der Militärjunta kurzerhand zur **Hauptstadt von Kreta** ernannt wurde. Unter anderen politischen Vorzeichen hätte diese unbegründete Absetzung Chaniás und die Einsetzung Iráklions sicher zu bürgerkriegsähnlichen Zuständen geführt.

Orientierung

Mittelpunkt des historischen Zentrums von Iráklion ist die **Platia Venizelou** mit dem Morosini-Brunnen. Wendet man sich nach Süden, steht man auf der Marktstraße (Odos 1866), die am Bembo-Brunnen endet. Die Odos 25 Avgoustou verbindet den Platz mit dem venezianischen und modernen **Hafen,** hier reihen sich Reisebüros, Autovermietungen und Souvenirläden aneinander. Die Fußgängerzone und die moderne Einkaufsmeile (Odos Dedalou und Odos Dikeosinis) führen dagegen ostwärts zur **Platia Eleftherias** – unlängst neu angelegt, aber eher steril und nicht wesentlich attraktiver als vorher –, einem Treff der Stadtjugend und Veranstaltungsort. Hier befindet sich auch unübersehbar der Beton-Flachbau des **Archäologischen Museums.** Von der Platia Eleftherias, dem Haltepunkt der Stadtbusse, führt die Odos Beaufort zum modernen Hafen und zu den beiden wichtigen **Busbahnhöfen A und C.**

Umschlossen wird die Altstadt von der vorbildlich renovierten **venezianischen Festungsanlage.** Außerhalb davon breitet sich wie ein unkontrolliert wucherndes Geschwür die Neustadt aus. Im Westen und Osten, jenseits des Flughafens, finden sich in Strandnähe die ersten touristischen Zentren, während Knossós wenige Kilometer landeinwärts, südlich der Stadt, liegt.

SEHENSWERTES

Die Stadtmauer

Das optisch eindrucksvollste Relikt alter Glanzzeiten sind die Reste der Stadtbefestigung. Von der **byzantinischen Stadtmauer** sind nur wenige Reste erhalten, sie verlief wohl im Osten der Stadt, zunächst entsprechend der bis heute erhaltenen venezianischen, bog dann aber am heutigen Archäologischen Museum nach Nordwesten ab und zog sich entlang der Odos Dedalou zur Platia Venizelou, wo neben dem Morosini-Brunnen auch das Haupttor lag, und schließlich entlang der Odos Chandakou zur Bucht von Dermatas.

Der unübersehbare zweite, **venezianische Festungswall** stellt ein technisches Wunderwerk des 16. Jh. dar. Die Landmauer ist etwa fünf Kilometer lang und verfügt über sieben große Bastionen. Die Anlage wurde um 1550/60 nach Plänen des berühmten Festungsingenieurs *Michele Sanmicheli* (ca. 1484–1559) aus Verona erbaut – er zeichnete auch für Festungen in Korfu, Lagnano, Venedig und Verona verantwortlich. Polygonale Vorbastionen, die heute nicht mehr erhalten sind, sollten die eigentliche Festung schützen und sichern. Stellenweise, vor allem an der Südostflanke, ist noch der 20 bis 60 m breite Trockengraben erhalten. In den vorgelagerten Bastionen waren die Geschütze untergebracht; sie waren zusätzlich durch ein etwa 15 bis 20 m tief gelegenes Tunnelsystem miteinander verbunden.

Der Bau hätte wohl nie fertig gestellt werden können, wenn nicht jeder Kreter aus Stadt und Umland zwischen 14 und 60 Jahren dazu verpflichtet worden wäre, eine Woche pro Jahr auf der Baustelle Frondienst zu leisten – kein Wunder, dass die Einheimischen die venezianischen Herren nicht eben liebten! Eine gute Vorstellung von der Stadt in ihrer bedeutendsten Phase und vom Aussehen der mächtigen Festungsanlage vermitteln alte Pläne und Zeichnungen und besonders ein Modell im Historischen Museum.

Die wichtigsten **Bastionen und Tore** der venezianischen Festung sind – im

096kr Foto: bk

Uhrzeigersinn aufgelistet – die Sampionera-Bastion, das Ágios-Geórgios-Tor, die Vitoúri-Bastion, das Jesús-Tor mit der gleichnamigen Bastion, die berühmte Martinengo-Bastion, wo sich das Grab von *Níkos Kazantzákis* befindet, das Kenúria-Tor, die Bethlehem-Bastion mit der Porta Ágios Andréas, die Pantokrator-Bastion mit dem Chaniá-Tor – dem schönsten der Festung – und schließlich die Ágios-Andréas-Bastion. Die gesamte Anlage wurde als historisches Denkmal restauriert und als vielseitiger Freizeitpark der Bevölkerung zugänglich gemacht.

Kastro Koúles und der Fischerhafen

Altstadtrundgang

Venezianischer Hafen und Kastro Koúles

Begeben wir uns auf einen Rundgang oder *perípato,* wie es die Griechen nennen. Zu den beschaulichsten Orten im umtriebigen Iráklion gehört der **venezianische Hafen,** idealer Ausgangs- oder Endpunkt eines Spaziergangs durch die Stadt. In dem durch eine Mole gesicherten Becken des alten Hafens schaukeln heute Fischerboote, während Reste der Festung, die **Arsenale,** als Geräteschuppen von den Fischern benutzt werden bzw. dem Verfall preisgegeben sind.

Die zum Wahrzeichen der Stadt gewordene Festung, **Kastro Koúles,** er-

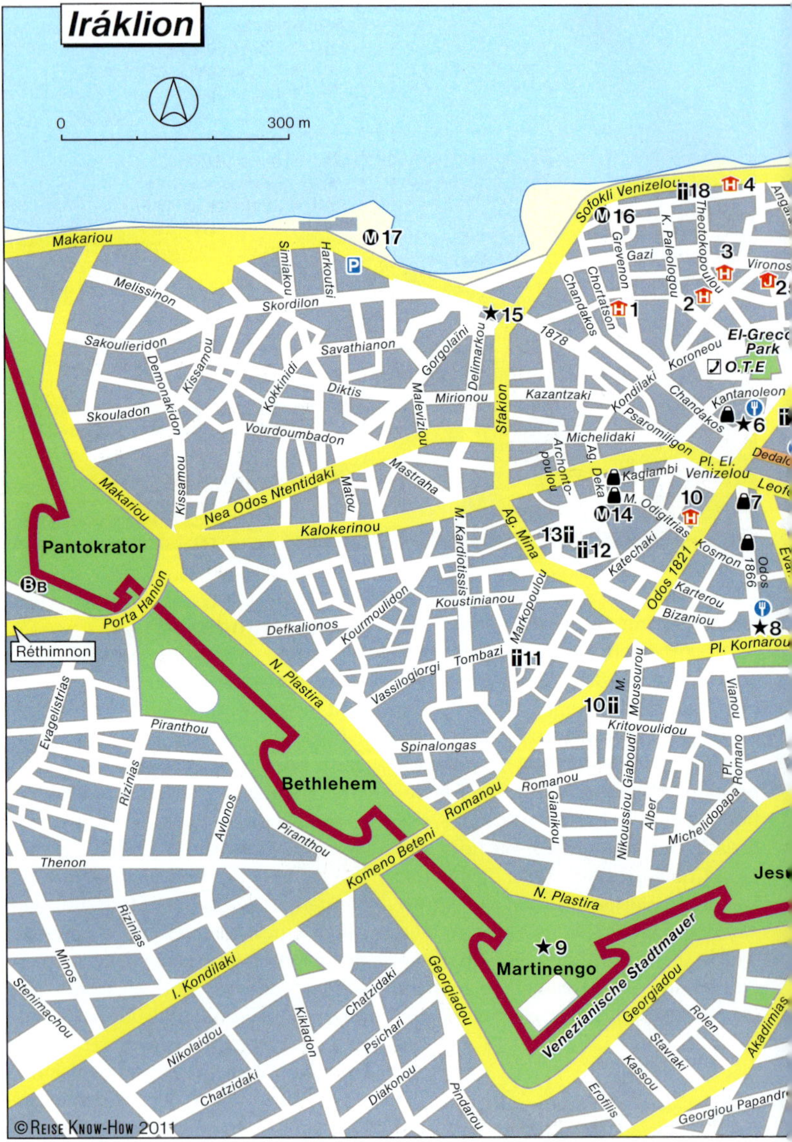
Iráklion
0
300 m
Makariou
Melissinon
Sakoulieridon
Demonakidon
Kissamou
Skouladon
Simiakou
Harkoutsi
Skordilon
Savathianon
Kokkinidi
Diktis
Vourdoumbadon
Gorgolaini
Delimarkou
Maleviziou
Mirionou
Sfakion
Kazantzaki
1878
Chandakos
Chortatson
Grevenon
Gazi
K. Paleologou
Theotokopoulou
Sofokli Venizelou
Vironos
El-Greco Park
O.T.E
Koroneou
Kondilaki
Psaromiligon
Kantanoleon
Michelidaki
Archonto-poulou
Ag. Deka
Kagiambi
Pl. El. Venizelou
Dedalo
Leofo
M. Odigitrias
Nea Odos Ntentidaki
Matou
Mastraha
Kalokerinou
M. Kardiotissis
Ag. Mina
Katechaki
Kosmon
Odos 1866
Eva
Odos 1821
Karterou
Bizaniou
Pl. Kornarou
Pantokrator
Porta Hanion
Réthimnon
Koustinianou
Markopoulou
Kourmoulidon
Defkalionos
N. Plastira
Vassilogiorgi
Tombazi
M. Mousourou
Vianou
Kritovoulidou
Evagelistrias
Piranthou
Spinalongas
Rizinias
Bethlehem
Romanou
Gianikou
Nikoussiou Giaboudi
Alber
Pl. Romano
Michelidopapa
Avlonos
Thenon
Komeno Beteni
Jes
Martinengo
Venezianische Stadtmauer
Georgiadou
Minos
Stenimachou
I. Kondilaki
Chatzidaki
Kikladon
Psichari
Nikolaidou
Diakonou
Pindarou
Kassou
Stavraki
Rolen
Akadimias
Erofilis
Georgiou Papandr
©Reise Know-How 2011

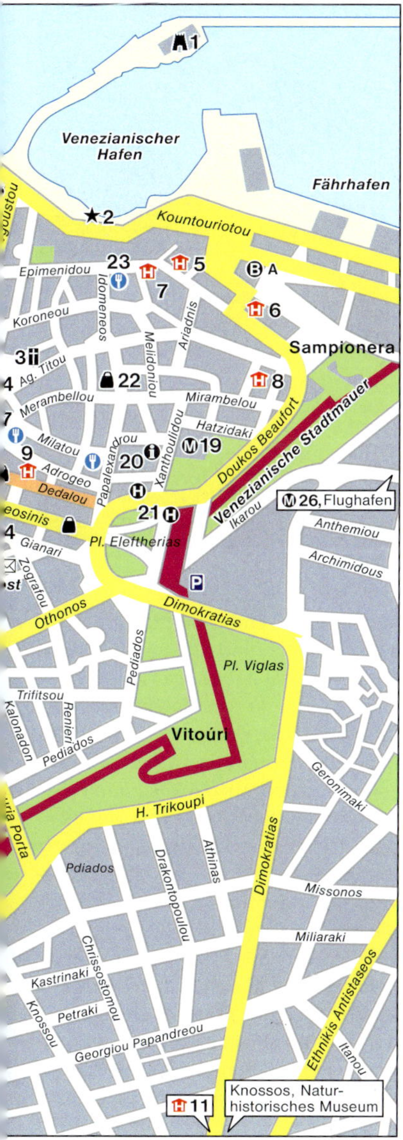

Rundgang:

- 1 Kastro Koúles
- 2 Venezianische Arsenale
- 3 Ágios Títos
- 4 Venezianische Loggia und Armeria
- 5 Ágios Markos
- 6 Morosini-Brunnen
- 7 Markt (Odos 1866)
- 8 Bembo-Brunnen
- 9 Kazantzákis-Grabmal
- 10 Santa Maria dei Crociferi
- 11 Ágios Matthéos
- 12 Metropolitenkirche Ágios Minás
- 13 Kleine Kirche Ágios Minás
- 14 Agía Ekateríni/Ikonenmuseum
- 15 Priúli-Brunnen
- 16 Historisches und Ethnografisches Museum
- 17 Naturhistorisches Museum
- 18 San-Pietro-Klosterkirche
- 19 Archäologisches Museum

Sonstiges:

- A Überlandbusse nach Osten und nach Süden
- B Überlandbusse nach Süden
- 20 Infobüro
- 21 Knotenpunkt Stadtbusse
- 22 A. Theod. Icons Studio
- 23 Mezedopolio Vengera
- 24 Touristenpolizei
- 25 Jugendherberge
- 26 Museum of Visual Arts
- 27 Loukoulos
- 28 Kouzinerie

Hotels:

- 1 Hotel Rea
- 2 Hotel Kastro
- 3 Hotel Mirabello
- 4 Hotel Kronos
- 5 Hotel Lato
- 6 Hotel GDM Megaron
- 7 Marin Dream Hotel
- 8 Hotel Aquila Atlantis
- 9 Hotel Dedalos
- 10 Hotel El Greco
- 11 Galaxy Hotel

097kr Foto: bk

innert an jene Tage, als hier noch venezianische Handels- und Kriegsschiffe zuhauf vor Anker lagen. Die beeindruckende Trutzburg, von der man einen schönen Rundblick auf Hafen und Stadt genießen kann, hatte griechische, arabische und byzantinische Vorläufer. Man weiß immerhin, dass die erste venezianische Seefestung 1303 durch ein Erdbeben zerstört worden war. Das venezianische Kastell entstand zwischen 1523 und 1540. Überraschenderweise haben die Türken nach der Eroberung die im Nordosten, Westen und Süden angebrachten Reliefs mit der Darstellung des venezianischen Wappens, des **Markuslöwen,** nicht zerstört; nur Reste eines türkischen Minaretts an der Nordostseite erinnern an die Osmanen. Sobald man in die eindrucksvollen Gänge des Kastro vorgedrungen ist, irrt man eher hilflos, ohne weitere Wegweisung oder Informationen, durch die historischen Gemäuer. Abgesehen von einigen alten Kanonen, -kugeln und Lagerräumen ist nicht allzu viel zu sehen, doch die Mächtigkeit des Baus ist enorm. Auf dem „Dach" der Festung, wo im Sommer regelmäßig Veranstaltungen stattfinden, lohnt ein kurzes Päuschen, um, scheinbar fernab

Kastro Koulés erhielt während der venezianischen Herrschaft den Löwen als Wappentier

Shop in der Odos 25 Avgoustou

vom Trubel der Stadt, den Ausblick ausgiebig zu genießen.

Peitscht nicht gerade ein Westwind das Wasser über die **Mole,** sollten Schwindelfreie anschließend noch einen Spaziergang auf der etwa einen Kilometer langen Mauer zur Hafeneinfahrt unternehmen. Von dort hat man unverbaute Sicht auf die nur von kretischen Wildziegen bewohnte **Insel Día.** Am anderen Ende des Hafenbeckens, gegenüber dem Kastro, liegt der moderne **Jachthafen** mit einer Reihe netter Cafés und daran anschließend der Fährhafen.

•**Kastro Koúles,** Tel. 2810/246211, geöffnet tgl. von 8.30–17.30 Uhr, in der NS nur bis 15 Uhr und Mo geschlossen, Eintritt 2 €.

098kr Foto: bk

Vom Hafen ins Zentrum

Kaum wendet man dem venezianischen Hafen den Rücken zu und hat die chaotische Hafenstraße Sofokli Venizelou unbeschadet überquert, empfängt einen das brodelnde Iráklion. Über die zur Fußgängerzone umgestaltete **Odos 25 Avgoustou** erreicht man das Altstadtzentrum. An der Straße reihen sich Reiseveranstalter, Leihwagenfirmen, Souvenirshops und Banken aneinander.

Kirche Ágios Títos

Kurz vor dem Ende der Odos 25 Avgoustou sollte man Ausschau halten nach der etwas zurückversetzten Kirche Ágios Títos. Wer genauer hinsieht – vor allem der Innenraum bestätigt dies – wird sich des Eindrucks nicht erwehren können, dass dieser Bau weniger einer Kirche als vielmehr einer Moschee ähnelt. Die Kirche ist **Titus** geweiht, der im Auftrag seines Reisebegleiters *Paulus* 59 n. Chr. als **erster Bischof** in Górtis zurückblieb, um das Christentum in Kreta aufzubauen. Titus rief vor seinem Tod, um 105 n. Chr., in der Tat zehn Bistümer ins Leben, u.a. in Knossós, Ierápetra, Chersónisos, Górtis und Herakleia (Iráklion).

Nach der arabischen Herrschaft (824–961) auf Kreta wurde der **Bischofssitz** von Górtis nach Herakleia verlegt. Als Kreta durch *Nikephoros Phokas* von den Arabern befreit und Iráklion zum neuen Zentrum geworden war, entstand wohl die erste Bischofskirche an dieser Stelle; das genaue Baudatum ist nicht bekannt. In jenen Tagen gelangte auch die **Reli-**

099kr Foto: bk

quie von Bischof Titus in die Kirche. Als Kreta unter venezianische Herrschaft gelangte, wurde sie Hauptbasilika des römischen Erzbischofs von Kreta. Ein schweres Erdbeben Anfang des 15 Jh. zerstörte den ersten Bau, doch der venezianische Erzbischof *Fantino Dandalo* weihte schon 1446 einen Neubau ein, unter dessen Altar die Gebeine der kretischen Heiligen *Titos, Stefanos, Martinos* und der *Photine* beigesetzt wurden.

Auch in der Folgezeit schien der Segen von „oben" auszubleiben. Weitere Erdbeben und vor allem ein verheerender Brand (1544) machten bald wieder einen Kirchenneubau (1557) erforderlich. Nach der Kapitulation, 1669, nahmen die Venezianer dann die Reliquien des Heiligen Titos mit nach Venedig und bahrten sie in der San-Marco-Kirche auf. Wie auch in anderen Städten, verwandelten die Türken den Bau kurzerhand in eine **Moschee,** die 1856 erneut durch ein Erdbeben stark beschädigt wurde. Darauf erbaute der kretische Architekt *Athanasios Moussis* im Auftrag von Wesir *Ali Pascha* die neue **Geni-Tsami-Moschee,** die 1872 fertig gestellt wurde und die alte Bausubstanz miteinbezog. Sie wurde nach der Befreiung von der Türkenherrschaft erst am 3.5.1925

Ágios Títos

Meisterwerk der Renaissance auf Kreta: die Venezianische Loggia

100kr Foto: bk

dem Hl. Titos geweiht, und im Mai 1966 konnte die Titos-Reliquie von Venedig in einem Festakt zurückgeführt werden – sie befindet sich heute in der linken Seitenkapelle des Narthex.

So wundert es nicht, dass sich jeder Betrachter des Baus an eine Moschee erinnert fühlt, handelt es sich doch, anders als bei den anderen Kirchen auf Kreta, um einen eigenständigen türkischen Bau, den die Christen nach der Befreiung kurzerhand umwandelten – genauso, wie es im 17. Jh. die Türken mit den christlichen Kirchen getan hatten. An islamische Zeiten erinnert neben dem Baukörper selbst auch noch der **Minarettsockel** an der Südost-Ecke. Zwischen 1974 und 1988 wurde die Kirche grundlegend restauriert, doch trotz der orthodoxen Malereien und Ikonen ist der helle und luftige, moscheeartige Charakter erhalten geblieben, der dieses Gotteshaus so ungewöhnlich macht.

• **Ágios Titos,** Platia Ágios Titou, geöffnet tgl. 7–12.30 und 16.30–19.30 Uhr, außerdem zu den Messen.

Venezianische Loggia

Erinnert Ágios Titos einerseits an die frühchristliche und andererseits an die türkische Zeit, zeugen die daneben liegende Venezianische Loggia und Armeria von venezianischen Glanztagen. *Francesco Morosini d. Ä.* ließ den Bau zwischen 1626 und 1628 nach Plänen von *Francesco Basilicata,* der sich am berühmten Renaissancebau-

101kr Foto: bk

meister *Andrea Palladio* (1508–1580) orientierte, errichten. Die Loggia diente als Begegnungsstätte, eine Art „Clubhaus" des **venezianisch-kretischen Adels.** Architektonisch handelt es sich um einen der bautechnisch ausgereiftesten und ästhetisch harmonischsten Repräsentationsbauten des venezianischen Kreta – ein Bauwerk, das weit über die Insel hinaus gewirkt hat. So stellten 1911 die Italiener auf der Weltausstellung in Rom eine Venezianische Loggia auf, die eine maßstabsgetreue Kopie derjenigen in Iráklion war.

Während der Türkenzeit diente der Bau als Verwaltungssitz, verfiel jedoch im Lauf der Zeit zusehends. Erst Bauforscher *Giuseppe Gerola*, der Anfang des 20. Jh. die venezianischen Bauten auf Kreta erforschte, initiierte eine Sammlung, um die Loggia restaurieren zu können. Zwar verhinderten die beiden Weltkriege die Realisierung seines Vorhabens, doch die Basis war gelegt, und nach langwieriger Restaurierung präsentiert sich die Loggia heute in „Topform".

Obwohl die großteils im Krieg verloren gegangenen Originalteile ersetzt werden mussten, handelt es sich um ein sehenswertes und beeindruckendes Bauwerk. An der Ostseite der Loggia lag einst die **Armeria,** das ehemalige Waffenlager oder Zeughaus, in dem heute das **Rathaus** beheimatet ist. Wo beide Gebäude im Norden zusammentreffen befand sich der Sagredo-Brunnen, der, gestiftet von einem Herzog namens *Sagredo*, kostbares Nass spendete. Der Brunnen selbst ist im Unterschied zu der Inschriftenplatte („Cura Sagredi Profluit ista Ducis") nicht mehr im Original erhalten.

● **Venezianische Loggia und Armeria,** Platia Kallergon, O. 25 Avgoustou.

Venezianische Loggia, Innenhof

Morosini-Brunnen

Kirche Ágios Markos

Ágios Markos, die einstige **venezianische Dogenkirche „San Marco"** wird schon in einem Brief *Papst Gregors IX.* (1227–1241) an den Bischof von Ierápetra vom 5.7.1239 erwähnt. Die römisch-katholischen Bischöfe hatten bis 1299 auf Drängen der Venezianer alle orthodoxen Bischöfe abgesetzt – nur in Ario war ein einziger zugelassen. Ágios Markos war während der gesamten venezianischen Epoche Sitz des lateinischen Erzbischofs von Kreta und Hauptkirche der Insel.

Zweimal wurde die Kirche durch Erdbeben zerstört, doch um 1600 nach den alten Originalplänen wieder aufgebaut. Die Türken funktionierten auch sie in eine Moschee um, die **Defterdar-Moschee.** Die Grundmauern des Minaretts, das anstelle des Campanile errichtet wurde, sind noch erhalten. Der Bau war nach dem klassischen Typus einer hellenischen Basilika errichtet worden, mit zwei Seitenschiffen mit Pultdächern und einem erhöhten Mittelschiff. Nach dem Abzug der Türken, 1898, weihte man das Gebäude nicht mehr als Kirche, sondern nutzt es bis heute als **Versammlungs-, Konzert- und Ausstellungshalle** (Wechselausstellungen).

- **Ágios Markos,** Platia Venizelou, nur zu Sonderausstellungen geöffnet, meist frei.

Platia Venizelou

Bei Ágios Markos befinden wir uns schon mitten auf der Platia Venizelou im Herzen der Altstadt. In den verkehrsberuhigten Gassen um den Platz pulsiert das Leben, hier befinden sich Geschäfte, Imbissbuden (*Giros-* und *Souvlaki-Pita* sind empfehlenswert und billig), Cafés, Restaurants, Straßenhändler und Stände. Hinter dem Platz öffnet sich der El-Greco-Park, eine grüne Oase mit Spielplatz und El-Greco-Skulptur, der auch bei den Anwohnern beliebt ist.

Im Zentrum der Platia Venizelou steht der **Morosini-Brunnen.** Er bildete den krönenden Abschluss eines etwa 15 km langen Aquädukts, das zwischen 1626 und 1628 *Francesco Morosini*, dessen Neffe als Oberkommandierender der Verteidigung von Iráklion in die Geschichte eingehen sollte, vom Berg Joúchtas zur Stadt verlegen ließ, um selbige mit Trinkwasser zu versorgen. Am 25. April 1628, dem Geburtstag von San Marco und Nationalfeiertag der Venezianer, wurde der Brunnen auf der damaligen Piazza delle Biade, dem Getreidemarkt, eingeweiht. Acht apsidiale Wasserbecken, deren Außenwände von Reliefs mit griechischen Mythen und Fabelwesen geschmückt sind, formen den markanten Brunnen, der von einem nicht näher bekannten Bildhauer namens *Vincenzo* geschaffen wurde. Die obere Wasserschale wird von vier wasserspeienden Löwen getragen, die angeblich aus dem 14. Jh. stammen. Dass der Brunnen heute etwas vertieft unter dem Platzniveau liegt, ist auf eine Umbaumaßnahme von 1980 zurückzuführen; die ursprüngliche venezianische Platzanlage befand sich tiefer.

102kr Foto: bk

Iráklion

103kr Foto: bk

Rund um die Marktstraße

Von der Platia Venizelou aus lassen sich weitere Rundgänge durch die Stadt anschließen. Nachdem man sich in einem der zahlreichen Cafés rund um den Platz gestärkt und ausgeruht hat, wird es nun Zeit, sich auf den **Markt in der Odos 1866** zu begeben, denn dieser hat meist nur bis zum frühen Nachmittag geöffnet. Auch wenn Touristen das Bild prägen und das Angebot mehr und mehr auf deren Bedürfnisse ausgerichtet ist, bietet der Markt dennoch Gelegenheit, die typischen Produkte der Insel zu probieren: verschiedene Käsesorten, Kräuter, Schnäpse oder Weine, Oliven und Olivenöle oder kretische Bananen. Die Bazarstraße ist die zentrale Achse des modernen Iráklion, hier trifft man sich beim Einkauf, diskutiert, sitzt im Kafénion oder isst in einer der noch ziemlich **urtümlichen Kneipen** in der zentralen Seitengasse. Man wählt an der Schautheke aus, sucht sich eines der um die Mittagszeit immer begehrten kleinen Tischchen und hat im Handumdrehen einen vollbeladenen Teller für wenig Geld vor sich stehen.

Einen Blick sollte man auch in die rund um den Markt sich anschließenden Gassen werfen, wo sich neben kleinen Werkstätten von Schustern oder Schlossern und Friseurläden kleine, authentische *Pantopolía* befinden, Tanta-Emma-Läden, die alles führen, was man so braucht, von Haushalts-

und Eisenwaren bis zu Stoffen und Farben. In den Gassen, die zur Metropolitenkirche führen, befinden sich zahlreiche kleine Restaurants, Cafés und moderne Boutiquen aller Art – ideal für einen Einkaufsbummel.

Das südliche Ende der Marktstraße bildet der **Bembo-Brunnen** auf dem Kornarou-Platz, wo sich ein beliebtes **Café** befindet. Den Brunnen ließ 1558 *Zuanne Bembo* errichten. Man gestaltete kurzerhand einen römischen Sarkophag um und schmückte das Becken mit einer römischen Figur aus Ierápetra. In der Türkenzeit entstand daneben ein kleines türkisches Brunnenhaus, in dem sich heute die Küche des Lokals befindet; die Tische stehen im Freien.

Rund um die Martinengo-Bastion

Die Region südlich des Marktes bis hin zur Festungsanlage gleicht mit ihren engen, verwinkelten, malerischen Gassen beinahe einem kretischen Dorf. Der Weg führt zur Martinengo-Bastion und dem dort oben befindlichen **Kazantzákis-Grabmal,** das sich kein Literaturfreund entgehen lassen sollte. Das schlichte, unauffällige Grabmal des kretischen Schriftstellers *Níkos Kazantzákis* (1883–1957) befindet sich deswegen an dieser Stelle, weil die orthodoxe Kirche ihm eine standesgemäße Bestattung verweigerte. Wer z.B. sein eindrucksvolles und empfehlenswertes Werk „Die letzte Versuchung" gelesen hat, versteht, warum. Mit einem eindrucksvollen Totenzug erwiesen ihm seine kretischen Landsleute hier oben die letzte Ehre,

104kr Foto: bk

auf einem Fleck Erde, der nicht besser zu diesem unbeugsamen Kreter hätte passen können. Fernab von den Unbilden der Zeit, mit seiner geliebten Insel zu Füßen, steht hier nur ein schlichtes Holzkreuz über einer einfachen Grabplatte. Der spektakuläre Rundblick und Kazantzákis' Grabspruch „Ich erhoffe nichts, ich fürchte nichts, ich bin frei! (δεν ελπιζο τιποτα, δε φοβουμαι τιποτα, ειμαι λεφτερος!)" laden nicht nur zum Verweilen, sondern auch zu einigen Minuten der Besinnung ein,

In der Marktstraße

Kazantzákis' Grab auf der Martinengo-Bastion

Iráklion

immerhin fand hier der vielleicht bedeutendste Kreter aller Zeiten seine letzte Ruhe.

Gegenüber der Bastion entsteht ein neues Kulturzentrum und von dort aus ist ein eigener Zugang zum Grab geplant. Zudem wurde in der Bastion die **Stoa Makasi** eröffnet. In den alten Gängen der Festung befindet sich eine sehenswerte Ausstellungshalle.

Auf dem Weg zurück ins Stadtzentrum sollte man einen Blick in **Santa Maria dei Crociferi** (heute Panagía Stavrophóroon, Odos Moussourou), eine dreischiffige venezianische Klosterkirche aus dem 14. Jh., und in **Ágios Matthéos** (Odos Taxiárchou Markopoúlou 42/44, tgl. außer Mo 8.30–15 Uhr) werfen, die ehemalige Kirche des sinaitischen Klostergutshofes mit zwei wertvollen Ikonen, die *Michaíl Damaskinós* (2. Hälfte 16. Jh.) zugeschrieben werden: „Simeon mit dem Christuskind" und „Johannes der Täufer".

Platia Ekaterini

Nicht versäumen sollte man einen Abstecher zur Platia Ekaterini, wo sich gleich drei bedeutende Gotteshäuser befinden. Den Platz dominiert die **Metropolitenkirche Ágios Minás,** die ausgerechnet während der Türkenherrschaft am 25.3.1862, vier Jahre vor dem kretischen Aufstand von 1866, ins Leben gerufen wurde. Unruhen verhinderten die Fertigstellung des Baus, und so konnte er erst 1895 geweiht werden. Die Pläne für diese monumentale Kirche, die 8000 Menschen Platz bietet, stammen von demselben Architekten, der auch die Geni-Tsami-Moschee (s. Ágios Titos) baute, von *Athanasios Moussis*. Er konzipierte den Bau als fünfschiffige Anlage mit Vierungskuppel über einem eingeschriebenen lateinischen Kreuz als Grundriss. Nur außen erlaubte sich der Bauherr Anklänge an den Zeitstil und fügte Elemente der Neo-Renaissance ein, ansonsten entspricht alles streng dem Muster der byzantinischen Architektur – ein Beleg für die byzantinische Kontinuität im Kirchenbau Griechenlands. Das Bauamt der orthodoxen Kirche überwacht diese Dogmen bis heute sehr streng, was allerdings eine farbenprächtige Ausmalung und einen prachtvollen Kronleuchter, wie hier zu sehen, nicht ausschließt.

Sozusagen im Schatten der riesigen Hauptkirche Kretas, am Westende des Platzes, steht unauffällig die kleine **Ágios Minás.** Es handelt sich um eine Zweiraumkapelle, deren ältester Bauteil, das Nordschiff, aus dem späten 15. oder frühen 16. Jh. stammt. Später wurde sie im Süden um eine kleine Kapelle mit Narthex (Vorhalle) erweitert. 1735, nachdem die Ágios-Titos-Kirche zur Moschee umgewandelt worden war, machte man die kleine Kirche zur Metropolitenkirche von Iráklion. Be-

Metropolitenkirche Ágios Minás

105kr Foto: bk

rühmt sind die Ikonostasen (Bilderwände), geschmückt mit kunstvollen kretischen Holzschnitzereien von 1735 von *Georgios Kastrofilakos*.

Am östlichen Rand des Platzes schließt die ehemalige Kirche **Agía Ekateríni** den Kreis der drei Kirchen. Heute beherbergt sie ein sehenswertes **Ikonenmuseum.** Trotz herausragender Ikonensammlung ist der Besucheransturm gering, und es macht Spaß, sich hier ungestört und ohne Drängeln mit der byzantinischen Kunst zu befassen. Die profanisierte Kirche gehörte einst zum berühmten Katharinenkloster vom Berg Sinai, hier wurde schon im 15. Jh. eine Art Universitätsbetrieb ins Leben gerufen. Die Kirche, wie sie sich heute präsentiert, wurde 1555 mit Tonnengewölbe über lateinischem Kreuz erbaut und gegen Ende des gleichen Jahrhunderts im Norden durch das *Paraklésion* (Agî Déka) erweitert. Der Bau fasziniert nicht nur wegen seines guten Erhaltungszustands, sondern vor allem wegen der interessanten Mischung venezianischer und islamischer Bauelemente.

Unter den zahlreichen hochkarätigen Ikonen befinden sich mehrere von *Michaíl Damaskinós* aus dem 16. Jh. Beim Eintreten gleich rechts befinden sich Werke dieses Meisters, künstlerisch hoch entwickelt und sehr farbig. Linker Hand vom Eingang hängen Ikonen des 15. Jh. mit ihren typischen großformatigen, frontal ausgerichteten Figuren, weiter hinten dann Ikonen

106kr Foto: bk

des 18. Jh., die die Wandlung deutlich machen: Nun sind die Darstellungen mehrfigurig, bewegt, perspektivisch und erzählend. Zur Sammlung gehören auch Wandbildfragmente verschiedener Fundorte, vor allem aus Patros Amári (14. Jh.). Es handelt sich hierbei nicht um die gängige, von den „alten" Römern erfundene Technik der „Al fresco"-Malerei; bei den kretischen Wandmalereien wurden die Farben nicht auf den feuchten Putz aufgetragen, sie sind deshalb weniger lange haltbar.

Ikonenmuseum
in der Agía-Ekateríni-Kirche

• **Ikonenmuseum** (ehemalige Agía-Ekateríni-Kirche), Platia Ekaterini, derzeit wegen Renovierung geschlossen.

Von der Platia Venizelou zur Strandpromenade

Ein weiteres, weniger bekanntes und besuchtes Viertel Iráklions breitet sich westlich der Platia Venizelou aus. Die **Odos Chandakos** führt als Fußgängerzone hinab zur Strandpromenade. Neben einigen restaurierten türkischen Häusern mit typischen Holzerkern, die einen Eindruck davon vermitteln, wie die Altstadt vor dem Zweiten Weltkrieg ausgesehen hat, befinden sich hier eine Reihe kleinerer Hotels und Läden, seit jüngster Zeit auch beliebte Szenelokale und nette Cafés.

Weiter westlich, an Stelle der modernen Agía-Triáda-Kirche (20. Jh.), stand einmal **Greco Madonna Acrotiriani** (Odos Moni Savathianon), ein großes venezianisches Kloster, das nach 1669 profanisiert und später abgerissen wurde. Nicht weit entfernt befindet sich der **Priúli-** (bzw. Delimarkos-) **Brunnen** (Odos Platia Kazantzákis). Er war von Generalinspekteur *Antonio Priuli* 1666 errichtet worden, nachdem während der Belagerung die Türken das venezianische Aquädukt (s.o., Platia Venizelou) zerstört hatten. Der Brunnen ist damit das letzte von Venezianern errichtete Denkmal auf Kreta.

Historisches und Ethnografisches Museum

Eine der herausragenden Sehenswürdigkeiten Iráklions, völlig zu Unrecht wenig besucht und bekannt, ist das Historische und Ethnografische

Museum an der neu gestalteten Strandpromenade. Das Museum befindet sich in einem neoklassizistischen Bau aus der zweiten Hälfte des 19. Jh., gekonnt erweitert um einen modernen Glasbau. Die Familie *Kalokerinós* vermachte das Gebäude der Stadt mit der Auflage, es zu pflegen und ein historisches Museum einzurichten – eine gute Idee. 1952/53 wurde es eröffnet und seither kontinuierlich erweitert und verbessert.

Sehenswert ist besonders die erste Abteilung zur frühchristlich-byzantinischen Zeit, die sozusagen die Fortsetzung der antiken Ausstellungen im Archäologischen Museum darstellt. Die Präsentation ist besonders gelungen, sie führt dem Besucher zunächst, gleich rechts des Eingangs, die verschiedenen Phasen der **Stadtgeschichte** vor Augen, von der Epoche Byzanz (330–827) über die Zeit der Araber (827–961) und die zweite byzantische Phase (961–1204) bis hin zur venezianischen Herrschaft (1204–1669). Landkarten, Stiche und Modelle, darunter ein informatives Stadtmodell, das die Situation um 1645 schildert, als die Stadt noch *Candia* hieß, zweisprachige Tafeln, Fotos, Pläne und Originalfunde geben einen hervorragenden Einblick in eine historische Periode, die wegen der starken Fixierung auf Knossós immer zu wenig beachtet wird. Abgesehen von einer sich anschließenden großen sehenswerten **byzantinischen Abteilung,** einem Saal mit kretischer Töpferkunst, Ikonen und sonstigen Funden aus Klöstern und Kirchen, wurde eine zerstörte Panagía-Kapelle mit Fresken aus dem 16. Jh. im Museum rekonstruiert.

Auch im Obergeschoss kommen vor allem Freunde kretischer **Volkskunst** auf ihre Kosten. Handarbeiten aller Art, darunter farbenprächtige Webwaren und Stickereien in alten Techniken sowie mit ursprünglichen, regional verschiedenen Mustern versehene Trachten, aber auch Musikinstrumente finden sich hier in Hülle und Fülle. Authentisch nachgebaut vermittelt eine kretische Wohn-Schlafstube ein Bild vom Alltagsleben auf der Insel. Erinnerungen an den **kretischen Freiheitskampf** mit alten Dokumenten, Waffen, Bildern, Flaggen und anderen Relikten finden sich im alten Museumsteil. Auch *El Greco* wurde in einem eigenen Ausstellungsraum verewigt. Hier hängt das einzige auf Kreta aufbewahrte Originalwerk mit dem Titel „Blick auf Berg Sinai und das Kloster Agía Katheríni" (ca. 1570).

Im neuen Flügel befindet sich eine etwas weniger attraktive Fotosammlung, die verschiedene Schlachten, darunter auch die deutsche Invasion während des Zweiten Weltkriegs, zeigt, außerdem entsprechendes Kriegszubehör im Original. Interessanter ist hingegen ein Blick in das **Arbeitszimmer von Níkos Kazantzákis,** so rekonstruiert, wie es während seiner Zeit in Antibes (Südfrankreich), 1948–57, ausgesehen haben soll: einfach möbliert mit umfangreicher Bibliothek.

• **Historisches und Ethnografisches Museum,** Tel. 2810/283219, www.historical-museum.gr, O. Kalokerinou, geöffnet Mo–Sa 9–17 Uhr, Mi bis 21 Uhr, Eintritt 5 €.

107kr Foto: bk

Blick ins neue Naturhistorische Museum

Naturhistorisches Museum Kreta

In einem renovierten Lagerhaus an der Strandpromenade, unübersehbar westlich des Hafens, hat die Universität auf großer Fläche eine noch ausbaufähige, aber sehenswerte naturhistorische Ausstellung auf mehreren Etagen eingerichtet. Es geht um die Natur, **Flora und Fauna,** Griechenlands und Kretas. Außerdem werden regelmäßig Wechselausstellungen gezeigt. Ein Laden gehört dazu.

• **Naturhistorisches Museum,** L. Sof. Venizelou, www.nhmc.uoc.gr, Mo–Fr 9–16, Sa/So 10–17 Uhr, 6 €.

Von der Strandpromenade zum El-Greco-Park

Schräg gegenüber dem Museum erhebt sich die beeindruckende Ruine der venezianischen **San-Pietro-Klosterkirche** (Odos Markariou). Die ehemalige Klosterkirche der Dominikaner aus der ersten Hälfte des 14. Jh. wird schon seit Jahren restauriert und sollte einmal der Öffentlichkeit als Museum zugänglich gemacht werden. Bisher ist nichts mehr geschehen.

Von der Kirche ist es nur mehr ein Katzensprung zum venezianischen Hafen. Die Odos Theotokopoulou führt hingegen zurück ins Stadtzentrum, doch ehe man sich ins Menschengewühl in der belebten Fußgängerzone um die Platia Venizelou stürzt, lohnt es, sich im bereits erwähnten **El-Greco-Park** (Platia Kallergon) etwas Ruhe zu gönnen.

Einkaufsviertel zwischen Fußgängerzone und Platia Eleftherias

Zwei unterschiedliche Geschäftsstraßen verbinden das alte Zentrum rund um die Platia Venizelou mit der Platia Eleftherias, dem Verkehrszentrum der Altstadt. Während die **Odos Dedalou,** eine Fußgängerzone, an der sich nette Boutiquen, Schmuckläden, Cafés und Restaurants aneinander reihen, besonders bei Touristen als Shoppingmeile beliebt ist, wird die **Odos Dikeosinis** als moderne Einkaufsstraße vor allem von Einheimischen frequentiert. Auch die Seitengassen lohnen Abstecher, vor allem jene nördlich der Fußgängerzone, wie die Odoi Androgeo, Ag. Titou, Mirabelou

108kr Foto: bk

Fußgängerzone Odos Dedalou

oder Idomeneos. Hier befinden sich oft preiswerte und interessante Läden, Restaurants und Cafés (s. „Praktische Tipps"). Wer ein bisschen Zeit hat, sollte abseits der Hauptpfade herumschlendern, lassen sich doch hier die besten Entdeckungen machen.

Die **Platia Eleftherias** ist ein weitläufiger, typisch neugriechischer, lauter Platz mit Cafés und Zugang zum renovierten **Stadttor Agios Georgios** samt Ausstellungshalle. Hier laufen alle Stadtbuslinien zusammen, und es wimmelt von Touristen, befindet sich doch am nordöstlichen Rand *die* Sehenswürdigkeit der Stadt schlechthin, das Archäologische Museum.

Archäologisches Museum

Hinweis

Seit 2006 ist das Archäologische Museum **geschlossen,** und seit 2007 gibt es eine improvisierte Ausstellung mit einigen Highlights in einem Nebenbau (tgl. 8–20 Uhr, 4 €) zu sehen. Irgendwann in nicht allzu ferner Zukunft soll die Renovierung und Erweiterung, mit großem Kostenaufwand und von der EU mitfinanziert, abgeschlossen sein. Alles unten Gesagte gilt noch für das „alte" Museum.

Iráklions Archäologisches Museum, untergebracht in einem erdbebensicheren, eher hässlichen Bau aus den 60ern des 20. Jh., gehört trotz aller Kritikpunkte, die nachfolgend noch zur Sprache kommen werden, zu den **bedeutendsten seiner Art** nicht nur in Griechenland oder dem Mittelmeerraum, sondern auf der ganzen Welt. Das Museum lebt von der Einmaligkeit und der Menge der Funde, die von der gesamten Insel stammen und überwiegend aus minoischer Zeit sind.

Von der **Präsentation** her war es bisher seinen Eintrittspreis nicht wert. So erscheint es uns persönlich nicht sinnvoll, da ermüdend und langweilig, möglichst viele Stücke katalogartig, Raum für Raum aufzulisten. Wichtiger ist es in Anbetracht der Fundfülle, Zusammenhänge und Entwicklungen aufzuzeigen, z.B. wichtige Leitelemente in der Keramikentwicklung.

Wer vor jeder Vitrine „kleben bleibt“, läuft Gefahr, schon im dritten oder vierten Saal das Interesse zu verlieren, nach dem Motto: „Sieht ja eh alles gleich aus“. Die weiteren Abteilungen werden dann nur noch im Schnelldurchlauf „absolviert“, wobei sich die geistige Aufnahmebereitschaft dem Nullpunkt nähert. Das wäre schade, wartet doch z.B. am Ende des Rundgangs eine überraschend sehenswerte und qualitativ hochwertige Sammlung griechisch-römischer Werke.

Führungen werden ebenfalls angeboten, doch auch über deren Qualität lässt sich streiten. Nicht unbedingt immer sprachlich gewandt oder enthusiastisch, konzentrieren sich griechische Führer(innen) auf die Highlights und vermitteln dadurch einen rudimentären und vielfach zusätzlich durch Halbwahrheiten verzerrten Eindruck. Man bleibt an der Oberfläche, konzentriert sich auf wenige Details, gibt amüsante Anekdötchen und publikumswirksame Kuriosa zum Besten, doch der Gesamtzusammenhang wird den oft viel zu großen Gruppen nicht erläutert. Schlimm ist vor allem, wenn Unsinniges unreflektiert weitergegeben wird, z.B. im Stile von: „Die Säulen in Knossós verjüngen sich deshalb nach unten zu, damit die Leute bei den beschränkten Raumgrößen mehr Platz hatten, sich zu bewegen ...“.

Das **Hauptproblem** der Sammlung, deren Wurzeln in das Jahr 1904 zurückreichen, ist, dass sie eine erschlagende Fülle an Fundmaterial birgt und eigentlich zwei Komponenten miteinander vereint: Sie ist **Museum und Magazin** in einem. Daher kommt es, dass nicht zwischen Wesentlichem und Nebensächlichem, wie z.B. Objekten, die nur den Fachmann interessieren, unterschieden wird. Scherben über Scherben, Werkzeuge über Werkzeuge, Fragmente über Fragmente werden angehäuft, die Vitrinen drohen manchmal überzuquellen, meist ohne dass nähere Informationen zu ihrem Inhalt gegeben werden. Ganz im Vertrauen: selbst Fachleute sind hier gelegentlich überfordert.

Hinzu kommt die schlechte Beleuchtung und eine unattraktive **Aufstellung:** Vitrine steht an Vitrine, die Kostbarkeiten dabei vielfach in Einzelvitrinen in der Raummitte, bei gleicher Ausstattung der Räume, die sich im Erdgeschoss in zwölffacher Ausfertigung gleichförmig aneinander reihen und zudem kaum Sitzmöglichkeiten oder Ruhezonen aufweisen. Auch die Anordnungskriterien offenbaren sich nicht unmittelbar, zum Teil folgt man chronologischen Gesichtspunkten, meist aber wurde nach Fundkomplexen geordnet.

Datierungen zu den Ausstellungsstücken fehlen weitgehend bzw. sind sehr global gehalten; sie entsprechen zudem in keiner Weise dem neuesten Forschungsstand. Mit Plänen, Rekonstruktionszeichnungen, Modellen oder ähnlichen modernen Hilfsmitteln wird sparsam umgegangen, man fühlt sich in die Frühzeit der Museumspräsentation zurückversetzt.

Ein anderes Problem offenbart sich besonders bei der Betrachtung der **Wandmalereien** im ersten Stock: Vielfach sind vom Original nur ein paar Fragmente vorhanden, die jedoch oft bis zu 90 % modern und oft recht fantasievoll ergänzt wurden. Fehlinterpretationen blieben zwangsläufig nicht aus, doch das Schlimme ist, dass bei den Besuchern, zumindest auf den ersten Blick, der Eindruck erweckt wird, hier handle es sich um das echte antike Kunstwerk. Die Wahrheit sah dagegen wohl ganz anders aus ...

Im Folgenden soll nur auf das jeweils Wichtigste der einzelnen Abteilungen in ihrer bisherigen Aufstellung hingewiesen werden.

• **Archäolog. Museum Iráklion,** Platia Eleftherias/O. Xanathoudidou, geöffnet Di–So 8–17, Mo 12.30–19 Uhr; in der NS: Di–So 8.30– 15, Mo 12–17 Uhr, 6 € (Studenten frei), kombiniert mit Knossós 10 €. Derzeit sind nur zwei Säle mit einigen Ausstellungsstücken geöffnet (Zugang: O. Chadzidaki), Das Museum ist noch auf unbestimmte Zeit wegen Renovierung geschlossen.

Saal I

Neolithikum bis Vorpalastzeit (5000 v. Chr. bis ca. 2000/1900)

Hier stoßen wir zum ersten Mal auf eine der minoischen Keramik-Leitformen, die **Schnabelkannen.** Daneben interessant sind Kykladenidole, frühe Bronzewaffen, **Goldschmuck** (meist aus Mochlos) und gepunzte Goldbleche, **Steingefäße** und Roll-/Knopfsiegel.

Saal II

Ältere Palastzeit (2000/1900–1700 v. Chr.)

Herausragend ist das **Stadtmosaik** aus Knossós (18./17. Jh. v. Chr., erste Vitrine am Eingang), kleine Fayence-Plättchen, die Hausfassaden wiedergeben und zusammengesetzt, wenn auch verzerrt, einen Eindruck von einer minoischen Palaststadt geben. Außerdem: **Tonplättchen** mit Inschriften, frühe Beispiele der **Kamares-Keramik** (u.a. Mittelvitrine), Ton- und Bronzefigürchen (Kinderspielzeug), **Eierschalenkeramik** (letzte Vitrine) sowie Hausmodelle und Votivgaben (v.a. Tiere, aber auch Krieger und Göttinnen).

Saal III

Zeitstufe wie Saal II, „Kamares-Saal"

Im Zentrum steht die **Kamares-Keramik** (v.a. aus Festós). Anders als in Saal II macht sich hier eine Zunahme der Formenvielfalt bemerkbar: Zu den größeren, gröberen Gefäßformen treten kleinere, kunstvoll geformte und aufwendig verzierte Gefäße wie Kultschalen, möglicherweise Teile hochherrschaftlichen Tafelgeschirrs. Im Mittelpunkt des Interesses steht jedoch der **Diskos von Festós,** der um 1700 v. Chr. entstand. Auf beiden Seiten dieser Tonscheibe ist ein Text spiralförmig vom Rand zur Mitte hin per Stempel in den feuchten Ton gedrückt worden. Die Hieroglyphen und damit die Bedeutung des Diskos konnten bis heute nicht entschlüsselt werden.

Saal IV

Jüngere Palastzeit (1700–1450 v. Chr.), „Stein-Elfenbein-Saal"

Neben der berühmten minoischen Keramik im **Flora- und Meeresstil** (z.B. Kanne mit Schilfdekor oder Rhyton mit Meeresornamentik) sind Fragmente von reliefierten Steingefäßen, Schwertern und Gewichten ausgestellt. Außerdem finden sich hier gleich mehrere Highlights der minoischen Kunst: Steingefäße – wie das berühmte **Stierkopf-Rhyton** aus dem „Kleinen Palast" von Knossós, ein Kultgefäß aus Steatit mit Bergkristall, Jaspis- und Perlmutteinlagen, wobei die Hörner nicht original sind, und der **Kopf einer Löwin** aus Alabaster.

Von besonderem Interesse: der **„Stierspringer"** aus Elfenbein, der wegen des fehlenden Tieres eher an einen Kunstspringer im Schwimmbad erinnert – die perfekte Darstel-

Die Kunst der Minoer

Wenn sich auch die meisten Besucher des Archäologischen Museums vor allem auf die glanzvollen Highlights – die Elfenbeinfigürchen, den Goldschmuck, die Edelsteingefäße und Schwerter – stürzen, sind es eigentlich die ganz gewöhnliche Keramik und die Architektur, die Aussagen liefern über die vergangene Kultur der Minoer, über die keine oder fast keine schriftlichen Dokumente oder Aussagen vorliegen.

Architektur

Zweifellos standen bei den Bauten der Minoer orientalische Palastkomplexe und Tempel Pate, doch hielt man sich nicht sklavisch daran. Bei den bewegten Gesamtkonzeptionen der **Palast- und Stadtanlagen** erinnert lediglich die grundsätzliche Anlage der Einzelbauten um einen Hof herum unmittelbar an den Orient. Minoische Baukomplexe entwickeln sich von innen heraus: Rund um einen Zentralhof wächst nach und nach ein Gefüge von Räumen, ohne nach außen hin geschlossen zu erscheinen. Ein minoischer Palast ist das Ergebnis langjähriger Entwicklungen, einzelne, mehrstöckige Baukörper schließen sich wie zufällig zu einem Ganzen zusammen.

Dieser **„Irrgarteneffekt"**, das Fehlen einer gliedernden Ordnung, wie sie spätere griechische, vor allem mykenische Bauten aufweisen, kennzeichnet die minoische Architektur. Nicht klare Strenge, Symmetrie und Übersichtlichkeit sind wichtig, sondern ein fließendes Raumgefühl, ausgelöst durch labyrinthische Gänge, Vorhallen, Treppenaufgänge, Umgänge, Pfeilersäle und verschiedene Ebenen – nicht umsonst konnte der Mythos vom **Labyrinth** in Knossós entstehen. Die verwirrende Formenvielfalt findet sich auch in der Nutzung der Räume wieder: Unmittelbar an noble Salons oder Schlafzimmer schließen sich nahtlos Werkstätten, Magazine oder Kulträume an.

Der Unterschied zu den **mykenischen Bauten** ist offensichtlich: Die Paläste der Mykener waren ummauert, übersichtlich strukturiert und verfügten nur über einen kleinen, unbedeutenden Rechteckhof. Dabei übernahmen die späteren Machthaber gern minoische Errungenschaften wie Kanalisation, Sanitäranlagen und die farbenfrohe Ausmalung der Räume.

Was sich im kleinen Maßstab beim minoischen Palast abzeichnet, setzt sich im Großen fort. Wo hört der Palast auf, wo fängt die Stadt an? Die Grenzen sind auch hier fließend, die Siedlungen in ihrer Vielgestaltigkeit mehr als verwirrend. Deshalb tun sich die Forscher auch so schwer, die minoischen **„Paläststädte"** in eine Schublade einzuordnen, waren es doch multifunktionale Gebilde, die zugleich als Wohnort, Handels- und Verwaltungszentrum, Heiligtum und Mittelpunkt religiösen und offiziellen Lebens dienten.

Abgesehen von der charakteristischen labyrinthischen Anlage um einen Zentralhof und dem Fehlen prunkvoller, geschlossener Außenfassaden sind verwinkelte Wege, durchbrochene Wände, „theatralisch" angelegte Treppen und ein fließender Übergang zur umgebenden Siedlung typisch für minoische Palaststädte. Dieses Grundmuster wurde auf Kreta weit über 600 Jahre lang beibehalten. Obwohl **Wandmalereien** Anhaltspunkte geben, ist schwer nachvollziehbar, wie man sich die Städte im Einzelnen vorzustellen hat. Allzu fantasievolle Rekonstruktionen basieren auf Vereinfachungen und Verzerrungen und sollten besser unterbleiben.

Keramik

Mit der Erfindung der Töpferscheibe nahm die handwerkliche und künstlerische Qualität der Keramik rapide zu. Eine erste Blüte erlebte die minoische Keramik in der mittelminoischen Phase (ca. 2000/1900 bis 1700/1600 v. Chr.), vor allem dank der so genannten **Kamares-Keramik:** ursprünglich weiß bzw. rot-weiß auf anthrazitgrauem Grund bemalte Gefäße mit fantasievoller Ornamentik, vor allem Spiralen und Palmetten. Reiche Funde wurden in der namensgebenden Höhle und in Festós gemacht. Das Spiralendekor, übernommen von den Kykladen, löste in dieser Zeit die vorher gebräuchlichen geometrischen Muster ab. Zur Kamares-Keramik gehört auch die qualitativ hochwertige **Eierschalenkeramik,** eine sehr dünnwandige Ware, die Metallgefäße imitieren sollte.

Die Blüte der minoischen Kultur zwischen 1700 und etwa 1450 v. Chr. kann man ganz besonders an der Keramik ablesen: Von nun an wurde dunkel bzw. farbig auf hellem Grund verziert. Ein Charakteristikum ist die Naturnähe der Bemalung: Zunehmend tauchen pflanzliche Motive auf, nach etwa 1500 v. Chr. vermehrt auch Meereslebewesen. Man spricht am Anfang

2200–2000 v. Chr.

2000–1800 v. Chr.

später „Florastil", 1550–1500 v. Chr.

„Meeresstil", 1500–1450 v. Chr.

„Palaststil", 1450–1400 v. Chr.

Geometrische Zeit, 9./8. Jh. v. Chr.

Nach I.D.S. Pendlebury, The Archeology of Crete

109kr Foto: bk

Kalksteinstatue aus Eleutherna im Archäologischen Museum Iráklion

vom **„Florastil"** (ab ca. 1700 v. Chr.), der später durch den **„Meeresstil"** bereichert wird. Dabei entstand geschmackvolle, lebendige Ware. Statt der vormals herrschenden Vielfarbigkeit werden die Pflanzen, wie Krokus, Lilie, Papyrus oder Efeu, und Meereslebewesen, wie Oktopus, Muscheln und Korallen, nun bevorzugt in dunklen Farben auf hellem Grund dargestellt. Hauptfundorte der Keramik waren Knossós, Festós und Mália. Eine beliebte Form dieser Zeit war die **Schnabelkanne.**

Eine letzte Blüte minoischer Keramik bringt der **„Palaststil"** von Knossós, in dem der florale Malstil eine manieristische Steigerung erlebt. In der spätminoischen Zeit, nach ca. 1400 v. Chr., gerät die Keramik mehr und mehr unter mykenischen Einfluss, wird systematischer und steifer, die minoische Lebensfreude wird in ein enges Korsett gezwängt. Zudem nehmen geometrische Muster wieder zu, die dann in der geometrischen Epoche – etwa ab dem 9. Jh. v. Chr. – deutlich dominieren.

Malerei

Berühmt und zumeist leichter im Gedächtnis zu behalten als die zahllosen Gefäße sind die minoischen Wandmalereien. Der Großteil der gefundenen Zeugnisse wird im Obergeschoss des Archäologischen Museums aufbewahrt. Doch statt der oft mikroskopisch kleinen Stücke, die bei den Ausgrabungen zu Tage traten, bekommt der Betrachter hier farbenprächtige, großformatige Prunkgemälde vorgeführt, die nurmehr wenig mit der minoischen Realität gemein haben.

Wandmalerei scheint ab der mittelminoischen Zeit (ab ca. 2000/1900 v. Chr.) ein übliches Mittel der Raumdekoration bzw. des Wandschmucks gewesen zu sein. Als erstes figürliches Bild gilt der **„Krokospflücker" (Saal XVI).** Neben sehr naturnahen Darstellungen der Flora und Fauna waren streng geordnete geometrische Muster beliebt, vor allem aber Prozessionen, kultische Feiern und Wettkämpfe wie das **„Stierspringen" (Saal XIV).** Immer wieder taucht die *Labrys,* die Doppelaxt, als heiligstes Symbol auf den Fragmenten auf.

Räume wurden entsprechend ihrer Bestimmung mit Szenen geschmückt, offizielle beispielsweise mit überlebensgroßen Bildstreifen, häufig mit Naturszenen, kleine oder Korridore hingegen mit schmalen, friesartigen **Miniaturfresken,** auf denen sich oft eine Vielzahl von Personen bei höfischen Festlichkeiten oder kultisch-zeremoniellen Handlungen befindet. Die bedeutendsten Beispiele der Wandmalerei stammen aus der neuen Palastzeit, hier tummeln sich Stierspringer, Prozessionen und die höfische Gesellschaft am zahlreichsten auf den bunten Wänden, darunter auch die „Petite Parisienne" genannte Darstellung einer „feinen Dame".

Auffallend sind die meist sehr **lebhaften Farben,** wobei streng darauf geachtet wurde, die Geschlechter und verschiedene Materialien klar zu differenzieren: Frauen wurden weiß, Männer rot dargestellt, Gold wurde mit der Farbe Gelb, Silber in Blau,

Bronze in Rot gemalt. Auf Plastizität und Mehrdimensionalität legten die Minoer hingegen kaum Wert, die Figuren sind zwar bewegt, doch ohne plastisch ausgeformte Körper – zumindest zu Anfang, denn was sich in der Kleinplastik feststellen lässt, gilt auch hier: Von einer anfänglichen Starrheit, wie sie noch der „Krokospflücker" zeigt, gelangen die Künstler mehr und mehr zu einer Leichtigkeit in der Darstellung, zu mehr Plastizität und Naturnähe. Angeführt seien nur das **„Stierspringerfresko"** (**Saal XIV,** Nr. 15) oder das Fresko mit einer **Wildkatze** (**Saal XIV,** Nr. 20). Erst in spätminoischer Zeit wird die Malerei wieder starrer und monumentaler, wie **Prozessionsfriese** (z.B. im **Saal XIV,** Nr. 21 oder 22) andeuten.

Eine gesunde Skepsis gegenüber der Gesamtkomposition der Wandgemälde hängt in erster Linie mit dem rudimentären Zustand der Fundstücke zusammen. Groß angelegte, **fantasievolle Rekonstruktionen** haben das Bild derart verzerrt, dass man bei den Fresken kaum mehr von minoischer Wandmalerei sprechen kann. Sie sind viel eher ein Zeitdokument vom Beginn unseres Jahrhunderts. Bei der Rekonstruktion, die ohne Heranziehung hinreichenden wissenschaftlichen Vergleichmaterials ablief und sehr schnell über die Bühne ging, hatte man die Bilderwelt der eigenen Zeit – japanische Malerei, Jugendstil und plakative Kunst im Stil eines *Toulouse-Lautrec* – vor Augen. Ein Minoer würde diese Gemälde wohl kaum als Teil seiner Kultur erkennen ...

Kleinplastik

Großplastik ist aus minoischer Zeit nicht überliefert, dafür eine Menge an **Tonfigürchen,** Göttinnen, Adoranten (Betende) oder Tiere, außerdem **bronzene Kleinplastik,** Tierkopf-Rhyta (Trinkgefäße in Form eines Tierkopfes, häufig Stiere) und ägyptisch beeinflusste Tierbilder, oft aus **Elfenbein.** In der Kleinplastik wird das minoische Menschenbild ausgeprägt, für das pflanzenhafter Wuchs ohne eine Knochenstruktur charakteristisch ist. Beliebte Materialien waren neben Ton und Bronze Elfenbein und Fayence.

Anfangs, in frühminoischer Zeit, wurden die Menschen noch stark abstrahierend dargestellt. Vor allem die Köpfe wurden ganz einfach gebildet, sie bestehen nur aus Nase, Kinn, Ohren und ringförmig eingestochenen Augen sowie einer Kopfbedeckung. In der minoischen Blüte, etwa 1600 bis 1450 v. Chr., wurden die Figuren plastischer und naturalistischer. Musterbeispiel für das wachsende plastische Geschick in der Gestaltung menschlicher Figuren sind der berühmte **„Stierspringer"** aus Elfenbein (**Saal IV,** Vitrine 56), die beiden **„Schlangengöttinnen"** (**Saal IV,** Vitrine 50) oder das **„Alabaster-Rhyton"** in Form eines Löwinnenkopfes (**Saal IV,** Vitrine 59).

Die Entwicklung hin zu mehr Plastizität vor allem in der Spätzeit um 1450/1400 v. Chr. verdeutlichen auch zwei **Bronzestatuetten,** die Männer im Adorantengestus, bei der Gottesanbetung, zeigen: Während die Figur Nr. 1829 (**Saal V,** Vitrine 61) noch ganz starr und schematisch ausgebildet ist, wie in mittelminoischer Zeit üblich, zeigt die Ausführung der Bronzestatuette Nr. 1831 (**Saal VII,** Vitrine 89) außer mehr Plastizität auch erstmals Beweglichkeit und ein Bemühen, sich an der Natur zu orientieren. In Saal VII sind mehrere Beispiele für diese neue Entwicklung in der Endphase der minoischen Kunst zu sehen, wie die **„Schnittervase"** (Vitrine 94), der **„Rapportbecher"** (Vitrine 95) und die sehr natürlich wiedergegebenen **„Wildziegen"** (Vitrine 102) belegen – Letztere stellvertretend für die zahllosen naturgetreuen Tierdarstellungen –, die bereits überleiten zum Genre der Steinschneidekunst.

Steinschneidekunst, Toreutik, Schmuck

Schon vor 2000 v. Chr. ahmten die Minoer ägyptische **Siegel** mit linearen und pflanzlichen Ornamenten sowie figürlichen Bildern nach. Eine Blüte erlebte dieses Genre ab etwa 1700 v. Chr. Die Minoer erreichten eine große Fertigkeit in der Steinschneidekunst. Aus dem weichen Chlorit, aber auch aus Bergkristall, entstanden **Steingefäße** mit detailreichen szenischen Reliefdekors, wie das **„Stierkopf-Rhyton"** aus Zakros **(Saal VIII),** oder realistische Darstellungen wie der berühmte **„Stierkopf"** aus Knossós **(Saal IV).**

Auch zahlreiche gefundene Gold- und Beinarbeiten und kretische **Schilde** – mit **Bronzeblech** überzogene Rundschilde, 50–70 cm im Durchmesser, oft mit Adler- oder Löwenköpfen verziert und besonders in der Zeushöhle gefunden – belegen die Blüte dieser „Toreutik" genannten Kunst in minoischer Zeit. Für die Schilde und die hervorragend gearbeiteten Angriffswaffen waren die Minoer in aller Welt bekannt – sie waren ein begehrtes Handelsprodukt. Neues Highlight ist der wiedergefundene goldene „Siegelring des Minos", dem eine eigene Ausstellung im OG gewidmet ist.

Schrift

Die kretische Hieroglyphenschrift, wie wir sie auf dem **Diskos von Festós (Saal III)** finden, wurde im Laufe des 17. Jh. v. Chr. von der **Linear-A-Silbenschrift (Saal V,** Vitrine 69) abgelöst, die ebenfalls noch nicht entschlüsselt wurde. In der gleichen Vitrine befindet sich zudem ein Beispiel für die berühmte **Linear-B-Schrift,** von den herrschenden Mykenern im späten 14. Jh. v. Chr. auf Kreta eingeführt. Sie konnte 1952 durch *M. Ventris* entziffert werden. Das im Museum ausgestellte Stück enthält eine Inventarliste des Palastes von Knossós.

lung eines Menschen in voller Bewegung. Dasselbe Thema wurde auf einem Bergkristallplättchen mit ungewöhnlicher Bemalung auf Glas dargestellt. Aus Fayence, aber nicht minder hochklassig sind die beiden bemalten Figürchen, die **Schlangengöttinnen** mit entblößten Brüsten darstellen. Ein weiteres Meisterwerk der Kleinplastik stellt das im Palast von Knossós gefundene **„Schachspiel"** dar, kunstvoll aus Elfenbein, Bergkristall, Glasfluss und mit Gold- und Silberplättchen gefertigt.

Saal V
Zwischenphase (1450–ca. 1370 v. Chr.), „Schriften-Saal"

Die **Tontäfelchen** mit Ritzzeichen in **Linear A- und B-Schrift** (Vitrine 69) stehen im Mittelpunkt des Besucherinteresses. Daneben sollte man sich die spätminoische Keramik ansehen, oft hellgrundig im Flora- und Meeresstil (darunter neue dreihenkelige Amphoren), außerdem schön geschnittene Siegel, große Vorratsgefäße, vor allem aus Archánes, und ein **Hausmodell** aus Archánes, das wichtige Aufschlüsse darüber gibt, wie man sich ein kretisches Haus in minoischer Zeit vorstellen muss.

Saal VI
Saal der Grabfunde (1450–1300 v. Chr.)

Im Mittelpunkt stehen Grabfunde, schwerpunktmäßig aus Knossós, Archánes und Festós, z.B. kleine Terrakottagrüppchen beim Totenmahl oder bei anderen kultischen Handlungen. Außerdem Keramik der Spätphase mit ersten geometrischen Mustern und in der neuen mykenischen Leitform der **Bügelkanne.** Auf die Mykener weisen auch die Bronzegefäße und zahlreiche Waffen, Schwerter (auch mit Elfenbeingriff), Dolche, Messer, Lanzen, Pfeile und schließlich verschiedene Helme hin, darunter einer aus Bronze und ein **Helm mit Wildschweinzähnen** (großteils ergänzt) hin. Im Saal ausgestellt sind überdies Musterbeispiele minoischer Goldschmiedekunst, darunter Gefäße, Ringe, Ohrschmuck, Ketten, oft mit Edelsteinen oder Glasfluss kombiniert, auch Siegelringe, Spiegel, Weihgefäße für Brandopfer in Form von Pfannen sowie eine sehenswerte **Elfenbeinbüchse** mit Jagdszenen.

Saal VII

Jüngere Palastzeit, „Doppelaxt-Saal"

Unübersehbar sind die großen **Doppeläxte aus Bronze,** daneben andere in verschiedenen Größen, auch im Miniaturformat, in Gold. Doppelaxt und Stierhörner können als minoische Hauptsymbole angesehen werden, deren genauer Sinn nicht mehr erkennbar ist; neben kultischer Bedeutung könnten sie auch politische gehabt haben. Sehenswert in diesem Raum, der viele Funde aus Gutshöfen und Kultstätten beherbergt, sind verzierte Steatitgefäße, z.B. die berühmte **Schnittervase** aus Agía Triáda, ein Rhyton (Trinkhorn-ähnliches Gefäß) mit Szenen sportlicher Wettkämpfe oder der „Rapportbecher". Außerdem sehenswert: **Bronzeweihgaben** (Stiere und Götterfiguren, Adoranten, Wildziegen) sowie schön gearbeiteter Goldschmuck, z.B. ein Bienenanhänger aus der Nekropole Chrisolákkos bei Mália. Die Massen an **Bronzebarren,** die man in Agía Triáda gefunden hat, dienten als Zahlungsmittel; ihr Einzelgewicht (ca. 30 kg) entsprach einem Talent.

Saal VIII

Saal der Palaststadt von Zákros (ca. 1700–1450 v. Chr.)

Dieser Saal ist ganz den **Funden aus Zákros** gewidmet: Kultgefäße in ungewöhnlicher Form, Keramik im Meeres- und Florastil, qualitativ hochwertige Steingefäße, vor allem Rhyten, darunter ein weiteres wunderschön gearbeitetes **Stierkopf-Rhyton,** ähnlich dem bereits erwähnten aus Knossós, und ein weiteres edles Trinkgefäß aus Bergkristall, aber auch eine Steinamphora sowie Bronzebarren und Reste von riesigen Bronzekesseln.

Saal IX

„Varia-Saal"

In diesem Saal befindet sich ein Sammelsurium von Stücken verschiedener Fundorte, vor allem aus dem Osten Kretas (z.B. Palékastro, Gourniá): ein tönernes Stierkopfrython, Kleinplastik aus Ton und Bronze, auch das Elfenbeinfigürchen eines sitzenden Kindes, Keramik und Steingefäße sowie ein tönernes Modell eines Heiligtums, bekrönt mit Kulthörnern. Neben Tonsiegeln sind in diesem Saal jedoch die Beispiele der **Steinschneidekunst** besonders bemerkenswert: Siegel, z.B. ein an den Enden vergoldeter Rollsiegel, und aufwendig geritzte Gemmen sowie eine imposante Sammlung von Skarabäen.

Saal X

Nachpalastzeit (ca. 1370–1100/1000 v. Chr.)

Viele Besucher beginnen an dieser Stelle „schlapp" zu machen, doch lohnen dieser und die folgenden Säle. Hier befinden sich Funde der Spätphase der minoischen Epoche, u.a. die **Keramik im Palaststil,** aber auch mykenische Vasen (Bügelkannen) und mehrere Tonfigürchen von Frauen mit zum Gebet erhobenen Händen und andere Ton-Weihefiguren (Stiere, Reigentanz-Gruppe).

Saal XI

Subminoische und frühgeometrische Phase (1100/1000– ca. 800 v. Chr.)

Zwar zeigen die Tonfiguren und auch die populär bleibenden Doppeläxte das Fortbestehen minoischer und mykenischer Traditionen an, doch die **frühgeometrische Keramik** zeigt eine ganz andere Dekorationsweise: streng geometrisch, ohne Schnörkel und ohne die lebensfrohen Darstellungen der Pflanzen- und Meereswelt der Minoer. Ein weiteres neues Element stellen Gewandnadeln und Bronzefibeln dar. Zahlreich in diesem Saal: Votivgaben, vor allem **Kleinplastik aus Ton,** darunter die „Göttin von Kárfi", ein von Ochsen gezogener Wagen und Pferde.

Saal XII

Geometrische und orientalisierende Epoche (ca. 1000–650 v. Chr.)

Die neue Zeit verdeutlicht die **geometrisch-orientalisierende Keramik,** Vasen mit neuartigen orientalisierenden Abbildungen (Aryballoi, Lebetes und Kalpides). An vergangene Tage knüpfen dagegen der sehenswerte Goldschmuck und die Votivfiguren an, die stilistisch relativ unveränderlich sind. Im Saal befinden sich zudem schöne geometrische Bronzegussarbeiten, aufwendig gearbeitet und teils zu großen Dreifüßen und Kesseln gehörend, außerdem **Bronze-Votive** und **Votivbleche** aus archaischer Zeit.

Saal XIII

Saal der minoischen Sarkophage

Bevor die Treppe ins Obergeschoss führt, geht es durch einen Saal mit **Tonsarkophagen** (von 1400 bis ca. 1150 v. Chr.), die ab der spätminoischen Phase zur Totenbestattung verwendet wurden. Die Formen sind variabel, waren es anfangs vor allem ovale Behältnisse, werden sie später kasten- und wannenförmig. Alle sind mehr oder weniger aufwendig bemalt, z.T. mit Szenen aus dem Grabkult und reichem Dekor. In den anscheinend zu kleinen Behältnissen, die wohl zu Lebzeiten tatsächlich profanen Zwecken dienten, wurden die Toten in Hockstellung bestattet. Außerdem in diesem Raum: Pithoi (Vorratsgefäße aus Ton), z.T. mit Linear-A-Inschriften.

Säle XIV–XVI

Minoische Wandmalerei

In diesen Sälen breitet sich die ganze Pracht der minoischen Wandmalerei aus oder besser dessen, was die Rekonstruktionen zu Beginn des 20. Jh. daraus gemacht haben. Es ist trotzdem interessant, die Bilder genau zu betrachten, denn nur so kann man die **Originalfragmente** innerhalb der großformatigen Rekonstruktionen erkennen. Man wird feststellen, dass über die Hälfte der Fundstücke so stark ergänzt ist, dass das Ergebnis mit dem zu Grunde liegenden Original wohl kaum mehr etwas zu tun hat. Beim „Delfinfresko" (Saal XIV) wird man z.B. erkennen, wie weit Realität und Fantasie auseinander klaffen und wie sehr der Zeitgeschmack bei der Rekonstruktion der unbestreitbar hochklassigen Gemälde mitgewirkt hat. Übrigens tragen auch die Postkarten am Souvenirstand dazu bei, dass dieser Eindruck von Vollständigkeit und Gültigkeit verstärkt wird.

Außerdem in Saal XIV: der **Sarkophag von Agía Triáda,** ein Steinsarkophag, der komplett mit Freskomalerei bedeckt ist. In Saal XIV befindet sich zudem ein interessantes **Holzmodell von Knossós,** das deutlich die Vorstellungen des Knossós-Ausgräbers *Evans* dokumentiert: Evans hat diese Stadt neu gegründet – mit der realen minoischen Palaststadt hat das Modell wenig zu tun.

Säle XVII–XVIII

Sonderausstellungen

Diese Säle werden für Sonderausstellungen genutzt, darunter immer wieder sehr interessante, die sich mit verschiedenen Aspekten der minoischen Welt beschäftigen.

Saal XIX

Archaik (ca. 650–500 v. Chr.)

Dieser und der nächste Saal befinden sich wieder im Erdgeschoss, beide werden leider von der Mehrheit der Besucher links liegen gelassen. Saal XIX enthält beeindruckende Beispiele **archaischer und dädalischer Kunst,** darunter die Figuren zweier sitzender Göttinnen und weitere Teile des Reliefschmucks des Tempels A von **Priniás** – wie ein Reiterfries –, außerdem die berühmte Göttertrias (Apollon, Artemis, Leto), Bronzefiguren aus **Dréros** sowie Votivbronzeschilder und Ritzstelen aus **Priniás.**

Saal XX

Römischer Skulpturensaal (500 v. Chr. bis ca. 400 n. Chr.)

Einer der Höhepunkte des Museums ist die hochklassige **Skulpturensammlung:** Klassische, hellenische und römische Kunstwerke, schwerpunktmäßig aus Górtis und Knossós, sind hier aufgestellt. Darunter befinden sich Götterstatuen, wie die der Aphrodite und des Apollon, Kaiserstatuen, wie die des Hadrian (2. Jh. n. Chr.) sowie römische Porträts und Gewandfiguren - leider in etwas liebloser Aneinanderreihung, teils in dunklen Ecken und ohne viele Erläuterungen. Im Mittelpunkt des Raums: ein Mosaik aus Knossós (2. Jh. n. Chr.), außerdem zahlreiche hochkarätige Grabstelen, Totenmahl- und Weihreliefs aus griechisch-römischer Zeit.

Tipp für Kunstfreunde

Im Osten der Stadt - auf dem Weg zum Flughafen - befindet sich seit 2000 das **Museum of Visual Arts** (Odos Nymphon 3, Tel. 2810/226683, www.heraklionvisualarts.gr, Mo–Fr 10–13 Uhr). In dem kleinen, aber sehenswerten Museum werden Werke zeitgenössischer kretischer Künstler sowie wechselnde Ausstellungen gezeigt und verschiedene Veranstaltungen angeboten.

Praktische Tipps

Vorwahl Iráklion: 2810 (immer mitzuwählen)

Informationen

- **Touristeninformation,** Odos Xanthoulidou 1 (gegenüber dem Archäologischen Museum), Tel. 228203, Mo–Fr 9–17 Uhr, Informationsstand auch in der Ankunftshalle des Flughafens.
- **Touristenpolizei,** Leoforos Dikeosinis 10, Tel. 247734, tgl. 7–23 Uhr.
- **Im Internet:**
www.heraklion-city.gr
www.travelinfo.gr/iraklio
www.ellada.net/ellada/regions-heraklion.php
www.iraklio.gr

Service

- **Post:** Platia Daskalojannis 10 (nahe Platia Eleftherias), Mo–Fr 7.30–20 Uhr. Postkioske z.B. am Busbahnhof A oder an der Ostseite des El-Greco-Parks, tgl. 8–14 Uhr.
- **Telefonieren:** O.T.E. am El-Greco-Park, tgl. 7–23 Uhr.
- **Banken:** Mehrere Geldinstitute wie die Citibank befinden sich z.B. in der O. 25 Avgoustou, Mo–Do 8–14 Uhr, Fr 8–13 Uhr.
- **Zeitungen:** An den meisten Kiosken sind deutsche Zeitschriften und Tageszeitungen, in der Regel nicht älter als einen Tag, zu bekommen. Der **International Herald Tribune** verfügt über eine englischsprachige Beilage der besten griechischen Tageszeitung **Kathimerini.**

Notfälle

- **Notfall:** Tel. 112
- **Polizei:** Tel. 100
- **Botschaften:** Deutsches Honorarkonsulat, O. Dikeosinis 7 (nahe Post), Tel. 226288. Schweizer und österreichische Bürger wenden sich an die Vertretung an der Pl. Eleftherias/O. Dedalou 36, Tel. 223379.

Verkehrsverbindungen

Überlandbusse

Iráklion dient als Drehscheibe des wichtigen Busverkehrs auf Kreta und verfügt über zwei Busbahnhöfe. Kostenlose Fahrpläne sind in den einzelnen Bahnhöfen erhältlich.

- **Busbahnhof A** liegt gegenüber der Fähranlegestelle (O. Makariou), nahe dem Hafen, mit Gepäckaufbewahrung, Kafénion, KTEL-Reisebüro für Touren, Fährtickets etc. und Zeitungskiosk. Busse fahren von hier zum einen Richtung Osten und Süden, d.h. u.a. Lassithi-Hochebene, Chersonissos-Malia, Agios Nikolaos, Ierápetra und Sitía (Infos: www.crete-buses.gr). Zum anderen wird die Route Réthimnon - Chanià regelmäßig bedient. Auf der New Road geht es etwa 16-mal pro Tag nach Réthimnon und Chaniá (5.30–20.30 Uhr, die Fahrt nach Réthimnon dauert etwa 90 Min., nach Chaniá 2,5 Stunden und kostet 12,60 €, wenige Busse fahren die zeitaufwendigere Route über die alte Straße. Infos zum Fahrplan: www.bus-service-crete-ktel.com/timetable.php.

Ebenfalls hier fahren die blauen **städtischen Busse,** u.a. nach Knossós, ab.

- **Busbahnhof B** liegt etwa 50 m außerhalb des Chaniá-Tors (mit Stadtbus 6 erreichbar), Chanioporta (am Anfang der Odos 62 Maryrs). Kafénia und Tavernen gibt es im näheren Umkreis. Die Busse fah-ren in Richtung südliches Zentralkreta, u.a. nach Messara, Festós, Matala, Agia Galini, Lentas, Anogia, Mires, Gortyn und in die dazwischenliegende Orte. Infos: www.crete-buses.gr.

Stadtbusse

Stadtbusse sind dunkelblau. Tickets dafür gibt es am Kiosk vor der Venezianischen Loggia oder an der Platia Eleftherias (vor dem Hotel Astoria). Die Fahrt kostet je nach Zone 0,90 € (orange, d.h. innerstädtische Fahrten) bzw. blaue Zone (Umland wie Knossós) 1,30 €.

- **Bus 1:** vom Flughafen zur Platia Eleftherias und zurück (alle 20 Min.).
- **Bus 2:** von Busbahnhof A oder Platia Eleftherias durch die Stadt (O. 25 Avgoustou, Platia Kallergon, Jesus-Tor) nach **Knossós.**
- **Bus 6:** vom Flugplatz durch die Stadt (Platia Eleftherias) zum Busbahnhof B und weiter zum westlichen Stadtrand **Ammoudára** (und zu den dortigen Hotels).
- **Bus 7:** von der Stadt zum Strand von Amnissós.

Taxi

Die Hauptstände liegen an der Platia Eleftherias und der Platia Kornarou, die Grundgebühr beträgt 1 €, ca. 0,45 € pro km, Tel. 210102 oder 210168.

Schiff

Der neue **Ferry Terminal** mit Abfertigungshalle (Imbiss, Souvenirshop, Autovermietung etc.) liegt etwa 1 km östlich des Venezianischen Hafens (vorbei an Busbahnhof A und leicht zu Fuß erreichbar). Hier legen auch die Kreuzfahrtschiffe an und befinden sich die Büros der verschiedenen Fährgesellschaften.

- **ANEK, Superfast** und **Minoan Lines** fahren am Abend in 6–10 Std. nach Piräus (Details siehe „Vor der Reise, Reiseplanung und Buchung").
- **GAFerries** verbindet Iráklion mit den Kykladen, Rhodos u.a. Inseln.

Parken

- Günstig gelegen, da nahe dem Museum, ist der mit **„Parking Museum"** ausgeschilderte große Parkplatz an der O. Ikarou. Ein Pkw kostet 6 € für beliebige Dauer, weitere Parkplätze befinden sich Richtung Hafen und gegenüber Naturhistorischem Museum (ausgeschildert).

Essen und Trinken, Einkaufen

Große Kaufhäuser sind in Iráklion rar, Ausnahme ist die Talos Plaza westlich der Strandpromenade (L. Sof. Venizelou) –, dafür gibt es eine Unmenge kleiner Läden – Vielfalt prägt seit jeher das griechische Leben!

Rund um die Marktstraße Odos 1866

Rund um den bazarartigen Markt befinden sich in den Seitenstraßen **kleine Läden,** auch typisch kretische, mit Haushaltsartikeln, Werkzeug, Stühlen, dazwischen auch alte Werkstätten. Auf dem Markt lohnen die kleinen Stände mit kretischen Produkten wie Käse, Wein, Gebäck und Honig, Olivenöl und Tsikoudia (Tresterschnaps). Auch empfehlenswert sind die **Kaffeerösterei Kafekoptio Kouloumas,** der **Käse-/Weinladen Kargakis** und der kleine **Fischmarkt** (O. Karterou).

Busbahnhof in Iráklion

001kr Foto: bk

Öffnungszeiten: Mo–Fr 8.30–14.30 Uhr, außer Mo, Mi auch 17–20.30 Uhr, Sa 7–14.30 Uhr.

In zwei Seitengassen des Marktes befinden sich **„Fressgassen"** mit typisch griechischen Tavernen (auch kretische Spezialitäten!). Ein besonderer Tipp in der Hauptgasse ist das kleine **Kafeneion Sarantafga.**

Ein Tipp für Leckermäuler: **Zacharoplasteion Tamiolakis** (nahe dem Bembo-Brunnen, an der Ostseite der Platia Kornarou), mit einer großen Auswahl an typisch griechischen Backwaren und Broten.

Rund um Platia Venizelou und El-Greco-Park

Neben netten kleinen Läden, z.B. **Fernando** (Modeschmuck und Accessoires), finden sich zahlreiche **Tavernen,** billige **Souvlaki-Imbissbuden,** wie Politeia oder Everest, sowie **Cafés,** wie das Kirkor oder Sofies, mit Sitzplätzen im Freien, wie rund um den Morosini-Brunnen. Auf der anderen Seite des El-Greco-Parks: **Supermarkt Chalkiadakis,** eines der wenigen großen Lebensmittelgeschäfte im Zentrum.

Odos Kagiambi

Die kleine Gasse verbindet das Areal um das Ikonenmuseum mit der Platia Venizelou und bildet den Kern einer kleinen Einkaufszone mit diversen **Läden** (wie Body Shop), **Boutiquen, Cafés** (wie To Palio Kafé) und **Tavernen** (wie Allaki Alla).

Odos Chandakos

Neben **Hotels** liegen in der Fußgängerzone zahlreiche kleine, beliebte **Cafés, Bars und Kneipen** wie Utopia (Nr. 36, große Bier-Auswahl) oder Paper Cut (Nr. 31, WLAN!). An einem kleinen Platz liegen ein Feinkostladen, Cafés und ein englischsprachiger Buchladen; zudem in der Nähe der **Travel Bookstore ROAD** (Nr. 29). Lohnenswert ist auch ein Besuch beim **Ikonenmaler Voula Manousakis** (Nr. 31) oder in den kleinen Boutiquen oder Schmuckläden, z.B. Spira (Nr. 17).

Odos Dedalou

Dies ist die eigentliche Fußgängerzone der Stadt, beliebt bei Einheimischen und Besuchern und ideal zum Shopping, mit internationalen **Boutiquen** wie Timberland, Boss oder Nautica sowie **Tavernen** wie Fellini (Ecke O. Byzantinon). Interessant für Sammler ist das **Antiquaire C. Papadopoulos** (Hausnummer 11), mit alten Ikonen, Schmuck, Gemmen und Antiquitäten.

Leoforos Dikeosinis

Entlang der modernen Hauptstraße, die die Platia Eleftherias und die Platia Venizelou verbindet, reihen sich zahlreiche **Boutiquen,** außerdem die Touristenpolizei und – typisch griechisch – gleich mehrere **Kioske** aneinander, jeder mit anderem Angebot.

Odos 25. Avgoustou

Die Fußgängerzone vom Zentrum zum Hafen ist gespickt mit **Reiseveranstaltern** (auch Fährtickets), **Leihwagenfirmen, Souvenirshops** und **Banken,** dazu gibt es neuerdings eine Starbucks-Filiale. Das **Restaurant Pagopolion,** neben der Kirche Ágios Markos, ist empfehlenswert. Auch an der Hafenpromenade, Ecke Odos 25. Avg., laden einige **Tavernen** ein.

Odos Korai/Odos Ag. Titou

In den Gassen hinter der Venezianischen Loggia sind Cafés beliebte Treffs der lokalen Jugend und Studenten.

Besonders empfehlenswert ist das **Mezedopolio Scholarcheio** (O. Titou) für einen kleinen Imbiss; daneben Naturkostladen und gute Bäckerei. Weitere Tipps sind die Ouzerie/Mezedopolio **Vengera** (Ecke O. Idomeneos/Epimenidou), das noble Restaurant **Veneto** (O. Epimenidou 9) oder das hervorragende, ebenfalls etwas exklusivere **Restaurant Loukoulus** (O. Korai 5, Tel. 224435).

Platia Viglas

Unterhalb Bastion Vitóuri, südlich Platia Elefterias, O. Dimokratías: Hier gibt es mehrere schöne Tavernen mit Ausblick, z.B. Restaurants-Tavernen **Klimataria, Ouzorakadika** oder **Gorgona.**

Spezielle Einkaufs- und Restauranttipps

- **Antonis Theodorakis Icons Studio,** Odos Idomeneos 18: handgemalte Ikonen nach originalen Vorbildern.
- **Cretan Centre of Chaplet,** Odos Kalokerinou 257, Komboloi aller Art, auch andere Souvenirs wie Schlüsselanhänger und Schmuck.
- **Zacharoplastion Meliriton,** Odos Menelaou 2 und Odos Andrea Papandreou 25, Patisserie der besonderen Art mit typisch Kretischem wie *Kalitsounia.*
- **Kouzinerie,** O. Marinelli 11, Tel. 574115, ausgezeichnetes Lokal, in dem Chef Nikos Kourinos aus frischen und lokalen Produkten kretische Spezialitäten kreiert.
- **Psomi & Elia,** O. Marinelli 21, kleine Taverne mit zahlreichen, frischen Gerichten – bevorzugt aus und mit Oliven – und leckeren Broten.

Nachtleben

Discos und Bouzouki-Lokale

- **Trapeza,** Leof. Doukos Bofor 7, *der* Treff in Iráklion.
- **Gallea,** L. Sof. Venizelou 13; derzeit angesagter Club, in dem mittwochs die bekanntesten DJs der Insel auflegen. Donnerstags „griechische Nacht"; zugehöriges Café an der Strandpromenade.
- **Premiera,** Straße nach Knossós, ca. 3 km außerhalb des Zentrums.
- **Mezedopolio Vengera,** O. Idomeneos 1, nettes Restaurant mitten in der Altstadt, mit Live-Konzerten.

Sportveranstaltungen

Im Mittelpunkt des Interesses stehen in Iráklio die Fußballprofis von **Ergotelis** und **OFI** („die Schlange"). Die neue (Fußball-) Arena **„Pankritio Stadio"** wurde anlässlich der Olympischen Spiele 2004 eröffnet – hier fanden Fußballspiele des Olympischen Turniers statt. Es liegt im Westen der Stadt.

- **Infos: Ergotelis,** www.ergotelis.gr (Spiele im Pankritio) und **OFI** www.ofi.gr (derzeit 2. Liga und daher Spiele im eigenen, kleinen Theodoros Vardinogiannis Stadio nahe dem Pankritio).

Unterkunft

- **Hotel GDM Megaron**€€€€ (O. Doukos Bofor, Tel. 305300, www.gdmmegaron.gr), Luxushotel in renoviertem Palast über dem Hafen/Busbahnhof.
- **Hotel Lato**€€€€ (O. Epimenidou 15, Tel. 228103, www.lato.gr), empfehlenswertes Boutique-Hotel, schön ausgestattete Zimmer mit tollem Blick auf Hafen und Festung.
- **Hotel Aquila Atlantis**€€€€ (O. Igias 2, Tel. 229103, www.theatlantishotel.gr), luxuriöses, teures, großes 5-Sterne-Hotel (170 Zimmer) nahe Archäologischem Museum.
- **Hotel Galaxy**€€€ (Leof. Dimokratias 75, Tel. 238812, www.galaxy-hotel.com), neu renoviertes, nettes Hotel, auch „Packages".
- **Hotel Kastro**€€€ (O. Theotokopoulou 22, Tel. 285020, www.kastro-hotel.gr), ganzjährig geöffnet, 39 geräumige Zimmer inkl. Frühstück, TV-Raum und Bar.
- **Marin Dream Hotel**€€-€€€ (O. Doukos Bofor 12, Tel. 300019, www.marinhotel.gr), kleines 3-Sterne-Hotel mit modernen Zimmern, inkl. Frühstück. Etwas laut, dafür ideale Lage mit Ausblick auf den Hafen von den Nord-Zimmern mit Balkon und von der Dachterrasse mit Restaurant. Gratis WiFi.
- **Hotel Mirabello**€€ (O. Theotokopoulou 18, Tel. 285052, www.mirabello-hotel.gr), insgesamt 25 Zimmer (mit und ohne Bad), ordentliches 2-Sterne-Hotel.
- **Hotel Dedalos**€€ (O. Dedalou 15, Tel. 244812), kleines, ordentliches 3-Sterne-Stadthotel mitten in der Fußgängerzone, unterschiedliche Zimmer zu günstigen Preisen (mit diesem Reiseführer 10 % Rabatt).
- **Hotel Kronos**€-€€ (O. Sofokli Venizelou 712, Tel. 282240, www.kronoshotel.gr), etwas laut, da direkt an der vielbefahrenen Hafenstraße, doch zentral, 72 ordentlich-schlichte Zimmer, teilweise mit Meerblick.
- **Hotel El Greco**€-€€ (O. 1821 Nr. 4, Tel. 281071, www.elgrecohotel.gr), ordentliches 2-Sterne-Stadthotel.
- Preiswerte Hotels/Pensionen um Odos Chandakos, z.B. **Hotel Rea**€ (O. Kalimerakis 1, Tel. 223638, www.hotelrea.gr).
- **Jugendherberge** (O. Virinou 5, nahe O. 25. Avg., Tel. 286281, Fax 222947), nichts für Anspruchsvolle, da zwar sehr billig (um die 10 €), jedoch spartanisch; Mahlzeiten und Gepäckaufbewahrung möglich.

Das Umland von Iráklion

Knossós

↗ XIII/C2

Hat man die hässlich-monotonen, südlichen Vororte Iráklions hinter sich gelassen, kommt man in den vielgerühmten, interessanten, doch zugleich fragwürdigen Genuss *der* Attraktion von Kreta schlechthin, den Palast von Knossós. Fast immer bilden sich Schlangen vor den Ticketschaltern und dahinter bieten sich, oft reichlich aufdringlich, Führer in verschiedenen Sprachen an. Dann folgt die nächste Überraschung: die „umwerfende" Rekonstruktion des Palastes – Beton und Farbe so weit das Auge reicht!

Einer Herde Vieh gleich wird man auf hölzernen Pfaden vorangeschoben – Einzelbauten dürfen heute kaum mehr betreten werden – und bekommt dabei trotz neuer Erklärungstafeln ein leider **falsches Bild** vermittelt. Allein aus diesem Grunde könnte man an dieser Stelle schlicht und einfach vermerken „Das können Sie sich sparen!" und zur nächsten, lohnenderen Attraktion übergehen. Doch damit würde man sich die Sache andererseits zu einfach machen.

Das „Problem Knossós"

Obwohl andere Grabungsstätten ein wesentlich umfassenderes, vielseitigeres und wissenschaftlich fundierteres Bild von der minoischen Kultur vermitteln – so z.B. Mália, Agía Triáda oder Festós – ist gerade Knossós zum Synonym für Kreta geworden. Immerhin kann man hier einiges über die **Wis-**

110kr Foto: bk

senschaftsgeschichte der Archäologie zu Anfang des 20. Jh. lernen (s. auch Kapitel „Archäologie, Mythen und antike Quellen").

Zudem ist die Diskussion um die Rekonstruktion archäologischer Reste in jüngster Zeit in Fachkreisen mit großer Vehemenz wieder aufgenommen worden, und Knossós stellt diesbezüglich ein Musterbeispiel dar, einerseits was die Art und Weise anbelangt, mit der eine vormals unbekannte Periode mit fantastisch-buntem, mystischem Leben erfüllt werden kann, andererseits als Fallbeispiel, wie leichtfertig wir mit den Hinterlassenschaften längst vergangener Kulturen umgehen. Deshalb sollte sich ein Reiseführer weder mit der üblichen Bau-für-Bau-Beschreibung begnügen, noch die „Kultstätte Kretas" totschweigen. Im Folgenden werden wir uns daher mit der Grabung als solcher befassen und versuchen, Licht in das Dunkel der Betonmauern und -säulen zu bringen.

Bedenkt man, dass die minoische Kultur fast ein Jahrtausend überlebt hat, während seit der Wiederentdeckung kaum hundert Jahre vergangen sind, erscheint es unglaublich, dass ständig umfangreiche **Restaurierungsmaßnahmen** nötig sind, um das Denkmal vor den negativen Auswirkungen der modernen Zeit zu schüt-

Topattraktion der Insel: Knossós

zen. Der Kalkstein überdauerte Jahrhunderte, doch nun trampeln jährlich **über einer Million Touristen** die Reste buchstäblich zu Staub. 1998 hatte man damit begonnen, die angegriffenen Ruinen zu stabilisieren. Dazu gehört die Neuanlage von Holzstegen, die erstmals der antiken Zugangsroute entsprechend aufgebaut werden sollen. Räume wurden überdacht und für Betonergänzungen vom Anfang des 20. Jh. muss Ersatz gefunden werden, da die Stahlgerüste im Innern rosten und drohen, Bauteile zu sprengen. Viele Räume sind einsturzgefährdet, da die aufgesetzten Betonwände einen zu großen Druck auf die antiken Überreste ausüben.

Besucher werden nur noch auf wenigen Wegen durch die Palastanlage geschleust werden, viele Gebäudeteile werden bald überhaupt nicht mehr zugänglich sein. Doch solche **Beschränkungen** scheinen angesichts des Daueransturms das einzige Mittel zu sein, die Stätte vor dem völligen Verfall zu schützen. Eine zweite Möglichkeit wäre, die Ausgrabung komplett zu schließen, was zwar in manchen Fachkreisen Begeisterung auslösen würde, dem kretischen Tourismus aber erhebliche Einbußen einbrächte.

Einführung

Kreta gilt als Wiege der europäischen Kultur, Knossós als **Zentrum der minoischen Epoche** – doch über Jahrhunderte schien die Welt ihr Erbe vergessen zu haben. Über dem alten Palast hatte sich ein Schutthügel gebildet, der im Volksmund *„tou tselebi i kephala“* (die Kuppe des Herrn) hieß. Nicht *Sir Arthur Evans* war es, der die Wiege der europäischen Kultur wieder entdeckte, sondern ein kretischer Händler namens *Minos Kalokairinos.* Er hatte 1878 auf dem Hügel sechs Räume mit zwölf *Pithoi* (Vorratsgefäßen) ausgegraben, wohl ohne zu wissen, was er da entdeckt hatte. 1880 war es der Amerikaner *W. Stielman*, der den Fundplatz mit dem sagenhaften Labyrinth von Knossós in Zusammenhang brachte.

Nun begann sich auch der berühmte Troja- und Mykene-Ausgräber **Heinrich Schliemann** für den Ort zu interessieren. Zwischen 1886 und 1889 bemühte er sich jedoch vergeblich um den Erwerb des Geländes und die Genehmigung, dort Ausgrabungen auszuführen, und gab schließlich resigniert auf. Er begründete seine Entscheidung in einem Brief an seinen Fachkollegen *Virchow* am 17.3.1889: *„Der Besitzer, der mich begleitete, will unter keiner Bedingung die Erlaubnis zur Ausgrabung geben, bietet mir aber die Hügel für 100.000 fr. zum Kauf an ... Aber nicht nur 100.000 fr. ... ist mir zuviel, wegzuwerfen für die in einer Woche vollendbaren Arbeiten, deren Ergebnis – bis auf die letzte Tonscherbe – dem Museum in Heraklion zugute kommt.“*

Schliemann war nicht der Einzige, der Interesse bekundete, auch der Franzose *J. Joubert* hatte Pech, und erst der kleine Engländer **Arthur Evans** (s. das entsprechende Kapitel in „Archäologie, Mythen und antike Quellen“) schaffte es mit viel Geduld, Geld und einem nicht unerheblichen

Anteil an Bestechungen, den Hügel ab 1894 häppchenweise zu erwerben und damit die Voraussetzung für eine Grabung zu schaffen.

Im Jahr **1900** begannen die Arbeiten, die sich alles in allem bis 1925 hinzogen, der Hauptteil wurde jedoch innerhalb kürzester Zeit aufgedeckt. *Evans* und seine Mitarbeiter legten dabei das ganze Areal frei und rekonstruierten den Palast großteils aus **Beton, Gips und Farbe.**

Ursprünglich handelte es sich um eine notwendige technische Maßnahme, da die im antiken Bau verwendeten **Holzsäulen** natürlich nicht mehr erhalten waren und freigelegte Mauern und Deckenteile abgestützt werden mussten. Erfolglose Versuche mit Holz und die Preise von Steinsäulen und Backsteinmauern veranlassten *Evans,* die neueste revolutionäre Errungenschaft der 1920er Jahre, **Stahlbeton,** einzusetzen. Ehemalige Holzteile wurden in Beton ergänzt und **hellbraun bemalt,** um Holz zu imitieren.

Aus der Notlösung machte *Evans* immer mehr eine Tugend, half ihm der Beton doch dabei, seine Fantasien in die Realität umzusetzen und statt eines Ruinenfeldes eine glanzvolle minoische Stadt – wie *er* sie sich vorstellte – zurückzulassen. So entstanden neben den Stützen Betondecken, Treppenaufgänge und komplette neue Freskenwände, alles bunt bemalt. *Evans* stülpte seine höchstpersönlichen, zeitgeprägten Vorstellungen einer alten Kultur über und beeinflusst damit bis heute das Bild dieser alten Welt bei Millionen von Besuchern.

Orientierung

Heute umfasst das **Areal des Palastes** von Knossós etwa 22.000 m², für die ursprünglich bebaute Fläche wird eine Ausdehnung von 1800 x 1500 m geschätzt. Der eigentliche Palast gruppiert sich um einen **zentralen Hof** (28 x 60 m) und umfasst Lichthöfe, Gänge, Hallen, Treppen, Werkstätten, Vorrats-, Verwaltungs- und Repräsentationsräume sowie herrschaftliche Wohnareale, die nach Lichteinfall und Temperaturverhältnissen angelegt worden waren. Dabei fehlte es nicht an sanitären Einrichtungen wie Warmwasserheizung, Badewannen und Spülklosetts.

Um den nicht befestigten Palast lag eine große **Stadt,** in der zur Blütezeit bis zu 50.000 Menschen lebten – gelegentlich werden sogar bis 80.000 angenommen. Angst vor Eindringlingen ließ die *Pax Minoica,* die souveräne Kontrolle des Ägäisraums durch Kreta, nicht aufkommen. In der Nähe des Palastes finden sich noch Ruinen eines Viadukts, einer Karawanserei und eines kleinen Palastes (im Nordwesten des Hauptkomplexes), eine königliche Villa (im Nordosten) und Friedhöfe. Die Reste der Siedlung sind eher spärlich.

Rundgang über die Grabung

Heutzutage kann man sich die ursprüngliche Gestalt der Palaststadt Knossós nur schlecht vorstellen. Das liegt nicht einmal nur an den „Beton- und Farborgien" von *Evans & Co.* – der Ausgräber wird übrigens mit einem

Knossós – historischer Überblick

- erste Siedlungsspuren in der **Jungsteinzeit** (Reste unter dem Zentralhof)
- **nach 2000 v. Chr.:** Bau des ersten Palastes und einer umgebenden Siedlung
- **um 1700 v. Chr.:** Erdbeben zerstören die ersten Paläste in Knossós, Festós und Mália.
- **nach 1700 v. Chr.:** Neuaufbau des Palastes, größer und prächtiger, und Wiederaufbau der Siedlung; Beginn der minoischen Blütezeit
- **um 1450 v. Chr.:** Erneute Zerstörung; entgegen älterer Theorien (mykenische Eroberung) war die Ursache dafür wohl in innerkretischen Unruhen zu sehen. Danach wurde der Palast sofort wieder aufgebaut. Es finden sich *keine* mykenischen Spuren, d.h. die minoische Kultur bestand fort. Andere Paläste wie Festós und Mália wurden nicht oder nur rudimentär aufgebaut, die Städte hingegen schon, was darauf schließen lässt, dass Knossós sich als alleinige minoische Macht durchgesetzt hatte.
- **ca. 1375 v. Chr.:** Zerstörung des Palastes, danach schlichterer Aufbau nach neuem System; die Mykener hatten nun anscheinend das Kommando übernommen.
- **ca. 1150 v. Chr.:** endgültige Zerstörung von Knossós während der Völkerwanderungen („Seevölker")
- **nach 1100 v. Chr.:** Die Siedlung wurde von Dorern bewohnt, später zogen Römer (Militärzentrale) ein, und schließlich wurde Knossós eine byzantinische Stadt.
- **nach 824 n. Chr.:** von Sarazenern zerstört und geplündert
- **1271 n. Chr.:** erstmalige urkundliche Erwähnung von Knossós in nachantiker Zeit, seither kontinuierlich bewohnt – mit Ausnahme des Palastareals, das von 1150 v. Chr. bis ins späte 19. Jh. n. Chr. unbeachtet unter dem Schutt der Geschichte begraben blieb
- **1900–1925:** Ausgrabungen des Palast-Geländes durch *Sir Arthur Evans*

Porträt auf dem Westhof geehrt – sondern vor allem an den wenigen erhaltenen Überresten. Der Palastkomplex gruppierte sich um einen Zentralhof, etwas erhöht auf einem Hügel gelegen. Von ihm als Kern ausgehend, wuchsen die einzelnen Bauteile darumherum, beinahe übergangslos gefolgt von der ausgedehnten Siedlung, in der etwa 50.000 Menschen lebten. Was der moderne Besucher in Knossós in erster Linie bewundert, ist das (rekonstruierte) **Herz des Palastes,** von der umgebenden Siedlung, die nur teilweise ausgegraben wurde, sind jedoch nur spärliche, unattraktive Überreste zu sehen.

Ein von Bäumen gesäumter Eingangskorridor führt zunächst zum gepflasterten **Westhof** des Komplexes. Den Hof durchziehen etwas erhöhte Wege, allgemein als „Prozessionswege" bezeichnet. Der Zweck der drei großen, ausgemauerten Gruben, **Kouloúres (1)** genannt (ähnliche fand man auch in Mália), liegt im Dunklen. Wie man in zwei der Gruben nachweisen konnte, befinden sich unter dem Hof Reste der Bebauung aus frühminoischer Zeit.

Fundamente von zwei Altären, die ebenfalls auf dem Platz zutage traten, legen nahe, dass hier auch **kultische Handlungen** ausgeführt wurden. Gleich vorweg: der Begriff „kultisch" taucht im Folgenden noch häufiger auf, er wird in der Archäologie für Funde und Befunde benutzt, für die man keine andere bzw. keine gesicherte Erklärung oder Deutung hat. Es ist daher

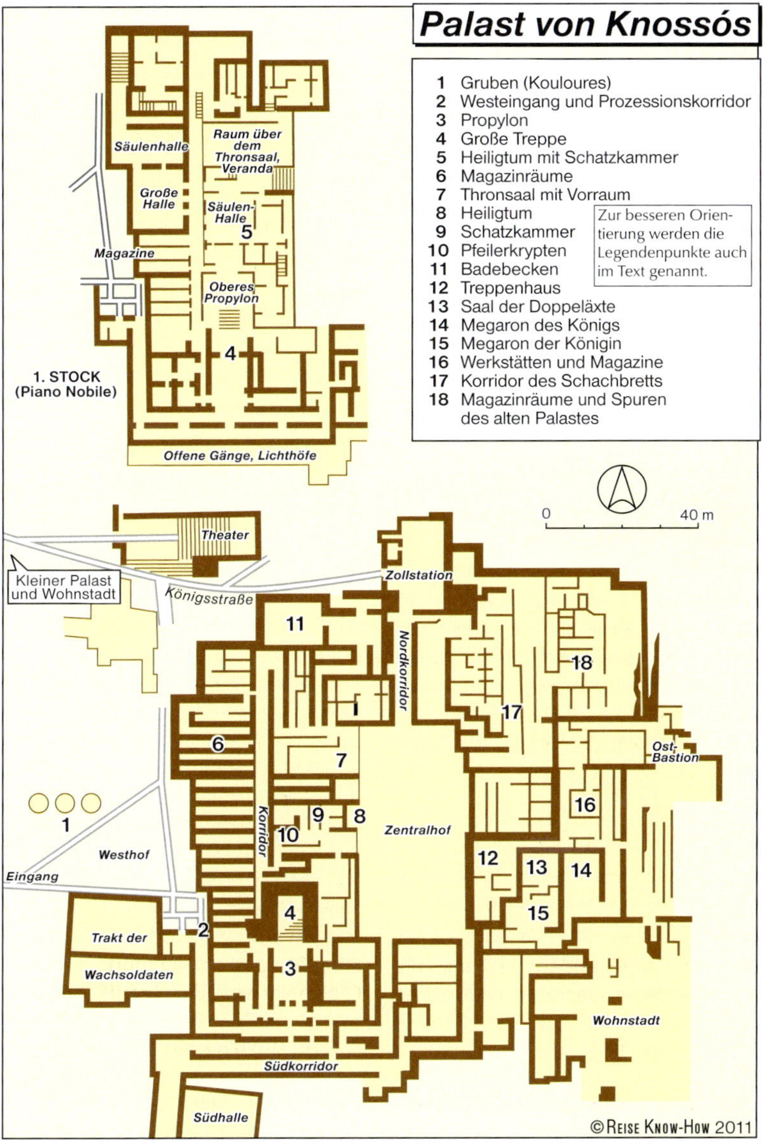
Palast von Knossós
1 Gruben (Kouloures)
2 Westeingang und Prozessionskorridor
3 Propylon
4 Große Treppe
5 Heiligtum mit Schatzkammer
6 Magazinräume
7 Thronsaal mit Vorraum
8 Heiligtum
9 Schatzkammer
10 Pfeilerkrypten
11 Badebecken
12 Treppenhaus
13 Saal der Doppeläxte
14 Megaron des Königs
15 Megaron der Königin
16 Werkstätten und Magazine
17 Korridor des Schachbretts
18 Magazinräume und Spuren des alten Palastes
Zur besseren Orientierung werden die Legendenpunkte auch im Text genannt.
1. STOCK (Piano Nobile)
Säulenhalle
Große Halle
Magazine
Raum über dem Thronsaal, Veranda
Säulen-Halle
Oberes Propylon
Offene Gänge, Lichthöfe
0
40 m
Theater
Kleiner Palast und Wohnstadt
Königsstraße
Zollstation
Nordkorridor
Ost-Bastion
Zentralhof
Korridor
Westhof
Eingang
Trakt der Wachsoldaten
Wohnstadt
Südkorridor
Südhalle
©Reise Know-How 2011

Vorsicht geboten, wenn zu häufig von Kult und Zeremonien gesprochen wird, denn in Wahrheit heißt das meist nur, auf gut bayerisch, „Nix g'wis' woas' ma' net".

Vorbei an der Westfassade des Komplexes geht es zum **Westeingang (2)** und durch einen Korridor in den Innenbereich. Hier hat man jene geringen Reste einer Wandmalerei gefunden, die man im Obergeschoss des Archäologischen Museums Iráklion zu einem Festzug rekonstruierte, daher der Name **„Prozessionskorridor".** Der Boden war mit Alabaster- und Schieferplatten gepflastert und gibt einen kleinen Vorgeschmack auf die Pracht des ganzen Bauwerks. Der Weg biegt unvermittelt an einer terrassenförmig angelegten **Halle** (aus frühminoischer Zeit) um, und man steht staunend vor dem Südeingang des Komplexes, bestehend aus einer Vorhalle, dem **Propylon (3),** und der **Großen Treppe (4).**

Man sollte sich jedoch nicht zu sehr von den **Betonrekonstruktionen** und Bemalungen täuschen lassen – was *Evans* hier tatsächlich vorfand, waren meist nur Fundamente und Mauerreste. Zum Glück hat *Evans* nur an einigen prominenten Stellen, die jedoch umso einprägsamer und bildprägender sind, Rekonstruktionen durchgeführt, während er an vielen Grabungsstellen den Zustand, wie er sich bei der Ausgrabung bot, weitgehend belassen hat. Leider schießen diese farbigen Betongebilde weit über das Ziel hinaus und geben großteils keine gesicherten Befunde wieder, und so sollte man versuchen, sich diese Fantasiebauteile wegzudenken.

Zudem ist es nützlich, hin und wieder den Blick in die Ferne zu richten: Blickt man vor dem Propylon nach Süden, sieht man im Hintergrund den dominanten Berg Joúchtas. Von diesem Eingang führte wohl, wie einige Funde belegen, eine wichtige Straße südwärts durch die Stadt, vorbei an der **Karawanserei** über eine erhaltene Brücke und weiter, den Joúchtas passierend, in die Messará-Ebene.

Zum **Südteil** des Komplexes gehört neben der Zugangshalle und Treppe auch der **Korridor** mit dem unübersehbaren Fresko eines Prinzen mit Lilien (Kopie der Museumsrekonstruktion basierend auf wenigen Originalfragmenten). Die Große Treppe führt hinauf in den ersten Stock, das so genannte **Piano Nobile,** zum großen Teil von *Evans* wieder hergestellt (und bis heute sehr umstritten). Hier oben, im Westflügel, will man u.a. ein **Heiligtum (5,** Raum mit je drei Säulen- und Pfeilerbasen) mit einer kleinen **Schatzkammer** erkannt haben.

In einem überdachten Raum befanden sich weitere Fresken (rekonstruiert) und ein Lichtschacht, der einen Blick nach unten in den Thronsaal zulässt. Vom ersten Stock aus eröffnet sich erneut ein guter Rundblick. Unten, im Erdgeschoss des westlichen Teils, sieht man einen langen **Korridor** und 18 **Magazinräume (6)** gefüllt mit großen Tongefäßen *(Pithoi).*

Eine Treppe führt den Besucher schließlich hinunter in den etwa 50 x 25 m großen **Zentralhof.** Nun steht man vor dem Westflügel, der ursprünglich sicher mehrere Stockwerke umfasste und in dem neben Magazinen wohl auch wichtige repräsentative Räume lagen. Durch einen **Vorraum** gelangte man in den **Thronsaal (7);** heute ist wegen des unglaublichen Besucheransturms nur noch ein kurzer Aufenthalt im Vorraum erlaubt, um einen Blick in den Hauptraum zu werfen.

Inzwischen hat man überdies schützende Holzplanken über den kostbaren Alabasterfußboden gelegt und – anscheinend als besondere Attraktion – eine Holzimitation des Thrones des Minos im Vorraum aufgestellt, vor dem sich beinahe jeder Besucher fotografieren lässt. Das Stein-Original stand natürlich, gerahmt von Alabasterbänken, im eigentlichen, durch ein Greifenfresko geschmückten Thronsaal, wo sich außerdem ein Badebecken befindet.

Das Einzige, was man über diesen Teil des Baus sicher weiß, ist wohl, dass wir hier einen der wichtigen Räume des Palastkomplexes vor uns haben. Sein genauer Verwendungszweck wird jedoch nie zu klären sein, und vieles, was heute als so unverrückbar präsentiert wird, entspringt in erster Linie der Fantasie der Ausgräber.

Ähnlich verhält es sich mit dem (nicht zugänglichen) dreiteiligen **Heiligtum (8)** und den dahinter befindlichen **Pfeilerkrypten (10).** Geben wir uns vielleicht einfach damit zufrieden, dass hier repräsentative und kultische Handlungen durchgeführt wurden, politisiert und gehandelt wurde. Der moderne Mensch tendiert ohnehin dazu,

111kr Foto: bk

in ihm fremde und vor allem alte Kulturen viel zu viel hineinzuinterpretieren, meist ist die Realität viel profaner.

Nahe der Treppe im Zentrum des Westteils befindet sich eine weitere **Schatzkammer (9),** wo u.a. die „Schlangengöttinnen" aus Fayence gefunden wurden (zu sehen im Archäologischen Museum Iráklion).

Ehe wir den gepflasterten Zentralhof überqueren, wo sicher auch kultische Festivitäten und musische und sportliche Wettbewerbe (wie das Stierspringen) stattgefunden haben, werfen wir zunächst noch einen Blick

Fantasievolle Rekonstruktion minoischer Fresken

auf den **Nordteil.** Von hier führt ein Korridor hinaus aus dem Komplex, flankiert von **Portiken,** eine davon „kunstvoll" von *Evans* rekonstruiert. Weiter westlich befindet sich noch ein **Badebecken (11),** modern überdacht, dessen genauer Zweck ebenfalls unklar ist. Auch der **Ostteil** der Anlage (teilweise geschlossen) war mehrgeschossig und passte sich so der Hanglage an. Neben Werkstätten und Magazinen dürften sich hier außer weiteren repräsentativen auch Wohnräume befunden haben. Die Reste des **Treppenhauses (12)** geben zumindest noch eine Vorstellung von den tatsächlichen architektonischen Fähigkeiten der Minoer. Bevor man den „Saal der Doppeläxte" betritt, kommt man an einem Raum vorbei, dessen Wände mit Schilden bemalt sind, die die Form der Zahl acht aufweisen. Der **Saal der Doppeläxte (13)** erhielt seinen Namen nach den kleinformatig in die Westwand des Lichtschachtes eingeritzten Beilen. Er diente wohl als Vorraum für das angrenzende „Megaron" des Königs oder aber als Audienzsaal – was auch immer dies in der minoischen Welt genau bedeutete.

Am **Megaron des Königs (14)** lässt sich ein wichtiges Detail der minoischen Baukunst beobachten: Drei Wände des Raumes haben große Türöffnungen, die bei Bedarf ganz geöffnet werden konnten und so einen luftigen, klimatisierten Raum entstehen ließen – angesichts der heißen kretischen Sommer sehr wichtig. Ebenfalls luftig, dank seiner Fenster und angrenzenden Lichthöfe, war das durch einen kleinen Eckkorridor aus dem Saal der Doppeläxte erreichbare **Megaron der Königin (15).** Beide Räume dienten sicher als Wohngemächer, was einerseits das Belüftungssystem, andererseits das kleine „Ankleidezimmer" der Königin mit einer gut erhaltenen Toilette (mit Wasserspülung und Anschluss an das Kanalisationssystem) bestätigen.

Wer genau nun diese „Megara" bewohnte, bleibt wiederum im Dunklen, denn die eigenwilligen **Benennungen** von Ausgräber *Evans* scheinen weit hergeholt: Er hielt jenen Raum, in dem er Reste von Wandmalereien fand, die zum berühmt-berüchtigten Delfinfresko ergänzt wurden, wegen der warmen und hellen Farben für „typisch weiblich" und nannte ihn kurzerhand das Zimmer der Königin, das Gegenstück dazu musste dann zwangsläufig dem König gehört haben. Abgesehen davon wurde der Begriff *Megaron* vollkommen falsch verwendet, denn dieser beschreibt einen typisch mykenischen Bautyp – mit rechteckigem Grundriss, bestehend aus Vorhalle und Hauptraum mit Herd – und ist auf das Minoische überhaupt nicht anwendbar.

Um die Wohnräume gruppieren sich im Süden und Osten Teile der **Wohnstadt** und im Norden weitere **Werkstätten und Magazine (16).** Neben dem Sitz eines Steinmetzes hat man auch Überbleibsel einer Töpferwerkstatt gefunden. Reste der Kanalisation sind gerade in diesem Bereich gut zu sehen. Die engen Kanäle schlängelten sich hinab, Dreck und

Abfall wurde in den Sinkbecken aufgefangen, so dass im Bach relativ sauberes Wasser ankam.

Eine Treppe führt von diesem „Wirtschaftstrakt" hinab zur **Ost-Bastion.** Geht man die Treppe hinauf, erreicht man den **Korridor des Schachbretts (17),** benannt nach dem hier gefundenen Brettspiel (zu sehen in Saal IV, AM Iráklion). In diesem Bereich sind nur Magazinräume und darunter **Spuren des alten Palastes (18)** erhalten, über die Stockwerke darüber ist wenig bekannt. Vielleicht hat man sie sich ähnlich wie jene im Westtrakt vorzustellen.

Der oben bereits erwähnte Nordausgang führt zu einem eigenartigen Bau, der **Zollstation.** Da hierher die Straße vom Hafen führte, vermutet man, dass in dem großen Säulen- und Pfeilersaal die ankommenden und ausgehenden Waren umgeschlagen wurden. Diese **Straße,** die vom Saal zunächst nach Westen führt, um schließlich in Amnissós am Meer zu enden, wird als „Königsstraße" oder „Heilige Straße" bezeichnet.

Nach wenigen Metern auf der Königsstraße erreichen wir das so genannte **Theater.** Um einen gepflasterten Hof erheben sich auf zwei Seiten Stufen, in deren Schnittpunkt sich ein besonderer Sockel befindet, der eventuell als Loge diente. Folgt man der (momentan gesperrten) Königsstraße ein Stück weiter, bis sie an der modernen Straße endet, die den Zugang zum **Kleinen Palast** versperrt, erblickt man links und rechts die bei Grabungen aufgedeckten Reste der **Wohnstadt.** Mit diesen hat sich bisher kaum jemand intensiver beschäftigt, da der Großteil des Areals mit dem Schutt der Palastausgrabung bedeckt wurde, weswegen die Straße auch schluchtartig eingegraben zu sein scheint. Außer dem Kleinen Palast im Nordwesten, aus dem das prächtige Stierkopf-Rhyton aus Steatit (AM Iráklion, Saal IV) stammt, hat man mit der Königsvilla im Osten einen ähnlich prunkvollen Bau gefunden.

Natürlich haben sich bereits viele Leute darüber Gedanken gemacht, was Knossós überhaupt war bzw. welche Rolle es genau spielte. Von dem abstrusen Vorschlag, es sei eine Grabanlage gewesen *(Hans Georg Wunderlich)* reichen die Vorschläge bis hin zur Deutung als Heiligtum *(Paul Favre). Evans* und seine fantasievollen Rekonstruktionen trugen nicht wenig zur Verwirrung bei, erst recht wenn man bedenkt, dass seine Utopien bis heute in offiziellen archäologischen Führern weitergegeben werden. Zumeist wurde bei allen Hirngespinsten vergessen, mit in Betracht zu ziehen, dass Knossós nicht ein einzeln stehender, prachtvoller Herrscherpalast war, sondern vielmehr ein palastartiger Komplex aus formal und funktional unterschiedlichen Gebäudeteilen, der das wirtschaftliche, religiöse, gesellschaftliche und politische Zentrum einer pulsierenden Großstadt darstellte, die sich ringsum ausbreitete.

Anfahrt

Der Palast liegt an der Staatsstraße 99 etwa 5 km südöstlich des Zentrums von Iráklion. **Buslinie 2** fährt vom Haltepunkt der

Stadtbusse im Stadtzentrum (Busbahnhof A) oder Platia Eleftherias, Fahrpreis H/R 2,60 €.

Parkplätze liegen zumeist auf Privatgrund beidseitig der Anlage (2–4 € Gebühr), frei sind nur einige Plätze direkt vor dem Eingang, wo auch die meisten Reisebusse und Taxis stehen.

Öffnungszeiten und Eintritt

Die Anlage ist täglich von 8 bis 19 Uhr (HS) bzw. 17 Uhr (NS), Winter 15 Uhr, geöffnet; Eintritt 6 € (mit Archäologischem Museum 10 €, Studenten frei).

Rundfahrt durch die Weinberge

Eine Fahrt ins Hinterland von Iráklion, die mühelos als Tagesausflug (inklusive Knossós) zu bewältigen ist, lohnt durchaus. Es handelt es sich um eine touristisch wenig erschlossene, ländliche Region, ganz dem Wein- und Olivenanbau verschrieben. Übernachtungsmöglichkeiten sind hier rar, da die Touristenzentren und Strände nahe sind, Tavernen gibt es zahlreich: nahe Knossós und in den kleinen Ortschaften auf dem Weg, z.B. in Agía Iríni, bei dem großen venezianischen Aquädukt, oder im Zentrum von Káto Archánes.

Archánes

↗ XIII/C3

„Unterm Rebengerank hockten Frauen und Mädchen am Boden und schnitten die Trauben zurecht. Im Dorf floß der Most in Bächen ... In allen Magazinen rann es und gor es, die Trauben starben in den Wannen ihren Zermalmungstod, die Keltern schwemmten süßtrüben Saft aus sich heraus, rostbraune Berge von Trebern häuften sich auf den Straßen, und überall schwebte der Dunst von Most und Wein, der vom bloßen Anhauch benebelt".

Erhart Kästner

Kästner schildert Archánes – auch **Ano Archánes** genannt – zur Zeit der Traubenlese, beschreibt es als „reiches Dorf" und spricht von der reichsten Gegend und dem besten Wein. Epáno Archánes liegt zwar etwas abseits der Hauptroute durchs Hinterland, doch sollte man in dem Provinzstädtchen am Fuße des Joúchtas, noch heute ein Weinbauzentrum, Halt machen. Berühmt ist der Ort unter Archäologen, da er einer der wichtigen Fundplätze des minoischen Kreta ist.

Die moderne Straße teilt sich hinter dem Kirchplatz und führt in einer Schleife um den Ortskern herum (Einbahnstraßen: unten hin, oben zurück). Nach dem Trubel von Iráklion ist der Aufenthalt in dem kleinen Ort angenehm, der sich vom typischen Aussehen alter kretischer Dörfer mit ihren verwinkelten Gassen, kleinen Plätzen und Kapellen noch einiges bewahrt hat. Im Umkreis der Hauptstraße im oberen Ortsteil befinden sich Läden und Cafés, im unteren Teil hingegen Serviceeinrichtungen wie Post und O.T.E. sowie die Bushaltestelle.

Anziehungspunkt ist Archánes jedoch weniger wegen seines dörflichen Charakters, als vielmehr dank seiner archäologischen Hinterlassenschaften. Im oberen Ortsteil ruhen beispielsweise die schwer auffindbaren und nicht zugänglichen Reste eines **minoischen Palastes,** verborgen in den Gärten der

112kr Foto: bk

Wohnhäuser südwestlich der Dorfkirche. Anschaulicher sind die beiden anderen Attraktionen, die Nekropole und das Archäologische Museum im Ortszentrum (ausgeschildert). Vor dem Ort, ausgeschildert an der Durchgangsstraße, lohnt ein Besuch des **Michalis-Psaltákis-Volkskundemuseums** (tgl. außer Di 9.30–14 Uhr, 3 €, mit Taverne), ein buntes Konglomerat an Ausstellungsstücken in einem traditionellen kretischen Haus.

Archäologisches Museum

Das Museum ist zwar klein, aber recht gut aufgemacht. Ausgestellt sind Funde aus dem Palast, der Siedlung und der Nekropole, wobei sich die wertvollsten Funde im Archäologischen Museum Iráklion befinden. Eine gute Vorstellung vermittelt eine Nachbildung eines Teils der Nekropole. Informationen zu der Kultstätte Anemospilia (1710–1650 v. Chr.) am Berg Joúchtas und Funde von dort sind ebenso ausgestellt wie Zeugnisse des Alltagsleben der Siedlung bis hinein in griechische und römische Zeit.

- **Archäologisches Museum Archánes,** tgl. (außer Di) 8.30–15 Uhr, Eintritt 3 €.

Nekropole Furní

Zwischen dem Ort und dem Joúchtas-Berg befindet sich die berühmte

Fahrt durch die Weinberge im Hinterland Iráklions

Nekropole. Eine Straße, rechts vor der Dorfeinfahrt, führt an den Fuß des Berghanges, von wo aus man in etwa 15 Minuten mit festem Schuhwerk hinaufsteigen kann. Eine zweite Zufahrt führt an den oberen Eingang, sie dürfte der ehemals hier verlaufenden minoischen Straße zwischen Archánes und Knossós entsprechen. Das Gelände ist bis dato frei zugänglich. Die Nekropole zeigt sehenswerte **Grabruinen,** die eine gute Vorstellung vom Aussehen eines antiken Friedhofs geben. Die exponierte Lage erlaubt zudem gute Ausblicke auf den Joúchtas und Archánes.

Der Name *Furní* geht auf den Fund einer einfacher Stein-Rundhütte in der Form eines Ofens *(furni)* zurück; unter ihr befand sich ein großartiges Kuppelgrab einer Prinzessin oder Priesterin. Das von *Sakellarakis* 1964 freigelegte Grab aus der mykenischen Phase (gegen 1300 v. Chr.) war zur Überraschung der Ausgräber nicht ausgeplündert. Die Nekropole muss eine bedeutende Anlage gewesen sein, die zwischen der frühminoischen Phase (2600–2200 v. Chr.) und der spätminoischen (1400–1300 v. Chr.) belegt war.

Mehrere Tholos-Gräber (runde Erdhügelgräber) mit Sarkophagen und Pithos- (Urnen-) Bestattungen wurden aufgedeckt, sie erbrachten zahlreiche Grabbeigaben (über 400 Fundobjekte, großteils im Archäologischen Museum Iráklion ausgestellt), darunter kykladische Keramik, Opfergaben wie Kykladenidole, Tieropfer-Knochen und Siegel. Außerdem kamen mehrere Ossarien (Beinhäuser) mit menschlichen Schädeln und anderen Skelettresten ans Tageslicht. In einem Tholos-Grab fanden sich auch Freskenfragmente und Elfenbeinarbeiten sowie ein Stierkopf, des Weiteren wurden Bronzegefäße und kostbarer Schmuck entdeckt. In einer Art **Kultgrotte** fand sich gar ein gepflasterter Raum mit umlaufenden Sitzbänken, ähnlich dem Thronsaal von Knossós.

Joúchtas-Berg ↗ XIII/C3

Unübersehbar thront der 811 Meter hohe Joúchtas nicht nur über Archánes, schon in Knossós kann man im Süden diesen Berg sehen. Seit Menschengedenken wurden hier Götter verehrt. Nach einer alten kretischen Sage soll sich auf dem Berg das **Grab des Zeus** befinden, weswegen auch die Bergform an einen liegenden Zeuskopf erinnern soll – eine Feststellung, für die man schon etwas Fantasie braucht.

Auch in christlicher Zeit blieb die kultische Bedeutung des Ortes erhalten, und noch heute pilgern während des **Metamórphosis-Festes** am 6. August die Gläubigen zahlreich hierher. Es handelt sich um eine Art Erntedankfest, das seine Wurzeln in der antiken Verehrung des Zeus als Vegetationsgott hat. Gerade für Wanderfreunde bietet sich ein Spaziergang von der Nekropole zum Berg und zu der berühmt gewordenen **Kultstätte Anemóspilia** an, die leider nicht zugänglich ist.

In diesen „Höhlen des Windes" entdeckte das Archäologenpaar *Sakellarakis* in den 1960ern einen ungewöhnlichen minoischen Tempel, der heute abgeschlossen ist. Berühmt wurde die Kultstätte, weil die Archäologen menschliche Skelette fanden, die den Schluss nahe legten, dass hier **Menschenopfer** stattgefunden hatten. Da der Tempel um 1700 v. Chr. durch ein Erdbeben zerstört worden war, vermuten die Ausgräber, dass man mit einem Menschenopfer die Götter beschwichtigen wollte. Ausgerechnet während der Durchführung desselben zerstörte ein neuerliches Beben den Tempel mitsamt Opfern und Priestern. Ob sich in Anemóspilia tatsächlich ein derartiges Drama abgespielt hat und man Sakellarakis' kriminalistischer Rekonstruktion glauben darf, bleibt jedem selbst überlassen.

Unterkunft

- **Archontikó Archanon,** Tel. 2810/752985, www.arhontikoarhanes.gr; 4 Apartments mit guter Ausstattung oberhalb des Zentrums, in Áno Archánes, um einen Garten angelegt.

Essen und Trinken

- Im oberen Ortsteil von Archánes gibt es Cafés, z.B. **Apostolis.** Im nur wenige Kilometer entfernten Káto Archánes befindet sich die Taverne **O Giorgios.** An der Westseite des Hauptplatzes von Archánes liegen **Myriofito** und **Portego** (gute Hausmacherkost). !
- **Weitere Unterkünfte und Lokale** unter: www.pinakas.de/Praktisches.html

Busverbindung

- Tgl. mehrere Busverbindungen von/nach Iráklion (Busbahnhof A). Eine Bushaltestelle befindet sich im unteren Ortsteil von Archánes.

113kr Foto: bk

Futuristisches Weingut der Firma Boutari bei Skaláni

Vathípetro

↗ XIII/C3

Etwa 4 km südlich von Archánes liegt, über eine gut ausgebaute Straße erreichbar, in Vathípetro eine weitere **minoische Fundstelle,** die Ruine eines Landhauses und Weinguts, das zwischen etwa 1600 und 1550 v. Chr. in Betrieb war (Mo–So 8.30–14.30 Uhr). Außer Arbeitsräumen wie Weinkeller, Weberei, Töpferei und Lagern fand man Kultnische, Kultgrotte, Hauptraum, Heiligtum, Halle und mehrere Räume um einen Innenhof gruppiert. Von hier fürt die Straße weiter nach **Choudétsi,** südlich von Pezá. In diesem Ort lebt *Ross Daly* (www.rossdaly.gr), einer der Bewahrer kretischer

114kr Foto: bk

Musik. Als Leiter und Gründer einer kleinen Musikschule (1982) führt er im Sommer interessante **Workshops** durch (Labyrinth Musical Workshops, www.labyrinthmusic.gr). Zudem ist in Choudétsis renovierter Volksschule eine kleine **Musikinstrumentensammlung** (Mo–Fr 8–14 Uhr) zu sehen.

Mirtiá

⇗ XIII/C3

Bei der Fahrt durch das Hinterland kann man mehrere **Weingüter** besichtigen. So in **Skalani** das futuristische Besucherzentrum von Boutari (Mo–Fr 9–17 Uhr, www.boutari.gr) oder in **Pezá** das von der lokalen Olivenöl- und Weingenossenschaft betriebene Museum (mit Laden, an der Hauptstraße, Mo–Fr 9–17 Uhr). In die kleine, aber berühmte Ortschaft Mirtiá verschlägt es immer wieder Besucher, ist doch hier dem berühmten Dichter **Níkos Kazantzákis** ein sehenswertes **Museum** gewidmet. Im Herkunftsort seiner Eltern liegt der Bau neben dem kleinen Dorfplatz, der beherrscht wird

In Mirtiá
wurde dem Dichter Níkos Kazantzákis
ein sehenswertes Museum gewidmet

Ein Blick
in die neu gestalteten Ausstellungsräume

von einer dem Dichter gewidmeten modernen Plastik von *Manólis Tzobanákis* (1993), der auch in anderen Städten solche Skulpturen aus Bronze, Stein und Beton errichtet hat (z.B. vor Moni Toplou). Kürzlich wurde das alte Museum komplett umgebaut und modernisiert und gehört heute zu den wenig bekannten Perlen unter Kretas Museen.

Kazantzákis-Museum

In seinem autobiografischen Werk „Rechenschaft vor El Greco" erwähnt *Kazantzákis* die Herkunft seiner Familie aus Mirtiá - Anlass dafür, dass sich ein Familienmitglied zum Bau eines Museums entschloss, das 1983 eröffnet wurde. 2010 wurde es nach einem Umbau durch die bekannten griechischen Architekten Giorgos Psomadakis und Maria Marinou neu eröffnet. Ein Video (auch in Deutsch) und zahlreiche Exponate zum Leben des Dichters - wie Briefe, Entwürfe, persönliche Utensilien (Brillen, Pfeifen, Pässe etc.) - bringen dem Besucher den wohl größten Künstler Kretas anschaulich näher. Die Ausstellungsstücke sind in chronologischer Anordnung mit guten Texten (auch englisch) versehen. Interessant sind auch die Sammlung der Kostüme von Uraufführungen, Bühnenbildentwürfe und kleine Bühnenbildmodelle, Drehbücher, zahlreiche Alexis-Sorbas-Szenenfotos und Vitrinen zu einzelnen Werken.

● **Níkos-Kazantzákis-Museum,** Mirtiá, Tel. 2810/741689, www.kazantzakis-museum.gr, geöffnet 1.3.–31.10. tgl. 9–18 Uhr; zwischen 1.11. und 28.2. nur So 10–15 Uhr; Eintritt 8 €.

115kr Foto: bk

Thrapsanó ↗ XIII/D3

Ein lohnendes Ziel für Freunde kretischer **Töpferkunst** ist der Ort Thrapsanó. Oft wird es als eines der traditionellen Töpferdörfer Kretas dargestellt, in Realität erwartet einen ein eher verschlafenes, etwas langweiliges Dorf. Einige Töpfereien, die meist en gros und vorwiegend Großgefäße produzieren, sind zu finden, vor allem an der Hauptstraße direkt außerhalb der Ortschaft (z.B. Minos, Moutsakis).

Im Ort selbst befindet sich z.B. das **Labratory of Ceramics** und Richtung Kastélli ein Touristenladen mit dem üblichen Angebot an netten Mitbringseln. Die meisten Bewohner leben jedoch,

Er dachte mit dem Auge und sah mit dem Geiste – Níkos Kazantzákis

Alexis Sorbas – wer kennt ihn nicht, den eigenwillig-sturköpfigen Griechen, ideal verkörpert durch *Anthony Quinn*, der in der Schlussszene am Strand tanzt und dafür sorgt, dass einerseits der künstlich geschaffene Sirtaki zum „urtypischen" kretischen Tanz wird und andererseits *Níkos Kazantzákis* und sein schon 18 Jahre vor der Verfilmung, nämlich 1946, verfasster Roman in aller Munde gelangt.

Níkos Kazantzákis, am 18. Februar 1883 in Iráklion geboren, erlebte die Verfilmung nicht mehr, er starb im Alter von 74 Jahren als kretischer Schriftsteller, der außerhalb Griechenlands – dort war er der meistgelesene Autor – kaum bekannt war. Dabei hatte er außer „Alexis Sorbas" weit mehr Denkenswertes und Erinnerungswürdiges veröffentlicht. Außer dem bereits 1938 erschienenen Monumentalwerk „Odyssee", ein lyrisches Epos in 33.333 Versen, stammen aus *Kazantzákis'* Feder neben Romanen auch umfangreiche Reisebeschreibungen, die unter dem Titel „Im Zauber der griechischen Landschaft" erschienen sind und seine Heimatinsel und ihr Lokalkolorit sehr nachdrücklich schildern.

Unmittelbar nach seinem vierjährigen Jurastudium in Athen, 1902–06, hatte der Kreter erste Reisen durch Griechenland, Italien, nach Jerusalem und in den Sinai unternommen. Anschließend, ab 1907, studierte er für drei Jahre in Paris Staatswissenschaften und Philosophie und besuchte dabei Berlin und Wien. Sein ganzes Leben lang war *Kazantzákis* – zweimal verheiratet, aber kinderlos – viel auf Tour und entwickelte seine persönliche Weltsicht, z.B. dass *„die Welt reicher und größer sei als Griechenland und daß Schönheit, Schmerz und Kraft auch andere Gestalt haben."* Auf Reisen vertraute er auf sein ganz besonderes Maskottchen: *„Ich drücke ruhig, zärtlich einen Klumpen kretischer Erde in der Hand. Ich habe diese Erde immer bei mir behalten, auf allen meinen Wegen und in allen meinen Leidensstunden hielt ich sie in der Hand und schöpfte Kraft, große Kraft daraus ..."*

So anscheinend auch 1915, als er freiwillig in den Balkankrieg zog. 1919 stieg er in die Politik ein und wurde unter *Venizelos* Generalsekretär. In dieser Funktion war er für die Rückführung von Griechen aus dem Kaukasus und Südrussland nach Makedonien und Thrakien zuständig. Zwischen den Weltkriegen machte er sich erneut auf Reisen, verbrachte zwei Jahre in der UdSSR und in anderen Ländern. Während des Krieges litt *Kazantzákis,* der auf Ägina Unterschlupf fand, wie viele seiner Landsleute Elend und Hunger. Nach Kriegsende, 1946–48, wechselte er die Arbeitsstellen des Öfteren, war erst kurzzeitig griechischer Erziehungsminister, dann Leiter der UNESCO-Abteilung für Übersetzungen aus klassischen Sprachen. 1948 setzte sich der Kreter sozusagen „zur Ruhe", zog sich dauerhaft nach Antibes in Frankreich zurück, um dort an seinen Romanen zu arbeiten. Sein dortiges Arbeitszimmer ist heute im Historischen Museum von Iráklion rekonstruiert.

Im Exil entstand sein großer Roman „Freiheit oder Tod" (1953), in dem *Kazantzákis* zum Patrioten oder, besser, zum Freiheitskämpfer wurde. Das Gewehr des körperlich schwächlichen und eher zurückhaltend-scheuen Mannes – Gegenbild zu den überall gefeierten, vitalen, kraftstrotzenden Helden Kretas – war die Schreibfeder. Er erzählt in diesem Roman eindrucksvoll von der wohl prägendsten Epoche in der Geschichte Kretas, dem fortdauernden Konflikt mit den Türken, berichtet von Unterdrückung, den Leiden der Kreter unter der Türkenherrschaft und vom enormen Widerstandswillen, der die Leute am Leben hielt. Seine Hochachtung für seine Vorfahren drücken sich in einem Satz aus dem Roman am besten aus: *„Drei Arten von Menschen gibt es, solche, die Eier mit Schale essen, und solche, die sie mit der Schale und* *samt der Schüssel verspeisen. Die der dritten Art heißen Kreter".*

Kazantzákis wusste, worüber er schrieb, war er doch schließlich selbst zweimal vor den Türken geflohen, erstmals sechsjährig nach Paris, danach, zur Zeit erneuter blutiger Aufstände auf der Insel, als Halbwüchsiger nach Naxos, wo ihn der Vater zur Ausbildung in eine katholische Franziskaner-Klosterschule schickte. Seinen Gymnasialabschluss machte er dann jedoch wieder im befreiten Kreta, denn sein Vater hatte „Rot gesehen", als ein Pfarrer der Klosterschule seinen Sohn nach Rom schicken wollte, um ihn auf eine klerikale Laufbahn vorzubereiten.

Ein Jahr nach dem Freiheitsepos folgte die „Griechische Passion", später in Kritsa verfilmt. Mit diesem Roman wandte sich *Kazantzákis* intensiv der Religion und dem Christentum zu, stellt die Leidensgeschichte Christi in einem Passionsspiel in einem kleinen griechischen Dorf dar. Dieses Buch war es auch, das *Kazantzákis* den Ruf als Kirchenkritiker einbrachte und ihn bei der orthodoxen Kirche so unbeliebt machte, dass diese ihm später eine ordentliche Bestattung verweigerte. Seine theologischen Überlegungen führte *Kazantzákis* in der „Rechenschaft vor El Greco" fort – eine Autobiografie, in der er über sein Leben spricht, über seinen kämpferischen, furchtlosen Vater einerseits, seine gutmütige, gottgläubige, bäuerliche Mutter andererseits und seine schwierige Position zwischen diesen beiden gegensätzlichen Polen.

Kazantzákis schuf sich seine eigene Religion, äußerte die Meinung, dass es an der Zeit sei, dass der leidende jüdische Christus Grieche werde und statt Brutalität Freude herrsche. Nach seiner Ansicht war der Mensch nun an der Reihe, die Verantwortung zu übernehmen, die er bisher auf Gott abgewälzt hatte: *„Wer hofft, fürchtet sich vor diesem Leben, fürchtet sich vor dem nächsten Leben, er hängt in der Luft und erwartet das Schicksal oder das Erbarmen Gottes."* Er kritisierte die Gläubigen hart, forderte Eigeninitiative statt blinden Gottvertrauens. Sein folgender Ausspruch über die Menschen zeigt seine kritische, aber dennoch positive Haltung: *„Der ehrgeizigste Wurm ist die Seidenraupe; sie kriecht, nur aus Bauch und Maul bestehend, frißt und beschmutzt sich, frißt wieder, ein schmutziger Schlauch mit zwei Löchern, und plötzlich verwandelt sich alles in Seide ... So ist auch der Mensch".*

Der Kreter *Kazantzákis* dachte mit dem Auge und sah mit dem Geiste, war Suchender und Fragender in einer Person, mit unstillbarem Durst nach dem Absoluten, dem Makrokosmos, der alles überstrahlt. Er war unersättlich darin, Unvereinbares und Gegensätzliches miteinander zu verschmelzen. Nietzsche, Marx, Buddha und Christus reichten sich in seiner Geisteswelt die Hände, und sein Blick war nicht auf Kreta oder Griechenland, sondern auf die Welt gerichtet. Er erregte mit seinen Büchern Ärger, er schockierte und rief Erstaunen hervor – die Reaktionen waren gemischt, doch die Kirche sah in ihm mehr und mehr einen Gegner, den man lieber in Frankreich als im eigenen Lande sah, besonders nach seinem lesenswerten Roman „Die letzte Versuchung", in dem er sich auf ungewöhnliche Weise mit dem Leben Jesu auseinander setzt.

1957 hatte sich der 74-Jährige erneut entschlossen, auf Reisen zu gehen, dieses Mal nach China. Auf der Rückreise erkrankte er jedoch auf Grund einer Pockenimpfung an einer Infektion. In Freiburg wurde er zunächst erfolgreich behandelt, bekam aber dann die asiatische Grippe. Letzter Höhepunkt im Leben des kretischen Schriftstellers war der Besuch des Friedensnobelpreisträgers und evangelischen Theologen *Albert Schweitzer* an seinem Krankenbett, ehe er am 26. Oktober 1957 verstarb. Sein Leichnam wurde entgegen dem Willen der orthodoxen Kirche nach Iráklion überführt und von Freunden und der Familie auf der Martinengo-Bastion unter reger Anteilnahme der kretischen Bevölkerung beigesetzt. Sein schlichtes Grab ziert ein einfaches Kreuz und eine Grabplatte, auf der sein Lebensmotto eingemeißelt wurde: „Ich erhoffe nichts, ich fürchte nichts. Ich bin frei."

116kr Foto: bk

wie einzelne Treibhäuser, Weingärten und Olivenhaine zeigen, von der Landwirtschaft. Vor allem die Blumenzucht (Nelken) hat hier ihr ein Zentrum.

Kastélli und Pigí

⇗ XIII/D3

Zu den größeren Orten im Hinterland Iráklions gehört Kastélli, ein Provinzstädtchen umgeben von Olivenhainen und Rebflächen und mit einer beeindruckenden Eukalyptus-Allee am westlichen Ostausgang auf dem Weg nach Apóstoli.

Eine sehenswerte **byzantinische Kirche** aus dem 11./12. Jh., Ágios Pandeleímon, befindet sich nahe dem Ort Pigí (Ausschilderung zur „Taverne Paradise" folgen), über etwa 2–3 km Schotterpiste erreichbar. Die Kirche liegt idyllisch mitten im Grünen, neben der kleinen Taverne Paradise. Meist ist die Kirche zwischen 11 und 14 Uhr geöffnet. Die farbenprächtigen Fresken aus dem späten 12.–14. Jh. verdienen einen intensiveren Blick, als durch das Fenster möglich wäre.

Unterkunft

- **Hotel Kalliopi**€-€€ (Kastélli, an der Hauptstraße, Tel. 28910/32685, www.kalliopi-hotel.gr/de), Neubau mit gut ausgestatteten DZ mit TV, Telefon, WC/Dusche, kleines Speisezimmer, Balkone mit Ausblick).

Káto Karouzána

⇗ XIV/A2

Bevor man auf die Küstenstraße zurückkehrt, lohnt eine kurze Pause in dem interessanten Ort Káto Karouzána, in der Hauptsaison am günstigsten am späteren Nachmittag. Zwar finden hier auch schon die berühmt-berüchtigten „kretischen Nächte" statt, und Busse kommen zuhauf (Parkplatz vorhanden), doch hat sich der Ort, der eigentlich nur aus einer Straße besteht, einen gewissen eigenständigen Charakter bewahrt. Die Bewohner sind zurückgekehrt und verdienen durch den Betrieb von Souvenirläden, in denen **Handarbeiten und Keramik** verkauft werden, Cafés und Tavernen (z.B. Taverna Lagadia) ihren Lebensunterhalt. Diese Art der Wiederbelebung eines Ortes erscheint zweifellos besser als jene künstlichen Dörfer, die mehr und mehr ausschließlich zu touristischen Zwecken errichtet werden.

Auf der Straße Richtung **Chersónisos** holt einen der Touristenrummel wieder ein, vorbei am Vergnügungs-Wasserpark **Aqua Splash** (tgl. ab 10 Uhr) liegt am westlichen Ortsende **Aquaworld Aquarium** (www.aquaworld-crete.com, tgl. 10–18 Uhr, 1.4.–30.10., 6 €), eine Privatanlage mit geretteten oder kranken Reptilien in Aquarien und Terrarien.

Thrapsanó – das Töpferdorf

Fódele – El Grecos Geburtsort

↗XII/A1

Malerisch an der Küste westlich von Iráklion liegt das alte Fischerdorf **Agía Pelagía,** heute Ferien- und Touristensiedlung der ersten Kategorie, mit schönem Strand. Von hier sind es noch etwa 13 km nach Fódele. Der Ort liegt in einer fruchtbaren Schlucht der Nordküste nahe dem Meer und 29 km westlich der Hauptstadt.

Wer mit einem „normalen" Leihwagen unterwegs ist, sollte diesen Ausflug besser über die New Road unternehmen, denn der Weg zwischen Fódele und der Old Road ist derzeit teilweise noch Schotterpiste. Fódele lohnt nicht nur für „El-Greco-Fans", hier liegt eine wunderschöne alte Kapelle, und der Ort hat sich für die vielen Besucher herausgeputzt.

„Apfelsinenhaine waren auf einmal da, wundergeboren, sorglich gepflegt ... Es kam wohl mit ihnen wie mit den Agaven, den Eukalyptus und den Bananenpalmen, die ja alle dem Lande seit alters nicht eignen ..." Schon Erhart Kästner hat die „Oase Fódele" bewundert, und der **Obstbau** ist bis heute ein Standbein der lokalen Wirtschaft geblieben. Dank großer Zitrusplantagen, des Gemüseanbaus in Treibhäusern und des Tourismus ist es ein verhältnismäßig wohlhabender Ort. Aus dem kretischen Bergdorf hat sich mittlerweile eine moderne „Boomtown" entwickelt, mit blühenden Souvenirgeschäften und zahlreichen **Handarbeits-Verkaufsständen,** die längst Kre-

Domínikos Theotokópoulos – alias El Greco

„Denn wenn er vielleicht auch bei jungen Jahren schon von hier fortkam, zunächst wohl ins nahe Iráklion zu einem venezianischen Maler und dann nach Venedig selbst zu den großen Meistern, zu Tintoretto und Tizian ... so hat er sein Kretisches doch nie vergessen und zeitlebens seine Bilder mit seinem Namen in griechischer Schreibschrift signiert. Ein Kreter ist er geblieben." So schreibt Erhart Kästner über den berühmten Sohn von Fódele, El Greco.

Als *Domínikos Theotokópoulos* erblickte der Künstler 1541 hier das Licht der Welt. Aus einer reichen katholischen Geschäftsfamilie stammend, zog der junge Dominikus nach Candia, dann nach Venedig und ließ sich ab 1577 im spanischen Toledo nieder, wo er sich den Künstlernamen „El Greco", der Grieche, zulegte. Dort lebte er zusammen mit *Dona Jeronima de las Cuevas* und seinem Sohn *Jorje Manuel*, geboren 1578, den er als legitim anerkannte. El Greco war einerseits der byzantinischen Tradition verhaftet, aber lernte in Venedig die italienische Welt, damals das modernste Kunstzentrum, kennen. Als dort die Malerei auf einem ersten Höhepunkt stand, lernte er von den berühmtesten Künstler der Zeit: *Tintoretto, Veronese, Bassano* und *Tizian*.

Schon zu seinen Lebzeiten erlangte El Greco hohes Ansehen, war berühmt und ein begehrter Künstler. Besonders in seiner spanischen Wahlheimat Toledo stand El Greco im Mittelpunkt des künstlerischen und geistigen Lebens. Sein Atelier im Judenviertel galt als begehrter Treffpunkt der Reichen und Intellektuellen. El Greco, so wird von Zeitgenossen überliefert, war geistreich, feinsinnig und ein großer Literatur- und Musikfreund. Er war lebensfroh und spendabel, ließ zu Mahlzeiten eigens angeheuerte Musiker aufspielen und galt als einzigartige Persönlichkeit. Sein Prunk stand aber nie so recht im Verhältnis zu seinem Verdienst, denn als er starb, war er hoch verschuldet.

Auch wenn El Greco bereits zu Lebzeiten vielgerühmt und vielbewundert war, verstand doch kaum jemand seine Bilder wirklich. Nach seinem Tod steigerte sich die Bewunderung zur Ehrfurcht, und es war die Rede von dem „Verrückten" in der Malerei des Kreters, in seinen wunderlich bizarren Bildern. Erst im 18. Jh. wagten sich Kritiker zu Wort zu melden, so *Antonio A. Palomino*, der meinte: *„Was er gut machte, machte niemand besser, und was er schlecht machte, machte niemand schlechter."*

Doch zurück zu den Anfängen. Zwischen 1567 und 1576 studierte Domínikos in Italien. Nach seiner Ankunft in Venedig wurde er im Atelier *Tizians* aufgenommen. Dort lernte er von der venezianischen Malschule, die vor allem auf Farbe baute. Da im Kunstzentrum Venedig mit *Tintoretto* und *Veronese* starke Konkurrenz herrschte, zog Domínikos 1570 nach Rom um und arbeitete für Kardinal *Alessandro Farnese*. Doch in Rom war *Michelangelos* Einfluss allgegenwärtig, und mit dessen zeichnerischen Qualitäten konnte und wollte der spätere „El Greco" nicht konkurrieren, neigte er doch eher zu venezianischer Farbigkeit. Er lehnte Michelangelo schlichtweg ab und brachte die Ewige Stadt damit gegen sich auf. Der Künstler zog von dannen, doch auch Venedig schien ihm kein geeigneter Zufluchtsort mehr.

Nach einer Winterreise 1576–77 nach Spanien ließ sich Domínikos in Toledo nieder und nannte sich in Erinnerung an seine Herkunft „El Greco". Das Ziel war nicht willkürlich gewählt, bot Toledo ihm doch gute Verdienstmöglichkeiten, da größere architektonische und städteplanerische Projekte im Gange waren, neue Bauwerke entstanden und Kirchen auf Ausschmückung warteten. In den 1580ern erlebte der Künstler einen ungeahnten Aufschwung, eine Reihe berühmter Werke entstand, wie die großen Gemälde „Hl. Mauritius", „Thebaische Legion" oder „Grablegung des Grafen von Orgaz".

Neben einer klaren Komposition charakterisieren seine Gemälde, zu denen auch berühmte Porträts gehören (u.a. „Ludwig der Heilige"), eine scharfe psychologische Beobachtungsgabe und genaue physiognomische Analysen der Personen, eine realistische Sicht. Warme kräftige Farben in unerreichbar gekonntem Auftrag, Lichtreflexe und ausgeprägte Kontraste in der Gestaltung des irdischen und himmlischen Bereiches sind typisch für seine Werke. Ein Merkmal El Grecos ist auch, dass er dieselben Themen immer wieder aufnahm und variierte, das bildliche Konzept radikal veränderte und anpasste.

El Greco ist für seine intensive Schaffenskraft berühmt geworden – er verstand zu leben, aber auch zu arbeiten. Im Laufe seines Lebens entwickelte er eine breite Palette an Heiligen-Ikonografie, z.B. trieb er seine Interpretationen des Hl. Franziskus zur Perfektion. Mittelalterliche Ikonografie, ihrem byzantinischen Ursprung gemäß, wurde mit manieristischen Elementen vermischt. Das führte im Spätwerk zu einem Hang zum Formalismus, doch kann selbst in seiner letzten Lebensphase, zwischen 1600 und 1614, kein Rückgang der Schöpferkraft, keine Anpassung an neue Tendenzen und Moden beobachtet werden. Dabei war das frühe 17. Jh. von tief gehenden Veränderungen in der Kunstwelt geprägt, z.B durch *Caravaggio, Carracci* oder auch den Spanier *Velazquez*. Doch so selbstbewusst sich der Kreter Domínikos Theotokópoulos, der sich „El Greco" nannte, als Persönlichkeit sah, so stolz war er als Künstler auf sein Lebenswerk.

117kr Foto: bk

„Der Grieche" – El Greco

ditkarten akzeptieren. Aber Fódele ist auch beliebter Ausflugsort kretischer Familien. So sind nicht nur die Läden entlang der Dorfstraße neben einem idyllischen Bach viel besucht, sondern auch die lokalen Tavernen, besonders jene rund um den Dorfplatz.

Seine Berühmtheit verdankt der Ort der Vermutung, dass hier der berühmte **Maler El Greco** (1541–1614), eigentlich *Domínikos Theotokópoulos*, geboren wurde. Das nachgebaute Geburtshaus befindet sich etwa 1 km nördlich des Ortes (ab Ortsmitte Brücke rechts, ausgeschildert), auf angenehmem Weg leicht zu Fuß erreichbar. Man passiert dabei die **Panagía-Kirche,** eine sehenswerte kleine Kreuzkuppelkirche aus dem 13. Jh. (nur HS, außer Mo 9–15 Uhr). Durch Fenster im Ostchor lässt sich allemal ein Blick auf die wertvollen Fresken dreier Stilgruppen des 13. Jh. erhaschen. Der byzantinische Bau erhebt sich über einer Basilika aus dem 8. Jh., deren Grundriss noch anhand von (restaurierten) Fundamenten zu erkennen ist.

Nur ein paar Schritte von der Kapelle entfernt steht der dreiteilige El-Greco-Komplex, teils rekonstruiert, teils neugebaut. Im angeblichen Wohnhaus des Künstlers (Di–So 9–17 Uhr, 3 €, www.el-greco-museum-birthplace-fodele.gr, mit Shop, Kafenion) sind hinter Glas Nachdrucke einiger Werke, Dokument-Kopien und das Atelier des Künstlers zu sehen.

Südlich von Fódele befindet sich an der Schotterpiste die Ruine des **Klosters Pandeleimon** aus dem 17. Jh. **Capsis Beach** (Agía Pelagía, TUI bzw. www.capsis.gr), Luxushotel und Bungalowanlage, liegt malerisch zwischen zwei Buchten und besticht durch seine unter ökologischen Aspekten gestaltete weitläufige Anlage.

In **Agía Pelagiá** selbst gibt es zahlreiche Apartments, Pensionen, Zimmer, Ferienhäuser und Hotels (wie Esperídes€€) sowie mehrere Tavernen am Strand. Der Ort hat sich ganz dem Tourismus verschrieben, besticht aber immerhin durch seine Lage in einer weiten, malerischen und fruchtbaren Bucht.

Unterkunft

- **Mourtzanakis Residence,** etwa 1 km außerhalb der Ortschaft Achlada oberhalb der Autobahn, 20 km von Iráklion bzw. 6 km von Fódele entfernt (ausgeschildert), Infos & Reservierung: www.guestinn.com. Vier moderne, im traditionellen Stil erbaute Häuser (für je 2–5 Pers.) gruppieren sich um einen Innenhof (mit Pool und Garten) auf einem Berghügel hoch über dem Meer (Haus ab 70 € für 2 Pers.).
- **Petousis Apartments** (O. Papandreou 140, Ammoudára, Tel. 2810/821376, www.petousis.gr). Etwa 7 km westlich von Iráklion entfernt an der Hauptstraße Richtung Agía Pelagiá/Réthimon gelegen. 23 prima ausgestattete Studios, 8 Apartments und 1 Suite (50–100 €) mit Meer- oder Bergblick, Swimmingpool, Sauna und Solarium, Kinderbecken. Zugehörige Taverne (mit Terrasse) offeriert griechische Spezialitäten.

Entlang der Küste nach Osten

Fährt man entlang der Old Road mit dem Auto oder im blauen Stadtbus Nr. 7 nach Osten, erreicht man hinter dem Flughafen und einem Militärgelände die ersten **Badestrände:** Karterós und Amnissós Beach, die ineinander übergehen. Landschaftlich ist diese Ecke eher unattraktiv. **Amnissós** ist ein reiner Badeort, nur wenig erinnert an seine einstige Bedeutung als Hafen von Knossós. Bereits in der Odyssee Homers wird die Stadt erwähnt, hier kamen, der Sage nach, die alle neun Jahre dem Minotauros geopferten Mädchen und Knaben von Athen an.

Der griechische Archäologe *Marinatos* begann 1932 mit Grabungen, die sein Kollege *Platon* fortsetzte. Man fand Reste einer **mittelminoischen Siedlung** auf dem **Felsen Paleóchora** zwischen den beiden Stränden, von denen heute dank dichten Bewuchses kaum mehr etwas auszumachen ist. Im Westen liegt ein archaisches Heiligtum, im Norden das so genannte „Haus des Hafenkommandanten" (1550–1450 v. Chr.) und im Osten ein minoisches Herrenhaus, das wegen des gefundenen Lilienfreskos „Lilienvilla" (1550–1450 v. Chr.) getauft wurde.

An der Straße nach Episkopi, Richtung Landesinneres, liegt die berühmte **Eileithyia-Höhle.** Schon in der Steinzeit besiedelt, wurde der Ort als eines der ältesten Heiligtümer am Mittelmeer bekannt, in dem die Fruchtbarkeitsgöttin *Eileithyia* verehrt worden sein soll. Die Höhle ist zwar ausgeschildert, heute aber durch ein Gitter verschlossen und unzugänglich.

Die Autobahn östlich von Iráklion folgt der Küstenlinie über etwa 30 km bis Mália. Vom Meer ist dabei wenig zu sehen, es geht vielmehr vorbei an Hotelblöcken und durch eine stark zersiedelte, touristisch geprägte Landschaft. In den 1970ern gab hier der Tourismus sein Debut – mit allen negativen Begleiterscheinungen.

Goúrnes, mit den umliegenden Dörfern Vathianós Kámpos, **Nírou-Cháni** und Kokkíni Cháni fast zusammengewachsen, ist das erste touristische Zentrum östlich von Iráklion, mit künstlich aufgeschüttetem Sandstrand und nahegelegenem neuem **Cret Aquarium oder „Thalassocosmos"** (www.cretaquarium.gr, 1.5.–15.10., Mo–So 9–21 Uhr, sonst tgl. 9.30–17 Uhr, 8 €, mit Café und Shop). Im Sitz des *Institute of Marine Biology & Genetics* und des *Institute of Oceanography* kann in 32 Becken das Leben im Mittelmeer bewundert werden.

Bei **Nírou-Cháni** finden sich Reste einer zweigeschossigen Villa aus spätminoischer Zeit (1550–1450 v. Chr.), möglicherweise der „Sitz eines Hohenpriesters", kostbar ausgestattet, mit Hausheiligtum, Megaron, Magazinen und Lichthof. Der Ort selbst fungierte vormals als bedeutende Hafenstadt – Reste davon sind nahe dem Hotelkomplex Knossos Beach zu erkennen.

Im nahe gelegenen **Káto Goúves** ist, der Reihe neuer Hotels vorgelagert, eine eigene „Strandpromenade" entstanden. Das alte Dorf **Goúves** liegt rund 2 km davon entfernt im Landesinneren. Die Region entwickelt sich mehr und mehr zu einem Zentrum des Pauschaltourismus mit einer Reihe großer Hotelkomplexe. Doch auch Ferienwohnungen, Privatzimmer und Tavernen gibt es.

Nach diesem in erster Linie „badetechnisch" interessanten Strandabschnitt, der sich vor den Toren Iráklions beinahe ohne Unterbrechung ostwärts zieht, erreicht die Autobahn schließlich die **Bucht von Mália** mit den beiden Hauptorten Limín Chersonisou und Mália, das Urlaubsziel Nummer Eins auf Kreta. Abgesehen von wenigen Sehenswürdigkeiten konzentriert sich hier alles auf Strandurlaub.

Unterkunft

- **Grecotel Amirandes******* (Tel. 28970/41103, www.grecotel.com/crete/amirandes, auch über TUI). Das Dorf Gouvés ist ca. 3 km und Chersónisos 7 km entfernt. An zwei Sandbuchten gelegenes exklusives Boutique-Hotel (Bungalowanlage mit Pools und Restaurants), Sport- und Wellnessangebot.
- **Creta Camping,** Goúves, Tel. 28970/41400, Fax 41792, 16 km östl. von Iráklion, an der Straße nach Agios Nikolaos (ausgeschildert), 400 m zum Sandstrand. Relativ neuer Platz mit Schattendächern, Stromanschluss, SB-Restaurant, kleinem Supermarkt, Wäscherei und Picknickareal; auch Zeltvermietung.

Im Norden des Ída-Gebirges

Von Iráklion nach Westen

Durch die breite Nordflanke des Ída-Gebirges schlängelt sich die Old Road zwischen Iráklion und Réthimnon. Näher an das Massiv heran führt dagegen die kurvenreiche Nebenstrecke südlich davon, die über Tílissos und Anógia bei Pérama wieder auf die Old Road stößt. Die Route führt durch eine raue, kaum berührte Berglandschaft, passiert die berühmte Nída-Hochebene und Anógia, das größte kretische Bergdorf, das für seine Schafswollteppiche und Webarbeiten berühmt wurde.

Arolíthos

↗ XII/B2

Arolíthos, etwa 10 km westlich von Iráklion, ist ein interessanter Versuch, das alte Kreta in Gestalt eines künstlichen **„Museumsdorfes"** wieder auferstehen zu lassen. Hier fehlt nichts, was zu einem richtigen Dorf gehört(e): Kirche, Dorfplatz, Kafénion und Wohnhäuser mit typischer Innenausstattung, heute als Unterkünfte dienend, wurden nachgebaut. Zudem wurde eine große Bühne geschaffen, die dazu dient, vor der malerischen Kulisse des Dorfes **„Kretische Nächte"** zu veranstalten. Hier wird den Touristen in stark vereinfachter und etwas oberflächlicher Form kretischer Alltag – nach dem Motto „Das ganze Leben ist Folklore" – vorgespielt. Dazu gehört natürlich auch das traditionelle Handwerk: In nachgebauten Werkstätten

118kr Foto: bk

sind Töpfer, Ikonenmaler und Weber eingezogen.

Am besten besichtigt man Arolíthos, wenn noch keine Busse da sind, und macht sich sein eigenes Bild von der Anlage. Das Dorf erfüllt zumindest eine „Lehrfunktion" (mit Museum, Mo–Fr 9–17/20 Uhr, Sa–So 10–18 Uhr, 3 €, www.arolithosvillage.gr) und besticht durch seine tolle Lage. Man kommt allerdings ins Grübeln über den praktizierten Umgang mit dem modernen Tourismus: Altes Kunsthandwerk und Traditionen werden zwar gepflegt und gefördert, aber in künstlich geschaffenem, kostspieligem Ambiente. In nächster Nachbarschaft sterben reelle kretische Dörfer, die vielleicht mit etwas finanzieller Unterstützung und Initiative vor dem Exodus hätten bewahrt werden können. Ist Arolíthos tatsächlich ein zukunftsträchtiger Weg der Traditionsbewahrung oder nicht eher ein „kretisches Disneyland" für Besucher?

Aus dem Boden gestampft:
das Museumsdorf Arolíthos

Verkehrsverbindung

- **Busausflüge** mit „Folklore"-Veranstaltungen buchbar in fast allen Agenturen in den Touristenzentren und größeren Hotels; kein öffentlicher Bus.

Einkaufen

- Verkauf von handgefertigtem, geschmackvollem Modeschmuck, Keramik, Ikonen u.a. (lohnende Mitbringsel!).

Unterkunft

- **Arolíthos Hotel,** empfehlenswerte Unterkunft mit 34 Zimmern (ab 60 €/DZ mit Frühstück) und möglicher HP (ab 13 €), Tel. 2810/821050, www.arolithosvillage.gr.

Tílissos

XII/A-B2

Tílissos liegt rund 15 km westlich von Iráklion an der Straße nach Anógia und ist ein **typisch kretisches Bergdorf,** von Weingärten und Olivenhainen umgeben. Die Durchgangsstraße führt am Ortszentrum vorbei, der Dorfplatz liegt etwas abseits, und dort verläuft das Leben wie ehedem.

Hier befand sich vor vielen Jahrhunderten einmal eine größere **minoische Stadt,** die noch weitgehend unerforscht geblieben ist. Die Ausgrabungsstätte ist ausgeschildert und liegt am Ortsrand. Aufgedeckt und gut zu sehen sind lediglich drei frei stehende Häuser sowie Teile einer Straße und der Kanalisation. Der heutige Grabungszustand spiegelt prinzipiell das Aussehen in spätminoischer Zeit (1550–1450 v. Chr.) wider; über diese Bauten wurde um 1400 v. Chr. ein mykenisches Megaron gebaut. Zahlreiche Funde deuten darauf hin, dass die Stadt bereits in der Mitte des 3. Jahrtausends v. Chr. besiedelt war, und so ist eine Siedlungskontinuität von 2600 bis etwa 1000 v. Chr. gegeben.

Vom Eingang aus erreicht man zunächst das so genannte **Haus B,** dem das langgestreckte **Haus A** vorgelagert ist. Beim dritten Baukomplex,

119kr Foto: bk

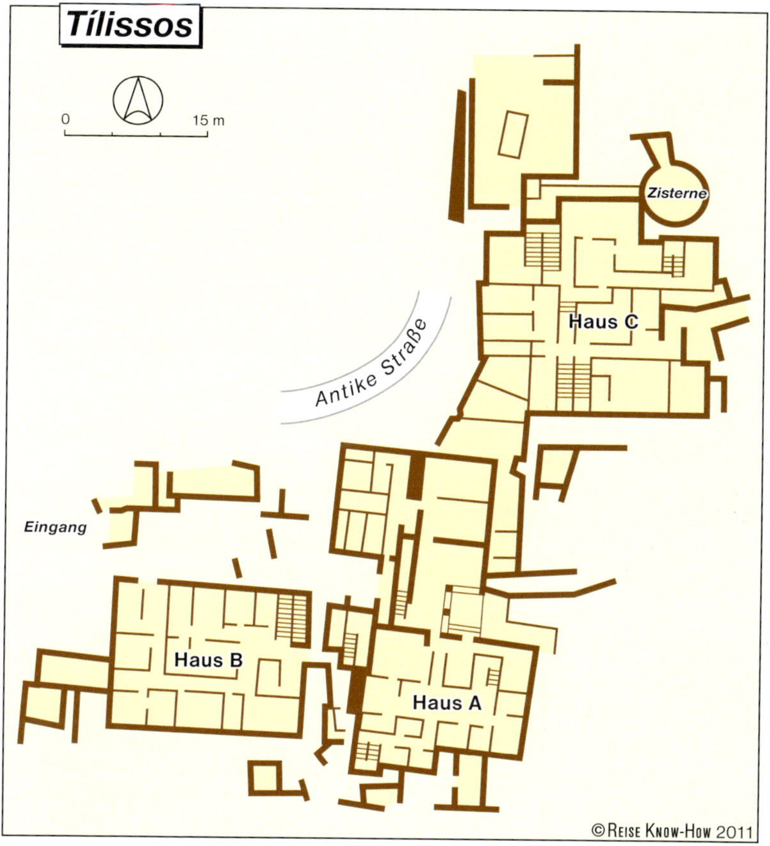

dem **Haus C,** befindet sich eine große Zisterne. An vielen Stellen lassen sich verschiedene Umbauten entdecken und damit zwei Bauphasen unterscheiden, unter den Um- und Neubauten der spätminoischen Zeit finden sich immer wieder Spuren aus älterer Zeit. Gerade weil nicht viel rekonstruiert ist, erhält man einen guten Eindruck von der ursprünglichen Siedlung. Die mehrstöckigen minoischen Häuser waren solide gebaut und reich ausgeschmückt, was auf eine wohlhabende Bürgerschicht deutet. Sicher befand sich hier in ferner Vergangenheit einmal eine große und bedeutende Stadt.

Hauptstraße und Kanalisation des antiken Tílissos

Der Ruinenort ist aber nicht nur archäologisch interessant, sondern auch schön gelegen, gerahmt von hohen Pinien und wenig besucht – also ideal für eine geruhsame Pause.

- **Tílissos-Grabung,** tgl. 8.30–15 Uhr, Eintritt 2 €; kein eigener Parkplatz, doch Möglichkeiten zum Parken im Umfeld.

Busverbindung

- Täglich mehrere Busse von und nach **Iráklion** (Bus Richtung Anógia, Busbahnhof B).

Essen und Trinken

- **Taverne Minoas,** direkt am Grabungsgelände (mit Parkplatz, Verzehr wird erwartet), weitere Tavernen am Dorfplatz.

Von Tílissos nach Anógia

Hinter Tílissos führt die Straße in eine raue Schlucht. Vor der Einfahrt liegt ein **Gedenkstein** für 23 Kreter, die hier im 2. Weltkrieg, am 21.8.1944, bei der Verteidigung der Schlucht von der deutschen Wehrmacht erschossen wurden.

An der Straße liegt auf eingezäuntem Areal **Sklavokámbos,** eine minoische Villa (1500 v. Chr.), deren Funktion ungeklärt ist.

Anógia

↗ XI/D2

Anógia liegt über 740 m hoch und breitet sich über zwei Terrassen aus. Wegen seiner Lage am Fuße der Nída-Hochebene, mit dem Psiloritis im Hintergrund, gilt es als eines der schönsten Bergdörfer Kretas. Die Häuser des Ortes sind jedoch zumeist moderneren Datums, was mit seiner Geschichte zu tun hat. Das Dorf ist nicht nur bei Tagesausflüglern beliebt, sondern fungiert zugleich als Ausgangspunkt für Wanderungen in die Berge. Wenn keine Touristenbusse da sind und Wanderer noch fehlen – da Aufstiege erst im Hochsommer empfehlenswert sind – empfängt einen Anógia als ruhiges **Bauern- und Hirtendorf,** ein Zentrum der Schafs- und Ziegenzucht (über 100.000 Tiere). Die Spezialität des Dorfes ist der Anthotyros-Käse.

Am 15.8.1944 brannten **deutsche Truppen** den Ort nieder und erschossen die Männer als **Vergeltungsmaßnahme** für die Entführung des Oberkommandierenden General *Karl Kreipe*. Kretische Kämpfer, auch aus diesem Dorf, und der britische Geheimdienst hatten den General in einem Husarenstück quasi vor den Nasen der deutschen Wachen entführt und ihn durch die ganze Insel zur Südküste geschleust, von wo aus er nach Ägypten in Kriegsgefangenschaft gelangte. Nach dem Krieg wurde das zerstörte

Wandertipp

Anógia ist idealer Ausgangspunkt für Wanderungen auf die **Nída-Ebene,** zur **Idäischen Grotte** und zur Besteigung des **Psilorítis** (s. Kapitel „Wandern auf Kreta"). Wegen plötzlicher Wetterumstürze sollte man derartige Touren nur zwischen Juni und September und zur Spitze sogar nur mit Führer unternehmen. Auch wenn in Iráklion die Sonne brennt, kann es hier oben längst bewölkt sein oder regnen, in der Gipfelregion liegt gar ganzjährig Schnee.

120kr Foto: bk

Dorf mit amerikanischer Hilfe wieder aufgebaut.

Doch bereits vor dem Zweiten Weltkrieg war es als Widerstandsnest „unangenehm“ aufgefallen: Zweimal hatten es die Türken, 1821 und 1866, bereits zerstört, schließlich soll sich hier die Heimat der gefährlichsten und entschlossensten Widerstandskämpfer befunden haben. Bis heute sagt man den Bewohnern eine große Widerspenstigkeit nach, was sich auch an regelmäßigen Konflikten mit der Polizei zeigt. Überall ist man stolz auf die Vergangenheit und erinnert daran – Ressentiments gegenüber deutschen Besuchern gibt es jedoch nicht mehr.

Berühmt ist Anógia aber auch als Heimat bekannter kretischer Musiker, wie Psarantonis oder Nikos Xylouris, und wegen seiner **Webwaren.** Die Frauen des Dorfes haben eine eigene Genossenschaft gegründet, und man sieht sie überall an ihren Webstühlen arbeiten. Dabei sind die vorwiegend älteren Damen oft wenig zurückhaltend, wenn es darum geht, Besuchern ihre Waren anzupreisen: *„Hello, very cheap, come and look!“* Doch Vorsicht: es wird neben hochklassigen und entsprechend teuren Handarbeiten auch die übliche Billigware aus Fernost offeriert.

Ebenso beliebt wie die Teppiche, Decken und Tücher sind die „Kretischen Nächte“ und die **„Kretischen**

Blick auf das Bergdorf Anógia

Alkibíades Skoúlas, ein eigenwilliger Künstler aus Anógia

Selten verirrt sich ein Tourist hierher, denn das kleine Museum (www.museum.anogia.info) im Bergdorf Anógia steht weder an prominenter Stelle, noch sticht es äußerlich ins Auge oder ist sonderlich spektakulär. Es ist einem Bewohner des Dorfes, Alkibíades Skoúlas, genannt *Griliós* (die Grille), gewidmet und wird seit dessen Tod vor ein paar Jahren liebevoll von seinem Sohn *Geórgios* geleitet und betreut.

Alkibíades Skoúlas, 1902 geboren, schlug den typischen „Beruf" vieler Kreter ein: Er wurde Schafhirte auf der Nída-Hochebene und verbrachte oft den ganzen Sommer dort oben, seine spärliche Freizeit dazu nutzend, aus Olivenbaumstümpfen, Wurzeln und Steinen fantasievolle Gebilde zu formen. 1944 kamen deutsche Soldaten in sein Heimatdorf und zerstörten es komplett. „Griliós" musste fliehen und versteckte sich, nachdem er seine Familie wieder gefunden hatte, in den Bergen bei Arkádi. Als alter kretischer Freiheitskämpfer wusste er natürlich, wohin er zu gehen hatte. Nach Kriegsende kehrte Familie Skoúlas ins Dorf zurück. Man begann mit dem Wiederaufbau und Alkibíades zog sechs Söhne und drei Töchter groß, die ihm bis zum Lebensende an die vierzig Enkel bescherten, und betrieb am Dorfplatz ein Kafeníon.

Mit 65 übergab er die „Geschäfte" an seinen Sohn Geórgios. Doch schon bald ergriff den alten umtriebigen Hirten und Freiheitskämpfer die Langeweile. Was tun? Mit fast 70 wandte er sich der Kunst zu, fertigte zunächst Bleistiftzeichnungen an, kaufte sich dann Ölfarben – dieselben, die er auch zum Streichen seiner Fenster und Türen verwendete – und malte auf Holz, „was mir vor die Augen kam", in klaren, reinen Farben und ohne Perspektive. Er wählte Themen aus seinem eigenen Leben, aus der Dorfgeschichte, stellte Traditionen und Alltagsszenen dar, aber auch politische Ereignisse, wie die Türkenkämpfe. Seine eindrucksvollsten Werke sind die „Landung der Deutschen" und die „Zerstörung von Anógia".

1976 verkaufte er erstmals Bilder an eine Galerie in der Hauptstadt, und niemand traute seinen Augen, als er mit einem beträcht-

Hochzeiten". Einst feierte man hier tatsächlich besonders festliche Vermählungen, an denen das ganze Dorf teilnahm, heute sind diese großen Ereignisse zu einer bloßen Touristenattraktion umfunktioniert.

Der Ort besteht aus zwei Teilen, dem Oberdorf um das Rathaus und die alte Kirche mit verwinkelten Gassen und Treppen und dem Unterdorf um die moderne Kirche (1910), wo sich die Bushaltestelle befindet und die Webwaren und Stickereien angeboten werden. Unbedingt gesehen haben muss man das **Museum Alkibíades Skoúlas,** das sich etwas abseits (ausgeschildert) im unteren Dorfteil befindet (s. Exkurs). Ist das Museum geschlossen, findet man den alten Skoúlas im Kafenion am Busbahnhof bei den beiden Venizélos-Denkmälern.

Der Rathausplatz bildet das Zentrum des Oberdorfes, dort steht die sehenswerte Kirche **Ágios Ióannis Pródromos.** In ihr finden sich Fresken aus der ersten Hälfte des 14. Jh. im Paläologischen Stil von *Johannes Pródromos* (große Plastizität).

lichen Sümmchen ins Dorf zurückkehrte. Er malte weiter, wurde allmählich bekannter und entschloss sich in den 1980ern, seine Kunstwerke auszustellen. Ein kleines doppelstöckiges Museum am oberen Dorfrand von Anógia entstand, das er mit einem Teil seiner Bilder und Statuen aus Wurzelholz ausstattete und in dem heute ein Sohn Besucher gern herumführt. Eine seiner geschnitzten Holzfiguren, ein eigenwilliges Porträt von *Elefthérios Venizélos,* fand Platz auf dem Dorfplatz des Unterdorfs, neben dem konventionellen Abbild des ehemaligen Ministers; andere sind im Lychnostásis-Museum ausgestellt.

Nachdem Alkibíades im hohen Alter von über 90 Anfang der 1990er Jahre gestorben ist, führt Sohn *Geórgios,* nicht nur äußerlich das Ebenbild des Vaters, das Museum und freut sich ebenfalls über jeden Gast. Er zeigt Fotos seines Vaters, ihm gelingt es, die Kunstwerke zu erläutern und Menschen in seinen Bann zu ziehen. Dabei hat er sich eigentlich mehr der Musik als der Bildenden Kunst verschrieben. Hin und wieder gibt er vor Museumsbesuchern kretische Lieder – oft Stegreif-Mantinaden –, begleitet von seiner alten Lyra, zum Besten und lässt damit die Tradition der großen Musiker des Ortes wieder aufleben.

121kr Foto: bk

Die Holzschnitzereien von Skoúlas sind recht eigentümlich

Service

●**Post, Bank** und **O.T.E.** liegen um den Rathausplatz.

Busverbindung

●Mehrmals tgl. von und nach **Iráklion** (Busbahnhof B). Der Haltepunkt ist am unteren Dorfplatz neben der Kirche. Nach Iráklion um 7, 8, 8.15, 12, 13 und 16 Uhr.

●2x tgl. Busse von und nach **Réthimnon** (über Axós).

Einkaufen

●Besonders um den unteren Dorfplatz gibt es etliche Läden mit lokalen **Webwaren:** Teppiche, Decken oder *Sarikis* – traditionelle schwarze Stirntücher.

Fest

●**10.–15. August:** Ehrung der Toten des Massakers von 1944 mit Kunsthandwerksausstellungen und musikalischen Wettbewerben.

Essen und Trinken, Unterkunft

Im schönen und weniger touristischen oberen Dorfteil gibt es etliche kleine Läden und zahlreiche Cafés und Tavernen.

●In der Straße parallel zur Durchgangsstraße liegt das **Hotel Aristea** (Tel. 28340/31459, 6 DZ mit WC/Dusche und Balkon) und dane-

122kr Foto: bk

ben das empfehlenswerte **Hotel Aris** (Tel. 28340/31460), www.aris.anogia.info.

- Weitere Zimmer im Dorf, z.B. **Ideon Adron** (darunter nettes Café/Ouzeri, hinter dem Rathaus), **Panorama Rooms, Koritsi Rooms, Hotel Psiloritis** (alle Durchgangsstraße), **Taverne** und **Rooms Xilouris** (unterer Dorfplatz) oder **Taverne** und **Hotel O Kitros** (Durchgangsstraße).
- Eine ganze Reihe weiterer einfacher Tavernen liegt am unteren Dorfplatz, aber auch um das Rathaus (dort auch etliche Kafeneia); oben an der Durchgangsstraße: **Taverna Areti** (etwas feiner).

Dorfidylle

Einst lebten die Hirten auf der Nída-Hochebene in solchen Steinhütten

Nída-Hochebene

↗ XI/D3

Eine Straße führt von Anógia auf die 1400 m hoch gelegene Nída-Ebene von etwa vier Quadratkilometern Fläche, die eigentlich die „Alm" des ca. 20 km entfernten Dorfes ist, denn hier oben werden die unzähligen **Schafe und Ziegen** der Bewohner von Hirten gehütet. Heute verbringt kaum jemand mehr den Großteil des Jahres bei den Herden und lebt in einem *Mitáto*, wie die **Rundhütten** aus Feldsteinen mit „falschem" Gewölbe und ohne Lehm, aber dennoch wasserdicht, heißen. Heute fahren die Hirten jeden Morgen mit ihren Geländewagen herauf. Außer in der Nída-Hochebene finden sich Überreste der Kuppelbehausungen auch noch an der Ída-Südflanke.

Am Rand der Ebene stehen ein unfertiges Hotel und eine kleine Taverne. Vor einigen Jahren hat die Berliner Künstlerin *Karina Raeck* auf der Ebene eine etwa 30 x 10 m große **Steinskulptur** errichtet: „Der Partisan – ein Monument für den Frieden". Aus unbehauenen Felsbrocken gegenüber der Zeus-Höhle mit Hilfe von Hirten errichtet, soll sie ein Symbol deutsch-griechischer Verständigung sein.

Idäische Höhle

↗ XI/D3

Wie ein großes schwarzes Loch öffnet sich die **Idéon Ándron** in einer Felswand am Rande der Nída-Hochebene (etwa 150 m oberhalb) an der Ostflanke des Ída-Massivs. Erstmals wurde

123kr Foto: bk

die Höhle 1885 von dem deutschen Archäologen *Ernst Fabricius* als die legendäre **Zeushöhle** identifiziert. Hier soll Zeus geboren oder aufgewachsen sein; im Clinch liegt man diesbezüglich mit der Höhle auf der Lassíthi-Hochebene.

Dass es sich in der Antike um einen wichtigen Kultort handelte, belegen die zahlreichen Funde, vor allem Bronzevotive. Systematisch erforscht wurde die Höhle erst ab 1982 von dem griechischen Archäologen *Iannis Sakellarakis*. Er konnte auf Grund des Fundmaterials belegen, dass hier bis in römische Zeit hinein Kulthandlungen stattfanden. Eine abschließende Publikation der Funde und Befunde steht aber noch aus. Die eigentliche Höhle ist weder offiziell zugänglich noch allzu spektakulär, doch dafür umweht den Ort ein gewisser Mythos.

Axós

↗ XI/D2

An der Straße zwischen Anógia und Peráma liegt Axós, ein weiteres malerisches Bergdorf. Die Ortschaft ist weniger überlaufen als Anógia, aber auch hier werden schon „Kretische Nächte“ für Touristen veranstaltet und Webwaren, vielfach Massenware, verkauft. Die Läden gruppieren sich um den Dorfplatz mit dem venezianischen Brunnen, wenn aber die Touristenbusse wieder weggefahren sind, ist Axós ein verschlafener, urtümlicher Ort.

Axós kann auf eine lange Tradition zurückblicken, schon in minoischer Zeit siedelte man hier, und in **dorisch-griechischer Periode** erlebte die kleine Stadt eine Blüte: Reste der Stadtmauer und der Akropolis sind erhalten. In dieser Phase zwischen 1100 und 500 v. Chr. hieß der Ort *Oaxos*. Bali war damals der Hafen dieser bedeutenden Stadt. (Funde sind im Archäologischen Museum Iráklion zu sehen.)

Einige interessante **byzantinische Kapellen** belegen, dass hier auch in christlicher Zeit Menschen ansässig waren: Agía Iríni am Ortsausgang, eine Kreuzkuppelkirche aus dem 14./15. Jh., Ágios Ioánnis an der Durchgangsstraße neben einer frühchristlichen Basilika, mit Fresken Anfang des 15. Jh. im akademischen Stil, Agía Paraskévi am Ortsrand, eine nur als Ruine erhaltene dreischiffige Kirche, sowie die Michael-Archángelos-Kirche, eine verfallene Zweiraumkirche aus dem 15. Jh.

Busverbindung

- 2x tgl. **Busse** von und nach Réthimnon.

Essen und Trinken

- Tavernen wie **Platanos** am Dorfplatz oder **To Kentron** (eher ein Kafeníon); hier halten auch die Ausflugsbusse.

Einkaufen

- Unter den Läden mit **Webwaren** um den Dorfplatz ragt das mehrfach ausgezeichnete Geschäft des Ehepaars *Patelaros* heraus (unterhalb des Dorfplatzes).

Unterkunft

- **Yakinthos Hotel,** Tel. 2834/061760, www.yakinthos.gr; 6 Studios/Apartments ab 45 €, schön gelegen und freundlich-familiär, guter Ausblick.
- **Enagron Traditional Houses/Farm,** Tel. 28340/61611, www.enagron.gr; die dorfartig gruppierte Apartmentanlage in der Schlucht bei Axós liegt einsam, aber in spektakulärer Lage mitten in der Natur, 22 Zimmer/Studios ab 70 € mit Pool. Zur Anlage gehören landwirtschaftliche Einrichtungen, eine Taverne und höchst empfehlenswerte Unterkünfte. *Giannis* und *Fani Papadaki* betreiben die Farm nach biologisch-nachhaltigen Gesichtspunkten und bieten auch Wanderungen, Kochkurse u.a. Aktivitäten an. Auch über www.guestinn.com buchbar.

Sfentóni-Höhle

Etwa 7 km westlich von Axós, an der Straße nach **Zoniana,** liegt oberhalb dieses Ortes die Sfentóni-Höhle. Die etwa 3000 m² große **Tropfsteinhöhle** gilt als eine der schönsten ihrer Art auf Kreta. Für 4 € (stündl. Führungen Apr.–Okt. 9–18, sonst Fr–So 9.30–16 Uhr) darf man sie teilweise besichtigen, die komplette Erschließung blieb wegen Geldmangels in den Anfängen stecken. Unter Fachleuten gilt sie als die interessanteste der über 3000 Grotten und Höhlen Kretas. Sie hat **kuriose Steinformationen** ausgebildet, die „Raum mit Orgeln“, „versteinerter Wald“, „Saal mit den versteinerten Wellen“ oder „Niagara“ genannt werden und Staunen hervorrufen.

Rund um die Bucht von Mália

Überblick

Man bezeichnet die Region als das **„kretische Rimini"**, in der Bucht gibt es die meisten Hotels der Insel (ca. 30.000 Betten), darunter auch sehr große, wie die Luxuskomplexe Creta Maris oder Silva Maris. Berühmt-berüchtigt ist der ehemalige Fischerort Limín Chersónisou, noch mehr aber das nahe Mália, wegen des regen Nachtlebens, das besonders junge Urlauber anzieht, zumal es durch ein vielseitiges Sportangebot seitens der Hotels komplettiert wird.

Limín Chersónisou

↗ **XIV/A1**

Limín Chersónisou wird, wie die Nachbarorte Stalida, Metamorfosi und Mália vom Pauschaltourismus (zuletzt schwerpunktmäßig aus den Niederlanden) beherrscht. Der Strand ist beinahe restlos zugebaut, im Ort reihen sich Tavernen, Souvenirshops, Autovermieter und Tourveranstalter aneinander. Gegründet wurde Limín bereits in der Antike, rund um ein Artemisheiligtum. Er entwickelte sich bald zu einem bedeutenden Hafen und ab Anfang des 5. Jh. n. Chr. zum Bischofssitz. Doch schon im 7. Jh. verließ man den Ort wegen Überhand nehmender Piratenüberfälle, und erst im letzten Jahrhundert kehrten die Kreter zurück.

Der Ort ist zweiteilig, einmal pulsiert das Leben entlang der Durchgangsstraße O. Venizelou, zum anderen ist

124kr Foto: bk

an der **Hafenpromenade** etwas los. Verbunden werden beide Achsen durch mehrere Stichstraßen. In den östlichen davon finden sich gehäuft „Rent Rooms" und in den westlichen vor allem Läden.

Die besten **Badestrände** sind der Strand von **Anissáras,** mit einigen Hotelkomplexen, außerhalb des Ortes, sowie der Sandstrand westlich des Fischerhafens beim „Musterkomplex" der späten 1970er, dem Creta Maris. Hier besteht ein vielseitiges Freizeit- und Sportangebot.

Stadtstrand von Limín Chersónisou

Römischer Mosaikbrunnen

Sehenswertes

Zu den Sehenswürdigkeiten gehört ein eindrucksvoller **römischer Brunnen** aus dem 4. Jh. n. Chr. an der verkehrsberuhigten Uferpromenade Agía Paraskévi. Das Wasser lief über pyramidale, mosaikgeschmückte Seitenwände; von den einstmals kunstvollen Steinlegearbeiten sind heute leider nur noch Bruchstücke wie Boote, Fische und Seevögel sowie anderes Meeresgetier (ein Oktopus) erhalten, etwas vollständiger auf der Süd- und Westals auf der Nord- und Ostseite.

Unmittelbar vor dem Brunnen kann man im Hafenbecken Reste der antiken Hafenmole erkennen. Weitere Überbleibsel der **römischen Stadt** fin-

125kr Foto: bk

den sich im unbebauten Areal zwischen dem Hafen und der Durchgangsstraße, z.B. Ruinen eines römischen Theaters (O. Demokratias, gegenüber Hotel Apollon).

Eine Kirche aus der christlichen Frühzeit, **Ágios Nikólaos,** steht direkt am Strand des Hotels SK Eri Beach im östlichen Ortsteil. Heute sind von der dreischiffigen Basilika nur noch Fundamente und Reste des Mosaikbodens erhalten, außerdem eine kleine Kapelle aus dem 18. Jh., die in den alten Bau, von Meereswellen umtost, eingebaut wurde.

Fels von Kástri

Am westlichen Ende des Fischerhafens ragt der Fels von Kástri auf, in dessen einen Hang die **Agía-Paraskévi-Kapelle** hineingebaut wurde. Auf dem darüber befindlichen Plateau befinden sich in exponierter Lage mit traumhaftem Ausblick Reste einer **frühchristlichen Basilika** aus dem 5. Jh. n. Chr.

Lychnostátis-Museum

Das eigentlich Lohnendste an Limín Chersónisou ist das Lychnostátis-Museum. Dieses Ausstellungsareal zum **traditionellen kretischen Leben** liegt am östlichen Stadtrand, an der Beach Road. Authentisch nachgebaute Gebäude wie ein Wohnhaus, eine Kapelle, eine Windmühle und eine Hirtenhütte *(Mitáto)* rufen alte Zeiten in Erinnerung, während eine Mühle, eine Töpferei, eine Ölpresse, ein Dresch-

126kr Foto: bk

platz, eine Rakí-Brennerei, ein Backofen, eine Weberei und Färberei zeigen, wie hart die Arbeitsbedingungen damals waren.

Eine beachtliche **Mineraliensammlung,** ein Ausstellungsraum für Volkskunst, ein Mehrzwecksaal und ein kleines **Freilufttheater** für besondere Veranstaltungen, Café und Verkaufsstand mit typisch kretischen Spezialitäten komplettieren das, was die Amerikaner „Living History Museum" nennen würden. Es gibt informative und empfehlenswerte Führungen durch das Herbarium und den **Garten** (mit verschiedenen Obst- und Gemüsesorten und zwölf Rebsorten), aber auch Tanz- und Filmvorführungen und **Handwerks- und Handarbeitsdemonstrationen** in den verschiedenen Gebäuden. Herz der Sammlung ist die volkskundliche Ausstellung im kretisch ausgestatteten Haupthaus, in dem auch Beispiele der **Volkskunst** ausgestellt sind, wie Werke des kretischen Freiheitskämpfers und Künstlers *Alkibíades Skoúlas* (s. Exkurs im Kapitel „Im Norden des Ída-Gebirges") oder von *Giorgis Kapsalis.*

Die Idee für den Museumskomplex geht auf den Augenarzt *Geórgios Markákis,* Sammler und Volkskundler, zurück. Zwischen 1986 und 1992 wurde

Die Reste der frühchristlichen Basilika

das Museum von der Familie und einigen Helfern errichtet. 1994 wurde der „Verein der Freunde des Museums" ins Leben gerufen, der es seither betreut. Herz und Seele des für Kreta ungewöhnlichen Ortes, der pro Jahr bis zu 35.000 Besucher verzeichnet, ist Museumsdirektor *Yiannis Markákis,* Sohn des Gründers. Energisch verfolgt er sein Ziel, Besuchern – nicht nur Touristen – Umweltbewusstsein und das traditionelle kretische Erbe nahe zu bringen. Aus diesem Grund lädt er auch immer wieder bekannte kretische Dichter, Musiker und Erzähler ein, zusätzlich zu Kunstausstellungen und Weinfesten (immer mittwochs). Für die Zukunft hat er große Pläne: ein Archiv für Volksdichtung, eine Webpage, Multimedia-Dokumentation und eine Vergrößerung der Anlage. Doch dazu muss erst das nötige Geld fließen.

- **Lychnostátis-Museum,** Beach Road, Limín Chersónisou, Tel. 28970/23660, www.lychnostatis.gr; tgl. außer Sa 9–14 Uhr (15.4.–31.10.), Führungen auch auf Deutsch, jeweils zur vollen Stunde; 5 € inkl. Führung.

Praktische Tipps

Vorwahl Limín Chersónisou: 28970

Infos

- **Touristeninformation** im Rathaus, O. Giamboudakis, Mo–Fr 8–14.30 Uhr.

Service

- **Ärzte und Apotheken:** entlang der Durchgangsstraße Odos E. Venizelou.
- **Auto- und Zweiradvermieter:** zahlreich an der Odos E. Venizelou.
- **Postamt:** Odos E. Venizelou 122.
- **O.T.E.:** Odos Eleftherias und **Medical Center,** O. 25 Martiou (Strandpromenade).
- **Touristenpolizei,** O. Minoos, Tel. 21000.

Verkehrsverbindungen

- **Bus:** Haltestelle an der Odos Eleftheriou Venizelou (nahe Kassaventis Shopping Center, halbstündlich Busse zwischen Iráklion und Mália). Die Busse aus Mália sind oft überfüllt und nehmen dann niemanden mehr auf – genügend Zeit einplanen!
- **Bootsausflüge** vom Hafen u.a. nach Sísi östlich der Bucht und zur Insel Día.

Essen und Trinken, Einkaufen

- **Odos El. Venizelou:** Shops aller Art (Souvenirs, Touristenbedarf, Lebensmittel), außerdem Cafés, Bars und Tavernen wie **Cheers** (Zentrum), **Hard Rock Café** (am westlichen Ortsende) oder **Sto Katofli** (kretische Küche); mehrere Getränkeläden.
- Die **Fußgängerzone Odos Agios Paraskevis** zwischen O. Venizelou und dem Hafen lädt mit lohnenden Läden wie **Biokreta** (lokale Produkte) und mehreren Cafés zum Bummeln ein.
- Das im Ganzen eher provinzielle **Kassavetis Shopping Center** verbindet als Fußgängerzone die Durchgangsstraße mit der Hafenpromenade. Hier befinden sich neben einem Hotel und Apartments derzeit nur noch wenige Shops. Tavernen gibt es vor dem Center, entlang der Hauptstraße und den Straßen Richtung Hafenpromenade.
- An der **Hafenpromenade** spielt sich das Nachtleben ab, deshalb gibt es neben Tavernen eine Menge Bars und Cafés.

Restaurants ballen sich vor allem entlang der O. Evangelistrias, etwas ruhiger ist es am Fischerhafen. Da hier alles auf Touristen ausgerichtet ist und es kaum Eigenständiges gibt, nur zwei spezielle Tipps an der Promenade:

- **Kymata,** O. Ag. Paraskevis 55, ausgezeichnete mediterrane Gerichte und gute Weinauswahl.
- **Coast Med.,** O. Ag. Paraskevis, mediterrane Küche mit Schwerpunkt Fisch und Meeresfrüchte.

127kr Foto: bk

Direktor Yiannis Markákis vor dem Lychnostátis-Museum

Nachtleben

- Limín Chersónisou ist wie Mália für Fun und Nightlife bekannt, mit vielen Bars und Discos und entsprechendem Lärmpegel bei Nacht.

Wasserpark

- **Acqua Plus Water Park,** www.acquaplus.gr, 18 €, variable Öffnungszeiten; ca. 7 km südlich Limín Chersónisou in Richtung Landesinneres (Kastelli); Wasserpark mit Rutschen, Spielflächen, Imbiss und Shop und **Star Beach Water Park** (neben dem Museum, www.starbeach.gr) sind zwei beliebte Familienattraktionen.

Golf

- 2003 wurde nahe Limín der erste Golfplatz auf Kreta, der **Crete Golf Club** mit Klubhaus, Restaurant, Pro-Shop und Driving Range für Anfänger eröffnet (www.crete-golf.gr). Hotels wie Elounda Beach und Elounda Bay sind daran beteiligt. Die 9 ha des „Wüstenplatzes" werden zweimal täglich bewässert (Regenwasser-Kreislauf).

Unterkunft

Der Großteil der Besucher kommt pauschal unter. Der Ort verfügt über eine unüberschaubare Zahl an Hotels und Pensionen:

- Die Luxushotelkette Aldemar unterhält hier das **Royal Mare Village** (Anissáras, Tel. 27200, www.aldemar.gr), mit großem Sport- und Gesundheitsangebot (Thalassotherapie).
- An der Durchgangsstraße O. Venizelou liegen Herbergen wie **Dimitirion** (Tel. 22220), **Anna**€€ (Nr. 148) und **Venus Melena**€€ (Nr. 134), alle eher laut, sowie **Hotel Thalia** (Nr. 176, Tel. 22590, www.thaliahotel.gr; alteingesessener, freundlicher Familienbetrieb, bequeme, ordentliche Zimmer.
- In den Stichstraßen zum Meer findet man mehr Ruhe, so in der O. Bouboulinas **(Mari Kristin, Glaros Hotel** oder **Nikis Hotel).**
- An der Hafenpromenade, der O. Agia Paraskevi gibt es einige Hotels und Apartments, z.B. **Maragakis** (etwas laut, 54 Zi., am Strand) oder **Zorbas** (ruhiger am östlichen Ende gelegen).
- **Camping Chersónisos,** Tel. 28970/22902, ca. 3 km westl. von Limín Chersonísou. Schilfdächer, Taverne, Shop und Bar, gute Sanitäranlagen.
- **Caravan Camping,** Tel. 28970/22025, Limín Chersonísou, am Ortsausgang ostwärts. Schilfdächer, auch kleine Hütten, Taverne; sanitären Anlagen in Ordnung.

Dörfer im Hinterland

In den Bergen, die sich unmittelbar hinter Limín Chersónisou aufbauen, befindet sich eine Reihe kleiner Bergdörfer, die ebenfalls zunehmend vom

Tourismus erschlossen werden. Hier kann man jedoch gut die zwei Seiten der Medaille studieren: Während am Strand rücksichtslos und anscheinend ohne Plan gesichtslose Hotelanlagen aus dem Boden gestampft werden, tut der Zulauf und das mit den Einnahmen verbundene „Facelifting" den alten Dörfern eher gut, kommen doch Restaurieren und Aufpolieren auch der Dorfbevölkerung selbst zugute. Neben Tavernen und Souvenirläden laden in allen drei Dörfern auch eine Reihe schöner Pensionen zum ruhigeren Übernachten ein.

Chersónisos ist der bevorzugte Ausflugsort, da er durch einen kurzen Fußmarsch von Limín Chersónisou aus einfach zu erreichen ist. **Koutouloufári** und **Piskopianó** heißen die benachbarten Ortschaften, die ihren kretischen Dorfcharakter noch stärker erhalten haben.

In Piskopianó sollte man unbedingt das **Heimatmuseum** *(Agrótiko Museío)* mit allerhand Interessantem zu Landwirtschaft und Handwerk besuchen. Es ist 1988 in ein altes türkisches Haus mit angegliederter alter Olivenölfabrik eingezogen. Die Sammlung umfasst Geräte und Werkzeuge des alltäglichen bäuerlichen Lebens, Koch- und Webutensilien, Zubehör zu Feldarbeit und Schafschur, Handwerkszeug und – interessantester Teil – alles, was zur **Olivenölgewinnung** gehört, von den Mühlen über die Matten, auf die der Olivenbrei gestrichen wird, bis hin zu den Pressen.

Vor dem Museum liegt unübersehbar die **Dorfkirche** mit einem kleinen vorgelagerten Platz (auch zum Parken geeignet), von dem aus sich ein toller Blick auf die Bucht eröffnet. Neben der Kirche befinden sich die Taverne Kostas und mehrere weitere Lokale und Souvenirläden.

• **Agrótiko Museío,** Piskopianó, geöffnet Di–So 10–13, 16–20 Uhr, Eintritt 2 €.

Unterkunft

• Ruhiger und idyllischer als in Limín Chersónisou ist es in den drei Ortschaften oberhalb, dafür hat man hier aber keinen Strand. Es gibt etliche Übernachtungsmöglichkeiten, z.B. **Anna-Maria Apartments** (Piskopianó, Tel. 24806) oder **Astra Village Apartments** (Tel. 21470).

Essen und Trinken

• Das **Café Rahati** in Koutouloufari lockt mit leckeren Sandwiches und Kuchen, dazu liegen aktuelle internationale Zeitungen zur Lektüre aus.

Stalída

↗ XIV/A1

Zwischen den beiden Hauptorten der Bucht, Limín Chersónisou und Mália, liegt Stalída, eine **reine Ferienstadt** mit entsprechender Infrastruktur, die mehr und mehr mit Mália zusammenwächst. Der Strand und die dortigen Tavernen sind beliebte Ausflugsziele.

Essen und Trinken

• Die Taverne **9 Muses** am westlichen Strandende von Stalída bietet in angenehmem Ambiente „kretische Nouvelle Cuisine" – hervorragende lokale Spezialitäten kreativ und mit einem Hauch Orient; unbedingt die Mezédes wie Bekrí Mezé oder gefüllten Paprika probieren.

MÁLIA

↗ XIV/A/B1

Mália ist wie Limín Chersónisou eine **Hochburg des Pauschaltourismus** und Ziel junger Reisender, bevorzugt aus Großbritannien. Dennoch gibt es auch ruhiger gelegene Pensionen, und im Osten befinden sich einige ansprechende Hotelanlagen.

Ansonsten weist der Ort ein ähnliches Bild und vergleichbare Infrastruktur wie Limín auf. Entlang der Durchgangsstraße reihen sich Läden und Tavernen aneinander, und die Stichstraße zum Strand fungiert als der „Strip", als Tummelplatz der Nachteulen. Selbst der alte, verwinkelte Ortskern mit durchaus sehenswerten Ecken ist inzwischen in Touristenhand, hat sich jedoch seinen Charakter bewahrt und steht in krassem Gegensatz zum touristischen Strandbereich. Berühmt wurde der Ort für seine „heißen Nächte von Mália", die sich in erster Linie an der Hauptachse zum Strand abspielen.

Angesichts dieser Vergnügungen interessieren die **Bananenplantagen** im Umkreis, deren Früchte heute noch billig an der Hauptstraße verkauft werden, natürlich nur peripher. Hauptattraktion ist der minoische Palast östlich des Orts, darüber hinaus dient Mália auch als Ausgangspunkt für Ausflüge zur Lassíthi-Hochebene.

Im **alten Dorfkern** bleibt es trotz der vielen Besucher, die mehr Atmosphäre suchen und denen die Renovierungen an allen Ecken und Enden mitzuverdanken sind, ruhig und teilweise beschaulich-dörflich. Man findet sich anhand der vier zentralen Plätze um kleine Kirchen leicht in den verwinkelten Gassen zurecht. Um sie herum gruppieren sich Läden und Tavernen, Cafés und Pensionen. Die Kirchen sind Ágios Dimítrion von 1910, Panagía Galatiani mit kleiner Ikonensammlung (geöffnet tgl. 18–21.30 Uhr), Ágios Geórgios und Ágios Ioannis (1891).

Der **Badestrand** ist von Juni bis September überfüllt. Hier gibt es natürlich Sport- und Freizeitmöglichkeiten aller Art. Die vorgelagerte kleine Felsinsel mit Kapelle kann man leicht schwimmend erreichen. Außer dem Strand direkt am Ort finden sich schönere im Osten, in der Nähe des Palasts von Mália.

Palast von Mália

Was den Palast, oder genauer, die Stadt von Mália so besuchenswert macht, ist der **„archäologische Urzustand"**, in dem die Grabung belassen wurde. Keine der sonst üblichen Rekonstruktionen fand Anwendung, vielmehr wird der Besucher mit den Ruinen „alleingelassen". Dies ist natürlich ebenso Anlass zu Kritik, schließlich würden ein paar mehr Informationen zu den Einzelbauten die Vorstellungskraft enorm ankurbeln.

Immerhin handelt es sich um den zweitgrößten minoischen „Palast" Kretas nach jenem von Knossós, erbaut in der Neuen Palastzeit (ca. 1700–1450 v. Chr.). Es konnten an der Nordwest-Ecke des Areals sogar Überreste des alten Palastes (1900–1700 v. Chr.) aufge-

128kr Foto: bk

deckt werden, und Siedlungsspuren deuten an, dass der Ort schon im Neolithikum besiedelt war. Nach der Sage residierte hier König *Sarpedon*, Bruder von *Minos* und *Rhadamanthys*.

Nach Bauausführung, -material und -ausstattung sowie nach dem Fundmaterial zu urteilen – es gibt beispielsweise keine Fresken –, war Mália trotz seiner Größe im Vergleich zu Knossós, Agía Triáda, Festós und Zakrós weit **weniger prächtig,** eher provinziell. Der Komplex folgte prinzipiell den allgemein üblichen Gepflogenheiten: Vier Gebäudeteile gruppieren sich rund um einen in Nord-Süd-Richtung ausgelegten Zentralhof. Der Palast steht jedoch nicht isoliert und malerisch am Meeresgestade, sondern war von einer großen, bis ans Wasser heranreichenden Stadt umgeben.

Die Grabungen, die von der „École Archéologique Française d'Athènes" durchgeführt werden, dauern weiter an und bringen Jahr für Jahr neue Erkenntnisse. Die Feindatierung der Anlage wird dadurch erschwert, dass es scheinbar in der Blütezeit dieser Stadt (1800–1625 v. Chr.) keine eigene Keramikproduktion gab, sondern Kamares-Ware aus Knossós und Festós importiert wurde.

Antike Fischreuse am Strand von Mália

Rundgang

Die Besichtigung des Palastes beginnt nach Besuch des neuen kleinen Museums, das mittels Plänen, Modellen und teils fantasievollen Rekonstruktionen einen guten Überblick über die Ausgrabungen gibt, im ehemaligen **Westhof (1),** den eine erhöhte Prozessionsstraße durchzog. Über den Westeingang betritt man den eigentlichen Palastbereich. Hier im **Westtrakt** befanden sich zahlreiche Werkstätten und Magazine, z.B. ein Gebäudeteil mit acht runden Gebilden, als **Silos oder Zisternen (2)** gedeutet, im Südwesten. Viele Räume können nicht benannt werden, doch sicher werden sich auch etliche Heiligtümer darunter befunden haben, wie der Fund des so genannten **Kernos von Mália (3),** eines kreisrunden Opfersteins (?) von rund 90 cm Durchmesser, vermuten lässt. Breite Treppenanlagen deuten an, dass es einmal prächtige Obergeschosse gegeben hat, was jedoch fehlt, sind die typisch minoischen Lichthöfe.

Durch das verwirrende Raumgefüge des Westtraktes erreicht man den **Zentralhof,** in dessen Mitte ein Altar stand. Im Süden und Osten des Hofes befinden sich kleinere Gebäudeteile, die anscheinend ebenfalls Magazine, Werkstätten und Kultstätten **(4)** beherbergten. Im **Osttrakt** findet sich ein hallenartiger Bauteil – ob dieser für

Die Ausgrabungen im Palast von Mália dauern an

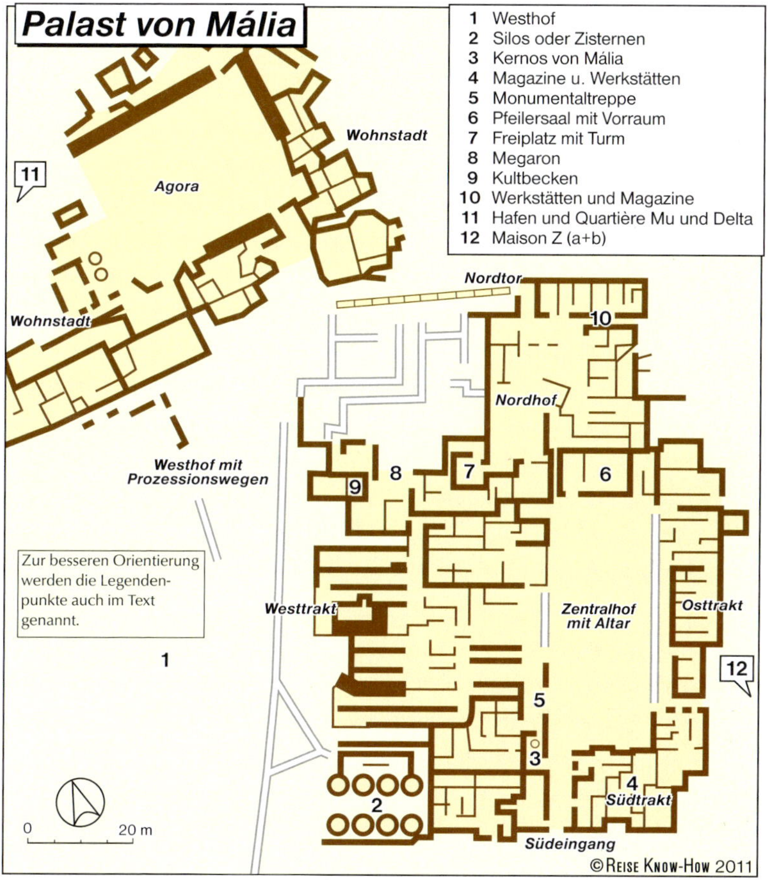

Zuschauer, die den Vorführungen im Hof zusahen, gedacht war? Schräg gegenüber liegt eine **Monumentaltreppe (5)**, deren Funktion im Dunklen bleibt.

Eindeutig der Repräsentation diente der **Nordflügel,** wie schon die Säulenhalle mit dahinterliegendem **Pfeilersaal mit Vorraum (6)** andeutet. Neben dem Komplex führt ein schmaler Gang in den **Nordhof.** Hier fanden sich die Fundamente eines nach der Palastzerstörung eingebauten kleinen Heiligtums. Im Süden schließt sich ein weiterer kleiner Freiplatz mit angrenzendem **Turm (7)** an. Geht man weiter Richtung Westen, passiert man das

Megaron (8) und das bis heute sagenumwobene **Kultbecken(-bad) (9),** das in keinem minoischen Palast fehlen darf. Auch um den Nordhof reihen sich die obligatorischen **Werkstätten und Magazine (10)** aneinander.

Neben dem Nordflügel beginnt die **Wohnstadt,** die für Besucher inzwischen zugänglich ist. Durch das Nordtor führt eine Straße Richtung Nordwesten in die Stadt, die Wohnbauten, eine Agora, Nekropolen und einen großen **Hafen (11)** umfasste. Freigelegt wurde u.a. das **„Quartière Mu"** aus der Zeit der Alten Paläste (1800–1625 v. Chr.). Im „Quartière Delta" fand man Wohnhäuser der Neuen Palastzeit (1700–1450 v. Chr.). In der **Nekropole Chrysólakkos** (Goldgrube) machten schon in den 1930er Jahren französische Archäologen bedeutende Funde, z.B. Anhänger mit den „Hornissen von Mália" (um 2000 v. Chr., zu sehen im AM Iráklion). Der minoische Friedhof liegt 500 m nördlich des Palastes nahe der Küste und wurde ab ca. 2050 v. Chr. benutzt.

- **Palast von Mália,** 3 km östl. des Ortes, Busverbindung; Di–So 8.30–15/19.30 Uhr (NS/HS), Eintritt 4 €.

Praktische Tipps

Vorwahl Mália: 28970

Infos

- Einen Stadtplan und andere **Infos** gibt es im Reisebüro **Selena Tours** an der Hauptstraße.

Service

- Unzählige **Auto- und Zweiradvermieter** v.a. an der Straße zum Strand.
- **Post:** hinter der Hauptkirche.
- **O.T.E.:** relativ weit vom Zentrum entfernt an einer Seitenstraße der Durchgangsstraße Richtung Ágios Nikólaos.

Notfälle

- **Medical Center:** etwa in der Mitte der Stichstraße zum Strand.

Busverbindung

- Halbstündig 7–22 Uhr Busverbindung nach **Iráklion;** mehrmals täglich nach **Ágios Nikólaos.**

Essen und Trinken, Einkaufen

Wie in Limín Chersónisou gibt es in Mália Restaurants aller Art in Hülle und Fülle. Die Durchgangsstraße präsentiert sich ähnlich wie jene in Limín, etwas provinzieller und kleiner. Zum ausgiebigeren Shopping sollte man besser nach Limín fahren.

An der Stichstraße zum Strand gibt es neben Bars einige Tavernen, Reiseveranstalter und Souvenirshops, auch einen Buchladen mit Zeitungsangebot. Je näher man an den alten Dorfkern und die Durchgangsstraße kommt, desto ruhiger wird es; hier befinden sich auch einige Imbissbuden.

- **Tavernen:** Im alten Dorfkern um die kleinen Kapellen befinden sich einige lohnende Tavernen wie z.B. **Elisabeth Restaurant, Taverna Toto Lotto** oder **Taverna Zorbas.**

Nachtleben

Es ist bis in den frühen Morgen etwas los. Neben Briten tummeln sich hier viele Skandinavier und Deutsche. Geballte Action ist entlang der Straße zum Strand geboten. Zahlreich sind „Open-Air-Bars", meist kitschig-amerikanisierte Pseudokopien von derartigen Einrichtungen in Miami Beach, Florida.

Unterkunft

- Im Dorfkern gibt es die schönsten Pensionen, z.B. bei Panagía Galatiani die **Stella Stu-**

dios (Tel. 31107, www.stelios-apts.gr), **Pension Aspasia** (O. Yamboudaki, Tel. 31290, mit Dachterrasse, schlicht und preiswert) oder **Esperia Apartments** (O. El.Venizelou, Tel. 31086, mit Garten, mittleres Preisniveau).
• Laut ist es hingegen an der Stichstraße zum Strand, hier liegen das **Hotel Malia Resort** und gegenüber das empfehlenswerte **Malia Beach Hotel** (Kreutzer, TUI).
• **Sisi Camping,** Tel. 28410/7247, www.sisicamping.gr, ca. 7 km hinter Malia direkt am Meer. Felsstrand, Pool, schattig, auch im Winter geöffnet.

Östlich der Bucht von Mália

Sísi

↗ XIV/B1

Wenige Kilometer östlich von Mália liegt etwas versteckt Sísi. Vor einigen Jahren noch gruppierten sich hier nur wenige Häuser rings um einen alten **Fischerhafen,** doch allmählich macht sich auch hier der Fremdenverkehr negativ bemerkbar. Es wird gebaut, Pensionen entstehen und zahlreiche Tavernen um den Hafen locken oft allzu aufdringlich Ausflügler an.

• **Unterkunft:** Porto Sissi (direkt am Hafen, Tel. 71385, www.portosisi.com) oder die schöne Anlage von Kalimera Kriti (Tel. 71603, www.kalimerakriti.gr, direkt am Meer).

Paralía Mílatou

↗ XIV/B1

Fast noch verschlafener ist der weiter östlich liegende kleine Fischerort Paralía Mílatou, in dem lediglich eine Reihe von Tavernen um den kleinen Dorfplatz und am Fischerhafen andeuten, dass es auch hierher, trotz der Kiesstrände, hin und wieder Besucher verschlägt. Bekannt sind die Tavernen für ihre frischen Fischgerichte und die Zimmervermieter für ihre moderaten Preise.

• **Tavernen:** O Psaras, Xaris, O Meraklis oder Panorama.
• **Unterkunft:** Zimmer zahlreich und weitgehend identisch, z.B. im Paradise Inn, Psaras (mit gleichnamiger Taverne), Thalia (hinter Panorama) oder Porto Bello Apartments.

Mílatos

↗ XIV/B1

Im Hinterland der beiden Fischerorte liegt Mílatos, noch recht urtümlich und mit nur einer größeren Pension ausgestattet. Am Ortsende, an der Straße zur Mílatos-Höhle lohnt ein Blick in einen unübersehbaren kleinen Laden mit qualitätvollen Web- und Stickereiarbeiten.

Über dem Ort liegt die **Höhle von Mílatos,** die einen hervorragenden Ausblick über eine Schlucht und die Bucht gewährt. Vom Parkplatz aus erreicht man zu Fuß die Tropfsteinhöhle (Taschenlampe!) mit einer eingebauten kleinen Kapelle. Hier ereignete sich 1823 ein Massaker: Wochenlang hatte ein türkisches Heer über 3000 kretische Frauen und Kinder belagert, die sich hier versteckt hatten und von nur 150 Kämpfern verteidigt wurden. Um nicht zu verhungern, mussten sie schließlich gegen die Übermacht aufgeben, mit schlimmen Folgen: Die Männer wurden erschlagen, einige Frauen und Kinder als Sklaven ausgewählt – der Rest wurde in die Schlucht geworfen und kam so zu Tode.

131kr Foto: bk

Fischerdorf Sísi in der Mália-Bucht

● **Unterkunft:** Kiveli Apartments, Tel. 2811/758226 www.milatos.com, 7 Studios und Apartments mit Küchen. Schöner Garten, Dachterrasse und kleiner Strand. Ab 30 € für 2 Pers. (HS 50 €). Außerdem Castello Apartments und Paradise Inn.

Neápolis und Dréros ↗XV/C2

Hinter Mália verlässt die Autobahn die Küste und führt vorbei an Feldern und Olivenbaumhainen durch die Schlucht von Vrachassi. Nach einem etwa 300 m langen Tunnel nähert man sich **Neápolis,** einer agrarisch geprägten, typisch griechischen Kleinstadt. Seit 1868 ist der Ort Bischofssitz, mit einer klotzig-modernen Kathedrale am Hauptplatz. Daneben liegen der Stadtpark und ein kleines Archäologisches Museum.

Einige Kilometer nordöstlich, an der Straße nach Kourounes, liegt etwas versteckt und schwer zu finden **Dréros,** eine einst bedeutende griechische Stadt, die 1932 von dem französischen Archäologen *Demargne* erforscht wurde. Erhalten sind jedoch nur noch sehr spärliche und zudem massiv überwucherte Grundmauerreste der **dorischen Bergfestung** des 8. Jh. v. Chr. mit dem Apollon-Delphinios-Tempel (Inschrift) und einer Agora. Gefunden wurden hier u.a. ein Brandopferaltar, archaische Terrakotten, eine Gorgo (weibliches Ungeheuer) aus Bronze und eine Göttertrias – Apollon, Artemis und Leto, gefertigt aus gehämmertem Bronzeblech – aus der Mitte des 8. Jh. v. Chr. (im Archäologischen Museum Iráklion, Saal XIX).

Wer den Weg hierher findet, sollte es nicht unbedingt in erster Linie wegen der archäologischen Hinterlassenschaften tun, denn diesbezüglich wird er eher enttäuscht, sondern sollte vielmehr den **schönen Ausblick** genießen und die **Natur** erwandern.

Hinter Neápolis führt die Autobahn durch Oliven- und Mandelbaumhaine, vorbei an alten Getreidemühlen, durch ein Tal weiter nach Ágios Nikólaos.

Die Lassíthi-Hochebene

Überblick

Die Lassíthi-Hochebene, auf der 21 Dörfer und zwei Klöster liegen, und die von bis zu 2148 m hohen Bergen des **Díkti-Massivs** überragt wird, liegt auf einer Höhe von 817 bis 850 m. Berühmt wurde die Ebene weniger aus dem Grund, dass sie während der Türkenbesetzung ein Widerstandsnest war, sondern vielmehr wegen ihrer landschaftlichen Schönheit und der für kretische Verhältnisse paradiesischen Fruchtbarkeit. Die Hochebene ist nur zwischen sechs (Ost-West-Achse) und zwölf (Nord-Süd) Kilometer breit, also relativ überschaubar und eine **„Oase"** in jeder Beziehung – trotz der zahllosen Tagesausflügler und der beständig steigenden Zahl von „Rent Rooms".

Nur zwei Zufahrtsstraßen führen hier herauf, die eine aus Norden von der New Road bei Limín Chersónisou bzw. vom wenige Kilometer östlich gelegenen Stalída abgehend und später zusammenlaufend, die andere aus Osten von Ágios Nikólaos kommend. Sie bilden eine Art **Ringstraße,** die in weitem Bogen am Rand der Ebene verläuft und die einzelnen Orte miteinander verbindet. Diese wurden meist nahe an die Berghänge gebaut, um möglichst viel Ackerland zur Verfügung zu haben und sich vor den Überschwemmungen im Frühjahr zu schützen.

Die beiden Hauptorte sind **Tzermiádon** im Nordosten und **Ágios Geórgios** im Südosten. Die Hauptattraktion ist, wie ein Blick auf all die Reisebusse, die verkehren, zeigt, die sagenhafte Geburtshöhle des Göttervaters Zeus,

131kr Foto: bk

Diktéon Ándron, oberhalb der Ortschaft Psichró. Das Plateau selbst ist nur durch Feldwege erschlossen.

In Erinnerung bleibt die Lassíthi-Ebene nicht alleine wegen ihrer landschaftlichen Schönheit, sondern vor allem wegen der vielen **Windmühlen.** Leuchtete einst in der Ebene ein wahres Meer an weißen Segeln, hat sich ihre Zahl heute verringert. Sie pumpen im Sommer das Grundwasser zur Bewässerung herauf. Da dieses inzwischen stark abgesunken ist und Motorpumpen wesentlich effizienter sind, wurden die Mühlen mittlerweile „arbeitslos". Dass überhaupt den ganzen Sommer über genug Wasser vorhanden ist, liegt an dem Überschuss, den die Schneeschmelze und ergiebige Regenfälle im Frühling produzieren. In dieser Zeit verwandelt sich die Ebene in einen riesigen **See,** das langsam versickernde Wasser sammelt sich in einer tieferliegenden Kalksteinschicht und kann dadurch im Sommer wieder zur **Bewässerung** dienen. Früher wurde das Wasser mittels per Hand angelegter Kanäle auf den Feldern verteilt, heute haben auch diese Arbeit moderne Errungenschaften wie Schlauchsysteme und Rohrleitungen übernommen.

Der **Wasserreichtum** hat die Lassíthi-Ebene zu einer der fruchtbarsten Regionen der Insel gemacht. Angebaut werden vor allem Kartoffeln – das Grundnahrungsmittel der Griechen, sonst auf Kreta rar –, Gemüse, Kohl, Weizen, Äpfel und Birnen. Obstplantagen und Felder tragen dazu bei, dass die Region noch viel von ihrem ursprünglichen, ländlichen Charakter bewahrt hat, zumal der Tourismus die Ebene bislang nur peripher erfasst. Trotz der Bedeutung als Agrarregion sind die Bauern jedoch nicht wohlhabend. In den Dörfern am Rande der Straße hausen überwiegend alte Menschen ärmlich in renovierungsbedürftigen Bruchsteinhäusern. Für sie sind der Esel oder das Maultier noch das wichtigste Verkehrsmittel neben dem primitiven dreirädrigen Karren im Stil eines Gogomobil-Pickups.

„Wir leiden keine Not. Wir haben Öl, was wir brauchen, wir haben Früchte und Wein, wir haben ein wenig Korn.

Heute nur noch zur Show: die alten Windmühlen in der Hochebene

Nun möchten wir auch Milch und Käse, dazu brauchen wir Ziegen. Es fehlt uns sonst nichts." Genügsamkeit ist es, was die alten Kreter auszeichnete, wie Erhart Kästner zu berichten wusste. Heute sterben die alten Bauern langsam weg, vielfach kümmern sich schon Großunternehmen um die Felder, und die jungen Leute sind längst in die Städte abgewandert. In wachsender Zahl kommen Tagesausflügler herauf, genießen die Urtümlichkeit und Ruhe, nur etwas mehr als zwanzig Kilometer vom Haupttourismuszentrum der Insel entfernt, und lassen die Einwohner auf Geschäfte hoffen. Es gibt zu denken, dass eine Region wie diese, in der der Massentourismus keine Rolle spielt bzw. nie spielen wird, da zu weit von den Stränden entfernt, über kurz oder lang zum Aussterben verurteilt ist. Irgendwann werden die Felder nur noch von Großfirmen bewirtschaftet werden und die Häuser leerstehen. Beinahe möchte man angesichts dieser Vorstellung denken, der Tourismus hätte doch auch sein Gutes ...

Geschichte

Die Abgeschiedenheit und Fruchtbarkeit haben schon früh die Menschen auf die Hochebene gelockt. Siedlungsspuren weisen auf erste Bewohner im Neolithikum (ab ca. 5000 v. Chr.) hin. Die beiden beeindruckenden Höhlen in den Berghängen, die **Höhle von Trápeza** bei Tzermiádon und die **Diktäische Höhle** bei Psichró waren spätestens seit minoischer Zeit als Kultstätten vielbesucht. Neben Funden in den Höhlen wurden Siedlungsspuren, z.B. bei Tzermiádon, entdeckt. Ab subminoischer Zeit scheint der Ort aufgelassen worden zu sein; die überlebenden Eteokreter, wie die minoische Restbevölkerung von den antiken Griechen bezeichnet wurde, werden sich in den unruhigen Zeiten wohl in Bergfestungen wie Karfí zurückgezogen haben, um von dort ihren Widerstandskampf gegen die Eindringlinge fortzusetzen.

Unter der Herrschaft der **Venezianer** nutzten die kretischen Aufständischen die abgelegene Region weiterhin als Rückzugsort. Erbost stürmten daraufhin 1263 erstmals venezianische Söldner die Ebene und untersagten den Kretern sowohl die Besiedlung als auch die Kultivierung der Region. Die Hochebene entwickelte sich zu einer verlassenen Bergwildnis, an die sich die Venezianer erst wieder gegen Ende des 15. Jh. erinnerten, als Versorgungsengpässe auftraten. Man begann, auf der fruchtbaren Erde Getreide anzubauen und zur Bewässerung ein schachbrettartiges Kanalsystem anzulegen, das bis heute funktioniert. Die Ebene wurde mittels Zwangsverpachtung an Kreter und Flüchtlinge neu bepflanzt.

In der **Türkenzeit** entwickelte sich das Agrarland erneut zum Sammelpunkt kretischer Widerstandskämpfer, was so lange gut ging, bis auch diese die Nase von dem Versteckspiel voll hatten und 1867 *Ismael Ferik Pascha* mit einer 40.000-Mann-Armee heraufzog und alles, was sich in seinen Weg stellte, niedermetzelte. Die Ebene wurde dem Erdboden gleichgemacht, und das normale Leben kehrte erst wieder mit der kretischen Unabhängigkeit und dem Anschluss an Griechenland zu Beginn des 20. Jh. ein.

Anfahrt

Die Nordroute

Die Fahrt zur Ebene **von Limín Chersónisou** aus, zunächst Richtung Kastélli, führt vorbei an römischen Aquäduktresten und entlang einer Schlucht mit Olivenbäumen und Zypressen. Die Straße gabelt sich auf etwa halbem Weg, und man gelangt ostwärts nach **Potamiés.** Im verlassenen Kloster Moní Gouverniótissa aus dem 14. Jh. versucht ein alter Kreter, seine Rente aufzubessern, indem er die üppig freskierte alte Klosterkapelle aufsperrt.

Über **Avdóu** und **Goniés,** kleinen Bergdörfern mit Cafés und Tavernen, Obst-, Honig- und Weinverkauf an der Straße, erreicht man die Route, die von Stálida und Mália hier heraufführt. In Avdóu sind die Kirche Ágios Antónios (frühes 14. Jh.) zu sehen sowie hochwertige Fresken von *Manuel* und *Johannes Phokas* (1445), dem Wegbereiter der kretischen Malschule, in Ágios Konstantínos.

Unterkunft

- **Velani Traditional Inn,** 2 km von Avdou entfernt (ausgeschildert) mit 12 Zimmern (auch Familienzimmer), verteilt auf zwei historische Steingebäude, schon ab 45 €/DZ, www.guestinn.com.

Die Anfahrt **von Stalída** stellt die malerischere Variante dar, da sich von der Straße ein traumhafter Blick auf die Bucht von Mália eröffnet. Am Weg liegt **Mochós,** ein kleiner Ort mit Kafénion am Dorfplatz und Souvenirläden.

Hinter Goniés treffen die beiden Nordrouten aufeinander, und von hier ist es nur ein kurzer Abstecher in das Dorf **Krási.** Auf dem dortigen Dorfplatz steht die angeblich größte Platane Kretas. Gegenüber wurde in die Felswand ein venezianischer Brunnen, eingefasst von einer langen Mauer mit Rundbögen, eingebaut. Der Quelle wird heilende Wirkung nachgesagt, ob all die Touristenbusse hier halten, damit sich die Insassen persönlich von der Wirkung überzeugen können? Vom Ortskern führt ein Eselspfad nach Tzermiádon auf die Lassíthi-Hochebene, ein **Wandertipp** für Fortgeschrittene (s. Kapitel „Wandern auf Kreta"). Im Dorf selber findet man einige **Tavernen** für die Mittagspause. Bei Kares gibt es kretische Küche in schöner Lage, lohnend ist auch die Taverne Selena am Dorfplatz mit Tischen im Freien.

Auf dem Weg zur Passhöhe steht ein kurioses Privatmuseum, dessen Parkplätze, Shop und Lokal mehr beeindrucken als das Sight selbst: das **Homo Sapiens Museum,** das versucht, mittels Nachbauten (v.a. für Kinder) die Ur- und Frühgeschichte lebendig zu machen.

Moní Kardiótissa XIV/B2

Letzte Station vor dem Erreichen der Passhöhe ist **Panagía Kerá,** eines der religiösen Zentren Kretas, das vor dem

132kr Foto: bk

gleichnamigen Ort mit einigen Tavernen und einem Keramikladen liegt. Das malerisch gelegene **Nonnenkloster Kardiótissa** wurde schon im frühen Mittelalter angelegt. Heute lassen sich vier Baukomplexe aus verschiedenen Zeiten unterscheiden. Im Innenhof steht die kleine Kirche aus dem 14. Jh. mit Fresken aus derselben Zeit sowie der berühmten Ikone des Klosters. Diese wurde angeblich mehrmals von Türken nach Konstantinopel verschleppt, fand jedoch immer wieder den Weg zurück. Auch als man sie in Istanbul an eine Säule kettete, soll sie mitsamt der Säule wieder im Kloster aufgetaucht sein. Sogar in jüngster Zeit wird von Versuchen berichtet, die Ikone zu stehlen, doch dem sagenhaften Kunstwerk scheinen Zauberkräfte innezuwohnen.

In der Lassíthi-Hochebene

Im 19. Jh., vor allem während der Unruhen um 1866, war auch dieses Kloster eines der Widerstandszentren mit einem „versteckten" Schulraum und wurde deshalb von den Türken in einer Vergeltungsmaßnahme zerstört und verwüstet. Jeweils am 8. Sept. feiert das Kloster das große **Panagía-Fest.**

- **Homo Sapiens Museum** (www.homo-sapiens-village.gr), Apr.–Okt. tgl. 9–19 Uhr, 5 €.
- **Moní Kardiótissa/Panagía Kerá,** Kerá, geöffnet tgl. 8–13 und 16–17 Uhr, 2 €.

Ambélos-Pass

↗ XIV/A–B2

Hinter Kerá schlängelt sich die Straße in Serpentinen weiter hinauf bis

133kr Foto: bk

Lassíthi-Idyll

Ambélos Afhín, einen Pass auf etwa 1050 m Höhe. Von hier oben bietet sich ein traumhafter Blick, nicht nur in die Ebene hinein mit den sie umgebenden, oft noch im Frühsommer schneebedeckten Bergen, sondern bei guter Sicht sogar bis zum Meer.

Die starken Winde hier oben trieben früher die heute nur mehr ruinöse Reihe von Windmühlen an, die zum Topfotospot der Region geworden sind. Heute sind die ehemaligen **Getreidemühlen** mit ihren riesigen segeltuchbespannten Flügeln nicht mehr in Betrieb, doch immerhin lassen zwei restaurierte (eine mit Shop) zumindest einen Blick ins Innere zu. Die Mühlen waren Arbeitsplatz und Wohnung in einem: Das Erdgeschoss wurde rein landwirtschaftlich genutzt, oben lagen die Wohnräume. Wie an der östlichen Zufahrt zur Ebene, dem Nikifordióu-Pass, ist auch hier die Moderne in Gestalt eines Rasthauses, bestehend aus Taverne, Souvenirshop und großem Parkplatz, eingekehrt.

Die Ostroute

Die Route **von Ágios Nikólaos** (Abfahrt von der Autobahn Richtung Ágios Geórgios) führt idyllisch durch einsame Täler und Schluchten, ist jedoch für nächtliche Fahrten wenig geeignet. Sie führt an einigen kleinen Dörfern vorbei, die sich viel von ihrer Authentizität bewahrt haben. Entlang der Straße werden lokale Produkte (Honig, Rakí) verkauft und es gibt etliche Tavernen. **Éxo Potamí** und **Mésa Potamí** sind zwei der größeren Orte an der Route, sie liegen in einem grünen Tal inmitten des größten Waldgebiets Kretas. Kurz vor der Lassíthi-Hochebene klettert die Straße auf den 1000 m hohen **Nikifordióu-(Seliá)-Pass** hinauf, von dessen Raststätte der Ausblick auf die Ebene lohnt.

Tzermiádon

↗ XIV/B2

Der Hauptort der Ebene ist Tzermiádon. Längst ist die kleine Stadt tagsüber von Busladungen übervölkert. Außerdem benutzen **Radfahrer und Wanderer** den Ort zum Verschnaufen. Die Radler werden von Veranstaltern mit Bussen heraufgefahren, um die Ebene zu umfahren, hier Brotzeit zu machen und anschließend mit dem Bus wieder ins Strandhotel zurückzukehren. Im Ort haben sich eine ganze Reihe von Tavernen und Unterkünften auf den Besucherstrom eingestellt.

Dass jeder Bewohner an den Touristen verdienen will, hat dazu geführt, dass man in der ganzen Region oft allzu aufdringlich in Läden „gezerrt" wird, um die großteils maschinell gefertigte Ware, **Teppiche und Webwaren** meist minderwertiger Qualität aus Fernost, zu bewundern und zu kaufen. Überall hängen die Stücke mit den gleichen Mustern und Farben an den Hauswänden. Die Massenfabrikate sind nicht allzu teuer – im Unterschied zu wirklich handgefertigter Ware, die es durchaus lohnt, als Erinnerungsstück mit nach Hause genommen zu werden.

Wandertipp

Wer möchte, kann von Tzermiádon aus in einer etwa zweistündigen Wanderung **quer durch die Lassíthi-Ebene** über Ágios Geórgios nach Psichró zur anderen Höhle gelangen. Für erfahrene Wanderer ist auch der insgesamt etwa vier Stunden dauernde Auf- und Abstieg auf den **Karfí-Gipfel,** etwa 1200 m hoch, machbar. Dort oben befindet sich ein minoisches Gipfelheiligtum, in das sich die Eteokreter, wohl Nachkommen der Minoer, in subminoischer Zeit zurückgezogen hatten. Reste der Siedlung mit etwa 150 Räumen und einem Heiligtum wurden hier oben ausgegraben. (Beide Wanderungen s. Kapitel „Wandern auf Kreta")

Busverbindung

- Täglich mehrere Busse ab/nach Iráklion, Mália und Ágios Nikólaos.

Essen und Trinken, Unterkunft

- Einige kleine Pensionen, z.B. **Hotel Kouvíes** oder **Avdou Villas,** zum Essen z.B. Taverne **Krikri.**

Trapéza-Höhle

↗ XIV/B2

In der Nähe des Ortes liegt die Trapéza-Höhle, knapp eine halbe Stunde Fußmarsch vom Ortszentrum entfernt (an der Nebenstraße ausgeschildert). Für die Tropfsteinhöhle, die auch „Kronos-Höhle" genannt wird und etwa 90 m über der Ebene liegt, hält man am besten eine Taschenlampe im Gepäck bereit. Ein nur etwa einen Meter breiter Eingang führt in die schmale kalte Höhle, die vom Neolithikum bis in die Vorpalastzeit (etwa 2600 v. Chr.) auch als Wohnort diente. In der minoischen Epoche benutzte man sie als Friedhof und wohl auch als Kultstätte.

Kloster Vidianís

↗ XIV/A2

Fährt man die Rundstraße um die Ebene westwärts, kommt man an netten kleinen Dörfern mit lohnenden Tavernen (z.B. „Panorama") und auch an Moní Vidianís vorbei. Das Kloster aus dem **frühen 19. Jh.** wurde 1867 von Türken zerstört, aber anschließend wieder aufgebaut. Im 2. Weltkrieg diente der Ort als Rückzug der Alliierten. Der damalige Abt wurde von den deutschen Besatzern hingerichtet.

1968 wurde das Kloster wegen Nachwuchsmangels aufgegeben und dann kurzzeitig wieder bewohnt. Man begann mit Restaurierungen, plante ein Naturkundemuseum zur Geschichte und Geografie der Ebene, doch, wie so häufig in Griechenland, das Geld ging aus. Mittlerweile werden die Bauten anscheinend doch restauriert und einige Mönche sind eingezogen.

Psichró und die Diktäische Höhle

↗ XIV/A-B3

Psichró, in steiler Hanglage gebaut, macht zwar einen etwas verschlafenen Eindruck, doch der Schein trügt: Mehr und mehr schießen „Rent Rooms", Tavernen und Souvenirläden wie Pilze aus dem Boden. Der Tourismus bildet neben dem Obst- und Gemüseanbau (Kürbis, Äpfel, Birnen) längst eine lohnende Einnahmequelle.

Der Ort profitiert von jenen Tagesausflüglern, die zur berühmten **Diktéon Ándron** pilgern. Dabei ist sie beileibe nicht die einzige Höhle, die den Anspruch erhebt, der **Geburtsort** des Göttervaters **Zeus** gewesen zu sein. Man ist sich lediglich einig darin, dass er hier aufgewachsen sein soll. Die ganzen Antike hindurch befand sich in der Höhle ein bedeutender **Kultort,** doch während der christlichen Zeit gingen die Erinnerungen daran verloren. Erst im 19. Jh. entdeckten Hirten im Umfeld der Höhle minoische Reste. Ab 1898 begann der Brite *D.G. Hogarth* von der „British School at Athens" nach nötigen Sprengungen mit systematischen **Ausgrabungen** und stellte fest, dass schon etliche vor ihm da gewesen waren und Teile bereits ausgeplündert hatten. In den Tiefen der Höhle kamen dann doch noch zahlreiche Funde zum Vorschein, u.a. ein mykenisches Bronzeschwert und minoische Opfergaben aller Art (Messer, Schmuck, Statuetten), die den Schluss zuließen, dass es sich hier um ein Heiligtum des Zeus gehandelt haben muss.

Die Diktäische Höhle ist uneingeschränkt im Sommer und Herbst zugänglich, im Frühjahr und Winter steht sie aber in der Regel unter Wasser (Schmelz- und Regenwasser). Für die Besichtigung unbedingt erforderlich ist gutes, rutschfestes Schuhwerk. Der Höhlenrundgang, treppab-treppauf, ist zwar mit Betonstufen bzw. Wegen gut ausgebaut und beleuchtet, aber rutschig und teilweise steil (etwas Kondition nötig, doch auch mit Kindern machbar). Ehe man in die kühle und feuchte **Tropfsteinhöhle** und in die etwa 60 m tiefe Unterhöhle hinabsteigt, die selbst im Sommer teils unter Wasser steht und beeindruckende Stalaktiten- und Stalagmitenformationen aufweist, gelangt man durch eine „Schleuse" in die Oberhöhle (hinterer Teil unzugänglich). Hier, wo sich auch ein Altarplatz und Reste einer Umfassungsmauer erkennen lassen, wurden die meisten Funde gemacht.

Vor dem Zugang zur Höhle befindet sich ein großer Parkplatz, umgeben von Tavernen und Läden und einer Aussichtsterrasse mit Blick über die Ebene. Die Linienbusse halten im Ort, von dem ein Fußpfad hinaufführt. Wer möchte, kann den Weg vom Parkplatz zum Zugang auch per Esel zurücklegen.

- **Diktéon Ándron,** Psichró, geöffnet tgl. 8 bis mind. 15 Uhr (Mai bis Okt.), Eintritt 4 €.

Busverbindung

- Täglich mehrere Busse nach/ab Iráklion, Mália und Ágios Nikólaos.

Essen und Trinken, Unterkunft

- Einige **Rent Rooms** und **Tavernen** mit zumeist einfacher griechischer Küche, z.B. Hotel/Taverne Dionyssos, Manos, Stavros, Antonis, Lassíthi und Hotel/Taverne Zeus.

Ágios Geórgios

↗ XIV/B3

Ágios Geórgios ist eine ideale Sommerfrische, hier ist es auch an heißen Tagen angenehm kühl. Der Ort dient Wanderern als Ausgangspunkt für Touren um die Ebene und in die umgebende Bergwelt. Besucher sollten keinesfalls das **Volkskunde-Museum** versäumen (ausgeschilderte Zufahrt). In einem alten, schön renovierten, fensterlosen Haus des 19. Jh. werden Zeugnisse zum kretischen Dorfleben und zum harten Alltag auf der Ebene ausgestellt. Im Nebengebäude, einem vergleichsweise luxuriösen Haus, befinden sich eine kleine Gemäldegalerie sowie Fotografien aus dem Leben von *Níkos Kazantzákis*, historische Fotos, Bilder lokaler Künstler, schöne Handarbeiten, Uniformen und Waffen.

Neben der Kirche oberhalb des Museums befindet sich in einer alten Schule aus dem 19. Jh. ein kleines **Venizélos-Museum** mit Fotos, Dokumenten und Postkarten aus dem Leben des kretischen Nationalhelden.

Zu den neuen Attraktionen gehört der **Lasinthos Öko Park** nicht weit von der Ortschaft entfernt (ausgeschildert). Hier versucht man kretische Tradition und Kultur in einem restaurierten Dorf Besuchern nahe zu bringen. Biologische Landwirtschaft wird betrieben, kretisches Kunsthandwerk und Musik vorgeführt, es gibt eine Taverne und Übernachtungsmöglichkeiten.

- **Volkskunde-Museum,** Platía Eleftherías, tgl. 10–16 Uhr (Apr.–Okt.), 3 € (mit Venizélos-Museum).
- **Venizélos-Museum,** Platía Eleftherías, tgl. 10–16 Uhr, 3 € (mit Volkskunde-Museum).

Busverbindung

- Täglich mehrere Busse ab Iráklion, Mália und Ágios Nikólaos.

Unterkunft

- **Lasinthos Öko Park,** Ag. Geórgios (ausgeschildert), www.lasinthos.gr, neben Laden und Taverne auch liebevoll ausgestattete Gästeapartments ab 60 €.
- **Vilaeti Traditional Cottages,** Ag. Konstaninos, vier hervorragend ausgestattete renovierte Häuser für 2–5 Personen mitten im Dorf, ab 90 €, Infos & Reservierung: www.guestinn.com.

161kr Foto: bk

OSTKRETA

162kr Foto: bk

163kr Foto: bk

Olivenölpresse in der
Cretan Olive Oil Farm bei Ágios Nikólaos

Ein byzantinisches Juwel: Panagía Kéra

Kritsá: Stillleben mit Dreirad-Gefährt

Ágios Nikólaos

↗ XV/D2

Ágios Nikólaos ist ein vorzügliches Beispiel für den Wandel Kretas von einem idyllischen Agrarstädtchen zum Urlaubsparadies. „Ágios" - mit Betonung auf der ersten Silbe -, wie die Einheimischen kurz und bündig ihre Stadt nennen, hat sich aus einem ehemals verschlafenen Nest und Fischerdorf zu einem modernen **touristischen Zentrum** entwickelt, das glücklicherweise sein Flair nicht ganz verloren hat. Die Stadt in der Mirabéllo-Bucht mit ihren derzeit rund 12.000 Einwohnern und die profitieren allein von der traumhaften geografischen Lage.

In der Stadt selbst findet man kaum alte Bausubstanz, da sie innerhalb weniger Jahrzehnte vom Dorf zur **Verwaltungshauptstadt** des Nomós Lassíthiou und damit zur Hauptstadt Ostkretas explodiert ist. Trotz einiger Hotelbauten und Betonskelette an den Hängen ist Ágios kein Touristenort par excellence, wie beispielsweise Limín Chersónisou, sondern strahlt den Charme einer typisch griechischen, geschäftigen Kleinstadt aus.

Der Kern gruppiert sich hübsch um den sagenumwobenen Voulisméni-See. Ágios verfügt über ein vielfältiges Angebot für Besucher, wenn auch die Stadtstrände eher dürftig sind; Badewillige sind in der Umgebung, z.B. bei Ammoudára im Süden, besser aufgehoben. Zudem liegt die Stadt günstig zu zahlreichen Sehenswürdigkeiten und Ausgrabungen in der Umgebung, wie z.B. Eloúnda, Spinalónga, Kritsá, Lató und Panagía Kerá.

Geschichte

Auch wenn es vordergründig nicht den Anschein hat: Ágios Nikólaos hat durchaus eine lange Geschichte vorzuweisen. Im 3. Jh. v. Chr. befand sich hier der Hafen der wichtigen antiken Stadt Lató, **Lató pros Kamára.** Bedeutende Funde, meist aus dem 1. Jh. n. Chr., wurden in der Nekropole gemacht. Da auch spätantike Quellen den Ort Kamára, die kleine Hafenstadt, noch als Zentrum im Osten nennen, wird er demnach seine Bedeutung als Hafen auch in römischer und frühbyzantinischer Zeit nicht eingebüßt haben. Die Überreste der antiken Akropolis hat man im Südosten des Hafens ausgemacht, wo im 13. Jh. die **Genueser** zum Schutz ihres Handelspostens ein Kastell, das **Castello di Mirabéllo,** östlich des Voulisméni-Sees, errichtet haben. Auf diese Burg geht der Name „Mirabéllo-Bucht" zurück, hatte man doch von hier oben einen traumhaften Rundblick.

Als die **Venezianer** zu Beginn des 13. Jh. die Insel übernahmen, ließen sie das Kastell erweitern und den Ort als Versorgungsstation für die Festung Spinalónga und als Handelshafen ausbauen. Damals wurde die Stadt umbenannt: Aus *Maudráki* wurde, angelehnt an eine kleine, nördlich gelegene Kirche, *Ágios Nikólaos.* Während der Eroberung Kretas durch die **Türken,** Mitte des 17. Jh., wurden das Kastell und die Mauern zerstört, so dass heute nur wenige Ruinen – bei der modernen Präfektur – erhalten sind. Den Ort selbst hatten die Einwohner während der Türkenzeit wegen andauernder Seeräubergefahr verlassen, Ágios Nikólaos schien in Vergessenheit zu geraten.

Zuwanderungen aus Westkreta ließen ab 1870 die Stadt wie „Phoenix aus der Asche" wiederauferstehen. Ausgelöst wurde die Zuwanderung angeblich durch die damals in der Sfakiá besonders gern und häufig praktizierte Blutrache.

Der Beginn des modernen Ágios Nikólaos reicht in das Jahr 1904 zurück, als man den aufstrebenden Ort zur **Hauptstadt** des Verwaltungsbezirks Lassíthi machte. Mit dem Einsetzen des Massentourismus in den 1970er und -80er Jahren entwickelte sich das einst verschlafene Provinzstädtchen zu einer ansehnlichen modernen Metropole.

Sehenswertes

Voulisméni-See

Im Zentrum der Stadt liegt der Voulisméni-See, um den sich Fischer, Boote und Schwammtaucher versammeln. Er war ursprünglich ein Süßwassersee, wurde aber von den Türken 1871 durch einen etwa 20 m langen Kanal mit dem Außenhafen verbunden, um so einen geschützten kleinen Fischerhafen zu schaffen. Seither vermischt sich das von zwei Seiten von Felsen gerahmte und von unterirdischen Quellen gespeiste „Bad der Artemis" mit dem Meerwasser. Wegen seiner eigenartigen, tief türkisgrünen Farbe, die nirgendwo den Grund erkennen lässt, entstanden im Laufe der Jahrhunderte zahlreiche sagenhafte Geschichten um den See.

So behauptet man bis heute, nicht zu wissen, wie tief der See tatsächlich sei, selbst der inzwischen verstorbene Meeresforscher *Jacques Cousteau* soll den Grund nicht gefunden haben – heißt es. Andere erzählen, dass die Deutschen am Ende des 2. Weltkrieges Panzer und Kanonen im See versenkt hätten, wovon man, ebenso wie von einem im See versunkenen Lkw, keinerlei Spuren gefunden habe. Es geht das Gerücht um, der See habe überhaupt keinen Grund, doch andererseits will im 19. Jh. ein englischer Kapitän eine Tiefe von 64 m gemessen haben, ohne dass ihm jedoch jemand Glauben geschenkt hätte. Die **Legenden** werden auch durch eigenartige Naturereignisse genährt: So tauchten hier nach dem letzten Vulkanausbruch auf Santorin, 1956, im See angeblich tote Hochseefische auf – gibt es vielleicht eine unterirdische Verbindung zum Meer? Wer sich Zeit lässt und lange genug am See oder irgendwo auf der Felswand über dem See sitzt und seine Gedanken schweifen lässt, wird sicher dem eigenartigen Flair dieses Ortes nicht entgehen können.

Der moderne **Hafen,** auch Anlaufpunkt von Fähren und zahlreichen Ausflugsbooten nach Eloúnda und Spinalónga, liegt dem See vorgelagert, der neue Jachthafen dagegen im Süden der Stadt, nahe der Präfektur und dem alten Busbahnhof. Rund um den Fährhafen und den See spielt sich das „öffentliche" Leben von Ágios Nikóla-

0
100 m
Kritsa, Ierápetra, Iráklion
Sitía
8
Friedhof
Freizeitpark
Almyros-Strand
Fußball-
stadion
Ikarou
Latous
Kritsas
Kazani
Souliou
Anapafseos
Argyropoulon
Chortatson
9
Idomeneos
Aktinearchou
G. Kontoghianni
R. Kapetanaki
Minoos
Gournion
Ghiamboudaki
Filellinon
Ámmos-Strand
10
Damaskinou
5th Merarchias
S. Venizelou
Platia
Venizelou
4
K. Kozyri
5
Modatsou
I. Kozyri
Polytechniou
25
OTE
Kefáli
Jachthafen
Solonos
Str. Manousoghianni
Mirabellou
K. Sfakianaki
Alexomanoli
13
Kitroplatia-
Strand
Aktipangalou
Rundgang:
1 Volkskundemuseum und
Informationsbüro
2 Straßenmarkt
3 IRIS Museum
4 Agía Triáda
5 Panagía-Kirche
6 Lató pros Kamára
(Ausgrabung)
7 Archäologisches Museum
Sonstiges:
8 Hotel Miramare
9 Touristenpolizei
10 Hotel Poseidon
11 Hotel du Lac
12 Hotel Leventis
13 Hotel Pagalos
14 9 Muses
15 Marilena Apartments
16 Hotel Hermes und
Hotel Coral
17 Pension Perla
18 Busbahnhof Überlandbusse
19 Hotel Iberostar
Mirabello Beach
20 Havania Apartments

Ágios Nikólaos
Ágios Charalámbos
Eloúnda
19, 20, Ágios Nikólaos (Kirche), Eloúnda
B 18
Messolongiou
Epimenidou
Lassithiou
Lassithiou
Ammoúdi-Strand
A. Diakou
Argyrokastrou
Skordylon
Grammou-Vitsiou
Knossou
Therissou
Dom. Theotokopoulou
Ethn. Antistaseos
7 M
Erg. Estias
L. Oreon
Erythrou Stavrou
Apost. Titou
Nik. Plastira
Nikonos
2
V. Kornarou
Koritsas
Synt. Davaki
Idis
D. Solomou
Kazantzaki
Kon. Paleologou
Arapika
Salaminas
17
16
15
Pring. Georgiou
Str. Koraka
Perikleous
Arm.
Milatou
Kantanoleontos
Voulisméni-See
11
Post
3
Octovriou
Omirou
Kap. N. Fafouti
Akti Stylianou Koundourou
1
Kondylaki
Akti Iosif Koundourou
Fährhafen
Fähranlegestelle
Lasthenous
Mylos
Pacifais
Milou
14
Sarolidi
Akti Themistokleous
©Reise Know-How 2011

134kr Foto: bk

os ab, hier findet die „Volta“, das sonntägliche Promenieren, statt, hier befinden sich zahlreiche Tavernen, Discos und Cafés.

Rundgang durch die Viertel Kefáli und Mylos

Anlaufpunkt für Besucher ist die **Tourist Information** direkt an der Kanalbrücke, an der auch das kleine **Volkskundemuseum** liegt, mit einer schönen Auswahl an Kunsthandwerk, Volkskunst und Webteppichen.

- **Volkskundemuseum,** Akti Stylianou Koundourou, Mo–Fr 10–16, So 9–14 und 17–18 Uhr, Sa geschlossen, Eintritt 3 €.

Hinter dem See, nur ein paar Schritte vom Museum entfernt, findet jeden Mittwochnachmittag in der Odos Ethniki Antistaseos ein großer **Straßenmarkt** statt, außer Obst, Gemüse, Käse, Schnecken und weiteren Spezialitäten wird hier eine große Auswahl an Kleidung, Schuhen, Haushaltwaren u.a. angeboten.

Vom See aus lohnt ein Spaziergang durch das Stadtzentrum. Zunächst geht es durch das **Kefáli-Viertel,** wobei man die Wahl hat zwischen zwei geschäftigen Routen: der Odos 28 Oktovriou, mit Geschäften und Kiosks, und der „Touristeneinkaufsmeile“ Odos Roussou Koundourou. Neueste Attraktion ist das **IRIS Museum** (O. 28 Oktovriou 72, Tel. 28410/82681, Fr–Mi 9–16 Uhr, 2 €) mit Infos zu Kräutern und Farben, Geschmäckern und Gerüchen.

Am besten, man pendelt zwischen den parallel verlaufenden Straßen hin und her. Beide führen nämlich zur **Platia Venizelou,** dem eigentlichen Hauptplatz der Stadt. An dessen Südwestecke liegt **Agía Triáda,** die moderne Hauptkirche mit Wandmalereien, die den Innenraum eher verdunkeln als erhellen.

Weiter auf der Einkaufsstraße, der Odos. S. Venizelou, erreicht man den neuen Jachthafen im Süden. Auf der Odos Modatsou geht es zurück ins Kefáli-Viertel. Vorbei an der **Panagía-Kirche,** einer Einraumkapelle mit Malerei aus der zweiten Hälfte des 14. Jh. (leider meist zugesperrt), kann man neben der Telefonzentrale O.T.E. (Ecke O. 25 Martiou/K. Sfakianaki) einen Blick auf die ausgegrabenen Reste des **Lató pros Kamára,** der antiken Hafenstadt von Lató, werfen.

Auch wenn das geschäftige Treiben um den Fährhafen direkt vor der Nase liegt, lohnt zunächst ein Abstecher durch das zweite Innenstadtviertel, **Mylos,** das wie eine Halbinsel auf drei Seiten vom Meer umspült ist. Entlang der Odos M. Sfakianaki, einer kleinen geschäftigen Straße, an der auch der Rex-Kinokomplex liegt, erreicht man den kleinen Stadtstrand Kitroplatía, gerahmt von Tavernen und Apartmenthäusern. Von dort führt eine Art **Promenade** (O. Akti Pangalou bzw. O. Akti Themistokleous) um das Viertel herum zurück zum Hafen.

Voulisméni-See in Ágios Nikólaos

Insel Agíi Pándes

Zu der vor dem Hafen liegenden Insel werden **Ausflugsfahrten** angeboten. Agíi Pándes ist ein Schutzgebiet für die *Agrimiá*, die auf Kreta selten gewordenen **Wildziegen.** Einzige Bauten auf der Insel sind die Agíi-Pándes-Kirche und ein Leuchtturm.

Archäologisches Museum

Ein unbedingtes Muss ist das Archäologische Museum in der Odos Konstantinou Paleologou, das zweitwichtigste seiner Art nach demjenigen in Iráklion. Die 1970 eröffnete Sammlung deckt die Geschichte der Region durch alle Kulturstufen ab – vom Neolithikum über die minoische Epoche bis hinein in griechisch-römische Zeiten. Gerade diese Kontinuität führt die kulturelle Vielfalt der Insel vor Augen und vermeidet den Eindruck, dass Kreta ausschließlich Synonym für „minoisch" wäre.

Die minoischen Funde stammen vor allem aus dem Umkreis von Sitía und der dortigen Nekropole, aus Mírtos/Ierápetra sowie von der kleinen Insel Móchlos und einigen anderen Fundorten Ostkretas. Auch die griechisch-römischen Funde stammen nicht nur aus der Gegend von Ágios Nikólaos, sondern von verschiedenen Plätzen in Ostkreta. Zu den herausragenden Stücken des Museums gehört zweifellos die **„Göttin von Mírtos"** (um 2500 v. Chr.), ein Spendegefäß in Gestalt einer weiblichen Figur.

Rundgang durchs Archäologische Museum

- **Vorraum/Raum 1:** neolithische Funde, vor allem Keramik; bekannt ist das im Vorraum ausgestellte phallusförmige Idol.
- **Raum 2:** frühminoische Funde - Keramik, u.a. im sog. flammenden Stil (nach der Bemalungsart), auch Steingefäße, Goldschmuck und Bronzewaffen.
- **Raum 3:** Herausragend sind die Terrakotta-Votivserien (Menschen, Götter, Tiere, v.a. Stiere); umfassende Sammlung vor allem spätminoischer Keramik, Sarkophage, Kleinkunst. Besonders hervorzuheben sind ein Steingefäß in Muschelform (mit Ritzdekoration) und ein goldener Anstecker mit Linear-A-Schrift.
- **Raum 4:** schwerpunktmäßig Funde aus Sitía, vor allem Keramik, aus spätminoischer Zeit: Bügelkannen, dreihenkelige Hydrien (Wassergefäße), Kantharoi (Becher mit großen Henkeln), frühe Amphorenformen, daneben auch protogeometrische und geometrische Keramik (v.a. Amphoren), wie ein Skyphos (Tasse) mit Fingerabdruck, durch den sich ein unaufmerksamer Vasenmaler verewigt hat, oder eine Hydria mit Bienendarstellung; im Mittelpunkt eine in Fundlage rekonstruierte Kinderbestattung in einem Pithos (Ton-Vorratsgefäß).
- **Raum 5:** anschauliche Sammlung geometrischer, archaisch-orientalischer Keramik aus Sitía, daneben beeindruckende Serie dädalischer Terrakottafigürchen, die als Weihegaben dienten (stehende Götter und Göttinnen, Frauen mit säugendem Kind, nackte Frauen mit Händen an den Brüsten, Köpfe mit der in der dädalischen Kunst typischen Wellenfrisur); Votiv-Tierserien aus Olynthos (Schweine, Schildkröten, Vögel); kleine Münzsammlung (griechische, römische, spätantike und venezianische Münzen).
- **Raum 6:** archaische Keramik und Terrakotta-Weihefiguren (sitzende und stehende Frauen), vor allem aus Oloús.
- **Raum 7 bis 9:** beeindruckende Funde aus klassischer, hellenischer und römischer Zeit (aus Oloús und Ágios Nikólaos) wie Keramik, Lampen, Münzen, Terrakotten, Gemmen, Glas, Spielsteine, Webgewichte, große Amphoren, Spiegel, Bronzegefäße. Zu den herausragenden Stücken gehören eine römische Grabstele aus Ágios Nikólaos und ein Totenschädel mit goldenem Lorbeerkranz und Münze im Mund, die als Bezahlung für den Fährmann Charon, der die Seelen in die Unterwelt bringt, gedacht war (aus Polyrrhenia, frühes 1. Jh. n. Chr.). Außerdem: ein Grab-/Weihealtar aus Ágios Nikólaos für eine gewisse *Timonis* (um die Zeitenwende), dessen Inschrift Reisende zum Verweilen und Gedenken an die junge Mutter zweier Kinder und ihre Hinterbliebenen auffordert; schließlich eine Vitrine mit einer ansehnlichen Zahl von Astragalen, Knöchel von Schafen oder Ziegen, mit denen Mädchen eine Art Würfelspiel gespielt haben.
- **Innenhof:** Pithoi, Amphoren, Weihesteine und zahlreiche Architekturteile.

Dem Besucher stehen mehrere sehenswerte, nicht überfüllte, helle Ausstellungssäle und ein Innenhof zur geruhsamen Besichtigung offen. Bestückt sind die Räume mit sehenswerter Keramik, Grabfunden, Terrakotten (Tiere), Totenschädeln, Tonsarkophagen, Bronzegegenständen, Idolen etc.

- **Archäologisches Museum,** O. Konstantinou Paleologou, Di–So 8.30–15 Uhr, Eintritt 3 €.

Kirche Ágios Nikólaos

Auf dem Weg nach Eloúnda liegt Ágios Nikólaos. Die kleine Kuppelkirche mit leider bereits stark verblassten ornamentalen Fresken aus dem 10. Jh. und figürlichen Malereien aus dem 14. Jh. (z.B. in der Apsiswölbung: Pantokrator und Apostelfiguren, sowie Reste am Triumphbogen), gab der Stadt ihren Namen. Die frühen Wandmalereien, vor 961 angefertigt, sind

135kr Foto: bk

Ostkreta

ein seltenes Beispiel **ikonoklastischer Malerei** und legen damit Zeugnis vom Bilderstreit (Ikonoklasmus, s. Kapitel „Die byzantinische Kultur") im 8./9. Jh. ab. Diese ornamentalen Bilder sind die einzigen auf Kreta noch existenten Beispiele anikonischer Malerei.

Der Bau selbst ist nicht genau datierbar, sicher ist man sich nur, dass es sich um eine der **ältesten noch erhaltenen Kirchen** Kretas handelt.

- **Ágios-Nikólaos-Kirche,** am nördlichen Stadtrand, nördlich des Hotels Mínos Palace beim Ammoudi Beach (Zugangstreppen neben Café/Bar Spilia, im Hotel nach dem Schlüssel fragen).

Einer der drei Stadtstrände von Ágios Nikólaos

Strände

Drei kleine Strände befinden sich in unmittelbarer Stadtnähe: Außer dem **Kitroplatía** (Kies) sind es die Sandstrände von **Ammoúdi** und **Ámmos,** die während der Hauptsaison gut bevölkert sind. Bessere Bademöglichkeiten finden sich in der Umgebung, z.B. **Havanía** (Sand), **Almyros** (250 m langer Sandstrand, meist voll wegen des nahegelegenen Hotels) oder **Ammoudara** (100 m lange Bucht, zahlreiche Hotels in nächster Nähe), erreichbar per Stadtbus Nr. 6.

Praktische Tipps

Vorwahl Ágios Nikólaos: 28410

Infos

- **Städtisches Informationsbüro** (im Bau des Hafenamts, Limenarchío), Akti Stylianou Koundourou (an der Kanalbrücke), tgl. 8–21 Uhr. Es gibt hier Informationsbroschüren über Hotels, Ferienwohnungen und Privatzimmer (mit Preisen und oft auch Fotos am „schwarzen Brett") und andere Auskünfte sowie Computer mit Internetzugang für Besucher (geringe Gebühr); angegliedert ist das Volkskundemuseum, www.agiosnikolaos.gr (auch Hotelinfos).
- **Touristenpolizei,** O. Kontoghianni 34, Tel. 91409

Service

- **Banken:** in der O. Roussou Koundourou (auf dem Weg von Platia Venizelou zum Hafen)
- **Post:** O. 28 Oktovriou 9, Mo–Fr 7.30–14.30 Uhr
- **O.T.E.-Zentrale:** O. Konst. Sfakianaki 10, tgl. 7–22 Uhr, im Sommer bis 24 Uhr
- **Parken:** am Jachthafen, um den See oder am Fährhafen (max. 3 €), sowie entlang dem Stadtstrand (frei)
- **Touren:** Minotours, in Ístro, betrieben von *Panagiotis Koutoulakis,* der lange in Berlin lebte und Deutsche und ihre Wünsche gut kennt
- **Autovermietung:** Mehrere internationale und lokale Firmen mit recht günstigen Preisen, zumeist entlang der Odos Roussou Koundourou).

Verkehrsverbindungen

- **Überlandbusbahnhof,** Tel. 22234, am nordwestlichen Stadtrand, vorbei am Archäologischen Museum Richtung Krankenhaus, zwischen Odos Messolongiou und Epimenidou; 6.30–21.30 Uhr halbstündlich bis stündlich Busse nach Iráklion sowie sehr gute Verbindungen nach Sitía, Ierápetra, Eloúnda und Kritsá; außerdem mehrmals täglich Busse nach Neápolis/Mílatos, Pláka.
- **Fähren:** LANE LINES (www.ferries.gr/lane) ein- bis zweimal in der Woche nach Piräus über Kythera/Antikythera bzw. über Sitía nach Karpáthos und Rhódos (Abfahrten an der äußersten Ecke des Hafens, Akti Iosif Koundourou, dort auch Ticket- und Auskunftsbüro).
- Mehrmals täglich **Boote nach Spinalónga** (Hin-/Rückfahrt incl. Führung etwa 4 Stunden, ca. 20–25 €), Spinalónga sowie weitere Ausflugsfahrten und Angeltouren (ab 30 € ab Hafen).

Essen und Trinken, Einkaufen

- **Hafenviertel:** Entlang der **Akti Iosif Koundourou** befinden sich eher touristische Restaurants, zahlreiche Souvenirshops und Cafés. Neu ist eine **Ausstellungshalle** der Handelskammer von Lassithi (Mo–Sa 9.30–13.30, 18–20.30 Uhr), die einen guten Überblick über lokale Produkte gibt und empfehlenswerte Läden und Werkstätten nennt.
- **Mylos:** entlang der Akti Themistokleous/Akti Pangalou mehrere Tavernen wie die empfehlenswerte **Taverne Chrisofyllis** oder das Restaurant **Barko;** einige Läden (v.a. Souvenirs) in der O. M. Sfakianaki.
- **Kefáli:** Die beiden parallel verlaufenden Geschäftsstraßen Odos 28. Oktovriou und Odos Roussou Koundourou, letzteres eher der „Touristenstrip", bieten ein vielseitiges Angebot, u.a. das **Internetcafé Peripou,** mit griechischer Literatur und guter Auswahl an authentisch kretischer Musik; Lesestoff führt der **Bookshop Anna Karteri** (Odos Roussou Koundourou 5); Reiseliteratur, Landkarten, internationale Zeitungen und Fotozubehör führt ein Zeitungskiosk näher am Hafen (Odos Roussou Koundourou); hier befindet sich auch **Kera ZoZa arts & crafts** (Nr. 42) mit Geschenkartikeln und Silberschmuck. Die Odos 25. **Martiou,** parallel zur Odos Koundourou, ist gut geeignet für einen schnellen Imbiss.
- **Platia Venizelou** (Hauptplatz) und **Odos Venizelou:** Hier finden sich einige „einheimische" Tavernen, wie das empfehlenswerte **Estiatorion Itanos** (A. Venizelon/O. Kyrou); rund um den nahe gelegenen alten Busbahnhof finden sich die üblichen Imbisslokale und Verkaufsstände.

- Um den **Voulisméni-See:** zahlreiche Tavernen wie **Psaráki** und Cafés wie **Du Lac** (O. Omirou).
- Es gibt zudem mehr und mehr Läden mit kretischen Produkten, z.B. **Taste of Life** (Akti Stylianou Koundourou), **Biotope** (O. Kapetan Kozyri 7), **Cava** (O. 28. Okt.) oder **Melissa** (Odos Roussou Koundourou 15).
- **Cretan Olive Oil Farm,** an der Küstenstraße von Ágios nach Eloúnda (gleich nach dem Mirabello Hotel), tgl. 10–18 Uhr, Sa 10–12.30 Uhr, Eintritt 1,50 €, www.cretanoliveoilfarm.gr. Laden für lokale Produkte, auch Proben. Empfehlenswertes Olivenöl und Olivenaufstriche, dazu gehört ein kleines Freiluftmuseum, wo Vorführungen und Touren stattfinden.

Nachtleben

- Nachtclubs, Bars und Discos konzentrieren sich um den Hafen, entlang der Akti Iosif Koundourou, wie **Lipstick,** und in der O. 25. Martiou, wie **Roxy Bar** oder **Royal Bar.**

Unterkunft

In der Region um Ágios Nikólaos, besonders Richtung Eloúnda, sind überwiegend die höheren Hotelkategorien vertreten, die während der Hochsaison besser schon von Deutschland aus gebucht werden sollten.

Für Kurzentschlossene ist das Infobüro (s.o.) eine gute Anlaufstation, da hier nicht nur Zimmerinfos aushängen, sondern auch vermittelt werden.

Einige Tipps:

- **Am See: Hotel du Lac**€-€€, O. Omirou, www.dulachotel.gr, modernes und bestes Hotel in der Stadt.
- **Stadtviertel Mylos** (zwischen Fährhafen und Kitroplatia-Strand): **9 Muses**€, Akti Themistokleous, Tel. 24968, schöne Apartments und Café (abends etwas laut); **Hotel Leventis** €-€€, O. Sfakianaki, Tel. 22423, Fax 24409, einfach, aber zentral in der Stadt; **Hotel Pagalos**€**,** O. Tselepi 19, Tel. 22936, Fax 26335, einfach und ruhig; **Hotel Poseidon**€-€€, Akti Nearchou, Tel. 24086, Fax 26670, auch über Neckermann, schön am Stadtstrand gelegenes kleines Hotel der 3 Sterne-Kategorie.
- **Stadtviertel Arapika** (um das Archäologische Museum): **Marilena Apartments**€, O. Erithrou Stavrou 4, Tel. 22681; **Pension Perla**€, Akti Stylianou Koundourou/Salaminos, Tel. 23379.
- **Hotel Miramare,** O. Gargadoros, Almyros-Strand, Tel. 22962, Fax 24164, günstiges, pauschal über deutsche Reiseveranstalter buchbares Hotel mit Superausblick auf die Bucht und relativ ruhig gelegen.
- **Am östlichen Stadtstrand** (entlang der Akti Koundourou): **Hotel Hermes**€€-€€€, Tel. 28253; **Hotel Coral**€€, Tel. 28363; sowie **Iberostar Mirabello Beach**€€€ (auch über deutsche Veranstalter), alle drei Hotels sind Teil der kleinen M-Hotels-Kette (Infos und Reservierung: www.mhotels.gr).
- **Havania Apartments**€€, am gleichnamigen Strand an der Straße nach Eloúnda, Tel. 28758, Fax 28792, 20 Apartments mit Küchen.
- **Ammoúdara: Hotel Alkion**€€, 3-Sterne-Kategorie, Tel. 24495, Fax 24497.

Eloúnda

↗ XV/D2

Die einen bezeichnen Eloúnda als unpersönliches kleines Kaff mit schlechten Bademöglichkeiten, andere schwärmen von der traumhaften, windgeschützten Lage in der Bucht mit der vorgelagerten Halbinsel Spinalónga, die nur durch einen Damm mit dem Festland verbunden ist. Die Nähe zu Ágios Nikólaos, ca. 15 km südlich gelegen und per Bus (30 Minuten) oder Boot erreichbar, machten die Bucht zu einem immer beliebter werdenden Ferienziel, ähnlich der Region um Mália, aber um einiges ruhiger, zurückhaltender und „feiner". Immerhin hat sich Eloúnda einen Namen als **Nobelurlaubsort** erworben, befinden sich doch hier in der Bucht gleich fünf der besten kretischen Hotels.

136kr Foto: bk

Die geschützte Lage in der Bucht haben schon die alten Griechen geschätzt. So befand sich hier einst der Hafen der antiken Metropole **Dréros** (s. Kapitel „Iráklion und Umgebung: Östlich der Bucht von Mália"). Nachdem ein Erdbeben die Küstenlinie im Osten der Insel jedoch völlig veränderte, versank **Oloús,** wie der Hafen hieß, in der Bucht. Schon *Homer* erwähnte diese Stadt, und noch *Pausanias* weiß im 2. Jh. n. Chr. von der Existenz des Hafens zu berichten, dabei war zu seiner Zeit Oloús wohl schon im Meer versunken.

Der moderne Ort Eloúnda gruppiert sich um die Dorfkirche am Hafenplatz. Hier pulsiert das Leben, hier finden sich ein großer Parkplatz, ein O.T.E.-Telefonamt, eine Post sowie Tavernen und mehrere Läden mit gehobenen Preisen, v.a. Schmuckgeschäfte. An und um die Straße nach Pláka reihen sich neuerdings mehrere Ferienapartmenthäuser aneinander.

Eine schmale Straße führt über einen Damm, der erst 1897 von Franzosen angelegt wurde, zur **Halbinsel Spinalónga** – nicht zu verwechseln mit der gleichnamigen kleinen Leprainsel (s.u.). Vorbei an einigen Salzseen (früher als Salinen genutzt), den Ruinen einer Kirche und Resten dreier Windmühlen, kann man hier Fundamente und Mosaiken – mit ornamental gerahmten Fischmotiven – einer Basilika aus der zweiten Hälfte des 5. Jh. n. Chr. (Zugang neben Canal Bar) bestaunen. Von dem in der Nähe befindlichen kleinen weißen Kirchlein nahe dem Meer, dessen Grund von Einheimischen gerne zum Sonntagspicknick benutzt wird, sind im Wasser schwach die Reste der antiken Hafenstadt Oloús zu erkennen.

Strände

Zum Baden finden sich Möglichkeiten entlang der Bucht, so am Sandstrand nördlich des Fischerhafens oder nahe dem Damm, wobei gerade Letzterer eher schmutzig und an Wochenenden von einheimischen Ausflüglern überlaufen ist. Schöne Strände sind hingegen auf der Halbinsel Spinalónga zu finden, erreichbar über eine Schotterpiste, auch zu Fuß. Der **Strand von Kolokithía** auf Spinalónga zählt zu den schönsten der Region, ist im Sommer jedoch überfüllt.

Vorwahl Eloúnda: 28410

Service

- **Post, Bank, Info** und **O.T.E.** am Hauptplatz am Hafen, hier auch Parkplätze (ab 0,90 €/ Std.)
- **Polizei,** Odos Ippokratous

Verkehrsverbindungen

- Stündlicher **Busverkehr** nach Ágios Nikólaos (Haltestelle am Fischerhafen).
- **Ausflugsboote zur Leprainsel** etwa halbstündig für rund 8 €.

Essen und Trinken

- Tavernen und Cafés konzentrieren sich rund um den Hauptplatz am Fischerhafen, wie die **Taverne Vritomartis** oder **Poulis.**

Günstig gelegen in einer geschützten Bucht: der Hafen von Eloúnda

Einkaufen

- Im zentral gelegenen Supermarkt **Loukakis** und im **Elounda Market** (billiger) gibt es lokalen Retsina und Rakí vom Fass. Am Do Wochenmarkt am Hafenplatz.
- **Bookshop** am Hauptplatz neben der Post, internationale Zeitungen und Reiseliteratur.
- **O Eklektos,** an der Durchgangsstraße, kurz vor dem Hauptplatz am Treppenabgang zum Meer gelegen, bietet eine große Auswahl an Reiseliteratur, gebrauchten Büchern und Souvenirs.
- **Olivia,** Akti Oloundos 4, große Auswahl kretischer Produkte.
- **Petrakis,** O. A. Papandreou (Durchgangsstraße), kleiner Laden eines Ikonenmalers.

Unterkunft

- An der Straße nach Pláka reihen sich mehrere Apartmenthäuser (wie **Elpis** oder **Angeliki**) aneinander. Weitere Übernachtungsmöglichkeiten: **Elounda Princess** und **Horizon** (beide an der Hauptstraße Richtung Ágios Nikólaos) oder das empfehlenswerte **Hotel Aristea** (Hauptstr., nahe Hauptplatz/Hafen, Tel. 41300, Fax 41302).
- **Elounda Beach******* (Tel. 63000, www.eloundabeach.gr), Tophotel der Insel, gehört zu den „Leading Hotels of the World" und besteht aus 145 kleinen Bungalows (600 Betten), teils direkt am Meer, und Haupthaus.
- **Domes of Elounda,** Eloúnda (etwa 4 km nördlich an der Küstenstraße nach Pláka, ausgeschildert), Tel. 43500, www.domesofelounda.com. Neues Top-Resort in Hanglage und Blick auf Spinalonga, im Stil eines kretischen Dorfes aus einzelnen Häusern. Gut ausgestattete Suiten (ab 200 €) mit großen Bädern und Balkonen oder Terrassen mit Hot Tub oder kleinem Pool. Inkl. Frühstück oder HP (ausgezeichnete Buffets!); mit Spa und eigenem Strand, dazu erstklassiger Service.
- **Elounda Blue Bay,** Agia Paraskevi, wenige Kilometer nördlich von Eloúnda (Straße nach Pláka), Tel. 41959 www.eloundabluebay.gr. Am Hang über dem kleinen Strand gelegene, empfehlenswerte Hotelanlage aus mehreren kleinen Komplexen (auch bei Veranstaltern im Angebot).

137kr Foto: bk

Im Norden der Bucht

An die Zeiten vor dem Tourismus erinnert **Páno Eloúnda,** hoch über dem Touristenort gelegen; es hat sich etwas von seiner Ursprünglichkeit bewahrt. Die Straße, die entlang der Bucht zu deren Nordende führt, eröffnet immer wieder traumhafte Ausblicke. Schon deshalb lohnt es sich, zumindest bis zum Ende der befestigten Straße zu fahren, vor dem Ort Vrouchás. Man verlässt Eloúnda über die Uferstraße, vorbei an einer ganzen Reihe von Bauruinen. Sie belegen, dass sich manche Vorhaben als zu gewagt erwiesen haben und der Touristenboom nicht endlos ausgenützt werden kann. Nachdem sich in der Bucht schon eine ganze Reihe Tophotels angesiedelt hat, besteht hier kaum mehr Nachfrage nach neuen Großkomplexen.

Eloúnda ist bekannt für Luxushotels, hier das neue Domes of Elounda

Vorbei an Stränden und einer Surfschule erreicht man **Pláka,** den nördlichsten Ort direkt an der Bucht gegenüber der Leprainsel Spinalónga, deren Fährhafen der kleine Ort einmal war. Nach der „Schließung" der Insel 1957, versank Pláka in einen Dornröschenschlaf, aus dem ihn erst Touristen wieder erweckten, die die Nähe zur vielbesuchten Insel, seine schönen Kiesstrände und die guten Fischertavernen (z.B. *Gorgona* und *Manolis*) schätzen lernten und den Ort damit vor dem Aussterben bewahrten. Heute findet man sogar eine ganze Reihe schöner Pensionen.

Von hier aus führt die oben erwähnte Straße weiter in Richtung **Vrouchás,** am Berghang gelegen.

Die Leprainsel Spinalónga

↗XV/D1-2

Der Name *Spinalónga* bezeichnet korrekterweise die kaum besiedelte Halbinsel in der Bucht von Eloúnda, unmittelbar gegenüber dem Ort (s.o.). Umgangssprachlich hat sich der Name jedoch auch für die nur etwa 200 x 400 m große Leprainsel, die eigentlich **Kalidóna** heißt und im Norden der Bucht liegt, eingebürgert. Einst war sie wohl einmal mit der großen „Schwester" verbunden und wird vermutlich durch einen Vulkanausbruch oder ein Erdbeben abgesprengt worden sein. Heute pendeln Tag für Tag unzählige Ausflugsboote zwischen Eloúnda, Pláka und Ágios Nikólaos und der Leprainsel. Ohne großes Gedränge und zudem preiswerter setzt man mit den kleinen Fischerbooten von Pláka aus über, möglichst früh, denn ab dem späten Vormittag füllt sich die Insel rapide, da dann die ersten großen Ausflugsschiffe aus Ágios ankommen.

Geschichte

Die strategisch günstige Lage der Insel an der Einfahrt in die Bucht von Eloúnda haben einst auch die **Venezianer** erkannt. So erbauten sie auf Kalidóna 1597 unter *Jacopo Foscarini* eine mächtige **Festung,** die bis heute das Bild der Insel prägt. Dabei wurden die geografischen Gegebenheiten geschickt einbezogen. Mit ihren rund 35 Kanonen galt die Insel als uneinnehmbar, zumal sie über eigene Brunnen und Zisternen verfügte. So versuchten 1669 auch die **Türken** vergeblich, die Festung einzunehmen, und im Laufe der türkischen Herrschaft konnten sie die Insel nie erobern. 1714 übergaben die Venezianer die Festung freiwillig den Türken – gegen freien Abzug, da das Bollwerk mitten im „mare turcicum" (türkischen Meer) keine Funktion mehr erfüllte. Die Türken nutzten es bis 1898 zum Schutz der Mirabéllo-Bucht. Bis 1903 siedelten hier türkische Familien, dann wurde das Eiland umfunktioniert zu dem, was heute Scharen von Besuchern anlockt.

Erhart Kästner hat in den 1940er Jahren die Insel noch von Kranken bewohnt erlebt. **1903** hatte Prinz *Georg* auf der abgelegenen Insel eine **Leprastation** einrichten lassen. Zunächst waren nur kranke Kreter hier, doch ab 1913 wurden „Aussätzige" aus ganz Griechenland hergebracht. Überall als Ausgestoßene, die weitab von den Siedlungen leben mussten, behandelt, konnten sie hier ihre **kleine Stadt** mit eigener Infrastruktur aufbauen. Sie renovierten die venezianischen und türkischen Häuser, legten Gärten an, hielten Vieh, setzten die Zisternen wieder instand, bauten zwei Kirchen, betrieben Läden und eröffneten Werkstätten. Viele der Kranken gingen ihren früheren Berufen nach, kulturelle Veranstaltungen, Hochzeiten und Geburten waren an der Tagesordnung. Die Siedler bezogen eine monatliche kleine Staatsrente und wurden von Pláka aus mit dem Notwendigsten versorgt. Kurzum, es handelte sich scheinbar um eine ganz normale Stadt.

In der Tat sah man den meisten Bewohnern ihre Krankheit nicht an, da sie zwar die damals todbringenden Bakterien in sich trugen, doch die Krankheit - durch Blut übertragen - oft erst nach Jahrzehnten zum Ausbruch kam. Erst ab den 1930er Jahren wurden die Bewohner medizinisch adäquat versorgt, ein **Hospital und Labor** entstand, und Ärzte lebten auf der Insel. Als in den 1950ern ein Impfstoff gefunden und die Krankheit heilbar wurde, löste man die Station 1957 auf. So ist aus der Leprastadt eine **„Geisterstadt"** geworden, die immer noch den Eindruck vermittelt, dass die Zeiten, als hier Totkranke lebten, gerade erst zu Ende gegangen sind.

140kr Foto: bk

Buchtipp

- *Victoria Hislop,* **The Island,** 2006 (dt.: **Insel der Vergessenen,** 2009). Die Britin Victoria Hislop hat einen fesselnden Roman über das Schicksal einer von Lepra betroffenen Familie geschrieben, der verfilmt wurde und ab Herbst 2010 als Serie in 26 Folgen im griechischen Fernsehen (Mega Channel) zu sehen war.

Inselrundgang

Ein Rundgang führt durch die beiden Teile der Insel, die Leprastadt und die Venezianische Festung. Von der neuen **Hafenmole** aus erreicht man einen **Tunnel,** der durch die Festung in eine andere Welt führt. Gerade noch staunt man über das massive Bollwerk, da steht man schon in der Laden- und Wohnstraße der **Leprasiedlung.** Sofort wird man von der eigenartigen Atmosphäre der durch langsamen Verfall entstandenen Geisterstadt gefangen. Die Häuser mit ihren Balkonen, der Bemalung, den Türstöcken und Fensterläden, vermitteln das Gefühl, hier habe vor kurzem noch das Leben pulsiert. Doch anders als in alten aufgelassenen Orten im amerikanischen „Wilden Westen" sorgt hier das Wissen um die vormalige Funktion eher für eine Gänsehaut.

In unterschiedlichen Erhaltungszuständen, von komplett renoviert bis baufällig, reihen sich hier die Wohn-

142kr Foto: bk

Ostkreta

häuser, Läden, die Inselkapelle (noch gelegentlich benutzt), das Hospital, venezianische Zisternen, eine Wäscherei mit Betonbecken und die einst liebevoll angelegten, heute verwilderten Gärten aneinander. Im Mittelpunkt der Siedlung steht nahe der alten Anlegestelle der riesige Desinfektionsraum für Besucher. Hier befindet sich zugleich das alte venezianische Tor mit Inschrift und Venezianischem Löwen.

Dahinter führt der Weg aus der Siedlung heraus zur nördlichen Seite der Insel mit steilem Felsufer, und weiter zur Ostseite. Hier befinden sich eine kleine Beerdigungskapelle, das Beinhaus (von Souvenirjägern weitgehend geplündert) und der Friedhof. Gegenüber breiten sich den Hang hinauf die Reste der **Festung** aus. Treppen führen zum oberen Teil des Kastells mit der halbrunden Bastion und Schießscharten für die Kanonen. Von hier aus eröffnet sich ein erinnerungswürdiger Ausblick auf die Bucht – ein idealer Ort für Muße.

Anfahrt

- **Boote** ab Eloúnda, Ágios Nikólaos und (kürzester Weg) ab Pláka (5–20 €). Die Insel selbst kostet 3 € Eintritt; April bis Oktober 9–18 Uhr, kleiner Kiosk an der Anlegestelle.

Fast als wäre sie gestern erst verlassen worden: die Leprastadt

Der Rundgang um die Festung eröffnet Einblicke in eine andere Welt

Kritsá und das antike Lató

Sehenswürdigkeiten ganz anderer Art findet der Besucher im **westlichen Hinterland von Ágios Nikólaos** vor, z.B. das vielbesuchte, malerische kretische Bergdorf Kritsá (etwa 10 km von Ágios entfernt), die bedeutende Kirche Panagía Kerá und die eindrucksvollen Ruinen der antiken Metropole Lató. Die drei Orte sind mühelos in einem Tagesausflug miteinander zu verbinden, und Wanderfreunde kommen in dieser bergigen Region auf ihre Kosten (s. Kapitel „Wandern auf Kreta").

140kr Foto: bk

Kritsá

↗ XV/C3

Kritsá (ca. 2000 Einwohner) gilt als das **kretische Bergdorf** schlechthin. Es liegt in 300 m Höhe über der Bucht von Ágios Nikólaos und breitet sich terrassenförmig über den Berghang aus. Trotz des Touristenrummels hat der Ort abseits der Hauptstraße seine Ursprünglichkeit bewahrt. Man sollte sich Zeit lassen und durch die verwinkelten Gassen schlendern, verborgene Treppen benutzen und einfach beobachten.

In Kritsá sticht die kuriose Kombination von Verfall und Renovierung ins Auge. Den Besucherströmen ist es letztendlich zu verdanken, dass die Bewohner nicht abwanderten und ihren Ort aufgaben, sondern blieben und begannen, ihr Dorf herauszuputzen. Solange die Originalität bewahrt bleibt und die Traditionen überleben, kann man nur hoffen, dass mehrere küstenferne Dörfer auf diese Art eine Chance zum Fortbestehen erhalten.

Die Berühmtheit von Kritsá begann 1956 mit den Dreharbeiten zu dem Film „Der Mann, der sterben muss" von *Jules Dassin*, der auf *Níkos Kazantzákis'* Roman „Die griechische Passion" basiert. Heute nutzen die Bewohner die anhaltende Popularität ihres Dorfes dazu, Stickereien und Webwaren sowie **lokale Spezialitäten** wie Rakí, Honig oder Olivenöl an Besucher zu verkaufen.

Am Ortseingang befindet sich außer Polizei und Post ein großer Parkplatz, wo man günstigerweise seinen Wagen abstellt, um die engen Gässchen zu Fuß zu erkunden. Entlang der Haupt-

141kr Foto: bk

Das berühmte Bergdorf Kritsá

In den Gassen von Kritsá

straße reihen sich Läden, Tavernen und Kafeneia aneinander. Sehenswert ist das **Kirchlein Ágios Geórgios** mit Freskenausmalung am Ortsende; leider ist es meist geschlossen.

Der Nachbarort **Kroústas** bietet übrigens Kontrastprogramm: Er ist noch weitgehend vom Tourismus unberührt.

Verkehrsverbindungen

- **Busse** tgl. 6–19.30 Uhr fast stündlich, Busbahnhof im unteren Ortsteil.
- **Parken,** großer Platz am Ortszugang (ausgeschildert, frei).

Essen und Trinken, Einkaufen

- An der Hauptstraße (O. Kritsotopoulas) reihen sich **Souvenirläden** und **Tavernen** wie die zentrale Taverne **Platanos** aneinander. Es gibt auch Läden mit lokalen Produkten wie **Nostimon** und **Physis** (beide führen neben lokalen Waren auch CDs und Kunsthandwerk).
- **Art Café,** O. Kritsotopoulas, die Kanadier *Susan* und *Andrew* betreiben in einem renovierten alten Dorfhaus ein Lokal mit gelungener Mischung aus kretischer und Weltküche.

Unterkunft

- **Apartments Argiro** und **Apartments Kera,** im unteren Dorfteil.

Kirche Panagía Kerá

Eine der eindrucksvollen Kirchen Kretas ist Panagía Kerá. Leider ist der Ort mittlerweile im Sommer zum touristischen Rummelplatz geworden, und es fällt schwer, von einem „heiligen Ort" zu sprechen. Souvenirshops und Tavernen umgeben das Kirchlein, und bei Ankunft der Ausflugsbusse ist der Ansturm gewaltig. Aus der bedeutenden Kirche ist ein reines Museum geworden, erst recht, da die übliche Ausstattung entfernt wurde und der Bau leer dasteht.

Die äußerlich einfache, dreischiffige **Kreuzkuppelkirche** entstand im 13./14. Jh. mit einfachem Kreuzrippengewölbe und sehenswerten Wandmalereien. Der Bau wurde in drei Phasen errichtet: Das Mittelschiff und die Kuppel stammen aus dem 13. Jh., das Südschiff, der heiligen Anna geweiht, aus der ersten Hälfte des 14. Jh. und das Nordschiff, dem heiligen Antonios geweiht, aus der Mitte desselben Jahrhunderts. Kunsthistorisch bedeutsam ist der Bau vor allem deshalb, weil sich hier die stilistische Entwicklung der Malerei hervorragend nachvollziehen lässt: Von starren, schematischen Formen gelangen die Künstler zu individualisierten und lebendigen Darstellungen – um eine komplizierte Entwicklung kurz zu umreißen.

Man sollte sich nicht von dem dunklen Eindruck täuschen lassen, waren doch die Wandmalereien einst wesentlich heller und vor allem viel bunter. Sie gelten als ein Musterbeispiel byzantinischer Kunst auf Kreta und der paläologischen Kunstrichtung (s. Kapitel „Die byzantinische Kultur"). Da mehrere Künstler tätig waren, lassen sich unterschiedliche Stile und Qualitäten feststellen, beispielsweise sind die Malereien im Mittelschiff weniger hochklassig, während sich die besten im Nordschiff befinden. Dort werden mit großer Ausdrucksstärke die „Apostel im Jüngsten Gericht" dargestellt – betrachtet man Johannes den Täufer näher, sieht man, was gemeint ist.

- **Panagía Kerá,** von Ágios Nikólaos kommend kurz vor Kritsa gelegen, geöffnet tgl. 8–15 Uhr, Eintritt 3 €.

Lató

↗XV/C3

Nur etwa 4 km (geteerte Zufahrtstraße, ausgeschildert) bzw. knapp eine Stunde Fußmarsch nordöstlich von Kritsá liegt die an einen Berghang gebaute **antike Stadt** Lató. Der Ort wurde, den Funden nach, schon in spätminoischer Zeit besiedelt (1550–1500 v. Chr.), doch erst dorische Zuwanderer erweiterten ihn ab dem 8. Jh. v. Chr. Es entwickelte sich daraus schnell eine wohlhabende Stadt, deren heute erhaltene Reste großteils aus der **archaischen und klassischen Periode** (7.–4. Jh. v. Chr.) stammen.

Lató ist ein gutes Beispiel für frühe griechische Stadtplanung: Terrassenförmig wurden die Viertel um eine zentrale Agora, den Markt- und Versammlungsplatz, angelegt. Die Agora liegt in einer Senke zwischen zwei Bergkuppen mit jeweils einer **Akropolis** im Norden und Süden, die der Befestigung der strategisch günstig gelegenen Stadt dienten. Von hier aus hat man einen unschlagbaren Blick auf die Mirabéllo-Bucht und Ágios Nikólaos, den ehemaligen Hafen der Stadt. Allein die Lage ist auch für archäologisch wenig Interessierte den Abstecher wert.

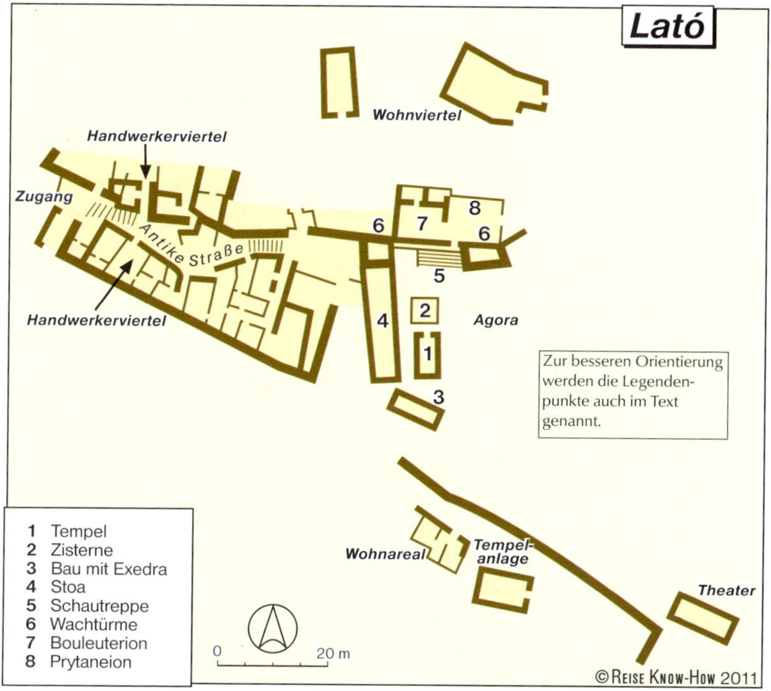

Man betritt zunächst das **Handwerkerviertel.** Entlang einer antiken Straße geht es vorbei an Läden und Werkstätten, im abseitigen Teil der Stadt gelegen, hinauf zur **Agora** (Marktplatz). Dort oben befinden sich neben einem **Tempel (1),** einer **Zisterne (2),** einem Bau mit **Exedra** (**3,** Raum mit Sitzplätzen) und einer **Stoa** (**4,** Halle) eine große Treppenanlage, eine so genannte **Schautreppe (5),** die für eine griechische Stadt ungewöhnlich ist, flankiert von zwei **turmartigen Bauten** (**6,** vielleicht Wachtürme der Festung).

Über die Treppe gelangt man zu den öffentlichen Bauten der Stadt, darunter ein **Bouleuterion** (**7,** Rathaus) und **Prytaneion** (**8,** Versammlungsraum der Ratsherren). Oberhalb dieses „Verwaltungszentrums" wurde ein Wohnviertel ausgegraben, und auf der anderen Seite der Agora, im Südwesten der Stadt, befinden sich eine weitere größere **Tempelanlage,** Reste von Wohnbauten und Spuren eines **Theaters.**

Trotz des ruinösen Zustands vermittelt der Ort noch heute einen guten Eindruck vom Aussehen einer wohlhabenden griechischen Stadt. Die Sied-

142kr Foto: bk

lung war schon im 19. Jh. bekannt, *Schliemann* und sogar *Sir Arthur Evans* hatten Grabungen geplant (was wäre dabei wohl herausgekommen?). Doch es waren Franzosen, die 1901 mit den Arbeiten begannen, wobei erst 1960 Grabungen in größerem Stil stattfanden, die in kleinem Umfang unter französischer Leitung bis heute andauern.

Lató ist ein gutes Beispiel für frühe griechische Stadtplanung

● **Lató,** ca. 4 km von Kritsá, gut mit dem Pkw erreichbar (geteerte Zufahrt, Parkplatz), geöffnet Di–So 8-20 Uhr, 2 €.

Wandertipp

Unterhalb von Lató (Zugang an der Zufahrtsstraße nahe dem Fußballplatz, ausgeschildert) beginnt ein markierter Wanderweg in die **Kritsá-Schlucht** (s. Kapitel „Wandern auf Kreta“).

IM SÜDEN DER MIRABÉLLO-BUCHT

„Im kretichen Osten ist der Golf von Mirabéllo des Preisens wert. Er ist eine Schwelgerei in den Stufen des Blaus, in Kühle und Andacht vielen tiefen und immer tieferen Blaus ... Der große Golf hat sich umringt mit einer Unzahl von kleineren Buchten, die ihm wie klingende Glöckchen anhängen und in denen die Wasser stillklar und wartend stehen. Aber niemand ist da, der sie belebt. Der Golf ist sehr einsam."

Erhart Kästner

Südlich von Ágios Nikólaos breitet sich die von Erhart Kästner so gepriesene Mirabéllo-Bucht aus, längst nicht mehr verlassen und einsam, sondern eine populäre Urlaubsregion im Aufschwung mit **schönen Badebuchten** und kleinen Orten und dem Vorteil, nahe an einer größeren Stadt zu liegen. Die Hauptstraße führt von Ágios Nikólaos in Serpentinen südwärts und eröffnet immer wieder schöne Blicke auf die Bucht. Bei Pachiá Ámmos, ganz im Süden, zweigt eine Straße nach Ierápetra, an die Südostküste Kretas ab. Die Hauptroute führt weiter um die Bucht herum und hinein in die Berglandschaft Ostkretas nach Sitía.

Die Bucht von Kaló Chorió

↗ XXI/D2

Entlang der ganzen Bucht von Kaló Chorió, etwa 12 km südlich von Ágios Nikólaos, reihen sich die **Sandstrände** aneinander, sie sind allerdings nicht alle leicht zugänglich. Günstig liegen z.B. der Golden Beach oder ein weiterer östlich davon. In erster Linie leben die Menschen hier noch von den Produkten, die sie auf der kleinen Ebene, landeinwärts gelegen, produzieren: Olivenbäume und Obstplantagen prägen dort das Bild. Allerdings ziehen die ruhige Lage und jene tollen Strände mehr und mehr Touristen an. So findet man entlang der Straße immer häufiger Hinweisschilder auf „Rent Rooms", aber dessen ungeachtet hat die Region nicht im entferntesten etwas mit dem Rummel um Mália und Limín Chersónisou gemeinsam. Der eigentliche Versorgungsort ist **Ístro** mit einfacher touristischer Infrastruktur und empfehlenswertem Strand.

Im Landesinneren liegt **Pírgos,** ein kaum vom Tourismus berührter Ort. Sehenswerte Fresken finden sich in der Kapelle Ágios Geórgios (vor 1314) und in Ágios Konstantínos (um 1314/15), dort ein Konstantin-Zyklus, angeregt durch einen 1299 geschlossenen Friedensvertrag zwischen Venezianern und Kretern, der griechisch-orthodoxe Bistümer wieder zuließ.

Das nebenan liegende **Kaló Chorió** ist ebenfalls ein kleines Bauerndorf, doch schon etwas touristischer. Insgesamt sind beide Orte ähnlich arm und ohne besondere Einrichtungen für Besucher oder Attraktionen. Wer Ruhe und Abgeschiedenheit sucht, doch nicht ganz ab vom Schuss sein will (Ágios Nikólaos ist nah) und urtümliche kretische Gastfreundschaft erleben möchte, ist hier richtig aufgehoben.

Die Straße führt entlang der Bucht weiter ostwärts. Von hier geht eine ausgeschilderte Nebenstrecke zum et-

143kr Foto: bk

Die Mirabéllo-Bucht

wa sechs Kilometer im Landesinnern gelegenen **Moní Faneroménis** ab, eines wehrhaften, scheinbar an die Felswand geklebten Klosters. Hier gibt es sogar eine eigene Quelle und einen spektakulären Ausblick über die Bucht. Nahe der Grottenkapelle befindet sich eine alte Eremitenhöhle, beide werden vor allem während des Panagía-Festes am 15. August lebhaft besucht.

Busverbindung

- Alle Busse von Ágios Nikólaos in Richtung Osten halten in Ístro. Kaló Chorió und Pírgos liegen ein paar Kilometer landeinwärts (ohne Busverbindung).

Unterkunft

- Im Umkreis von Kaló Chorió, Ístro und Pírgos (v.a. in Ístro) gibt es unzählige Apartments und Zimmer (auch daheim buchbar), z.B. empfehlenswert in Ístro:
- **Villa Michalis,** mit Pool, 650 m vom Strand, 3 gut ausgestattete, geräumige Wohneinheiten für max. 6 Pers. zu günstigen Preisen. Infos: www.kreta-ferienwohnungen.de/haus.php?hausname=michalis; oder **Villa Kastello,** www.kreta-ferienwohnungen.de/haus.php?hausname=castello, mit 2 etwas kleineren Wohneinheiten.
- Außerdem in Ístro: **Elpida** (Tel. 28410/61447, Fax 61481, auch über Attika buchbar), schöne Anlage, mehrere Häuser am grünen Hang; **Istron Bay** (Tel. 28410/61303, Fax 61383), Luxushotel über mehrere Terrassen zum Meer.

GOURNIÁ

↗ XXI/D2

Wie die minoische Stadt, die man schon von weitem erblickt, im Altertum hieß, weiß man nicht. Der Name bedeutet „Krüge“ und ist modern, da man solche Gefäße zahlreich in den Ruinen fand. Viele Besucher finden sich hier nicht ein, was schade ist, denn der Erhaltungszustand der Stadt ist recht gut. Man wandelt über ein „Geröllfeld“, und mit etwas Vorstellungskraft kann man sich aus den vorhandenen Grundmauern, zum Glück nicht modern ergänzt, ein Bild machen: Es handelte sich um eine verwinkelte minoische Stadt, mit Gassen und Treppen und nah beieinanderstehenden kleinen Häusern, ganz ähnlich heutigen kretischen Bergdörfern. Am höchsten Punkt der Siedlung befanden sich die Agora und der „Palast“. Auf dem Hügel über der Agora lag wohl die Akropolis, Reste davon sind jedoch mehr als spärlich.

Gourniá ist die einzige **vollständig freigelegte minoische Stadt** – fast 15.000 m² des Areals sind ausgegraben – und allein deshalb einen Besuch wert. Paläste wie Knossós zeigen nämlich nur einen kleinen Ausschnitt der minoischen Kultur. Ab 1901 wurde der Ort durch amerikanische Ausgrabungen freigelegt, stand aber immer im Schatten anderer, spektakulärerer Fundplätze. Hätte man sich seitens der Fachwelt schon früher intensiver mit dieser Stadt beschäftigt, wären vielleicht manche Fehlschlüsse und fantasievolle Rekonstruktionen vermieden worden.

Besiedelt war der Hügel von ca. 3000 bis etwa 1100 v. Chr., die Blütezeit fiel in das 17. und 16. Jh. v. Chr. Die Stadt, wie sie sich heute dem Besucher darstellt, entstand auf einer flachen Hügelkuppe um **1600 v. Chr.** Sie wuchs im Laufe der Zeit weiter und erlebte um 1450 v. Chr. einen Einschnitt – ein Zerstörungshorizont weist auf eine plötzliche Katastrophe hin. Funde deuten an, dass um 1300 v. Chr. eine Wiederbesiedlung, vor allem im Süden um die Agora, einsetzte. Endgültig aufgegeben wurde Gourniá während der unruhigen Zeiten der Völkerwanderungen um 1100 v. Chr.

Da das **Straßensystem** der besterhaltene Teil der Stadt ist, kann man heute noch auf den originalen Wegen auf Zeitreise gehen. Was wie ein Gewirr von Gassen aussieht, ist gar nicht so schwer zu durchschauen: Zwei breitere Straßen umschlossen die Stadt in einem weiten Bogen, beachtliche Reste sind von den Nord-Süd-Abschnitten und der Südkurve erhalten. Innerhalb der **„Ringstraße“** liegt das Stadtzentrum, durch eine Reihe von Gassen relativ regelmäßig durchschnitten. Eine Nord-Süd-Achse führte anscheinend vom zentralen Platz mitten durch die Stadt in Richtung Meer, wo wohl der Hafen lag. An manchen Stellen sind noch Teile des aufgehenden Mauerwerks etwa meterhoch erhalten, sie vermitteln zumindest ein schwaches Bild von Größe und Aussehen der ursprünglich meist zweigeschossigen Häuser. Wie Reste andeuten, führte oft eine Außentreppe ins

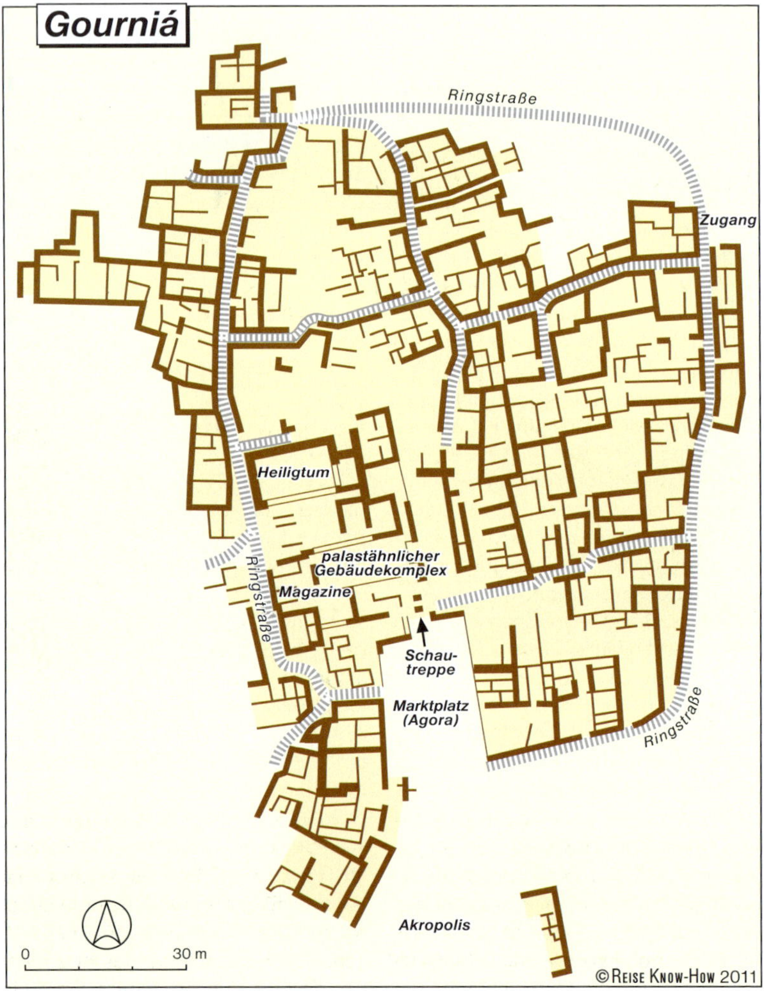

obere Stockwerk. Auch Spuren von Kanalisation sind in den Ruinen erkennbar.

Man nimmt an, dass sich im Erdgeschoss der Häuser die Läden und Werkstätten befanden, während oben die Wohnungen lagen – nicht viel anders als heute. In der Regel waren die Häuser um einen gemeinsamen Hof angeordnet, die Außenwände waren

144kr Foto: bk

aus Stein aufgemauert, die Innenwände bestanden dagegen aus ungebranntem Ziegel, einer der Gründe, weshalb davon kaum etwas erhalten ist. Keramikfunde aus den Häusern belegen die hohe Wohn- und Lebenskultur, aber auch die Unterschiede zum Prunk, der in Palästen wie Knossós oder Festós herrschte.

Die Ruinen von Gourniá

Interessanterweise befanden sich um die Stadt herum keinerlei Befestigungsanlagen, ein weiteres Indiz dafür, dass über Jahrhunderte die Minoer keine äußeren Feinde zu fürchten hatten. Das Fundmaterial deutet zudem an, dass es sich bei Gourniá um ein wichtiges **Handwerkszentrum** handelte. Der **Marktplatz** (Agora) im Süden der Stadt liegt auf einem Plateau und erlaubt einen schönen Blick auf die Bucht. Hier spielte sich das öffentliche Leben ab, befand sich das administrative Zentrum.

Im Norden der Agora schloss sich ein **palastähnlicher Gebäudekomplex** an, in dem möglicherweise der Statthalter oder ein lokaler Fürst residierte. Auch eine Art Schautreppe ist vorhanden, und man kann spekulieren, ob sie politischen oder kultischen Versammlungen diente - wohl beidem. Der palastartige Komplex ist, wie wir es von minoischen Bauten ähnlicher Art bereits kennen, um einen Hof angelegt und von Magazinräumen umgeben, in denen Pithoi (tönerne Vorratsgefäße) gefunden wurden. Zum Bau gehören natürlich auch Privatgemächer und vermutlich auch Kulträume. Nördlich des „Palasts" befindet sich ein kleines **Heiligtum,** in dem Kultgegenstände (mit Schlangendekor) und ein Opfertisch gefunden wurden.

Anfahrt

- Gourniá liegt 2 km westlich von Pachiá Ámmos an der Straße, die um die Bucht führt; die **Busse,** die zwischen Ágios Nikólaos und Sitía bzw. Ierápetra verkehren, halten nahe dem Eingang.

Öffnungszeiten

- Di-So 9-15 Uhr, Eintritt 3 €; Rauchen ist streng verboten.

IM OSTEN DER MIRABÉLLO-BUCHT

Pachiá Ámmos

↗XXII/A2

Nahe der minoischen Metropole Gourniá liegt Pachiá Ámmos, ein kleiner Küstenort, verschlafen und fast verlassen wirkend. Dank der Urlauber kehrte wieder Leben in den Ort zurück, kleine Hotels, Pensionen und Tavernen sind im Entstehen. An diesem Ort gabelt sich die Straße, die Hauptstrecke führt weiter in den Osten der Mirabéllo-Bucht, eine andere Route nach Ierápetra. Hier befindet sich die schmalste Stelle der Insel mit nur 17 km Abstand zwischen Nord- und Südküste.

Busverbindung

- Busse von Ágios Nikólaos nach Sitía oder Ierápetra und vice versa halten in Pachiá Ámmos.

Essen und Trinken

- Die **Tavernen** am Hafen von Pachiá Ámmos sind empfehlenswert, wenn auch nicht herausragend.

Unterkunft

- **Xenios Hotel,** mitten im Ort, 100 m zum Sandstrand, über 10 Zimmer, DU/WC und Balkon und Bergblick, ab ca. 30 €/DZ.

Von Pachiá Ámmos nach Ierápetra

Die Straße nach Ierápetra führt vorbei an der Monastiráki-Schlucht (erreichbar, aber nur mühsam begehbar) und **Vassilikí,** wo sich eine bedeutende frühminoische Siedlung (ca. 2600-1500 v. Chr.) befand. Ungewöhnlicherweise war sie rechtwinklig angelegt worden. Von hier stammt die typisch „geflammte“ Keramik im so genannten Vassilikí-Stil, und auf dem Plateau fand man Baureste protogeometrischer Zeit.

Größte Orte auf dem Weg nach Ierápetra sind **Episkopí,** mit der Kuppelkirche Agii Georgios e Charalambos aus dem 12./13. Jh., und **Káto Chorió** mit sehenswertem türkischen Brunnen.

Insel Psíra

⇗ XXII/A1

Im Osten der Bucht baut sich die Thripti-Gebirgskette auf, in der Bucht selbst entdeckt man in der Ferne eine Insel: Psíra. Sie ist heute unbewohnt, doch in minoischer Zeit befand sich hier eine bedeutende Siedlung. Spuren davon, vor allem Keramik, Idole und Goldschmuck sowie aufgedeckte Kammergräber, deuten die Bedeutung und den Reichtum der ehemaligen Bewohner an. Die Insel war anscheinend kontinuierlich von etwa 2600 bis 1450 v. Chr. bewohnt. Es entstand eine große Hafenstadt mit einer Ringstraße und Stichstraßen, z.T. in Form von Treppen, zweigeschossigen Häusern, und – ungewöhnlich – einer geschlossenen Außenmauer und Mauerverstärkungen an den Stadtzugängen.

Kavoúsi und Plátanos

⇗ XXII/A2

Hinter Pachiá Ámmos schraubt sich die Straße hinauf ins Gebirge und umrundet weit oben den Ostteil der Mirabéllo-Bucht. **Kavoúsi** hat sich viel von seiner Ursprünglichkeit bewahrt, wird von Grün umgeben und präsentiert sich malerisch mit verwinkelten Gassen. Von hier aus sind **Wanderungen** nach Thriptí im Inselinneren (ca. 3 Std.) oder südwärts zum Meer nach Tholos (3 km Asphaltstraße) möglich. Einige Pensionen und Tavernen, wie Thripti Canyon, erlauben es Besuchern, hier ein paar Tage zu bleiben.

Weiter geht es steile Serpentinen hinauf nach **Plátanos.** Bei Ágios Nektários sollte man erneut unbedingt den Ausblick genießen, der diesmal bis hinüber nach Ágios Nikólaos reicht. Ein Aussichtsplateau, mit Tavernen und kühler Quelle, lädt zum Verweilen ein.

Móchlos

⇗ XXII/A–B1

Östlich von Plátanos lohnt ein etwa sieben Kilometer langer Abstecher von der Hauptstraße nach Móchlos. Bevor man den malerischen Ort erreicht, passiert man ein Mahnmal moderner Ausbeutung, einen riesigen Steinbruch, der den Ausblick trübt. Hier scheint langsam ein ganzer Berg abgetragen zu werden, ein Raubbau an der Natur, der bei guter Sicht sogar von Ágios Nikólaos und Eloúnda aus zu erkennen ist.

Móchlos selbst ist ein schöner Ort, zwar etwas abseits, aber umso traumhafter an der Ostspitze der Mirabéllo-Bucht auf einer Landzunge zwischen zwei Felsbuchten gelegen und für kretische Verhältnisse ruhig und beschau-

145kr Foto: bk

lich. Der Ort wurde unter deutschen Rucksacktouristen lange als Geheimtipp gehandelt, heute sind längst auch andere Urlauber dazugekommen.

Nur 150 m dem Ort vorgelagert, befindet sich die gleichnamige kleine **Insel,** die in der Antike noch mit der Küste verbunden war und zu der man leicht hinüberschwimmen kann. Zum Baden geeignet ist entweder der kleine Kiesstrand am Ort oder ein größerer, westlich davon.

Seit 1990 graben Briten am Ortsrand nach der **minoischen Siedlung,** die ab etwa 2600 v. Chr. besiedelt gewesen sein soll. Auf der Insel fanden sich zudem Gräber in Hausform, mit reichen Gold- und Edelsteinfunden, Steingefäßen und Keramik, darunter der spektakuläre „Goldfund von Davaras", 1971 in der spätminoischen Nekropole entdeckt. Außer den Ruinen der Siedlung ist auf der Insel auch eine kleine Kapelle zu bewundern.

Insel mit Vergangenheit: Móchlos

Busverbindung

- Busse von Ágios Nikólaos nach Sitía oder Ierápetra und zurück halten in Móchlos.

Essen und Trinken

- Sehr gute Küche bietet **To Bogasi** (etwas außerhalb westlich am Kiesstrand, die Frau des Wirts *Manolis* ist Schweizerin); der „Treff" in Móchlos ist **To Kochylia** (frischer Fisch) am Hafen; empfehlenswert ist auch die **Taverne Mesostrati** (kretische Spezialitäten).

Unterkunft

- Es gibt Apartments und Privatzimmer wie **Mirabello** (Garten, schöner Blick, http://pension-mirabello.de), **Haus Mochlos** (Tel. in D.: 07904/944100, auch über verschiedene Reiseveranstalter zu buchen, 50 m vom Meer entfernt mit Garten, Zimmer mit Dusche/WC, Küchenecke, Balkon, ab ca. 65 € für bis zu 4 Pers.), oder **Móchlos Mare** (Tel. 28430/94005).

Von Móchlos nach Sitía

Bei **Sfáka,** steil am Hang gelegen, stößt man wieder auf die Hauptstraße nach Sitía, und durch eine Hügellandschaft gelangt man nach **Chamézi,** ein weiß gekalktes Bergdorf mit verwinkelten Treppen und Gassen. Etwa zwei Kilometer vor dem Ortseingang befindet sich auf einer Hügelkuppe die Ruine einer ovalen **minoischen Villa** (2050–1800 v. Chr.). In etwa einer halben Stunde **zu Fuß** gelangt man von der Straße aus dort hin und kann den großartigen Ausblick genießen. Unklar bleibt, ob es sich hierbei um ein Gipfelheiligtum oder einen ungewöhnlichen Herrensitz handelte.

Sitía

↗ XXIII/C1

Rund siebzig kurvige Kilometer von Ágios Nikólaos entfernt liegt die östlichste „Großstadt" Kretas, die etwa 8000 Einwohner zählende **Agrarmetropole** Sitía. Auf hochgelegener Straße geht die malerische Fahrt von Ágios Nikólaos durch die Ausläufer des Órno-Gebirges nach Sitía, das wie eine grüne Oase inmitten einer kargen, ja wilden Landschaft, einer „Mondlandschaft", liegt. Doch auch der Ostteil Kretas wird zunehmend vom Tourismus erobert, und vor allem entlang des Sandstrandes östlich der Stadt ist ein Bauboom ausgebrochen. Sitía bietet sich als idealer Standort für Ausflüge in den Osten, z.B. nach Vái oder Zákros, an. Die Stadt ist das Versorgungszentrum des bäuerlichen Hinterlandes, und die Landwirtschaft prägt, wie in Ierápetra, das Bild in Gestalt von Gemüse- und Obstanbau, Olivenplantagen und Weingärten. Der Tourismus ist hier (noch) zweitrangig.

Auch wenn Sitía auf den ersten Blick keine besonderen Reize hat, sondern eher eine typisch griechische, geschäftig-laute Kleinstadt ist, hat andererseits die geografische Lage ihren Reiz. Auf verschiedenen Terrassen, wie eine Theatertribüne, breitet sich die Siedlung rund um den Hafen aus, der die Bühne bildet. Man spricht auch von der **„weißen Stadt",** denn von fern präsentiert sie sich malerisch-proper, wie frisch getüncht. Wenn man in der Altstadt schmale Treppenaufgänge hochsteigt und durch enge Gassen schlendert, eröffnen sich immer wieder schöne Ausblicke auf das alte Sitía und den Hafen. Im oberen Teil hat sich Sitía seinen dörflichen Charakter bewahrt, was angesichts der Tatsache, dass der Ort fast über Nacht zur Stadt aufstieg, beachtlich ist.

Berühmt ist die Region wegen des Olivenöls, aber ganz besonders wegen des **Weins,** z.B. der lokalen Rotweinsorte „Agrilos". Den kann man beispielsweise während des Weinfests

Sitía
0
100 m
Hafen
Fährenanlegestelle
Hafenpromenade
Stadtpark
Platia Iroon Politechniou
Papandreou
4th. Septemvriou
Dimokritou
Venizelou
Daskalogi
G. Vourlidaki
Misso
Vitsengou
K. Sifi
S. Xenikaki
Polihroniou
Vodia Tzok
OTE
Kondilaki
Kazantzaki
Kornarou
Foundalidi
Metaxaki
G. Arkadiou
R. Fereou
Ioanidou
G. Perogianaki
Kanaki
Kaso
K. Galanaki
I. Sfakianaki
Kolivaki
Niktonos
Ionias
Smirnis
Morosini
Panto Galou
K. Ombralou
Mikras
I. Xanthoudidou
Boti Sfa
E. Stavraki
F. Lambiri
N. Plastira
E. Rouselaki
A. Markantonaki
Fleming
28th. Octovriou
M. Skouloudi
Eteokritiou
I. Metaxaki
G. Spiridaki
1
2
3
4
5
6
7
8
9
10
11
12
13

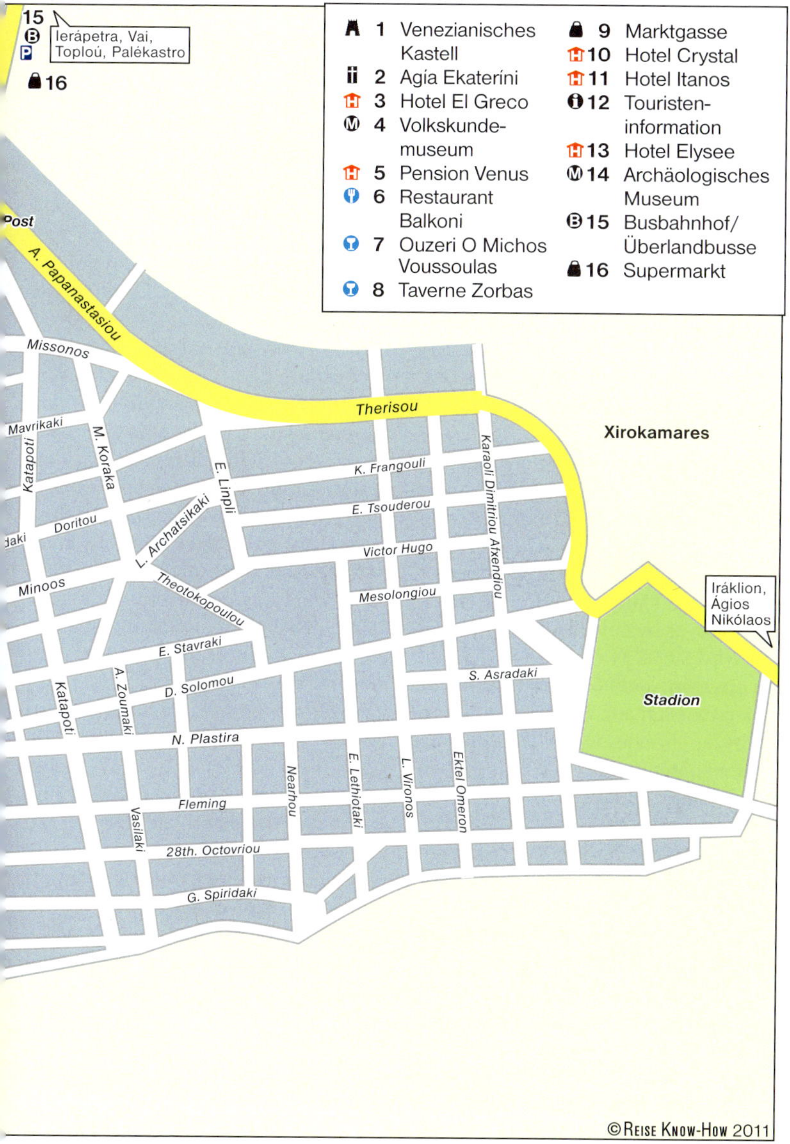
1 Venezianisches Kastell
2 Agía Ekateríni
3 Hotel El Greco
4 Volkskunde-museum
5 Pension Venus
6 Restaurant Balkoni
7 Ouzeri O Michos Voussoulas
8 Taverne Zorbas
9 Marktgasse
10 Hotel Crystal
11 Hotel Itanos
12 Touristen-information
13 Hotel Elysee
14 Archäologisches Museum
15 Busbahnhof/ Überlandbusse
16 Supermarkt
15
Ierápetra, Vai, Toploú, Palékastro
16
Post
A. Papanastasiou
Missonos
Therisou
Xirokamares
Mavrikaki
Katapoti
M. Koraka
E. Linpli
K. Frangouli
Karaoli Dimitriou Afxendiou
E. Tsouderou
L. Archatsikaki
Doritou
Victor Hugo
Minoos
Theotokopoulou
Mesolongiou
Iráklion, Ágios Nikólaos
E. Stavraki
S. Asradaki
A. Zoumaki
D. Solomou
Stadion
Katapoti
N. Plastira
Nearhou
E. Lethiotaki
L. Vironos
Ektel Omeron
Vasilaki
Fleming
28th. Octovriou
G. Spiridaki
© Reise Know-How 2011

im August probieren und dabei die sehr tanz- und gesangstüchtigen Bewohner in „Höchstform" erleben. Dann versteht man auch, dass nur hier *Vitzéntzos Kornáros* in der ersten Hälfe des 17. Jh. die berühmte kretisch-epische Volksdichtung „Erotókritos" umsetzen konnte.

Geschichte

Sitía gehört zu den ältesten Siedlungen auf Kreta. Zahlreiche Funde aus der Stadt und ihrem Umkreis – u.a. aus Agía Fotiá, Petrás oder Piskokéfalo – bezeugen über 3500 Jahre Siedlungsgeschichte. Leider befinden sich die minoischen Funde großteils im archäologischen Museum von Ágios Nikólaos. In der Antike war der Ort als „Eteia" oder „Istis" bekannt und galt als wichtige Hafenstadt an der Nordostküste. Als **byzantinischer Bischofssitz** wird Sitía 731 erstmals in den Akten erwähnt, und 980 taucht er wieder in den Quellen auf. Um 1000 entstand ein byzantinisches Kastell, das die Genueser später erweiterten, das jedoch in der Folgezeit immer wieder durch Erdbeben und Seeräuberüberfälle zerstört wurde. Besonders die Erdbeben von 1303 und 1508 erwiesen sich als verheerend.

Um 1631 veranlassten die **Venezianer** groß angelegte Ausbaumaßnahmen. Sie nannten die Festung „Kazarma", den Ort „La Sitia" – später auch der für den ganzen Bezirk verwendete Name. Sitía sollte eine wichtige und große **Küstenfestung** werden, doch es blieb bei hochtrabenden Plänen. Wegen türkischer Überfälle und Erdbeben im 17. Jh. gaben 1651 die Venezianer die Festung und den Ort auf und schleiften die Anlage bis auf den heute noch stehenden markanten Befestigungsturm. Lange blieb Sitía eine Geisterstadt, und vom 16. bis 18. Jh. hatte der Ort kaum Bedeutung, nur wenige Menschen lebten hier. Vergessen war jene kurze Blütezeit in der ersten Hälfte des 17. Jh. mit Dichtern wie *Vitzéntzos Kornáros*.

1870 erwachte das Dorf plötzlich wieder aus dem Dornröschenschlaf. Die **Türken** reanimierten den Ort und nannten ihn „Avnié", nach *Avnie Pascha*, dem Städteplaner. Dieser wollte auf den Resten der alten Siedlung eine moderne Musterstadt entstehen lassen, die jedoch wegen dem Ende der türkischen Besatzungszeit 1898 nie vollendet wurde. Heute sind zwar kaum mehr türkische Bauten erhalten, aber das geschlossene Stadtbild erinnert noch ein wenig an die Ideen des türkischen Städteplaners. Im Zweiten Weltkrieg blieb der Ort unbeschadet, lag er doch zu weit weg vom Geschehen. Nicht einmal deutsche Truppen waren hier stationiert, nur Italiener besetzten kurzzeitig die Region.

Im Südosten und Osten der Stadt ist ein neuer, vielversprechender Wirtschaftszweig unübersehbar: Windparks. Die derzeitige ökonomische Blüte zeigt Auswirkungen: Straßen werden erneuert, Bauprojekte entstehen. Trotz steigender Besucherzahlen hat Sitía dennoch seinen Charakter be-

Die Hafenpromenade von Sitía

146kr Foto: bk

wahrt und als wichtiges Agrarzentrum (noch) kaum Konzessionen an den Tourismus gemacht.

Orientierung

Zentraler Punkt der Stadt ist der idyllische, wenn auch moderne **Hafen** mit seinen Tamarisken, der Hafenpromenade mit Tavernen und einem langen, schmalen Sandstrand, der an der Karamanlis-Straße östlich der Hafenmole beginnt, wo sich auch mehrere Unterkünfte befinden.

Auf dem Hauptplatz, der **Platia Iroon Politechniou,** erinnert ein Kriegerdenkmal an Kretas Freiheitskampf. Zusammen mit dem sich anschließenden Stadtpark bildet der Platz das Zentrum der Stadt, an der Nahtstelle zwischen Alt- und Neustadt gelegen. Die Promenade zieht sich von hier weiter nach Norden, wo sich die Altstadt mit den Hauptachsen Odos Kondilaki und Arkadiou ausbreitet. Sie endet bei den Resten eines der seltenen erhaltenen venezianischen Palazzi.

Die **Odos El. Venizelou** und die parallel stadteinwärts verlaufenden beiden Gassen stellen das „Einkaufszentrum" des Ortes dar. Die Odos El. Venizelou verändert sich nach Süden, in der anschließenden Neustadt, zu einer modernen Einkaufsstraße, gesäumt von Banken und Boutiquen; sie geht später in die Odos Papanastassiou über, wo sich das moderne Zentrum Sitías befindet.

Kretischer Wein – das Getränk der Götter

„Der Wein, der kretische Wein ... war das erste, was ich von Kreta am Leibe erfuhr, noch in Athen ... Da brachte er, der Kreta schon kannte und liebte, eine Flasche kretischen Rotweins, öffnete sie und goß ein. Dick und dunkelrot fiel er ins Glas ... Der Wein sprang mich an wie ein Tier. Er war eine Lohe, heißblütig und stark, gebändigtes Feuer, und fast etwas Drohendes war in ihm. So ist er, wenn es der rechte ist, der Liatiko, der echte kretische Wein.

Im echten (Wein) aber lernt man den Kreter kennen, denn der Wein bekennt immer mehr vom Land als die Zungen ...“

Erhart Kästner

Zugegeben, kretischer Wein springt einen heute nicht mehr so ungestüm an, doch sind die wirklich „edlen Tropfen“ auf der Insel immer noch etwas Ungewöhnliches. Wie griechischer Wein nicht ausschließlich Retsina ist und mehr und mehr ausgezeichnete Weine in Hellas hergestellt werden, die nichts mit dem häufig als Massenware produzierten geharzten Wein zu tun haben, so hat sich auch Kreta seine Eigenständigkeit bewahrt. Die Rebsorte *Vilana*, die einen duftig-frischen Weißwein mit Apfelaroma ergibt, und die roten Traubensorten *Liaitiko, Kostifali* – wild-würzig und erdig – und *Mandilari* – dunkel und tanninreich – sind urtypisch kretisch. Obwohl mittlerweile auch Süßweine und Retsina auf der Insel hergestellt werden, stehen doch die genannten vier Rebsorten im Mittelpunkt der kretischen Weinwirtschaft. Inzwischen haben selbst Fachleute das Potenzial erkannt, das im kretischen Weinanbau steckt und das man nach einer Reblausplage voll ausschöpfen will.

Stolz knüpfen die kretischen Winzer an eine Tradition an, die fast fünf Jahrtausende alt ist. Es war kein Geringerer als der olympische Gott *Dionysos*, der die Griechen die Kunst des Weinanbaus lehrte. Seit jener mythischen Zeit wird überall in der griechischen Welt Wein kultiviert und mit Freuden genossen. Inzwischen werden in Hellas auf über 187.000 Hektar Wein angebaut, etwa 98.000 davon dienen der Weinerzeugung, auf der restlichen Fläche werden Tafeltrauben zum Verzehr und zur Rosinenproduktion angebaut; auf Kreta sind ca. 50.000 ha mit Wein bepflanzt. Die ältesten Weinkellereien der Welt will man auf Kreta gefunden haben – denn immerhin war es Dionysos persönlich, der seinerzeit die Tochter des *Minos, Ariadne*, heiratete und den Kretern als Gegenleistung dafür Weinanbau und -erzeugung beibrachte.

Im Altertum scheint der kretische Wein weit über die Insel hinaus berühmt gewesen zu sein, selbst in Rom und Pompeji wurden Amphoren mit der Herkunftsbezeichnung *„Vinum Creticum Excellens“*, kretischer Qualitätswein, gefunden. Kein Wunder, dass auch antike Autoren von *Homer* über *Thu-*

235kr Foto: bk

kydides bis hin zu *Pausanias* voll des Lobes waren. Aber auch in nachantiker Zeit äußerten sich Dichter, u.a. *Shakespeare*, begeistert über die kretischen Tropfen. Im 15. Jh. sollen es 20.000 Fässer gewesen sein, die ins Ausland exportiert wurden. Ein vorübergehendes Erlahmen des Weinanbaus verursachten die türkischen Machthaber, die im 19. Jh. die Weinberge zerstörten.

Heute stammt wieder ein Fünftel der gesamtgriechischen Weinproduktion aus Kreta. Hauptanbaugebiete sind das Hinterland von Iráklion, vor allem um Archánes und Pezá, sowie die Regionen um Sitía, Chaniá (hier vor allem Süßweinproduktion) und Kastélli-Kíssamos. Offiziell anerkannte Apellationen sind Archanes, Kotsifali (Mandilari), Daphnes (Liatiko), Peza (Kotsifali/ Mandilari, Liatiko, Vilana) und Sitia (Liatiko). Neben den beiden größten griechischen Weinproduzenten Boutari und Kourtakis, die natürlich auch auf Kreta Niederlassungen haben, gehören folgende Produzenten (mit ihren wichtigsten Sorten) zu den größten der Insel:

- **Michalaki** (Iráklion)**:** *Atarachos* (fruchtig-schwerer Cabernet Sauvignon), *Evanthis* (frischer, leichter Weißwein), *Kotsifali* (aromatischer Rotwein gleichnamiger Rebsorte) und *Vilana* (blumiger Weißwein)
- **Winzergenossenschaft Sitía:** *Kritikos Topikos* (Weißweincuvée aus Vilana, Moschato und Thrapsathiri) und *Sitía* (trocken-fruchtiger Rotwein aus Liatiko)
- **Winzergenossenschaft Iráklion** (größte der Insel): *Domenico* („Flaggschiff" der Genossenschaft, als Weiß-, Rosé- und Rotwein aus Vialana, Katsifali und Mandilari) und *Dafnes* (trockener Rotwein aus Liatiko)
- **Winzergenossenschaft Pezá:** *Fleur du Vin* (Weiß- und Roséwein, halbtrocken), *Liktos* (trockener Weißwein), *Mandiko* (trockener Rotwein)
- **Winzergenossenschaft Kastélli-Kíssamos:** *Kritikos Topikos* (trockener Weißwein aus Romeiko und Vilana) und *Kritikos Topikos Erytos* (aromatischer Rotwein aus Romeiko, Carignan und Grenache Rouge)

Sehenswertes

Idealer Ausgangspunkt für einen Rundgang durch die Altstadt oder, wie sie die Einheimischen nennen, die „Oberstadt", ist der Hafen. Gleich in der Odos Kapetan Sifi gibt ein kleines **Volkskundemuseum** Einblick in ostkretische Handwerkskunst. Ausgestellt sind neben Webarbeiten, Trachten und Möbeln auch Gebrauchsgegenstände und Handwerkszeuge aller Art. Zudem kann eine kleine Sammlung von Ikonen aus dem 18.–20. Jh. betrachtet werden.

- **Volkskundemuseum** (O. Kapitan Sifi), Mo–Sa 9.30–15, Mi auch 17–20 Uhr, NS 10–13 Uhr, Eintritt 2 €.

Entlang der Odos Arkadiou erreicht man die venezianische **Kirche Agía Ekateríni** (16./17. Jh.) und den markanten höchsten Punkt der Stadt, das **Venezianische Kastell.** Der Name „Kazarma" stellt eine Verballhornung von *Casa di Arma*, Arsenal, dar, dies war allerdings nur ein Teil der eigentlichen Festung. 1204 hatten sie die Genueser auf den Resten eines byzantinischen Vorgängerbaus erbaut, später wurde die Anlage mehrfach von den Venezianern wieder aufgebaut, vor allem nach dem Erdbeben von 1508. 1651 demontierten diese dann den Kasernenbau und die Festung beim Rückzug vor den Türken, die die Reste noch einige Zeit weiterbenutzten. Erhalten sind heute ein **dreigeschossiger Turm,** einige Nebengebäude und die zinnenbekrönte Verteidigungsmauer. Im Sommer finden hier

147kr Foto: bk

oben immer wieder Veranstaltungen statt – kein Wunder, bei *dem* Ausblick.

●**Venezianisches Kastell „Kazarma"** (Casa di Arma), tgl. 9–15 Uhr, Eintritt zum Hof frei.

Einmal hier oben, kann man den Spaziergang nordwärts zum **Kap** fortsetzen, vorbei an einem malerisch gelegenen Friedhof und Resten einer frühchristlichen Basilika. Zu Füßen liegen weitere Strände. Schlendert man wieder hinunter in Richtung Hafen, passiert man direkt am **Hafenkai** (ca. 200 m nördlich des Zollamts) die unter Wasser liegenden Reste von Felskammern, die die Römer evtl. als Fischbassins verwendet haben.

Eines der wenigen erhaltenen venezianischen Häuser in der Altstadt

Archäologisches Museum

Die leider oft vernachlässigte Hauptattraktion Sitías ist das Archäologische Museum in der Neustadt, an der Straße Richtung Ierápetra gegenüber dem Busbahnhof gelegen. In dem angenehm luftigen, hellen Bau sind Funde von den mehr als 80 Ausgrabungsstätten Ostkretas ausgestellt. Zu den Highlights gehört eine etwa 30 cm hohe **Elfenbeinfigur** (spätminoisch) aus Palékastro, 1988 gefunden. Trotz der fragmentarischen Erhaltung vermittelt das Stück eine Vorstellung von seiner einstigen Qualität, mit reichen Goldverzierungen und der Verwendung unterschiedlicher Materialien für Haare, Augen usw. Zweites herausragendes Ausstellungsstück ist ein überlebensgroßes **Hadrianporträt** aus dem 2. Jh. n. Chr., ursprünglich wohl Teil einer kolossalen Kaiserstatue.

Im Museum werden die **Grabungen der Region** mittels Karten und Fotos gut dokumentiert - eine Orientierungshilfe, die man z.B. im Museum Iráklion vermisst. Auch hier hält man sich zwar mit Datierungen „vornehm" zurück, aber alles in allem gibt es zumindest Beschriftungen und eine anschauliche Präsentation der Funde. Man hat darauf geachtet, die Komplexe nicht nur nach Orten (wie Móchlos, Psíra, Sitía und Umgebung, Palékastro oder Káto Zákros) zusammenzustellen, sondern auch nach Zeitstufen zu ordnen.

Die Mehrzahl der Funde macht die **Keramik** aus, daneben finden sich zahlreiche Alltagsgegenstände. Die Schmuckstücke wurden hingegen leider in die Museen von Iráklion und Ágios Nikólaos „verschleppt". **Gebrauchsobjekte** wie Webgewichte, Mühlsteine, Weinpressen, Münzen, Spielsteine, Nägel und Lampen erzählen viel über das Leben der Menschen in der Antike. Da etwa die Hälfte der Funde aus hellenischer und römischer Zeit stammt, kommt hier positiverweise kein Zerrbild von der alleinigen Bedeutung der minoischen Epoche zustande.

In **Raum 1 und 2** finden sich minoische Funde aus der Region, vor allem aus Káto Zákros (u.a. Linear-A-Tafeln), **Raum 3** ist der geometrischen Zeit gewidmet (u.a. eine Serie von Votivterrakotten, die einer anderen im Museum von Ágios Nikólaos erstaunlich ähnelt), und **Raum 4** umfasst die große hellenisch-römische Sammlung (u.a. aus Koufonísi und Ítanos).

- **Archäologisches Museum,** O. Pistokefalon 3 (Straße Richtung Ierápetra), Di–Sa 8.30–15 Uhr, Eintritt 2 €.

Praktische Tipps

Vorwahl Sitía: 28430

Infos

- Kleiner **Infokiosk** an der Hafenpromenade, nahe dem Stadtpark, Mo–Sa 9.30–14.30 und Mo–Fr 17.30–21 Uhr (nur im Sommer)
- **www.sitia-was-sonst.de.vu,** private, eher oberflächliche Webpage.

Service

- **Post:** Platia Ethniki Antistasis, Mo–Fr 7.30–14 Uhr; Postkiosk hinter dem Stadtpark, Mo–Sa 8–19.30 und So 9–17.30 Uhr
- **O.T.E.:** O. Kapetan Sifi 22, Mo–Sa 7.30–22 Uhr
- **Allg. Notruf:** Tel. 112
- **Polizei:** Tel. 100
- **Ambulanz:** Tel. 166, **Notarzt:** Tel. 176
- **Reisebüro:** Tzortzakis Travel, O. V. Kornaros 146
- **Touristenpolizei:** O. Myssonos 24, Tel. 22259

Verkehrsverbindungen

- **Busbahnhof:** gegenüber dem Archäologischen Museum (Straße nach Ierápetra, O. El. Venizelou); mehrmals tgl. über Ágios Nikólaos nach Iráklion, über Palékastro nach Vái und nach Ierápetra sowie nach Káto Zákros
- **Fährverbindungen: LANE LINES** (www.ferries.gr/lane) zweimal wöchentlich nach Ágios Nikólaos und von dort über die Kykladen nach Piräus sowie nach Rhodos.

148kr Foto: bk

Erhebende Ausblicke auf die Bucht

- **Taxistand** an der Platia Iroon Politechniou, Tel. 22893
- **Parkplätze** an der Hafenpromenade und nahe Sporthalle (1 € pro Std.)

Essen und Trinken, Einkaufen

Die Preise in Sitía sind noch moderat.

- **3 km westlich** (Hauptstraße Richtung Iráklion) befindet sich die **Enosi Agrotikon Syneterismon Sitias,** ein Zusammenschluss der Agrargenossenschaften von Sitia (O. Missonos, www.sitiacoop.gr/en). Dort werden die Produkte der Region vorgestellt (Wein, Tsikoudiá und Olivenöl), es gibt Probierstube und Laden.

Hafenregion:

- **O. Konstantinou Karamanli** (Straße nach Vai): eine Reihe von Tavernen (wie **Parogadi)**
- **O. El. Venizelou:** beliebte Tavernen, die einen schönen Blick auf den Hafen und das Treiben auf der Promenade bieten; empfehlenswert u.a. **Zorbas** (blaue Stühle). Am Ende der Promenade liegen einige Bars (wie **Glyfada, Byzantio),** die das Nightlife der Stadt ausmachen.

Oberstadt:

- In den Gassen am und hinter dem Fischerhafen, am Fuße der Oberstadt, herrscht immer reges Treiben und Geschäftigkeit: In der Odos Venizelou liegen Souvenirshops und Cafés direkt an Promenade. In den ersten Parallelstraßen befinden sich eine Reihe kleiner Geschäfte und Tavernen wie **Ouzeri O Michos Voussoulas.** Die zweite Parallelgasse, Odos Em. Foundalidou, dient in erster Linie der Grundversorgung: Verschiedene Lebensmittelläden, Bäcker, Obst- und Gemüseläden sind beliebte Anlaufstationen der

Einheimischen, jeden Dienstag findet ein Markt statt. In dem empfehlenswerten Restaurant **Balkoni** (Nr. 19, im OG) verbindet Köchin *Tonya Karandinou* kretische Küche mit Einflüssen aus aller Welt zu einer spannenden Speisekarte.

Neustadt:

- Haupteinkaufsstraße ist die **Odos El. Venizelou,** an der sich Banken und Boutiquen sowie Haushaltsläden und ein nettes Café (Nr. 30) befinden. Die Einkaufsstraße führt zur großen Kreuzung, wo sich die Straßen nach Ierápetra, Ágios Nikólaos und zum Hafen treffen. Hier liegt das moderne Herz der Stadt, mit Postamt, Cafés und mehreren Bankfilialen. An der Fortsetzung der Straße Richtung Ierápetra (gegenüber dem Archäologischen Museum) befindet sich neben dem Busbahnhof der große Supermarkt **Chalkiadakis** (durchgehend, auch So, geöffnet). Die Odos Andrea G. Papandreou führt zurück zum Hafen, gesäumt von Tavernen und der Sportanlage der Stadt (u.a. Basketball).

Unterkunft

Luxushotels sucht man hier vergeblich, dafür gibt es eine ganze Reihe preiswerter Hotels und Pensionen.

- **Hotel Elysee**€, O. Konstantinou Karamanlis 14, Tel. 23427, zwar laut, aber schöner Blick von den Balkons auf die Bucht. Daneben lohnt auch das **Hotel Flisvos** (Nr. 4, Tel. 27135, www.flisvos-sitia.com, schlicht, aber o.k.).
- **Hotel Itanos**€€, O. El. Venizelou, Tel. 22900, Fax 22915, www.itanoshotel.com, größtes Hotel am Ort, am lauten Hauptplatz, schöne Zimmer mit Balkon und Meerblick, ab 60 € inkl. Frühstück.
- In der Oberstadt, in der O. Kapitan Sifi, befindet sich das **Hotel Crystal** (Tel. 22284, Fax 28644).
- In der Oberstadt ist v.a. die Auswahl an Privatzimmern groß, die im Schnitt ab 25 € kosten und in der Regel sauber und ordentlich sind. Ein paar Tipps: **Venus,** O. Kondilaki 60, 2-Sterne-Kategorie, Tel. 24307, 6 Zimmer, eines mit eigenem Bad, kleine Etagenküche mit Kühlschrank und Bad/WC jeweils für 2 Zimmer; **Hotel El Greco**€€, O. Arkadiou 1, Tel. 23133, 2-Sterne-Kategorie, schöne Zimmer, toller Ausblick, Frühstück möglich.

Buchtipp

- *Nikos Papadakis,* „Sita, Fatherland of Myson and Kornaros – a historical, archaeological and cultural guide" (1983), gebraucht oder im Museum erhältlich.

Umgebung von Sitía

Wer im Umland von Sitía unterwegs ist, findet fast überall archäologische Fundstätten: Südlich von Sitía auf halber Strecke zum kleinen Ort **Piskokéfalo** liegt die Ausgrabungsstelle einer minoischen Villa, 5 km südwestlich von Piskokéfalo, bei **Achláda,** finden sich ein mykenisches Kuppelgrab und Überreste zweier minoischer Häuser, und auf der Straße nach Vái, in **Petrás,** sind die spärlichen Ruinen einer hellenischen Stadt erhalten. In **Agía Fotiá,** etwa sechs Kilometer östlich der Stadt, befand sich eine Nekropole frühminoischer Zeit mit etwa 250 Schachtgräbern.

Die meisten Funde, die an diesen Plätzen gemacht wurden, werden im Museum von Ágios Nikólaos aufbewahrt. An der Durchgangsstraße in Agía Fotiá befindet sich übrigens die Keramikwerkstatt, deren Stücke in Sitía, bei Sitían Arts, verkauft werden (s.o.).

In der nahen **Bucht von Ammolákkos** entstand die gigantische Time-Sharing-Wohnanlage **„Dionysos Village Hotel"** im Stil eines griechischen Dorfes auf dem Grund des Klosters Toploú.

Im Äussersten Osten

„Denn der Osten der Insel ist arm. Wo sonst der Ölbaum die Hänge und Täler befiedert, steht hier zu Tausenden nur der Johannisbrotbaum."

Erhart Kästner

Arm ist der Osten Kretas immer noch, doch etwas hat sich in letzter Vergangenheit getan: Es sind mittlerweile eine ganze Menge von Olivenhainen entstanden, und die Landwirtschaft hat Einzug gehalten.

Als Einnahmequelle der Zukunft könnte sich der Tourismus entpuppen, und dann wäre es endlich vorbei mit der Armut und der Landflucht, die diese Region belastet.

Theoretisch könnte man den Osten an einem Tag besichtigen, sinnvoller ist es jedoch, mehrere Abstecher einzuplanen und sich ein paar Tage irgendwo in der Gegend einzumieten, denn auf diese Weise hat man genügend Zeit, Grabungen in Ruhe anzusehen und zwischendurch ein Bad im Meer zu nehmen.

Der äußerste Osten Kretas ist geprägt von **karger Vegetation,** Kakteen, wenig Niederschlägen und erinnert damit ein bisschen an den „Wilden Westen", den Südwesten der USA.

Die beiden Zentren des Ostens sind **Palékastro,** in dessen Umgebung sich das berühmte Kloster **Moní Toploú** und der bekannte Palmenstrand von Vái befinden, und **Zákros,** in dessen Nähe ein sehenswerter minoischer Palast liegt (s.u.).

Kloster Toploú

↗ XXIV/A-B2

Beliebtes Ausflugsziel in Ostkreta, nahe Metóchi, ist das wehrhafte Mönchskloster auf der Hochfläche des Kap Síderos, auch „Akroteriane" oder „Akrotiriani" genannt. Der Name „Toploú" geht auf die venezianische Kanone zurück, die von Türken 1645 erbeutet wurde.

Busse aus Ágios Nikólaos oder aus der Bucht von Mália stoppen hier auf dem Weg nach Vái, und deshalb sollte, wer die Ruhe hier oben genießen und sich ungestört im Museum umsehen möchte, möglichst schon am frühen Vormittag herkommen.

Die Einsamkeit hat dafür gesorgt, dass das Kloster als **kleine Festung** angelegt wurde, um vor Übergriffen von Piraten und Türken einigermaßen geschützt zu sein. Auch wenn nur noch wenige Mönche hier leben, ist das Kloster bedeutend und besitzt große Ländereien. Außer einem hervorragenden **Museum** steht dem Besucher ein großer Museumsladen offen. Hier gibt es einen ganzen Tisch voller Kreta-Literatur, außerdem Ikonennachbildungen und anderes „religiöses Zubehör". Besonders lohnen jedoch der Kauf des ausgezeichneten Weins und Rakís des Klosters und das nach biologischen Kriterien produzierte Olivenöl. Für Erfrischung sorgt ein kleines **Kafénion** auf dem schönen Vorplatz,

Kloster Toploú:
moderne Skulptur auf dem Vorplatz

149kr Foto: bk

auf dem ein Denkmal an die kretischen Freiheitskämpfer dieser Region und die tapferen Mönche erinnert und eine nachgebaute Mühle steht.

Geschichte

Nicht sicher ist, ob das Kloster schon im frühen 14. Jh. oder, wie Wandbilder in der Kirche andeuten, erst zu **Beginn des 15. Jh. erbaut** wurde. Mitte desselben Jahrhunderts wurde es jedenfalls von Türken zerstört, und der Nachfolgebau litt 1612 erheblich unter den Auswirkungen eines Erdbebens. 1646 eroberten erneut Türken das Kloster, das anschließend mit einem neuen, 33 m hohen Glockenturm wieder aufgebaut wurde. Es war vor allem das Verdienst von Abt *Gabriel Pantogálos*, dass das Kloster im 17. Jh. wieder prosperierte. 1704 zerstörten Türken erneut die alte kretische „Trutzburg“, und wieder ließen sich die „heiligen Männer“ nicht unterkriegen – 1718 stand das Kloster in seiner heutigen Form wieder. Im Laufe des 18. Jh. gelangten wertvolle **Ikonen** hierher, und in der Folge richteten die Mönche heimlich eine Klosterschule ein.

Am 26. Juni 1821 war es dann wieder einmal so weit: Türken besetzten das Kloster und verschanzten sich 1828 vor anrückenden kretischen Kämpfern, gaben jedoch schnell auf. Auch in den weiteren Jahrzehnten des Freiheitskampfes diente das Kloster als **Widerstandszentrum.** Während des Zweiten Weltkriegs nutzten kretische

150kr Foto: bk

Partisanen das Kloster als geheimen Treffpunkt mit Alliierten, die hier eine Funkanlage betrieben - bis deutsche Truppen den Bau in Beschlag nahmen. Die zentrale Stellung im kretischen Freiheitskampf gegen die Fremdherrschaft hat dem Kloster nicht nur wirtschaftliche Prosperität (Ländereien als Geschenke kretischer Adeliger), sondern auch im Herz der Kreter einen unverrückbaren Platz eingebracht.

Rundgang

Das wehrhafte Äußere des Klosters erinnert an eine mittelalterliche Burg. Im Zentrum des im Inneren recht engen Baukomplexes steht die alte Kirche. Überall sind derzeit Renovierungsarbeiten im Gange, mehrere Nebenbauten, wie die **Windmühle** auf dem Vorplatz, sind bereits restauriert. Die Mönchszellen gruppieren sich um einen kleinen **Innenhof** mit Kieselmosaik und Arkadengängen. Der Zugang dorthin erfolgt durch den **Glockenturm.**

Die kleine Klosterkirche **Panagía Akrotirianí** steckt voller wertvoller Stücke, darunter ein Vertragstext aus dem 2. Jh. n. Chr. aus Ítanos. Hier und im Museum befindet sich eine Sammlung wertvoller **Ikonen** aus der Zeitspanne zwischen dem 15. und 18. Jh., in der Kirche z.B., vor der Ikonostase, eine Ikone von *Johannes Kornaros* („Megas i Kyrie - Groß bist du, Herr") von 1770 mit Maria, Jesus, Adam, Eva und Christus sowie miniaturhaft dargestellten anderen biblischen Szenen (Arche Noah, Kain und Abel, Jonas und Walfisch etc.). Im Gewölbe finden sich noch Freskenreste aus dem 15. Jh.

Direkt von der Kirche führt der Weg ins **Klostermuseum,** das neben Ikonen (u.a. Auferstehung, Mariä Himmelfahrt, Heiliger Johannes Prodromos, Thronende Gottesmutter, Unverwelkte Rose) Schriften und andere Kir-

In das wehrhafte Kloster Toploú gelangt man durch ein mächtiges Eingangstor

Der berühmte Palmenstrand von Vái

151kr Foto: bk

Ostkreta

chenutensilien beherbergt. Im zweiten Museumsteil neben der Kirche, gestiftet von *Theocharis Provatakis*, mit einer bedeutenden Sammlung griechisch-orthodoxer Kupferstiche und Lithografien (u.a. aus Moskau), einer Waffenkammer, Teilen des Kirchenschatzes und Zeugnissen zum Freiheitskampf und zum Zweiten Weltkrieg.

Busverbindung

- **Moní Toploú** liegt 9 km westlich von Palékastro und 15 km östlich von Sitía. Busse zwischen Sitía und Palékastro halten an der Abzweigung zum Kloster. Von hier etwa eine Stunde Fußmarsch.

Öffnungszeiten

- Tgl. 9–18 Uhr, Eintritt 3 €, der Laden ist ohne Eintritt zugänglich.

Vái

↗ XXIV/B1

Man traut bei der Anfahrt zum Strand von Vái seinen Augen kaum: Ein regelrechter **Palmenhain** breitet sich im Tal aus und reicht bis an den Sandstrand heran – man glaubt, irgendwo in Afrika zu sein.

Es wäre nicht Kreta, wenn sich nicht um die Entstehung dieser ungewöhnlichen Ansammlung von Palmen eine ganze Reihe von **Legenden** rankten. Nach der verbreitetsten soll der Sarazenenherrscher *Abu Hafs Omar* dafür verantwortlich gewesen sein: Als um 824 hier Teile seiner Streitmacht gelandet waren, stärkten sich die Männer nach der langen Reise zunächst einmal und aßen u.a. mitgebrachte Datteln. Deren Kerne sollen sie (mangels Papierkörben) einfach am Strand weggeworfen haben – und daraus entstand dieser Wald. Doch Legende ist Legende, und Wissenschaftler suchten nach der Wahrheit: Man wies nach, dass die **Palmenart Phoenix theophrastii** schon lange vor den Sarazenen auf Kreta heimisch gewesen war und sich sogar von Salzwasser ernähren kann. Auf alle Fälle gibt es inzwischen kaum mehr solche Palmen auf Kreta, und deshalb wurde der gesamte Hain unter Naturschutz gestellt. Im Übrigen: die Früchte dieser Palmenart sind ganz und gar ungenießbar ...

Der größte Dattelpalmenhain Europas markiert zugleich den Beginn des Halbwüstengürtels, eine Landschaftsform, die einen auf der Fahrt durch den Osten Kretas begleitet. Am traumhaften Sandstrand liegend, denkt man hingegen eher an Südsee-Idylle. Diese war vor gut dreißig Jahren noch kaum jemandem bekannt, dann tauchten in den 1970ern „Hippies" auf und genossen das freie, ungebundene Leben. Zahlreiche Rucksacktouristen folgten, woraufhin immer mehr Zerstörung und Müll zurückblieben. Als dann der Tourismus in größerem Stil Einzug hielt, zog man die Konsequenz und ließ die Region zum **Naturschutzgebiet** erklären. Die Palmen wurden großteils umzäunt, und Besucher werden seither nur noch tagsüber in **reglementierter Zahl** zugelassen; sie müssen vor der Parkplatzzufahrt eine Gebühr entrichten.

Die „Entdeckung" Váis verlief ganz typisch für Kreta, und die Diskussion, ob Einzel- oder Pauschaltourismus schlimmer für eine Region ist, erübrigt sich. Beide Formen sind schädlich, wenn sie ausufern. Heute ist in Vái Camping jeglicher Art verboten, Unterkünfte in der Nähe gibt es nicht, und dennoch steht der Strand anscheinend auf dem Standardprogramm eines jeden Kretabesuchers; dementsprechend überfüllt ist er im Sommer.

Anfahrt

- Anfahrt über Palékastro oder von Sitía via Moní Toploú, 4 € Parkgebühr
- Regelmäßige Busverbindung Sitía – Vái

Service

- Versorgungseinrichtungen wie WC/Duschen, außerdem Liegestuhl- und Sonnenschirmverleih, Souvenirshop, Kiosk, Tavernen, Wechselbüro, Tauchschule, Bootsausflüge und Bananenverkaufsstand (!); Areal zugänglich tgl. 7–21 Uhr.

Ítanos

↗ XXIV/B1

Etwa drei Kilometer nördlich von Vái endet die Straße am „Ende der Welt", bei Ítanos. Was dann kommt, ist Tabu, denn die Nordostspitze von Kap Sídheros ist **militärisches Sperrgebiet.** Hier leben zwar keine Menschen, doch Bananentreibhäuser, Olivenhaine und vereinzelte Weingärten machen deutlich, dass es sich nicht um Brachland handelt und dass Afrika doch nicht so nah ist, wie es rein optisch scheint.

Die **drei kleinen Strände** waren bis vor kurzem noch ein idyllischer Geheimtipp, sind inzwischen aber auch schon „entdeckt" und durchlaufen

den üblichen Prozess der Inbesitznahme. Tagesausflügler verirren sich selten hierher. Dabei verbergen sich hinter der Bucht von Ítanos eine Reihe weiterer idyllischer Badebuchten.

Ausgrabung

Das angrenzende Grabungsareal wird zusehends Opfer verantwortungsloser Besucher, denn trotz Zauns ist der Zugang immer offen. Hier befand sich einst **Erimoúpolis,** die „Verlassene Stadt", die schon im 5. Jh. v. Chr. der Historiker *Herodot* erwähnt. Ruinen der griechisch-römischen Hafenstadt, die später Ítanos hieß, sind erhalten, und diese Reste von Häusern zeigen an, dass der Ort zwar schon ab spätminoischer Zeit besiedelt war, jedoch erst in hellenischer Zeit dank des Hafens eine Blüte erlebte. Die Stadt unterhielt gute Beziehungen zu *Ptolemaios II.* von Ägypten und ging um 140 v. Chr. ein Bündnis mit Ierápetra *(Hierapytna)* ein, um so gemeinsam die Herrschaft über Ostkreta zu erlangen.

In römischer Zeit ging die Bedeutung zwar etwas zurück, doch der Wohlstand der Stadt hielt bis in byzantinische Zeit an, wie die Grundmauern einer Basilika aus dem 5./6. Jh. n. Chr. andeuten. Nach einem Erdbeben, 795, wurden Teile neu aufgebaut, aufgegeben wurde die Siedlung dann im 15. Jh., als die Seeräubergefahr zu groß wurde.

Traumstrand in der Ítanos-Bucht

Zwei antike **Akropolen** erheben sich über der Siedlung, an der westlichen befinden sich noch Reste einer Quadermauer hellenischer Zeit, am östlichen Akropolishang liegen die beeindruckenden Reste der **byzantinischen Basilika.** Das Gelände ist noch kaum erforscht, aber interessant, allein die Lage und die kleinen nahen Badebuchten lohnen den Abstecher.

PALÉKASTRO

↗ XXIV/B2

Palékastro liegt etwa 20 km östlich von Sitía und ist längst als ruhiger und traumhaft gelegener Urlaubsort entdeckt worden. Im Ortskern hat man sich deshalb auf Individualtouristen eingestellt. Neben zahlreichen „Rent Rooms" gibt es kleine Hotels, Reise-Agenturen, Tavernen, Banken und Souvenirläden. Trotzdem hat sich der Ort den Charakter eines ruhigen Bauerndorfes bewahrt. Neben dem Tourismus ist vor allem die **Olivenölproduktion** eine Haupteinnahmequelle. Massentourismus wird hier wohl kaum Wurzeln schlagen, da wegen der zahlreichen noch unerforschten archäologischen Plätze größere Bebauungspläne gestoppt wurden; dafür erleben der Ausflugs- und der Individualtourismus einen Aufschwung.

Benannt wurde der Ort nach dem „alten Kastell" *(palaio kastro)* aus venezianischer Zeit, das jedoch nicht mehr erhalten ist. Die schönsten **Sandstrände** liegen etwa zwei Kilometer vom Ort entfernt, z.B. in der **Bucht von Chióna.**

- **Infos:** www.palekastro.de

Service

- **Infostelle/Zimmervermittlung** an der Durchgangsstraße, Mo–Sa 9–12 und 18–20.30, im Sommer 9–21.30 Uhr.

Busverbindung

- Regelmäßig fahren **Busse** von Sitía nach Palékastro.

Unterkunft

- **Infos:** www.palaikastro.com
- In und um Palékastro gibt es eine Reihe kleiner Familienpensionen und Privatvermieter, z.B. **Haus Margot** (Ortsausgang Richtung Sitía, Tel. 28430/61277, DZ ab 30 €, www.crete-vacation.com) oder **Villa Amalia** (Tel. 28430/61047, www.villa-amalia.com).
- **Hotel Marina Village**, Tel. 28430/61284, relakis@otenet.gr; Hotel im Bungalowstil, 5 Gebäude mit separaten Eingängen, 28 frisch renovierte Zimmer mit Balkon, Terrasse, TV, Telefon, Klimaanlage, ab ca. 70 €/DZ inkl. Frühstück, 600 m zum Strand.
- **Nikos Appartements**, Tel. 28430/61480, www.eastcrete.com/nikos.html, zentral und doch ruhig nahe Dorfplatz gelegen, drei große Apartments sowie 12 DZ mit Dusche/Balkon, ab 40 €.

Umgebung von Palékastro

Eine Straße führt von Palékastro zum Nachbarort **Angathiá** und weiter ans Meer zum **Strand von Kouresménos.** Hier betreibt der Österreicher Hannes eine ausgezeichnete und empfehlenswerte Windsurfschule (www.freaksurf.com). Versteckt in Olivenhainen, nahe dem Wasser, befindet sich hier die minoische Stadt (s.u.).

Südlich von Chióna ragt die Landzunge **Petsofás** mit Kap Plaka ins Meer hinaus. Hier wurde ein minoisches Gipfelheiligtum, 250 m hoch gelegen, entdeckt.

Roussólakos – das antike Palékastro

XXIV/B2

Hinter der schönen Badebucht bei Chióna erstreckt sich das riesige Ausgrabungsgelände einer bedeutenden **minoischen Stadt** namens **„Heleia".** Im Volksmund heißt der Ort wegen der roten Erde „Roussólakos", während die Fachwelt den Namen „Palaikastro" - wie der angrenzende Ort - verwendet. Auch wenn das Gelände eingezäunt ist, steht das Tor in der Regel offen, und ein Feldweg führt durch das Areal. Man kann die Grabung auch in einem etwa 1 km langen Fußmarsch durch Olivenhaine von Angathiá aus erreichen.

Zwischen 1902 und 1906 hat die „British School at Athens" große Teile der Stadt ergraben, doch um den Ort zu schützen, wurden die meisten freigelegten Ruinen nach Abschluss der Arbeiten wieder zugeschüttet. Aus diesem Grund bietet sich dem Auge heute nur ein kleiner Ausschnitt der minoischen Stadt, die sogar bis in hellenische Zeit besiedelt war. Diese Reste genügen jedoch, um eine Vorstellung von den Ausmaßen einer der größten Städte Kretas zu bekommen, die sicher größer war als Gourniá. Bislang hat man nur einen Bruchteil des Ganzen ausgegraben, und öffentliche Bauten sind überhaupt noch nicht freigelegt worden. Die letzten neuen Grabungen wurden 1982 und 1994 durchgeführt. Sie brachten ein weiteres Stadtviertel, den so genannten Block M, zum Vorschein, heute unter einem Blechdach zu besichtigen.

Dieser Bereich soll eine Idee vom Aussehen der minoischen Großstadt geben, der eine komplexe Sozialstruktur und eine gebildete und wohlhabende Bewohnerschaft eigen war. So wurde im Gebäude 5 die ungewöhnliche **Elfenbeinstatue,** die sich im Museum von Sitía (s. dort) befindet, gefunden. Da neue **Schautafeln** mit Übersichtsplänen aufgestellt wurden – welch angenehme Überraschung! –, kann sich sogar der weniger archäologisch Geschulte zurechtfinden und eine Vorstellung von der Stadt erhalten.

Neben der neuen Grabung sind Reste der vorherigen Arbeiten, die die Blöcke B, G und D freilegten, zu erkennen. Gemeinsam ergeben sie den Großteil des etwa einen halben Quadratkilometer großen ursprünglichen Stadtareals.

Anhand der Alltagsfunde, vor allem der Keramik, konnte man feststellen, dass die Stadt von frühminoischer Zeit an (2200–2050 v. Chr.) besiedelt war. Ihren Höhepunkt erlebte Heleia während der mittelminoischen Epoche (1625–1550 v. Chr.), ehe sie um 1450 v. Chr. zerstört wurde. Kurz darauf wurde der Ort wieder aufgebaut und neu besiedelt.

Im Nordosten fand man erste Hinweise auf öffentliche Bauten: einen Tempelbereich, der wahrscheinlich dem Zeus geweiht war, wie der Fund einer Stele vermuten lässt. Große Teile des Fundmaterials befinden sich im Museum von Sitía; sie werfen ein schwaches Streiflicht auf die Bedeutung dieser minoischen Groß- und Hafenstadt.

Griechenlands flüssiges Gold: Olivenöl

Nach einem alten Sprichwort dauert es drei Generationen, bis ein Ölbaum profitabel ist: der Großvater pflanzt ihn, der Vater beschneidet ihn, und der Sohn erntet die Früchte und stellt das Öl her. In der Tat tragen die Bäume während der ersten sieben Jahre keine Früchte, die erste richtige Ernte kann meist erst im zehnten bis zwölften Jahr eingebracht werden. Mit rund 35 Jahren ist das Wachstum eines Baumes zwar abgeschlossen, doch Früchte kann er mindestens 100 bis 150 Jahre lange tragen, allerdings nur jedes zweite Jahr in voller Menge. Im Schnitt sind es 50–100 kg pro Baum, wobei der Ertrag erheblich von Größe und Alter, Klima- und Bodenbeschaffenheit abhängig ist. Die eigentliche Herstellung des begehrten „flüssigen Goldes" ist arbeitsintensiv und aufwendig. Pro Baum werden 5–10 Liter Öl gewonnen, wobei kleine Oliven mehr Öl enthalten als große; je nach Sorte macht es 15–40 % des Fruchtgewichts aus.

Olivenbäume gedeihen nur in mediterranem Klima mit milden, regenreichen Wintern und viel Sonne im Sommer, hinauf nach Norden bis etwa in Höhe des Rhônetals (Frankreich), des Gardasees (Italien) und der Region Thessaloniki in Nordgriechenland. Durchschnittstemperaturen von 12–18 °C sind ideal, längerwährende Fröste und starke Winde, vor allem während der Blüte, können große Schäden anrichten. Ein hoher Ölgehalt in den Früchten wird durch hohe Sommertemperaturen und lange Sonnenscheindauer erreicht – beides ist auf Kreta zur Genüge vorhanden. Olivenbäume gedeihen auf beinahe allen Böden – egal, wie steinig – nur zu feucht oder extrem trocken dürfen sie nicht sein. Größte Gefahr sind Pilzbildung, Fäulnis und Insektenbefall, vor allem Blüten und Früchte sind anfällig, während den lederigen Blättern kaum Gefahr droht. Insgesamt sind die Pflanzen jedoch überaus widerstandsfähig. Mit Hilfe zahlloser feiner Wurzelkanäle können sie die minimale Wassermenge, die sie benötigen, aus großen Tiefen hervorholen. Die Vermehrung erfolgt durch das Säen vorbehandelter Oliven, sie werden nach eineinhalb Jahren Wachstum mit der gewünschten Sorte veredelt und im dritten Jahr an ihrem endgültigen Standort eingepflanzt. Die Vermehrung durch Setzlinge ist seltener.

Im April entwickeln sich winzige weiße Blüten, die die Olivenhaine in ein fantastisches Farbspiel tauchen. Nach zwei Wochen entsteht ein Fruchtknoten, der spätere Stein, um den herum sich im Laufe des Jahres das Fruchtfleisch bildet. Auf Kreta, wo die früher reifenden grünen Tafeloliven die Minderheit darstellen, werden schwerpunktmäßig ab November bis in den Februar hinein meist manuell die schwarzen Tafel- und vor allem die Oliven, aus denen Öl gewonnen wird, geerntet. Schon der römische Autor *M. Terentius Varro* beschrieb im 2. Jh. n. Chr. den Vorgang des Olivenpflückens im Detail, denn schon die Römer wussten, dass Qualität und Ölgeschmack nicht nur von der Sorte, sondern auch von der Erntemethode abhängig sind. Wer also bestes Olivenöl produzieren will, ist noch heute gezwungen, die Früchte mühsam per Hand zu pflücken.

Verbreitet seit der Antike ist das sanfte Abstreifen der Zweige mit der Hand oder einem kleinen Handrechen sowie das Abschlagen der höherhängenden Früchte mit einem Rohrstock. Oft – auch noch auf Kreta – wartet man einfach darauf, dass die reifen Oliven vom Baum fallen. Bei beiden Methoden, vielfach auch kombiniert angewendet, fallen die Früchte auf untergelegte Tücher oder Netze und werden von dort möglichst rasch per Hand in Körbe gesammelt oder per Kehrmaschine angehäuft und zusammengetragen.

Die Olivenölherstellung ist bis heute ein harter Job

Die Arbeit im Olivenhain geschieht bevorzugt am Vormittag und dauert sechs bis sieben Stunden; ein guter Pflücker - meist sind es Frauen - kann am Tag gut 100 kg Oliven ernten. Selten auf Kreta, aber häufiger in anderen Regionen, wo besonders hohe Olivenbaumarten angepflanzt werden, ist der Einsatz von Rüttelmaschinen mit Greifarmen, die die Früchte pflücken, gleich von Blättern und Zweigen befreien und sofort auffangen. Sie verkürzen damit enorm den langwierigen Prozess des Wartens auf herabfallende reife Oliven und reduzieren die Zahl an nötigen Erntehelfern. Halbautomatisch verfährt eine Art großer Kämme, mit denen die Baumkronen durchkämmt werden, damit die Früchte auf die Netze fallen. Tafeloliven, die auf Kreta nur in geringem Anteil produziert werden, pflückt man oft, solange sie noch grün sind, damit der einwandfreie Zustand gewährleistet ist; die Oliven, die in die Presse wandern, werden nach Beginn der Schwarzfärbung geerntet. Bestenfalls sind die Früchte zum Pflückzeitpunkt zart marmoriert und wechseln gerade die Farbe von Grün über Braun zu Schwarz.

Am Nachmittag werden die frisch gepflückten Oliven gleich in die Ölmühle gebracht, denn lange Lagerung schadet. In den meist kooperativ genutzten Ölfabriken oder -mühlen entsteht das hochwertige kretische Olivenöl - Hauptstandbein der kretischen Landwirtschaft. Ein solcher Zusammenschluss ist beispielsweise die seit 1993 bestehende Peza Union, zu der sich 3000 Olivenölproduzenten zusammengeschlossen haben. Voraussetzung für die Mitgliedschaft ist die Verpflichtung zur traditionellen Olivenernte. In den Mühlen werden beim Kaltpressen (bei 37–40 °C) die Einhaltung von EU-Qualitätsnormen und der Geschmack - es gibt spezielle Abschmecker - streng überwacht; chemische Eingriffe und Pestizide sind verboten. Unter dem Label „Elaia" oder „Union" gibt es das hochwertige Produkt, das auch andere regionale Genossenschaften und Klöster, wie Agía Triáda, auf gleich Weise herstellen und in Flaschen oder Dosen unterschiedlicher Größe abgefüllt überall auf Kreta zum Kauf anbieten.

153kr Foto: bk

Eine EU-Verordnung von 2003 unterscheidet sechs verschiedene Olivenölkategorien:

1. **Natives Olivenöl extra** (max. 0,8 g an freien Fettsäuren je 100 g Öl)
2. **Natives Olivenöl** (max. 2 g Fettsäure/100 g)
3. **Lampantöl** (nativ, über 2 g Fettsäure/100 g, nicht zum Verzehr zugelassen).)
4. **Raffiniertes Olivenöl**
5. **Olivenöl** (Verschnitt aus raffinierten und nativen Ölen, 1 g Fettsäure/100 g Öl)
6. **Oliventresteröl** aus Pressrückständen ge-

wonnenes Öl, roh oder raffiniert (industrielle Verwendung).

Nur die ersten beiden Kategorien sind zum Verzehr empfohlen, sie müssen durch mechanische oder sonstige physikalische Verfahren und unter bestimmten Bedingungen (z.B. bezüglich der Temperatur) gewonnen werden. Die italienische Bezeichnung dieser nativen Öle ist *olio d'oliva (extra) vergine*. Die übrigen Kategorien sind minderwertigere, raffinierte Öle bzw. Verschnitte. Je weniger **Ölsäure,** d.h. freie Fettsäuren, ein Öl enthält, desto qualitativ hochwertiger ist es. „Kaltgepresst" und „Erste Pressung" sind nur eingeschränkt Qualitätskriterien, da dies für alle Öle auf dem Lebensmittelmarkt zutreffend ist.

Ehe in der Ölmühle gepresst wird, werden die separat gelagerten Oliven der einzelnen Bauern erst einmal manuell oder maschinell sortiert, werden Zweige und Blätter, Steinchen und Erde entfernt und die Früchte in kaltem Wasser gewaschen. Wie schon vor Tausenden von Jahren praktiziert, wird anschließend die Frucht zwischen großen Mahlsteinen oder Steinrädern zermalmt, es entsteht ein Ölbrei. Ursprünglich geschah dieser erste Schritt in kleinen Handmörsern und in Steintöpfen, nach und nach kamen verschiedene Typen von Mühlen auf, die mit Hilfe unterschiedlich geformter Steine die Oliven zu Brei zermahlten.

In hydraulischen Pressen werden jeweils 2–5 kg dieses Breis auf 50 bis 60 geflochtene Pflanzmatten, jeweils etwa 3 cm hoch, verteilt und aufgestapelt. Unter schonend leichtem Druck erfolgt dann die erste, kalte Pressung, wobei Öl und Fruchtwasser in einer Rinne aufgefangen und in ein Behältnis nach unten geleitet werden. Klärung erfolgt durch Absetzenlassen, Filtern oder – heute vielfach in modernen Zentrifugen praktiziert – durch Schleudern. Wasser und Pressrückstände werden so vom hochwertigen Olivenöl getrennt. Schon der berühmte römische Politiker und Schriftsteller *Cato* beschrieb in seinem um 200 v. Chr. erschienenen Werk „De Agricultura" ausführlich diese Technik: von Balkenpressen mit Pressbalken und Steingewichten über Schraubenpressen, bestehend aus einem runden Bodenstein und einem walzenähnlichem Mahlstein, der an einer senkrechten Holzstrebe auf ersterem befestigt war, bis hin zur hydraulischen Presse – viel hat sich bis heute daran nicht geändert.

Tafeloliven sind ebenfalls kein „Fast food"-Produkt, denn so, wie sie vom Baum kommen, sind sie ungenießbar. Die Olivenfarbe ist vom Reifezustand und vor allem von der Sorte – es gibt über hundert – abhängig. Die bekanntesten Oliven Griechenlands sind die Kalamáta-Oliven, die nicht nur in dieser griechischen Stadt auf der Peloponnes wachsen, sondern eine Sortenbezeichnung darstellen. Eine weitere bekannte Sorte sind die Kassándras-Oliven. Grundsätzlich werden nach der Ernte die zum Verzehr bestimmten Früchte für ein bis fünf Monate bei 10 °C in eine Salzlake gelegt, damit die Bitterstoffe abgebaut werden. Nach 24-stündiger Lufttrocknung erfolgt dann die Verpackung. Hauptproduzenten sind neben Kreta bzw. Griechenland Italien, Spanien und die Türkei.

Prinzipiell unterscheidet man zwischen Essig- und Salzoliven, wobei hierzulande die prallen, glatten Essigoliven die beliebteren sind. Sie werden doppelseitig mit einem Messer eingeschnitten und rund einen Monat gewässert, wobei das Wasser wöchentlich gewechselt wird. Danach legt man sie in einem geschlossenen Gefäß für gut drei Wochen mit Essig und wenig Öl ein; das Gefäß wird alle paar Tage geschüttelt. Schließlich werden die Früchte mit dem Sud abgefüllt. Bei grünen Oliven werden dem Wasser Zitrone und dem Essigsud zusätzlich Kräuter beigegeben.

Salzoliven, die meist kleinere, unansehnlichere, schrumpelige Version, durchlaufen ebenfalls erst einmal eine einmonatige Wässerung, werden allerdings nicht eingeschnitten. Danach mit grobem Steinsalz und Kräutern wie Rosmarin, Lorbeer und Oregano geschichtet und mit einer Steinplatte beschwert, ziehen sie drei bis vier Wochen, ehe sie zum Verzehr geeignet sind. Sie sind eine der besonderen Spezialitäten auf Kreta und ein empfehlenswertes „Reisesouvenir".

ZÁKROS

↗ XXIV/A–B3

Die etwa 30 km lange Fahrt von Palékastro nach Zákros führt durch eine einsame Berglandschaft mit wenigen, zumeist fast verlassenen Orten. Für das einzige Grün sorgen hier die Olivenbäume, doch wie zum Ausgleich ist das Farbenspiel der kargen Landschaft umso imposanter: Von Hellocker über Braun und Rot zu einer Art Purpur-Lila reichen die Verfärbungen der Erde, besonders bei Schrägstand der Sonne. Vorsicht ist bei Autofahrten geboten, der Straßenbelag ist nicht der beste, die Strecke eng und kurvig.

Áno Zákros

Das heutige Dorf Áno Zákros, an der Straße von Palékastro gelegen, ist eine kleine Oase im kargen Bergland, hier entspringt eine der ergiebigsten Quellen Kretas. Genutzt wird das Wasser zur Limonadenherstellung und Bananenzucht. Dieses Idyll hatten schon die Minoer erkannt, wie Reste eines spätminoischen Hauses nahe des Ortes an der Straße nach Káto Zákros zeigen; hier wurden eine Weinpresse und ein Pithos (Ton-Vorratsgefäß) mit Linear-A-Schrift gefunden (ausgestellt im Archäologischen Museum Iráklion). Der minoische Palast und die umgebende Stadt liegen etwa 8 km unterhalb in der Bucht, von hier oben führt eine geteerte Straße in Serpentinen hinunter.

Die Zákros-Schlucht

↗ XXIV/B3

Die Verbindung zwischen Áno Zákros und Káto Zákros unten in der Bucht bildet das **„Tal der Toten“** bzw. die Zákros-Schlucht, eine ausgetrocknete, trostlose Landschaft. In den Höhlen der Schlucht wurden in minoischer Zeit die Toten bestattet, deren Gräber längst geplündert sind. Von Friedhofsatmosphäre ist keine Spur mehr geblieben, im Gegenteil, das Tal zählt heute zu den beliebtesten **Kurzwanderstrecken** im Osten der Insel (s. Kapitel „Wandern auf Kreta“). Der „Einstieg“ beginnt am Parkplatz an der Straße, kurz hinter Áno Zákros, an einer Imbissbude. Der Weg führt hinunter in die Schlucht, etwa eine Stunde über Stock und Stein, ehe man nach einer weiteren Stunde durch Bambushaine und Bananenplantagen direkt zum Palast von Káto Zákros und zur steinigen Badebucht gelangt.

Káto Zákros

↗ XXIV/B3

Der kleine Ort liegt in strategisch günstiger Lage in fruchtbarem **Fluss-Schwemmland,** überragt von Felswänden. Die Bucht mit ihrem Kiesstrand wird immer beliebter als Ausflugsort, Hauptattraktion ist jedoch die wenige Schritte dahinter liegende Ausgrabungsfläche. Diese antike Anlage hat dafür gesorgt, dass ein Bebauungsverbot für große Teile der Bucht erlassen wurde. So fehlen hier weitgehend touristische Einrichtungen, und nur die Tavernen am Strand vermieten Zimmer; die meisten Besucher in der Bucht sind ohnehin Tagesausflügler.

- **Infos:** www.zakros.info und www.zakros.de

Ostkreta

Busverbindung

- Tgl. zwei Busse (Sa/So nur einer) von und nach Sitía

Essen und Trinken, Unterkunft

- **Tavernen** wie **Agrogiali** um den Dorfplatz in Zákros und besonders am Strand von Káto Zákros.
- In Áno Zákros stehen einige „Rent Rooms" und das **Hotel Zákros** (Tel. 28430/93379) zur Verfügung.
- **Melina Apartment & Rooms** (Tel. 28430/93144), ruhig und schön am Strand von Káto Zákros, Studios für bis zu 3 Personen ab 40 €, auch „normale" Zimmer (ab 35 €).

Palast von Zákros

Die günstige Lage in der Bucht hatten bereits die Minoer als vorteilhaft erkannt, und so entstand hier einer der bedeutendsten **Flottenstützpunkte** und ein wichtiges **Handelszentrum,** das Kontakte zum Vorderen Orient, nach Ägypten und Nordafrika pflegte. Schon um 2500 v. Chr. war der Ort besiedelt, erlebte seine Blüte jedoch in minoischer Zeit.

Lange glaubte man, es handelte sich lediglich um den wichtigen Handelshafen von Knossós, doch wahrscheinlich war Zákros eine autonome Stadt, die selbst wirtschaftliche Beziehungen zum Orient unterhielt und über eigene Werkstätten verfügte. Dass es zur Blüte kam, lag natürlich vor allem an dem günstigen Naturhafen – ein idealer erster Halt für die Schiffe aus Ägypten und dem Orient – und am herrschenden Wasserreichtum. Die Zerstörung des Palastes um 1450 v. Chr. deutet an, dass zu jenem Zeitpunkt auch diese Stadt unter den Einfluss von Knossós geriet und in der Folgezeit die Mykener hier Fuß fassten, nachdem sie in Knossós die Macht übernommen hatten.

Die **Ausgrabungen** begannen Ende des 19. Jh. die Italiener *Halbherr* und *Mariani*, dann untersuchte *Evans* und schließlich *David G. Hogarth,* 1901, das Areal gründlich. Erneute Forschungen wurden ab 1961 initiiert, nachdem der **„Schatz von Zákros",** ein goldener Stierkopf, ein Diadem und eine Goldphiale (flache Schale), aufgetaucht und von einem kretischen Arzt erworben worden waren. Der damalige Leiter des Museums in Iráklion, *Nikolaos Platon,* war aufmerksam geworden und begann eine Grabungskampagne. So kam nach und nach der Palast von Káto Zákros mit der umgebenden Stadt ans Tageslicht – die einzige nicht im Laufe der Jahrhunderte restlos geplünderte minoische Stadt.

Obwohl die Arbeiten über 30 Jahre zurückliegen, gibt es bis heute keinen abschließenden Grabungsbericht, eine der weniger erfreulichen Eigenarten der archäologischen Wissenschaft – und keine Ausnahme. Die bedeutenden Funde aus den Grabungen befinden sich im Archäologischen Museum von Iráklion (zumeist in Saal VIII), darunter Vasen, Steinarbeiten, Werkzeuge, Bronzegefäße, Plastiken und Reliefs. Zu den Highlights gehört ein **Bergkristall-Rhyton** (Trinkgefäß) aus der „Schatzkammer" des Palastes, das aus fast 300 Fragmenten zusammengesetzt ist.

Auch bei dieser minoischen Stadt und Palastanlage ist Vorsicht in Sachen **Interpretationen und Rekonstruktionen** geboten. Zumindest haben sich die griechischen Ausgräber sehr zurückgehalten und nur geringfügige Ergänzungen vorgenommen. In den Forschungsberichten treten vor allem Platons Ideen zutage, der einerseits *Evans* heftig widersprach und andererseits eigene Erklärungen entwickelte, für die er in Zákros dann die Bestätigung suchte. So bleiben viele Zuschreibungen wage und unklar, beispielsweise ob der angebliche **Schmelzofen,** der an der Hafenstraße gefunden worden sein soll, wirklich als ein solcher zu interpretieren ist. Auch war Platon überzeugt, dass gefundene Lavareste und Asche ein Hinweis dafür seien, dass Zákros nach dem Vulkanausbruch von Santorin untergegangen ist – eine These, die nach neuesten Untersuchungen nicht mehr wahrscheinlich erscheint.

Beim **Palast von Zákros** handelt es sich um die kleinste unter mehreren bedeutenden Anlagen auf Kreta (Knossós, Agía Triáda, Festós und Mália) und dazu um eine weniger solide gebaute. Die in Ruinen erhaltene Stadt existierte zwischen 1600 und 1450 v. Chr. und war über einem älteren Vorgängerbau errichtet worden; ein bemalter Fußboden unter dem Neubau ist Indiz dafür. Um 1450 v. Chr. wurde der Komplex wohl zerstört und anschließend verschüttet, nicht aber, wie andere Paläste, geplündert – zum Glück für die Ausgräber, die noch reichlich Alltagsmaterial in den Fundschichten fanden, das half, die Bedeutung des Palastes und den regen Handel der Stadt zu belegen. Ob und wie die Siedlung nach jener Katastrophe weiter existierte, bleibt unklar, da noch zu wenige Ergebnisse aus den Grabungen vorliegen. Spätminoische und mykenische Funde deuten zumindest an, dass auch danach Menschen hier lebten.

Rundgang

Der Rundgang beginnt im Süden der Anlage und führt über wild wuchernde Felder zunächst direkt in den **Zentralhof** des Palastkomplexes (30 x 21 m, mit Altar im Norden). Im zuvor durchschrittenen Südflügel sollen sich **Werkstätten und Magazine (2)** sowie ein kleiner **Brunnen (3)** befunden haben.

Der Ostflügel umfasste möglicherweise die königlichen Gemächer: das größere „Megaron des Königs“ und nördlich davon das kleinere der Königin. Ist hier schon vieles Spekulation, erstreckt sich dahinter ein Areal, dessen damalige Funktion ganz und gar unklar ist. Während die einen beispielsweise eine **Zisterne (4)** mit sich anschließender Quelle und Bassin erkennen wollen, gibt es wiederum Forscher, die hier ein größeres **Kultbad (5)** vermuten – was auch immer das genau war.

Der Westflügel setzte sich vermutlich aus **Repräsentationsräumen (6,** Festsaal, Speisesaal), einer **Schatzkammer (7)**, einem weiteren **Kultbad (8)** und **Magazinräumen (9)** zusammen.

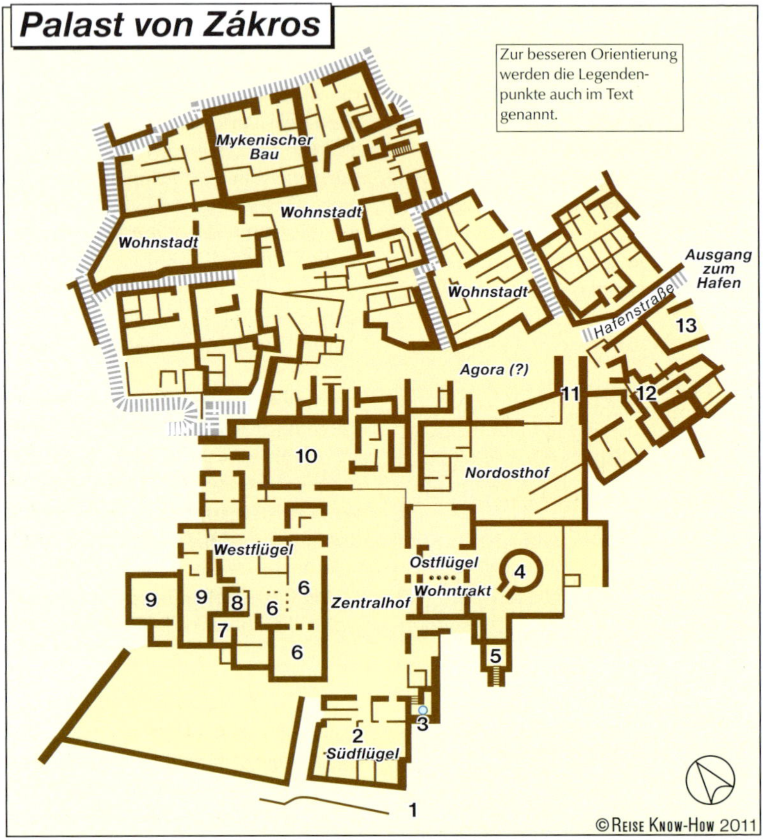

Im Norden liegt hinter einer **Säulenhalle (10)** ein großer Raum, oft als „Küche" oder „Speisesaal" tituliert, da sich in ihm Küchengeräte und Knochen sowie eine Herdstelle und daneben ein kleiner Raum mit Küchenutensilien fanden.

Mehrere Treppenanlagen weisen darauf hin, dass es eines oder gar mehrere Obergeschosse gegeben haben muss. Über den Nordosthof, hier befindet sich noch ein Kultbad, und durch einen **Korridor (11)** erreicht man die gepflasterte **Hafenstraße,** dahinter breitet sich die **Wohnstadt** aus, von der bisher nur ein kleines Areal hinter dem Palast ausgegraben wurde. Eine Reihe engerer und breiterer Gassen führt hinauf in höher gelegene Stadtviertel. Verwirrend ist nicht nur

1	Zugang
2	Werkstätten und Magazine
3	Brunnen
4	Zisterne
5	„Kultbad"
6	Repräsentationsräume
7	Schatzkammer
8	„Kultbad"
9	Magazinräume
10	Säulenhalle
11	Korridor
12	Werkstätten
13	„Schmelzofen"

der Verlauf der Wege, auch die Hauskomplexe sind, abgesehen von den Grundmauern, Innenhöfen und Treppenanlagen, bisher kaum erforscht; deutlich erkennbar sind noch die Fundamente eines **mykenischen Baus.** Auch vom Hafen weiß man bisher noch weniger.

Immerhin deutet die breite gepflasterte Straße, die von der Wohnsiedlung zum Hafen hinabführte, an, wie bedeutend die Stadt einmal war. Der Weg führt zum Ausgang, vorbei an **Werkstätten (12)** mit Bronzesägen und einem **Rohstofflager,** in dem u.a. Bronzebarren, drei bis zu 70 cm lange Stoßzähne von syrischen Elefanten, Bergkristall-Brocken und anderes aufbewahrt wurden – ein Hinweis auf den großen Wohlstand der Stadt. Außerdem entdeckte man hier die Reste eines angeblichen **Schmelzofens (13).** Nicht nur viele Teile der Stadt sind bis heute unerforscht, auch die Akropolis wurde noch nicht gefunden.

- **Öffnungszeiten:** Di–So 8–17 Uhr (letzter Einlass 16 Uhr), Eintritt 3 €.

Von Sitía in den Südosten

Die Fahrt von Sitía nach Süden führt durch eine sehenswerte Berglandschaft, vorbei an historischen Überresten und kleinen urtümlichen Ortschaften. Im kaum drei Kilometer von Sitía entfernten **Piskokéfalo** befindet sich das alte Wohnhaus der *Kornaros-Familie,* aus deren Reihen der berühmte Autor des kretischen Epos „Erotókritos" stammt.

In **Epáno Episkopí** befand sich im 16. Jh. eine erzbischöfliche Residenz, die auf einer Festung aus klassisch-hellenischer Zeit erbaut wurde. Auch die Grundmauern einer frühchristlichen Basilika (12./13. Jh.) sowie ein frühchristliches Märtyrergrab deuten auf die einstige Bedeutung des Ortes hin.

Chandrás-Hochebene

Hinter Epáno Episkopí lohnt ein Umweg über eine schlechte, aber erlebenswerte Bergstrecke hinauf in die Hochebene von Chandrás. Nachdem man ein fruchtbares Tal hinter sich gelassen hat, erreicht man eine karge Berglandschaft, in der Salbei und andere Phrygana-Gewächse gedeihen. **Préssos,** schon auf dem Weg nach Chandrás, ist eine eteokretische Gründung aus dem 12. Jh. v. Chr. Von der Stadt ist nur wenig erhalten: Die Reste einer Befestigungsmauer sind vom Ortseingang von Néa Préssos aus über einen 20-minütigen Fußweg erreichbar. In hellenischer Zeit befand sich

154kr Foto: bk

hier dann eine der wichtigsten Städte Ostkretas, was Münzen andeuten, die den Stadtnamen „Praison“ in Verbindung mit Abbildungen von Apollon, Herakles, Zeus oder Demeter zeigen.

Die Chandrás-Hochebene ist eine ruhige, kaum bewohnte und sonnendurchflutete, 580 m hoch gelegene Ebene, genutzt für Olivenanbau und Sultaninenproduktion. Dort oben gibt es nur wenige Orte, wie **Chandrás** mit den Ruinen des verlassenen venezianisch-türkischen Dorfes Voíla oder das Bergdorf **Zíros.**

Karge Landschaft, wenige Menschen: in der Chandrás-Ebene

Venezianischer Palast im Geisterdorf Etiá

Etiá

Eine besondere Atmosphäre strahlt Etiá aus, ein verlassenes Nest an der Straße, kurz bevor man wieder die Hauptroute Sitía – Ierápetra erreicht. Dominiert wird das **Geisterdorf** von einem 500 Jahre alten **venezianischen Wohnturm** bzw. Landhaus. Am Eingang des Palastes aus dem späten 15. Jh., erbaut von *Piero dei Mezzo*, ist das Familienwappen erhalten. Der Bau

Ostkreta

155kr Foto: bk

hatte einst drei Stockwerke und muss ein prächtiges Bild geboten haben. Derzeit finden ausgedehnte Grabungen und Restaurierungsmaßnahmen im Gebäude und drumherum statt, das möglicherweise bald als Museum eröffnet wird – was wünschenswert wäre, da es sich um eine der bedeutendsten venezianischen Hinterlassenschaften auf Kreta handelt. Es gab anscheinend einmal Pläne, das ganze Dorf zu einem historischen Freilichtmuseum umzugestalten; neben der doppelschiffigen Kapelle Agios Ioannis wurden auch ein paar der alten Häuser renoviert.

Xerókambos

↗ XXIII/D3

Vom Bergdorf Zíros führt eine teilweise geteerte Straße vorbei an einem militärischen Sperrgebiet mit Radaranlage in den **äußersten Südosten** der Insel, durch eine menschenleere Region. Am Meer befindet sich dort Xerókambos, eine Sommersiedlung der Bauern, auch über eine Schotterpiste von Zákros aus zu erreichen, mit traumhaften, kaum besuchten **Stränden.** Auch wenn man sich hier fernab der Zivilisation fühlt, deuten Treibhäuser und erste Apartmenthäuser den Anbruch neuer Zeiten an.

IERÁPETRA

↗XXI/D3

Ierápetra ist mit seinen rund 9000 Einwohnern die viertgrößte Stadt Kretas und zugleich die einzige größere **Hafenstadt** an der Südküste – wobei der Hafen heute nur noch geringe Bedeutung hat. Vielfach nennt man Ierápetra auch die „Gurkenstadt", da sie inmitten eines großen **Agrarzentrums** liegt. Treibhäuser für den Obst- und Gemüseanbau prägen das Bild vor allem im westlichen Umland und ziehen die in Kreta sonst eher untypischen Gelegenheitsarbeiter an. Die Einheimischen haben hingegen einen ganz anderen Namen für ihre Stadt: Sie nennen den Bischofssitz beinahe zärtlich „die Braut des Libyschen Meeres".

Die Lage Ierápetras ganz im Süden der Insel hat nicht nur fast afrikanische Temperaturen und das angenehmste Klima der Insel im Winter zur Folge, sondern bewirkt zugleich, dass die Stadt ein Hauch **afrikanisch-orientalischer Exotik** umweht. Ansonsten geht es geschäftig-chaotisch-griechisch zu, mit viel Lärm, Staub und zahlreichen Baustellen, aber auch die Lebensfreude und Gastfreundschaft der Menschen sind typisch. Tourismus wird hier noch klein geschrieben und die Euphorie von vor ein paar Jahren, zu renovieren und zu modernisieren, ist etwas abgeflaut. Immerhin wurde im Zentrum zuletzt das Areal um das Rathaus und die Strandpromenade attraktiver gestaltet.

Vorteilhaft für Besucher ist die Konzentration von Zentrum, Uferpromenade, Sandstrand, Festung, Altstadt und Fischerhafen auf einem eng begrenzten Areal. Und vorteilhaft für die Stadt selbst bzw. für die Erhaltung von deren Ursprünglichkeit ist die Tatsache, dass große Attraktionen fehlen. Im Südosten der Stadt zeugt zwar Bautätigkeit vom Aufbruch in eine neue, gewinnträchtige Epoche, allerdings scheint der Fortschritt zu stagnieren.

Im Westen der Stadt befinden sich die Überreste eines römischen Amphitheaters und im Südwesten, nahe dem Strand, mittelalterliche Ruinen der ehemaligen Stadtmauer, die den einstigen Glanz der Stadt andeuten.

Geschichte

In der Region Ierápetra lassen sich Siedlungsspuren bis in spätminoische Zeit zurückverfolgen, in den nahen Orten Vassilikí und Mírtos sogar bis in die frühminoische Epoche. Dafür ist die günstige Lage der Region verantwortlich, denn Schiffe aus dem Nahen Osten konnten hier anlegen und ihre Güter auf dem Landweg zur Nordküste gebracht werden.

Ihre größte Bedeutung erreichte Ierápetra in **griechisch-römischer Zeit.** Damals muss die **Hafenstadt** ähnlich prunkvoll wie die Hauptstadt Górtis gewesen sein. Die zentrale Lage an den Handelsrouten und die Bedeutung von *Hierapytna*, wie man den Ort damals nannte, als Hauptumschlagplatz für den Afrika- und Levante-Handel ließ ein Stadtgebiet entstehen, das damals wesentlich größer war als heute; Ruinen der römischen Siedlung reichen bis zum östlichen Makrigialós, und überall in der Stadt finden sich antike Spolien, „verschleppte" Architekturteile (u.a. vor dem Museum, am Hafen sowie am und im Kastell).

Im 9. Jh. wurde Ierápetra von den **Sarazenen** erobert. Nach der zweiten byzantinischen Phase errichteten hier die **Venezianer** im 13. Jh. das noch erhaltene Hafenkastell. Da sich mit den Venezianern die Handelsrouten in den Nordteil Kretas verlagerten, ging die Bedeutung des Hafens zurück, er versandete allmählich. 1647 wurde Ierápetra von den **Türken** erobert – an sie erinnern die Ruine der Moschee, ein Brunnenhaus und Reste des türkischen Altstadtviertels.

1798 machte die Stadt noch einmal Geschichte, als angeblich *Napoleon* auf seinem Weg nach Ägypten hier Station gemacht haben soll – ein Haus erinnert an den nicht weiter dokumentierten Besuch. Außerdem soll Kretas Nationaldichter *Níkos Kazantzákis* das Vorbild für die Pensionswirtin von „Alexis Sorbas", *Madame Hortense*, in Ierápetra gefunden haben.

Sehenswertes

Der zentrale Platz, an dem sich alles abspielt, ist die **Platia Eleftheriou Venizelou,** mit Kriegerdenkmal und nahe gelegener Markthalle. Hier liegen Rathaus, Polizeistation und das neue Bürger- und Infozentrum. Dahinter, am Meer, ist ein weiterer Platz im Entstehen, zusätzlich zu einer neu gestalteten **Strandpromenade** und einem kleinen Hafen. Für diese Projekte wird viel investiert, und man ist stolz darauf, den künftigen Besuchern bald einen attraktiven, durchgehenden Weg entlang des Meeres und ein modernes Stadtzentrum bieten zu können – als Gegenpol zur malerischen Altstadt.

Touristisch geht es bereits an der Straße entlang des Wassers vom Strand zum Hafen und Kastell zu. Dort reihen sich Tavernen mit Tischen im Freien, Souvenirshops, kleine Hotels und Pensionen aneinander. Nordwärts vom Hauptplatz führt die Odos Lasthenou mitten in die Fußgängerzone, die ein wenig den Eindruck einer modernen griechischen Stadt vermittelt.

Vom Platz aus erreicht man über die schöne **Hafenpromenade,** hinter der sich ein Badestrand befindet, das Kastell und den Fischerhafen mit dem wenig attraktiven Glockenturm mit Aussichtsplattform, geschaffen von *Aféndis Christós*. Dahinter breitet sich die ehemalige **türkische Altstadt** aus. Den alten Hafen dominiert die vene-

Strandpromenade

156kr Foto: bk

zianische **Hafenfestung Kales** aus der ersten Hälfte des 13. Jh. mit vier Ecktürmen und Zinnen. Sie wurde über einem byzantinischen Vorgängerbau errichtet und 1626 erneuert. Auch die Türken nutzten das Kastell und veranlassten einige Umbauten. 1780 stürzten bei einem Erdbeben viele Gebäudeteile im Inneren ein. Heute dient der Bau als kleines Heimatmuseum (unregelmäßige Öffnungszeiten, Eintritt 2 €) und im Sommer als Veranstaltungsort.

Gegenüber vom kleinen Fischerhafen liegen zwei Kirchen, Ágios Christophórou und die kleine **Panagía-Kirche** mit achteckigen Zwillingskuppeln, innen neu ausgemalt und mit einer sehenswerten modernen Ikone.

Auch wenn von der ursprünglichen Bausubstanz nur noch wenig erhalten ist, lohnt ein Spaziergang durch die verwinkelten Gassen des schönen, etwas verschlafenen alten **Türkenviertels** – mit einigen empfehlenswerten Pensionen. Trotz wenig alter Bausubstanz hat sich das Viertel einen eigenen Reiz geschaffen. In den engen Gässchen stehen vorwiegend neue, aber hübsch hergerichtete und blumengeschmückte Häuser (schließlich baut sich jeder Grieche, der etwas Geld hat, lieber ein neues, modernes Betonhaus, anstatt ein altes zu renovieren). Man hat die Nase voll von den alten Gemäuern ohne gefließte Bäder, Einbauküchen und andere moderne Errungenschaften.

157kr Foto: bk

Eines der wenigen alten, renovierten Häuser aus dem 18. Jh. ist das **Napoleon-Haus** nahe der Ágios-Nikólaos-Kirche (Zugang von der Hafenpromenade), in dem 1798 der französische Kaiser übernachtet haben soll. Im Zentrum des Viertels steht die **Tzami-Moschee,** die heute renoviert als Musikschule und Theaterbühne genutzt wird und durch ein buntes Gemisch an Stilelementen auffällt. Davor stehen ein türkischer, achteckiger Reinigungsbrunnen und ein schlankes Minarett mit achteckiger Laterne.

Im Gewimmel der Altstadtgassen steht **Ágios Ioánnis,** eine weitere, kleine Kirche, die in türkischer Zeit ebenfalls als Moschee genutzt wurde. Die moderne Hauptkirche der Stadt, **Ágios Geórgios** befindet sich am nördlichen Ende der Altstadt, bereits an der Grenze zur Neustadt (O. Ag. Georgiou). Von dieser Kathedrale sind es nur ein paar Schritte zur modernen **Markthalle,** die zwar im modernen Betonstil umgestaltet wurde, jedoch bis dato noch halbfertig auf eine Eröffnung als Markt und Einkaufszentrum wartet. Im Umfeld des Marktes reihen sich Läden, Boutiquen und Tavernen aneinander.

Archäologisches Museum

Gegenüber dem Rathaus, an der Odos Kostoula Adriandou, liegt das sehenswerte Archäologische Museum (O. Kostoula Adrianou 2, Di–So 8.30–15 Uhr, Eintritt 2 €).

Die Funde aus der Stadt und ihrem Umkreis wurden in der ehemaligen Koranschule untergebracht. Obwohl im Raum Ierápetra relativ wenig ausgegraben wurde, überrascht die Qualität der Funde aus minoischer bis römischer Zeit.

Die Attraktion ist eine 1984 gefundene, leicht „unterlebensgroße" **Demeterstatue.** Diese römische Kopie nach einem griechischen Original des 2. Jahrhunderts v. Chr. ist ganz hervorragend erhalten und weist sogar Spuren einer einstigen Bemalung auf – schließlich waren antike Statuen nie

Napoleon-Haus

Tzami-Moschee

strahlend weiß, wie wir sie heute oftmals vor Augen haben (und wie Klassizisten, z.B. *Johann Joachim Winkelmann* oder *Johann Wolfgang von Goethe*, die Antike gesehen haben), sondern bunt bemalt.

Zu den Funden gehören zudem **minoische Keramik,** eine spätminoische Töpferscheibe, eine Axt-Gussform, spätminoische **Sarkophage,** darunter fünf Kastensarkophage aus Episkopí (1400–1350 v. Chr.), Sarkophage mit mykenischer Bemalung (1350 v. Chr.), Terrakotten, Architekturfragmente, Statuen und Marmorfragmente auch aus der Spätantike.

Sehenswert sind die kleine Sammlung **rotfigurig-griechischer Keramik** und die **Plastiksammlung** (u.a. römische Porträts und eine Frauenfigur vom Typus der „Herkulanerin" aus flavischer Zeit).

158kr Foto: bk

Strände

Wer zum Baden gekommen ist, findet Gelegenheit dazu an dem Sandstreifen entlang der **Uferpromenade,** allerdings sehr exponiert und wenig ansprechend, zumal kaum beschattet. Bessere Bademöglichkeiten stehen östlich der Stadt zur Verfügung, in jener Region, in der der Massentourismus schon Fuß gefasst hat, z.B. um den Badeort Makrigialós.

Insel Chrisí

↗ XXI/D3

Die Insel liegt nur etwa 15 km Luftlinie vor Ierápetra im Libyschen Meer. Sie ist unbewohnt, etwa 6 x 1,5 km groß und wird von den Einheimischen auch „Donkey Island", Eselsinsel, genannt. Ausflugsboote steuern sie täglich, wenn es die Windverhältnisse zulassen, an. Besonders an der Südküste finden sich schöne **Strände,** bekannt ist jedoch vor allem der „Golden Beach" im Nordosten. An der Anlegestelle bei **Kap Zarathustra** finden sich einige wenige Versorgungseinrichtungen; wer campen möchte, sollte sich bei den Bootsunternehmen erkundigen. Ein **Trinkwasserbrunnen** befindet sich bei der Kapelle Ágios Nikólaos, die im Nordwesten der Insel liegt. Dort steht auch ein **Leuchtturm,** und es finden sich Reste des alten Hafens, Überreste einer Saline sowie ein **Schiffswrack.**

159kr Foto: bk

Fischerhafen von Ierápetra

Praktische Tipps

Vorwahl Ierápetra: 28420

Infos

- Ein richtiges **Infozentrum** gibt es derzeit nicht. Man ist auf den kleinen Infokiosk am Hafen (tgl. 9–13 Uhr, nur im Sommer) angewiesen oder erkundigt sich bei der Touristenpolizei an der Strandpromenade.
- **Stadtverwaltung,** Plateia Kanoupaki, Tel. 90000.
- www.ierapetra.gr
- www.ierapetra.net/de
- www.ierapetra-suntown.com

Service

- **Post:** Platia Emmanuel Kothri, Mo–Sa 7.30–14 Uhr.
- **O.T.E.:** O. Michail Koraka 25 (etwa 100 m von der Platia Eleftheriou Venizelou entfernt), Mo–Fr 7.30–22 Uhr.

Verkehrsverbindungen

- **Busbahnhof:** O. Lasthenou, östlich des Zentrums; 8x tgl. nach Ágios Nikólaos und Iráklion sowie 6 x nach Sitía, Makrigialós, Mírtos oder Kalamáfka.
- **Ausflugsschiffe** zur Badeinsel Chrisí (ab 10.30 oder 12 Uhr, letzte Rückfahrmöglichkeit 17 bzw. 18.30 Uhr, ab 25 €) und seltener zur östlich gelegenen Insel Koufonísi.
- **Taxistand** an der zentralen Platia Eleftheriou Venizelou.
- **Parken:** großer Platz am Fährhafen neben dem Rathaus (ab 1 €), außerdem am besten am Kastell oder dem nahe liegenden Hafen

sowie entlang der neuen Strandpromenade (Parktickets an Kiosks).

Einkaufen

- **Markthalle,** zwischen O. Stilianou Chouta und O. Kostoula Adriandou, noch im Bau.
- **Wochenmarkt** Sa, O. Psilinaki (nahe Busbahnhof).
- Entlang der O. Samuil (Strandpromenade Richtung Kastell) befinden sich Souvenirshops, wie **Minotauros** (mit internationalen Zeitungen), außerdem Reise-Agenturen.
- An der Strandpromenade, ab dem Rathaus bis zum **Hotel Petra Mare** im Osten, setzt sich die Ansammlung von Tavernen und Souvenirshops fort; nette Läden finden sich in den kurzen Stichstraßen zur dahinter verlaufenden Odos M. Kothri, an der Banken und Boutiquen liegen, z.B. **Ev Zin** (O. Dom. Theotokopoulou) mit kretischen Bio-Spezialitäten wie Olivenöl, Honig, Kräutern oder der daneben liegende Schmuckladen **Samonion** (ausgefallener Modeschmuck).
- Im Bereich um die Markthalle liegen an der Odos Adrianou Imbissbuden, Kafeneia, Bäcker, Konditoreien, Läden für den Alltag, ein kleiner **Cava Mini Market** sowie der große **Marinopoulos-Supermarkt,** schon fast am Stadtrand (aber durchaus zu Fuß erreichbar), an der Odos Chouta Boutiquen und Cafés. Auf dem Weg zum Supermarkt befindet sich an der Odos Adrianou, nicht weit von der Markthalle entfernt, der Weinladen **Oinoi Pota Dionisos** (O. Adrianou 16), spezialisiert auf kretische Weine, Rakí/Tsikoudia und Süßes.
- An der Platia Kanupaki (zentraler Platz vor dem Rathaus) beginnt die Fußgängerzone (O. Koundouriotou Lasthenous) mit Boutiquen, Schmuckläden, dem **Zacharoplasteio Veterano** (gute Auswahl an Süßem, gleich zu Anfang der Fußgängerzone beim Veteranen-Kriegerdenkmal).

Essen und Trinken

- Neben der alten Tzami-Moschee lohnt die **Pizzeria Family** (nicht nur Pizzen, sondern auch lokale Gerichte).
- Entlang der ganzen Strandpromenade (O. Samuil und folgende Fußgängerpromenade direkt am Strand) fällt die Wahl unter den touristisch aufgemachten, stereotypen Tavernen (wie **Levante, Castello, Gorgona, Napoleon)** schwer; nahe der Festung befinden sich einige empfehlenswerte Tavernen, die von einheimischen Fischern frequentiert werden, so **Kokos** und **Calles.**
- Odos Kirva: neben Imbissbuden und einigen Bars („Nightlife“) findet sich hier ein ganz nettes, kleines Kafénion (gegenüber dem Rathaus, Ecke O. Elsas Saridaki).
- An der Platia Kanupaki bzw. in der Fußgängerzone liegen das **Café Orfeas** und die Konditorei **Zacharoplasteio Veterano** mit Sitzplätzen im Freien.
- **Pórtego,** das Toprestaurant der Stadt in einem toprenovierten Haus mit edler Ausstattung, gilt als der Gourmettempel von Ierápetra (O. Niko Foniadaki, von Hauptstraße O. Chouta Richtung Altstadt).

Unterkunft

Eine Liste mit Unterkunftsmöglichkeiten in Ierápetra bietet die Website **www.ierapetra.com.**

Überwiegend findet man kleine Hotels und Pensionen mit bis zu 20 Betten in der Altstadt und an der Strandpromenade. Die Preise für ein Zimmer bewegen sich in der Regel um die 40 €.

- Die größte Anlage der Stadt ist das am östlichen Ende der Strandpromenade gelegene **Petra Mare**€€-€€€ (4-Sterne-Hotel, Tel. 23341, www.petramare.com, auch über die meisten deutschen Reiseveranstalter zu buchen.
- Weitere große Hotels sind das **El Greco**€-€€ (Tel. 28471) und das **Astron**€€ (beide an der Strandpromenade in der Neustadt, Tel. 25114, Fax 25917) und das **Kamiros**€€ (O. M. Kotri 17, Tel. 28704).
- **Nicolas Apartments,** www.nicolas-apartments-crete.gr, Tel. 28420, nur 3 km östlich von Ierápetra gelegene, ruhige und moderne Anlage mit 13 modernen Ferienwohnungen für 2–4 Pers. mit Balkon/Terrasse (ab 55 €), Meerblick, Pool und hauseigener Taverne. Zu buchen unter www.kreta-reisen.de.

Der „Conrad Hilton“ von Ierápetra:

Das „Hotelimperium“ des ehemaligen Gastarbeiters *Níkos Agianiotákis* und seiner

Frau umfasst mehrere Herbergen darunter zwei Hotels und ein Apartmenthaus (für alle Tel. 22846 oder 28743 bzw. einfach in der Taverne Gorgona an der Strandpromenade fragen).

- **Hotel Coral**€ (O. Ioannidou 18, Tel. s.o., gegenüber der Taverne Gorgona), neu renoviert, sehr sauber, ruhig, alle 9 Zimmer mit eigenem WC/Bad, im ersten Stock auch Balkone; 1 Familien-Zimmer, 2-Sterne-Kategorie.
- **Hotel Ersi**€, Pl. El. Venizelou 19, Tel. s.o., am Anfang der Fußgängerzone gegenüber der Polizeistation, 14 Zimmer (2-Sterne-Kategorie) und ein kleines Café.
- **Apartmenthaus**€ (O. Kothari, an der Strandstraße im östlichen Stadtteil, beim Sportzentrum), 3-Sterne-Kategorie, Vierbett-Zimmer€€; ausgestattet mit kleiner Küche, Bad/ WC, Balkon. Besonders hübsch ist das kleine „Dachhäuschen" für zwei Personen mit Küche, Bad und riesiger Terrasse (toller Blick über Stadt und Meer!).
- **Koutsounari Camping,** Tel. 28420/61213, http://camping-koutsounari.epimlas.gr, ca. 7 km von Ierápetra entfernt, direkt am groben Sand-/Kiesstrand. Mit Minimarket, Taverne, Küche, Kinderspielplatz, TV; windgeschützte Zeltplätze und Boxen für Wohnmobile mit Strom, ruhig.

Östlich von Ierápetra

Die Küstenregion östlich von Ierápetra könnte man mit dem Slogan **„Tomaten und Touristen"** charakterisieren. Die Orte von Koutsounári bis Makrigialós sind reine Ferien- und Agrarsiedlungen, die entlang der Küstenstraße zusammengewachsen sind. Die unübersehbaren Plastikplanen der Treibhäuser, in denen Tomaten, Gurken, Auberginen und Artischocken für den EU-Markt ganzjährig gezogen werden und aus denen auch die begehrten kleinen Bananen und Melonen kommen, treten optisch mit einigen Hotelkomplexen in Konkurrenz. Zum Glück entstehen bisher kaum Betonburgen, sondern zumeist landschaftlich angepasste und eher unauffällige Herbergen. Vor allem entlang der Hauptstraße schießen in den Orten „Rent Rooms", Tavernen, Cafés, Reise- und Tourbüros und Souvenirshops wie Pilze aus dem Boden. Die zwischen Ierápetra und Sitía pendelnden Busse halten in allen Orten an der Strecke.

Von Férma bis Koutsourás

↗ XXII/A-B3

Férma ist eine an den Hängen der Sitía-Berge gelegene Siedlung mit Sandbuchten, Fels- und Kiesstrand. Hier entstehen gerade zahlreiche Neubauten und Hotelanlagen.

Agía Fotiá liegt an einer hübschen Badebucht, mit Tavernen, Weingärten, Olivenhainen und Bananentreibhäusern. Vorsicht: Die Straße führt oberhalb des Ortes vorbei, und ehe man sich versieht, hat man das Dorf verpasst. Römische Fischbecken nahe dem Kakkos Bay Hotel, westlich Agía Fotiá, unterhalb des Felsabbruchs.

Zwischen Agía Fotiá und Makrigialós gibt es einige schöne **Badestrände** und Treibhäuser so weit das Auge reicht. Bei **Koutsourás** lohnt für Wanderfreunde ein etwa sieben Kilometer langer Weg in die „Red Butterfly Gorge" genannte Schlucht, die wegen der vielen sich im Frühjahr hier versammelnden Schmetterlinge berühmt

160kr Foto: bk

Ostkreta

ist (ausgeschilderter Zugang nahe dem Café Dasaki, gutes Schuhwerk erforderlich).

Unterkunft Essen und Trinken

- **Östlich von Agía Fotiá: Hotel Eden Rock** (Tel. 61370, www.kreta-edenrockhotel.de), ca. 0,5 km vom Strand entfernt.
- **Westlich von Agía Fotiá:** Lohnenswert sind **Porto Belisario**€€ (in Ferma, Tel. 61360, Fax 61551) und **Kakkos Bay Hotel & Bungalows**€-€€ (Tel. 61241, Fax 61732; schön über einer kleinen Bucht gelegen, auch über deutsche Reiseveranstalter buchbar).
- **In Koutsounári:** Empfehlenswert sind die **Traditional Cottages** im Ortszentrum (Tel. 61815, www.traditionalcottages.gr, ab ca. 50 € pro Studio).

Gewächshäuser und Touristen bestimmen den Südküstenabschnitt um Koutsounári

Makrigialós

↗ XXII/B3

Ein typisches Beispiel für die Invasion des Tourismus ist Makrigialós, ein vormals ruhiges Fischerdorf, an dessen langem Sandstrand jetzt sommers die Besucher wie Heringe in der Dose liegen. Vom kleinen Hafen aus werden Bootsausflüge zur vorgelagerten **Badeinsel Koufonísi** angeboten. Abseits vom Rummel, oberhalb des Ortes, liegen die nicht zugänglichen Reste einer **minoischen Villa.** Außerdem finden sich im Dorf noch an mehreren Stellen Reste einer römischen Siedlung.

Unterkunft

- In Makrigialós empfiehlt sich besonders das **Hotel Achlia** (Tel. 28420/61306, Fax 61307).

Kloster Kapsá

↗XXIII/C3

Am östlichen Ortsende, dort wo die Hauptstraße die Küstenlinie verlässt, gibt es einen Abzweiger meerwärts zum rund 8 km weiter östlich gelegenen Moní Kapsá. Das Kloster schmiegt sich als verwinkelter Baukomplex auf mehreren Ebenen an den Hang, hoch über einer Schlucht. Es wurde im 15. Jh. gegründet und 1640 von Türken zerstört. Im späten 19. Jh. war es ein Kreter Namens *Ionannis Jerontakis (Jerontojannis)*, der das Kloster wieder belebte, neu aufbaute und als „Wunderheiler" in Erscheinung trat.

- **Moní Kapsá,** geöffnet tgl. 8–12.30 und 15.30–19 Uhr; keine Busverbindung.
- **Taverna Spiliá tou Drákou** (Drachenhöhle), 3 km vom Kloster an der Straße nach Makrigialós, einfache, aber ausgezeichnete lokale Spezialitäten.

Westlich von Ierápetra

Die Straße von Ierápetra westwärts führt zunächst entlang der Küste, um dann bei Mírtos in die Berge einzubiegen und in der Messará-Ebene (bzw. in Iráklion) zu enden. Westlich von Ierápetra spielt der Tourismus im Unterschied zum Osten nur eine untergeordnete Rolle. Vergleicht man die beiden Regionen miteinander, glaubt man kaum, dass sie nur wenige Kilometer voneinander entfernt sind. Treibhäuser reichen häufig direkt an den Strand heran, und wo sonst Liegen und Sonnenschirme stehen, Hotelzimmer und Ferienapartments Ausblick bieten, dominiert die Landwirtschaft. Bei Mírtos beginnen die **Díkti-Berge,** eine landschaftlich sehr reizvolle Region. An der Strecke befinden sich einige hübsche Bergdörfer, z.B. Áno Viános.

Der besondere Tipp

Ágios Georgios gehört zu den **urtümlichen Dörfern** Kretas, weitab vom Touristenrummel, wenn auch nur etwa 25 Autominuten von Ierápetra entfernt. *Alistair* und *Suzanne* betreiben in der Nähe des Ortes die **Anatoli Donkey Farm** (Tel. 697/6088547, www.walkwithdonkeys.com; Touren auf Voranm.), ein Refugium für Familien. Zumeist gerettete bzw. ausgesetzte Tiere werden auf der Farm aufgepäppelt und wieder eingesetzt, z.B. für Eselstouren bei Mondschein, zu Picknick-Ausritten, Eintagestouren nach Kalamafka, Halbtages- oder Abend-Touren durch die schöne Landschaft im nordwestlichen Hinterland Ierápetras. Die Besitzer betreiben zudem ein B&B im nahen Bergdorf Anatoli bzw. bieten die Möglichkeit zum Camping.

Mírtos

↗XXI/C3

Mírtos hat den Ruf eines **ruhigen Badeorts,** liegt schön am Ende eines fruchtbaren Tals mit langem Strand, umgeben von karger, aber umso eindrucksvollerer Bergwelt: eine kleine Oase, ruhig und idyllisch. Doch auch hier scheint sich das kretische Tourismusphänomen abzuzeichnen. War Mírtos früher bei Rucksacktouristen beliebt, haben inzwischen Individualtouristen den Ort entdeckt, und es entstanden einige große Hotels. In der Hochsaison sind Ort und Strand überfüllt, in den übrigen Zeiten hält sich der Zulauf jedoch in Grenzen. Rings um den Ort befinden sich zahlreiche antike Reste.

Ausgrabungen

Östlich der Ortschaft liegt die Ausgrabungsstätte **Pírgos.** Auf einem Hügel nahe der Straße befinden sich Reste einer minoischen Villa und einer Siedlung, die dank ihrer strategisch günstigen Lage zwischen 2200 und 1450 v. Chr. besiedelt war.

Etwa einen Kilometer davon entfernt liegt **Foúrnou Korifí,** nahe dem Ortsschild „Nea Myrtos". Wie bei Pírgos ist nicht mehr allzu viel zu sehen, der Weg führt hier zudem über Stock und Stein, und daher empfiehlt sich der Abstecher nur für wirklich archäologisch Interessierte. Es handelt sich ebenfalls um eine minoische Siedlung, deren Bewohner in einer Art Pueblo, d.h. in einem zusammenhängenden Komplex aus mehr als 90 Räumen, lebten. Funde wie Pithoi und Amphoren für Wein und Öl deuten an, dass Trauben und Oliven kultiviert, außerdem Schafe gezüchtet und Töpferei betrieben wurden. Von hier stammt auch die **„Göttin von Myrtos"** (zu sehen im Archäolog. Museum Ágios Nikólaos).

Busverbindung

- Mehrmals tgl. ein Bus von und nach **Ierápetra;** er hält bei der neuen Kirche an der Durchgangsstraße.

Essen und Trinken

- Eine Reihe von Tavernen befindet sich an der Strandpromenade und an der Hauptstraße, wie das **Estiatorion Kostas;** hier auch ein Kiosk, Lebensmittelläden und Souvenirshops.

Unterkunft

- „Rent Rooms" wie Nostos, Angelos, Nikos, Kastro, Despina, aber auch Hotels wie **Mirtos** (www.myrtoshotel.com) oder **Mirtopolis.**

Im Süden der Díkti-Berge

Von Mírtos aus führt die Straße plötzlich über steile Serpentinen hinein in die Díkti-Berge. Entlang der Straße eröffnen sich immer wieder traumhafte Ausblicke auf die Berge, die Buchten und das Libysche Meer. Die Dörfer „kleben" meist malerisch an den Hängen und haben sich viel von ihrer Urtümlichkeit bewahrt.

In **Áno Symi,** einem fast verlassenen Dorf an einer Abzweigung rechter Hand, steht die Kirche Ágios Geórgios, mit Fresken wie dem „Letzten Abendmahl" von *Manuel Phokas* (1453), einem der Vorläufer der kretischen Schule, der die Ikonentechnik hier erstmals auf ein monumentales Fresko übertragen hat.

Abstecher zur Küste

Schon kurz hinter **Péfkas,** einem kleinen Dorf mit Laden, Kafénion und Bäckerei, zweigt eine Stichstraße (etwa 10 km) in Richtung Meer ab.

Dort liegt **Arví,** ein von Bananenplantagen umgebenes Dorf. Seine spektakuläre Lage in einer von Felswänden umgebenen Bucht sorgt auch hier für das allmähliche Aufkommen des Fremdenverkehrs.

Ziemlich am Anfang der Abfahrt Richtung Arví, nahe dem Ort **Amirás,** rückt an der Hauptstraße ein eindrucksvolles **Denkmal** für die kretischen Widerstandskämpfer im Zweiten Weltkrieg ins Blickfeld. Das Mahnmal erinnert an Männer, die am 14.9.1943 hier von der deutschen Wehrmacht hingerichtet wurden. Die eindrucksvolle Anlage besteht aus Erinnerungstafeln an die Toten und wird von einer Bronze-Siegesgöttin, mit sterbenden Kämpfern zu Füßen, überragt. Daneben steht ein Bronzerelief mit Szenen des Widerstandskampfes. Eine Kapelle vervollständigt dieses Mahnmal an prominenter Stelle.

Áno Viános ↗ XX/A3

Die Hauptstraße führt weiter hinein in die Bergregion, die zunehmend bewaldet ist. Áno Viános ist ein hübsches Bergdorf, terrassenförmig an einem Steilhang angelegt. Umgeben ist der Ort von üppiger Vegetation, von **Weingärten und Olivenhainen** – eines der besten Olivenöle Kretas kommt aus dieser Region.

Längst haben die Tourismusmanager das Idyll in den Bergen entdeckt, und unzählige Ausflugsbusse finden den Weg im Rahmen der so genannten „Fahrt ohne Titel“ hierher und machen den Ort zum „Kritsá der Südküste“. Am schönsten ist es frühmorgens oder abends, wenn die Busladungen in ihre Hotels zurückgekehrt sind. Dann präsentiert sich das Dorf recht malerisch, mit Tavernen, Cafés und Läden, die ihr Angebot an die Besucher angepasst haben. Trotz deren „heuschreckenartiger“ Einfälle – kurzer Stopp zum Einkaufen, Fotografieren und für einen Kaffee – ist es gerade der Tourismus, der dieses Dorf vor dem Niedergang gerettet hat. Hier wandern die jungen Leute nicht mehr ab, sondern finden neue einträgliche Arbeitsmöglichkeiten, betreiben Pensionen, Tavernen und Läden. Auch wenn es keine eigentlichen, dorftypischen „Spezialitäten“ wie Webarbeiten oder Töpferwaren gibt, sind Honig und Olivenöl lohnende Souvenirs.

Es macht Spaß, abseits der Hauptstraße in den engen Gassen des Ortes herumzuschlendern. Man stößt allein auf drei Kirchen, darunter **Agía Pelagía** mit Fresken von 1360, sowie auf Reste der antiken griechischen Stadt **Viános.** Áno Viános ist bereits seit frühminoischer Zeit besiedelt und galt seit jeher als Widerstandsnest. 1822 zerstörten die Türken deshalb das Dorf, und 1943 wurden kretische Partisanen aus dem Ort in einer Vergeltungsaktion von deutschen Truppen hingerichtet.

Historisches Museum

Die Hauptattraktion von Áno Viános ist das Historische Volksmuseum am westlichen Ortsausgang, mit kleinem Shop und Café auf dem Parkplatz, der sich auch ideal als Startpunkt für einen

Spaziergang ins Dorf anbietet. Das Museum entstand in Privatinitiative und ist sehr sehenswert; auch eine junge Deutsche, mit einem Kreter verheiratet, gehört zu den festen Mitarbeitern. Neben historischen Dokumenten und Fotos erfährt man, gut aufgemacht im Erdgeschoss und auf einer Empore, Interessantes zu **Handwerkstechniken, Handarbeiten** und vor allem zum **Alltag der Bauern und Hirten.** Einige der alten Gerätschaften, wie eine Vorrichtung zum Schnapsbrennen, machen deutlich, wie spartanisch und doch einfallsreich das Landleben früher war.

- **Historisches Museum,** am westlichen Dorfrand, Tel. 28950/22801 oder 22778, April bis Mitte Oktober tgl. 9.30–13.30 Uhr, Eintritt 2 €

Busverbindung

- Mo–Fr hält zweimal tgl. ein Bus, der zwischen Iráklion und Ierápetra verkehrt.

Einkaufen

- **Oktria,** kleiner ungewöhnlicher Souvenirladen an der Hauptstraße (gegenüber Metzger und Lotto-Toto-Stelle) mit schönem Modeschmuck, Komboloi (rosenkranzartige Spielketten), Keramik, Musik, Rakí, Kräutern und Honig.

Essen und Trinken

- Unter den zahlreichen Tavernen geht **Kontentaki,** eine kleine Psistaria am westlichen Ortsende, fast unter. Gegenüber der Küche und dem Gastraum stehen auf einem kleinen Plätzchen mit Platane drei Tische.

Unterkunft

- Einige **Privatzimmer;** einfach in einer Taverne nachfragen.

Von Áno Viános zur Messára-Ebene

Hinter Áno Viános wird die Berglandschaft wieder karger und wilder. Hier ist ein zweiter Abstecher ans Meer, nach **Keratókambos** möglich. Über steile Serpentinen führt eine Teerstraße hinunter zum kleinen Fischerdorf. Noch ist es hier eher einsam, wenige Gäste finden her.

Weiter auf der Hauptstraße gabelt sich bei **Marthá** die Straße – der eine Weg führt nach Iráklion, der andere zur Messará-Ebene. Auf dem Weg Richtung Iráklion gelangt man nach etwa 4 km nach **Embáros.** Hier steht Ágios Geórgios, eine Einraumkapelle mit Malereien von *Manuel Phokas* von 1436/37.

Die Route Richtung Messará-Ebene passiert eine Reihe kleiner Ortschaften wie Skiniás, Káto Kastellianá und Áno Kastellianá. Von **Káto Kastellianá** aus führt ein etwas abenteuerlicher Abstecher an die Küste nach **Tsoútsouros,** einem Fischer- und Agrardorf.

Auf der Hauptroute weicht die Berglandschaft immer mehr einer Hügelgegend mit unzähligen Olivenhainen und Weingärten, vor allem um das Agrarzentrum **Pírgos.** Hinter diesem Ort beginnt das Vorgebiet der Messará-Ebene, landwirtschaftlich genutzt und kaum touristisch erschlossen, da nur vom Durchgangsverkehr berührt.

164kr Foto: bk

Messará-Ebene und südliches Ída-Gebirge

165kr Foto: bk

166kr Foto: bk

Die Wasserleitung im minoischen Palast von Agía Triáda funktioniert noch heute

Katzen fühlen sich auf den Ausgrabungsstätten wohl

Das berühmte „Stadtrecht von Górtis“ aus dem 5. Jh. v. Chr. auf Steinblöcke geritzt

Überblick

„Die Messará-Ebene ist das Schatzhaus von Kreta und das Ereignis der Insel im Süden ..."

Erhart Kästner

Die etwa vierzig Kilometer lange und zwischen zehn und zwölf Kilometer breite **Messará-Ebene** im südlichen Zentralkreta, rund 45 km südwestlich von Iráklion, gilt schon seit vorgeschichtlichen Zeiten als die „Kornkammer" Kretas. Die **fruchtbare Ebene** besteht aus Anbauflächen und Treibhäusern für Wintergemüse und vor allem tropische Früchte (Bananen, Ananas, Kiwis, Orangen), seit 1988 wird auch Kaffee angebaut. Daneben betreibt man Getreideanbau und kultiviert Olivenbäume.

Vom Meer her schiebt sich die Ebene, kaum merklich nach Osten zum Díkti-Gebirge ansteigend, wie ein Keil zwischen das nördlich gelegene **Ída-Gebirge** und die **Asteroúsia-Berge,** die sich wie eine Mauer zwischen der Ebene und dem Libyschen Meer aufbauen. Die Fruchtbarkeit der Ebene hatte zur Folge, dass hier bedeutende Siedlungen und Städte entstanden: In minoischer Zeit lagen mit **Festós** und **Agía Triáda** gleich zwei wichtige Zentren in der Ebene, und die Römer machten **Górtis** zur Hauptstadt Kretas. Heute ist **Míres** der wichtigste Ort der Region.

Agíi Déka

↗ XVIII/A2

Von Osten, aus Richtung Ierápetra und Díkti-Gebirge kommend, ist Agíi Déka der erste größere Ort in der Ebene. Hier zweigt von der Hauptstraße eine Straße nach Iráklion ab, während die Hauptroute weiter nach Westen führt.

Auch wenn es einige Tavernen und „Rent Rooms" im Ort gibt, ist die Region touristisch unterentwickelt, da sie nur Durchgangsstation auf dem Weg zu den großen Attraktionen ist. Agíi Déka entstand im Laufe des 9. Jh. n. Chr., nachdem die Sarazenen Górtis erobert hatten und sich die Überlebenden hier eine neue Heimat aufbauten. Erhart Kästner behauptete, *„keines der ärmlichen Häuser ist ohne Stein. Aber nicht aus Liebhaberei ... Marmor ist selten auf Kreta, und hier ist er geschenkt. So sind die praktischen Römer geschlagen von den praktischen Kretern ..."*

Der Name Agíi Déka geht auf **zehn kretische Bischöfe** zurück – *Agathopous, Basileidis, Euarestos, Eunikianos, Euporos, Gelasios, Pompios, Satorninos, Theodoulos, Zotikos* –, die während der Christenverfolgung unter *Decius* und *Valerian* in Haft genommen und am 23. Dezember 250 n. Chr. hingerichtet wurden. Ihr Grab und eine **Kapelle** befinden sich am westlichen Ortsausgang, wobei die Kirche erst 1927 erbaut wurde, als man die Gebeine entdeckte.

Natürlich ranken sich um die zehn Märtyrer **Legenden.** So erzählt eine, dass sich an Stelle der Kirche einst ein runder Dorfteich befunden haben soll. Hier erschien einem Kind eine schwarze Frau, die von den zehn heiligen Männern erzählte. Das Kind soll die Geschichte nicht geglaubt haben, war wohl aber sehr erschrocken und hatte danach immer wieder Fieberanfälle. Die besorgten Eltern benachrichtigen den Bischof, der das Gelände um den See umgraben ließ. Und siehe da, man fand die Gebeine der Toten sowie eine Marmorplatte mit Knieabdrücken, die sie angeblich bei ihrer Enthauptung im Stein hinterlassen hatten. Daraufhin legte man den Teich trocken – was jedoch nicht recht gelungen zu sein scheint, da die Kirche im Winter oft unter Wasser steht.

Noch bis Anfang des 20. Jh. war der Ort Bischofssitz, heute lebt man von der Landwirtschaft und vor allem vom Górtis-Tourismus.

Service

- **O.T.E.** und **Post** an der Hauptstraße

Busverbindung

- Busse, die mehrmals täglich zwischen Mátala/Agía Galíni und Iráklion pendeln, halten sowohl in Agî Déka (im Ortszentrum) als auch vor dem Eingang zur Grabung in Górtis.

Essen und Trinken, Unterkunft

- Einige **Tavernen** entlang der Hauptstraße. Einzelne Privatzimmer sind zu mieten (in Tavernen nachfragen).
- In Kapetaniana, einem Bergdorf bei Loukia, ca. 20 km südöstlich von Agî Déka, betreiben zwei Österreicher die abgeschieden gelegene **Pension Kofinas** (Kapetaniana 28, Asimi, Tel. 2893/041440 oder 041858, www.korifi.de); drei DZ und ein Mehrbettraum für 4 Personen, HP möglich; beliebter Treff von Wanderern und Bergsteigern, zudem Kochseminare und Wandertouren.
- **Thalori Charming Houses,** ebenfalls in Kapetaniana (Infos und Reservierung: www.guestinn.com), 14 traumhaft renovierte und modern ausgestattete Dorfhäuser für je 2–6 Personen, ab 60 € für 2 Pers.

Einkaufen

- In Mitrópolis, ca. 0,5 km südlich von Górtis, liegt der **Töpferhof** von *Nazim* und *Wolfgang Zieger*, untergebracht in einem alten kretischen Gehöft. Hier werden handgefertigte Keramik und eigenes Olivenöl verkauft und Töpferkurse, Seminare und Psychologie-Workshops veranstaltet (www.oneworldnet.de/phpde/toepferhof.php).

Górtis – Kretas römische Hauptstadt

↗ XVIII/A2

„Der Baugrund von Gortyn ist groß und weit, und längst nicht alles ist ausgegraben. Überall auf den Feldern, wo man gräbt und auch wo der Krieg im Boden gewühlt hat, kommt Altes zum Vorschein."

Erhart Kästner

Die Reste der römischen Hauptstadt Kretas, Górtis oder **Gortyna,** muss man gesehen haben, um zu verstehen, dass Kreta nicht nur in minoischer Zeit bedeutend war. Die eindrucksvollen Reste der Metropole erstrecken sich nicht nur auf den abgezäunten Bereich nördlich der Straße, sondern auch südlich davon. Rund 300 m vom Zugang zur Ausgrabung entfernt führt ein Fußpfad zu anderen Ruinen, die malerisch inmitten Olivenhainen liegen und kaum besucht werden. Die Haupt-

Fundstellen sind umzäunt, und man sollte diese Begrenzungen zum Schutz der Denkmäler auch akzeptieren. Der ruinöse Zustand der meisten Bauten setzt eine gute Vorstellungskraft voraus. Einen wunderbaren Rundblick hat man von der im Nordwesten gelegenen umzäunten Akropolis.

Das Zentrum der römischen Stadt liegt etwa 1,5 km westlich von Agíi Déka an der Hauptstraße nach Míres. Nur wenige Teile der einstigen römischen Metropole sind überhaupt ausgegraben worden, doch schon diese Reste weisen auf die große Bedeutung hin. Um den Namen der Stadt ranken sich eine ganze Reihe von Theorien, nach einer soll sie nach einem Sohn des legendären Bruders des *Minos*, *Rhadamanthys*, benannt worden sein.

Hinter dem Eingang (außerhalb des umzäunten Areals, beim Café/Shop) befindet sich hinter Gittern eine kleine Ausstellung von herausragenden römischen Gewandstatuen und einer lebensgroßen Sitzstatue des Kaisers Hadrian aus dem 2. Jh. n. Chr.

Geschichte

Schon in minoischer Zeit war Górtis ein blühender Ort in der Messará-Ebene, stand allerdings immer im Schatten von Festós. Ein Bedeutungszuwachs war erst nach dem Ende dieser Epoche und nach der dorischen Zuwanderung festzustellen. Im 3. Jh. v. Chr. setzte sich die Stadt endgültig an die Spitze in der Ebene, nachdem man sowohl Festós als auch den Hafen Mátala erobert und damit die Herrschaft über das südliche Zentralkreta ausgedehnt hatte. Die Stadt war so mächtig, dass sogar Verbindungen nach Libyen und zu den Ptolemäern in Ägypten bestanden. Obwohl man 189 v. Chr. Roms Erzfeind *Hannibal* Asyl anbot, mauserte sich die Stadt bald zu einem verlässlichen Bundesgenossen der Römer.

Und das sollte sich auszahlen: Bei der endgültigen Kreta-Eroberung durch die Römer unter *C. Metellus*, 68–66 v. Chr., blieb die Stadt vor Zerstörung und Plünderung verschont und wurde zur **Hauptstadt** gemacht. Das war weniger als „Belohnung“ gedacht, als aus strategischen Überlegungen heraus passiert, denn schnell hatten die Römer die geografisch günstige Lage inmitten einer Kornkammer erkannt. Górtis war Hauptstadt der römischen **Provinz Creta et Cyrenae,** die dem Senat von Rom unterstand und von einem römischen Statthalter verwaltet wurde. Sie umfasste Kreta und große Teile des heutigen Libyens.

Zu Berühmtheit gelangte die Stadt auch wegen des Apostels *Paulus*, der im Jahre 59 n. Chr. auf seinem Weg nach Rom hier Station macht. Er ließ seinen Begleiter *Titus* zurück, der erster Bischof von Kreta wurde, betraut mit der Aufgabe, die Kreter – *„Lügner zumeist, wilde Tiere und faule Bäuche“* – zu bekehren. Titus hat anscheinend gute Arbeit geleistet, denn während der **Christenverfolgung** um die Mitte des 3. Jh. n. Chr. traf es auch die Insel. Allein zehn Bischöfe wurden hingerichtet.

Die über Jahrhunderte andauernde Blüte der Stadt setzte sich auch noch

167kr Foto: bk

in der **ersten byzantinischen Zeit** fort und fand erst beim Arabereinfall 824 ein jähes Ende. Danach wurde der Ort verlassen und nie wieder besiedelt; die Bewohner, die überlebt hatten, ließen sich weiter östlich, im heutigen Agíi Déka, nieder.

Die Ausgrabungen

Die Stadt wurde erst um 1880 von den Archäologen *Fabricius* und *Halbherr* entdeckt und teilweise ausgegraben. Heute finden in bestimmten Bereichen immer wieder einmal neue Grabungen statt, doch leider fehlt bislang eine umfassende Publikation zu dieser bedeutenden Stadt, ihrer Ausdehnung und den Einzelbauten. Das Ganze gleicht einem Puzzle, das bisher aus wenigen zusammenhängenden Steinen besteht und nur beschränkt Einblick zulässt, wie die vormals prunkvolle Stadt wohl ausgesehen haben mag.

Rundgang

Das Ausgrabungsgelände wird von der viel befahrenen Straße Iráklion-Festós zerschnitten – daher Vorsicht beim Wechseln vom vielfrequentierten Nord- in den ziemlich überwucherten, größeren Südteil. Die erhaltenen Bauten stammen aus der Zeitperiode vom 5. Jh. v. Chr. bis weit hinein

Die frühchristliche Basilika in Górtis

1 Zugang, Museum und Café
2 Titusbasilika
3 Agora
4 Odeion
5 Griechisches Theater
6 Akropolis (unzugänglich)
7 Prätorium
8 Nymphäum
9 Amphitheater
10 Stadion
11 Heiligtum der Isis und des Serapis
12 Apollontempel
13 Römisches Theater

in byzantinische Zeit. Hinter dem **Eingang** zur Nordhälfte **(1)** erreicht man zunächst die **Titusbasilika (2),** eine Kreuzkuppelkirche aus dem 6. Jh. n. Chr. Die wenigen erhaltenen Teile, die Ostapsis und kleinere Nebenapsiden, deuten die einstige Pracht an.

Über die **Agora (3)** erreicht man den zweiten bedeutenden Bau, das **Odeion (4),** das teilweise wieder aufgerichtet wurde. Dieses überdachte Theater, das zumeist für musikalische Aufführungen genutzt wurde, aber

168kr Foto: bk

auch für Bürgerversammlungen herhielt, entstand im 1. Jh. v. Chr. über dem alten griechischen Buleuterion, dem Rathaus der Stadt.

Hier hatte man im 5. Jh. v. Chr. das berühmte **„Stadtrecht von Górtis"** in Stein gemeißelt und für alle sichtbar angebracht. Als in römischer Zeit das Odeion errichtet wurde, mauerte man die alten Tafeln kurzerhand in den Umgang des Theaters mit ein. Die Steinblöcke mit den eingeritzten Gesetzestexten (s. auch Kapitel „Geschichte: Das antike Kreta") beinhalteten verschiedenste rechtliche Bestimmungen zu Alltagsstreitigkeiten, beschäftigten sich mit Familienrecht, Ehebruch, Mischehe, Scheidung und Erbrecht – waren sozusagen eine Kombination aus BGB und StGB.

Auf der anderen Seite des kleinen Flusses Mitropolianos, vorbei an einer angeblich immergrünen Platane, unter der *Zeus* und *Europa* den *Minos* gezeugt haben sollen, liegen die nicht zugänglichen Reste eines großen **griechischen Theaters (5);** ganz in der Nähe sind Überreste einer venezianische Mühle. Über dem Theater erhebt sich weithin sichtbar die (umzäunte)

Im Odeion von Górtis befinden sich die berühmten Gesetzestafeln

Akropolis (6), von der nur einige Mauerreste und eine byzantinische Festungsmauer erhalten sind.

Südlich der Straße verbergen sich die Ruinen des großen Stadtareals teilweise zwischen Olivenbäumen und Gestrüpp: Die Reste mehrerer **Tempel** (Isis- und Serapis-Heiligtum) **(11),** Apollon-Tempel **(12),** eines weiteren **Theaters (13),** die Grundmauern des **Prätoriums (7)** – des politischen und verwaltungstechnischen Zentrums – Teile eines Aquädukts, eines **Nymphäums (8),** eines **Amphitheaters (9),** eines **Stadions (10),** einer römischen Agora, von Thermenanlagen und einer **römischen Nekropole** wurden aufgedeckt.

Öffnungszeiten

- Die Grabung ist täglich von 8 bis 18 Uhr geöffnet, Eintritt 4 €.

Abstecher nach Léntas ↗ XVIII/A3

Von Górtis südwärts verläuft eine gute Teerstraße ans Meer zum Hafenort Léntas, der bei **Rucksacktouristen** beliebt ist, da diese Region (noch) zu den fremdenverkehrstechnisch am wenigsten erschlossenen gehört. Am reizvollsten daran ist die Fahrt durch das **Asteroúsia-Gebirge,** auf der kurvenreichen Straße eröffnen sich immer wieder atemberaubende Ausblicke, und man kommt durch malerische Bergdörfer wie Miamoú, Krotós und Pómbia.

Léntas war einst einer der Häfen von Górtis, doch wo früher geschäftiges Treiben geherrscht haben muss, ist heute wenig los. Faulenzer und Sonnenanbeter können hier die Strände in den versteckten Badebuchten genießen und entspannen, ganz wie es schon in der Antike jene Besucher taten, die wegen der heilenden Quellen zum hiesigen Asklepiosheiligtum pilgerten. (Heute wird das „Heilwasser" von einer Limonadenfabrik verwendet.)

Reste einer **Thermenanlage** aus dem 2. Jh. n. Chr. sind erhalten, außerdem eine **frühchristliche Basilika** und Reste aus minoischer Zeit – wie **Tholosgräber** in der Umgebung, z.B. in Akonáki, ca. 5 km nördlich.

Der Ortsstrand ist zum Baden weniger zu empfehlen, besser geeignet ist der **Sandstrand** westlich davon, wo auch teilweise FKK betrieben wird. Im Ort sorgen mehrere Tavernen für das leibliche Wohl, es gibt „Supermarkets" und Souvenirshops, Cafés sowie Vermieter von Ferienwohnungen und Zimmern. Es scheint, als würde die Region mehr und mehr von eher rücksichtslosen Individualtouristen „in Besitz genommen".

Essen und Trinken, Unterkunft

- Zimmervermietung in fast jedem Haus (wird bei Busankunft angeboten), z.B. **Lendas** (2-Sterne-Kategorie, Tel. 0892/95221, DZ etwa 40 €).
- Tavernen wie **El Greco** (www.lentas-elgreco.com; direkt am Strand gelegene Taverne mit hervorragender Küche sowie schönen Gästezimmern mit Ausblick auf den Strand), außerdem deutsche Bäckerei/Café **Pedros.**

Mirés und Kalí Liménes ↗XVII/D2/3

Míres ist das zentrale Städtchen in der Ebene, Versorgungs- und Verwaltungszentrum, mit Geschäften, Werkstätten und Schulen und zugleich wichtiger Nahverkehrsknotenpunkt. Berühmt ist der Ort wegen seines **Samstagsmarktes,** während dem nicht nur Produkte der Region angeboten werden, sondern auch eine Art Flohmarkt mit Kleidung, Stickereien und Webarbeiten stattfindet und sich die Bewohner der Ebene treffen. Am Westende des Marktes befindet sich der „Eselsparkplatz", da noch heute mancher Bauer auf sein vierbeiniges Transportmittel vertraut.

Busverbindung

- **Busse** in alle Richtungen (Iráklion, Mátala, Festós, Agía Galíni, Léndas) an der Hauptstraße in Míres (Sa Abfahrt in der unterhalb, südlich, liegenden Parallelstraße).

Essen und Trinken

- **Tavernen** finden sich an der Hauptstraße, wie die traditionelle **Psistaria** von *Georgios Tsikritsakis* (nur 11–15 Uhr).

Einkaufen

- **An der Hauptdurchgangsstraße:** breites Angebot, samstags **Markt** (7–13 Uhr, Haushaltwaren, Kleidung u.v.m.). Außerdem bieten auf dem großen freien Platz südlich der Hauptstraße (neben dem Busbahnhof) Bauern aus den umliegenden Dörfern ihre Produkte an.

Abstecher nach Kalí Liménes ↗XVII/D3

Von Míres aus bietet sich ein weiterer Abstecher ans Libysche Meer an, nach Kalí Liménes, das auch über eine kurvige Straße, teils geteert, teils geschottert, von Léndas aus erreichbar ist. Hier ging einst *Paulus* an Land, heute rücken vier riesige **Öltanks** ins Blickfeld, da sich im Meer die Umladestation für libysches Öl auf griechische Tanker befindet. So ist heute der Name „Schöner Hafen", wie Kalí Liménes wörtlich heißt, wohl etwas fehl am Platz. Kein Wunder, dass der Ort touristisch kaum erschlossen ist und derzeit eher als Anlaufpunkt für „Geschäftsreisende in Sachen Öl" fungiert.

Kloster Kalivianí ↗XVII/D2

Kurz vor der Abzweigung nach Mátala und Festós liegt an der Hauptroute durch die Messará-Ebene das moderne **Moní Kalivianí,** eine der wenigen noch voll **aktiven Klosteranlagen** Kretas, mit Waisenhaus, Mädchenpensionat, Altersheim, Hospital und großer **Handarbeitsschule** (die Stücke können im zugehörigen Laden auch käuflich erworben werden). Sehenswert ist der Komplex allein wegen seiner üppigen Vegetation (Oleander, Bougainvillea, Zwergpalmen), dazu lohnt ein Blick auf die kleine Kapelle hinter der Hauptkirche mit Freskenresten.

Festós

↗ XVII/D2

„Phaistos ist ein Palais. Nur diese Bezeichnung paßt; weder Burg noch Schloß noch Palast ... Mild in den Maßen, beruhigt in der Lage, anmutig und geistvoll dem Genusse zugewandt – so ist dies Schloß, wie es die Phantasie sich aus den erhaltenen Trümmern erbaut."

Erhart Kästner

Festós ist nach Knossós die am zweithäufigsten besuchte antike Stätte Kretas. In der Tat lohnt die prächtige Anlage, trotz ihrer etwas komplizierten Baugeschichte, alleine schon wegen der **traumhaften Lage** und der Aussicht auf die Messará-Ebene, das libysche Meer und das Ída-Gebirge. Wer dem Massenansturm entgehen möchte, sollte möglichst früh da sein, denn spätestens gegen Mittag ist der Parkplatz überfüllt, drängeln sich zahllose Besucher schwitzend unter der Mittagssonne auf dem Gelände.

Nach dem „Erlebnis Knossós" sind viele der Besucher zwar enttäuscht, doch ist es objektiv betrachtet angenehmer, ein ehrliches Ruinenfeld vor sich zu haben, als fantasievoll rekonstruierte, pseudoantike Bauten. Festós vermittelt deshalb ein **authentischeres Bild** von der minoischen Zeit als Knossós. Doch auch hier heißt es aufpassen, denn es wurde sehr behutsam und oft kaum merklich modern ergänzt, rekonstruiert und ebenfalls nach *Evans'* Ideen interpretiert – schließlich standen die hiesigen Ausgräber in engem Kontakt mit dem Briten.

Auch wenn der erste Eindruck glauben macht, die Anlage wäre gut erhalten – man sehe sich nur die Kanalisation an –, darf man nicht vergessen, dass hier lediglich *eine* baugeschichtliche Zeitperiode „sauber und ordentlich" ausgebreitet wurde. In Wahrheit sah es wohl nie so hübsch geordnet und übersichtlich aus, sondern es herrschte **bauliches Durcheinander:** Mehrgeschossige Neubauten entstanden neben alten „Burgen", Holzbuden und primitive Hütten standen in nächster Nähe zu hochherrschaftlichen Gemächern. Auch hier passt das Wort „Palast" in der uns geläufigen Verwendung nicht, denn um einen prunkvollen Einzelbau und bloßen Herrschaftssitz handelt es sich nicht.

Um die aufwendigen, verschiedengestaltigen Baukomplexe der herrschenden Sippe, Familie oder Schicht gruppierte sich eine komplette **pulsierende Stadt,** von der Reste im Nordosten erhalten sind. Dabei waren sicher nur Teile aus Stein, viele Hütten und Verschläge hingegen, aber auch obere Stockwerke, aus Holz gebaut. Das Bild, das sich bot, war wahrscheinlich das einer verschachtelten und engen, chaotischen und unübersichtlichen, pulsierenden minoischen Stadt, mit „Fürstensitz" als kultisch-politisch-wirtschaftlichem Zentrum. Dieser große Komplex thronte auf einem künstlich abgeflachten Hügel, die Siedlung erstreckte sich bis über die Hügelhänge und breitete sich vor allem nach Westen aus.

Die **Siedlung** lag damit strategisch günstig hoch über der Ebene, und die herrschenden hohen Temperaturen, die Besucher heute im Nu in den Schatten der Bäume fliehen lassen,

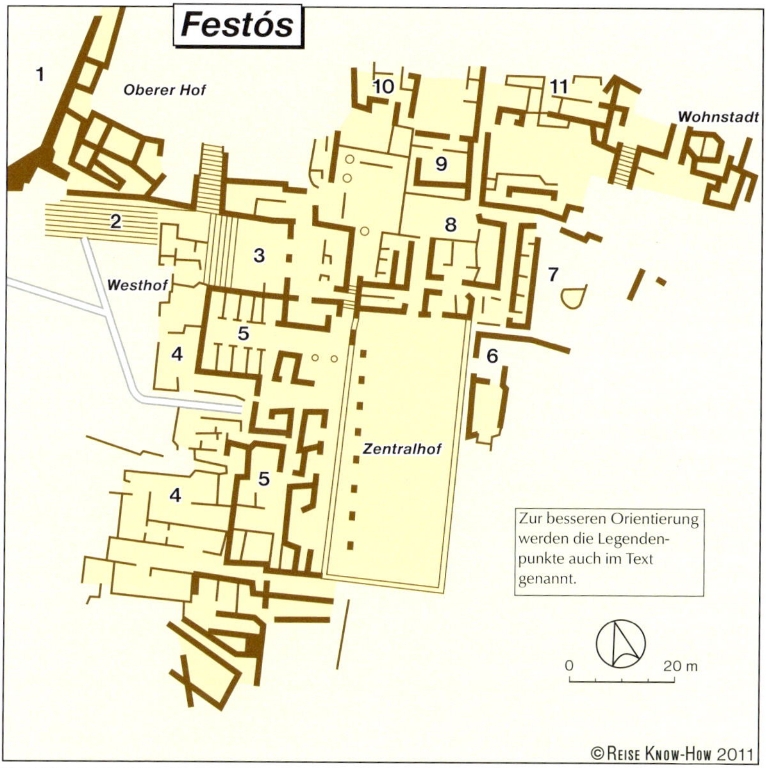

1 Zugang und Laden
2 Schautreppe
3 Propylon und Lichthof des Neuen Palastes
4 Fundamente des alten Palastes
5 Magazine, Werkstätten
6 Osttrakt mit königlichen Gemächern und „Kultbad“
7 Werkstätten
8 Empfangsräume
9 Privatgemächer
10 „Kultbad“
11 Werkstätten und Archive

wurden durch eine kühle Meeresbrise und geschickte Platzierung von Fenstern und Türen sowie entsprechende Raumaufteilung erträglich gemacht. Die Fruchtbarkeit der Messará-Ebene führte dazu, dass Festós sich zum zweitgrößten und -wichtigsten minoischen Siedlungsort und Machtzentrum entwickeln konnte.

Die **Ausgrabungen** von Festós erledigten Anfang des 20. Jh. Italiener, zunächst der Südtiroler *Frederico Halbherr,* dann *Luigi Pernier*. 1935 veröffentlichte Letzterer den ersten Grabungsband, dem 1950 ein zweiter von *Luisa Banti* folgte. Bis heute sind die Arbeiten jedoch nicht abgeschlossen, vor allem im Westteil der Stadt wird noch eifrig geforscht. Wo sich heute die Besucher erfrischen können und Souvenirs verkauft werden, befand sich vormals die archäologische „Schaltzentrale", die im Ersten Weltkrieg zum Lazarett und im Zweiten zur Kommandozentrale der deutschen Wehrmacht umfunktioniert wurde.

Rundgang

Erste Siedlungsspuren lassen sich im Bereich des Nordwest-Flügels schon für das Neolithikum, vor 2600 v. Chr., nachweisen. Prächtiger wurde der Ort dann in der Mitte des 19. Jh. v. Chr. ausgebaut, der so genannte **Alte Palast** entstand – kurz nach demjenigen von Knossós. Betritt man das Gelände, steht man zunächst auf dem oberen Hof und blickt auf die Anlage hinab. Im Zentrum befindet sich der **Große Hof,** doch zunächst sollte man sich dem westlichen Areal zuwenden. Dort erkennt man eine **Schautreppe (2),** vielleicht eine Art Tribüne für kultische Veranstaltungen, die zum **Westhof** überleitet, zu dem wiederum von Süden ein Prozessionsweg führt. Von diesem Hof geht es über eine breite Treppe hinauf zum **Propylon und Lichthof** des neuen Palastes **(3).** *„Wer diese Treppe einst überschritt, der eilte nicht. Wer diese Stufen unternahm, der hatte keinen schweren Gang und keine schweren Schuhe"*, bemerkte dazu ganz richtig *Erhart Kästner.*

Doch ehe wir das tun, erst noch ein Blick auf die zahlreichen Mauerreste zwischen dem Platz und dem neuen Palast, die nicht so recht ins Bild passen wollen. Es handelt sich um **Fundamente des alten Palastes (4),** der um 1700 v. Chr. wie alle minoischen Anlagen durch ein Erdbeben zerstört wurde. Gleich danach begann man unter Verwendung des alten Baumaterials mit dem Wiederaufbau, nachdem man die alten Reste planiert hatte. Darauf entstand der **neue Palast,** der wiederum um 1450 v. Chr. zugrunde ging. Erst über hundert Jahre später sind erneut Bautätigkeiten nachweisbar, außerdem fanden sich Siedlungsspuren aus geometrischer und archaischer Zeit.

Über die Treppe gelangt man in die Eingangshalle und den Lichthof, von dort durch eine Säulenhalle auf den zentralen Hof. Im dahinterliegenden **Westtrakt** befinden sich zahlreiche, meist bis auf ein Stockwerk Höhe rekonstruierte **Magazine, Werkstätten (5)** und Kulträume. Da Teile des Inventars, wie Tonamphoren, erhalten sind und die kleinen Kammern tatsächlich Assoziationen an Keller und Vorratskammern erwecken, präsentiert sich hier ein Teil der Grabung recht anschaulich.

Vom **Osttrakt** sind nur wenige Räume erhalten – vielleicht rutschte ein Teil im Laufe der Zeit ab –, die als „Gemächer der Königin" bezeichnet werden und ein **„Kultbassin" (6)** enthalten. Dahinter schließen sich erneut **Werkstätten (7)** an, in denen Töpferscheibenfragmente und Schlackenreste gefunden wurden.

169kr Foto: bk

Der Kern des Komplexes liegt, wie bei minoischen Bauten üblich, im **Norden.** Anschließend an einen weiteren Innenhof sind prächtige, alabasterverkleidete Räume zu erkennen, sicher **Privatgemächer (9)** der Herrscher und daher als „Megaron des Königs" und „der Königin" tituliert. Daneben befanden sich Zisternen, **Empfangsräume (8),** ein weiteres jener sagenumwobenen **Kultbäder (10),** außerdem am Nordostrand **Werkstätten und Archive (11);** der berühmte „Diskos von Festós" (im Archäologischen Museum Iráklion ausgestellt) stammt von hier. In diesem Bereich kann man auch noch Reste der **Wohnstadt** erkennen, ehe der Rundgang wieder auf dem oberen Hof endet.

In Fachkreisen gilt Festós als **Zentrum des Kunsthandwerks,** was die berühmte Kamáres-Keramik – benannt nach der gleichnamigen Kultgrotte im Ída-Gebirge, wo die meisten Exemplare gefunden wurden – belegen soll. In griechisch-römischer Zeit büßte der Ort zugunsten von Górtis an Bedeutung ein und wurde 180 v. Chr. von Truppen von dort zerstört. Von diesem Schlag sollte sich die einst so bedeutende Stadt nicht mehr erholen.

Öffnungszeiten

- Tgl. 8–18 Uhr, Eintritt 4 € (mit Agía Triáda 6 €), mit Caféteria/Snackbar (Selbstbedienung); großer Laden mit Büchern und Souve-

Magazine im Palast von Festós

nirs, aber auch lokalen Produkten wie Honig und Olivenöl.

Verkehrsverbindung

- Festós liegt an der Busroute Mátala – Iráklion bzw. Mátala – Agía Galíni (von hier weiter Richtung Réthimnon/Chaniá).

Agía Triáda ↗XVII/D2

Um das Machtzentrum schmiegt sich eine verwinkelte Stadt. Obwohl es sich um eine der bedeutendsten Ausgrabungen Kretas handelt, ist der Ort verhältnismäßig wenig besucht. Wie das nur drei Kilometer entfernte Festós – beide Orte waren durch eine gepflasterte Straße miteinander verbunden – wurde auch Agía Triáda von italienischen Archäologen erforscht. 1902 begann *Frederico Halbherr* mit den Grabungen, ihm folgten u.a. *Roberto Paribeni, Luigi Savignoni* und der Architekt *Enrico Stefani*. Während in Festós kostbare Funde und Wandmalereien die Ausnahme waren, entdeckte man in Agía Triáda sehenswerte Freskenreste (aus dem 16. Jh. v. Chr.) und kostbare Exemplare minoischer Steinschneidekunst. Deshalb spricht man gerne von Agía Triáda als **„Schatzkammer" von Festós.**

Von besonderer Bedeutung erwies sich ein **Archiv mit über 200 Schrifttafeln** mit der Linear-A-Bilderschrift. Außerdem fanden sich zahlreiche Gefäßinschriften und spektakuläre Funde wie die „Schnittervase", der „Prinzenbecher", das „Boxer-Rhyton" aus Stein mit Reliefs und wahrscheinlich vergoldet (alle um 1550/1500 v. Chr. und im Archäologischen Museum Iráklion zu sehen) sowie 19 Bronzebarren à 29 kg. Dieses üppige Fundmaterial und die Nähe zu Festós sorgten und sorgen für allerlei Spekulationen über die Verbindung beider Zentren und ihre Stellung in der minoischen Welt.

Nach gängiger Meinung vieler Forscher befand sich in Agía Triáda eine **Residenz** führender Würdenträger, nicht unbedingt eine Königsvilla und auch kaum nur eine Sommerresidenz, umgeben von einer bedeutenden Stadt. Von hier aus, dem **wirtschaftlichen Zentrum,** könnten die Staatsgeschäfte abgewickelt worden sein, während Festós wahrscheinlich eher als religiöser Mittelpunkt, als Veranstaltungsort von Festen, Feierlichkeiten und Kulten gedient haben wird. Weitere Ausgrabungen, vor allem in Festós, könnten dazu beitragen, das genaue Verhältnis zwischen den zwei Städten en detail zu klären. Vielleicht handelte es sich gar nur um eine einzige große Stadt mit zwei Zentren zu unterschiedlichen Zwecken?

Agía Triáda wurde in frühminoischer Zeit (2600–2200 v. Chr.) erstmals besiedelt. Eine erste Blüte erlebte der Ort während der alten Palastzeit, die wie andernorts auch durch ein Erdbeben um 1700 v. Chr. zu Ende ging. Der neue Palast, der wie in Festós danach entstand, wurde ebenfalls um 1450 v. Chr. zerstört, doch kann man hier nachweisen, dass die ihn umgebende Siedlung weiter existierte und sogar in griechischer Zeit nicht unbedeutend war – wie ein erhaltener Zeustempel belegt. Der so genannte Palast weist

170kr Foto: bk

eine untypische Anlage auf, in Agía Triáda gruppiert sich nämlich nur eine **L-förmige Baugruppe** um einen zentralen Hof – aber vielleicht ist der andere Flügel ja nur bei späteren Erdbeben verloren gegangen. Im Norden des Komplexes schließt sich eine dicht bebaute Wohnstadt an.

Rundgang

Der Rundgang beginnt beim Kassenhäuschen (**1**) im Südosten der Grabung. Vorbei an zwei spätminoischen **Heiligtümern** (**2**) und einem Wohntrakt erreicht man die **Pflasterstraße** (**3**) nach Festós und den ebenfalls gepflasterten **Südhof** (**4**), die *Piazzale dei sacelli*, wie ihn die italienischen Ausgräber nannten. Am zentralen Platz machte man einige überraschende Funde, wie Statuetten und Schiffsmodelle sowie das bekannte Boxer-Rhyton, heute im AM von Iráklion eindrucksvoll veranschaulichen.

An der Westseite befand sich wohl die Freitreppe, an der Ostseite fand man Steinbasen für die heiligen Doppeläxte. Eine schmale **Schachttreppe** (**5**) führt von der Nordost-Ecke des Platzes hinunter zum Marktplatz und zur Siedlung, die danebenliegende Stiege dagegen zum Wohntrakt. Berühmt – vor allem als Fotomotiv – ist die **Wasserleitung** (**6**) aus Stein, die das Regenwasser vom Südhof in eine

Agía Triáda
wurde in frühminoischer Zeit besiedelt

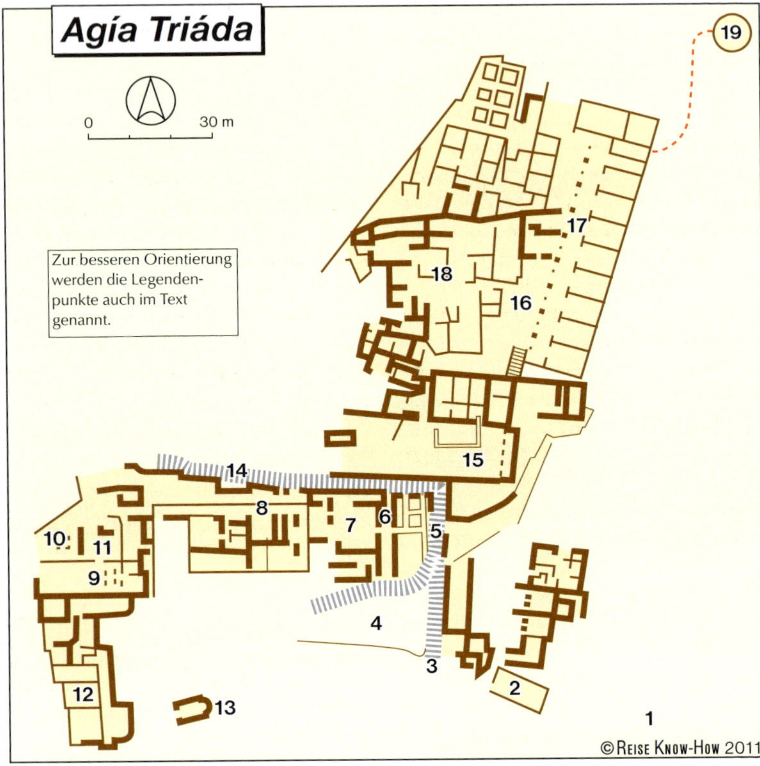

1 Zugang zur Grabung
2 Spätminoische Heiligtümer
3 Pflasterstraße
4 Südhof (Piazzale dei sacelli)
5 Schachttreppe
6 Wasserleitung
7 Magazinräume
8 Mykenisches Megaron
9 Westflügel mit Wohn- und Repräsentationsräumen
10 Aussichtsterrasse
11 Archivraum
12 Magazine und Korridor
13 Ágios-Geórgios-Kapelle
14 Rampa del mare
15 Pfeilerhalle
16 Agora
17 Halle
18 Wohnstadt
19 Nekropole

Zisterne leitete und bis heute fast unversehrt erhalten ist. Daneben schließen sich **Magazinräume (7)** an (Fund der „Schnittervase") und offenbart sich ein ganz interessanter Befund: Über dem aufgeschütteten Baumaterial war in spätminoischer Zeit ein **mykenisches Megaron (8)** errichtet worden (Ende 13. Jh. v. Chr.), ein Beleg für den Machtwechsel von minoisch zu mykenisch (s. Kapitel „Archäologie").

Im **Westflügel** befanden sich die reich mit Alabaster und Wandmalereien ausgeschmückten **Wohn- und Repräsentationsräume (9)** und eine **Aussichtsterrasse (10),** von der aus man einen traumhaften Blick hat. Im Süden der Terrasse lagen die **Repräsentationsräume,** u.a. eine 6 x 9 m große Halle, umgeben von Privaträumen („Arbeits-" und Schlafzimmer). Im so genannten **Arbeitszimmer** und anschließenden **Archivraum (11)** wurden die Linear-A-Tontäfelchen und Alabasterbehälter als Aufbewahrungsgefäße gefunden. Dahinter befanden sich **Magazine (12),** u.a. für Bronzebarren, die als Tausch- und Zahlungsmittel dienten, und ein langer Korridor, aus dem der „Prinzenbecher" stammt.

Bevor wir uns in die Wohnstadt begeben, lohnt ein Abstecher zur **Ágios-Geórgios-Kapelle (13).** In der Einraumkapelle sind gut restaurierte Fresken von 1302/03 zu sehen, die die Lösung vom komnenischen und die Hinwendung zum paläologischen Stil mit lebendigeren Kompositionen und plastischeren Modellierungen verdeutlichen.

Direkt nördlich des Palastkomplexes, erreichbar über die Schachttreppe, liegt die **„rampa del mare" (14),** eine breite Pflasterstraße, die wahrscheinlich zum Hafen hinabführte. Daran schließt sich die verwinkelte **Stadt (18)** an. Neben der Hafenstraße befindet sich eine **Pfeilerhalle (15)** mit Freiplatz für Versammlungen, und an diese grenzt eine **Agora (16)** mit einer **Halle (17)** aus spätminoischer Zeit. In der Nordostecke der Siedlung führt ein schmaler Weg zur minoischen **Nekropole (19).** Aufgedeckt wurden u.a. zwei Tholosgräber, Schachtgräber und der bedeutende Sarkophag von Agía Triáda (Archäologisches Museum Iráklion), um 1400 v. Chr. datiert.

Öffnungszeiten

- Tgl. 10–16.30 Uhr, Eintritt 3 € (mit Festós 6 €).

Anfahrt

- Von Festós Richtung Mátala geht es 50 m hinter einem kleinen Kirchlein links ab. Nach nur wenigen Kilometern erreicht man die Ausgrabung.

Von Agía Triáda nach Mátala

Ágios Ioánnis

↗XVII/D2

Die Straße, die an Festós vorbeiführt, bringt täglich ganze Busladungen von Besuchern in die berühmte Bucht von Mátala. Ágios Ioánnis liegt gleich südlich von Festós, mit der **Kirche Ágios Pávlos** (ca. 100 m südlich der Ortseinfahrt) als einem der ältesten christlichen Baudenkmäler der Insel. Der Altarraum geht auf das 5. Jh. n. Chr. zurück, im Laufe der Jahrhunderte wurde die Kirche, wie Inschriften belegen, immer wieder erweitert. So nennt eine von 1303/4 Kaiser *Andronikos II Palaiologos* (1283–1328), seine Gemahlin *Irene* und den Sohn *Michael* als Bauherren. Erhaltene Freskenfragmente stammen aus dem späten 12. Jh., noch im komnenischen Malstil, und aus dem 14. Jh. Der Bau wurde 1978 restauriert.

Essen und Trinken

- Die Taverne **Ágios Ioánnis** ist bekannt für Kaninchengerichte und vermittelt auch Zimmer (Tel. 28920/42006).

Pitsídia

↗ XVII/C–D2

Pitsídia liegt wenige Kilometer vor Mátala und versucht mehr und mehr, mit dem Nachbarort touristisch gleichzuziehen. Dennoch ähnelt der Ort noch eher einem typisch kretischen Bauerndorf als einem reinen Urlaubsort. Die engen Gassen, kleinen Höfe und Gärten sind eine Wohltat fürs Auge, vor allem kontrastierend zu Mátala, das fest in der Hand der Fremden ist. Der schöne Strand von Kommós (s.u.) ist von hier nur etwa eine halbe Stunde Fußmarsch entfernt – idyllisch gelegen, und im Gegensatz zu Mátala ruhig.

Busverbindung

- Alle **Linienbusse** zwischen Iráklion und Mátala halten im Ort.

Essen und Trinken

- An der Durchgangsstraße befinden sich zahlreiche **Tavernen,** z.B. **Ariadni** oder am Ortsausgang Richtung Festós zur linken Hand **Zorbas** (beide auch Zimmervermietung); ebenfalls Richtung Festós rechts die Taverne **Festos Sunset.**
- Im Ort selbst (nahe dem Hauptplatz) empfehlen sich die **Taverna Stélios** mit Dachterrasse oder die Taverne **Fabrika.**

Unterkunft

- Um das Zentrum liegen die Pensionen **Petros** oder **Akropolis,** an der Durchgangsstraße.
- **Pension Panorama** (http://panorama.messara.de, Tel. 28920/45350), knapp 1,5 km von Comos Beach entfernt, am Ortsausgang Richtung Mátala, Studios für 2 Pers. ab 30 €.
- **Familienpension „Gesundheit, Freude“** (Tel. 28920/45010, www.pension-pitsidia-kreta.com), verschiedene Zimmertypen und 3 Apartments sowie Ferienhaus (www.ferienhaus-pitsidia-kreta.com), meist mit Balkon/Terrasse, alle mit Dusche/WC, inkl. Frühstück, Klimaanlage, deutschsprachig.
- **Camping Komo (Kommós),** Tel. 28920/42596, bei Komo Beach, Pitsídia, nicht direkt am Strand (20 Min.). Schattig durch Bäume und Binsendächer. Sauber und gepflegt mit Tavernen, Minimarkt, Küche und Pool.

Kommós

↗ XVII/C2

Kommós ist eine alte, antike Hafenstadt, heute beliebt wegen des **traumhaften Sandstrandes,** der zu Fuß oder auch motorisiert leicht von Mátala oder Pitsídia zu erreichen ist. Der Weg endet an der alten, abgesperrten Grabung, unmittelbar darunter breitet sich der Traumstrand aus.

Die **minoische Hafenstadt** wurde auf dem Höhenrücken errichtet und wird von dem kanadischen Archäologen *Joseph Shaw* und seinen Leuten seit 1976 erforscht. Er deckte eine verwinkelte, wohlhabende Ortschaft auf, die um 1550 v. Chr. durch ein Erdbe-

Schützenswerte Strandbesucher: die Meeresschildkröten Caretta caretta

1992 staunten die Réthimnioten nicht schlecht: Auf einem etwa 11 km langen Abschnitt des Strandes im Osten der Stadt entdeckte man etwa 400 Nester der auf der roten Liste der bedrohten Tierarten stehenden *Caretta caretta*, Meeresschildkröten, die seit Jahrtausenden im Mittelmeer zu Hause sind. Seither beobachten Freiwillige der griechischen „Sea Turtle Protection Society of Greece" (ARCHELON) die Strände von Mai bis Oktober und versuchen, die gerade in dieser Zeit zahlreichen Touristen erstens davon fern zu halten und zweitens darüber aufzuklären.

Zwischen Mai und August legen die Schildkrötenweibchen an Stränden rund um das Mittelmeer während der Nacht ihre Eier in Sandgruben ab. Neben Réthimnon, der zweitgrößten Brutkolonie im Mittelmeerraum, gibt es auf Kreta weitere Strände, wie beispielsweise denjenigen von Kommós in der Messará-Bucht, die von den Schildkröten aufgesucht werden. Die Eiablage erfolgt immer am Geburtsort des jeweiligen Tieres, und falls der entsprechende Ort zerstört ist, kommt es zu keiner Vermehrung mehr. Hört man die Zahl von etwa 400 Nestern mit je hundert Eiern, denkt man an eine bevorstehende Schildkrötenplage, doch weit gefehlt: Von tausend geschlüpften Caretta caretta erreichen nur ein bis zwei Tiere das Erwachsenenalter von 30 Jahren!

Bei Erreichen der Geschlechtsreife kehren die etwa 100 kg schweren und 80 cm langen Mutterschildkröten zu ihrem Geburtsstrand zurück, graben eine Grube in den Sand und legen die etwa hundert tischtennisballgroßen Eier hinein. Da dies zwischen Mitternacht und frühem Morgen passiert, erschreckt die kleinste Störung, vor allem aber eine künstliche Lichtquelle, die Tiere, die sich auf ihrem Weg vom Wasser zum Strand und zurück vom diffusen Licht des Mondes leiten lassen. Sind die Eier abgelegt, wird alles mit Sand, etwa 20–45 cm hoch, zugescharrt, damit die weichen Schalen geschützt sind. Auch wenn das Nest damit gut getarnt ist, kann die Mutter selbst ihre Spuren nicht verwischen. Was früher Nesträubern half, nutzen jetzt die STPS-Mitglieder, um die Nester gezielt vor Zerstörung und Einflüssen, die die Nesttemperatur gefährlich ändern könnten, zu schützen.

Zwischen Ende Juli und Ende Oktober, nach 50–60 Tagen, schlüpfen die Jungen aus und machen sich schon wenige Tage später auf den Weg zum Meer. Auch hier sind die Tierschützer gefragt, denn wiederum könnte die geringste Störung, vor allem durch künstliches Licht, die nur ca. 4,5 cm großen, dunkelgrauen Schildkrötenjungen den falschen Weg einschlagen lassen und vom Erreichen des lebensnotwendigen Nasses abhalten. Gefährlich für die Tierchen können auf ihrer ersten Wanderung überdies Strandmüll wie Plastiktüten, Löcher von Sandburgen oder andere unüberwindliche, menschenverursachte Hindernisse werden. Es nützt nämlich nichts, die Tiere aufzuheben und einfach zum Wasser zu tragen: Sie müssen den Weg dorthin aus eigener Kraft zurückzulegen, denn nur so können sie als Erwachsene dann wieder für Nachwuchs sorgen.

An Informationsständen, wie in Réthimnon und Chaniá am Hafen, mit Flugblättern, Broschüren und Bildmaterial versuchen Helfer und Mitglieder von ARCHELON, Kretaurlauber über die Schildkröten zu informieren. Es wird vor allzu großer Neugierde und Fürsorge, vor der Verwendung von Taschenlampen und vor für die Tiere gefährlichen Strandaktivitäten gewarnt. Aufklärungsarbeit ist wichtig, und deshalb veranstalten beispielsweise auch Hotels regelmäßig Diavorträge und informieren aktuell über Vorgehen und Erfolge der Gesellschaft.

● **Infos:** www.archelon.gr

ben zerstört und danach wieder aufgebaut worden war. Die Reste großer Lagerhallen belegen die Bedeutung als Umschlagplatz, und Reste von Heiligtümern und Wohnhäusern offenbaren, dass der Ort bis weit in byzantinische Zeit hinein wichtig war. Erst um 1200 n. Chr. scheint er wegen fortwährender Piratenübergriffe aufgegeben worden zu sein, er verödete.

Am Strand, dem **Komo Beach,** bzw. in dessen Nähe, ist Übernachten strengstens verboten, zudem dürfen nachts überhaupt keine künstlichen Lichtquellen benutzt werden, da hier im Sommer die bedrohte **Meerschildkrötenart** *Caretta caretta* ihre Eier ablegt.

Kamilári und Kalamáki

⇗XVII/C-D2

In der Bucht von Messará liegen noch zwei weitere Orte, die einen Abstecher wert sind: Kamilári und Kalamáki.

Kamilári ist ein kleines Dorf im Landesinneren, das durch den Tourismus zu neuem Leben erweckt wird. Es hat sich den Charme eines kretischen Dorfes erhalten und ist wie Pitsídia eine empfehlenswerte Alternative zu Mátala.

Kalamáki liegt direkt am Meer und ist über eine neue geteerte Straße (Abzweiger zwischen Festós und Ágios Ioánnis) zu erreichen. Der Ort war vor nicht allzu langer Zeit noch ein vergessenes Nest direkt am Strand, das drohte, im Sand zu versinken. Seit ein paar Jahren beginnen es Touristen für sich zu „entdecken".

Service

- **Oleander Tours** (www.kalamaki.net, am Ortseingang von Kalamáki) vermietet nicht nur Autos, sondern auch Unterkünfte und bietet Touren ins Tal der Eremiten (Agiofarángo, s.u.) an.
- **Kalamaki Accommodations & Car Rental,** am Hauptplatz. Tel. 28920/45470, www.kalamaki.de, Mietfahrzeuge und Unterkünfte sowie Funktion als „Reisebüro".

Unterkunft

- **Zahlreiche Privatvermieter in Kamilári,** z.B. **Pension Festius** (Infos im Café Paliatsos am Dorfplatz), ein schön renoviertes klassizistisches Haus, eingerichtet im kretischen Stil, mit Bad/WC, Küche, Terrasse bzw. Balkon, oder **Apartments** der gastfreundlichen Kreter *Kostas* und *Stavroula Harkiotakis,* Tel./Fax 28920/42153.
- **In Kalamáki** wächst die Zahl der Zimmervermieter kontinuierlich; empfehlenswert sind z.B.: **Panorama**€, **Finikas**€ (beide im Zentrum) oder **Galini**€ (50 m nach dem Ortseingang rechts).
- **Hotel Philharmonie,** (Tel. 28920/45797 oder 45480, www.kalamaki.net), am Ortsrand nahe Kommos Beach, 18 neu renovierte Zimmer mit Dusche/WC, Klimaanlage, Balkon/Terrasse, zudem Vermietung von Natursteinhäusern und Studios.
- **Hotel Kostas Zimmer, Apartments, Villen** (Tel. 6936/518639, www.kalamaki.com.gr), Zimmer mit Dusche/WC, Balkon, Kühlschrank und Satelliten-TV (ab 30 €/DZ), außerdem gut ausgestattete Apartments.

Essen und Trinken

- Zahlreiche Tavernen, vor allem in Kalamáki.
- In Kamilári empfiehlt sich die Taverne **Kellari,** mit gutem Hauswein und typisch kretischen Gerichten aus dem Steinofen (z.B. Leber in Zimtsauce!). Das Natursteinhaus liegt auf der rechten Seite der Straße von Kamilári nach Kalamáki. Der Besitzer baut das Gemüse selbst an, Ende Sept.–Ende Okt. kann man sogar beim Rakí-Brennen zusehen.

Mátala

↗ XVII/C3

Mátala liegt einzigartig eingebettet zwischen mächtigen Sandsteinschollen in einer breiten Bucht, und man könnte es, neutral betrachtet, als ein **kleines Paradies** bezeichnen. Da dies leider längst (zu) viele Leute entdeckt haben, quillt der Ort im Sommer aus allen Nähten und bietet sich als Studienobjekt für alle Schattierungen von Tourismus an, von Busausflüglern über Individualreisende bis hin zu Pauschaltouristen. Abgesehen von der Lage und der traumhaften Badebucht zieht eine weitere Attraktion seit jeher Besucher an: die **Sandsteinhöhlen,** die sich in den etwa 40 m hohen Felsen im Norden der Bucht befinden (tgl. 8–19 Uhr, 2 €). Sehenswert ist überdies die kleine Kapelle im Süden des Dorfplatzes, die in eine Felshöhle gebaut wurde.

Mátala galt wegen seiner idealen Lage in der der Messará-Ebene vorgelagerten Bucht von jeher als besonderer Siedlungsort. Hier soll sich sogar schon *Zeus* aufgehalten haben, um mit der entführten orientalischen Prinzessin *Europa* vergnügliche Stunden zu genießen. In minoischer Zeit diente der Ort neben Kommós als zweiter Hafen von Festós, und auch die Römer wussten den Hafen nahe der Hauptstadt Górtis zu schätzen. Der Legende nach landete hier 824 n. Chr. *Abu Hafs Omar* mit seinen arabischen Truppen und startete von hier aus die Eroberung der Insel. Südlich des Ortes, auf dem Weg zum Red Beach, liegen die **Ruinen der antiken Stadt,** die erst in jüngster Zeit das Interesse der Archäologen geweckt haben.

Strände

Die **Bucht direkt am Ort** mit Sand-/Kiesstrand und kompletter Infrastruktur (Liegestühle, Sonnenschirme, Tretboote, Surfbretter, Duschen) ist während der Hauptsaison hoffnungslos überlaufen. Empfehlenswerter sind **Komo Beach** (s.o.: „Kommós") und **Red Beach** oder **Kokkino Beach,** die sich südlich anschließen (Weg beim Hotel Zafiria, etwa 30 Minuten, oder über den Hang, mit tollem Ausblick, am südlichen Ortsrand).

Praktische Tipps

Vorwahl Mátala: 28920

Service

- **Postkiosk** an Zufahrt zum Campingplatz
- **O.T.E.** am Parkplatz hinter dem Strand
- **Zeitschriftenladen** an der Hauptstraße oder an der „Bazargasse", die den Strand und die dortigen Tavernen mit der Hauptstraße verbindet (auch Bücher)
- Mehrere **Auto- und Zweiradvermieter** am Hauptplatz.

Verkehrsverbindungen

- Mehrere **Busse** tgl. von und nach Iráklion, sowie nach Agía Galíni; Halt am Hauptplatz in Mátala.
- **Parken** ist nur am Ortseingang direkt am Strand für 1 € möglich (im Sommer schnell überfüllt).

Einkaufen

- Von Ramsch bis hin zu schönen Webarbeiten und kretischen Produkten findet man alles in der **„Bazargasse"** und um den **Dorfplatz.**

Die Höhlen von Mátala und das kretische Tourismusphänomen

Mátala ist *das* Paradebeispiel für das **„kretische Tourismusphänomen"**: Seit dem Neolithikum konstant bewohnt – wie Fenster, Bänke, Herdstellen etc. zeigen – lockten die spektakulären Felshöhlen in der Bucht von Mátala in den 1960er Jahren „Hippies" und Aussteiger an. Diese wurden anfangs von den wenigen Bewohnern des Ortes, damals ein aussterbendes, langweiliges Fischerdorf, ungläubig bestaunt. Den ersten Höhlenfreaks folgten rasch zahlreiche Rucksacktouristen, die hier das Mekka des alternativen Urlaubs entdeckten. Dank ihrer angeborenen Gastfreundschaft vertrieben jedoch die Kreter die Besucher nicht, sondern – Geschäftstüchtigkeit ist eine angeborene Tugend der Inselbewohner – versuchten, aus den „Alternativurlaubern" Profit zu schlagen. Man bot ihnen Zimmer und Waschgelegenheiten an, eröffnete Tavernen und kleine Läden. Dennoch waren die Folgen verheerend, wurden die Höhlen, die Jahrhunderte unbeschadet überstanden hatten, durch Unrat und Vandalismus geschädigt – was letztlich die geduldigen Einwohner dann doch auf die Palme brachte. In der Folge wurde das Gelände geräumt, gesäubert und großflächig abgesperrt, was allerdings zunächst kaum jemanden daran hinderte, über den Zaun zu steigen und die Anlage zu „besichtigen".

Inzwischen stehen die Höhlen unter Denkmalschutz, sind aber noch zu besichtigen (Eintritt frei). Von unten, am Strand, ist es oft recht amüsant, zu beobachten, welche waghalsigen Kletterpartien Touristen dort vollführen, um jedes Loch zu erkunden – zur Nachahmung ist das nicht zu empfehlen.

Aus dem ehemaligen Szenetreff Griechenlands ist mittlerweile längst ein normaler Touristenort geworden, in dem die Zahl der Übernachtungsmöglichkeiten wächst. Im Hinterland macht sich eine unkontrollierte Bebauung in alle Richtungen breit, und mancher Hippie von damals würde diesen Flecken heute wohl kaum wieder erkennen. Am schönsten ist es in der Nebensaison, wenn die kaum 50 Bewohner des Ortes unter sich sind. Dann lässt sich der unglaubliche Sonnenuntergang ungestört genießen und vom Paradies träumen ...

171kr Foto: bk

Essen und Trinken

- Großes Standardangebot, internationalisiert, wie die Taverne **„Die zwei Brüder", Restaurant Corali, Taverne Dionysos** oder **Taverna Sivas Anna & Alex** (mit Zimmer).

Unterkunft

Oft preiswerter pauschal zu buchen, großes Angebot bei Reiseveranstaltern. Ort selbst fest in deutscher Hand. **Tipps:**

- **Pension Amalia** (Tel. 45744, www.amalia-matala.com) am Ortseingang, nur wenige Minuten von Meer und Zentrum entfernt, Familienpension mit 7 Zimmern mit Balkon, Bad/Dusche und WC (ab 30 €/DZ).
- **Pension „Die zwei Brüder"** (Tel. 45750, www.diezweibrudermatala.com), DZ (20) ab 40 €, Apartment bis 5 Pers. ab 75 €; gepflegt und sauber, mit Dachterrasse.
- **Hotel Eva-Marina** (Tel. 45125, www.evamarina.com); 16 DZ und 4 Dreibettzimmer, Balkon, Klimaanlage, Telefon, DZ ab 40 € (preiswerter bei längerem Aufenthalt).
- **Hotel Xenophon** (Tel. 45104, www.xenophon-jia.net), preiswertes, kinderfreundliches Hotel mit Pool und Spielplatz, auch Apartments.
- **Hotel Zafiria** (Tel. 45366, 45112, www.zafiria-matala.com), größtes Haus im Ort, alle 70 Zimmer mit Telefon und Balkon, inkl. Frühstück, zum Hotel gehören eine Taverne, ein Café und ein kleiner Supermarkt.
- **Matala Camping,** Tel. 28920/ 45720, Matala, direkt bei den Felswohnungen und am öffentlichen Sandstrand. Anf. Juni–Ende Okt. Veraltete, schlecht gelegene Duschen/WCs, großteils schattig, keinerlei Serviceeinrichtungen auf dem Platz selbst.

Schlucht der Eremiten und Kloster Odigítrias

↗XVII/C–D3

Die Gegend südlich von Mátala ist weitgehend unbesiedelt. Hier durchschneidet der **Agiofarángo,** die Schlucht der Eremiten (benannt nach den dort einst lebenden Einsiedlern), die Region. Für **Wanderer** ist die Gegend ideal, sie ist über eine Schotterpiste zugänglich (über Sívas, östlich von Pitsídia). Am besten nimmt man an einer der organisierten Touren teil, die alle Reisebüros in Mátala anbieten, oder aber man fährt mit dem Badeboot von Mátala an den Kiesstrand am Ende der Schlucht.

Mitten im Hinterland liegt das wehrhafte Kloster **Moní Odigítrias,** in venezianischer Zeit entstanden. Dahinter führt ein Weg in die Schlucht, der besser nicht per Pkw befahren werden sollte. Zu Fuß braucht man für das Stück zum Strand etwa zwei, von Sívas aus rund fünf Stunden (siehe Kapitel „Wandern auf Kreta").

Vóri

↗XVII/D2

Die nordwärts an Mátala anschließende Region hat an Attraktionen wenig zu bieten, wird von der Landwirtschaft und damit Treibhäusern dominiert und fungiert für die meisten als bloße Durchgangsroute auf dem Weg nach Agía Galíni bzw. Réthimnon. Nicht versäumen sollte man jedoch den kurzen Umweg nach Vóri, etwas abseits der Hauptstraße, und zwar nicht deswegen, weil es sich um ein besonders schönes Dorf handelt, sondern vielmehr, weil dort das **Ethnologische Museum** steht. Es befindet sich in einem schön renovierten venezianischen Gutshaus. Die ansprechende didaktische Ausstellung widmet sich in typologischer und regionaler Anord-

172kr Foto: bk

nung verschiedenen Themenbereichen, wie der Keramik, Korbflechterei und anderen Handarbeitstechniken, vielen Aspekten der Landwirtschaft und des Handwerks. Das Museum ist Teil eines Gesamtkomplexes, der das Kulturzentrum von Messará ausmacht, und umfasst zugleich einen Veranstaltungsraum und eine Bibliothek.

- **Ethnologisches Museum,** Vóri, geöffnet tgl. 10–18 Uhr, Eintritt 3 € (Tel. 28920/91110)

Essen und Trinken

- **Taverne Oi Belgoi,** am Dorfplatz

Museum mit Auszeichnung:
das Volkskundemuseum von Vóri

Blick auf das Ída-Bergmassiv

Unterkunft

- **Pension Margit** (Tel. 28920/91129, http://pension-margit.messara.de/index.html), die Besitzerin bietet sechs schlichte Zimmer mit Du/WC (ab 30 €) und Gemeinschaftsküche. Ihr Mann *Ioannis* ist Wärter in Festós und der Sohn von *Alexandros,* der in *Henry Millers* „Koloss von Maroussi" porträtiert wird; der Briefwechsel zwischen Miller und Alexandros befindet sich noch im Besitz der Familie.

Kloster Kerá Kardiótisi ⇗XVII/D2

Moní Kerá Kardiótisi liegt etwa 3 km weiter im Landesinneren, an der Straße von Vóri nach Magarikári. Die Klosteranlage ist im 14. Jh. entstanden, und noch im 18. Jh. lebten dort 60 Mönche. Berühmt ist die **Ikone der Maria,** die dreimal nach Konstantinopel entführt wurde und immer wieder zurückkehrte. Damit sie sich nicht noch einmal davon macht, wurde sie an der Ikonostasis festgekettet.

Nur noch die Kirche ist heute intakt, der Rest verfallen. Im Altarraum befinden sich die ältesten Fresken (Anfang 14. Jh.), lebendig und ausdrucksstark, ebenso in den Annexi (2. Hälfte 14. Jh.), mit ausgeprägter Perspektive und Dramatik – gut erhalten und sehenswert.

Timbáki ⇗XVII/C2

Timbáki ist nach Míres die zweitwichtigste Stadt in der Ebene, allerdings nicht besonders einladend, außer vielleicht freitags (7–13 Uhr), wenn hier **Markt** abgehalten wird. Das Städtchen steht im Zentrum des Tomaten-,

Gurken- und Erdbeeranbaus. Zuletzt geriet der Ort in die Schlagzeilen, weil ein neuer **Containerhafen** gebaut werden sollte. Inzwischen haben die Wirtschaftskrise und der Widerstand der Kreter diese Idee zum Scheitern gebracht.

Service

- **Post, O.T.E.** und **Busstop** befinden sich an der Hauptstraße.

DAS ÍDA-GEBIRGE ↗XI

„Da erblickte ich, fern wie aus dem Jenseits, in zartester Bläue, süßester Weiße, einen schneebedeckten Berg. Es war der Ída. Er war schön wie der Atem, wie der Aushauch eines träumenden Gottes im Schlaf, leicht wie der letzte aller Gedanken, rein wie ein Vers, knapp wie jeder Strich eines Künstlers im Alter."

Erhart Kästner

173kr Foto: bk

Das Ída-Gebirge ist zweifellos einer der sagenumwobensten Plätze Kretas, ja ganz Griechenlands. Dies hat mit seiner imposanten Erscheinung als höchster Gebirgszug der Insel und als zweithöchstem Bergmassiv Griechenlands nach dem Olymp zu tun. Das Gebirge liegt zudem im Zentrum Kretas, im Osten und Westen gerahmt von anderen, weniger mächtigen Bergketten. Das Ída-Gebirge erhebt sich von Osten her gemächlich, während die Südseite relativ steil ist und die Nordseite über mehrere Bergkämme und Terrassen, mit vielen Verwerfungen, Brüchen und Schichtungen abfällt.

Ída bedeutet „Waldgebirge", was man heute kaum mehr nachvollziehen kann. Der **Psiloritis** ist die höchste Erhebung – die Gipfelspitze Timiós Stavrós liegt 2456 m hoch. Von hier aus reicht der Blick bis hinein in die Weißen Berge im Westen, deren höchste Erhebung nur vier Meter niedriger ist, und das Díkti-Massiv (2418 m) im Osten. Nicht nur in der Antike hatten die Menschen Respekt vor dem Gebirge, auch heute noch trifft man sich dort oben, um die Nähe zu Gott zu suchen. So ließ der alte *Papás* von Milopótamos nach einer Traumvision die Ágios-Stavrós-Kapelle auf dem Gipfel errichten.

Angesichts der Mächtigkeit des Gebirgszugs wundert es nicht, dass die frühen Kreter diese Region als den **Sitz göttlicher Wohnstätten** ansahen. So soll hier oben *Zeus* geboren worden sein und regelmäßig Gesetze an *Minos* weitergeleitet haben.

Trotz allen Respekts vor dem Berg haben die Bewohner das Land, besonders die im Nordosten liegende 2,5 x 1,5 km große **Nída-Hochebene,** seit jeher wirtschaftlich genutzt; bis heute sind die Schaf- und Ziegenzucht sowie die Imkerei bestimmend. Interessant sind Fahrten entlang der beiden Flanken im Norden und Süden, vorbei an einfachen Bergdörfern und Klöstern, vor allem aber stellt eine **Besteigung des Psiloríti**s ein Highlight für Wanderfreunde dar (s. Kapitel „Wandern auf Kreta"). Eine Route entlang der Nordflanke des Gebirges, einschließlich Nída-Hochebene, wird im Kapitel „Iráklion und Umgebung: Im Norden des Ída-Gebirges" beschrieben.

Durch den Süden des Ída-Gebirges

Idealer Ausgangspunkt für die Erkundung der Südflanke des Ída-Gebirges ist Agía Galíni, doch auch von Agî Déka, Míres oder Mátala kann man leicht zu der Route am Fuß des Massivs gelangen.

Bei **Plátanos,** von Agía Galíni kommend der erste Ort an der Südroute des Gebirges, deckte man zwei Tholosgräber aus frühminoischer Zeit auf, eines davon mit 14 m Durchmesser – das größte der Insel.

Kamáres ⇗XVII/D1

Kamáres, etwa 20 km nordöstlich von Agía Galíni, liegt fernab jeglichen größeren touristischen Rummels, das idyllische Bergdorf in 600 m Höhe an den Südausläufern des Ída-Gebirges bietet nur Wanderfreunden etwas.

Kamáres-Höhle

In der Nähe des Dorfes befindet sich in 1525 m Höhe die Kamáres-Höhle hoch über der Messará-Ebene. Der **Auf- und Abstieg** dauert insgesamt etwa acht Stunden und bietet als Krönung einen unvergesslichen Panoramablick (im Ort parken, Zugang ausgeschildert, s. Kapitel „Wandern auf Kreta"). Die Zeushöhle selbst ist allerdings nicht zugänglich, und den 42 m breiten und 19 m hohen Eingang kann man bei guter Sicht auch von der Ebene (Festós) aus sehen.

Hier oben befand sich einst eine wichtige Kulthöhle der Minoer, die erst 1890 von Bauern „offiziell" entdeckt wurde, aber zu diesem Zeitpunkt schon längst ausgeraubt war. Was die Räuber als wertlos zurückließen, wie die Keramik, entpuppte sich dennoch für die Wissenschaftler als unbezahlbarer Schatz. Die nach dem Fundort benannten **Kamáres-Vasen** wurden bereits 1894 erforscht und ein Jahr später der Fachwelt bekannt gemacht. In den 1920er Jahren folgten weitere eingehende Untersuchungen

Wandertipp

Von Kamáres aus sind auch Wanderungen zur **Idäischen Grotte** (7 Std.) und zum **Psiloríti**s (8 Std., nur mit Führer bzw. organisiert empfehlenswert) möglich. Siehe Kapitel „Wandern auf Kreta".

der grau-schwarz-grundigen Waren mit weißer und roter Ornamentik. Zahlreiche Beispiele befinden sich heute im AM Iráklion. In der Grotte wurde wohl eine Fruchtbarkeitsgöttin verehrt, wie Funde von Korn, Sämereien und Früchten andeuten.

Essen und Trinken, Unterkunft

- In Kamáres gibt es nur das kleine **Hotel Psilorítis.**
- Treff der Wanderer ist die **Taverne Zacharias** (der Wirt spricht Deutsch).

Vorízia

↗XVII/D1

Das Dorf Vorízia wurde im Zweiten Weltkrieg von deutschen Truppen zerstört, die Bewohner sollten andernorts neu beginnen, doch als eine Quelle am neu geplanten Siedlungsplatz versiegte, kehrten die Menschen angesichts dieses schlechten Omens in den alten Ort zurück.

Ganz in der Nähe, im Süden, abseits der Straße, liegt **Moní Valsomónero,** einst eines der bedeutendsten venezianischen Klöster, zwischen 1332 und 1431 erbaut. Nur die Kirche Ágios Fanoúrios erinnert ein wenig an den einstigen Glanz, ist aber leider meist nicht zugänglich. Besonders die Fresken sind bedeutend, da hier ein Stilwandel deutlich wird, u.a. stammen sie von *Michael Damaskinos*.

Kloster Vrondísi

↗XVII/D1

Wenige Kilometer östlich von Vorízia liegt an einer Seitenstraße **Moní Vrondísi,** ein längst beliebtes Ziel von Ausflugsbussen. Der Großteil der Klosterbauten stammt aus dem 17. Jh., geht jedoch auf eine Gründung des 14. Jh. zurück. **Ágios Antónios** ist eine doppelschiffige Kirche, daneben steht eine einfache Kapelle mit Fresken aus dem 14. Jh. Die fünf hier einst befindlichen Ikonen von *Michael Damaskinos* befinden sich heute in Iráklion (Agía-Ekateríni-Kirche), doch sind weitere sehenswerte Exemplare erhalten. Vor dem Kloster steht ein venezianischer Brunnen aus dem 15. Jh. mit vier bärtigen Männerköpfen als Wasserspeier und einem Adam-und-Eva-Relief.

174kr Foto: bk

Klosterkirche von Moní Vrondísi

● **Moní Vrondísi** steht Besuchern in der HS meist ganztägig offen, bzw. es ist eine Art „Verwalter“ in der Nähe, der die Kirche aufsperrt und Getränke und ein paar lokale Produkte, wie Hirtenstöcke, Honig oder Rakí verkauft.

Kloster Ágios Nikólaos ↗XVIII/A1

Vor dem größten Ort der Ída-Südflanke, Áno Zarós, liegt ein drittes Kloster, **Moní Ágios Nikólaos.** Besuchenswert ist das Kloster nicht nur wegen der Kapelle, sondern vor allem auf Grund der Lage und der Eignung als Ausgangspunkt für **Wanderungen.** Es handelt sich um ein gepflegtes Frauenkloster, in dem nur noch zwei Nonnen leben. Ihnen gehen einige Bauern der Umgebung bei schweren Arbeiten zur Hand.

In der Klosterkapelle, im nördlichen Seitenschiff, befinden sich sehenswerte Fresken aus dem 14. und 15. Jh. Ein Brand in der Schlucht, 1994, verschonte wunderbarerweise das Kloster, aber auch in der Schlucht selbst sind heute kaum mehr Spuren des Desasters zu erkennen. Die **Felsenkapelle Ágios Efthímios** liegt östlich über dem Kloster in einer Steilwand der Schlucht und ist mittels einer etwa einstündigen Wanderung zu erreichen. Hier soll einmal ein Eremit gewohnt haben, den, der Legende nach, die Nonnen für ein wildes Tier gehalten und daraufhin gesteinigt haben.

175kr Foto: bk

Das liebevoll gepflegte Frauenkloster Ágios Nikólaos

Vom Kloster aus lohnt sich eine Wanderung durch die **Roúvas-Schlucht** (s. Kapitel „Wandern auf Kreta“) zur anderen Seite und weiter zum Bergsee bei Áno Zarós.

Áno Zarós ↗XVIII/A1

Ano Zarós, ein Bergdorf am Fuße einer gewaltigen Schlucht, ist ebenfalls ein beliebter Ausgangspunkt für **Bergwanderungen.** Auf Grund seiner Lage in über 300 m Höhe bleibt es hier sogar im Hochsommer angenehm kühl. Wegen der zahllosen Quellen, die schon in der Antike genutzt wurden – ein Aquädukt, dessen Überreste noch erhalten sind, führte nach Górtis –, entstand hier eine **grüne Oase.**

Oberhalb des Ortes eröffnet sich dem Besucher ein für kretische Verhältnisse fast unwirkliches Bild: ein kleiner **„Alpensee"** inmitten kretischer Bergwelt und unter südlicher Sonne. Nicht allein wegen des Panoramas zieht der **Límni Votomoú** täglich ganze Busladungen an, sondern auch wegen seines Inhalts: Vor Jahren hatte ein gewiefter Landwirt namens *Petros Gianaki* begonnen, hier **Forellen** *(Péstrofa)* zu züchten. Mit Regierungshilfe – Griechen und besonders Kreter sind sehr erfinderisch, wenn es darum geht, Gelder aufzutreiben – führte er kanadische Forellen ein, und seither werden sie hier (in abseits gelegenen Becken) gezüchtet und in den Tavernen serviert. Für den Durchbruch sorgte ein Schotte, der die Fische zu Hause über alle Maßen lobte und daraufhin eine Reihe britischer Touristen animierte, hierher zu reisen – ein kleiner Boom war initiiert.

Vom See aus empfehlenswert ist eine **Wanderung** von dessen Nordseite (Wegweiser) zur Roúvas-Schlucht (ca. 2 Std., gut gesichert mit schönen Picknickplätzen, s. Kapitel „Wandern auf Kreta") oder zumindest zum oben erwähnten Kloster Ágios Nikólaos (gut einen Kilometer entfernt).

Busverbindung

- 1x tgl. Bus nach **Míres** sowie nach **Iráklion** (Busbahnhof B) und zurück.

Essen und Trinken, Unterkunft

- **Taverne Aquarium** (neben Idi-Hotel) und weiter oberhalb **Taverne Votomos** bieten die vorzüglichen, vor Ort gezüchteten Forellen an.
- **Eleonas Traditional Cottages & Estiatório,** etwa 1,5 km außerhalb von Zaros (ausgeschildert), Infos und Reservierung: www.guestinn.com. Insgesamt gehören zu dem von Olivenbäumen umgebenen Komplex 20 renovierte Dorfhäuser, modern ausgestattet für je 2–4 Pers. (ab 70 €). Im zugehörigen Restaurant werden kretische Gerichte aus frischen und lokalen Produkten serviert, dazu lokale Weine und Rakí.

Agía Varvára

↗XVIII/A–B1

Von Áno Zarós führt eine Straße hinunter in die Messará-Ebene nach Míres, eine andere weiter nach Agía Varvára; sie stößt dort auf die Route nach Iráklion. Letztgenannter Ort ist der geografische Mittelpunkt Kretas, in seiner Nähe lag die **antike Stadt Priniás.** Das Grabungsgelände, rund 5 km nördlich Agía Varvára, ist schwer zu finden, überwuchert und zudem abgesperrt. Die antike Stadt, zu Beginn des 20. Jh. von Italienern ausgegraben, ist wegen der Baureste zweier Tempel – bezeichnet A und B – und der von dort stammenden spätdädalischen Skulpturen aus dem 7. Jh. v. Chr. in Fachkreisen sehr berühmt (Funde im Archäologischen Museum Iráklion). Vom Tempel A stammen die meisten Reliefplatten und Skulpturen (630/ 20 v. Chr.) mit der Darstellung eines Reiterzugs, thronenden Göttinnen und einem Tierfries.

Die Strecke von Agía Varvára nach Iráklion führt durch das größte zusammenhängende Weinanbaugebiet Kretas, in fast mittelmeerisch anmutender Hügellandschaft, mit Weinbergen, Olivenhainen oder Zypressenwäldchen.

176kr Foto: bk

Réthimnon und das westliche Insel-zentrum

177kr Foto: bk

178kr Foto: bk

Der Strand von Préveli
nach einem Feuer im Jahr 2010

Zugang zur Imbros-Schlucht

Wandern in der Imbros-Schlucht

RÉTHIMNON ÜBERBLICK

„Im Kreta der hundert Städte
nennen sie mich das Herz,
denn ich bin errichtet in der Mitte der Insel,
nicht zwischen den Bergen,
sondern an den Gestaden
und große Freude erregt mein Anblick."

Kretisches Gedicht aus dem 18. Jh.

An Selbstbewusstsein hat es Réthimnon und seinen Bewohnern, wie diese Zeilen belegen, noch nie gefehlt. In der Tat ist die Stadt neben Chaniá die schönste und eindruckvollste Kretas, mit einer Altstadt, die an allen Ecken und Enden an die Vergangenheit erinnert: Minarette, venezianische und türkische Portale – Réthimnon trägt nicht umsonst den Beinamen „Stadt der Portale" –, türkische Holzerker, venezianische Palazzi, eine beeindruckende Festung und dazu ein langer Sandstrand und ein kleiner Fischerhafen. Die Geschlossenheit der Altstadt mit ihrem teilweise liebevoll restaurierten Erbe macht aus Réthimnon ein Kulturdenkmal erster Klasse.

Die Geister scheiden sich, wenn es darum geht, zu entscheiden, ob die Stadt mit ihren verwinkelten Gassen und Palastfassaden nun eher **italienisches Flair** ausstrahlt – es gibt sogar Stimmen, die Réthimnon als eine der schönsten Renaissancestädte außerhalb Italiens bezeichnen – oder ob es sich eher um eine **orientalisch** angehauchte Metropole handelt, wegen all der Minarette, Moscheen und türkischen Holzbalkone. Die Entscheidung sollte jeder für sich treffen, sicher ist aber, dass Réthimnon auf Einheimische und Fremde eine große Anziehungskraft ausübt.

Die rund 25.000 Einwohner zählende Stadt und ihr Umland haben sich längst zum **führenden Tourismuszentrum** der Insel gemausert, und Jahr für Jahr werden mehr Besucher angelockt. Besonders am Stadtrand ist ein enormer Bauboom ausgebrochen, der zum Glück bisher noch nicht komplett aus den Fugen geraten ist. Verantwortungsvolle Hotelkonzerne, wie die Grecotel-Kette, die hier ihren Hauptsitz und zugleich vier Hotels unterhält, sorgen dafür, dass der Tourismus in akzeptablen Bahnen läuft und Umwelt und Natur dem Ansturm der Touristen nicht komplett zum Opfer fallen. Auch versuchen neuerdings Immobilienfirmen, gezielt alte Häuser aufzukaufen und an verantwortungsbewusste, meist ausländische Besitzer zu verkaufen. So werden längst nicht nur in der Innenstadt die alten Palazzi restauriert, sondern auch in den umliegenden Dörfern werden Altbauten, oft aus dem 17. Jh., liebevoll zu neuem Leben erweckt.

Réthimnons Blüte wirkt sich jedoch nicht nur im Bausektor aus, vielmehr erlebt die ganze Stadt einen enormen Zuwachs an Tavernen, Bars und Läden aller Art. Es hat ganz den Anschein, als würde die „alte venezianische Perle" zu Beginn des neuen Jahrtausends einen zweiten Frühling erleben, wobei die längerfristigen Folgen noch nicht absehbar sind.

Réthimnon ist jedoch nicht bloß ein Touristenzentrum im historischen Gewand. Die Stadt gilt seit jeher als das **geistige Zentrum der Insel.** Hier erblickten mehrere Schriftsteller und Dichter das Licht der Welt, oder sie verbrachten ihr Leben in der Stadt, wie der griechische Lyriker und Literaturnobelpreisträger von 1963, *Geórgios Seféris*. Hier befindet sich die philosophische Fakultät der **Uni Kreta** mit etwa 3000 Studenten, die Philologie, Philosophie, Pädagogik und verwandte Fachrichtungen studieren. Den Ursprung dieser kulturellen Vorrangstellung kann man ins 15. Jh. zurückverfolgen, als sich nach dem Fall von Konstantinopel viele Gelehrte hier niederließen. Und so sehen sich die Réthimnioten bis heute als etwas Besonderes: gastfreundlich, geduldig, ausdauernd, etwas schlitzohrig – geprägt sowohl vom Meer als auch von den Bergen.

Geschichte

Ob Réthimnon in minoischer Zeit eine größere Rolle gespielt hat, ist aus den wenigen bisher gemachten Funden noch nicht ersichtlich. Es fand sich bisher nur ein spätminoisches Kammergrab in einem der Vororte, im Süden bei Mastabás. Die griechische Stadt lag dagegen auf dem Gelände der Fortezza. Münzfunde bestätigen die Existenz eines Artemis- und Athena-Heiligtums auf dieser Akropolis. Reste waren anscheinend noch in venezianischer Zeit bekannt, wie aus einem Reisebericht von *Onorio Belli* von 1586 hervorgeht. Dennoch kann man fast sicher annehmen, dass die Stadt während der Antike und in byzantinischer Zeit keine große Rolle spielte.

Das sollte sich mit dem Auftauchen der **Venezianer** grundlegend ändern. Nach deren Machtübernahme zu Beginn des 13. Jh. ließen erste Bauarbeiten in Réthimnon nicht lange auf sich warten. Nach 1229 entstand die erste venezianische Festung am Hafen, und kaum 100 Jahre später erfuhr der Ort als einer der 14 Verwaltungssitze Kretas eine Aufwertung. Einen ungeahnten kulturellen Aufschwung erlebte die Stadt nach dem Fall von Konstantinopel, 1453, durch die **Zuwanderung zahlreicher Künstler und Gelehrter,** sie wurde in jenen Jahren immer prächtiger ausgebaut. Zwischen 1540 und 1570 entstand die südliche Stadtmauer (heute Odos Dimakopoulou), von der nur ein Teil der Porta Guora (heute Zugang zur Altstadt vom Stadtpark aus) erhalten ist.

Schon damals sorgten **türkische Piraten** für Unruhe und konnten 1571 die von den Bewohnern aus Furcht verlassene Stadt kurzzeitig in Besitz nehmen, um alles kurz und klein zu schlagen. Doch so schnell, wie sie aufgetaucht waren, verschwanden die Piraten auch wieder. Die zurückkehrenden Bewohner begannen, Réthimnon noch prächtiger wiederaufzubauen, und errichteten als Rückzugsmöglichkeit die **Fortezza,** eine „Stadt in der Stadt". Das venezianische Zentrum verlagerte sich vom Hafen in die Region um den Rimondi-Brunnen und die Loggia, zudem entstanden drei wichtige Kirchen (Santa Maria Maddalena, Santa Maria und San Francesco). Quellen aus der damaligen Zeit (um 1583) erwähnen 213 kretische und 84 venezianische Familien, die in Réthimnon wohnten.

1646 kamen die **Türken** erneut, dieses Mal nicht als Piraten, sondern mit einem ganzen Heer, und nicht in der Absicht zu zerstören und zu rauben, sondern um sich hier festzusetzen. Nach nur 23 Tagen konnten sie fast mühelos die Stadt besetzen. Venezianische Bevölkerung und Soldaten zogen sich in die Fortezza zurück, die – angeblich wegen baulicher Mängel – nur einen Monat standhielt. Die frühe **Kapitulation** dürfte jedoch nicht allein darauf zurückzuführen sein, sondern auch auf mangelnde Aussicht auf Nachschub und Hilfe, vor allem aber wohl auf den Umstand, dass die Kreter sich insgeheim Hoffnung machten, endlich die ungeliebten Venezianer loszuwerden zu können. Dass sie damit den Teufel mit dem Beelzebub ausgetrieben hatten, merkten sie zu spät. Nach der Kapitulation zogen fast 2000 Bürger und Soldaten ins heutige Iráklion, um dort bei der legendären 29-jährigen Verteidigung mitzuwirken; die Verbliebenen wurden türkische Untergebene und Steuerzahler.

Nach der türkischen Eroberung 1646 wurde Réthimnon **Verwaltungs- und Handelszentrum** für das westliche Zentralkreta. In den 20er Jahren des 18. Jh., als im Zuge des griechischen Befreiungskrieges auch auf Kreta ein Aufstand ausbrach, stand die Stadt im Zentrum der Unruhen, die schnell von den Türken niedergeschlagen wurden. So sollte es bis **1898** dauern, ehe die türkische Besatzungsmacht endgültig vertrieben werden

179kr Foto: bk

konnte, und noch bis 1909 sorgten russische Truppen für den Schutz der Stadt. Dennoch waren viele Türken geblieben, da sie längst assimiliert waren. Sie mussten jedoch 1923 gegen ihren Willen im Rahmen der großen Umsiedlungsaktion (s. Kapitel „Geschichte") in die Türkei umsiedeln.

Ein letztes Mal war die Stadt im **Mai 1941** Kriegsschauplatz: Während der Eroberung der Insel durch deutsche Truppen fungierte die Ebene östlich der Stadt, wo heute Hotels und Strände das Herz der Urlaubsregion bilden, als einer von drei Landungsplätzen für **deutsche Fallschirmjäger.**

Blick auf die Altstadt von der Festung

Orientierung

Hauptanziehungspunkt Réthimnons ist die **Altstadt.** Sie liegt auf einer Halbinsel, die mit Ausnahme der Akropolis (Fortezza) großteils schon in der Antike und im Mittelalter künstlich aufgeschüttet worden ist. Heute bildet die **Odos Kountouriotou,** die Ost-West-Hauptachse und Durchgangsstraße, die Trennlinie zwischen Alt- und Neustadt. Etwa in ihrer Mitte liegen die **Platia 4 Martiron,** der Hauptplatz der Stadt, mit Parkplatz, Stadtpark und zugleich Standort eines Wochenmarkts am Donnerstag (weiterer sonntags auf dem Parkplatz am alten Stadion an Leof. Periferiaki). Von hier führt die **Odos E. Antistaseos** als Hauptgasse in die Altstadt.

Réthimnon
0
200 m
Ausschnitt
Fortezza
Leof. Periferiaki
Katechaki
Chimaras
Messologiou
Salaminos
Melissinou
Iroon
Politechniou
P. Koroneou
P. Prevelaki
Riga Fereou
A. Titou
Patr. Grigoriou
Psilaki
Nikiforou Foka
Arambatzoglou
E. Vernardou
Tsouderon
Tzotichaki Sq.
Souliou
Paleologou
I. Petichaki
Arkadiou
E. Venizelou
Venezianischer Hafen
Fährenanlegestelle
Leuchtturm
Strand
I. Govatzidaki
Agias Varvaras
Menioudaki
Ethn. Antistaseos
Moussourou
M. Tz. Bouniali
I. Dimakopoulou
S. Vlastou
44 Sintagmatos
Tombazi
Platia 4 Martiron
Gerakari
OTE
P. Kountouriotou
Ig. Gavriil
Kallergi
Sport-halle
Stadtpark
Iliakaki
T. Vassou
Kriari
S. Dimitrakaki
K. P. Siganou
G. Chatzidaki
M. Prevelaki
Dimokratias
Koumoundourou
Moatsou
Post
A. Markellou
Ch. Daskalaki
Zabeliou
G. Trandalidou
I. Kondilaki
Chatzimichali Giannari
35, Chaniá
1 2 3 4 5 6 7 8 9 10 11 12 13 14 15 18 20 21 22 23 24 25 26 27 28 29 30 31 32 33 34

Rundgang:
1 Archäologisches Museum
2 Zentrum für kretische Volkskunst (Filiale)
3 Museum of Contemporary Art
4 Ágios Antónios
5 Rimondi-Brunnen
6 ehem. türkisches Hamam
7 Kapelle der Verkündigung Marias
8 Präfektur
9 Volkskundemuseum
10 Moschee Pascha Nerazza/Odeion
11 Venezianische Loggia
12 Klosterkirche San Francesco
13 Porta Guora
14 Denkmal für Kostas Giampoudakis
15 Tesseron Martiron
16 Veli-Pascha-Moschee
17 Kara-Musa-Pascha-Moschee
18 Bischofskathedrale
19 Zentrum für kretische Volkskunst
Sonstiges:
20 Jugendherberge
21 To Elidaki
22 Busbahnhof Überlandbusse
23 Wochenmarkt
24 Polizei
25 Restaurant Veneto
26 Restaurant Avli
27 To Skolarchio
28 Erofili
Hotels:
29 Hotel Ideon
30 Hotel Vecchio
31 Apartments Amalia
32 Hotel Veneto
33 Palazzo Rimondi
34 Mythos Suites
35 Calergi Residence
Strand
Post
Strand
E. Venizelou
S. Venizelou
Pl. Iroon
Victor Hugo
Gerakari
K. Giamboudaki
G. Chortatzi
Kountouriotou
G. Papandreou
M. P.
21 Maiou 1941
Tsakona
T. Veneri
Papanastasiou
Schwaitser
Sikelianou
Iráklion
E. Portaliou
Zimvrakaki
Loukareos
Kalomenopoulou
E. Kaouni
Kazantzaki
G. Androulidaki
K. Palama
Theotokopoulou
Kapodistriou
G. Papanikolaou
Kolokotroni
©Reise Know-How 2011

Die **Odos Venizelou** (erst El./Eleftheriou, dann S./Sofia Venizelou) läuft entlang des Strands vom venezianischen Hafen zu den Badehotels im Osten. Parallel dahinter liegt die **Odos Arkadiou,** die zweite Haupteinkaufsstraße in der Altstadt, die zum venezianischen Hafen und ganz um die Festung herum (als Leoforos Periferiaki) in den Westteil der Stadt mit dem Busbahnhof führt. Ansonsten beherrscht die Altstadt ein Gewirr von Gassen und Straßen, die zu einem ausgiebigen Bummel animieren.

SEHENSWERTES

Réthimnons Altstadt umweht trotz des beständigen Besuchergewimmels ein unvergleichlicher Hauch vergangener Glanztage. Hier kann man sich an türkischen und venezianischen Resten, oft Details wie Türstürzen, Fensterrahmen, Inschriften oder hölzernen Balkonen, gar nicht satt sehen. Es ist eine unvergessliche Reise durch die Epochen – wobei leibliche Genüsse oder auch Shopping nicht zu kurz kommen.

Archäologisches Museum

Idealer Ausgangspunkt für einen Rundgang ist das Archäologische Museum, das sich im fünfeckigen Torvorbau der Fortezza befindet, den die Türken dazugebaut haben und der bis in die 1970er Jahre als Gefängnis diente. Das kleine, aber gut aufgemachte Museum, eigentlich nur ein großer Raum, informiert über die Geschichte der Region in der Antike. Zahlreiche Funde vom Neolithikum bis in die Römerzeit aus Stadt und Umland sind ausgestellt; sie geben einen guten Überblick über die verschiedenen antiken Phasen. Zu den kostbarsten Stücken zählen einige qualitätvolle **Statuen,** vor allem Gewandfiguren und eine unvollendete Venus, die zum Verständnis der antiken Steinmetztechnik beiträgt, aber auch Schmuck, Keramik, Glas und Münzen sowie Grabfunde (u.a. aus Melidóni, Geráni) aus spätminoischen Nekropolen um Réthimnon.

- **Archäologisches Museum,** O. Chimaras, Di–So 8.30–15 Uhr; 3 €

Fortezza

Das **venezianische Kastell,** auch *Fortezza* genannt, ist zweifellos die Hauptsehenswürdigkeit der Stadt. Gegenüber dem Museum führt ein dunkler Gang durch die Festungsmauer in die Anlage hinein.

Nach Jahren der Verwahrlosung wurden umfangreiche Renovierungsarbeiten in Angriff genommen. Mittlerweile präsentieren sich mehrere Bauten wie beispielsweise die eindrucksvolle ehemalige Moschee, deren Minarett aber leider gekappt wurde, bereits in neu renoviertem Zustand.

Geschichte

Nach der türkischen Verwüstung der Stadt, 1571, wurde auf den Resten der antiken Akropolis zwischen 1573 und 1580 die Fortezza von den Venezianern als **Schutzburg gegen die**

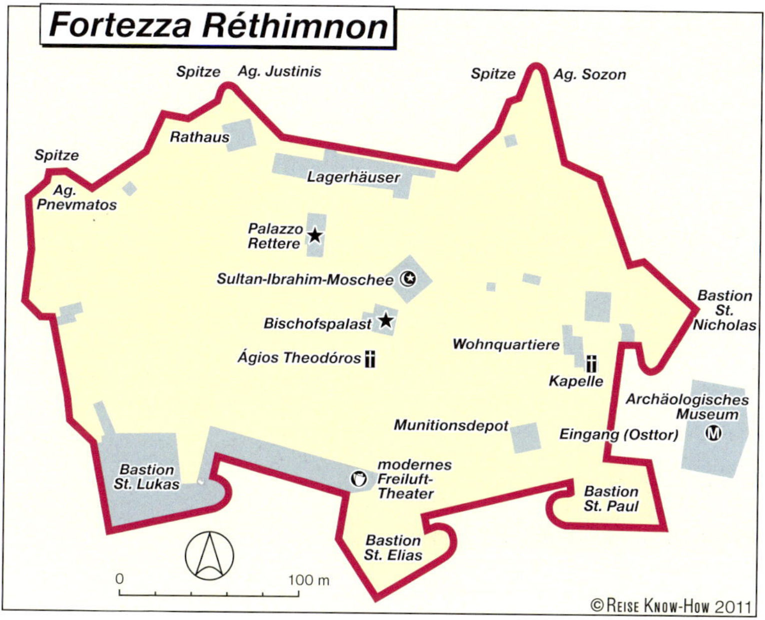

Türken erbaut, alle Bewohner sollten hier Zuflucht finden. Ob die Burg tatsächlich 1646 wegen baulicher Mängel so schnell von den Türken eingenommen werden konnte oder ob Verteidigungsfehler bzw. andere Gründe vorlagen, darüber wird heute noch diskutiert. Sicher ist, dass an der Ausführung gespart wurde.

Die ursprünglichen Pläne für die Fortezza stammten, wie diejenigen von Candia (Iráklion) und Canea (Chaniá), von dem italienischen Fachingenieur *Michele Sanmicheli*. Aus Kostengründen wurden dessen Entwürfe jedoch ausgeschlagen, und *Sforza Pallavicini* wurde beauftragt, eine „verbilligte" Version umzusetzen. Dem Sparzwang fielen damals einige wichtige Aspekte der Verteidigung zum Opfer, so gab es weder Graben noch ein freies Vorfeld, und die Mauern wurden nicht den Geländegegebenheiten angepasst – alles Gründe, die letztlich das Verteidigungsbollwerk als solches schwächten.

Nach der **Eroberung** ließen die Türken Teile der Festung schleifen und verfallen, weitere Zerstörungen erlitt das Bauwerk während des Zweiten Weltkriegs. Außer den Mauern und Bastionen sowie dem Osttor ist deshalb nur wenig erhalten, aber dennoch sollte man hier oben gewesen sein: Nicht nur die Atmosphäre lädt zum Verweilen ein, es eröffnet sich zu-

180kr Foto: bk

dem ein traumhafter **Ausblick** auf die Stadt, deren Struktur man von oben gut studieren kann, auf das Meer, den Hafen und das Umland. Im Sommer finden zahlreiche Veranstaltungen im kleinen Freilichttheater statt.

Rundgang über das Kastell

Ein Rundgang führt vom Eingangstor, vorbei an Munitionsdepot und Theater, zur Einraumkapelle **Ágios Theodóros.** Sie steht im Schatten der **Sultan-Ibrahim-Moschee** von 1646, die die hier vormals stehende Bischofskirche (1598) ersetzte. Sie wurde, wie alle Moscheen, aus der Achse verschoben, und die Grundrisse deckten sich nicht, da der Bau nicht nach Osten, sondern nach Mekka ausgerichtet wurde. Die einzigartige Raumwirkung der Moschee ist beispiellos auf Kreta. Die Reste des Minaretts befinden sich an der Westecke.

Die Kirche/Moschee stand einst am Rand der ehemaligen Piazza, daneben finden sich die Reste des ehemaligen **Bischofspalasts** und an der gegenüberliegenden Seite der **Palazzo Rettere,** das Haus des Oberkommandierenden, mit Gefängnis. Neben einem Aquädukt, Zisternen, Lagerräumen und Pulvermagazinen sind weitere Grundmauern von **Wohnquartieren** und Arsenalen erkennbar, außerdem an der Nordflanke das **Rathaus.** Hier wohnte einer der beiden Ratsherrn der Stadt, der andere hatte sein Wohn- und Amtshaus unten in der Stadt.

• **Venezianisches Kastell/Fortezza,** geöffnet tgl. 8.30–19.30 Uhr (Einlass bis 18.45 Uhr), Eintritt 4 €.

Stadtrundgang

Durch die Gassen der Altstadt

Es fällt schwer, die Ruhe der Festung hinter sich zu lassen und in die Altstadt hinabzusteigen, doch in der Odos Chimaras, die von der Festung in die Stadt führt, lohnen zwei Museen einen Besuch: die Filiale des **Zentrums für Kretische Volkskunst** mit seiner Kunsthandwerkausstellung, die vor allem aus schönen Webarbeiten besteht, und das leider häufig übersehene **Museum of Contemporary Art.** In der wunderbar renovierten und 1995 wieder eröffneten alten Seifenfabrik finden sehenswerte Wechselausstellungen moderner Kunst statt. Außerdem gibt es eine Sammlung von Kunstwerken des einheimischen Künstlers Léfteris Kanakákis.

• **Zentrum für Kretische Volkskunst** (Filiale), O. Chimaras, derzeit geschlossen.
• **Museum of Contemporary Art – L. Kanakakis Gallery,** O. Chimaras, Di–Fr 9–13, 19–22, Sa/So 10–15 Uhr; Eintritt 3 € (Do frei)

Neben dem Museum für moderne Kunst befindet sich mit **Ágios Antónios** (Odos Messologiou 25) eine der seltenen römisch-katholischen Kirchen Kretas. Die kleine Kirche wurde, wie das anschließende Priesterhaus, Mitte des 19. Jh. erbaut.

Moschee auf der Fortezza

Über die Odos Messologiou (in der das neue Kino Cine Apollon eröffnet wurde) erreicht man den Kern der Altstadt Réthimnons, deren Hauptgassen sich inzwischen als Art Fußgängerzone darstellen. Der **Rimondi-Brunnen** (Odos Thessalonikis 2) bildet das eigentliche Zentrum. Der Name dieses zentralen Brunnens geht auf den venezianischen Statthalter *Alvise Rimondi* zurück, der den Wasserspender 1629 installieren ließ. Vom einstigen Brunnenhaus sind nur Reste erhalten, doch aus drei Löwenmäulern zwischen vier korinthischen Säulen sprudelt noch das Wasser, und auf dem darüber befindlichen Architrav sind Reste einer lateinischen Inschrift (... CAE LIBERALITATIS IONTES IN ...) erhalten. Die Türken errichteten über dem Brunnen einen baldachinartigen Vorbau mit Zentralkuppel, der im 2. Weltkrieg teilweise zerstört wurde. Trotz des ruinösen Zustands gehört der Brunnen zu den meistfotografierten Motiven in Réthimnon, und es bedarf einiger Mühe, ihn solo aufs Bild zu bannen.

Vom Brunnenplatz, gesäumt von Cafés, führt eine der schönsten Gassen weiter in die Altstadt hinein: die **Odos Theodoros Arambatzoglou.** Man sollte sich dabei von den unzähligen Läden und Tavernen nicht allzu sehr ablenken lassen – es kommen noch genug davon –, denn hier gibt es viele Spuren der Vergangenheit zu sehen: venezianische Torbögen und Fenstereinfassungen sowie die typischen türkischen Holzerker im ersten Stock.

Auch die Seitengassen lohnen einen Abstecher, z.B. die **Odos Radaman-**

181kr Foto: bk

Rimondi-Brunnen

thos mit Resten eines alten Hamams, eines türkischen Bades (Nr. 25). Im gesamten Areal sind besonders gut erhaltene Portale zu finden, die zu den besonderen Schätzen der Stadt zählen.

Die Odos Arambatzoglou führt uns schließlich, vorbei an einem liebevoll restaurierten Palazzo, zu einem kleinen Platz, an dem die immer gut besuchte **Kapelle der Verkündigung Marias** steht.

Wer weiter durch die Gassen schlendert, wird feststellen, dass es allmählich ruhiger wird und die Zahl der Touristen abnimmt. Die Odos P. Koroneou, ein Beispiel für eine sehenswerte Wohnstraße, führt zur Platia Iroon Politechniou. Dort stehen der Bau der Bezirksverwaltung *(Nomarchia)*, die **Präfektur** von 1869, Reste der Santa Sophia/Ibrahim-Moschee (heute eine Schreinerei) und das alte Fußballstadion; das neue liegt oberhalb der Stadt an der Straße nach Spili.

Durch weitere kleine Wohngassen erreichen wir die **Odos P. Grigoriou.** Eine Seitengasse führt zur Kapelle Ágios Grigoriou, die der Gasse und dem Viertel den Namen gab. Einst war dies die Straße der Sattler, woran ein Laden an der Ecke zur Odos Nikiforou Foka erinnert. Gerade Letztere ist besonders sehenswert, ein schönes **Por-**

tal reiht sich ans andere, venezianische wechseln mit türkischen. Beinahe noch eindrucksvoller ist die Palette in der **Odos Vernardou,** neben schönen Häusern (Nr. 6, 8, 10, 16, 34 und 36), teilweise mit türkischen Umbauten, sticht das Portal der Hausnummer 30 besonders ins Auge. Ein Wappen im Giebelfeld erinnert an die Familie *Clodio,* die einstigen Besitzer des Baus. Heute befindet sich hier eine Backstube, in der *Kadaifi* – dünne Teigfäden, auch „Engelshaar" genannt – gebacken werden, die gerollt und gefüllt mit Nüssen und Zuckersirup ein delikates Gebäck ergeben.

Neben der Hausnummer 30 befindet sich in einem venezianischen Palast aus dem 17. Jh. das **Volkskundemuseum,** dessen Sammlung ganz der bäuerlichen Schicht auf Kreta gewidmet ist. Neben einem Webstuhl und Zubehör, Webwaren, Stickereien, Keramik, Körben und landwirtschaftlichen Gerätschaften führen Modelle, Fotos und Bilder das Landleben auf Kreta vor Augen. Eine rekonstruierte Küche zeigt, wie schwer damals die Hausarbeit war (bzw. z.T. heute noch ist) und erläutert, wie das traditionelle kretische Brot gebacken wurde. Ein eigener Raum ist dem Gedenken an *Chrísi Angelidáki* (1884–1982) gewidmet, die sich um den Erhalt kretischer Handwerkskunst verdient gemacht hat.

• **Volkskundemuseum,** O. Vernardou 28–30, Mo–Sa 10–14.30 Uhr, Eintritt 4 €.

Zu den nicht nur optisch herausragenden Höhepunkten der Stadt gehört die ehemalige venezianische Kirche **Santa Maria,** die zur türkischen **Moschee Pascha Nerazza** *(Tis Nerantzes)* mit dem unübersehbaren Minarett umgebaut wurde und heute als **„Odeion",** als Musikschule und Gemeinde- und Veranstaltungssaal dient. Es handelte sich einst um die größte Moschee der Stadt, mit drei Kuppeln und stattlichem Minarett. Über 120 Stufen ist es eigentlich bis zur zweiten Plattform begehbar, von wo sich eine tolle Aussicht bietet, allerdings war es zuletzt leider geschlossen. Die **Kirche Santa Maria** war von den Venezianern in der zweiten Hälfte des 16 Jh. als Klosterkirche der Augustinermönche erbaut und nach 1646 unter *Pascha Gaza Hussein* umgestaltet worden. Damals diente sie auch als Studierzentrum, worauf die Inschrift „Kitibhane" (Bibliothek) am Eingang hinweist. Unklar ist, wann die drei Zentralkuppeln an das Langhaus angefügt wurden, in alten Ansichten ist bis um 1700 immer nur ein Satteldach zu erkennen. Auch ohne Innenausstattung ist das Raumgefühl ungewöhnlich.

• **Santa Maria/Pascha Nerazza** (Tis Nerantzes), heute „Odeion" – Musikschule, O. Vernardou/Pl. Titou Petichaki.

Über die mit Tavernen und Souvenirläden gepflasterte und vor Besuchern wimmelnde Platia Petichaki und die Odos Paleologou, die zusammen das pulsierende Zentrum der Altstadt bilden, erreicht man die **Venezianische Loggia** (Odos Arkadiou). Wie der Bau in Iráklion diente auch die Loggia in Réthimnon, Mitte des 16. Jh. erbaut,

Beamten und venezianischen Adelsherren als Ort der Begegnung und Geselligkeit. Heute ist sie ein Tipp für Freunde griechisch-antiker Kunst, denn hier werden offizielle Nachbildungen von Stücken aus griechischen Museen zu relativ günstigen Preisen verkauft. Außerdem sind ein paar echte Fundstücke aus dem Umkreis auf dem zugehörigen Hof ausgestellt, und manchmal werden im Inneren kleine Ausstellungen zur Arbeit der lokalen archäologischen Behörde gezeigt.

●**Venezianische Loggia,** O. Arkadiou 220, Mo–Fr 7.30–15 Uhr

Neben der Loggia mündet die kleine, als Fußgängerzone gestaltete Odos Souliou, eine schmale, malerische Ladenstraße, auf die Haupteinkaufsmeile der Stadt, die **Odos Ethnikis Antistaseos.** Hier befindet sich die ehemalige **Klosterkirche San Francesco** aus dem 16./17. Jh. Einst war dies der eindrucksvollste venezianische Bau der Stadt, heute befindet er sich, teilweise restauriert, im Besitz der Uni. Daneben führt ein reich verziertes Portal in die ehemalige türkische Volksschule, die immer noch als Lehranstalt fungiert. Die Odos E. Antistaseos, wo in Nr. 84, in einem alten Palast, einmal ein neues Zentrum byzantinischer Kunst eröffnet werden soll, ist die zentrale Einkaufsachse der Altstadt und erstreckt sich zwischen der Platia Titou Petichaki und der **Porta Guora,** dem alten Stadttor der Profitis-Ilias-Bastion (1540–1570). Um das Tor scharen sich viele Läden für den täglichen Bedarf, wie Bäcker, Metzger und Fischhändler.

Rund um die Platia 4 Martiron

Durch die Porta Guora (oder Megali Porta) verlassen wir die Altstadt und stehen an der Nordwestecke der Platia 4 Martiron. Im Hintergrund ist ein weiteres Minarett zu erkennen, das einmal zur Megali-Porta-Moschee (Odos Vosporou) gehörte (nicht zugänglich). Blickfang des Platzes ist das **Denkmal für Kostas Giampoudakis,** den „Sprengmeister" von Kloster Arkádi (s. dort). Am östlichen Platzende steht die moderne **Kirche Tesseron Martiron** mit farbenfrohen modernen Fresken.

Der auf der anderen Straßenseite gelegene **Stadtpark** ist eine Oase der Ruhe und Erholung in der umtriebigen Neustadt, mit viel Grün und einem kleinen Zoo. Der Park ist nicht sonderlich groß und wurde 1918 an Stelle eines mohammedanischen Friedhofs errichtet, von dem heute noch einige Marmor-Gedenkplatten mit türkischen Schriftzeichen erhalten sind. Im Zweiten Weltkrieg standen hier Baracken, und erst danach pflanzte man die Zier- und Obstbäume. 1967 kam der kleine Zoo und 1976 ein Spielplatz hinzu. Neben dem Park befindet sich der größte Parkplatz der Stadt.

Veli-Pascha-Moschee

Einmal hier, lohnt ein kurzer Abstecher über die Odos Moatsou in die Neustadt zur Veli-Pascha-Moschee (Ecke Odos Markelou/O. Androulidaki). Diese ungewöhnliche Moschee wurde jahrelang restauriert und soll eines Tages Sitz eines naturkundlichen Museums sein. Sie stammt aus der

184kr Foto: bk

zweiten Hälfte des 17. Jh. und gehört zu den schönsten türkischen Bauten der Stadt. Der Vorraum ist mit drei Kuppeln überwölbt, die Gebetshalle trägt zwei Reihen zu jeweils drei Kuppeln, und den Hauptraum überragt eine große Kuppel.

Kara-Musa-Pascha-Moschee

Zurück führt uns der Rundgang in die Altstadt, vorbei an der modernen Einkaufsstraße (Odos P. Koundouriotou) und dem Rathaus. Entlang der Odos Gerakari erreichen wir eine weitere ehemalige Moschee, die Kara-Musa-Pascha-Moschee (Odos Victor Hugo/Odos Arkadiou 4) aus dem späten 17. Jh. Die Türken bauten sie an Stelle eines venezianischen Klosters. Heute residiert in den noch intakten Bauteilen die Restaurierungswerkstatt des „Archäologischen Dienstes". Im wild überwucherten Garten liegen türkische Grabstelen neben venezianischen Bauresten und anderen Funden.

Odos Arkadiou

Die Odos Arkadiou ist die eigentliche **Hauptstraße der Altstadt,** mit vielen unterschiedlichen Geschäften. Inzwischen wird der geruhsame Bummel nicht mehr durch den dichten Autoverkehr beeinträchtigt, da die Straße zur verkehrsberuhigten Zone geworden

Die Venezianische Loggia von Réthimnon

Die Portale Réthimnons

Geht man offenen Auges durch Réthimnon, wird man erstaunt sein angesichts der bunten Vielfalt an Portalformen in den verschiedensten Renaissance-Stilvarianten, mit ionischen, dorischen, toskanischen, vor allem aber korinthischen Säulenkapitellen. Nicht nur die Venezianer, auch die Türken behielten die Renaissancetradition bei, und noch in der zweiten Hälfte des 17. und 18. Jh. entstanden entsprechende Bauwerke bzw. Türstürze (z.B. Odos Arkadiou 154). Im Unterschied zu den venezianischen sind an türkischen Bauten die einfacheren architektonischen Typen mit weniger Details und einer geringeren Plastizität der Bauornamentik beobachtbar.

Grundsätzlich kann man zwei Portaltypen unterscheiden: einen mit Archivolte (bogenförmigem Sturz) und einen mit horizontalem Türsturz, jeweils mit mehreren Untertypen. Bei beiden Typen war die Version mit Giebelfeld (Tympanon) in Gebrauch, außer wenn es sich um einen oberen Abschluss mittels horizontalem, teils fasziertem Architrav (Querbalken) handelte. Oft wurde der Raum zwischen oberem Türabschluss und Archivolte mit Reliefs oder einem Familienwappen verziert, ebenso wurden die Zwickel über der Archivolte und natürlich die Giebelfelder gern geschmückt.

Auf den Architraven befanden sich des Öfteren Inschriften, anfangs in Lateinisch (z.B. Odos Klidi 13), später in Griechisch und Türkisch. Die Architrave werden von Säulen oder Pfeilern in unterschiedlicher Form mit verschiedenen Basen und Kapitellen, gelegentlich auch in doppelter Ausführung, getragen.

182kr Foto: bk

183kr Foto: bk

Réthimnon ist bekannt für seine aufwendig gestalteten Portale aus venezianischer und türkischer Zeit

ist. Zum Teil handelt es sich um alte, repräsentative Bauten, wie die Nr. 154, das größte Wohnhaus venezianischer Zeit mit türkischer Inschrift von 1844, oder das neoklassizistische Haus an der Ecke Odos Chatzigrigoraki.

Bischofskathedrale

Von der Odos Arkadiou aus lohnt ein kurzer Schlenker zur Bischofskathedrale **Mariä Himmelfahrt,** mit Bischofspalais und Glockenturm. Die Kirche wurde 1850 an Stelle einer älteren erbaut, doch der Turm entstand erst 1889 als „Antwort" auf das große Minarett der Nerazza-Moschee. Die Bauarbeiten zogen sich jedoch hin, Grundwasserprobleme und Geldmangel verhinderten eine schnelle Fertigstellung, und das, obwohl eine Aktion des russischen Kommandanten der Besatzungstruppe, der eine Briefmarke mit dem Turm in Umlauf brachte, die Kassen füllte. Die Glocken wurden in Venedig gegossen, die Uhr in Mailand konstruiert. Das Palais, südlich der Kirche, ließ der russische Kommandant *Theodor de Chriostak* 1900 errichten. Gegenüber liegt die kleine Kapelle **Ágios Antónios To Megálo** von 1863.

Nur wenige Schritte von der Bischofskathedrale entfernt, liegt das **Zentrum für kretische Volkskunst** (O. Kritovoulidou 15–17, Öffnungszeiten variabel, 3 €). Das Museum (mit Laden) sieht seine Hauptaufgabe in der Unterstützung aller Aktivitäten, die mit lokalen Traditionen zusammenhängen. Besucher sollen nicht nur kretische Volkskunst kennenlernen, sondern auch an Veranstaltungen teilnehmen können.

Venezianischer Hafen und Strand

Den Endpunkt unseres Rundgangs bildet der Venezianische Hafen, der vielleicht malerischste Punkt in Réthimnon. Wer den Platz ruhig erleben möchte, sollte während der Mittagsruhe oder besser am frühen Morgen herkommen. Ansonsten herrscht hier immer rege Betriebsamkeit rund um die unzähligen **Tavernen,** die scheinbar den ganzen Hafen unter Beschlag genommen haben. Ein idealer Punkt zum Ausruhen, Beobachten und Fotografieren ist die historische **Mole** mit dem alten Leuchtturm – der Zugang befindet sich hinter den Fischerbooten. Hinter der alten Mole liegt der moderne Fähranlegeplatz.

Bis heute versucht man, den Hafenbereich auszubauen, was jedoch ein scheinbar aussichtsloses Unterfangen ist, da das Hafenbecken – wegen der Nordostwinde und Strömungen – im Nu wieder versandet. Große Schiffe können daher hier nicht anlegen, und selbst für die Fähren muss die Fahrrinne ständig freigebaggert werden. Schon die Venezianer hatten versucht, dieses Problem zu lösen, 1582 mit einem Kanal, der jedoch ebenfalls rasch wieder verstopft war. Im 17. Jh. setzten die Venezianer erneut alle Energie ein, um den Hafen zu sichern und seetüchtig zu machen. Doch das Problem der Versandung blieb ungelöst, und man beabsichtigte, den Hafen auf die Westseite der Fortezza zu verlegen – ein Vorhaben, das aus Kostengründen

185kr Foto: bk

scheiterte. So war am Vorabend des türkischen Angriffs das Hafenbecken wieder einmal voller Sand und Geröll - einer der Gründe für die schnelle Aufgabe der Verteidiger. Renovierungsarbeiten im 19. und 20. Jh. haben das Aussehen venezianischer Zeit zwar stark verändert, aber trotz allem ist der Hafen noch immer die meistfotografierte Ansicht von Réthimnon.

Direkt neben dem venezianischen Hafen beginnt der schattenlose **Sandstrand,** der sich rund 15 Kilometer nach Osten erstreckt. Hier sollte eigentlich zwischen den beiden Molen der große moderne Hafen entstehen, von dem oben die Rede war, doch - zum Glück für die vielen Besucher - stehen die Chancen für die Verwirklichung des Projekts schlecht.

Das Wasser ist hier sehr flach - gut für Kinder -, doch wegen des nur langsamen Wasseraustauschs und des herrschenden Massenbetriebs gehört der Strand beileibe nicht zu den schönen der Insel. Das Areal östlich der Hafenmole ist fest in der Hand des Pauschaltourismus, ein Hotel reiht sich ans andere, Tavernen, Bars, Cafés und Souvenirshops mit weitgehend identischem Angebot gibt es in Hülle und Fülle.

Venezianischer Hafen

Praktische Tipps

Vorwahl Réthimnon: 28310

Infos

- **Infobüro am Strand,** Platia El. Venizelou/ O. Varga Kallergi, Mo– Fr 8–20 (Sommer), Mo–Fr 8–15 Uhr (Winter); Auskünfte, Stadtpläne, Ausflugsfahrten per Boot, kleiner Infostand im Sommer auch an der Pl. 4 Martiron.
- **Touristenpolizei:** am Anfang des Strandes (neben dem Infobüro), Tel. 28156 oder 53450, tgl. 7–22 Uhr.

Im Internet:

- **www.west-crete.com:** Informiert in deutscher Sprache allgemein über die einzelnen Regionen, wichtigsten Sehenswürdigkeiten, Museen, Regionen, Strände sowie Unterkünfte, Wandervorschläge, auch Immobilien; plus Links.
- **www.rethymnon.gr:** eher allgemeine Infos und Fotos, viele Infos, aber leider nicht immer aktuell; ähnlich:
- **www.rethymnoguide.com**

Service

- **Post:** O. Moatsou, nahe Stadtpark, Mo–Sa 8–14 Uhr.
- **Telefon:** O.T.E., O. Kountourioti 28, tgl. 7–24 Uhr, Okt. bis Mai 7–23 Uhr.
- **Wichtige Telefonnummern:** Busverbindungen 22212; Verkehrspolizei 22589, Polizei 25247, Krankenhaus 87100.
- **Autovermietung:** mehrere Vermietbüros entlang der Strandpromenade.
- **Wanderungen:** Happy Walker, O. Tobazi 56 (Tel./Fax 52920, www.happywalker.com), Touren ins Hinterland, Mo–Sa geführte Wanderungen von ca. 4 Std. Dauer, inkl. Anfahrt.
- **IDA Touristic Enterprises:** Pl. Agnostou Stratioti/O. Chortatzi 1, Tel. 24466-8, www.ida-touristic.gr; Zimmer, Autovermietung, Touren u.a. Dienstleistungen.

Notfälle

- **Allg. Notfälle:** 112
- **Polizei:** 100
- **Ambulanz:** 166, **Notarzt:** 176
- **Deutscher Arzt:** O. Gerakari 170, Tel. 24654
- **Krankenhaus:** 27814 oder 27926

Verkehrsverbindungen

Busse

Der **Busbahnhof** liegt im Westteil der Stadt, zwischen Odos P. Prevelaki und Periferiakos, neben der Sporthalle. An die 20 x tgl. fahren **Überlandbusse** nach Chaniá und Iráklion (ca. 6–22 Uhr), außerdem zum Kloster Arkádi und zu weiteren Zielen in der Umgebung (wie Pérama, Margarítes); regelmäßig mehrere Busse in Richtung Südküste (Moní Préveli, Agía Galíni und Plakiás) und schließlich **Stadtbus Nr. 20** zu den Hotels östlich der Stadt (bis Panormo). Am Ticketschalter gibt es kostenlose Fahrpläne, zudem eine **Gepäckaufbewahrung,** eine Wartehalle samt Café.

- **Infos:** www.bus-service-crete-ktel.com

Taxi

- **Taxistand:** Platia 4 Martiron, Tel. 22316 oder 25000.

Schiff

- Im Sommer eine **Fährverbindung** (LANE) – sonntags **nach Piräus** (freitags **von Piräus**), Anlegestelle nördlich des Venezianischen Hafens.
- **Bootsausflüge:** am Venezianischen Hafen buchbar, ab 15 €, z.B. Dolphin Cruises (Tel. 57666, www.dolphin-cruises.com, verschiedene Touren zwischen 1½ und 5 Stunden u.a. nach Scaleta, Panormo, Georgioupolis; Badeausflug mit Delfinbeobachtung, auch Tages- und Angeltouren).

(Rund-)Touren

- **Stadtrundfahrten** mit einer Art **Touristen-„Tram“** ab Strandpromenade (O. S. Venizelou, nahe Infobüro, tgl. 10–23 Uhr, 6 €); von hier auch Touren in die **Mili-Schlucht** (Mo–Sa ab 9 Uhr, ca. 20 €) und zum **Kloster Agía Iríni** (Mo–Sa ab 15.30 Uhr, 8 €).

Parken

In der Altstadt ist die Durchfahrt nur für Anwohner und Hotelgäste erlaubt. Parkplätze finden sich entlang der Hafenpromenade (im Osten), am modernen Hafen (Gebühr), um die Fortezza und beim alten Sportstadion sowie beim Stadtpark (Gebühr), nahe der Altstadt.

Essen und Trinken, Einkaufen

Geschäfte und Tavernen schießen in Réthimnon wie Pilze aus dem Boden. Was gestern noch „in“ war, kann morgen schon überholt sein. In kulinarischer Hinsicht ist quantitativ viel, qualitativ wenig, mit einigen Ausnahmen in erster Linie standardisiertes „internationales“ Essen geboten. Zudem zeichnet sich hier, und nur hier, verstärkt die Tendenz zu „Touristenmenüs für Zwei“ ab (ca. 20 €). Hauptgerichte gibt es sonst in der Regel ab 10 €. In der Innenstadt sind kaum noch typisch griechische Kneipen mit den charakteristischen Schautheken zu finden, aber trotzdem lassen sich einige ausgezeichnete Lokale (s.u.) finden.

Um den Rimondi-Brunnen

Café Galero, Internet-Café mit einer Mischung aus griechischer, italienischer und mexikanischer Küche, **Café Caribbean** und **Café Basiliko.**

Odos Theod. Arambatzoglou bzw. Odos Koroneo und Umgebung

Eine Vielzahl an Läden mit Modeschmuck, Lederwaren oder Keramik sowie Olivenholzschnitzereien, Souvenirladen (bei der Kirche, mit kretischen Produkten wie Honig und Öl,); in der Odos Koroneo befinden sich ein Bäcker, ein Pantopolion (Tante-Emma-Laden) und ein Metzger, außerdem eine kretische Musikschule.

Lokale: Obelistirio Stavros (Nr. 33, Imbiss und Lokal in einer Seitengasse, O. Epimenidou 16), **O Gounas** (O. Koroneo, kretische Livemusik in urtümlich kretischer Atmosphäre), **Sokaki** (Ecke O.F. Portou, internationale und griechische Küche, eher gehobene Preiskategorie), **Veneto** (O. Epimenidou 4, ausgezeichnete „Cretan & Mediterranean Cuisine“ in 700 Jahre altem Gemäuer), **Taverna Castelo** (O. Arabatzoglou 27, ebenfalls in historischem Ambiente mit schönen Sitzmöglichkeiten), **Restaurant Avli** (O. Radamanthous 22, moderne kretische Küche, gehobenes Niveau, eines der besten Lokale der Stadt), gegenüber **Raki Baraki** (von *Avli* betriebene Rakí-Taverne) oder neben dem alten Hamam (O. Radamanthous) **To Skolarchio,** eine einfache Taverne, in der abends Live-Konzerte kretischer Musiker stattfinden.

Odos Vernadou

Im Schatten des Minaretts locken einige Tavernen und Cafés, wie **Old Town** (Nr. 31), **Ouzies** (Nr. 20 - Vorspeisen, Ouzo und Wein), **O Minares** oder das beliebte **Figaro Café** (Nr. 21–23).

Odos Paleologou

Hier befinden sich mehrere einfache Imbiss-Lokale und Cafés, z.B. **Kafeneion Loukoumades,** gegenüber ein Zeitungs-/Buchladen (Nr. 39), daneben ein empfehlenswerter Laden mit Kräutersortiment, Honig, Öl, Wein - außerdem selbstgebrannter Rakí; darüber hinaus Schmuckläden.

Odos Souliou

Eine Reihe kleinerer Läden, vor allem Lederwaren, Schmuck, Keramik, Handarbeiten, Souvenirs wie **Kechribari** (Nr. 9, hübscher Silberschmuck), **To Ftochiko**, nettes kleines *Mezedopolion* (Kneipe), **Traditionally Cretan,** ein Geschäft für traditionelle kretische Produkte (ungewöhnlich große Auswahl an Kräutern, Oliven- und Olivenholz-Produkten,

Einkaufen in der Odos Arambatzoglou

Rakí, Ouzo und besonders Wein – einer der besten Läden dieser Art – Nr. 24–26). In Haus Nr. 28 gibt es alte Handarbeiten. Außerdem Nr. 40, Antiquitäten (Münzen, alte Postkarten, Schmuck, Ikonen etc.); Nr. 43, Second-hand-Bücher und Comics; Nr. 57: **Stella's kitchen** (mit Pension Olga), „Hausmacherküche" und einfache Zimmer; Nr. 37: Restaurant **Stoa Melodias.**

Odos Ethnikis Antistaseos und Umgebung

Ideal zum Lebensmitteleinkauf, mit Läden wie: **M.T. Koutalas** (Nr. 96, Käse, Honig, Rakí, keine Souvenirs); Friseur mit handgefertigten Messern und Komboloi (Nr. 41); *Farmacia* (Ecke O. Tsouderou). Ein empfehlenswertes Lokal ist **Lemonokipos** (Nr. 100) mit einem malerischen Garten und leckeren lokalen Gerichten. Von hier bis zum Tor gilt die O. Antistaseos als Einkaufsstraße der Einheimischen, mit alltäglichen Gebrauchsartikeln wie Haushaltswaren, Kleidung, Lebensmitteln (auch Fischhändler), direkt am Tor die traditionelle Bäckerei **Antonakakis** (Nr. 3).

In der Seitengasse O. Vosporou 8 ein Tipp für „Leckermäuler": **Moka** (Süßes, Kräuter, Honig, hausgerösteter griechischer Kaffee u.a.), Filiale in O. Antistaseos.

In der Seitengasse O. Varvaras: **Mezedopoleio O Charalambas** (Lokal); in derselben Gasse befindet sich auch die **Stadtbibliothek.**

Platia Petichaki

Um den zentralen Platz reihen sich neben zahlreichen Läden (Souvenirs und Kunsthandwerk) auch Imbiss-Lokale und Tavernen wie **Neratza** (Giros und Souvlaki zum Mitnehmen oder hier Sitzen, billig und gut) oder **Othonas** (Nr. 27, leckere kretische Gerichte, dazu Mezedes, Rakí und lokaler Wein).

Um die Platia 4 Martiron

Cafés, Supermärkte, Bank, Bäckerei – ab hier beginnt die O. Gerakari mit einigen Keramikläden sowie dem Lokal **Mesostrati** (Nr. 1).

Odos Arkadiou

Hierbei handelt es sich um die eigentliche Einkaufsmeile der Altstadt, mit Boutiquen (Schmuck, Leder, Souvenirs), Travel Agencies, Haushaltswarenläden.

Imbiss: Ecke Arkadiou/Kallergi, hier erhält man für 2 € Gíros oder Souvlaki Pita (mit Teigfladen, Tomaten, Zaziki und Zwiebeln).

Um den Venezianischen Hafen

Viele Hafentavernen, wie **Knossos, Cava d'Oro** (Nerachoou 42–43), **Erokritos, Seven Brothers** oder **Zafyros;** in den Seitengassen spielt sich das Nachtleben ab (Bars wie **Nuvel** etc.).

Um die Fortezza

Zahlreiche Tavernen, z.B. in der O. Melissinou: **To Triopi Katostari** (Nr. 15), **Kri Kri** (Nr. 36), **Castelvecchio George Taverna** mit Gästezimmern (O. Chimaras 29, Tel. 28310/50886), am Leof. Periferiaki: **Taverne Fanari** (Nr. 16).

Odos P. Kountouriotou

Durchgangsstraße und moderne Shoppingmeile, auch O.T.E.

Odos Sof. Venizelou (Strandpromenade)

Hotels über Hotels, Imbisse und Tavernen, v.a. 30–70er-Nummern, wie **Kaliston, Klassiko** oder **Obelistirio Prokumaia,** Cafés, Bars und Nightspots, Souvenirshops, Minimarkets, Rent-a-Car und Travel Agencies – großes touristisches Serviceangebot! Zudem liegt hier das städtische Touristeninfo-Büro, und es gibt Geldwechselstellen und Bankautomaten.

Weitere Einzeltipps

- **To Elidaki** (O. Dimakopoulo 82) ist ein lohnendes Lokal, in dem man besonders die vielerlei Vorspeisen probieren sollte.
- **Supermärkte,** z.B. in der O. Chimaras (gegenüber Museum of Contemporary Art), O. Gerakari (bei der Platia 4 Martiron) sowie weitere in der Neustadt (z.B. INKA, O.E. Portalion), Ecke Papanastasiou).
- Das **Restaurant Erofili** (O. Melissinou, neben der katholischen Kirche, Tel. 29660). Historisches Ambiente in den Ruinen des alten venezianischen Theaters; es gilt als eines der besten und teuersten Restaurants der Stadt.
- Nur Schritte entfernt bietet sich das **Restaurant Alana** (O. Salaminos 15) als preiswertere Alternative an. Auch hier gibt es gute kretische Küche mit modernem Einschlag.
- Ein großer **Wochen-(und Kleider-)markt** findet jeden So vormittags am Parkplatz vor dem alten Stadion (Leof. Periferiaki), im Westen der Altstadt neben dem Busbahnhof, statt. Am Hauptplatz (gegenüber Pl. 4 Martiron) gibt es donnerstags im Sommer einen weiteren Markt.
- Die ausgezeichneten Biere (Hell und Dunkel) der **Rethymnian Brewery,** der einzigen Kleinbrauerei Kretas südlich der Stadt bei Arméni (siehe Kapitel „Von Réthimnon südwärts"; „Arméni"), gibt es in fast allen kleinen Supermärkten der Stadt zu kaufen – sie sind ein Muss für Bierfreunde.

Nachtleben

- Das meiste spielt sich rund um den Venezianischen Hafen, z.B. **Rhapsodie Music Cafe** (O. Salaminos 9, ab 18 Uhr), **Vitro Club** (O. Nearchou 26) oder **Venetsianiko** und **252,** und in der O. Melissinou (Fortezza) ab. Zudem lohnen die **Nafpigio Musik Bar** (O. Arkadiou 254) sowie die Bars und Cafés um die Odos N. Plastira (**Café Cozi, Karma, Da Capo, Kenzo** oder **Art**), entlang der Strandpromenade (z.B. **Avra, Cecilia** oder **Globe**) und an der O. Arambatzoglou (**Raki Ba Raki, Irish Pub**).

Unterkunft

- Im Umkreis der O. Arambatzoglou und O. Koroneo befinden sich mehrere Rent Rooms, weitere in der O. Nikoforou Foka (am Kirchlein beginnend), z.B. Nr. 80/82; **Makri Steni** (Nr. 56, Tel. 21465); **Anda** (Nr. 33, Tel. 23479).
- Der besondere Tipp: Ferienapartments **Amalia,** O. Koroneo (Handy 6932/441377 oder 6937/132584, auch buchbar über Kreta Reisen), toll renoviertes venezianisches Haus mit vier Apartments (oben besonders schön), alle mit Kochgelegenheit und Telefon.
- Eher fein ist das **Hotel Palazzo Rimondi** €€€ (O. Stef. Chanthoudou, Tel. 51289, www.palazzorimondi.com), auch buchbar über deutsche Reiseveranstalter wie Kreta Reisen oder Attika), schöne Zimmer in einem alten Palazzo.
- **Mythos Suites**€€€ (Platia Karaoli Dimitriou, Tel. 53917, www.mythos-crete.gr), in einem schön restaurierten venezianischen Palazzo; in der Nähe (O. K. Dimitriou): **Pension Castello**€ (Tel. 23570, www.castello-rethymno.gr, einfach, aber sauber).
- Am und um den Hafen findet sich ebenfalls ein großes Angebot, doch je näher am Hafen, desto lauter; z.B. **Hotel Ideon** (Pl. N. Plastira, Tel. 28667-9, Fax 28670, www.hotelideon.gr) oder **Studios Seeblick** (O. Kefalogiannidon 18, Tel. 22478, unterhalb der Festung). Auch in den dahintergelegenen Gassen befinden sich zahlreiche Rent Rooms.
- **Hotel Vecchio**€€ (O. M. Botsari/M. Daliani 4, Tel. 54985, www.vecchio.gr), restaurierter venezianischer Palazzo, Pool im hübschen Innenhof.
- **Jugendherberge,** O. Tombazi 45, Tel. 22848, www.yhrethymno.com, 10 € p.P. im Mehrbettzimmer; auch Kontaktbörse, günstigere Wochenraten, Rezeption 8–12 und 17–21 Uhr, keine Altersbegrenzung.
- **Casa dei Delfini**€€-€€€ (O. Nikiforou Foka 66–68, Tel. 55120, www.casa-dei-delfini.de, u.a. bei Attika zu buchen). Studios (2–3 Pers.) und Maisonette (5 Pers.), mit Bad/WC/TV/Balkon.
- **Veneto Hotel**€€€ (O. Epimenidou 4, Tel. 56634, www.veneto.gr). Insgesamt 18 schön ausgestattete Suiten in renoviertem historischen Haus, mit Restaurant Veneto (in Deutschland bei Kreta Reisen oder Attika).
- **Calergi Residence**€€€ (Tel. 31021, www.calergi.gr). Kleine Anlage mit zehn Apartments und zwei Studios in Atsipopoulo (3 km südwestl. an der Straße nach Epískopi, nahe New Road). Schöner Innenhof mit Pool, Dachterrasse und Frühstücksbuffet.
- Unzählig sind die Hotelkomplexe im Ostteil der Stadt und in den Vororten am Strand, sie sind alle schon von zu Hause aus über die Pauschalveranstalter zu buchen (während der Saison sind vor Ort kaum Zimmer für nur einige Tage zu finden).
- Empfehlenswert sind die Hotels der **Grecotel-Kette** (s. „Praktische Reisetipps: Unterkunft"), die in Réthimnon ihren Hauptsitz hat: **Creta Palace** (im Vorort Missiria, etwa 4 km östlich der Stadt, schöne Anlage mit Strand) und **El Greco** (ganz im Osten des Touristenstreifens, neu hergerichtet, mit zwar nur kleinem Strand, dafür aber tollen Ausblicken auf Bucht und Stadt).
- Neuestes Hotel von Grecotel im Großraum Réthimnon ist der **Club Marine Palace,** ein All-Inclusive/Family-Hotel mit den Fünf-Sterne **Marine Palace Suites** in Pánormos.
- Ein besonderer Tipp sind die **Arcus Charming Houses,** 21 km südwestlich von Réthimnon (s. Kapitel „Die Almíra-Bucht – von Réthimnon westwärts").
- **Camping Elisabeth,** Tel. 28310/28694, www.eurocampings.de/de/europa/griechenland/kreta/camping-elizabeth-101595, in Réthimnon-Missiria, ca. 5 km von Réthimnon. Direkt am öffentlichen Sandstrand, mit Taverne, Minimarkt, schattig, schmale Zufahrt. Infrastruktur schlecht, aber bemühtes Personal.

Sportveranstaltungen

Neben **Wasserball** (Stadion beim Busbahnhof im Westen) ist **Basketball** *der* Sport in der Stadt. Die schöne Melina-Merkouri-Sporthalle liegt direkt neben dem Busbahnhof. Hier spielt **A.G.O.R. Réthimno,** der Pokalfinalist 2007, derzeit in der 2. Liga (Infos: Tel. 36279, www.agor.gr). Im neuen Fußballstadion oberhalb der Stadt (Straße nach Spili) tritt **Rethymno Podosfairiki Enosis** in der 4. Liga an.

Das Umland von Réthimnon

Chromonastíri

↗ X/A2

Chromonastíri ist ein kleines Gebirgsdorf mit venezianischen Resten im südlichen Hinterland von Réthimnon. Zum Ort und zu den alten Mühlen in der Umgebung kann man durch die **Schlucht von Míli** wandern, die mit üppiger Natur und einer vielseitigen Flora und Fauna – Oliven- und Maulbeerbäume, Zypressen und Obstbäume – aufwartet (s. Kapitel „Wandern auf Kreta").

Vor allem in den Ortschaften **Páno Míli** und **Káto Míli** stößt man auf die Ruinen alter Steinhäuser und auf Überreste von dreißig Wassermühlen, die sich entlang des Milonianós-Bachs aneinander reihen. In der Schlucht liegt auch eine venezianische Villa aus dem 16. Jh., damals Sitz des Steuereintreibers, der zugleich Aufseher über die Mühlen war. So finden sich hier Backöfen, in denen Backwaren für die venezianischen Behörden hergestellt wurden. Handfeste Kost und Fremdenzimmer gibt es heute bei *Evangelos* (in Kato Míli ausgeschildert), idyllisch in der Schlucht gelegen.

Vor Chromonastíri liegt die **Ágios-Eftíchos-Kirche** (vor dem Ort in der Schlucht), eine dreischiffige Kreuzkuppelbasilika aus der zweiten Hälfte des 10. Jh., von *Johannes o Xenos* ausgemalt. Leider sind nur spärliche Freskenfragmente aus dem 11. Jh. erhalten.

Kloster Agía Iríni

↗ X/A2

Hoch über der Milonianós-Schlucht thront das **Kloster Agía Iríni,** das einige entschlossene Frauen vor wenigen Jahren aus alten Ruinen wiederauferstehen ließen. Heute ist es ein hübscher Anblick, der sich einem nur 4 km südlich von Réthimnon präsentiert: Auf einem Hügel liegt das kleine, scheinbar uralte Kloster. Nähert man sich der Pforte, steht man plötzlich vor einem modernen, geschmackvollen Komplex, der auf der einen Seite von Bergen überragt wird, auf der anderen einen **spektakulären Ausblick** bietet. Man meint, seinem Reiseführer nicht mehr trauen zu dürfen, der Agía Iríni als eines der **ältesten Klöster Kretas** bezeichnet und es in die zweite byzantinische Phase, 961–1204, datiert.

Doch das stimmt. Anderen, ungesicherten Meinungen nach soll sogar bereits um 600 n. Chr. hier ein erstes Kloster von Mönchen erbaut worden sein, die zuvor in Höhlen gehaust hatten. Die ältesten Aufzeichnungen finden sich in venezianischen Urkunden von 1362, dort wird das Kloster als „wohlhabend mit großen Ländereien" beschrieben. Erst 1751 setzen die Überlieferungen zum Kloster wieder ein: Das erste offizielle Klostersiegel stammt aus diesem Jahr, und eine Inschrift über dem Kirchenportal nennt 1755. Schon drei Jahre zuvor waren unter der ursprünglichen Kirche zwei große Wasserbecken – Reservoirs für sommerliche Wasservorräte – in den Fels gehauen worden, deren Größe andeutet, dass ursprünglich eine größere Gemeinde versammelt war. Über 80 Mönche sollen sich tatsächlich in der Blütezeit hier aufgehalten haben. Da Agía Iríni jedoch nur elf Mönchszellen aufwies, wohnten sie großteils im nahe gelegenen Kloster Chalévi.

Ab dem frühen 19. Jh. scheint es allmählich bergab gegangen zu sein, in den 1840ern starb der letzte Mönch, und 1866 übernahm das benachbarte Chalévi das Kloster, kurz bevor es von den Türken zerstört wurde. 1895 gründete der Bischof von Réthimnon und Avlopótamos eine kirchliche Schule in Agía Iríni, die jedoch ebenfalls ein Jahr später den Türken zum Opfer fiel. Ab 1900 scheint Agía Iríni dann seine Selbstständigkeit verloren zu haben, es wurde dem Nachbarkloster Arsáni zugeordnet. Jahrzehnte vergingen, die Gebäude verfielen zusehends, ehe das Kloster wieder ins Bewusstsein der umliegenden Bevölkerung rückte. 1970 begannen Einheimische mit einer – unsachgemäßen – Restaurierung der Klosterkirche, strichen die Fresken mit der im Mittelmeerraum so beliebten weißen Tünche über und setzten reichlich Beton ein.

Schwester Theklas Weg zwischen Himmel und Erde

1989 machten sich dann **drei Nonnen,** unter ihnen Schwester Thekla, vom Kloster Kalivianí in der Messara-Ebene auf den Weg Richtung Réthimnon und adressierten eine Bitte an den dortigen Bischof: Sie wollten das Kloster neu aufbauen. Der Bischof schüttelte wohl ungläubig den Kopf – wie sollten diese drei Frauen die derart **überwucherten Ruinen** zu etwas Sinnvollem umgestalten können? Er stimmte zu, aber vor dem Aufbau sollten die alten Hinterlassenschaften erforscht werden. Bei den Ausgrabungen, geleitet von dem Architekten *Elias Christodoulákis,* wurde der Originalbestand gründlich dokumentiert, vermessen, und soweit möglich wurde das alte Baumaterial weiterverwendet.

Ansonsten kam für den **Wiederaufbau** des Klosters einheimisches Material in authentischen Farben und Formen zum Einsatz. Es wurde auf den Einsatz lokaler Handwerker und die Nutzung alter Techniken geachtet; unter diesem Vorsatz wurden z.B. die alten Fenster nachgebaut. Begonnen wurde mit den Wohnzellen im Westflügel, damit die drei Nonnen einziehen konnten, es folgten Werkstätten und Büros im Südflügel. Küchen und der traditionelle Wohnbereich sowie der Hauptspeiseraum folgten, dann die Wohnzellen im Ostflügel, Besucherquartiere, Innenhof, Außenhof, Ausstellungsbereich und Eingang. Trotz aller Traditionen wurde auf einige moderne Errungenschaften nicht verzichtet, was mehr als verständlich ist: Wasserleitungen, Telefon, Strom, Heizung, Isolation, Bäder/WCs und Einbauküche.

Dass die Restaurierungen vorbildlich verliefen zeigt auch die Auszeichnung, die Agía Iríni 1995 von „Europa Nostra" *(International Association for the protection and enhancement of Europe's architectural and natural heritage)* erhielt. Der Wiederaufbau des Nordflügels ist abgeschlossen, und wo früher das Vieh stand und noch Futtertröge und Pflöcke zum Anbinden zu sehen sind, und wo Oliven gepresst wurden, wie die Funde von Mühlsteinen zeigen, lädt heute die **Klosterkapelle St. Raphael** die Nonnen zum Gebet. Im angrenzenden Teil wurde ein neues **Klostermuseum** eröffnet, in dem Handarbeiten, klerikales Zubehör und Dokumente zur Geschichte des Klosters gezeigt werden.

In den klostereigenen **Werkstätten** werden kirchliche Gewänder, Handarbeiten und traditionelle Trachten angefertigt. Beschäftigt sind außer Nonnen anderer Klöster vor allem Mädchen vom Land, die hier eine handwerkliche Lehre absolvieren. Sie üben sich in Goldstickerei an Kirchengewändern und fertigen traditionelle Handarbeiten an. Die im Kloster hergestellten **Decken, Tücher und Überwürfe** werden, neben zugekauften anderen **Kunsthandwerksartikeln,** direkt im angeschlossenen Klosterladen verkauft.

Bis zum Jahr 1996 war das Kloster zugleich Sitz des Bischofs von Réthimnon, seit dessen Tod ist das Kloster nur noch **von wenigen Nonnen bewohnt.** Klostervorsteherin und Initiatorin des Kloster-Revivals ist **Schwester Thekla,** eine energische kleine Frau schwer schätzbaren Alters, die mit dem Handy zwischen Refektorium, Büro und Werkstatt hin und her eilt und immer wieder neue Ideen entwickelt, um zu Geld zu kommen. Sie verstand es, während der Bauarbeiten ihre Dachdecker auch bei grausiger Kälte bei der Stange zu halten, und zwar, indem sie ihnen in den Pausen einen Rakí anbot.

Thekla weiß, warum sie im Kloster-Speisesaal kirchliche und staatliche Würdenträger bewirtet, Politikergattinnen und UNESCO-Mitglieder zu Diskussionsrunden, Tagungen oder Kongressen im Kloster empfängt und Gästezimmer bereithält. Sie träumt von einem „Zentrum für traditionelle Stickerei" auf einem benachbarten Grundstück, möchte dort jungen Leuten die Chance geben, eine ordentliche Ausbildung zu erhalten, und gleichzeitig dazu beitragen, das kretische Erbe zu wahren. Und sie möchte, dass die große Kirche außerhalb des Klosterkerns ebenfalls noch restauriert wird.

Schwester Thekla ist nicht nur ein Energiebündel, sondern auch starrköpfig, verweigert hartnäckig die Annahme von „Almosen", die Erhebung von Eintrittsgeldern und anderen touristenorientierten Maßnahmen. Für sie ist jeder Besucher noch ein Gast im urgriechischen Sinne und wird entsprechend behandelt. Einzelne Gäste sind gern gesehen, werden zu einer Erfrischung eingeladen und dazu aufgefordert, sich auf dem schönen Platz mit Panoramablick vom „stressigen" Badeleben zu erholen und in sich zu gehen – was sicher nicht schaden kann ...

• **Kloster Agía Iríni** und sein kleines Museum (frei, aber Spende angebracht) können in angemessener Kleidung tgl. 9–13/16–20 Uhr bzw. bis Sonnenuntergang besichtigt werden.

KLOSTER ARKÁDI

↗X/B2

„(Arkadi) ... liegt auf kahler Fläche, weithin sichtbar, und eine Zeile breitschirmiger Pinien, die selten hier sind, zeigt es an ... Es war eine große Anlage, aber arg verfallen. Das Kloster hat einen großen Namen aus Türkenzeiten ... Im Hof, unterm Hauseingang, saßen die Mönche."

Erhart Kästner

Das Kloster Arkádi, etwa 23 km südöstlich von Réthimnon, muss man besucht haben, denn nur wer hier oben, 500 m hoch in den Bergen, mit aufgeschlossenen Sinnen den Ort in sich aufgenommen hat, wird anschließend die Kreter besser verstehen können. Auch wenn nicht jedem die Ehre zuteil wird, wie Erhart Kästner von keinem Geringeren als dem Bischof von Réthimnon begrüßt und zum Essen eingeladen zu werden, trägt der Ort zum Verständnis bei, warum die Kirchen und Klöster bis heute eine so wichtige Rolle im Leben der Kreter spielen und warum ausgerechnet dieses Kloster das wahre **kretische Nationalheiligtum** ist. Wie Arkádi beteiligten sich die meisten Klöster aktiv am Widerstand und trugen erheblich zur Wahrung der kulturellen Eigenständigkeit und des Nationalbewusstseins in über 200 Jahren türkischer Fremdherrschaft bei. Ohne die Mönche hätte die kretische Eigenart nicht überlebt.

Mittlerweile ist das Kloster aus dem späten 16. Jh., wohl mit einem wesentlich älteren Vorgängerbau (aus dem 14. Jh.?), nicht nur für die Kreter zu einem **Pilgerort** geworden. Tagtäglich

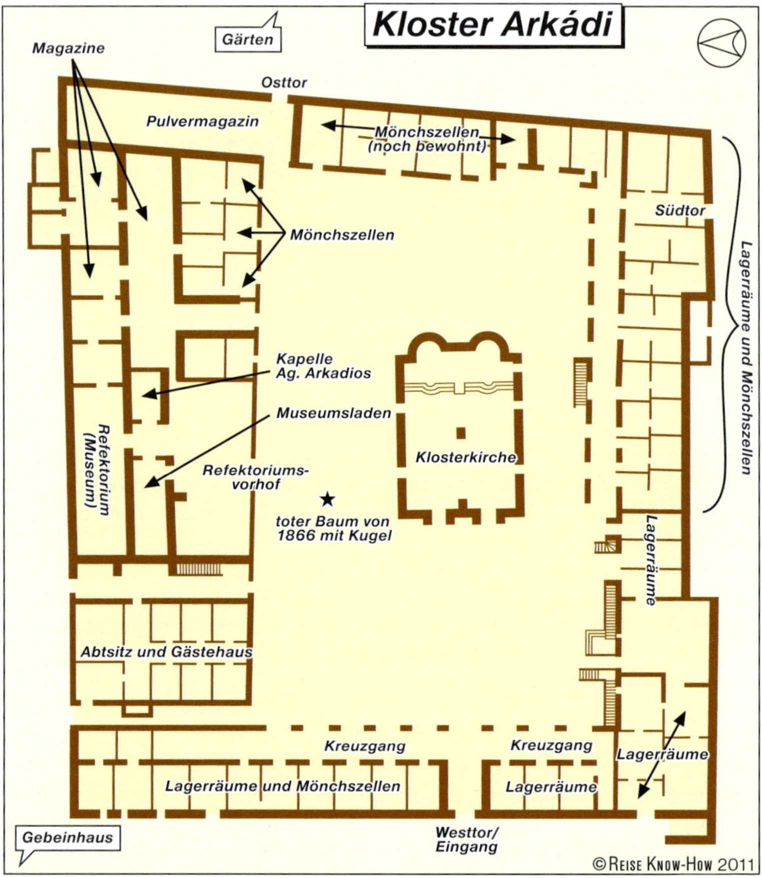

reißt der Strom an Touristenbussen nicht ab, ist der Parkplatz überfüllt von Mietwagen, denn das Interesse an diesem traumhaft auf einem Hochplateau gelegenen Baukomplex, immer noch von Mönchen bewohnt und bewirtschaftet, ist enorm. Gut daran ist, dass dank der Eintrittsgelder und Souvenirverkäufe verstärkt „Verschönerungsmaßnahmen" in Angriff genommen, unlängst eine neue Zufahrtstraße angelegt und das Kloster selbst renoviert werden konnte.

Besonders viel los ist am **8. November,** dem großen **Feiertag** des Klosters, an dem ein Halbmarathon hinunter nach Réthimnon gestartet wird. Wer glaubt, diese „Verweltlichung"

187kr Foto: bk

würde der Erinnerung an die Türkenherrschaft und dem Heldenmut der Freiheitskämpfer schaden, missversteht die kretische Mentalität, bei der Frohsinn und Leid, Ernsthaftigkeit und Lebensfreude nicht nur eng beieinander liegen, sondern zugleich Teil ein und derselben Person sind. Schon in der Antike ehrten nämlich die Griechen ihre Götter und Toten mit Festen und Theateraufführungen, mit sportlichen und musischen Spielen.

Besonders um die Mitte des 19. Jh. entwickelte sich das Mönchskloster zu einem **Zentrum des kretischen Widerstandes** gegen die Türkenherrschaft. Am 7. und 8. November 1866 belagerten daraufhin türkische Truppen das wehrhafte Kloster, doch anstatt sich zu ergeben, sprengten sich hier Hunderte von Freiheitskämpfern, Frauen und Kindern in die Luft, um nicht in die Hände der Türken zu fallen. Auch wenn im „Kampf bis zum letzten Blutstropfen" die Kreter damals ein Fiasko erlebten, wurde das Kloster zum **Symbol für den Freiheitskampf** und leitete letztlich den Abzug der Türken ein.

Auf Kreta ließ der Sieg jedoch lange auf sich warten. Obwohl der Massenselbstmord in Kloster Arkádi zunächst einen Sturm der Entrüstung hervorrief und Prominente wie *Victor Hugo, Garibaldi* oder *Harriett Beecher Stowe*

Kloster Arkádi:
Symbol für den Freiheitskampf

(„Onkel Toms Hütte“) zur Unterstützung der Unterdrückten aufriefen, folgten keine Taten. Erst etwa 30 Jahre später ging die Türkenherrschaft zu Ende, doch immerhin war damit das Opfer der Verteidiger nicht umsonst gewesen.

Das **Museum** im ehemaligen Refektorium bietet eine sehenswerte Ikonensammlung und erinnert vor allem an die Bedeutung des Klosters. Im **Refektorium** oder der Magazin-Ruine kann man sich jedoch des Gefühls nicht erwehren, dass die Seelen der toten Kreter noch in den Gemäuern herumgeistern. Eine Rekonstruktionszeichnung und eine Gedenktafel im zerstörten **Pulvermagazin,** das im Gegensatz zu den anderen Teilen des Klosters, die ab 1870 wieder aufgebaut wurden, nie renoviert wurde, erinnert mit eindrucksvollen Bildern und Worten an die Verteidiger. Ein ähnliches Gefühl beschleicht einen angesichts des Denkmals von *Konstantin Giamboudákis* in Réthimnon (auf der Platia 4 Martiron). Dort steht der stolze Freiheitskämpfer, den Blick starr auf das ferne Kloster gerichtet – und hinter seinem Rücken erhebt sich ein türkisches Minarett in den blauen Himmel.

- **Moní Arkádi,** mehrmals tgl. Bus von Réthimnon; geöffnet tgl. 9-19 Uhr; Eintritt 2,50 € inklusive Museumsbesuch (www.arkadimonastery.gr).

Kirche Ágios Dimítrios ⇗X/A-B2

Den Ausflug zum Kloster Arkádi kann man gut mit zwei anderen verbinden. Zum einen handelt es sich um die kleine Kirche Ágios Dimítrios, die etwa einen Kilometer südöstlich der Ortschaft **Pigí** am Ortsrand des Weilers Ágios Dimítrios steht und auf der Straße nach Arkádi ausgeschildert ist. Die Kirche gehört zu den schönsten Kreuzkuppelkirchen Kretas, vom quadratischen Bautyp mit vier Stützen, ganz nach Art der von Konstantinopel vorgeschriebenen Viersäulenkirchen. Neben einem Kreuzigungsrelief im Tympanon (11. Jh.?) befinden sich Freskofragmente einer Heiligenfigur aus dem 14. Jh. rechts in der Ecke, aber auch links, neben dem Altar, sind noch Reste von Malereien zu erkennen.

Kloster Arseníou ⇗X/B1

Nicht weit von Pigí, schon näher am Meer, liegt **Móni Arseníou,** mit kleinem Museum und Refektorium mit Inschrift von 1645. Ein schöner Platz breitet sich vor der Kirche aus, daneben wurde ein Klostergarten angelegt. Einen kleinen Rastplatz für Besucher, der einen schönen Blick auf ein kleines Tal eröffnet, hat man hinter der Kirche angelegt. Das Kloster stammt wohl bereits aus dem 16. Jh., es wurde Mitte des 19. Jh. durch ein Erdbeben zerstört und danach neu aufgebaut.

Eléftherna ⇗X/B2

Im Hinterland von Kloster Arkádi liegt der Ort Eléftherna. Nur wenige Besucher finden den Weg hierher, was nicht verwunderlich ist, da die eigentliche Sehenswürdigkeit, die Reste der **antiken Stadt Eleutherna,** (derzeit)

FREIHEIT ODER TOD – DER TRAGISCHE WIDERSTANDSKAMPF IN MONÍ ARKÁDI

„Die Flammen, die in dieser Krypta entzündet wurden, und die ihren Feuerschein über das ganze ruhmreiche Kreta warfen, waren Gottes Feuer - das Feuer, in dem die Kreter für die Freiheit starben."

(Gedenkinschrift im ehemaligen Magazin des Klosters Arkádi)

Der türkischen Belagerung des Klosters Arkádi im November 1866 war ein geheimes Treffen kretischer Widerstandskämpfer am 1. Mai des Jahres vorausgegangen. Damals wurden von den Kämpfern die Anführer der verschiedenen Regionen erwählt, für die Region Réthimnon wurde *Gabriel Marinákis*, der Abt des Klosters Arkádi, bestimmt. Natürlich war das den Türken nicht verborgen geblieben, und der Pascha von Réthimnon forderte den Abt auf, von den Umtrieben Abstand zu nehmen, ansonsten müsse er das Kloster zerstören. Wie nicht anders zu erwarten, ließen sich weder die Kreter noch Abt Gabriel einschüchtern, und als Konsequenz rückte eine türkische Streitmacht von etwa 15.000 Soldaten gegen das Kloster vor.

Dort hatten sich etwa 1000 Menschen, davon kaum 300 bewaffnete Kämpfer, verschanzt. Eine griechische Truppe von 150 Soldaten vom Festland unter dem Kommando von *Panos Koronéos* war in Vorahnung des Desasters klugerweise (oder, wie mancher Kreter meint, feigerweise) wieder abgezogen.

Zwei Tage lang verteidigten sich die Eingeschlossenen zur Überraschung der Türken verbissen, ehe vom Abt und dem Kommandanten, *Konstantin Giamboudákis*, eine folgenschwere Entscheidung getroffen wurde: Man beschloss, sich im Pulvermagazin zu versammeln und beim Anrücken der Türken dieses in die Luft zu sprengen. „Freiheit oder Tod", lautete das Motto der Kreter, die nicht länger unter dem türkischen Joch leben wollten. Zudem wussten die Verteidiger nur zu gut, dass bei einer Kapitulation die Überlebenden entweder grausam getötet oder in die Sklaverei wandern würden. Sie hatten keine andere Wahl: Just in dem Augenblick, in dem die Türken das Tor zum Magazin aufschlugen und sich siegessicher über die Verteidiger hermachen wollten, flog das halbe Kloster in die Luft. Die letzten Kämpfer zogen sich danach ins Refektorium zurück, wehrten sich bis zum letzten Blutstropfen und wurden von den Türken niedergemetzelt. Spuren von Messern sind noch heute auf den Holztischen erkennbar.

114 Kreter, zumeist Frauen, Kinder und Alte, sollen den Ansturm überlebt haben und wurden gefangen genommen. Nur ein einziger Kämpfer, der sich in der Zypresse im Hof versteckt haben soll, konnte angeblich unentdeckt entkommen.

Wer im Kloster steht und sich die Geschichte im Geiste vergegenwärtigt, wird erkennen, dass es sich hier nicht um eine Touristenattraktion der üblichen Art handelt, sondern um ein für die Kreter heiliges Denkmal. Es überkommt einen ein eigenartiges Gefühl – so ähnlich wie in San Antonio, Texas, wo 1836 im Kloster Alamo sich die verteidigenden Texaner bis zum letzten Mann einer militärisch haushoch überlegenen mexikanischen Heerschar entgegenstellten, unter demselben Motto: „Freiheit oder Tod!"

nicht für Besucher zugänglich sind. Seit 1986 laufen Ausgrabungen der griechisch-römischen Siedlung unter der Leitung des Archäologieprofessors der University of Crete, *Nikólaos Stambolídis*. Ausstellungen, die in Réthimnon und im Goulandris-Museum in Athen stattfanden, deuteten die Bedeutung des Ausgrabungsplatzes bereits an.

Man war durch Funde von zahlreichen kleinen Ton-Idolen aufmerksam geworden, fand dann einen Friedhof und deckte schließlich nach und nach mehrere **Gräber,** teils Brandbestattungen (Graburnen), teils Körperbestattungen, auf und stellte dabei fest, dass in dieser Gesellschaft die Frauen eine besonders wichtige Rolle gespielt haben, waren ihre Skelette doch mit reichen Beigaben versehen gefunden worden. Der Ort war nach dem Niedergang von Knossós erbaut worden und zu einer wichtigen Stadt in strategisch günstiger Lage avanciert.

MARGARÍTES

↗ XI/C2

Die Kleinstadt **Pérama,** etwa 25 km östlich von Réthimnon an der Old Road gelegen, hat als ländliches Zentrum im Hinterland kaum touristische Reize, doch befinden sich in nächster Nähe zwei sehenswerte Orte. Einmal ist dies Margarítes, ein wegen seiner Keramikwerkstätten berühmt gewordenes Gebirgsdorf. Nach zeitweiliger starker Abwanderung – das Schicksal vieler kretischer Dörfer –, erhielt der Ort neue Impulse durch zugezogene junge, kreative Töpfer und dank der „Entdeckung" durch den Tourismus als **typisches Töpferdorf** mit einigen alten, schön renovierten Bauten.

Nun laden ein kleines **Keramikmuseum** und einige Tavernen am Dorfplatz bzw. am Ortseingang sowie eine Anzahl von „Rent Rooms" Besucher ein. Hauptanziehungspunkt sind die derzeit rund **zehn Keramikläden,** in denen man zum Teil den Töpfern bei der Arbeit zuschauen kann. Die Werkstätten reihen sich entlang der Durchgangsstraße aneinander bzw. sind in den angrenzenden Seitengassen zu

188kr Foto: bk

Eine von vielen Keramikwerkstätten in Margarítes

finden, wie beispielsweise Keramika oder am Ortsende Maroulis. Man kann Ausgefallenes finden, doch insgesamt ist das Angebot eher einheitlich: Meist handelt es sich um schöne, schlichte Formen mit einfarbigen Glasuren, oft intensiv kobaltblau, oder um bäuerlich bunt bemalte Stücke, manches bleibt auch ohne Glasur. Die Kaffeebecher, Schalen und Schüsseln aller Art, Blumenvasen und Kannen, Aschenbecher und Ähnliches lohnen als preiswerte Mitbringsel. Daneben taucht natürlich auch die übliche, kitschige Touristenware auf, wahrscheinlich „Made in Taiwan" oder „Hongkong".

MELIDÓNI

↗ XI/C1

Die zweite Attraktion der Region liegt nahe dem Dorf Melidóni. Der etwa 4 km östlich von Pérama gelegene Ort liegt schließt sich thematisch gut an Moní Arkádi an, da auch hier eine Episode des **kretischen Freiheitskampfes** bitter endete. Der Name Melidóni erinnert daran, dass in den vielen kleinen Höhlen Bienen nisten. Den Verfall des Dorfes haben die Ausflügler gestoppt, ein Revival lässt sich um den Dorfplatz feststellen, wo Tavernen, Cafés und kleine Pensionen entstanden sind.

Höhle von Melidóni

Über dem Ort befindet sich die eigentliche Attraktion, die Melidóni-Höhle, zu der eine geteerte Straße, vorbei an den schwarzen Meilern der Köhler, die hier noch Holzkohle produzieren, in Serpentinen hinaufführt. Begrüßt wird man dort von einem Tavernen-Café und einer kleinen Kapelle, während sich der Höhleneingang im Hintergrund verbirgt.

Lange Jahre war die Höhle von Melidóni selbst bei den Einheimischen **in Vergessenheit** geraten und verschlossen. Als dann in den 70ern des 20. Jh. „wohlmeinende" Hinweise in diversen Reiseführern aus der Höhle einen „Geheimtipp" machten, zog das mehr und mehr Leute an, die nach einer billigen Bleibe und „Fun" suchten. Entsprechend sah es nach einigen Jahren im Inneren aus: Müll und Unrat häuften sich, und der in der Höhle befindliche Sarkophag mit den Überresten von Toten (s.u.) wurde als „Attraktion" missbraucht.

Mitte der 1990er Jahre erinnerte sich der aus der Fremde in sein Heimatdorf zurückgekehrte **Marcos Kyrmizákis** an die alte Höhle und ihre ideologische Bedeutung und machte sich mit seiner amerikanischen Frau *Brenda* daran, das Naturdenkmal und Mahnmahl der Türkenbesatzung als „Melidoni-Monument" der Öffentlichkeit zugänglich zu machen. Auf Eigeninitiative reinigte er die Höhle und ließ die Müllberge zunächst als peinliches Anschauungsmaterial für die Gemeinde vor der Höhle liegen, ehe sie in mehreren Lastwagenladungen weggekarrt wurden. Marcos installierte Scheinwerfer, sicherte den Zugang und legte Wege an.

Bis 1999 begrüßte der hervorragend Englisch sprechende Kreter jeden Be-

189kr Foto: bk

sucher noch selbst, verteilte sein Infoblatt, das er in 18 Sprachen vorliegen hatte, und betätigte seine „Steinzeit-Rechenmaschine", indem er für jeden Besucher einen Stein in eine Schüssel legte. Eintritt wurde nicht erhoben. Als jedoch immer mehr Leute den Weg in diese etwas entlegene Ecke Kretas fanden und die Gemeinde **Profit witterte,** entschied man sich, einen Angestellten an den Höhleneingang zu setzen und Eintrittsgeld zu verlangen. Als Rechtfertigung dafür renovierte man die Kapelle, stellte ein Klohäuschen auf und baute die Taverne in Stein.

Brenda und Marcos
vor der Melidóni-Höhle

Die **Einnahmen** werden einerseits für Personal- und Erhaltungskosten verwendet, andererseits der Gemeinde zugeführt. Diese ist mehr als glücklich über die lukrative Zusatzeinnahme, die es ermöglicht, infrastrukturelle Verbesserungen vorzunehmen und das Dorf selbst attraktiver zu machen.

Dies könnte ein Grund sein, nach der Höhlenbesichtigung im **Open-Air-Café** noch ein Tässchen Kaffee oder ein Kaltgetränk zu genießen. Ein weiterer ist der hervorragende Ausblick und die Gelegenheit, ein wenig mit Marcos zu plaudern, jenem Mann, dem es zu verdanken ist, dass ein kretisches Nationaldenkmal bewahrt wurde. Und der nicht müde wird, auf die Opferbereitschaft seiner Vorfahren sowie die

Bedeutung der Höhle als Gedenkstätte hinzuweisen.

Der riesige Hauptsaal, der von den Besuchern betreten werden darf, bildet nur den Anfang eines **großen Höhlenkomplexes,** dessen rückwärtige Teile wegen der schwierigen Zugänglichkeit und der archäologischen Bedeutung für das Publikum geschlossen sind. Nach antiker Legende soll hier jener berühmte eherne Wächter Kretas, der Riese Talos gehaust haben. In minoischer Zeit und danach fungierte die Höhle als wichtiger Kultort, an dem Hermes und Zeus verehrt wurden. Erst 1998 fanden Archäologen in einem der Seitenteile antike Wandmalereien und Inschriften.

In der eindrucksvollen **Tropfsteinkathedrale,** effektvoll beleuchtet, steht ein großer **Steinsarkophag,** in dem sich die sterblichen Überreste von über 300 Menschen befinden. Die türkischen Machthaber wollten in Melidóni ein Exempel statuieren, galt doch gerade dieser Ort als Widerstandsnest. Er wurde deshalb immer wieder von den Türken angegriffen. Während einem dieser Angriffe, im November 1823, flüchteten sich **370 Kreter,** vor allem Frauen, Kinder und Alte, mit Vieh, Lebensmitteln und beweglicher Habe in die Höhle. Pascha *Hussein*, Kommandant der Türken, umzingelte sie und forderte die Aufgabe.

Natürlich weigerten sich die Kreter, da Gefangene bei den Türken bekanntermaßen wenig ehrenhaft behandelt wurden. Hussein ließ daraufhin die Höhle angreifen, doch rannten die Türken gegen die nur 20 oder 30 Kämpfer wie gegen ein Bollwerk an. Wutentbrannt versuchte der Pascha daraufhin, den Zugang mit Steinen zu verschließen, doch auch dieses Unternehmen scheiterte, und schließlich ließ der türkische Befehlshaber vor der Höhle ein **Feuer** entfachen, damit der Rauch in die Höhle ziehen konnte. Die Eingeschlossenen flohen tiefer in das Höhlensystem hinein, konnten jedoch dem grausamen **Erstickungstod** nicht entrinnen.

- **Höhle von Melidóni,** Anfang April bis Ende Oktober tgl. 9-mind. 16 Uhr, Eintritt 3 €.

Olivenöl bei Paraschakis

An der Straße von Melidóni nach Pérama befindet sich ausgeschildert eine kleine **Olivenölfabrik,** die einen Besuch lohnt (tgl. 9-18 Uhr). Im Familienbetrieb *Paraschakis* gibt es nicht nur zwei historische Ölmühlen zu sehen, sondern man erhält von *Joanna* zugleich auf Englisch eine interessante Einführung in die Ölherstellung und kann das *Extra Vergine Olive Oil* auch kaufen. Die *Paraschakis* pressen hier nicht nur Oliven von ihren eigenen riesigen Hainen, sondern stellen ihre Anlage auch anderen Bauern zur Verfügung (Infos: www.paraschakis.gr).

Pánormos

↗ XI/C1

An der New Road, etwa 25 km östlich von Réthimnon, liegt Pánormos, im Altertum Hafenstadt des antiken Eleutherna. Wenige antike Reste sind ver-

190kr Foto: bk

Am Strand von Pánormos

streut erhalten, außerdem die Ruinen einer frühchristlichen Basilika aus dem 5. Jh. (im 7. Jh. zerstört) – möglicherweise befand sich hier der umgesiedelte Bischofssitz von Eléftherna. Pánormos ist ein **einfacher Fischerort**, in dem sich der Rummel noch in Grenzen hält. Pánormos gilt als „Windloch", ununterbrochen weht der Wind und verschafft im Sommer zwar Kühle, trägt aber andererseits dazu bei, dass viel Dreck angeschwemmt wird. Inzwischen hat man eine neue Hafenmole gebaut, um den Fischerhafen zu schützen, und daneben wurde ein neuer Sandstrand angelegt, der gut gepflegt wird.

Ein weiterer schöner **Strand** liegt in einer kleinen Bucht westlich des Fischerhafens Richtung Hotel Marine Palace. Weiter vom Ort entfernt, am Kap im Osten, kann man noch Ruinen aus byzantinischer und venezianischer Zeit vom alten **Kastell Milopótamo** sehen; damals befand sich hier der Hafen, der im Meer versunken ist.

Service

- **Kastelli Tours,** Tel. 28340/51226, an der Hauptstraße (Auskünfte, Zimmer, Touren, Leihwagen etc.) und Kastelli Apartments.
- **Bike-Rents** ebenfalls oberhalb des Hafens.

Verkehrsverbindung

- **Busse** halten auf der Strecke zwischen Réthimnon und Iráklion an der New Road oberhalb des Ortes, der Bus Nr. 20 verbindet den Ort mit Réthimnon.

Essen und Trinken, Einkaufen

- Oberhalb des Hafens liegen einige schöne Tavernen wie **Sofokles, Captain's House** (auch Zimmer) oder **Barbas Andreas;** einen Besuch lohnt **Krithanthos** (lokale Produkten wie Wein/Rakí vom Fass, Öl und Kosmetika aus Avocado und Oliven), **Panormo Products** (ebenfalls lokale Produkte) oder **Kerantzou** (Keramik).

Unterkunft

- **Lucy's Pension** (Tel. 28340/51212, www.lucy.gr), 6 Studios, jeweils mit Bad und Küchenecke, am Hauptplatz, auch Apartments.
- **Apartements Castello,** direkt am Wasser mit Hafenblick, 5 Apartments unterschiedlicher Größe, ab 50 € für bis zu 4 Pers.
- **Club Marine Palace** (Tel. 28340/51610, www.grecotel.com/crete/club-marine-palace), All-Inclusive-Familienclub mit Superanlage und großem Freizeitangebot. Zugehörig: **Marine Palace Suites** (www.grecotel.com/crete/marine-palace-suites).
- **Zozo Apartements,** Tel. 2810/287915 o. 695/4497711, große, moderne Zimmer mit Balkon direkt an der St. Georgios-Kirche. Ab 45 €/DZ.
- **Dalabelos Farm,** in Angeliana, einer kleinen Ortschaft im Hinterland von Pánormos (nordwestlich von Perama, ausgeschildert), wurde ein Bauernhof in eine liebevolle Pension mit 10 Zimmern (modern ausgestattet) umgebaut (DZ ab 60 €, Infos & Reservierung: www.guestinn.com).

Balí

↗ XI/C1

Etwa 12 km östlich von Pánormos an der New Road, etwa auf halber Strecke zwischen Réthimnon und Iráklion, erreicht man das Örtchen Balí. In der Antike diente der Ort als Hafen der bedeutenden dorischen Stadt Axos. Der ältere Ortsteil liegt um den Fischerhafen, der neuere nahe der New Road.

Das Dorf ist ein hervorragendes Beispiel dafür, wie weit man die Konzessionen an den Tourismus treiben kann. Aus dem vormals verschlafenen kleinen Fischerdorf hat sich innerhalb nur weniger Jahre ein lebendiger Touristenort entwickelt. Neben Zimmervermietungen und kleinen Pensionen für Individualtouristen – in großer Zahl, leicht zu bekommen und ordentlich – gerät Balí immer mehr in die Hände des Pauschaltourismus, in der Folge schießen Hotelkomplexe, vielfach auch in hiesigen Reisebüros zu buchen, wie Pilze aus dem Boden. Obwohl der Ort selbst zum großen Teil aus Tavernen, Cafés, Souvenirshops und Unterkünften besteht, besticht die landschaftlich schöne Lage an der gebirgigen Küste mit vielen kleinen Badebuchten.

Abgesehen von dem Kiesstrand vor dem Ort, finden sich die besten Badegelegenheiten am **Kap Korákis** (auch schön für Spaziergänge), ein paar hundert Meter nördlich von Balí (Sand und türkisfarbenes Meer, vorgelagerte kleine Insel, auch FKK möglich), aber auch in den umgebenden kleinen Buchten.

Kloster Ágios Ioánnis

↗ XI/C1

Weit sehenswerter und auch nur wenige Kilometer von Balí entfernt ist das Kloster Ágios Ioánnis Prodromos (d. Täufer), das auch unter dem Namen *Moní Atalaí-Balí* bekannt ist. Kaum einen halben Kilometer von der New Road entfernt, schmiegt es sich an den Berghang. Zwei Mönche woh-

191kr Foto: bk

nen hier oben und pflegen das Kloster und den wunderschönen Garten – ihr besonderer Stolz. Hinter der Kapelle befindet sich ein kleiner Rastplatz für Besucher, die nach all dem Badetrubel in Balí hier oben Ruhe und einen traumhaften Ausblick suchen.

Den einstigen Glanz des Klosters kann man in den Ruinen nur noch erahnen. 1635 war es gegründet worden, mit einer Kirche, deren Renaissancefassade ungewöhnlich ist, und zwei Innenhöfen (einer bei der Kirche, der andere bei den Klausen). Die Türken wüteten hier 1866 und lösten das Kloster nach Unruhen im Umland auf. Danach verfiel der Ort, ehe man 1983 mit Restaurierungsarbeiten begann. In der dem heiligen Johannes geweihten Doppelkirche befinden sich Reste der Ausmalung aus dem 17. Jh., der Blütezeit des Klosters. Zwei **Feste** finden alljährlich zu Ehren des Heiligen statt: sein Geburtstag am 24. Juni und sein Hinrichtungstag am 29. August.

- **Moní Ágios Ioánnis/Moní Atalaí-Balí,** tgl. außer Fr 9–12 und 18–20 Uhr, mit WC und kleinem Shop in der Kirche.

Service

- **Lefteris Water Sports** (am Hafen): Vermietung von Motor-, Tret- und Ruderbooten, Kanus und Surfbrettern sowie Segeltörns (Tel. 28340/94102).
- Mehrere Auto- und Zweiradverleiher, wie Mythos Tours (auch Rent Rooms und Bar, oberhalb des Hafens).

Verkehrsverbindung

- Die **Busse** zwischen Réthimnon und Iráklion halten an der New Road (vom Ort ein kleiner Fußmarsch).

Essen und Trinken

- Empfehlenswerte Fischgerichte gibt es in den Tavernen um den Fischerhafen wie z.B. **Mythos.**
- Bei **Stavros** und **Gorgona** (nahe der New Road, vor dem Ort, auch Zimmervermietung) lohnen die Lammgerichte.

Einkaufen

- Zwei Supermärkte im Ort.

Unterkunft

Vor allem an der Zugangsstraße zur New Road mehrere größere Hotel-/Apartmentanlagen, vieles neu entstanden oder im Bau.

- **Fishermans Home – Kronos Beach Studios** (www.innsite.com/inns/B008274.html); oberhalb der geschützten Bucht mit Treppe zum kleinen Sandstrand, 12 kleine, einfache saubere Zimmer (ab 45 €) mit Klimaanlage, Dusche/WC und Balkon; Taverne.
- **Hotel Sophia Mythos Beach**€€€, schön oberhalb des Hafens gelegen (Tel. 28340/94450, www.sofia-mythos-beach.de), 75 Zimmer, Pool, Apartments, mit Taverne.

Die Almíra-Bucht – von Réthimnon westwärts

Die Almíra-Bucht lässt sich gut auf der Fahrt von Réthimnon nach Chaniá oder als Tagesausflug von einer der beiden Städte aus erkunden. Den Hauptteil nimmt ein **kilometerlanger Sand-/Kiesstrand** östlich der Ortschaft Georgioúpolis ein, an dem es so etwas wie Beschaulichkeit leider allerhöchstens noch in der Nebensaison gibt.

Westlich von Réthimnon ist die Gegend sehr bergig, mit einigen kleinen Buchten, wie derjenigen von **Geráni.** Dort befindet sich neben einem Kiesstrand mit Taverne eine berühmte, doch nicht zugängliche Tropfsteinhöhle. Weiter nach Westen verläuft die New Road direkt am Strand entlang (Parkplätze und Stichstraßen sind hinreichend vorhanden). Wer nicht auf Badevergnügen aus ist, sollte die alte Straße durchs Hinterland wählen.

Hier breitet sich am Nordhang der Weißen Berge eine wasserreiche Gegend aus, die beliebtes Ausflugsziel der Rethimnioten ist. In diesem Gebiet liegen **Epískopi,** orthodoxer und ab 1212 auch lateinischer Bischofssitz, woran die Kirche Ágios Ioánnis erinnert (13./14. Jh, wenige Freskofragmente, aber beachtliche Architektur), und **Argiroúpolis.** Letztgenannter Ort liegt vielen Besuchern schon zu weit ab vom Schuss und konnte sich auf diese Weise mehr Authentizität bewahren. Besonders der alte Dorfkern, mit seinen eng verschachtelten Häusern, vermittelt das Bild eines alten kretischen Dorfes. Das Dorf wurzelt in der minoischen Großstadt Lappas, von der jedoch kaum Funde oder Reste bekannt sind. Eine Attraktion sind die **Quellen** unterhalb des Ortes und Spuren alter Nutzung (Wasserräder, Aquädukte) meist verborgen an/in Tavernen, die gerade am Wochenende viel besucht sind.

Unterkunft

- Ein besonderer Tipp sind die **Arcus Charming Houses** in Argyroupoli, ca. 20 km südwestlich Réthimnon. Die gastfreundlichen Eleni und Yannis Deligiannakis haben mitten im Dorf die alten Gemäuer der Großeltern in zwei traumhafte Häuser (4–6 Pers.), 2 Apartments (2–3 Pers.) und ein Studio (2–3 Pers.) umgewandelt. Im Zentrum der Anlage liegt ein schöner Garten mit Pool – ideal zum Erholen und Entspannen (Studio ab 90 €, im Winter ab 60 €, Infos & Reservierung: www.guestinn.com).

In der Nähe bietet das Unternehmen Guest Inn noch zwei weitere Unterkünfte in Gestalt renovierter Dorfhäuser: **Villa Stratos** in Kaloníktis und **Abelos** in Rustiká.

Rustiká

↗ IX/D2

Der Ort Rustiká liegt etwa 18 km südwestlich von Réthimnon in den Bergen und ist wegen seiner Lage zu einem beliebten Wohnort geworden, mit viel venezianischer Bausubstanz und den für kretische Bergdörfer so typischen engen Gassen. Zu den Sehenswürdigkeiten gehören die Kirche **Agía Panagía** mit Fresken aus dem späten 14. Jh. und die **Sotíros-Christú-Kirche** mit wertvollen Fresken von 1381 und einer „wundertätigen" Kimisis-Ikone. Das Kloster **Móni Profítis Ilías** befindet sich im oberen Ortsteil und verfügt über einen schönen Garten und eine reich ausgestattete dreischiffige Kirche.

Ziel vieler Wanderfreunde: der See von Kournás bei Georgioúpolis

Georgioúpolis

↗ IX/C1

Der Name des Ortes deutet es bereits an: Er wurde von dem 1898 eingesetzten Hochkommissar von Kreta, Prinz *Georg*, ins Leben gerufen – von langer Geschichte kann also nicht die Rede sein. Sehenswürdigkeiten fehlen und der Ort ist zumindest während der Hauptsaison komplett vom **Pauschaltourismus** überrollt. Die schönste Ecke ist der kleine Hafen, dort, wo der eiskalte und klare Fluss ins Meer mündet. Das Dorf, dessen zahlreiche Eukalyptusbäume beliebten Schatten spenden, ist um den zentralen Hauptplatz herum gewachsen, was ihm optisch zuträglich ist.

Nördlich von Georgioúpolis bildet **Kap Drápanos** eine schöne Kulisse, während sich ostwärts ein schier endloser **Strand** erstreckt. Kein Wunder, dass der Fremdenverkehr in großem Stil mehr und mehr den Ort erobert, dass riesige Hotelkomplexe entstehen und mit den zahlreichen Privatzimmern in Konkurrenz treten. Heute beschreiten Familien, Sonnenhungrige und Badefreunde die Pfade, die die Rucksackreisenden vor vielen Jahren angelegt haben. Erst in der Nebensaison, wenn viele Bars, Tavernen, Hotels und Discos bereits geschlossen sind, kehrt allmählich eine fast schon unheimliche Ruhe ein – die beste Zeit herzukommen.

Zum Baden steht, abgesehen von einem endlosen Strand im Osten, eine schöne Bucht im Westen, jenseits des Flusses, zur Verfügung. Vorsicht: man sollte wegen tückischer Strudel nicht zu weit hinausschwimmen!

Service

- **Infos:** www.georgioupoli.net/georgioupolis.htm
- Mehrere **Auto-/Zweiradvermieter** um den Dorfplatz.
- **Deutschsprachiger Arzt:** P. Gogas, Tel. 28250/61600.
- **Bootsverleih** an der Flussmündung, beliebt sind Tret- oder Paddelbootfahrten den Fluss hinauf (etwa 3 km).
- **Wassersport** bieten alle größeren Hotels am Strand.
- **Reiten:** Zoraída's Horse Riding (Tel. 28250/61745), Ausritte am Strand und im Hinterland.

Verkehrsverbindung

- Die Verbindung ist sehr gut, da auf der New Road halbstündlich **Busse** zwischen Chaniá und Réthimnon verkehren. Die Haltestelle ist etwa 200 m vom Ortskern entfernt, Tickets gibt's dort im kleinen Häuschen.

Essen und Trinken

- Tavernen schießen wie Pilze aus dem Boden, ebenso Cafés und Bars, allerdings sind wenige empfehlenswert. Gut sind **To Konaki, Paradise** (bekannt für Gemüsegerichte, Tel. 28250/61313, auch Apartments, ab 50 €) und **Arkadi** an der Landzunge am Meer, wo es fangfrischen Fisch preiswert gibt.

Einkaufen

- **Palace of Nature,** am Hauptplatz, an der Straße Richtung Strand; kretische Produkte wie Olivenöl, auch aus biologischem Anbau; Honig, Weine, Naturkosmetik, Oliven, Kräuter, Süßigkeiten.
- **Rodamos,** am Hauptplatz, Kunsthandwerk und Souvenirs, u.a. Ikonen, Schmuck, Glas, Keramik, Statuen.

Unterkunft

„Rent Rooms"€ gilt für fast jedes Haus, die meisten Zimmer sind sauber und billig, nachts kann es laut werden. Häufiger ist Pauschalbuchung von zu Hause aus günstiger.

192kr Foto: bk

- **Hotel Nicolas** (Tel. 28250/761375), 18 schlichte, preiswerte Zimmer, Bar, Sat-TV und Terrasse.
- **Studios Elena** (Tel. 693/4615029), an der Straße zum Strand, 5 geräumige Studios (ab 30 €) für 2–3 Personen mit Kochecke, Bad sowie Balkon.
- **Haus Irene** (Tel. 28250/61278); 100 m vom Dorfplatz und 50 m vom Sandstrand entfernt, 7 einfache und praktisch eingerichtete Zimmer mit Kühlschrank, Kaffeemaschine, Klimaanlage, Balkon, ab ca. 35 €/DZ.

Kournás-See

↗ IX/C1

Beliebtes Ausflugsziel und problemlos von Georgioúpolis zu Fuß erreichbar ist der Kournás-See, der einzige natürliche Süßwasser-Binnensee westlich von Réthimnon, kaum 6 km südöstlich von Georgioúpolis. Der See, der in vielen verschiedenen Blautönen schimmert, ist von imposanten Bergen umgeben und strahlt einen gewissen Reiz aus. **Baden** ist hier zwar möglich, aber die Gegebenheiten sind nicht sonderlich berauschend. Das Seeufer, steinig und etwas matschig, verläuft extrem flach – besonders in den Sommermonaten, wenn viel Wasser zur Bewässerung abgezapft wird – und an Schwimmen ist lange nicht zu denken; zudem zieht sich ein Algenstrang um den warmen, sonst klaren See.

Die Ostseite ist gut erschlossen, die anderen Ufer sind hingegen urwüchsig und überwuchert von teils schwer zu durchdringendem Gestrüpp. Neben einigen Tavernen am Seeufer bieten auch die Bauern der Gegend Zimmer an.

In der kleinen Ortschaft **Mourí** direkt am See gibt es zahlreiche Tavernen sowie einen Tretboot- und Kajakverleih. In Kavallos oberhalb des Sees auf dem Weg zum Ort **Kournás** (mit der gleichnamigen Höhle) lädt die Taverne Athitis schon allein wegen des Ausblicks zur Pause ein.

Vríses

↗ VIII/B1

Im westlichen Hinterland von Georgioúpolis, an der Old Road, liegt der Ort Vríses. Er ist bei Ausflüglern beliebt wegen der Tavernen unter Schatten spendenden Platanen, die mit drei Spezialitäten aufwarten: Hammelfleisch, Ziegenmilchjoghurt mit Honig und Maulbeerschnaps. Man darf sich allerdings nicht von der Beschaulichkeit des Ortes täuschen lassen, die Preise haben inzwischen mit dem Anstieg der Besucherzahlen mitgezogen.

Busverbindung

- Einige Busse, die zwischen Chaniá und Réthimnon verkehren, fahren Vríses direkt an (alle südwärts Richtung Chóra Sfakíon), während andere nur an der New Road halten.

Drápano-Halbinsel

So reizvoll eine Rundfahrt über die Drápano-Halbinsel auch ist – hier sind Fahrkünste und Orientierung gefragt. Die Straßenverhältnisse sind streckenweise sehr schlecht, und eine fehlende oder ungenügende Ausschilderung kann schnell zu unliebsamen Umwegen oder in Sackgassen führen. Die Halbinsel wird vom **Kap Drápanos** geprägt, das stellenweise senkrecht ins Meer abfällt. Die schöne Rundfahrt um den fast 530 m hohen Drapanokéfalo eröffnet herausragende Ausblicke auf die Almíra-Bucht, die Weißen Berge und die Bucht von Soúda.

Hier oben scheint in den Dörfern die Zeit stehen geblieben zu sein. Doch was Touristen als romantisch empfinden mögen, ist in Wahrheit mit „Landflucht" zu umschreiben, und dieses Phänomen zerstört die Halbinsel langsam. Prinzipiell gleicht hier ein Dorf dem anderen, ist die alte Bausubstanz dem langsamen Verfall preisgegeben.

Exópolis

↗ V/C3

Der gern als Wanderziel von Georgioúpolis aus besuchte Ort (ca. 6 km) ist die erste Siedlung, die man auf der Fahrt zum Kap erreicht. Wegen der vielen Ausflügler gibt es hier neben einigen Tavernen mit guter Sicht auf die Bucht und die Weißen Berge mehrere private Zimmervermietungen.

Kókkino Chorió und Pláka

↗ V/C2, IV/B2

Über den kleinen Ort Kefalás gelangt man nach **Kókkino Chorió** im Norden der Halbinsel. Das Dorf wurde durch den Film „Alexis Sorbas" berühmt, hier wurde die Steinigungsszene der Witwe gedreht. *David MacNeil Doren* behauptete einmal, dass man gerade hier dem Himmel sehr nah sei (s. Literaturhinweise im Anhang) – der traumhafte Rundblick über die Bucht von Soúda und die Weißen Berge können das nur untermauern.

Pláka dagegen wurde berühmt, als ein Wirbelsturm in den 1960er Jahren den Ort fast dem Erdboden gleichmachte. Hier lebte der oben erwähnte Autor und beschrieb die Ereignisse in dem Buch „Wind auf Kreta".

Almirída, Vámos und Gavalochori

↗ IV/B2/3

Almirída liegt im Norden der Halbinsel am Meer und ist deshalb ein beliebter Badeort. Die Kreter kommen sogar aus Chaniá hierher, um in den **Fischtavernen** zu speisen, und viele **Surfer** entdecken diesen Strand gerade als neues Paradies. Von Almirída aus erreicht man über Kalíves und Kaláma die New Road, oder man kehrt über **Vámos** auf Nebenstrecken nach Georgioúpolis zurück.

Vámos, ein netter Ort im Hinterland, hat sich als Vorreiter des sanften Tourismus und der ökologischen Landwirtschaft einen Namen gemacht. Zahlreiche der alten Steinhäuser wurden mit EU-Geldern renoviert und in zwölf davon kann man heute stilecht nächtigen. Attraktiv sind auch die kleinen Künstlerwerkstätten, die Taverne, der Shop und das nette Café (s.u.).

Gavalochori, 3,5 km südöstlich von Almirída, birgt eine Vielzahl an byzantinischen, venezianischen und türkischen Bauten. Erhöht auf einem Hügel befindet sich malerisch die **Kapelle des Agios Georgios** (ab 11. Jh.). Trotz seiner bescheidenen Größe gibt es im Dorf ein **aktives Kulturleben,** u.a. am 8. September das Dorffest „Panigiri", und an der Platia befindet sich ein Geschäft mit traditionellem Kunsthandwerk und Handarbeiten (Seidespinnerei) sowie zwei Tavernen und Kafenions. Im **Volkskundemuseum** werden historische Hinterlassenschaften der Region aufbewahrt, u.a. Keramik, Seiden- und Klöppelarbeiten, Holz- und Ikonenschnitzerei, historische Waffen und Münzen, Steinmetzarbeiten und -skulpturen. Letzteres war früher Haupterwerbszweig der Bewohner. Wertvolle Stücke des Museums sind ein geschnitzter Altar aus

Zypressenholz von 1810 sowie ein geklöppeltes Brautkleid von 1966.

Essen und Trinken

- Fischtavernen **O Lagos,** nahe der byzantinischen Ruinen, oder **Dimitris.**

Unterkunft

- **Vamos Cottages,** Tel. 2825/022190, www.vamossa.gr (u.a. bei Kreta Reisen), alte restaurierte Steinhäuser unterschiedlicher Größe im alten Ortsteil, Kafenion und Taverne vorhanden.
- **Rita's Ferienhaus** (Tel. in Deutschland 07172/1899881, www.ritas-kretafewo.de); zwei Wohneinheiten in ruhiger Ortsrandlage von Gavalochori, luxuriös ausgestattet, Einbauküche, Waschmaschine, Grillabende, Kinderspielzeug u.a. ab ca. 400 € in der HS pro Woche, für bis zu 4 Pers.
- **Natalia's Houses,** Douliana (kleiner Ort zwischen Vámos und Kalíves), Infos & Reservierung: www.guestinn.com; vier renovierte Dorfhäuser stehen je zwischen 2–6 Personen zur Verfügung; gut ausgestattet, mit Garten, Terrassen und Pool.

Kalíves

⇗ IV/B2

Kalíves ist wegen seines **langen Sandstrandes** vom Bauerndorf zu einem beliebten Badeort geworden. Noch halten sich die Besucherzahlen in Grenzen, doch sind einige Unterkünfte bereits in Deutschland buchbar.

Service

- **Post:** gegenüber Hotel Kalíves Beach, Mo–Fr 7.30–14 Uhr.
- **O.T.E.:** neben der Post, Mo–Fr 7.30–15 Uhr.
- **Kalives Travel,** am Dorfplatz/Hauptstraße.

Busverbindung

- **Busse** halten zwischen Chaniá und Réthimnon an der New Road, von hier aus sind es etwa 2 km zum Dorf.

Essen und Trinken

- **O Geros Platanos** und weitere Lokale wie **O Mitsos** oder **Kritikos** (traditionell) an der Durchgangsstraße, außerdem zunehmend Nightlife-Aktivitäten.

Unterkunft

Zahlreiche Apartments und Rooms entlang der Durchgangsstraße, größere Hotels eher im oberen Ortsteil.

- **Kalíves Beach Hotel**€ (Tel. 28250/31285, Fax 31134), 2-Sterne-Kategorie, etwas laut, auch pauschal buchbar.

Kalámi

⇗ IV/B2

Der schöne Badeort Kalámi liegt am Eingang zur Soúda-Bucht etwa 3 km westlich von Kalíves, unterhalb des türkischen **Forts Izzedin,** das einst die Soúda-Zufahrt bewachen sollte (s. Kapitel „Chaniá und der äußerste Westen"). Das kleine Dorf zwischen Old und New Road erstreckt sich über einen Hang. Unterhalb finden sich einige einsame **Badebuchten,** die über Fußwege erreichbar sind.

Die Südküste Westkretas

Von Réthimnon südwärts

Die Straße zwischen Réthimnon und **Agía Galíni** bzw. **Plakiás** (etwa 60 km) gilt als eine der wichtigsten Verbindungen zwischen der Nordküste und dem Süden. Während die Hauptstraße gut ausgebaut und vielfrequentiert ist, erweisen sich Fahrten auf den Nebenstrecken als eher beschwerlich, was jedoch durch eine großartige Landschaft zwischen den beiden Bergmassiven des Ída im Osten und der Weißen Berge im Westen, durch Täler und Schluchten sowie mit tollen Stränden am Ende der Reise, kompensiert wird.

Arméni ↗ X/A2

Arméni, etwa 9 km südlich von Réthimnon gelegen, soll seinen Namen von den hier angesiedelten „Armeniern" haben – in byzantinischer Zeit wurden alle Flüchtlinge aus dem Osten des Byzantinischen Reichs, egal welcher Nationalität, als „Arméni" bezeichnet. Sie waren 961 von *Nikephoros Phokas* hierher beordert worden, nachdem er die Sarazenen vertrieben hatte. Der Ort liegt kurz vor der Wasserscheide zum Libyschen Meer und ist in archäologischen Kreisen für seine minoische Nekropole berühmt.

Direkt an der Straße von Réthimnon, unmittelbar vor dem Ort, liegt etwas versteckt in einem Steineichenwäldchen der ausgeschilderte Friedhof, bei dem es sich um eine der größten **spät-**

193kr Foto: bk

Der Zugangskorridor (Drómos) zu einer minoischen Grabkammer in Arméni

minoisch-mykenischen Nekropolen Kretas (ca. 1400–1200 v. Chr.) handelt. Die fast 200 Felskammergräber wurden durch Zufall vor dreißig Jahren entdeckt, und bis heute kommen noch weitere dazu. Alle waren geostet; die zugehörige Siedlung, die nach Größe und Ausstattung der Gräber nicht unbedeutend war, lag vermutlich im Nordwesten. Die Grabkammern wurden in den Felsboden hineingeschlagen, schräg nach unten, bis zu 16 m tief, und waren durch lange *Dromoi*, nicht überdachte Grabkorridore, zugänglich. In ihnen standen die Graburnen *(Larnakes)*, zum Teil reich verziert mit Jagd- und Tierszenen (zu sehen sind sie in den archäologischen Museen von Chaniá und Réthimnon).

• **Ausgrabungen von Arméni,** tgl. 8.30–15 Uhr, Eintritt frei.

Essen und Trinken

• **Rethymnian Brewery** (Ig. Gabriel 103, rechter Hand kurz nach Arméni, Tel. 28310/41243, www.crete-connections.com/Commercial/Rethymnian_Brewery.htm), einzige biologische Brauerei Kretas in der *Dr. Bernd Brink* naturtrübes dunkles und helles Bier nach Reinheitsgebot braut, Café (griechisches Essen) und Biergarten zugehörig, Führungen möglich. Das Bier ist auch in Supermärkten in Réthimnon erhältlich.

Busverbindung

• Die mehrmals täglich zwischen Agía Galíni und Réthimnon pendelnden Busse halten in Arméni.

Spíli

X/A3

Etwa 10 km südlich von Arméni geht die Straße nach Plakiás und Moní Préveli ab. Die malerische Route führt durch die Kourtaliotikó-Schlucht. Kurz zuvor zweigt die Bergstrecke nach Sfakía durch die Kotsifoú-Schlucht ab. Die Hauptstraße führt weiter nach Spíli und Agía Galíni.

Die „Gartenstadt" Spíli liegt etwa auf halber Strecke zwischen Réthimnon und Agía Galíni im Zentrum der Insel am Fuße des Ída-Gebirges, umgeben von üppiger Vegetation, die von zahlreichen Bergquellen gespeist wird. Der Ort ist typisch kretisch, mit Läden, die günstig Spezialitäten wie Honig, Tsikoudia oder Wein feilbieten, doch auch hier nehmen Hinweisschilder auf „Rent Rooms" und englischsprachige Speisekarten zu.

Sehenswert ist in dem 430 m hoch gelegenen Bergdorf und Bischofssitz des Bezirks Ágios Vasílios der venezianische **Löwenkopfbrunnen** auf dem

Dorfplatz. Von den 25 Wasserspeiern sind 19 als Löwenköpfe gestaltet. Drei Kirchen sind überdies interessant: die Kapelle Metamorfósis tou Sotírou Christoú, außen erneuert, mit Fresken vom Ende des 14. Jh., Ágios Pavlós, die Hauptkirche von 1901 (1962 restauriert) und Ágios Geórgios, eine kleine Kirche am Ortseingang auf dem Hof des Gymnasiums mit Freskenresten.

Busverbindung

- Die mehrmals täglich zwischen Agía Galíni und Réthimnon pendelnden Busse halten im Dorfzentrum von Spíli.

Einkaufen

- An der Hauptstraße von Spíli gibt es einige Lebensmittelläden und die ausgezeichnete Bäckerei **Papadakis,** die lokale Spezialitäten (kretischen Schnaps, Honig u.a.) anbieten.

Unterkunft, Essen und Trinken

- **Hotel Green** am Ortsausgang von Spíli Richtung Réthimnon (Tel. 28320/22225, gegenüber O.T.E.), schön „überwuchert", toller Rundblick.
- *Pantelis Vassilakis* bietet in seiner **Taverne Panorama** an der Hauptstraße seit 1996 lokale Gerichte wie z.B. Kaninchen und Ziege an.

Agía Galíni

↗XVII/C1-2

Der Name ist nicht mehr ganz zeitgemäß, denn von „Heiliger Windstille" kann beileibe nicht die Rede sein. Vielmehr hat sich die malerische Hafenstadt zu einem touristischen Mekka erster Kategorie entwickelt. Allein schon wegen der **traumhaften Anlage** im Stil eines antiken Theaters, d.h. im Halbrund um den Hafen, sollte man Agía Galíni nicht versäumen. Trotz der touristischen Prägung hat es sich seinen dörflichen Charakter bewahrt, was allerdings in der Hauptsaison kaum zu spüren ist. Ein Vorteil ist die Lage, Agía Galíni ist idealer Ausgangspunkt für Ausflüge in die Umgebung: in die Messará-Ebene, an den Südhang des Ída-Massivs, nach Préveli, Réthimnon oder in das Amári-Becken.

Probleme bei der Orientierung gibt es in diesem Ort nicht, nach einem kurzen Rundgang kennt man alles, zumal sich die Hotels, Pensionen, Tavernen und Souvenirläden nur wenig voneinander unterscheiden. In den Nebengassen abseits des aufpolierten touristischen Zentrums stößt man jedoch auch auf verfallene Häuser und Bauruinen. Inzwischen hat sich der Ort funktional in verschiedene Teile aufgegliedert: Im oberen Dorfteil liegen die größeren, meist pauschal (auch von Deutschland aus) buchbaren Hotelkomplexe, in der Mitte konzentrieren sich „Rent Rooms", der Busbahnhof und ein Taxistand, gefolgt – vor allem in den Gassen oberhalb des Hafens – von Geschäften und Tavernen, während näher am Wasser kleinere Hotels, Tavernen und ein großer Parkplatz zu finden sind.

Das Städtchen hat die klassische kretische „Tourismuskarriere" durchlaufen: Vom verträumten Fischerdorf, das erst 1884 gegründet wurde, entwickelte sich der Ort in den 1960ern zur **Künstlerkolonie** und schließlich zum Ferienziel der Pauschalurlauber; die Mehrzahl der Zimmer wird heute

194kr Foto: bk

Blick auf Agía Galíni von der Hafenmole

über Reisebüros gebucht. Dies gilt es vor allem im Sommer zu bedenken, denn dann kann es schwierig werden, ein Zimmer zu bekommen. Obwohl so gut wie jedes Haus als Taverne, Café, Shop, Pension, Hotel, Wechselstube oder Reisebüro fungiert, konnte der Tourismus den Ort nicht komplett unter Beschlag nehmen. Immerhin erinnern auch noch ein paar Fischerboote an vergangene Tage, während die Künstler mit wenigen Ausnahmen verschwunden sind. Die geografische Begrenztheit des Ortes sichert seinen speziellen Charme, denn Neubauten in größerem Stil sind wegen der Enge des Ortskerns unmöglich; dafür wachsen die Herbergen allerdings über die Hänge hinaus. Sehenswürdigkeiten im klassischen Sinne gibt es nicht, Agía Galíni ist ein reiner Bade- und Ferienort, beliebtes Ziel vor allem jüngerer Urlauber.

Da der **Strand** am Ort nur aufgesandet wurde, nutzen die meisten die Möglichkeit, mit Fischerbooten zu anderen **Badebuchten** – Richtung Osten zur Messará-Bucht, Richtung Westen bis nach Préveli – zu fahren. Ein langer Strand im Osten ist nach einer einstündigen Wanderung – nicht einfach, Pfad bei Flut unter Wasser – erreichbar. Der Strand von **Kókkinos Pírgos** ist zwar nicht einer der schönsten, bietet aber viel Platz. Westlich des Ortes befindet sich eine Reihe von Grotten, die nur vom Meer aus erreichbar sind, in einer von ihnen soll *Minos* den *Daídalos* eingesperrt haben. Zwei bekanntere Badebuchten liegen, per Boot erreichbar, bei **Ágios Geórgios** und **Ágios Pavlós,** wo Tavernen auch Zimmer anbieten.

Praktische Tipps

Vorwahl Agía Galíni: 28320

Service

- **Infos:** www.agia-galini.com
- **Post** mit Geldwechsel am Rand des Hauptplatzes im Zentrum.
- **O.T.E.:** im Hafengebäude, dort auch Toiletten (7.30–22 Uhr).
- **Nationalbank:** unterhalb der Post, entlang der Hauptstraße, die vom Busbahnhof zum Hafen führt.
- **Infos & Touren:** *Cretan Holidays,* in der westlichsten der drei Gassen zum Hafen, Tel. 91278, www.cretanholidays.gr; Mietwagen, Hotels, Ausflüge u.a. sowie *Monza Travel,* Tel. 91278, Autos, Bikes und Touren.
- **Sport:** Windsurfen, Wasserski, Fallschirmsegeln, Paddel- und Motorboote; Bootstouren zu den umliegenden Badebuchten (auch nach Mátala, Plakiás und Préveli), zu buchen direkt im Hafen oder bei Candia Tours (s.o.).

Verkehrsverbindungen

- **Busse:** Zwischen 6.30 und 18 Uhr täglich mehrere Verbindungen nach Iráklion, Festós, Mátala, Górtis, Timbáki, Míres, zudem nach Réthimnon, Chóra Sfakíon und Plakiás. Der Busbahnhof liegt nahe dem Hafen, am Hauptplatz im zurückversetzten Ortskern.
- **Taxistand** neben dem Busbahnhof, Tel. 91245; großer Parkplatz direkt am Hafen.
- Ab Hafen **Ausflugsboote** nach Préveli, zu den Paximádi-Inseln (unbewohnte Badeinseln), nach Ágios Geórgios und Ágios Pavlós (tgl. bis 10.30 hin und bis ca. 17 Uhr zurück, Preise um 20/25 €).

Essen und Trinken

Fast unübersehbar ist die Konzentration an Tavernen, Cafés, Shops und Bars an den drei parallel verlaufenden Gassen (Fußgängerzone), die zum Hafen führen und entlang der Hauptstraße im Westen.

- In der westlichen Gasse: **O Psaros** (Fischkneipe), **The Junction** (Gyros-, Souvlaki-Stand), hier auch kleiner Fotoladen mit Reiseliteratur sowie **Medusa** mit guten Souvlaki und Giros.
- Im mittleren Gässchen: zahlreiche Tavernen, die sich trotz der Touristen etwas an authentischem Charakter erhalten haben, wie **Musiko Kafeneio** und **Ariston** (traditionelle kretische Gerichte).
- Am Hafen: ebenfalls zahlreiche, teilweise doppelt mit Tavernen bestückte Häuser: **Tatso Monto, Bozos, Alexander;** im Obergeschoss der genannten: **Onar, Zorbas Pub Café, Pantheon.**
- In Ágios Geórgios Strandtavernen mit Ausblick, z.B. **Kostas** (letzte Taverne vor der Flussbrücke); preiswerte, handfeste Gerichte und gute Salate.

Einkaufen

- **V. Voskakis,** Olivenholzladen an Hauptstraße zum Hafen, im oberen Ortsteil.
- **Woodshop Stella,** Waren aus Olivenholz, in der Mittelgasse.
- **Le Shop,** internationale Zeitungen und Lederwaren, in der Querverbindung der oben erwähnten drei Gassen.
- **Agora, Creta Land** und **Creta Nature** (westliche Gasse), Honig, Wein, Rakí und andere Naturprodukte.
- **Chilo** (mittlere Gasse), Olivenholzsachen und hübsche Souvenirs.

Unterkunft

Das Angebot ist groß (überwiegend bei deutschen Veranstaltern buchbar), Vorausbuchung in der Hochsaison ist empfehlenswert, während man in der Nebensaison die Qual der Wahl hat und häufig Sonderpreise bekommt. Ansonsten bezahlt man pro DZ ab etwa 35 €.

- Im oben Dorfteil: z.B. **Palazzo Greco,** Boutique-Hotel mit 28 stilvoll eingerichteten

195kr Foto: bk

Zimmern, ruhig mit Meerblick, Tel. 91187, www.palazzogreco.gr, **Christof Apartments** (2-Sterne-Kategorie, O. Bizaniou, Tel. 91229), **Hotel Adonis**€-€€ (kleines Familienhotel, Tel. 91333), **Hotel Petra**€€ (Tel. 91155, ruhig gelegen, Innenhof und Pool), alle im Bereich der Hauptstraße leicht zu finden.

- In Hafennähe: z.B. **Akteon** (Tel. 91208, 9 Zimmer mit Balkon, ab 30 €/DZ) oder **Ariston**€-€€ (einfache Zimmer mit Bad/WC, in der nahen, gleichnamigen Taverne nachfragen!).
- Neben Busbahnhof: **Rent Rooms Manos**€ (Tel. 91394).
- Am Hafen: **Hotel Rea** (2-Sterne-Kategorie, Tel. 91390).

In den Gassen von Agía Galíni

- Am Ortsrand (Hauptstraße): **Sky Beach Hotel**€€-€€€ (Tel. 91415, www.skybeach.gr), auch Familienzimmer und gut ausgestattete Apartments sowie Café, gute Lage nahe Strand.
- **No Problem,** Tel. 28320/91502, www.agiagalini.com/de/camping-no-problem, 4 km außerhalb von Agía Galíni am Fluss, 5 Min. zum feinkiesigen Strand. Saubere WCs und Duschen, Pool, Strom und Schatten. Gut geführt mit Taverne; rollstuhlfahrer- und kinderfreundlich, ganzjährig offen.

Amári-Becken

Ein interessanter Abstecher von Agía Galíni bzw. eine parallel zur Hauptstraße verlaufende Alternativroute zwischen Réthimnon und Agía Galíni führt ins Amári-Becken. Zwischen zwei Bergmassiven eingezwängt – denen des Psiloritis und des Kédros (beide sind Teil des Ída-Gebirges) –, wird das Amári-Becken oft „links liegen gelassen". Es handelt sich um eine hügelige Ebene mit üppiger Vegetation (Olivenbäume, Weingärten, Obstplantagen), die von einer gut ausgebauten, aber oft sehr kurvenreichen Straße durchschnitten wird.

Berühmt wurde die Region als Widerstandsnest während der deutschen Besatzung im 2. Weltkrieg, sie wurde von kretischen Partisanen und britischen Agenten gern als „Schlupfloch" benutzt. Um dieser Bedrohung Herr zu werden, zerstörte die deutsche Wehrmacht immer wieder einzelne Orte.

Das Dorf **Apodoúlou** liegt am südlichen Eingang zum Becken. Hier befinden sich Reste von drei minoischen Gebäuden und einem Tholosgrab (ca.

1380–1200 v. Chr., Di–So 8.30–15 Uhr, frei). Vorbei an malerischen Bergdörfern wie **Kouroútes** und **Fourfourás** – beide sind gute Ausgangspunkte für eine Psiloritis-Besteigung – erreicht man **Vizarí.** Die Grundmauern einer Bischofsbasilika aus der zweiten Hälfte des 7. Jh. und römische Reste einer Siedlung in den Olivenbaumhainen weisen darauf hin, dass die schöne grüne Landschaft – ein Stausee sammelt hier neuerdings das Regenwasser – auch schon in der Antike ein beliebter Siedlungsplatz war. Das **Kloster Asomáton** aus dem 17. Jh. diente in den 1930er Jahren als Landwirtschaftsschule.

Thrónos

↗ X/B3

Der nahe Ort Thrónos birgt einige Schätze: Berühmt ist die **Panagía-Kirche** wegen ihrer gut erhaltenen Fresken aus zwei Phasen, dem späten 14. Jh. und dem frühen 15. Jh., die u.a. den „Leidensweg Christi" und die „Auferstehung" zeigen. Die Kirche wurde über einer frühchristlichen Basilika aus dem 11. Jh. errichtet, deren Grundmauern und Fußbodenmosaike teilweise erhalten sind.

• **Panagía-Kirche;** falls abgesperrt ggf. in der Taverne Arabanes – mit Rent Rooms – oder im Kafenion am Ortseingang nachfragen.

Der heutige Ort liegt an einem Berghang, auf dessen Plateau sich das **antike Sybríta** befand. Die Reste dieser Stadt sind nach einem kurzen Aufstieg zu erreichen. Zwar befinden sich dort nur noch einige Mauerreste, doch die tolle Lage und der traumhafte Ausblick über das Amári-Becken, den Psiloritis und mit Glück bis zu beiden Küsten lohnen den Aufstieg. Sybríta war eine dorische Gründung, aber auch in der römischen Epoche besiedelt. In frühchristlicher Zeit diente der Ort als Bischofssitz und wurde vermutlich von den Sarazenen im 9. Jh. zerstört.

Bei Thrónos teilt sich die Straße, die Nordroute (neu ausgebaut) führt nach Réthimnon (vorbei am Kloster Arkádi, s. dort), die Nordwestroute führt ebenfalls nach Réthimnon, vorbei am neuen **Potami-Stausee.** Er dient nicht nur als Wasserreservoir, sondern hier soll einmal ein Biotop für Vögel und andere Wildtiere entstehen. Über die beiden Hauptorte Méronas und Amári gelangt man zudem zurück nach Agía Galíni.

Amári und Méronas

↗ X/B3

Amári und Méronas sind die beiden größten Orte im Amári-Becken, kaum von Touristen besucht und Obstbauzentren (Nüsse, Orangen, Pfirsiche, Kastanien, Äpfel und Kirschen). Amári mauserte sich zum Nachfolger des antiken Sybríta, sehenswert ist z.B. Agía Anna mit Freskenresten aus dem 13. Jh. In Méronas befindet sich die Panagía-Kirche mit Freskenresten und einer Ikone aus dem 14. Jh.

Über **Gerakári,** Zentrum des Kirschanbaus und einer der von den Deutschen zerstörten Orte, erreicht man wieder die Straße nach Agía Galíni, vorbei an **Áno Méros** und **Chordáki,** beides Hirtendörfer.

Kloster Préveli

↗ XVI/A1

Moní Préveli ist eines der schönsten Mönchsklöster Kretas, weitab von der Zivilisation an der felsigen Südküste gelegen. Es wurde im 17. Jh. erbaut und unlängst mustergültig renoviert. Der Komplex liegt terrassenartig etwa 170 m über dem Libyschen Meer. Moní Préveli war eines der reichsten Klöster (Grundbesitz, Selbstversorger) und spielte als Basisstation im **Widerstand gegen die Türken** eine wichtige Rolle. Diese gingen immer wieder gegen das Kloster vor, zuletzt wurde es 1867 zerstört.

Auch im Zweiten Weltkrieg war Préveli nicht unbedeutend: 1941 wurde hier die Evakuierung der alliierten Truppen organisiert, weswegen es bald von Deutschen besetzt und somit „ausgeschaltet" wurde.

Bevor man jedoch das Kloster erreicht passiert man die **Kourtaliotiko-Schlucht.** Ein Stopp lohnt nicht nur wegen des Ausblicks,. Man sollte unbedingt zu der kleinen **Kapelle Agiós Nikolaos** hinunterwandern (ausgebauter Weg, 15–20 Min.). Hier unten wartet eine Überraschung: Über Wasserfälle bahnt sich der stets Wasser führende Bach seinen Weg durch die enge Schlucht.

Der Komplex besteht aus einem **Sakralmuseum** und der **Klosterkirche** von 1836 (1911 restauriert). Es handelt sich um eine wichtige Wallfahrtskirche, in der ein bedeutendes Silberkreuz (um 1700), angeblich mit einem Splitter des Kreuzes vom Golgatha, aufbewahrt wird; es soll Augenkrankheiten heilen. Ebenfalls sehenswert sind ein silberner Lüster, 1908 in Moskau hergestellt, ein geschnitzter Patriarchenthron von 1750 und eine bedeutende Ikone mit dem heiligen *Johannes Theologos*. Von den teils baufälligen **Mönchszellen** sind nur noch einige in Gebrauch, das Gästehaus wurde renoviert. Zur Anlage gehört auch eine Brunnenanlage und neuerdings eine Taverne vor dem Eingang.

Etwa 2 km vor dem neuen Kloster passiert man die Ruinen des verfallenen Klosters **Káto Préveli** (nicht zugänglich) aus dem 16. Jh. Es war einst dem heiligen *Johannes Prodromos* geweiht und wurde im 19. Jh. von den Türken zerstört. Beim alten Kloster führt eine Brücke über das Flüsschen Kourtaliotiko; sie sieht venezianisch aus, stammt aber aus dem frühen 19. Jh.

● **Kloster Préveli:** tgl. 8–13.30 und 15–19 Uhr (25.3.–31.10, sonst tgl. 8–18 Uhr), Eintritt 3 €, www.preveli.org; angemessene Kleidung erforderlich. Busverbindung von und nach Réthimnon bzw. Plakiás.

Strand von Préveli

Von der Brücke am alten Kloster führt eine staubige Piste hinunter zum berühmten Strand von Préveli, doch auch vom „neuen" Kloster aus erreicht

Moní Préveli ist eines der schönsten Mönchsklöster Kretas

196kr Foto: bk

man den Strand, indem man vom Parkplatz den Berghang hinunterwandert (ca. 30 Minuten).

Beim Strand von Préveli handelt es sich wie bei demjenigen von Vái an der Ostküste um einen **Dattelpalmenstrand** an einer Flussmündung. Die kleine Bucht und der bis vor Kurzem fast karibisch wirkende Traumstrand wurden in den 1960er und -70er Jahren von den ersten Rucksacktouristen „entdeckt" und ramponiert. So sahen sich die Behörden vor einigen Jahren veranlasst, jegliches Übernachten und Campen zu untersagen. Im Sommer 2010 hat ein Waldbrand die Landschaft und die Palmen ringsum schwer beschädigt. Der Palmenhain ist jetzt eingezäunt und es bleibt abzuwarten, wie lange die Natur braucht, um sich zu erholen. Dennoch wird die Bucht wieder von Tages-Badegästen unter Beschlag genommen. Die Einheimischen sprechen, seit der Touristenstrom stetig zunimmt und Badeboote von Agía Galíni und Plakiás ganze Ladungen Fremder herbringen, vom „Teutonengrill".

Anfahrt

- **Boote** zum Strand fahren von Agía Galíni und Plakiás.
- An der Straße, etwa 1,5 km vor dem Kloster, zweigt eine kleine Straße ca. 500 m auf ein Plateau ab. Bis hierher kann man mit dem **Auto** fahren. Am Ende des Weges beginnt der etwa 30-minütige **Abstieg** in die Bucht.
- **Busse** fahren 3 x tgl. von Réthimnon zum Kloster (10.30, 12, 16.30 Uhr, zurück 12, 13 und 18 Uhr).

PLAKIÁS

↗ IX/D3

Die landschaftlich einmalige Lage, mit Bergen im Hintergrund und gerahmt von **Kap Stavrós** im Westen und **Kap Kakomoúri** im Osten, und der schöne, lange Sandstrand sowie weitere Badebuchten in der nahen Umgebung haben Plakiás zu einem beliebten Urlaubsziel gemacht. Waren es anfangs die Rucksacktouristen, die den Ort unter Beschlag nahmen, sind es heute vor allem jüngere Familien und Badefreunde, die ihre Ferientage bereits von zu Hause aus planen und buchen. Von einem Geheimtipp kann man nicht mehr sprechen, doch immerhin ist es hier noch ruhiger als im Norden. Der Tourismus stellt die Haupteinnahmequelle der Region dar, und so entstanden viele Neubauten, deren oft halb fertiger Zustand der landschaftlichen Schönheit nicht gerade zuträglich ist. Besonders stolz ist man auf die eigene Kläranlage, die als Beleg für das neuerwachte Umweltbewusstsein der Kreter dienen soll.

Einziger Nachteil dieser Region ist eigentlich, dass es sich um das **„Windloch des Südens"** handelt. Laufend wehen unterschiedlich starke Westwinde, wirbeln Sand und Staub auf und „würzen" einem das Essen in einer der kleinen Tavernen mit Freiplätzen an der Promenade.

Schöne **Badestrände** sind keine Mangelware: Derjenige am Dorf ist etwa 1,5 km lang und feinsandig. Ein weiterer beliebter Strand liegt beim Dorf **Damnóni** östlich von Kap Kakomoúri, wo unlängst eine neue große Feriensiedlung entstand - ein Teil davon gehört zu der Timesharing-Anlage von Hapimag, der andere zum Hotel Damnoni. Östlich des infrastrukturell gut ausgestatteten Strandes von Damnóni folgen zwei weitere **Badebuchten,** von denen die östlichste als Treff der FKK-Fans gilt und von den Einheimischen deshalb als „Schweinebucht" bezeichnet wird.

3 km westlich von Plakiás (ausgeschildert) lädt die **Soúda-Bucht,** vor hoher Felswand und an einer Flussmündung zum Baden ein. Am Kiesstrand gibt es zwei Tavernen und Duschen und auch hier ist FKK kein Tabu. Am Hang entstehen mehr und mehr Ferienhäuser.

Plakiás ist idealer Ausgangspunkt für kleinere **Wanderungen,** z.B. zum Kloster und Strand von Préveli oder nach Mírthios (s.u.).

Ein Abstecher auf dem Weg von Plakiás nach Préveli führt nach **Asómatos,** wo das Papa Georgoulakis Museum, ein nettes kleines Volkskundemuseum mit Café, zum Besuch einlädt.

- **Papa Michalis Georgoulakis Museum,** ausgeschildert, Mo–Sa 10–15 Uhr, 2 €, „Kuriositätenkabinett".

Service

- **Info:** www.plakias-filoxenia.gr (v.a. Unterkünfte) und www.plakias.co.uk.
- **Postkiosk** an der Strandpromenade vor dem Kai (auch Geldwechsel), Mo–Fr 8.30–13.30 Uhr.
- **Ärztliche Versorgung:** Health Center in Spíli (etwa 20 km), Tel. 28320/22222, Arzt im Ort: Tel. 28320/31280.
- **Sport:** übliches Wassersportangebot, daneben Bootsausflüge zu den Badebuchten wie Préveli, Soúda-Bucht oder Frangokástello.

• **Touren/Autovermietung:** Monza Tours (im Haus der Pension Lamon an der Strandpromenade), Tel. 28320/31214.
• **Auto-/Zweiradvermietung:** Moto Plakiás (im Zentrum, an der Promenade, man spricht deutsch), Tel. 28320/31632 und Alianthos (Ortseingang), Tel. 28320/31851.
• **Reiten:** Horseriding Alianthos (Infos: Alianthos Car Rental oder Alianthos Beach Hotel) bietet für Anfänger und erfahrene Reiter Ausritte auf Mulis und Pferden an. Darunter sind auch die sogenannten Messara-Pferde, eine seit dem 15. Jh. auf Kreta gezüchtete Rasse, die man hier vor dem Aussterben bewahren will.

Verkehrsverbindungen

• **Busse:** Haltestelle vor dem Hotel Livikon an der Strandpromenade; täglich von und nach Réthimnon, Agía Galíni, Chóra Sfakíon und Frangokástello sowie Kloster Préveli; Busse fahren manchmal auch über Mírthios (nachfragen!).
• **Taxistand** an der Strandpromenade, Tel. 28320/3135 oder 31287.
• **Bootsverbindungen:** 2 x wöchentlich ein Boot nach Agía Galíni, mind. einmal täglich zum Strand von Préveli.

Essen und Trinken

Zahlreiche Tavernen reihen sich an der Strandpromenade aneinander, z.B. **Charakas, Kastro, Christos** (am Hafen), **Tassomanolis** (Fisch!), **On the Rocks – Nikos** (Treff, mit Zimmervermietung) oder **Kri-Kri Mousses.** !
• **Lysseos,** an der Promenade, kurz vor der kleinen Brücke, ist immer gut besucht, weil o.k. und preiswert.
• **Sofia,** berühmtes Relikt aus der Rucksacktouristenzeit, modernisiert, große Portionen, ebenfalls direkt am Strand: **Gorgones.**

Einkaufen

• Mehrere **Supermärkt**e entlang der Strandpromenade, an den Touristengeschmack angepasstes, „internationalisiertes" Angebot.
• **I Elia,** in Damnoni, Naturkost und Fasswein.

Unterkunft

• **Hotel Alianthos Beach**€-€€, Ortseingang (Tel. 28320/31280, Fax 31282, www.alianthosbeach.com), 3-Sterne-Hotel; mit der empfehlenswerten Vier-Sterne-„Filiale" **Alianthos Garden** (www.alianthos.gr/index.php/Alianthos-Garden-Hotel/4/15; beide auch bei Neckermann).
• **Livikon Hotel** (Tel 28320/31216, www.hotel-livikon-plakias.com), an der Strandpromenade gelegenes, neu renoviertes Hotel mit 10 Zwei- und Dreibettzimmern sowie Penthouse, DZ ab 40 € mit Balkon, Küchenecke, Klimaanlage und Café im EG.
• **Porto Plakias,** Plakiás (im hinteren Ortsteil, hinter Alianthos Garden Hotel, gelegen, ausgeschildert), Tel. 28320/31123, www.portoplakias.gr (auch von Deutschland aus buchbar). Kleines, ruhiges Hotel mit schönen, großen Zimmern (Balkon) und Dachterrasse (mit Pool).
• **Jugendherberge,** Richtung „Old Mill", in schöner Lage und gepflegt (www.yhplakias.com, Tel. 28320/32118), 6 Bungalows mit je 4 Betten.
• **Apollónia Camping,** Tel. 28320/31507, Plakiás, rechts am Ortseingang, ca. 5 Minuten ins Zentrum und zum Kiesstrand. Hygieneräume in Ordnung, wenig attraktiver Pool, Minimarket, Spielplatz, Taverne. Ausreichend Schatten; mit Strom und Wasser.

Lefkógia und Mírthios

↗ IX/D3

Zwei Orte im Hinterland von Plakiás erfreuen sich in letzter Zeit wachsender Beliebtheit: Lefkógia, etwa 6 km östlich auf dem Weg nach Préveli bzw. Réthimnon ist ein idealer Ausgangspunkt für jene, die gerne die Gegend zu Fuß erkunden (s. Kapitel „Wandern auf Kreta") und denen es in Plakiás zu laut und umtriebig ist.

Mírthios ist ein kleiner Gebirgsort oberhalb von Plakiás, durch einen endlosen Olivenbaumhain erreichbar und traumhaft gelegen. Viele kommen aus Plakiás nur zum Essen her, doch inzwischen wissen mehr und mehr Besucher die traumhafte Lage oberhalb der Bucht und die Ruhe von Mírthios zu schätzen.

Die Sfakiá

Obwohl Kreta immer wieder von fremden Mächten beherrscht wurde, Städte sich den fremden Herrschern unterwarfen und Bewohner sich zwangsläufig mit ihnen arrangieren mussten, gab es eine Region, die sich so beständig und heftig widersetzte, dass sie nie richtig in den Griff zu bekommen war: die Sfakiá. Weder den Römern noch den Venezianern, den Türken oder der deutschen Wehrmacht im Zweiten Weltkrieg gelang es, den Widerstand zu brechen. In dieser Region befand sich die Keimzelle der kretischen Hartnäckigkeit, hier waren die legendären Freiheitskämpfer zu Hause. Die Sfakioten waren jedoch nicht nur widerspenstig, auch ihr Reichtum, der seinen Ursprung im Seehandel zu venezianischer Zeit hatte, war legendär. Heute ist davon nicht viel übrig geblieben, was angesichts der stark reduzierten Bevölkerung auch kaum verwundert.

Die **Uneinnehmbarkeit** und Unkontrollierbarkeit der Region hatte zunächst geografische Gründe: In der **unzugänglichen Berglandschaft** am Südhang der Weißen Berge, die bis heute nur durch wenige, dafür aber umso kurvenreichere Straßen erschlossen ist, sind viele Gegenden seit jeher nur zu Fuß, mit dem Esel oder per Boot zu erreichen. Dieser einsame und für sich abgeschlossene Landstrich hat die Bewohner zu einer eingeschworenen Gemeinschaft gemacht, gekennzeichnet von einem ungestümen und unbeugsamen Willen.

Doch der Stolz und die Tapferkeit der Sfakioten hatte eine Kehrseite: Sie konnten sich ebenso schnell gegen die eigenen Landsleute richten wie gegen Fremde. So munkelt man heute noch, dass die *Vendetta,* die **Blutrache** (s. auch Kapitel „Die Insel und ihre Bewohner: Bevölkerung"), mehr Sfakioten das Leben gekostet haben soll, als der Kampf gegen die unterschiedlichen Herren der Insel. Man hört auch, dass der Großteil der Bevölkerung im Laufe der Zeit wegen dieser alten Tradition, die z.B. einen Seitensprung unerbittlich bestrafte, abgewandert sei und sich vor allem in der Region um Ágios Nikólaos angesiedelt hätte. Der bis heute grimmige Ausdruck, den die Sfakioten zur Schau tragen, trügt: Gegenüber Besuchern sind sie sehr aufgeschlossen, gastfreundlich und herzlich.

Bereits die Fahrt westwärts – an der Hauptroute von Agía Galíni nach Réthimnon befindet sich zwei Kilometer hinter Koxáre ein Abzweiger Richtung Ágios Vasilios – stimmt den Besucher auf die Landschaft und ihre Menschen ein: Eindrucksvoll geht es auf dieser Nebenstrecke zwischen Ágios Ioánnis und Séllia durch die Kotsifoú-

Einsam gelegen und beeindruckend:
Frangokástello

Schlucht, weiter durch karge Landschaft mit Bergen auf der einen und Wasser auf der anderen Seite, mit plötzlichen Ausblicken auf das Meer und die vorgelagerte Insel Gávdos.

Frangokástello

↗ IX/C3

Frangokástello ist eine imposante venezianische Festung an der Südküste, die direkt am Meer in einer Ebene liegt, vor der beeindruckenden Kulisse der Weißen Berge. Beliebt ist die Ebene um das Kastell nicht nur wegen der schönen Lage, sondern auch wegen der Strände, der Stille und Weite und relativen Unberührtheit der Landschaft. Um die alte Festung breitet sich entlang der Straße eine lang gestreckte Ansammlung von einigen Tavernen, Pensionen und Apartmenthäusern aus. Beliebt ist die Gegend vor allem bei Familien, da viele der Sandstrände flach abfallen und damit für Kinder ideal sind. Es kommen aber auch vermehrt Tagesausflügler.

Dominiert wird die kleine Ebene vom **Kastell,** 1371 als Fluchtburg für die Bauern errichtet und im Kampf der Widerstandskämpfer gegen die Türken häufig genutzt. An den Außenwänden und Ecktürmen sowie am Südportal erinnern Wappenreliefs mit dem Markuslöwen an die venezianischen Erbauer, während die Reste der Innenbauten von den Türken stammen. Unterhält man sich mit Einheimischen, wird man wieder eine jener in Kreta verbreiteten fantastischen Geschichten hören: Hier soll es spuken.

197kr Foto: bk

Während der kretischen Widerstandskämpfe gegen die Türken, 1828, hatten sich im Kastell fast 400 Männer verschanzt. Eine türkische Armee umstellte die Festung und stürmte sie; alle Verteidiger sollen umgekommen sein und wurden hier beerdigt.

Ein **Denkmal** vor dem Kastell erinnert an den Anführer, „Stratigos" *Chatzimichalis Dalialis* und seine Mannen. Unheimlich wird es alljährlich am **17. Mai,** wenn im Morgengrauen die ermordeten Kreter an der Festung vorbeiziehen. **Drosolites,** „Seelen des Taus", nennen das die Kreter, die Wissenschaftler erklären das Phänomen hingegen als Luftspiegelungen, die sich vor der gegenüberliegenden Libyschen Küste nach dem Zusammentreffen verschiedener atmosphärischer Erscheinungen, die nur im Mai auftreten, aufbauen. Das Kastell wurde renoviert und ist nun wieder zugänglich. Es dient zudem im Sommer auch als Veranstaltungsort.

Busverbindung

- Busse (nur 2x tgl.) zwischen Chóra Sfakíon und Plakiás passieren Frangokástello.

Unterkunft, Essen und Trinken

- Viele Tavernen vermieten gleichzeitig Zimmer, z.B. die **Fischkneipe Oasis** (sehr gut) oder die **Taverne Flisvos** (www.flisvos.de, auch Ferienwohnungen) ab 45 €; ebenso Essen und Unterkunft bietet **Drosolites** (gegenüber dem Kastell).
- **Fata Morgana**€-€€ ist eine Apartmentanlage (48 Einheiten, Tel. 28250/92077, www.fatamorgana-kreta.com) direkt oberhalb der Badebucht östlich des Kastells (ruhige Lage).
- **Notos Villas** (Tel. 28250/92337, www.notos-villas.com; auch bei diversen deutschen Reiseveranstaltern), 3 Villen mit Ausblick nahe Strand für bis zu 5 Pers., Küche, Bad etc., pro Nacht ab 60 €.
- **Studios Stavris** (Tel. 28250/92250, www.studios-stavris-frangokastello.com), 24 Studios und Apartments unterschiedlicher Größe (2–4 Pers.) sehr preiswert und mit Blick auf Garten und Meer; Kühlschrank und Kochplatte, Bad, Café-Bar; u.a.

Komitádes und die Ímbros-Schlucht ↗ VIII/B2-3

Komitádes liegt etwa 11 km nordwestlich von Frangokástello und ist der ideale Ausgangspunkt für eine Wanderung in die Ímbros-Schlucht (2 € Eintritt, s. Kapitel „Wandern auf Kreta"). Zahlreiche Tavernen und „Rent Rooms" sind hier zu finden, um dem zunehmenden Ansturm gerecht zu werden.

Die Ímbros-Schlucht entwickelt sich mehr und mehr zu einer Alternative zur Samariá-Schlucht. Die **Wanderung** ist weniger schwierig und kürzer (2½ Std.) und daher auch für Kinder geeignet. Auf halbem Weg durch die wild zerklüftete, überwucherte Schlucht befinden sich eine **Eselsstation** – man kann den halben Weg reitend zurücklegen – und eine kleine Taverne. Bis zum Bau der Straße, die hoch über der Schlucht nordwärts führt, war der Eselspfad durch die Schlucht die einzige Verbindung zwischen dieser Region und dem Norden.

Service

- Es gibt mehrere **Läden** und einen **Auto- und Zweiradverleih.**
- **Privatmuseum Georgos und Andreas Chatzidakis,** Kares bei Askifou nahe Eingang

zur Imbros-Schlucht, seit 1946 existierendes kleines Museum (gelbe Hinweisschilder „War-Museum"), Tel. 028250/95289.

Busverbindung

- Busse zwischen Chóra Sfakíon und Plakiás passieren Komitádes, auch Taxis stehen bereit. Parkplätze gibt es am Zugang zur Schlucht und an den Tavernen.

Unterkunft

- **Rent Rooms Giorgos** mit Taverne, Tel. 28250/91005, www.taverna-giorgos-komitades.com, schlichtes Studio ca. 40 €.
- **Pension Milos** (Tel. 2825/092160, www.milos-sfakia.com); alte renovierte Mühle am Strand, zudem 12 Studios und Apartments sowie ein abseits gelegenes, idyllisches Ferienhaus ohne Strom, alle mit Balkon oder Terrasse und gut ausgestattet, mit Taverne, Mühle oder Haus ca. 50 €, Zimmer/Studio ab 35 €.

Durch die Ímbros-Schlucht nach Norden

Für eine der grandiosesten Fahrten durch Kreta sorgt die inzwischen ausgebaute Straße zwischen Chóra Sfakíon und dem Norden. Die Fahrt geht 40 km durch die **Weißen Berge,** hoch über der Ímbros-Schlucht, bis nach Vríses. Diese eindrucksvolle Strecke, eine Fahrt zwischen Himmel und Erde, zwischen Meer und Bergen, darf man nicht versäumen. Es ist allerdings erhöhte Vorsicht geboten, nicht nur wegen des relativ starken Verkehrs – vor allem Ausflugsbusse sind zahlreich, die Wanderer in Chóra Sfakíon abholen –, sondern besonders wegen der unzähligen Kurven und der halbwilden Ziegen am Wegesrand. **Langsame Fahrweise,** erst recht bei Regen (eingeschränkte Sicht, glitschiger Straßenbelag!) ist dringend empfohlen.

Erste Station auf der Straße von Chóra Sfakíon nach Vríses ist der Ort **Ímbros.** Eine Taverne und ein kleiner Parkplatz markieren den Zugang zur Schlucht. **Askífou** liegt auf der gleichnamigen Ebene, eine grüne Landwirtschaftsregion (Obst, Nüsse, Kartoffeln, Wein, Honig), in der erste „Rent Rooms"-Schilder zu finden sind. Auch ein kleines privates Kriegsmuseum (ausgeschildert) gibt es hier, das Erinnerungen unterschiedlichster Art an die kretischen Freiheitskämpfer enthält. Legendär ist die **Katré-Schlucht,** die „Thermopylen der Sfakiá". Hier gerieten türkische Armeen zweimal, 1821 und 1866, in Hinterhalte und wurden von ein paar Kretern, die auf den Höhen saßen, angegriffen und mit Steinwürfen vernichtend geschlagen.

Vor **Alíkambos** liegt etwas abseits der Straße, linker Hand, kurz vor Vríses, eine Panagía-Kirche oder genauer, eine Einraumkapelle mit Fresken der paläologischen Kunstrichtung *(Johannes Pagomenos,* 1325/26), charakterisiert durch starken Realitätsbezug und große Plastizität der Figuren. Die Kirche ist an der Außenseite mit Keramiktellern geschmückt und deshalb kaum zu übersehen.

Chóra Sfakíon ↗ VIII/B3

Chóra Sfakíon ist der Hauptort in der Sfakiá, der aus einstmals 21 Dörfern bestehenden Bergregion, und liegt malerisch in einer Bucht an der Südküste. Bootsverbindungen bis nach Pa-

198kr Foto: bk

leóchora im Südwesten der Insel und vor allem die Funktion als Drehscheibe für Besucher der **Samariá-Schlucht** sorgen im Sommer für Rummel im Ort. Vom Endpunkt der Schlucht in Agía Rouméli, dem Küstenort etwas weiter westlich, zu dem es keinerlei Straßenverbindung gibt, verkehrt eine Fähre nach Chóra Sfakíon, wo dann Busse zum Weitertransport auf die erschöpften Wanderer warten.

Einst war Chóra Sfakíon ein wichtiger **venezianischer Handelshafen,** der den Bürgern großen Reichtum einbrachte. Davon sind nur noch Reste erhalten, wie die Kirchen Agî Apóstoli im Osten (mit Freskenresten), Ágios Antónios (oberhalb, in einer Felsnische) und auf einer Anhöhe die Reste einer kleinen venezianischen Festung. Von den früher hier lebenden 3000 Einwohnern ist nur etwa ein Zehntel geblieben, und die Zeiten eines beschaulichen Fischerhafens, der nur von ein paar Wanderern und Rucksacktouristen aufgesucht wird, sind schon lange vorbei.

Besonders bei Ankunft und Abfahrt der Samariá-Fähren und -Busse scheint der Ort im touristischen Trubel unterzugehen. Doch mehr und mehr „normale" Besucher finden den Weg hierher, Naturfreunde bleiben länger als früher, Tagesausflügler möchten „Samaria the lazy way" erleben – die „Light-Version" der üblichen Wanderung. Für das Dorf bedeutet dies einerseits, dass die Bewohner am Abend nicht mehr unter sich sind, wie früher, andererseits schlagen höhere Einkünfte zu Buche. Entlang der Hafenpromenade reiht sich eine Taverne an die andere, die um die Gunst des fremden Geldbeutels wetteifert.

Die Speisekarten der einzelnen **Tavernen** sind ähnlich, meist in einer Schautheke aufgebaut und durchweg ordentlich und relativ billig; hin und wieder findet man auch typisch kretische Spezialitäten wie Schnecken. Man glaubt es kaum, aber trotz des Trubels hat der Ort viel von seiner Urtümlichkeit bewahrt – es leben eben Sfakioten hier. Nur wenige Straßen erschließen das Umland, vieles muss immer noch per Boot oder per pedes entdeckt werden. Auch ein sonntäglicher Ausflug zur **Insel Gávdos** (s. nächstes Kapitel), der südlichsten Insel Europas, kann ein Highlight darstellen.

Strände

Kiesstrände befinden sich am Hafen und westlich des Orts in einer netten kleinen Bucht. zu Fuß gelangt man nach Westen zum **Ilingas-Beach** (ca. 30 Min., Kiesstrand zwischen Felswänden) oder zum **Glikanéra-Beach** (1 Std., Kies, tolle Lage), der berühmt ist für seine unterirdischen Süßwasserquellen. Einige Strände sind mit Badebooten zu erreichen.

Einsame Badebucht bei Chóra Sfakíon

Service

- **Info:** www.sfakia-crete.com
- **Infobüro** neben dem Hotel Sofia (Parallelgasse hinter der Hafenpromenade).
- **Postamt** und **O.T.E.** auf dem großen Platz vor dem Ortszentrum, dort auch Parkplatz.

Verkehrsverbindungen

- **Busbahnhof** am Ostende der Hafenpromenade: etwa 3x tgl. nach Chaniá, 1x tgl. nach Agía Galíni, Anópolis und Plakiás.
- **Schiffsverkehr** (www.sfakia-crete.com/sfakia-crete/ferries.html): 3–5x tgl. nach Agía Rouméli (Samariá-Schlucht, H/R 18 €) – 4x mit Stopp in Loutró; am Wochenende Fahrten nach Gávdos. Es gibt auch sogenannte Taxiboats am Hafen. Auf Wunsch bringen Ex-Fischer mit umgebauten Booten Besucher zu verschiedenen Orten (Preise variabel, aber teurer als Fähre) und holen sie wieder ab.

Essen und Trinken

- Tavernen finden sich zahlreich, oft in Verbindung mit Hotels/Rent Rooms um die Hafenpromenade, z.B. **Samaria** mit kretischen Spezialitäten.

Einkaufen

- Supermarkt **Sophia** in der Parallelgasse der Hafenpromenade, hier auch Bäcker, weitere Supermärkte (auch mit lokalen Produkten) am Hafen.
- **Souvenir- und Zeitungskiosk** am Parkplatz neben dem Busstop.

Unterkunft

- **Hotel-Restaurant Lefka Ori** (Tel. 28250/91209, www.chora-sfakion.com), gemütliche Taverne und Familienbetrieb am kleinen Hafen, auch sfakiotische Spezialitäten, 10 geräumige Zimmer zu vernünftigen Preisen, ein Apartment, alle mit WC und Dusche.
- **Hotel Stavris** (Tel. 2825/091220, www.hotel-stavris-chora-sfakion.com); 34 Zimmer und Studios mit Meerblick und in Strandnähe, schlicht, aber mit Dusche und WC, z.T. Kitchenette, Balkon sowie Terrasse. DZ ab ca. 35 €.

- **Hotel Livikon** (Tel. 28250/91211 oder 91223, www.sfakia-livikon.com), schon ab ca. 40 € gibt's eines der 10 sauberen und schlicht-modernen Zimmer mit Bad und Balkon über der gleichnamigen Taverne; neu ist ein kleiner, nahe gelegener Apartmentbau über dem westlichen Strand mit vier Suiten.
- **The Three Brothers/Tria Adelphia** (Tel. 28250/91040, www.three-brothers-sfakia-crete.com), Zimmer, Studios und Apartments sowie Taverne und Internetcafé.
- **Vritomartis** Hotel (Tel. 28250/91112, www.vritomartis.gr), größere FKK-Anlage abseits des Ortes mit eigenem Strand, DZ ab ca. 50 €.

Westlich von Chóra Sfakíon

Die Region westlich von Chóra Sfakíon ist wenig erschlossen, nur bis Anópolis und Ágios Ioánnis kann man mit dem Pkw über eine neue Straße gelangen. Orte wie Loutró und Agía Rouméli können nur mit dem Boot erreicht werden. Der nächste Ort im Westen, Soúgia, ist dann wieder über eine Asphaltstraße mit dem Norden der Insel verbunden. Eine Küstenstraße gibt es an der gesamten westlichen Südküste zwischen Chóra Sfakíon und Paleóchora nicht. Doch selbst in dieser entlegenen Region Kretas nimmt der Tourismus jährlich zu.

Anópolis ↗ VIII/A–B3

Anópolis, etwa 12 km nordwestlich von Chóra Sfakíon und etwa 600 m hoch gelegen, ist über eine steile Serpentinenstraße zu erreichen. Zuvor passiert man jedoch **Agía Ekateríni.** Nicht die Kirche allein ist einen Stopp wert, sondern auch der grandiose Ausblick. Einerseits schaut man hinab auf Loutró und Chóra Sfakíon, mit dem blauen Meer im Hintergrund, andererseits, im Rücken, erhebt sich die grüne Anópolis-Hochebene und die mächtige Südflanke der Weißen Berge mit dem 2453 m hohen Pachnes in der Ferne. Bereits in der Antike war der Ort besiedelt und hatte in hellenischer und byzantinischer Zeit einige Bedeutung, doch sind kaum Reste der einmal von etwa 60.000 Einwohnern bevölkerten Stadt erhalten. Anópolis wurde auch berühmt als Heimat des tragisch gescheiterten Freiheitskämpfers *Daskalojánnis* (s. „Geschichte"), dem hier ein Denkmal auf dem Hauptplatz gestiftet wurde. Nur ein täglicher Bus von Chóra Sfakíon bringt die Ruhesuchenden zu den zur Verfügung stehenden Tavernen und Privatzimmern. Von Anópolis führt ein Fußweg hinab nach Loutró (etwa 1½ Std. hin, 2 Std. zurück, s. Kapitel „Wandern auf Kreta").

- **Busverbindung:** täglich ein Bus nachmittags von Chóra Sfakíon nach Anópolis, morgens in der Gegenrichtung.

Arádena ↗ VIII/A3

Arádena liegt noch weiter im Westen. Es ist einer der vielen Ruinenorte an der Südküste, der angeblich wegen einer Blutrachefehde zwischen verschiedenen Familien vor nicht mehr als fünfzig Jahren aufgegeben wurde. Man fühlt sich beinahe in den Wilden Westen versetzt. Der Ort mit seiner kleinen weißen Kapelle befindet sich direkt am Rand der malerischen Arádena-Schlucht – eine lohnende Wanderung hinab Richtung Meer und Loutró.

Loutró ↗ VIII/A-B3

Loutró, das antike „Phoenix", ist ein malerischer, **winziger Fischerort,** hineingebaut in eine schmale Bucht und von steilen Felswänden überragt. Im Sommer herrscht hier reger Betrieb, denn Loutró ist bei Gästen beliebt, die sich „fernab der Welt" erholen möchten. Viel wird nicht geboten, der Strand zählt nicht zu den traumhaftesten, da steinig und klein, doch Wanderer und Bootsfans kommen auf ihre Kosten in den umliegenden Badebuchten. Es gibt einige Tavernen, wenige Hotels sowie eine Menge Privatzimmer (teilweise von Deutschland aus buchbar). Bedenkt man, dass dies früher einmal ein bedeutender Hafen und zeitweise sogar Bischofssitz war, erschrickt man angesichts der geringen Zahl an Dorfbewohnern heute. Archäologisch ist vieles noch unerforscht, so kann man Ruinen aus römischer Zeit, eine frühchristliche Basilika, die Sotiros-Christou-Kapelle mit Fresken aus dem 14./15. Jh. und ein türkisches Kastell aus dem 17./18. Jh. bewundern.

Ein Kiesstrand liegt am Ort (Obenohne oder FKK tabu!); der östlich gelegene **Glikanéra-Strand** ist über einen Trampelpfad in etwa einer Stunde zu erreichen. Etwa eine halbe Stunde westwärts wandernd gelangt man zur **Finix-Bucht.** Hier liegt der antike Hafen von Anópolis mit Hotel/Taverne O Archaios Finix, weitere Neubauten sind im Entstehen. Weiter im Westen: **Lykos-Beach** mit Tavernen und Zimmern und **Marmara-Beach,** ein FKK-Strand ohne touristische Einrichtungen.

- **Fährverbindungen** (www.sfakia-crete.com/sfakia-crete/ferries.html): Chóra Sfakíon – Loutró (3–5x tgl.), Fähren nach/von Agía Rouméli (3–5x tgl.), seltener in der Nebensaison.
- **Einkaufen:** kleiner Minimarkt (Haus Nr. 13) im Ort, dort auch Geldwechsel; Tante-Emma-Laden (auch Zeitungen, Bücher, Kleider), etwa 50 m neben der Anlegestelle, mit Kanuverleih.
- **Essen:** Spezialität sind Gemüseaufläufe, z.B. in **To Loutró** oder im **Blue House;** Fisch isst man am besten im **O Finix,** Ziegenfleisch im **Kri-Kri.**
- **Unterkunft: Hotel Porto Loutro I und II** (Tel. 28250/91433 oder 91444, www.hotelportoloutro.com), Café-Bar zugehörig, Zimmer mit Klimaanlage, Balkon, Bad; auch in Deutschland zu buchen; **Madares Studios, Hotel & Taverna** (Tel. 28210/36122, www.thehotel.gr/madares-hotel), mit Restaurant, beliebt bei Wanderern, toller Ausblick, saubere Zimmer ab 60 €, Studios, Apartments, auch Familienzimmer mit Küchenecke; **Xenofina's House** (www.xenofina.creteisland.gr) Apartments & DZ mit Balkon, sowie Dachterrasse, ab 35 €/ DZ, Apartments ab 50 €; **The Old Phoenix** (Tel. 28250/91257, www.oldphoenix.com), 28 Zimmer in drei Gebäuden, abgeschieden und nur per Boot erreichbar, mit Restaurant, sportliche Aktivitäten (Wandern, Wassersport etc.) möglich, DZ ab 40 €.

212kr Foto: bk

CHANIÁ UND DER ÄUSSERSTE WESTEN

213kr Foto: bk

214kr Foto: bk

Kastélli-Kíssamos: vom Tourismus weitgehend unberührt

Chaniá, Kretas zweitgrößte Stadt, eignet sich perfekt für einen Shoppingbummel

„Nette Begrüßung" im Kloster Gouvernéto

Chaniá Überblick

„Chania ist die sauberste Stadt auf der Insel. Kaum eine auf dem ganzen Festland ist so hübsch und so nett, kein Vergleichen mit Nauplia, mit Korinth, mit Patras und Sparta."

Erhart Kästner

Kretas **zweitgrößte Stadt** (ca. 55.000 Einwohner) vermittelt durch ihr pulsierendes Leben mit viel Hektik und Verkehr zunächst den Eindruck, die „kleine Schwester" von Iráklion zu sein. Doch das täuscht insofern, als dies nur für den modernen Teil der Stadt gilt; der Altstadtbereich wird hingegen (noch) nicht vom Verkehr überrollt und hat sich einen eigenen Reiz bewahrt.

Was Chaniá so anziehend macht, ist die Mischung: Einerseits ist es eine pulsierende griechische Großstadt, andererseits wirkt es wie eine Ansammlung kleiner kretischer Dörfer. Dann der venezianische Hafen, der der Stadt zu fast italienischem Flair verhilft, und die Spuren, die die Türken hinterlassen haben – Chaniá ist eine vielseitige und faszinierende Stadt. Wie in Iráklion konzentrieren sich die Touristen zwar an einigen Punkten, verlaufen sich aber ansonsten – anders als in Réthimnon, wo man überall auf Fremde trifft. Dafür ist die Altstadt Réthimnons wesentlich besser in Schuss ... und schon befinden wir uns mitten im Lieblingsdiskurs der Bewohner Chaniás und Réthimnons darüber, welche Stadt die schönere sei. Die Antwort muss jeder Besucher für sich finden.

Chaniás Altstadt ist ein interessanter, bunter „Architekturkatalog", der einzigartige antike, venezianische, türkische und kretische Elemente beinhaltet. Pastellfarbige Hausfassaden bauen sich entlang des Hafens auf wie die Sitzreihen eines Freilufttheaters; verwinkelte Gassen, Treppen und Torbögen animieren zum Erkunden der Altstadt. Viele Häuser sind auf alten Ruinen erbaut bzw. nutzen diese - so etliche Lokale, die in die schaurig-schönen venezianischen Palastruinen eingezogen sind.

Auch wenn Chaniás „Betongürtel" die Altstadt umschließt, gilt die Stadt wegen ihrer zahlreichen Parks als die grünste auf Kreta. Besucher schätzen die Mischung aus mittelalterlichem Flair und urbaner Betriebsamkeit. Besonders die unlängst eingeleiteten Restaurierungsmaßnahmen haben etwas von dem Glanz der venezianischen Epoche zurückgebracht, über der ein Hauch Orient weht.

Chaniá bietet außerdem den Vorteil, dass man hier gut einkaufen kann, z.B. Lederwaren und Kunsthandwerk, und dass es sich hervorragend als Ausgangspunkt für Ausflüge in die Samariá-Schlucht und auf die Akrotíri-Halbinsel eignet. Im Westen der Stadt entwickeln sich, wie im Osten Iráklions, mehr und mehr touristische Zentren.

Geschichte

Chaniá gilt nach neuesten Funden als eine der ältesten kontinuierlich besiedelten europäischen Städte. Bereits ab dem Neolithikum lassen sich im Kastelli-Viertel Spuren von Besiedlung finden, und aus spätminoischer Zeit ist eine große Stadt namens **Kydonia** bekannt, eine einflussreiche Handelsstadt, die schon *Homer* erwähnte und die scheinbar enge Beziehungen zu Ägypten unterhielt. Auch unter mykenischem Einfluss muss die Stadt mächtig gewesen sein, wie zahlreiche Funde von Tafeln mit Linear-B-Schrift andeuten.

Im Unterschied zu anderen minoischen Orten war Kydonia auch noch in **griechischer Zeit** von Bedeutung. Das bezeugen zahlreiche antike Autoren, wie etwa die beiden Historiker *Herodot* und *Thukydides* oder die Reiseschriftsteller *Strabon* oder *Pausanias*. Leider sind einer weiteren Erforschung dieses minoischen Zentrums auf Grund der großteils denkmalgeschützten und dicht bebauten Altstadt Grenzen gesetzt.

In römischer und byzantinischer Zeit verlor die Stadt an Glanz, doch wird der Name „Kydonia" in der Spätantike synonym für die ganze Insel verwendet. Im 9. Jh. eroberten **Araber** die Stadt und machten sie zum „Kastell des Käses", zum Zentrum der Schafs- und Ziegenzucht. Unter den Einheimischen kam in jenen Tagen der Name „Chaniá" in Gebrauch, dessen Ursprung unklar ist.

Im 13. Jh. übernahmen die **Venezianer** das Kommando und errichteten um den zentralen Kastelli-Hügel eine **Festung.** Der Ort hieß unter den Venezianern „La Canea" und wurde Mitte des 16. Jh. erweitert. Damals baute der bekannte italienische Festungsbaumeister *Michele Sanmicheli* das Kastell, von dem noch Teile erhalten sind, aus. Unter den Venezianern erblühte die Siedlung, Palazzi und der Hafen entstanden, und Chaniá entwickelte sich wieder zur bedeutendsten Stadt der Insel und zugleich zu einer prächtigen venezianischen Metropole.

1645 eroberten die **Türken** nach zweimonatiger Belagerung die Stadt, als erste auf Kreta - ein Beweis, dass selbst eine so monumentale Festung dem Ansturm großer Menschenmassen nicht gewachsen war. Bis zur endgültigen Eroberung der Insel, im Jahre 1669, organisierten die Türken von Chaniá aus ihre Operationen, machten die Stadt aber erst 1850 zur **Hauptstadt.** Im Laufe der Jahrhunderte verschmolzen die türkischen Elemente mit den vorhandenen, doch trotz der türkischen Herrschaft blieben gerade Chaniá und sein Umland Hochburgen des Widerstands. So griffen 1897 auch hier die europäischen Mächte ein und zwangen 1898 die Türken zur Freigabe der Insel.

Prinz *Georg* residierte als Hochkommissar der Insel zwischen 1898 und 1905 in der Hauptstadt Chaniá. Zum politischen Führer der Kreter, die einen Anschluss an Griechenland anstrebten, wurde *Elefthérios Venizélos* aus Mourniés, einem kleinen Ort bei Chaniá. Er wird bis heute hochverehrt, da er auch als griechischer Premier maßgeblich am modernen Staat mitgewirkt hat (s. Kap. „Geschichte").

Eine unrühmliche Rolle spielte die Stadt während des **Zweiten Weltkriegs,** als die deutschen Luftlandetruppen den Flugplatz Máleme, westlich von Chaniá, als Hauptangriffspunkt wählten. Mit der Eroberung des Areals begann die deutsche Besetzung; auch Chaniá wurde in Mitleidenschaft gezogen und blieb bis 1945 von Deutschen besetzt.

Nach dem Krieg fungierte Chaniá weiterhin als Hauptstadt, bis in den frühen 1970ern die Militärjunta in Athen kurzerhand per Dekret Iráklion zum neuen kretischen Zentrum bestimmte. Der verbliebene Teil der **kretischen Universität** (weitere Fakultäten sind in Réthimnon und Iráklion), die alten Bauten und das Diplomatenviertel erinnern noch heute an jene Blütezeiten als Hauptstadt.

Orientierung

Der zentrale Platz in Chaniá ist die **Platia Sophokles Venizelou,** an der sich die sehenswerte Markthalle befindet. Es ist der zentrale Verkehrsknotenpunkt, von dem aus die Odos Tzanakaki in Richtung Stadtpark (Post, Telefon, Banken) führt. Odos Chalidon und Odos Moussouron verlaufen in Richtung Altstadt und zum Venezianischen Hafen und Odos Daskalojannis zum Jachthafen. Die Odos El. Venizelou führt nicht nur aus der Stadt, sondern auch vorbei am Fußballstadion zum Diplomatenviertel.

Südlich des Venizelou-Platzes breitet sich das neue Chaniá aus, nördlich die Altstadt. In ihr unterscheidet man vier

Die Markthalle von Chaniá

199kr Foto: bk

Viertel: **Topanás** im Norden um das alte Hafenkastell, **Evraiki,** südlich anschließend um die Odos Kondilaki, das **Kastélli-Viertel** auf dem Hügel über dem Fischerhafen und schließlich das im Osten gelegene **Splantzia-Viertel.**

Sehenswertes

Während die Neustadt wenige Reize aufweist, kann man beim Bummel durch die Altstadt innerhalb der alten, in Teilen erhaltenen **venezianischen Stadtmauer** schnell die Zeit vergessen. Teilweise wurden Häuser oder sogar ganze Straßenzüge und Stadtviertel liebevoll restauriert, doch oft nagt noch immer der Zahn der Zeit an den Bauten, aber gerade diese Kontraste faszinieren. Die malerischsten Viertel mit zahlreichen restaurierten **Palazzi,** in denen sich mehr und mehr Hotels und Pensionen niederlassen, liegen nahe der westlichen Hafenfront. Doch auch die verfallenen Ecken strahlen ihren Reiz aus, wie das einst herrschaftliche Haus in der Odos Zambeliou 45, das mit seiner Portal-Inschrift *„Nulli parvus est census, cui magnus est animus"* an venezianische Zeiten erinnert, oder die Reste eines alten türkischen Hamams gleich daneben (Nr. 49). Verfall und aufwendige Restaurierung, Venezianisches und Türkisches, Hafen und Meer mit den

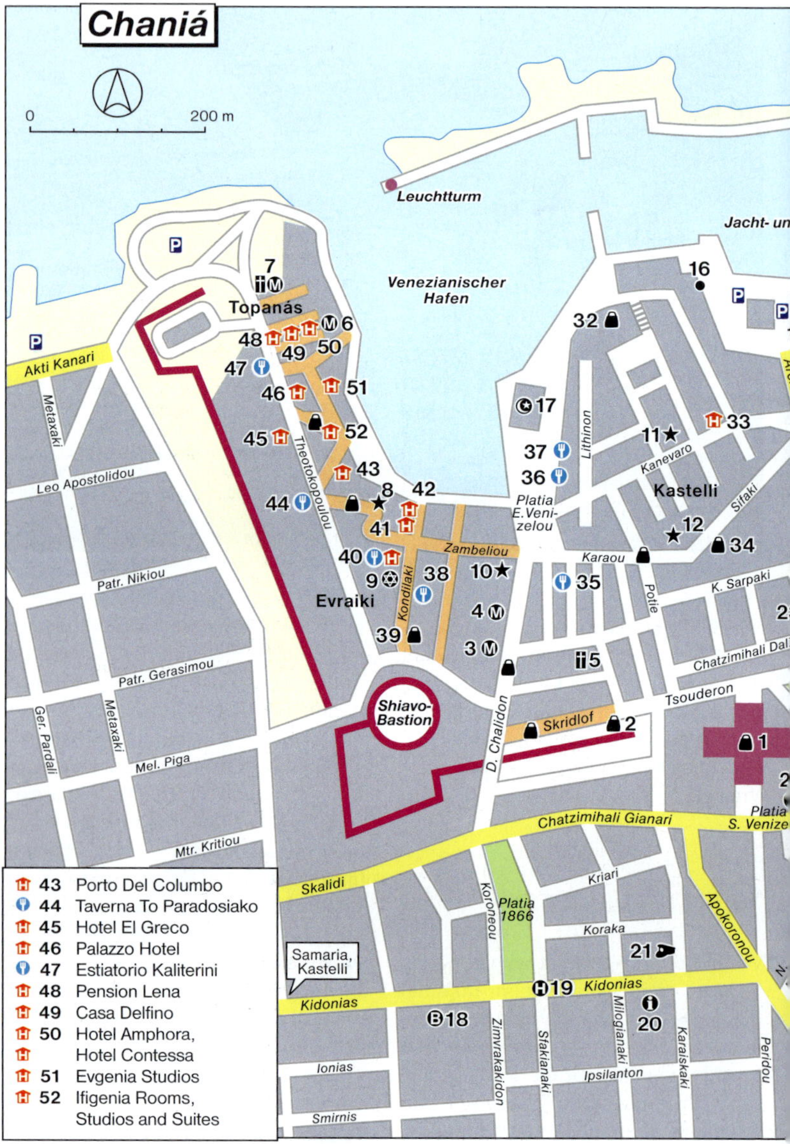
Chaniá
0
200 m
Leuchtturm
Jacht- un
Venezianischer Hafen
Topanás
Evraiki
Kastelli
Shiavo-Bastion
Akti Kanari
Metaxaki
Leo Apostolidou
Patr. Nikiou
Patr. Gerasimou
Ger. Pardali
Mel. Piga
Mtr. Kritiou
Theotokopoulou
Kondilaki
Zambeliou
Platia E.Veni-zelou
Lithinon
Kanevaro
Sifaki
Karaou
Potie
K. Sarpaki
Chatzimihali Dal
Tsouderon
D. Chalidon
Skridlof
Platia S. Venize
Chatzimihali Gianari
Skalidi
Koroneou
Platia 1866
Kriari
Koraka
Apokoronou
Samaria, Kastelli
Kidonias
Ionias
Smirnis
Zimvrakakidon
Sfakianaki
Milogianaki
Ipsilanton
Karaiskaki
Peridou
43 Porto Del Columbo
44 Taverna To Paradosiako
45 Hotel El Greco
46 Palazzo Hotel
47 Estiatorio Kaliterini
48 Pension Lena
49 Casa Delfino
50 Hotel Amphora, Hotel Contessa
51 Evgenia Studios
52 Ifigenia Rooms, Studios and Suites

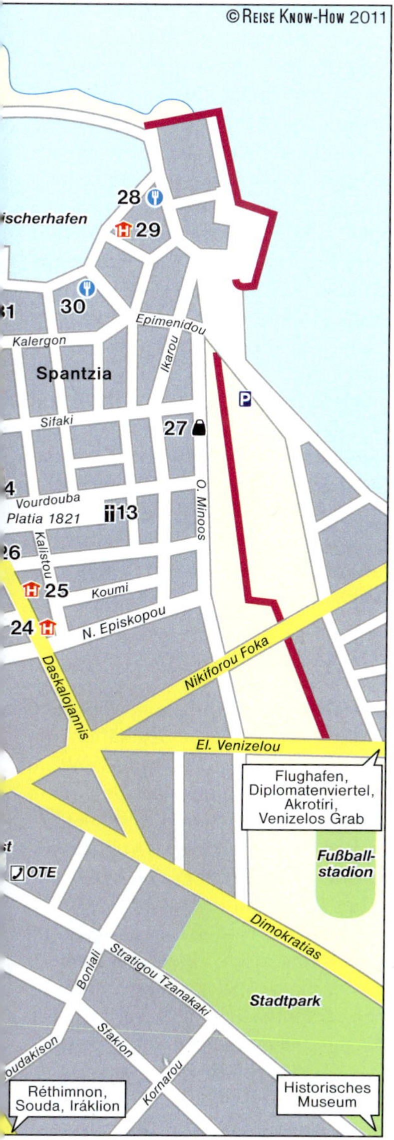

Rundgang:

- 1 Markthalle
- 2 Ledergasse
- 3 Volkskundemuseum
- 4 Archäologisches Museum/ San Francesco
- 5 Kathedrale Trimartyri
- 6 Fort Firkas/ Nautisches Museum
- 7 San Salvatore mit Byzantinischem Museum
- 8 Renieri-Palast
- 9 Etz Hayyim Synagogue
- 10 Venezianische Loggia
- 11 Stadtgrabung
- 12 Stadtmauer
- 13 Ágios Nikólaos/San Nicolao
- 14 Kapelle San Rocco
- 15 Arsenale
- 16 Zentrum für Mediterrane Architektur
- 17 Janitscharenmoschee

Sonstiges:

- 18 Busbahnhof Überlandbusse
- 19 Stadtbusse
- 20 Infobüro (Touristinfo)
- 21 Touristenpolizei
- 22 Stadtbusse
- 23 Café To Monastiri tou Kardon
- 24 Odos Oniron
- 25 Hotel Splanzia
- 26 Kouzina
- 27 Samstagsmarkt
- 28 Antigoni
- 29 Porto Veneziano
- 30 Fischlokale
- 31 Doloma
- 32 Chaniá District, Ass. of Traditional Handicrafts
- 33 Kastelí Studios
- 34 Messerschmieden
- 35 Tholos
- 36 Safran
- 37 Monastiri
- 38 Kali Kardia
- 39 To Meli
- 40 Tamam, Doge
- 41 Nostos Hotel
- 42 Hotel Belmondo

Weißen Bergen im Hintergrund – das alles macht den besonderen Reiz Chaniás aus.

Rund um die Markthalle

Da die Altstadt trotz ihrer Vielseitigkeit nicht allzu groß ist, lässt sie sich leicht zu Fuß erkunden. Idealer Ausgangspunkt des Rundgangs durch die verschiedenen Viertel ist der pulsierende Markt, die **Agorá** an der Platia S. Venizelou. Die kreuzförmige Markthalle wurde ab 1911 nach dem Vorbild der Halle in Marseille errichtet und mit großem Pomp 1913 anlässlich der Feierlichkeiten zum Anschluss Kretas an Griechenland eröffnet.

Betritt man die Halle, spürt man noch etwas vom orientalischen Erbe, fühlt sich fast in einen Bazar versetzt. Im westlichen Seitenarm befinden sich der **Fischmarkt** und einige kleine Tavernen bzw. Imbissstände; empfehlenswert sind diejenigen mit frischen Fischspezialitäten.

Der **Fleischmarkt** ist in den östlichen Seitenarm eingezogen, auch hier finden sich ein paar kleine **Lokale,** deren eingeschränkte Auswahl durch die frische Zubereitung und Authentizität der Speisen sowie deren Preise ausgeglichen wird. Obwohl diese auf den ersten Blick für empfindliche Mägen nicht unbedingt einladend wirken mögen, findet selbst hier jeder etwas Passendes, denn neben den Eintopf- und Fischgerichten, den Kuttelsuppen und Innereien, oft in riesigen Kesseln dargeboten, gibt es auch Gewohntes wie Giros, Souvlaki, Salat oder Moussaka. Alle Lokale schließen am frühen Nachmittag (ebenso wie die normalen Marktstände), daher sollte man den Imbiss rechtzeitig einplanen, denn je später es wird, umso eher sind die wenigen Plätze belegt und umso stärker reduziert sich das Speiseangebot.

Entlang der Hauptachse der Markthalle reihen sich Stände mit einem wachsenden Angebot an **Souvenirartikeln** (Kräuter, Honig, Öl etc.) und regionalen Lebensmitteln, Obst, Gemüse und **Spezialitäten** wie Käse oder Oliven aneinander.

Verlässt man die Halle auf dieser Seite, steht man in der Odos Tsouderon, einer kleinen Einkaufsstraße, die in die Odos Skridlof übergeht. Dort befindet sich die berühmte **Ledergasse** von Chaniá mit einem schier unüberschaubaren Angebot an günstigen Lederwaren und Souvenirs, immer gedrängt voll.

Volkskundemuseum

Die **Odos Chalidon,** eine Einkaufsstraße mit Souvenirgeschäften en masse, führt uns in Richtung Venezianischer Hafen. An der Straße liegt in einem Hof, der zur römisch-katholischen Kirche gehört, das Volkskundemuseum. Es zog in ein altes venezianisches Haus ein, und obwohl alles etwas eng und eingestaubt wirkt, findet der Interessierte hier traditionelle Handarbeiten, Stickereien und Teppiche, Trachten und Webwaren sowie nachgestellte Szenen in Miniatur, tradi-

Touristenmagnet Nr. 1: die Ledergasse

200kr Foto: bk

tionelle Einrichtungsgegenstände und rekonstruierte Zimmer. Überdies finden im Museum Handarbeitsdemonstrationen statt.

• **Volkskundemuseum,** O. Chalidon 46, geöffnet Mo–Fr 9–15 und 18–21 Uhr, 2 €.

Archäologisches Museum

Nur wenige Schritte vom Volkskundemuseum entfernt, liegt eines der Highlights der Stadt, das jedoch viele Besucher ungesehen passieren: das Archäologische Museum. Es befindet sich in der größten der 23 venezianischen Kirchen Chaniás, in **San Francesco,** die im 16 Jh. erbaut wurde, wie zwei Inschriften im Bereich des nördlichen Pfeilers des Mittelschiffs von 1606 und 1617 belegen. Die Türken gestalteten die Kirche in eine **Moschee** um; an sie erinnern der *Sandirvan,* ein zwölfeckiger Reinigungsbrunnen im Garten, der Rest eines Minaretts und das Portal. Dass es sich um eine der sehenswertesten venezianischen Kirchen der Insel handelt, ist ein Grund, warum man diesen Bau nicht versäumen sollte. Da die Kirchenfassade eher unauffällig ist und bestens in die umgebenden Palazzi eingepasst wurde, offenbaren sich Ausmaße und Ausstattung der Pfeilerbasilika erst beim Betreten. Der westliche, tonnenüberwölbte Anbau stammt aus der Türkenzeit (Jusuf-Pascha-Moschee), und links vor dem Museumseingang stand einst ein venezianischer Campanile.

In der ehemaligen Kirche befindet sich eine sehenswerte Sammlung antiker Funde aus Westkreta, großteils unpubliziert (daher Fotoverbot!). Hier „erschlägt" einen nicht die Masse der Funde, wie im Archäologischen Museum Iráklion, sondern vielmehr ist man positiv überrascht angesichts der eindrucksvollen, teils sogar **modernen Präsentation.** Die Funde sind chronologisch angeordnet und werden kurz erläutert, so dass man nach dem Besuch einen guten Eindruck vom antiken Westkreta mitnimmt. Der Rundgang beginnt links vom Eingang und führt im Uhrzeigersinn wieder zurück zum Bücher- bzw. Ticketstand.

Die ausgestellten Funde stammen in erster Linie aus Chaniá selbst und von zahlreichen Fundplätzen innerhalb des Verwaltungsbezirks Chaniá, u.a. auch aus der berühmten griechischen Stadt **Áptera** (siehe unten). Es handelt sich dabei um künstlerisch überraschend qualitätvolle Stücke, darunter hochwertige Plastik, Linear-A-Tafeln, Schmuck, Terrakotten und Keramik. Hinweise auf die früheste Besiedlung Chaniás/Kydonias geben die neolithischen Funde aus der **Kastélli-Grabung** mitten in der Stadt, die im Zentrum der Ausstellung stehen. Hier kamen viele Funde und Bebauungsreste der spätminoischen Stadt zutage. Die Stadtgrabung, die schwerpunktmäßig in den 70er Jahren des 20. Jh. durchgeführt wurde, wird mit Hilfe von Tafeln und Texten gut dokumentiert.

Auffällige Funde sind die Serien von Stierfigürchen aus Ton, Votivgaben aus dem **Poseidonheiligtum von Sélinos,** datierbar zwischen dem 4. Jh. v. Chr. und dem 2. Jh. n. Chr. Hier wurde Poseidon nicht als Meergott, sondern als Erdgott, für Fruchtbarkeit und die latent vorhandene Erdbebengefahr zuständig, verehrt – als „Erderschütterer", wie er in *Homers* „Odyssee" genannt wird. Zu den **minoischen Funden** gehören neben Sarkophagen auch zahlreiche Grabfunde aus dem Bezirk Chaniá.

Von den qualitativ hochwertigen, meist unterlebensgroßen **Skulpturen** aus griechischer Zeit stammen die meisten aus Lissós. Zu den besten Stücken gehören ein Asklepios, eine Artemis, eine Herakles-Farnese-Variante, eine Satyr-Kopie aus Kastélli-Kíssamos, eine Philosophenfigur aus dem 3. Jh. v. Chr., eine Aphroditestatuette aus dem 2. Jh. v. Chr. (Chaniá) und eine Kopie der so genannten kleinen *Arktoi* (Bärinnen).

Neben **Grabstelen** aus klassisch-griechischer und hellenischer Zeit (vor allem aus Áptera und Chaniá) verfügt das Museum über eine kleine, aber anschauliche **Münzsammlung.**

Mitten hinein in die römische Epoche führen uns die sehenswerten **Mosaiken** aus dem „Haus des Dionysos", gefunden nahe dem heutigen Markt von Chaniá, mit einer Darstellung von Dionysos und Ariadne auf Naxos aus der zweiten Hälfte des 3. Jh. n. Chr. Geschaffen wurden die Mosaiken von der „Schule von Daphne", wie die gut erkennbare Künstlerinschrift überliefert, ein in dem gleichnamigen Stadtteil von Antiochia beheimateter Handwerksbetrieb.

Keramik ist, wie schon bei der Beschreibung des Museums in Iráklion erläutert, ein „Leitfossil" der Archäologie, und das wird auch in diesem Museum deutlich. Neben minoischen Funden kann der Besucher hier schöne Stücke aus klassischer, hellenischer und römischer Zeit bewundern, u.a. Strickhenkelamphoren, Vasen der bekannten hellenischen Hadra-Gattung (Kissamou, 3. Jh. v. Chr.) – benannt nach dem ersten Fundort in Ägypten. Doch auch **Alltagsfunde** fehlen nicht: in Gräbern gefundene Parfümfläschchen, einige besonders hübsche aus Alabaster, zahlreiche Öllampen, **Goldschmuck** des 4. und 3. Jh. v. Chr. und römische Glasgefäße. Die **Terrakotten** im Stil der *Tanagräerinnen* mit Bemalungsresten, z.B. trauernde Frauenfiguren, sind typisch für Kydonia im 4. Jh.

v. Chr. Zu den Highlights des Museums zählen schließlich die beiden Porträts des römischen Kaisers Hadrian aus dem 2. Jh. n. Chr. und die zahlreichen Beispiele von **Bauplastik** im Hof, die eine Vorstellung vom Glanz antiker Zeiten vermitteln.

● **Archäologisches Museum,** O. Chalidon 21, geöffnet Di–So 8.30–20, Mo 13.30–20 Uhr, 2 € (mit Byzantinischem Museum 3 €), daneben: Museumsladen, Mo–Sa 9–15 Uhr.

Vom Archäologischen Museum zum Venezianischen Hafen

Gegenüber dem Museum sticht das alte türkische Bad, ein **Hamam,** dem Besucher ins Auge, der sich gegenwärtig rein äußerlich nicht in sehr gutem Zustand befindet. Den Platz vor dem Museum beherrscht die 1857 erbaute **Kathedrale Trimartyri.** Sie ist außen eher schlicht, dafür innen umso farbenprächtiger ausgemalt. Dass sie während der Türkenzeit in derartigen Ausmaßen gebaut werden konnte, ist dem späteren Ministerpräsidenten der Türkei, *Mustafa Naili Pascha* und seinem Sohn *Veli,* Generalgouverneur von Kreta, zu verdanken, der seine ursprünglich hier befindliche Seifenfabrik plus Geld Chaniá für den Kirchenbau zukommen ließ. Bei den Unruhen 1897 wurde der Bau beschädigt, doch erneut halfen Spenden, diesmal des russischen Zaren, beim Wiederaufbau.

201kr Foto: bk

Im Innenhof des Archäologischen Museums

Nach wenigen Schritten erreicht man den Venezianischen Hafen, heute beherrscht von unzähligen Tavernen und Cafés, deren Kellner die Besucher lautstark und vielsprachig mit ihren Spezialitäten zu beeindrucken versuchen. Bei einem Kaffee kann man wunderbar den Blick genießen, bevor man sich ins verwinkelte Topanás-Viertel begibt.

Topanás-Viertel

Der Name „Topanás" geht auf das türkische Wort *Top* (Kanone) zurück, da hier das Hafenkastell mit den Wehranlagen liegt. Der nördliche Altstadtteil ist der schönste und architektonisch interessanteste von Chaniá, mit verwinkelten, engen Gassen und schmalen Treppen, alten Häusern, kleinen Pensionen und hübschen Lädchen. Der Autoverkehr wurde verbannt, und daher ist das Bild fast dörflich. Hier lebten einst die wohlhabenden Familien.

Fort Firkas und Nautisches Museum

Im Kastell befindet sich heute das Nautische Museum. Die Reste der alten venezianischen Hafenbefestigung erinnern an die bis heute wichtige strategische Bedeutung des Hafens und der Halbinsel Akrotíri. Die Festung mit ihrer hohen Zinnenmauer und dem Rundturm wurde erst als Kaserne, dann als Gefängnis benutzt. 1913 hisste der griechische König *Konstantin* zusammen mit Ministerpräsident *Venizélos* erstmals die griechische Flagge auf Kreta. Derzeit finden im Innenhof Ausgrabungen statt, außerdem gelegentlich **Veranstaltungen,** doch es lohnt allein der Ausblick, der sich von hier oben bietet.

Im Nautischen Museum, das in einen Trakt der Festung eingezogen ist, erinnern nautische Geräte, Schiffsmodelle, Fotos und zahllose andere Ausstellungsstücke an die **griechische Marine.** Auch historische Seeschlachten, wie jene berühmte vor Salamis im 5. Jh. v. Chr. gegen die Perser, wurden anschaulich in Modellen rekonstruiert. Zum Bestand gehören eine etwas angestaubte Muschelsammlung und zwei kleine Aquarien. Am sehenswertesten – und allein deshalb lohnt der Besuch – ist das **Modell der Stadtanlage** und der venezianischen Festung von Chaniá. Es gibt, wie jenes im Historischen Museum von Iráklion, einen guten Überblick über die Metropole im frühen 17. Jh. Der erste Stock ist ganz dem 2. Weltkrieg gewidmet, wobei die Darstellung, wie häufig auf Kreta der Fall, übersteigert, verzerrt und zu patriotisch ist.

- **Nautisches Museum in Fort Firkas,** O. Akti Koundouriotou, geöffnet tgl. 9–17, im Winter nur bis 14 Uhr, Eintritt 3 €.

Rund um das Fort

Vom Kastell aus lohnt ein Abstecher westwärts zu den Resten der alten **Bastion Grítti** und weiteren Teilen der venezianischen Stadtmauer. Gegenüber der Hafenmole befindet sich **San Salvatore** (Odos Theotokopoulou 82), eine Einraumkirche, in der eine Inschrift auf einer Marmorplatte den Stadthalter *Alvise Malipiero* und das Jahr 1631 erwähnt. In der Kirche befindet sich das **Byzantinische Museum** von Chaniá (tgl. außer Mo 8.30–14 Uhr, Eintritt 2 €), das Funde aus der Region und einige Ikonen ansprechend präsentiert. Zudem erhält man in dem kleinen, modernen Museum einen guten Überblick über die byzantinische Zeit.

Im Herzen des Viertels

Über die Odos Theotokopoulou erreicht man das Herz des Topanás-Viertels und taucht in seinen verwinkelten Gassen in eine andere Welt ein. Souvenirgeschäfte reihen sich aneinander, und in die schönen alten Paläste ziehen mehr und mehr empfehlenswerte Hotels für den etwas dickeren Geldbeutel ein; daneben gibt es jedoch ein großes Angebot an ebenfalls nicht üblen Familienpensionen. Zu den berühmten Bauten des Viertels gehört der **Renieri-Palast** (Odos Moschon, heute Hotel Pasifie und Taverne Sultana's), über dessen erhaltenem Portal eine Inschrift mit dem Baudatum 15.1.1608 den Pater Familias ehrt: *„Multa tulit fecitus et studavit dulces pater, sudavit et alsit semper requies serenat"* – „Vieles studiert und vollbracht hat der liebe Vater, er schwitzte und litt und möge in Frieden ruhen".

Gleich hinter dem Torbogen verbirgt sich die etwas heruntergekommene ehemalige Familienkapelle der Renieris, **Ágios Nikolaós.** In dem unter türkischer Herrschaft umgebauten ehemaligen Innenhof hat heute die Taverne Sultana's ihr Gartenlokal eingerichtet. Ein Stück weiter entlang der Odos Zambeliou (schräg gegenüber dem Hotel Nestos) befinden sich Reste eines türkischen **Hamams,** eines der einst verbreiteten türkischen Bäder.

Evraiki-Viertel

Die zentrale Kreuzung von Odos Zambeliou und Odos Kondilaki in der westlichen Altstadt markiert den Beginn des Evraiki-Viertels. Rein optisch sind kaum Unterschiede zum Topanás-Viertel feststellbar, die beiden gehen nahtlos ineinander über. Die Odos Kondilaki ist zugleich die Hauptachse des ehemaligen **jüdischen Viertels,** das in venezianischer Zeit entstand und sich heute, nach drohendem Verfall, wieder in guter Form zeigt: Die Straße säumen schöne Läden, kleine Werkstätten, Pensionen und Tavernen – ideal zum Bummeln und Dinieren.

An die jüdische Vergangenheit erinnert die aus dem 15. Jh. stammende **Etz Hayyim Synagogue** (Parados Kondylaki, www.etz-hayyim-hania.org, Mo 10–15 und 17–20, Di–Fr 10–20, So 17–20 Uhr, im Winter Mo–Fr 9–13 und 18–20 Uhr, 2 € Spende), die auch einen kleinen Laden hat.

Am Ende der Straße stößt man auf die Dimitri- bzw. **Shiavo-Bastion.** Von diesem Überrest der venezianischen

202kr Foto: bk

Im Evraiki-Viertel befindet sich eine Synagoge aus dem 15. Jh.

Chaniá

203kr Foto: bk

Einkaufsbummel durch das Evraiki-Viertel

Festungsanlage aus hat man einen guten Blick auf Alt- und Neustadt – der staubige Aufstieg lohnt. Zurück auf der Odos Zambeliou passiert man die **Venezianische Loggia** (Hausnummer 43/45), ein einst prächtiger Bau, von dem leider nur noch die Fassade und das Portal mit der Inschrift *„Nulli parvus est census cui magnus est animus“* – „Den Großherzigen wird niemand gering achten“ – erhalten sind. Die Straße führt schließlich zurück zur Platia E. Venizelou, dem Hauptplatz am Hafen.

Kastélli-Viertel

Nach der Erkundung des westlichen Altstadtteils wenden wir uns dem zentralen Kastélli-Viertel zu. Die exponierte Lage dieses Stadtteils, der sich auf einem kleinen **Hügel** östlich des alten Hafens ausbreitet, hat seit dem Neolithikum die Siedler angezogen. Wer bei dem modernen Durcheinander der Bauteile aus allen Zeiten, den Wohnhäusern, Pensionen und Ruinen genauer hinsieht, wird Spuren aus unterschiedlichsten Epochen entdecken.

Stadtgrabung

Systematisch auf Vergangenheitssuche gingen in den 1970ern schwedische und griechische Archäologen. In der bedeutenden Stadtgrabung, deren Hauptteil in der Odos Kanevaro von außen noch einsehbar ist, wurden wichtige Funde gemacht: Baureste aus verschiedenen Zeiten, Keramik verschiedener Stile und Linear-A- und -B-Tafeln. Diese größten und spektakulärsten Ausgrabungen in Westkreta rund um die Platia Agia Ekaterini (O. Kanevaro/Kandanoleon) erbrachten den Beweis, dass die Siedlungskontinuität in Chaniá bis in neolithische Zeit reicht und sich hier einmal ein **wichtiges minoisches Zentrum** befand. Auch wenn die Reste für Laien wenig aussagekräftig sind, eröffnet sich dennoch ein „Fenster in die Vergangenheit", zudem informieren Schautafeln über die Details. Die hier gemachten Funde mit Erläuterungen und Plänen befinden sich im Archäologischen Museum.

Stadtmauer

Für den Laien beeindruckender ist die teilweise komplett erhaltene Stadtmauer aus byzantinisch-venezianischer Zeit. Im Mauerverband erkennt man die verbauten **antiken Spolien,** z.B. Teile von Bauplastik oder Säulen. Darunter wurden 1984 die Fundamente der griechischen Mauer des antiken Kydonia entdeckt. Von der Odos Karaoli Dimitriou, die in die Odos Sifaki übergeht, hat man den besten Blick auf die alte Stadtmauer, die die südliche Begrenzung des Stadtteils Kastelli bildete. Die Straße ist übrigens ein guter Tipp zum Einkaufen, da sich hier eine Reihe schöner Geschäfte mit ursprünglich-kretischer Ware, wie Messer oder Töpfer- und Webwaren, befinden.

Rund um die ehemalige Universität

In venezianischer Zeit befand sich die **Verwaltungszentrale** der Stadt in diesem Viertel. Deshalb stößt man hier auch auf Reste repräsentativer Bauten, wie den Amtssitz des Statthalters (neu renoviert) oder das venezianische Archiv (Odos Lithinou 45). Der palastartige Bau mitten in Kastélli, in einer Seitengasse der Odos Kanevaro, wurde 1624 errichtet.

Der danebenliegende Rektorenpalast ist hingegen verschwunden, an seiner Stelle befand sich die technische Fakultät der **University of Crete.** Vom Hof eröffnet sich ein spektakulärer Blick auf die Altstadt und den Venezianischen Hafen – eine kurze Pause sollte man sich hier oben im Schatten der Bäume gönnen.

An das **Kloster Santa Maria dei Miraculi** (Odos Agios Markou 12/24), ein 1615 gegründetes Dominikanerinnenkloster, erinnern nur Überreste. Auch die angeschlossene Kirche – fälschlicherweise *San Marco* genannt – wurde weitgehend zerstört. Die Venezianer nutzten sie einst als Bischofskirche für Westkreta, die Türken wandelten sie in die **Mustafa-Pascha-Moschee** um. In Teilen davon befindet sich heute die Pension Monastiri.

Splantzia-Viertel

Der vierte Teil der Altstadt, das Splantzia-Viertel, bildet zugleich seinen östlichen Abschluss. Das **ehemalige Türkenviertel,** das sich um den Fischerhafen herum ausbreitet, hat sich beinahe mehr als die anderen Altstadtregionen seine Ursprünglichkeit bewahrt und erweckt beim Besucher den Eindruck, sich plötzlich in einem Dorf zu befinden, in einer fast unberührten Oase inmitten einer pulsierenden Stadt. Auch hier fällt bei näherem Hinsehen die Mischung zwischen verfallender Bausubstanz und hergerichteten Häusern auf. Die verwinkelten, engen Gässchen und alten Häuser gruppieren sich um die **Platia 1821,** von Einheimischen *Platia Splantzia* genannt. Der Platz erinnert an den Bischof *Melchisedek*, der hier 1821 wegen seiner Sympathie für die kretischen Aufständischen von den Türken gehängt wurde.

Ágios Nikólaos

Ágios Nikólaos/San Nicolao an der Ostseite der Platia 1821 wurde 1205 als **venezianische Kirche** von Dominikanern gegründet und 1320 erstmals urkundlich erwähnt. Nach der türkischen Eroberung entstand daraus die **Sultan-Ibrahim-Moschee,** deren Minarett, neben dem Campanile, der Kirche heute einen ungewöhnlichen Anblick verschafft. Dabei war sie ursprünglich turmlos, dann fügten die Türken ein Minarett hinzu, und als die Kirche 1918 wieder orthodox wurde, ergänzte man sie um den linken Glockenturm. Der Innenraum ist, typisch griechisch, sehr farbenfroh ausgemalt.

Kapelle San Rocco und Agía Anárgiri

Fast übersehen könnte man die kleine Kapelle San Rocco an der Nordwestecke der Platia 1821. Inzwischen wurde die **venezianische Einraumkapelle** von 1630 liebevoll restauriert. In dem sich hinter dem Platz ausbreitenden Viertel befinden sich einige Apartmenthäuser und kleinere Pensionen, die dem Fremden Gelegenheit geben, für längere Zeit in die eigenartige Atmosphäre des Viertels einzutauchen.

Die dritte Kirche im Viertel, **Agía Anárgiri** (Odos Parados Nikiforou/Epsikopou), wurde den Märtyrern *Kosmas* und *Damianos* geweiht und stammt aus dem 16. Jh. Sie war eine der wenigen orthodoxen Kirchen, die während der gesamten Besatzungszeiten offiziell von den Kretern besucht werden durfte.

Rund um den Hafen

Durch die verwinkelten Gassen gelangt man unvermittelt zum **Venezianischen Hafen,** der von Tavernen, Cafés und Bars beherrscht wird. An venezianische Zeiten erinnern die Reste der großen **Arsenale** im Süden und Osten des großen Beckens. Die Hallen aus dem 16. Jh. – sieben von einst siebzehn sind erhalten – dienten ursprünglich als Trockendocks, hier wurden die Schiffe repariert und winterfest gemacht. Heute nutzen die Fischer sie als Werkstätten bzw. Lager. In die lange ruinösen und lediglich als malerisches Fotomotiv dienenden Überreste der Megali Arsenali ist nach aufwendigen Restaurierungsarbeiten das **Zentrum für Mediterrane Architektur** (tgl. 10–14 und 18–21 Uhr, frei; Wechselausstellungen im EG) eingezogen.

204kr Foto: bk

Den Ostteil des Hafens bildet der **Jacht- und Fischerhafen**. Ein Abstecher auf die **Hafenmole,** mit Ruinen eines Forts, Leuchtturm und dem Restaurant Fortezza, lohnt bei Sonnenuntergang allein als Fotospot.

Janitscharenmoschee

Der Spaziergang durch Chaniás Altstadt geht an der ehemaligen Janitscharenmoschee (Hassan-Pascha-Moschee, Akti Tombassi 6) zu Ende, ein markanter Bau, der den westlichen Hafenteil dominiert. Er mutet utopistisch-modern an, dabei handelt es sich um das **älteste islamische Bauwerk** der Stadt und die älteste Moschee der Insel. Sie wurde kurz nach 1645 errichtet zu Ehren der berühmt-berüchtigten osmanischen Elitetruppe, die im 14. Jh. ins Leben gerufen worden war und sich aus gewaltsam zusammengesammelten christlichen Knaben rekrutierte. Restaurierungen der Moschee wurden bereits mehrmals in Angriff genommen und auch eine Art Touristenzentrum sollte entstehen. Derzeit scheinen alle Pläne zu ruhen.

Venezianischer Hafen

205kr Foto: bk

Weitere Sehenswürdigkeiten

Platia 1866 und Stadtpark

Zwei der „grünen Inseln" der Stadt liegen im modernen Teil. Die Platia 1866 passieren alle mit dem Bus anreisenden Besucher, da der schöne Platz mit Büsten berühmter kretischer Freiheitskämpfer und einem **venezianischen Brunnen** direkt neben dem Busbahnhof von Chaniá liegt.

Sowohl die O. Dimokratias als auch die O. Tzanakaki führen von der Markthalle zum Stadtpark. In dieser Anlage neben dem neuen **Fußballstadion** befindet sich außer dem an Wochenenden übervölkerten Café Kipo ein kleiner **Zoo** mit großem Wellensittichhaus, außerdem kann hier ein **Freiluftkino** besucht werden, Den Park ließ 1870 der damalige türkische Pascha als Treff für die Bürger der Stadt anlegen.

Historisches Museum

Ein weiteres kleines Museum liegt in der Neustadt, das Historische Museum (Odos Sfakianakis 20). Es befindet sich in einem **neoklassizistischen Wohnhaus** von der Jahrhundertwende, das der Architekt *E. Kladou-Bletsa* plante, und birgt Erinnerungen verschiedener Art an die **jüngere kretische Vergangenheit** wie den Freiheitskampf gegen die Türken und die Ereignisse im Zweiten Weltkrieg. Das Museum ist eher etwas für „Fans", da neben wenigen Exponaten nur der kleine E.-Venizélos-Raum interessant ist und das Museum in erster Linie als Archiv dient.

- **Historisches Museum,** O. Sfakianakis 20, geöffnet Mo–Fr 9–13 Uhr, Eintritt frei.

Diplomatenviertel

Wer zur Halbinsel Akrotíri fährt (s.u.), passiert entlang der Odos Eleftheriou Venizelou **Chalépa,** das ehemalige Diplomatenviertel der Jahrhundertwende. Es entstand zwischen 1898 und 1913, als Chaniá Hauptstadt des autonomen Kreta war. Hier residierte auch Prinz *Georg*, der erste Hochkommissar. Danach gerieten die monumentalen **klassizistischen Villen** in Vergessenheit und kamen herunter. Erst in letzter Zeit liefen Wiederbelebungsversuche an, die dem Viertel zu neuem Glanz verhelfen sollen. Apartments, Hotels und einige Restaurants sind bereits jetzt zu finden.

206kr Foto: bk

PRAKTISCHE TIPPS

Vorwahl Chaniá: 28210

Infos

- **Kleine Infostelle** in der Stadtverwaltung, O. Kidonias, 29, Tel. 23302, Fax 36205, www.chania.gr, Mo–Sa 9–14 Uhr.
- **EOT,** O. Kriari 40/Megaro Pantheon, Tel. 92943, Fax 92624, Mo–Fr 7.30–14.30 Uhr, www.chania.gr.
- **Touristenpolizei,** O. Kidonias 29, Tel. 25930, Mo–Fr 7.30–14.30 Uhr.

Venezianischer Hafen
mit Leuchtturm und Pferdekutsche

Der Stadtpark

Service

- **Allg. Notfälle:** 112
- **Polizei:** 100
- **Ambulanz:** 166, **Notarzt:** 176
- **Post:** Hauptamt, O. Tzanakaki 3 (nahe Markthalle), Mo–Fr 7–20 Uhr; Postkiosk, Odos Chalidon (vor der Kathedrale), Mo–Sa 8–20 und So 9–16.30 Uhr.
- **O.T.E.** (Telefonamt): direkt daneben, tgl. 6–24 Uhr.
- **Deutsches Honorarkonsulat:** O. Paraliaki 13, Tel. 68876.
- **Medical Center:** O. Nik.Foka 3, Tel. 52688.

Verkehrsverbindungen

Busse

- **Busbahnhof der Überlandbusse** (Tel. 91288) nahe der Platia 1866 zwischen Odos

Kidonias und Odos Smirnis, mit Gepäckaufbewahrung (6–21 Uhr); Fahrplan für Westkreta erhältlich. Verbindungen nach Réthimnon und Iráklion (halbstündlich), Kastélli-Kíssamos/Kolimbári (stündlich), Paleóchora, Omalós/Samariá-Schlucht, Akrotíri/Stavrós, Chóra Sfakíon, Soúgia, Mesklá, Thérissos, Chrissoskalítissa/Elafonísi u.a. Das Kafeníon ist zugleich die Wartehalle.

- **Stadtbusse** fahren von der Ecke Platia 1866/O. Kidonias in die westlichen Vororte und zu den Stränden, außerdem gegenüber der Markthalle in die Außenbezirke der Stadt (u.a. Soúda, Jugendherberge, Venizélos-Grabmal).

Taxi

- **Taxistände:** Platia 1866, Platia Sofouki Venizelou und Busbahnhof, Tel. 58700 oder 58701.

Flug

- Der **Flughafen J. Daskalogiannis** liegt auf Akrotíri, ca. 16 km östlich der Stadt. Neben Charterflügen in der Saison fliegen von hier aus auch Aegean Airlines und Olympic nach Athen (Busse fahren mehrmals tgl. vom Busbahnhof zum Flughafen, Taxi ca. 20 €).

Schiff

- **Fähren** ab Hafen in Soúda, östlich von Chaniá: nach Piräus tgl. abends mit ANEK und Blue Star.

Parken

- Große **Parkplätze** findet man am Jacht-/Fischerhafen, am Markt (Parkuhren), um die Platia 1866 (Parkuhren) und westlich des Hafenkastells bzw. östlich des Fischerhafens beim Freilufttheater.

Einkaufen

Berühmt ist Chaniá wegen seiner Lederwaren, aber auch die zahlreichen extravaganten kleinen Schmucklädchen in der Altstadt, oft mit eigener Werkstatt (Designerschmuck), lohnen. Im Folgenden einige ausgewählte Einkaufsstraßen und Läden:

Marktareal

- **Markthalle:** zunehmend touristisches Angebot. Während die normalen Marktstände nachmittags schließen (Mo–Sa 8–14 Uhr), sind die Souvenirstände auch an Nachmittagen geöffnet (Di, Do, Fr 17–20 Uhr). Ein „richtiger" bunter **Wochenmarkt** findet samstagvormittags in der Odos Minoos (entlang der Stadtmauer in Splantzia) statt.
- **O. Chalidon:** „Touristenmeile" mit Souvenir- und Schmuckshops, konzentriert rund um das Archäologische Museum, dort auch zahlreiche Snack-Bars, und in ihrer Verlängerung am Hafen.
- **O. Potie und O. Daskalojanni:** „einheimische" Einkaufsstraßen; Tipps: **Diamantopoulos** (O. Potie 51), der Laden für den Schach- und Tavlifreund, und **To Bazari** (O. Daskalojanni 46), ein kurioser englischer Secondhand-Laden, in dem es von Geschirr über Kleidung bis hin zu Büchern beinahe alles gibt, interessant auch das Schwarze Brett mit Infos.
- **O. Skridlof:** die „Ledergasse"; hier auch **Juke Box,** ein lohnender Musikladen (Nr. 1) mit großer Auswahl kretischer Musik jenseits von Sirtaki und „griechischen Nächten".
- **O. Tsouderon:** mehrere Mode- und Schuhläden, der Weinladen **To Chioupi** und weitere moderne Boutiquen, so wie Zacharoplastion Tzedakis und das Obelistiko O Kátolas.

Topanás-/Evraiki-Viertel

Das Viertel ist bekannt für seine netten kleinen Lädchen und Werkstätten.

- **O. Angelou:** nette Läden wie Nr. 3, **Top Chanas** (kretische Teppiche), oder Nr. 14, **Ornatus Jewellery Work Shop,** gegenüber: **Karmela,** Schmuck und Keramik.
- **Thalassa,** O. Archoleon 9, Teppiche, Tücher, Modeschmuck, Töpferwaren.
- **O. Betolo:** hervorragende Kunst- und Goldschmieden mit handgefertigtem Silberschmuck und Unikaten, z.B. **L'Atelier.**
- **O. Kondilaki:** Souvenirshops, Tavernen, Bars, **International Bookstore** (Nr. 10), **Mount Athos** (Nr. 12) mit Ikonen oder **To Meli** (Nr. 45) mit kretischen Produkten.
- **O. Theotokopoulou:** schöne Modeschmuckläden, z.B. **Rodon** (Nr. 19) oder **Futura** (Seitengasse O. Pitsou).

●**O. Zambeliou:** Souvenirshops und hübsche Läden mit Modeschmuck und Glaswaren, z. B. **Roka** (Nr. 61) mit Handarbeiten und Webwaren.

Kastélli

●**O. M. Afendoulief** (hinter der Promenade von der Moschee zum Fischerhafen): „Chaniá District Association of Traditional Handicrafts", 1985 gegründeter **Zusammenschluss von Kunsthandwerksbetrieben,** untergebracht in einem 200 Jahre alten Bau des Salzmonopols. Verkauf der Werke von über 40 Künstlern und Kunsthandwerkern der Region, v.a. Keramik, Glas, Schmuck, Handarbeiten, Webwaren, Holzspielzeug.

●**O. Karaoli Dimitrou/Sifaka,** mehrere Läden mit Keramik und Webwaren sowie gute Messerschmieden (z.B. Sifaka und Kriton Ge).

Essen und Trinken

Die Preise für ein Hauptgericht liegen bei ca. 8 €. Etwas billiger sind einfache Gerichte wie Moussaka oder Gemüse, teurer ist Fisch.

●Empfehlenswert, da typisch griechisch (mit Schautheke oder Möglichkeit zum „Topfgucken") bzw. kretisch, sind nur noch wenige Lokale in der **Markthalle** (bis zum frühen Nachmittag geöffnet).

●Im hinteren Hafenteil, östlich der Arsenale in Richtung Mole, finden sich lohnende **Fischlokale** wie Museio Mythos, Dinos und Vasiliko, in die auch die Einheimischen einkehren. Es gibt einfache Fischgerichte, Eintöpfe, aber auch Moussaka, Spieße und Ähnliches, außerdem Wein vom Fass.

●**Kali Kardia,** O. Kondilaki 31, bekannt für seine kretischen Spezialitäten, gelegentlich Livemusik, zudem Gästezimmer.

●**Kouzina,** O. Daskalojanni 25, lokale Gerichte in angenehmem Ambiente. Daneben (Nr. 31) gibt's bei **Refene** Vorspeisen (Meze), Rakí und dazu Livemusik.

207kr Foto: bk

Im Kastélli-Viertel finden sich noch Messerschmieden wie diese

●**Antigoni,** Ecke Akti Enoseos/Deukalionos, am Ostende des Hafens, schlichte Taverne, preiswerte Fisch- und lokale Gerichte.

●**Internetcafé Notos,** Akti Kountourioti 31, Tel. 28210 98722, tgl. 9–24 Uhr, 15 Min. 1 €/ 1 Std. 3 €, 4 Computer und ein Laptop stehen zur Verfügung.

●**Tholos,** O. Agion Deka 36, Tel. 51415, in einem alten venezianischen Palast speist man gut lokale Spezialitäten, es gibt eine exzellente Weinkarte und am Abend Livemusik.

●**Doloma,** Odos Kalergon 5, direkt hinter den Arsenalen, ein bisschen zurückversetzt; typische, kretische Taverne, in der man auch in der Küche das Essen aussuchen und mehrere kleine Portionen bestellen kann.

●**Monastiri** und **Safran,** Akti Tombazi, als einzige der Lokale um den Hafen empfehlenswert, ersteres wegen der lokalen Spezialitäten auch bei Einheimischen beliebt, Safran bietet dagegen kreative mediterrane Gerichte.

●O. Theotokopoulou: **Taverna To Paradosiako** (Nr. 25), empfehlenswerte Küche (Fisch-

208kr Foto: bk

In Chaniás venezianischem Hafen reiht sich ein Restaurant ans andere

gerichte); **Estiatorio Kaliterini** (Nr. 53), kretische Spezialitäten.

- O. Zambeliou: Tavernen, meist in Bauruinen, wie **Tamam** (Nr. 51, im alten türkischen Bad).
- O. Chatzimichali Daliani: Neben kleinen Läden und Kunsthandwerkern gibt es hier Cafés und das bei Einheimischen beliebte **Café To Monastiri tou Kardon.**

Nachtleben

Die „Szene" konzentriert sich rings um den Hafen (Platia E. Venizelou) und an dessen Nordwestende. Eine ganze Menge Cafés reihen sich an der Promenade aneinander, die eine beliebte „Volta"-Strecke ist. Treff der Jugend ist die O. Sarpidon.

- **Fagotto,** O. Angelou 16, ab 22 Uhr Live-Jazz.
- **Beers 1900,** O. Kondilaki 6, beliebter Treff der Einheimischen.
- **Café Kriti,** O. Kalergon 22 (hinter dem Fischer- und Jachthafen), täglich kretisch-griechische Live-Musik.

Unterkunft

Apartments und kleine Pensionen konzentrieren sich auf die Viertel Topanás und Evraiki, besonders rund um den Venezianischen Hafen. Laut ist es um die Kathedrale im Zentrum, ruhiger ist das Splantzia-Viertel. Man sollte bedenken, dass viele Unterkünfte nicht direkt mit dem Auto angefahren werden können. Mittlerweile werden viele alte Bauten in luxuriöse Boutiquehotels und -pensionen umgewandelt, teilweise sind diese teuer, doch mit etwas Glück lassen sich, vor allem in der Nebensaison, auch Schnäppchen machen. Ähnlich wie in Réthimnon konkurrieren Altstadthotels mit den großen Touristenhotels am Strand und außerhalb der Stadt, doch in Chaniá gibt es viele Möglichkeiten für Individualreisende.

Hotels

- **Infos** auch unter: www.hania-hotels.gr.
- **Porto Del Columbo**€€€, O. Theophanous, Tel. 70945, www.portodelcolombo.com, Hotel in einem alten venezianischen Haus, schöne Zimmer und Suiten.
- **Palazzo Hotel**€€€, O. Theotokopoulou 54, Tel. 93227, Fax 93229, www.palazzohotel.gr. Kleines Hotel mitten in der Altstadt in einem alten venezianischen, kürzlich renovierten Haus, mit Aufenthaltsraum und Dachgarten, 11 Zimmer, alle mit eigenem Bad/WC, Radio, Telefon, Kühlschrank.
- **Hotel Splanzia**€€€, O. Daskalogiannis 20, Tel. 45313, www.splanzia.com, kleines Boutiquehotel mit acht elegant ausgestatteten Zimmern, Terrasse und Bar, inkl. Frühstück.
- **Doge Hotel**€€-€€€, Odos Kondilaki 14, Tel. 95466, www.dogehotel.com; schönes, traditionelles Hotel in den alten Gemäuern der Stadt mit acht geschmackvoll und historisch ausgestatteten Zimmern und Dachterrasse.

- **Hotel Amphora**€€-€€€, O. Parodos Theotokopoulou 20 (Topanás-Viertel), Tel. 73224, Fax 93226, www.amphora.gr, in historischem Haus aus dem 14. Jh., sauber, schön ausgestattet und familiär, etwas laut, mit Restaurant.
- **Belmondo Hotel**€€-€€€, O. Zambeliou 10, Tel./Fax 36216 oder 36217, www.belmondohotel.com, kleine neue Unterkunft in altem Palazzo mit Hafenblick. Neu restauriert mit 10 Zimmern, gut ausgestattet mit TV, Minibar, Balkon; Café im Haus.
- **Casa Delfino**€€€-€€€€, O. Theophanous 15 (Topanás-Viertel), Tel. 93098, Fax 96500, www.casadelfino.com, auch über hiesige Reiseveranstalter buchbar, z.B. Attika. Luxushotel mit Standardzimmern und Suiten.
- **Hotel Contessa**€€-€€€, O. Theofanous 15 (Topanás), Tel. 98566, Fax 98565, nobles Ambiente, in altem venezianischem Palast wie das Delfino, liebevoll restauriert und stilvoll ausgestattet.
- **Porto Veneziano**€€-€€€, O. A. Enosseos (im hinteren Teil des Hafens), Tel. 27100, Fax 27105, www.portoveneziano.gr, großes, modernes Hotel in traumhafter Lage, mit Internetcafé und Restaurant.
- **Hotel El Greco**€€, O. Theotokopoulou 47–49, Tel. 94030, Fax 91829, www.elgrecohotel.eu. Einfache, aber moderne und saubere Zimmer, toller Blick von der Dachterrasse.
- **Nostos Hotel**€€**,** O. Zambeliou 42–46 (Topanás, venezianischer Hafen), Tel. 94740, Fax 54502, www.nostos-hotel.com. Beliebtes, etwas lautes Stadthotel mit 12 unterschiedlichen Zimmern und Studios (Kühlschrank, teilweise Balkon und Dachterrasse), mit Café im Hause; auch von Deutschland zu buchen.

Familienpensionen und Privatvermieter

- **Venezianisches Ferienhaus,** Efi Anthopoulou, Odos Parodos Kanevaro 30, Tel./Fax 44310 bzw. 2310/441834, buchbar über: www.ferienhaus24.de/2380; auf vier Etagen mitten in der Altstadt (Kastélli), Wochenpreise für maximal vier Personen; Wohn-(schlaf)zimmer, Schlafzimmer, Bad, Balkon, Dachterrasse und Küche, TV, alle Reinigungen/Wäsche inklusive, preiswert (ab 65 €).
- **Pension Lena,** O. Theotokopoulou 5 u. 17 (Topanás), Tel. 86860, www.lenachania.gr; einfach, aber sauber, mit **Café Mano** an der Ecke O. Theotokopoulou/O. Pitsou, verschieden große und hübsch ausgestattete Zimmer, Besitzer helfen auf Wunsch bei Besichtigungsprogramm, zudem altes Steinhaus zu vermieten.
- **Kastelí Studios**€, O. Kanevarou 39, Tel. 57057, Fax 45314, www.kastelistudios.gr, in ruhigem Kastelli-Viertel, nette Zimmer und Besitzer, mit Küche und Bad, Studios kleiner, aber ebenfalls mit Küchenecke, TV und Klimaanlage, auch einfachere DZ für Kurzaufenthalte.
- In Topanás bieten **Ifigenia Rooms, Studios and Suites**€-€€ unterschiedlichste Zimmer (von einfach bis Suiten) in mehreren restaurierten Bauten an. Alle Unterkünfte haben traditionell ausgestattete, schöne Zimmer (meist mit Bad/WC, Balkon), und es gibt auch Apartments, einige mit Küchen. (Tel. 94357, Fax 36104, www.ifigeniastudios.gr).
- **Odos Oniron**€-€€, O. Daskalogiannis 16–18, Tel. 55737 oder 6944155252, www.odosoniron.gr, ordentliche Zimmer in zwei renovierten alten Stadthäusern, TV und eigenes Bad sowie Balkon oder Dachterrasse.
- **Evgenia Studios,** Tel. 91721, www.evgeniastudios.gr; am venezianischen Hafen (Topanás) gelegene, ruhige und luxuriöse Studios in altem venezianischem Bau, individuell eingerichtete, gut ausgestattete Zimmer.

Camping

- **Chania Camping,** Tel. 28210/31138, www.camping-chania.gr, am westlichen Stadtrand Chanias. Mit guter Infrastruktur, Tavernen und Einkaufsmöglichkeiten in der Nähe; außerdem öffentlicher Sandstrand, Hygiene eher mangelhaft. Mit Waschmaschine, Taverne, Pool, Minimarkt; eher für Zelte und junge Gäste geeignet.

Das Umland von Chaniá

Überblick

Obwohl die Umgebung von Chaniá ähnlich touristisch erschlossen ist wie das Umland von Iráklion und Réthimnon, findet man, wenn man sich von der Stadt Richtung Hinterland bewegt oder auf die Halbinsel Akrotíri fährt, noch urtümliches Kreta. Westlich von Chaniá, vorbei an einem nationalsozialistischen Kriegerdenkmal für die deutschen Fallschirmjäger, die im Mai 1941 umkamen, kommt man in eine Region, die stark vom Pauschaltourismus geprägt und völlig zersiedelt ist. Eigentlich handelt es sich weniger um einzelne Orte, als vielmehr um eine gleichförmige Hauptstraße, die parallel zum Strand verläuft und gepflastert ist mit Hotels, Apartmentblöcken und touristischen Einrichtungen. Agía Marina mit der vorgelagerten Felseninsel Agî Theodóri (Campingplatz), wächst zusammen mit Plataniás, das über einen sehenswerten alten Ortskern oberhalb der Strandzone verfügt.

Bucht von Soúda

↗ **IV/A-B2**

Nur wenige Kilometer östlich von Chaniá breitet sich die Bucht von Soúda, etwa 10 km lang und 3,5 km breit, aus. Um die kleine **Stadt Soúda** haben sich ein Hafen und ein wichtiger Marinestützpunkt entwickelt. Inzwischen ist Soúda zum **Industrie- und Passagierhafen** von Chaniá aufgestiegen. Am Hafenplatz erinnert ein Denkmal an Prinz *Georg*, der im Dezember 1898 hier ankam, um die Autonomie der Insel zu verkünden. Der Ort ist leicht per Stadtbus von Chaniá aus zu erreichen.

Bereits in der Antike wusste man die geschützte Lage der **Bucht von Soúda** zu schätzen, wie die Reste einer Hafenanlage bezeugen. Den Eingang der Bucht schützen die Lefkai, drei kleine **Inseln,** „die Weisen" genannt. Auf Palaiosoúda, der größten, befinden sich Reste einer venezianischen Festungsanlage, die der Türkeneroberung standhielt.

Gegenüber, an der Südseite der Bucht bei **Kalámi,** liegt unübersehbar **Fort Izzedin** von 1872, das erst als Festung, dann als Gefängnis diente und heute eine Kaserne ist.

Etwa 5 km östlich von Chaniá führt ein Abzweig von der Straße nach Soúda zum **Soúda Bay Cemetery,** dem englischen Soldatenfriedhof, der direkt am Wasser gegenüber dem Hafen liegt. Über 1500 Gefallene, vor allem Briten, Australier und Neuseeländer, haben hier ihre letzte Ruhe gefunden.

Verkehrsverbindungen

- Die **Stadtbusse** von Chaniá fahren dort ab der Markthalle nach Soúda.
- **Fähren** von Soúda nach Piräus tgl. abends mit ANEK und Blue Star.

Kloster Chrissopigí

Im Hinterland von Soúda liegt südlich von Mourines an der Straße nach Nerokouros das **Kloster Chrissopigí** (mit Ikonenmuseum, tgl. 8.30–14/15.30–18 Uhr, 2 €, www.imx.gr). Das Nonnenkloster, im 16. Jh. erbaut, gilt als eines der wichtigsten spirituellen Zentren Kretas und ist vor allem an Mariä Himmelfahrt Pilgerort zahlreicher Gläubiger. Angeschlossen ist eine renommierte **Ikonenwerkstatt,** die mit Sondergenehmigung besichtigt werden kann und Auftragsarbeiten ausführt. Bis man sich allerdings eine Ikone ins heimische Wohnzimmer hängen kann, vergehen bis zu drei Jahre (ca. 300 €). Zudem verkauft das Kloster biologisches Olivenöl.

Die antike Metropole Áptera

↗ IV/B2

Die Ausgrabungsstätte von Áptera, einst eine bedeutende Siedlung, befindet sich nahe der New Road (ausgeschildert) beim Dorf Megáli Chorafia im Hinterland von **Kalámi,** einem Städtchen am südlichen Eingang zur Soúda-Bucht. Auf dem Bergplateau oberhalb der Bucht gründeten die **Griechen** im 7. Jh. v. Chr. einen Ort, der sich vor allem dank des Seehandels zu einem der mächtigsten Stadtstaaten der Insel entwickelte. Die Griechen waren jedoch nicht die Ersten, die hier oben siedelten. Mindestens seit protogeometrischer Zeit (ab 1000 v. Chr.) lassen sich im Osten des Plateaus Siedlungsspuren nachweisen.

Die strategische Bedeutung der Stadt, die ihren Höhepunkt im Frühhellenismus (3. Jh. v. Chr.) und ihren Niedergang in der Römerzeit erlebte, kann man erahnen, wenn man auf dem etwa 200 m hoch gelegenen Gelände stehend den Blick schweifen lässt. Die etwa vier Kilometer lange **Stadtmauer** deutet die Ausmaße der

209kr Foto: bk

antiken Stadt an – sie umschloss den Ort auf etwa 2,7 km². Reste der Mauer wurden 1942 von dem deutschen Archäologen *Heinz Drerup* im Osten freigelegt. 2006 entdeckte man bei Ausgrabungen, dass diese Festung Spuren einer Belagerung zeigt, zudem fand man zwei **spätantike Grabkammern.** Zudem konnte ein großes **Theater** nachgewiesen werden, das in römischer Zeit umgebaut worden war. Wenige **Tempelreste** von einem Apollon-, Dionysos- und Demeter-Tempel untermauern die Stellung der Stadt.

Im 7. Jh. entstand das noch teilweise erhaltene **Kloster Ágios Ioánnis,** um das herum weitere Spuren der **Wohnstadt** aufgedeckt werden konnten. Dass auch noch in römischer Zeit fleißig gebaut wurde, deuten eine Zisterne und ein Quaderbau mit Apsis und Arkaden an – vielleicht ein Bouleuterion, Sitz der Ratsversammlung. Außer den Resten der Klosterkirche datieren auch solche von Wohnbauten in byzantinische Zeit und belegen damit den Fortbestand der Stadt, wenn auch in bescheideneren Ausmaßen.

Das Ende kam 842, als Sarazenen den Ort plünderten und er anschließend aufgegeben wurde. Teile dienten den Bewohnern der Umgebung noch als Fluchtburg; sie sollte 1574 von den Venezianern als solche ausgebaut werden, doch es blieb bei den Plänen. Dafür waren es die Türken, die schließlich im 19. Jh. hier oben ein **Kastell** errichteten, wohl an Stelle eines antiken Tempels. Von der antiken Bebauung ist zwar heute nur noch wenig zu sehen, doch lohnt der Abstecher allein wegen des Ausblicks.

Das antike Áptera

- **Áptera,** ca. 15 km südöstlich von Chaniá, ca. 2 km von der New Road; das Gelände ist frei zugänglich, nur der Bereich um das Kloster ist abgezäunt und tgl. außer Mo 8–14.30 Uhr (2 €) geöffnet. In Megáli Chorafia gibt es Tavernen und zur Übernachtung u.a. **Aptera Apartments,** Tel. 694/6654426, www.aptera-apartments.com; Steinhaus (bis 5 Pers.), zwei Studios sowie 4 Apartments unterschiedlicher Größe mit Terrassen, Küchen, TV, Klimaanlage, Pool und Garten.

Halbinsel Akrotíri

↗ IV/A–B1–2

Die Halbinsel Akrotíri breitet sich mit ihrer fast runden Form unmittelbar im Osten von Chaniá aus. Die über 500 m hohe Bergkette im Norden ist kaum besiedelt und diente einst Mönchen als verborgener Zufluchtsort, so dass dort gleich **vier Klöster** entstanden.

Der Ostteil ist fest in der Hand des Militärs, hier befindet sich die **NATO-Cruise-Missiles-Basis „Namfi"** (*NATO missile firing base*). Sperrgebiete entlang der Soúda-Bucht, im Zentrum und im Nordosten der Halbinsel schließen jeden Besucher aus. Neben den militärischen Übungsplätzen sorgt der **Flugplatz von Chaniá,** der immer öfter auch von Chartergesellschaften angeflogen wird, für nicht wenig Lärm und Unruhe.

Einzig der **Westteil** um die Bucht von Kalátas und dessen Hinterland bis hinauf nach Stavrós ist frei zugänglich; hier entstehen Ferienhäuser und Apartments, begünstigt dadurch, dass Busse Stavrós regelmäßig mit Chaniá verbinden. Während die Nordwestecke der Halbinsel unter der Woche recht verschlafen wirkt, und die schönen Sandstrände dann umso mehr lohnen, geht es am Wochenende rund, besonders wegen der Beliebtheit der Bademöglichkeiten bei NATO-Soldaten.

Venizélos-Grabmal

↗ IV/A1

Bevor man Akrotíri erreicht, passiert man von Chaniá kommend zunächst hinter dem Diplomatenviertel Chalepa das Venizélos-Grabmal. Auf dem **Hügel Profitis Ilias** liegen *Elefthérios Venizélos* (1864–1936) und sein Sohn *Sófoklis* (1894–1964) begraben. Als langjähriger Vorsitzender der Liberalen Griechenlands schlug der Sohn, der zwischen 1943 und 1963 mehrfach Minister und Ministerpräsident war (s. „Geschichte"), wie sein Vater die politische Laufbahn ein. Abgesehen von den beiden großformatigen, aber schlicht gestalteten Grabmälern aus Alabaster, findet sich hier die Statue eines Freiheitskämpfers mit Flagge. Umgeben wird das Ganze von einer großzügigen **Parkanlage** mit hohen Kiefern und Rosengarten, das Schönste ist jedoch der unvergleichliche Ausblick, der sich von hier oben auf Chaniá und die Bucht bietet.

Kloster Kalogréon

Moní Kalogréon liegt westlich von Korakiés und ist das der Stadt nächstgelegene Kloster auf Akrotíri. Es wurde erst im 19. Jh. erbaut und wird heute von rund 30 Nonnen bewohnt, die Stickereien und Webarbeiten verkaufen und außerdem ein kleines **Museum** betreuen. Den Höhepunkt bildet jedes Jahr am 29. August das große **Klosterfest.**

- **Moní Kalogréon,** die Zufahrt ist beschildert, geöffnet 8–19 Uhr, gelegentlich über Mittag (13–16 Uhr) geschlossen.

Stavrós

↗ IV/A–B1

Der Ort Stavrós liegt im Norden der Halbinsel und wurde als **Drehort von „Alexis Sorbas"** nach einem Roman von *Nikos Kazantzakis* bekannt. Am Berg oberhalb des Ortes baute *Sorbas* im Film seine Transportseilbahn, und am Strand zu Füssen des Berges tanzte nach dem Zusammenbruch der Bahn *Anthony Quinn* in der Rolle des Sorbas mit *Alan Bates* in der berühmten Schlussszene Sirtaki. Wenig erinnert heute an diesen Film, lediglich die Taverne Zorbas, eine von wenigen Kneipen am Strand, greift den Namen auf.

Hier herrscht Ruhe und Beschaulichkeit, und abgesehen von einem schönen **Sandstrand in malerischer Bucht** (mit WC, Umkleiden und Duschen), die vom Meer durch ein paar Felsklippen geschützt ist und beinahe karibisch anmutet, ist wenig geboten. Im Dorf selbst entstehen mehr und mehr Ferienwohnungen und Apartmentblöcke, und es bleibt abzuwarten, ob es in ein paar Jahren noch ebenso friedlich zugehen wird.

Kloster Agía Triáda

↗ IV/B1

Zu den Höhenpunkten eines Chaniá-Besuchs gehört der Abstecher zu **Moní Agía Triáda.** Über eine schattige Zypressenallee erreicht man die festungsartige, quadratische Anlage, vor deren Eingang ein Eukalyptusbaum steht. Auch in diesem Kloster wurden Szenen aus „Alexis Sorbas" gedreht, doch das war es nicht, was das Kloster berühmt machte. Schon im 16. Jh. wurde die Anlage von den venezianischen Brüdern *Tzangarola* gegründet, daher auch der zweite Name *Moni Tzangarolou.* Der Bau reicht jedoch ins 17. Jh. zurück und ähnelt Moní Arkádi bei Réthimnon. Der weit über Kreta hinaus bekannte Bischof *Ireneos* begann im hiesigen Priesterseminar seine „Karriere"; 1973 zog die Schule nach Ágios Mathéos nahe dem Flughafen um. Inzwischen ist das Kloster weltweit bekannt für **Olivenöl, Wein und Rakí.** Es wird in einem Betrieb – mit Bio-Abteilung – am Rande der ausgedehnten Ländereien von Angestellten, nicht mehr von der Handvoll Mönche, die hier leben, produziert.

210kr Foto: bk

Kloster Agía Triáda

Durch das mächtige Renaissanceportal, geplant von *Sebastiano Serlio,* gelangt man in den Innenhof, in dem sich ein **kurioser Baum** befindet, der mehrfach aufgepfropft Orangen, Zitronen, Mandarinen und Limonen gleichzeitig trägt. Links der Kirche befindet sich ein kleines **Museum,** in dem Ikonen zu sehen sind – u.a. drei von *Emanuel Skordiles* aus dem 17. Jh. – und kultischen/liturgischen Gerätschaften, davor ein kleiner Shop mit Ikonen, Ansichtskarten, Wein, Rakí und dem preiswerten (ab 5,50 €/Liter) und vorzüglichen **Olivenöl** – zu den besten der Insel zählend. Es gibt es in einer „Normal"- und einer Bioversion (in verschiedenen Flaschengrößen bzw. in kleinen Kanistern). Man findet es auch in Läden Chaniás oder Réthimnons, allerdings teurer.

Ein besonders beliebtes Fotomotiv ist die imposante **Klosterkirche** mit ihrer reich verzierten Kalksteinfassade mit Renaissanceportal und zahlreichen Kuppeln. Im Inneren erwarten den Besucher eine ebenfalls üppig verzierte Altarwand, Ikonen und großformatige Fresken aus den 1980er Jahren an den Längswänden sowie eine Abendmahlszene an der Eingangsfront. Rund um die Kirche gruppieren sich die Mönchszellen und Reste von **Kreuzgängen,** die teilweise bestiegen werden dürfen. Von dort oben und vor allem vom Glockenturm (1864) über dem Eingang bieten sich schöne Ausblicke auf den Klosterkomplex und das Umland.

- **Moní Agía Triáda,** geöffnet tgl. 8 bis Sonnenuntergang, So ab 10 Uhr, im Winter 8–14/16–Sonnenuntergang, www.agiatriada-chania.gr, Eintritt 2 €, tgl. 2x Busverbindung nach Chaniá.

Kloster Gouvernéto

↗ IV/B1

Nicht weit entfernt von Moní Agía Triáda liegt in den Bergen ein weiteres berühmtes Kloster, das man über eine Asphaltstraße oder durch einen etwa einstündigen Fußmarsch von Agía Triáda aus erreichen kann: **Moní Gouvernéto** ist ein schlichtes Kloster aus dem frühen 16. Jh. und nur noch von wenigen Mönchen bewohnt.

Obwohl dem Kloster die Massigkeit anderer fehlt, strahlt das liebevoll gepflegte Gebäude innere Kraft und Monumentalität aus. Im Hof empfangen den Besucher ein schöner, gepflegter Garten und eine sehenswerte Kirchenfassade mit skulpierten Fratzen und Halbsäulen als Dekor. Derzeit wird der hintere Teil des Klosters aufwendig renoviert. Lohnend ist der Besuch des kleinen **Klostermuseums,** u.a. mit alten Ikonen, Bischofsroben und alten Notenblättern für liturgische Gesänge.

Die hier in der Einsamkeit lebenden Mönche erhalten regelmäßig zu Gottesdiensten Besuch von der treuen Gemeinde, die sich für die Instandhaltung und Pflege des Klosters mitverantwortlich zeigt. Besonders zum **Fest des Heiligen Johannes** am 7. Oktober pilgern Scharen hierher, denn dann kommt der Bischof von Chaniá zum Gottesdienst, und die Gemeinde steigt anschließend zur Johannes-Höhle und zum alten Kloster ab.

- **Moní Gouvernéto,** geöffnet tgl. außer Mi u. Fr 9–12/17–19 Uhr, frei, Fotografieren verboten.

Abstieg in die Schlucht

Ein Stufenpfad (gute Schuhe nötig!) führt hinunter in die tiefe Schlucht, die sich zum Meer hin öffnet (s. auch Kapitel „Wandern auf Kreta"). Auf halbem Weg liegt eine Tropfsteingrotte

211kr Foto: bk

(verschlossen), **Bären-Höhle** genannt. An deren Eingang steht eine kleine Marienkapelle, die im 13. Jh. aus dem Fels gehauen wurde. Der Name der Höhle geht auf einen unförmigen Stalagmiten in der Mitte zurück, der mit viel Fantasie an eine Bärenfigur erinnert. Schon in minoischer Zeit wurde die Höhle als Kultort besucht, in griechischer Zeit verehrte man hier die Jagdgöttin *Artemis*.

Der Innenhof des Klosters Gouvernéto

Steigt man den steilen Pfad noch weiter hinab, erreicht man das Ziel des Pilgerwegs, die **Höhle des Eremiten Johannes** *(Ágios Ioánnis Ermítis)*. Im 10. Jh. soll hier, wie in vielen anderen Höhlen der Insel, ein Einsiedler gelebt haben. Nahe der „heiligen Höhle" liegt das alte **Kloster Katholikó** mit gotischen Bauresten. Auch hier wurde ein Teil der Gebäude direkt in den Fels hineingebaut. Im 16. Jh. gaben die Mönche das Kloster wegen der ständigen Piratengefahr auf und zogen sich an die Stelle des heutigen Klosters zurück. Am Schluchtausgang liegt eine felsige und schwer zugängliche **Badebucht,** die zum Erfrischen und Erholen einlädt, ehe man den beschwerlichen Aufstieg antritt.

Der Südwesten

Von Chaniá zur Samariá-Schlucht

„So läuft man im steinernen Fanggriff der Wände dahin. Bald sind es zwanzig und dreißig Schritte von Wand zu Wand, bald sind es nur zwei oder drei, immer ein paar hundert Meter hinauf bis zum Licht ... Die senkrechten Wände waren über und über begrünt mit Hängendem, Strebendem ... Auf einmal erhob sich ein Rauschen ...“

Erhart Kästner

Unser Begleiter durch Kreta, Erhart Kästner, war schon in den 1940er Jahren begeistert von der Schlucht, deren Faszination heute Tag für Tag unzählige Besucher einfängt. Der **einzige Zufahrtsweg** zur Samariá-Schlucht führt von Chaniá hinauf auf die Omalós-Hochebene zum dort befindlichen Zugang zur Schlucht. Das sind zwar nur etwa 40 km, doch dauert die traumhafte Fahrt hinauf in die Weißen Berge fast eine ganze Stunde, mit dem Bus sogar etwas länger.

Nachdem man den größten Orangenhain Kretas südlich von Chaniá passiert hat, erreicht man den denkwürdigen Ort **Agiá.** Im Zweiten Weltkrieg erlangte die Ortschaft traurige Berühmtheit, als hier ein Internierungslager der deutschen Wehrmacht eingerichtet wurde, in dem Widerstandskämpfer und deren Angehörige eingesperrt und gefoltert wurden. Unzählige fanden im Lager den Tod. Vor dem Ort befindet sich ein Denkmal für 118 von Deutschen erschossene Partisanen.

Im etwas von der Route abseits gelegenen **Alkianós** – an der Straße von Chaniá nach Omalós – weist die

Ágios-Geórgios-Kirche (13. Jh.) gut erhaltene Fresken aus dem 15. Jh. auf. Gegenüber liegen Reste eines venezianischen Turms, der zu einem feudalen Schloss der *Damolinos-Sippe,* der Herrscher über den Ort, gehörte. Für die Kreter hat auch dieser Ort keinen guten Klang: Im 16. Jh. gab der venezianische Gouverneur von Chaniá seine Tochter einem ehemaligen Widerstandskämpfer zur Frau. Anlässlich der Feier erließ er eine Amnestie und lud 350 Freiheitskämpfer zum Hochzeitsfest ein. Von Anfang an dachte er jedoch nicht daran, sein Versprechen, ein friedlich-ausgelassenes Fest zu feiern, zu halten, sondern ließ die betrunkenen Kreter niedermetzeln oder gefangen nehmen, um sie als Sklaven zu verkaufen.

Nahe der Ortschaft **Fournés** befindet sich der **Botanical Park of Crete,** der Einblick in die Natur der Insel gibt (www.botanical-park.com, April–Okt. tgl. 8–20.30 Uhr, 4 €).

Ab Fournés beginnt die Bergregion, zunächst hügelig, mit Olivenhainen, Weinbergen und Obstanbauflächen. Vom Ort aus führt eine Abzweigung in die Berge nach **Mesklá, Theriso** (zwei mittelalterliche Kirchen) und **Zoúrva,** vom Tourismus kaum berührt. Eine andere Nebenstrecke führt um die Weißen Berge herum zur Südküste nach Soúgia. **Lákki** liegt bereits in den Bergen und war einst ein wichtiges Zentrum des kretischen Widerstands. Hier wurde einer der berühmten Freiheitskämpfer, *Chatzimichalis Jannaris* (Wohnhaus in Omalós, s.u.), geboren.

Omalós-Hochebene ⇗VII/D2

Nachdem die Straße sich in die Berge hinaufgeschraubt hat, steht man plötzlich auf der fast kreisrunden Omalós-Hochebene (etwa 25 km²) in 1080 m Höhe. Sie wird nur im Sommer bewirtschaftet: Neben Schaf- und Ziegenzucht werden Kartoffeln, Tomaten und Getreideanbau betrieben. Im Winter fällt hier oben häufig viel Schnee, der nach der Schmelze im Frühjahr einen kleinen See bildet. Der Abfluss liegt westlich von Tsanís in der gleichnamigen **Höhle,** hier versickern die Schmelzwasser. Natürlich entstanden um diesen „Schlund" eine Menge von Legenden und Geschichten, die 1967 noch von den Berichten einer englischen Expedition genährt wurden, die angeblich 2500 m tief hinabgestiegen ist, ohne das Ende der Höhle zu finden.

Der winzige **Ort Omalós** im Zentrum der Ebene war ein beliebtes Rückzugsgebiet der aufständischen Kreter. Heute stehen hier ein paar Häuser, Tavernen, zwei Hotels, und neuerdings kann man zunehmende Bautätigkeit beobachten. Von hier oben führt eine Schotterpiste (etwa 9 km, nur für Geländewagen) zu der etwa 1680 m hoch gelegenen **Kallérgi-Hütte** des griechischen Bergsteigervereins (auch zu Fuß erreichbar, s. Kap. „Wandern auf Kreta"). Hier hat im Sommer die Alpinschule Innsbruck ihren Sitz, die Wanderungen in die Berge veranstaltet.

Attraktion von Omalós ist das Grab und Wohnhaus von **Chatzimichalis Jannaris** (1831–1916) direkt am Ortseingang. Der kretische Widerstandskämpfer wurde angeblich immer wieder von Türken gefangen genommen, entkam aber stets auf abenteuerliche Weise. Nach der Befreiung Kretas von den Türken wurde er 1912 Präsident der kretischen Nationalversammlung. Neben dem Haus liegt die Panteleímon-Kapelle, die von seinen Verehrern errichtet wurde, als er wieder einmal aus dem Kerker von Chaniá entkommen war.

Busverbindung

- **Busse** halten am Schluchteingang, dort befinden sich auch eine Taverne und ein Kiosk; 3x tgl. von/nach Chaniá (erster 7.30 Uhr ab Chaniá), 2x täglich nach Kastélli-Kíssamos, außerdem Verbindungen nach Norden (Réthimnon).

Unterkunft

- **Hotel Neos Omalos**€ (Tel. 28210/67269 oder 96735, www.neos-omalos.gr); bei Wanderern beliebter Stützpunkt, da am E4-Wanderpfad gelegen, 26 Zimmer, Balkon mit Blick auf Lefka Ori, zugehöriges Restaurant und möglicher Transfer zur Samariá-Schlucht.
- **Kallérgi-Hütte,** Apr.–Okt., (sonst an Wochenenden auf Anfrage), 20 Schlafplätze (mit Frühstück ca. 20 €, Vollpension ca. 30 €), Anmeldung vorteilhaft: Tel. 28210/33199 oder 693/ 6657954, www.kallergi.com, Hütte unter deutscher Leitung.

Essen und Trinken

- Siehe Unterkunft, außerdem **Elleniko,** etwas südlich des Ortes, der Treff der Einheimischen.

SAMARIÁ-SCHLUCHT

↗ VII/D3

Die Samariá-Schlucht ist **das Naturdenkmal Kretas,** geschützt als White Mountains Nationalpark und bekannt als Europas größte Schlucht. Der etwa 18 km lange Canyon überwindet dabei einen Höhenunterschied von 1200 m und liegt inmitten der **Weißen Berge** *(Léfka Ori)*. Der Name geht auf ein verlassenes venezianisches Dorf namens „Santa Maria" zurück, dessen Reste auf halber Strecke zu sehen sind. Das Dorf wiederum wurde wahrscheinlich nach der alten koptischen Kapelle Ossia Maria bezeichnet, von den Venezianern „Santa Maria" genannt. Der Ort war nur bis 1962 bewohnt und gilt als der einzige auf Kreta, der niemals von Besatzern erobert wurde. Schon in der Antike wusste man die ideale Lage zu schätzen, hier lag die Stadt Kainon mit einem bekannten Apollon-Orakel.

Das Naturdenkmal ist zum **„europäischen Trimmpfad"** geworden, zumindest im Sommer. Von Mai bis Oktober, wenn die Schlucht begehbar ist, nehmen täglich bis zu 3000 Wanderer die sechs bis acht Stunden dauernde Strapaze auf sich. Die Strecke beträgt ab Xilóskalo auf der Omalós-Hochebene (1200 m), wo die Straße endet und die Busse aus Chaniá halten, **vierzehn Kilometer.** Vorbei geht es an dem erwähnten verlassenen Dorf Samariá, durch die berühmte, viel fotografierte, vier bis fünf Meter breite Engstelle, ehe man Agía Rouméli und das Libysche Meer erreicht. Dort warten Boote auf die erschöpften Wanderer und bringen sie nach Chóra Sfakíon, wo Busse parat stehen.

Die Schlucht entstand vor 14 Mio. Jahren durch Erdplattenverschiebungen. Im Laufe der Jahrtausende grub sich das Regenwasser immer tiefer in die aus Kalk, Schiefer und Marmor bestehenden Schichten und formte die längste und tiefste Schlucht Europas. Die Felswände sind zwischen 200 und 1000 m hoch, die breiteste Stelle misst 300 m, die schmalste 3,5 m. Diese **„Pforte"** wird von 600 m hohen Felsen überragt. Es handelt sich dabei um die strategisch wichtigste Stelle, die die Schlucht für alle Besatzer Kretas uneinnehmbar machte oder sogar zur tödlichen Falle werden ließ. Die Schlucht in den Weißen Bergen diente den Freiheitskämpfern aber auch immer wieder als Fluchtweg, so schleuste man beispielsweise 1941 den griechischen König *Georg II.* und die Regierung hier durch, so dass sie von der Küste aus mit alliierten Booten Richtung Afrika fliehen konnten.

Die kursierenden Sagen und Legenden über die Schlucht sind nicht auszurotten. Beherrscht wurde der Canyon einst von der *Viglis-Sippe,* bekannt als große Kämpfer, sehr stolz und eigenwillig, was nicht nur zu Reibereien mit den Besatzern führte, sondern auch die Nachbarn aufbrachte und oft in lange Blutfehden mündete. Zuletzt war es 1947 zu einem Streit mit dem Ort Lákki um Weiderechte gekommen, und der nachfolgend entbrannte Bruderkampf soll angeblich 50 Tote gefordert haben. Aus diesem Grund behaupten heute auch einige, dass die **Gründung des Nationalparks** Samariá-Schlucht 1962 die ideale Gelegenheit für die Behörden bot, die unliebsame Sippe endgültig aus der Region zu verbannen.

Die Schlucht steht mit vollem Recht unter Naturschutz: Mehr als **450 Pflanzenarten** soll es geben, hierher kommt das mittlerweile allgegenwärtige Kraut namens *Diktamos,* und es wachsen noch einige andere seltene Pflanzen, teils auf verlorenem Posten (s. auch „Flora und Fauna"). Zudem haben in der Schlucht die vom Aussterben bedrohten **Kri-Kri-Wildziegen** *(Agrimi, Capra aegagrus cretica)* ein ideales Rückzugsgebiet gefunden. Viele Vögel haben die Schlucht als Refugium entdeckt – 51 Vogelarten gibt es in den Weißen Bergen, und etwa 20 brüten allein in der Schlucht. Seit 1980 erhält der Naturpark die Auszeichnung des Europarates als „vorbildlich geschütztes Gebiet von höchster Bedeutung". Dabei konnten leider erst Gesetze die wegen ihres Holzes heiß begehrten Zypressen vor weiterem Raubbau bewahren. Wo sich einst riesige Wälder erstreckten, hat rigorose Abholzung für Kahlflächen mit entsprechenden Folgen für die Umwelt gesorgt.

Allein 22 **Quellen** entspringen im Umfeld der Schlucht, was nicht nur der Vegetation zuträglich ist und einen reichen Baumbestand zustandekommen ließ (Zypressen, Pinien, Platanen, Kiefern, Eichen, Ahorn), sondern auch Wanderern Schwierigkeiten beim Überqueren der Wasserläufe bereitet.

Die Beschreibung zur **Schluchtwanderung** sowie allgemeine Infos finden sich im Kapitel „Wandern auf Kreta".

AGÍA ROUMÉLI ↗VII/D3

Agía Rouméli ist ein kleiner Hafenort am Südausgang der Samariá-Schlucht und nur über den Seeweg mit der Außenwelt verbunden. Hier leben nur wenige Familien, die ihren Verdienst ausschließlich aus dem Wandertourismus beziehen. In der Antike hieß der Ort *Tárrha*, von ihm sind wenige Reste weiter landeinwärts erhalten. Es handelte sich um eine jener berühmten hundert Städte des minoischen Kreta, die bereits *Homer* nennt, die jedoch auch noch in römischer Zeit von Bedeutung waren. Auch der römische Reiseschriftsteller *Pausanias* berichtet über den Ort und den dortigen Apollontempel, von dem Funde fehlen; vermutlich steht auf seinem Fundament die kleine Marienkapelle aus dem 16. Jh.

In der Nähe des Ortes liegt ein **türkisches Kastell,** das den Eingang zur Schlucht bewachen sollte, dabei konnten die Türken aber nie in sie hinein gelangen, da die Kreter die „Eiserne Pforte" verschlossen hielten. Lange blühte Agía Rouméli als Zentrum des kretischen Schiffbaus, wurde dann aber 1867 von den Türken als Vergeltungsmaßnahme dem Erdboden gleichgemacht. 1866 hatten die Osmanen wieder einmal versucht, die Schlucht zu erobern, wurden aber von nur 200 Sfakioten unter *Iannis Bonatos* zurückgeschlagen. Den Wachtposten gaben die Türken bald wieder auf.

Auch die deutsche Wehrmacht versuchte vergeblich, die Schlucht zu kontrollieren. Der einzige Deutsche, der damals unbeschadet hindurch gelangte, war *Erhart Kästner,* und das sogar mit Hilfe der Sfakioten, wie er in seinen Erinnerungen erzählt.

Ein **Kiesstrand** befindet sich direkt westlich am Ort, etwas ruhiger ist der gröbere Kiesstrand im Osten.

Infos

- **Internet:** www.agiaroumeli.com

Bootsverbindung

- Über **Loutró** nach **Chora Sfakion:** im Sommer 6 Boote, bis Loutró ca. 25 Min., bis Chora Sfakion etwa eine Stunde. Letztes Boot 18 Uhr (1.5.–14.10.).
- Von **Chora Sfakion** nach **Agia Roumeli** (über Loutró) 3–5 Boote je nach Saison.
- Von **Agía Rouméli** nach **Paleochora** über Sougia 1–2-mal (je nach Saison).
- Von **Paleochora** nach **Agía Rouméli** über Sougia 8.30 bzw. 9.45 Uhr (werktags) Abfahrt eines Bootes.
- **Preise:** Loutró 5,50 €, Paleochora 12 €, Sougia 8 €, Chora Sfakion, einfach 10, H/R 18 €.

Essen und Unterkunft

Restaurantangebot eher auf Massen ausgerichtet und entsprechend teuer. Die Tavernen vermieten oft auch Zimmer (zahlreich vorhanden, aber ebenfalls kostspielig), daneben gibt es kleine Hotels und Pensionen:

- **Agía Rouméli**€ (Tel. 28250/91293, www.agiaroumelihotel.com), März–Okt., 25 Zimmer am Hafen mit Bad, DZ ab 40 €.
- **Kalypso**€, Tel. 28250/91231, Fax -91431; mit Hotelbar, ruhig gelegen direkt am Strand.
- **Livikon**€, etwas abseits im hinteren Ortsteil, ruhig und sauber.

Der besondere Tipp

Auf halber Strecke zwischen **Moní Chrissoskalítissa** und **Kíssamos,** etwa 2 km nordwestlich von Vlatos, wurde ein altes Bergdorf nach umweltbewussten Gesichtspunkten wiederbelebt. Dieses **„Anapaleomenos Oikismos Milia"** besteht heute aus 13 kleinen, unterschiedlich ausgestatteten Häusern (mit Bädern, Kaminen, Balkon/ Terrasse und Gärtchen), versorgt mit Sonnenenergie. In der Taverne werden von den Betreibern kulinarische Spezialitäten aus biologischem Anbau und lokaler Produktion angeboten. Gäste können mitten in der Natur das „wahre kretische Leben" kennenlernen. Besonders schön ist es im Herbst während der Walnuss- bzw. Olivenernte sowie zur Zeit des Rakí-Brennens.

- **Infos:** Tel./Fax 28210/46774, www.milia.gr, Rezeption in der Taverne, Bus 12.45 Uhr ab Chaniá bis Vlatos (dort Abholung mögl.), DZ ab 75 € inkl. Frühstück (HP möglich).

Jenseits der Weissen Berge

Das Herumkommen an der Südwestküste Kretas ist immer noch schwierig, hier steigt man nicht einfach so ins Auto, um die Gegend zu erkunden. Es gibt nur wenige Straßen, und besonders entlang der Küste in Richtung Chóra Sfakíon ist das **Schiff das einzige Verkehrsmittel.** Nur Wanderwege verbinden die entfernt liegenden Orte. Abgesehen von der spärlichen Infrastruktur sind auch die Flughäfen und Hauptattraktionen relativ weit von dieser Region entfernt – Gründe dafür, dass der Pauschaltourismus bisher nur in bescheidenem Ausmaß Fuß fassen konnte. Der Südwesten Kretas gilt als das letzte Refugium für Individualtouristen, die sich erholen und die Natur erleben wollen, die Gegend ist ein Toptipp für Wander- und Badefreunde.

Von Chaniá zur Südküste

Die Route von der Nordküste – möglicher Ausgangspunkt ist Chaniá – nach **Paleóchora** an der Südküste gehört zu den Highlights der Inseltouren. Die schöne, aber anstrengende Fahrt führt über eine **kurvenreiche Bergstrecke,** buchstäblich über Berg und Tal. Wie überall auf Kreta wird auch diese Hauptroute zur Südküste mehr und mehr ausgebaut. Dennoch dauert die Fahrt noch zweieinhalb Stunden, während der sich schöne Aussichten auf die Lefká Óri, die Weißen Berge, eröffnen.

Westlich von Chaniá, gleich hinter Máleme, geht bei **Tavronítis** die Straße ins Hinterland ab, zunächst durch eine fruchtbare Landwirtschaftsregion. Hinter **Voukoliés** beginnt der Anstieg in die Berge, es geht hinein in den Selinos-Bezirk, ein weiteres traditionsreiches Widerstandsnest vor allem im Zweiten Weltkrieg. Daran erinnern hin und wieder Gedenksteine am Straßenrand, z.B. in **Flória,** dem „Ort der Versöhnung", in dem eine Gedenkstätte für jene Kreter steht, die am 4. August 1944 von deutschen Soldaten ermordet worden waren.

In **Kándanos** statuierten die deutschen Truppen im Zweiten Weltkrieg ein Exempel wegen eines vorausgehenden Partisanenüberfalls. Nachdem

25 deutsche Soldaten am 3. Juni 1941 in einen Hinterhalt gelockt und ermordet worden waren – sogar Frauen, Kinder und der Pfarrer sollen daran beteiligt gewesen sein –, wurde der Ort dem Erdboden gleichgemacht und seine Bewohner erschossen. Am Dorfplatz erinnern Gedenktafeln an die Ereignisse, und im Rahmen der deutschen „Aktion Sühnezeichen" entstand 1963 ein Wasserkraftwerk mit weiteren Gedenktafeln am nördlichen Ortsausgang.

In Kándanos zweigt eine Straße nach Soúgia ab, das man über eine Reihe kleiner Bergorte, wie **Anisaráki** (mit vier kleinen byzantinischen Kapellen), **Kavalarianá** (Michail-Archángelos-Kirche mit guten Fresken von *J. Pagómenos* von 1327/28) oder **Teménia** (Sotíros-Christú-Kirche aus dem 13./14. Jh. mit Fresken aus dem 16./17. Jh.) über eine sehr bergige und kurvenreiche Route mit unvergesslichen Aussichten erreicht.

Die Hauptstraße führt durch ein bewaldetes Tal über **Plemenianá,** mit der Kirche Ágios Geórgios (Fresken der konservativen Stilrichtung von 1409/1410), nach Paleóchora. Zuvor liegt etwas abseits der Straße **Kádros,** wo sich auf einem Hügel oberhalb des Ortes eine große archäologische Ausgrabungsfläche befindet. Von dieser im 4.–1. Jh. v. Chr. bedeutenden Stadt sind außer Mauern bisher nur wenige Reste aufgedeckt worden.

PALEÓCHORA

↗VI/B3

Die kleine **Hafenstadt** Paleóchora liegt malerisch auf einer Halbinsel, eine Oase am Meer inmitten von Ölbaumhainen. Verschlafen ist die Stadt längst nicht mehr, sie hat sich inzwischen zum Touristenzentrum der Region gemausert, mit positiven und negativen Folgen. Es wird überall gebaut, doch zum Glück fehlen große Hotelkomplexe wie an der Nordküste. Allein die zu große Entfernung zu Attraktionen wie Knossós, die organisierte Tagesausflüge unmöglich macht, verhindert, dass die Großen im Geschäft hier Niederlassungen gründen.

Die Rucksacktouristen, die den Ort einst als Geheimtipp handelten, sind dennoch längst in der Minderheit. Wie in Mátala oder Agía Galíni haben sich die Qualitäten der Region herumgesprochen, was dazu führte, dass es hier im Sommer eng wird und ohne Vorbuchung kaum ein Zimmer zu bekommen ist. Dennoch hat sich die kleine Stadt an einigen Ecken den Reiz einer kretischen Ortschaft bewahrt, wo die Einheimischen zu leben scheinen wie eh und je und abends vor ihren Wohnungen sitzen und schwatzen. Ebenfalls an vergangene Tage erinnern die Ruinen des venezianischen **Kastells Selínou** aus dem 13. Jh.

Zwei **Strände** mit blauen Flaggen als Auszeichnung für gute Wasserqualität liegen in Stadtnähe: der schmalere Kiesstrand im Osten und der Sandstrand im Westen, der trotz des Rummels nie überlaufen, aber oft windig und nicht immer sauber ist. Zudem empfehlen sich der Strand von Ánidri (etwa 1 Std. Fußmarsch in östliche Richtung; auch Boote) und der Strand von Elafonísi.

Infos

- **Besucherinfo** am kleinen Hafen, schräg gegenüber der Hafenmole, zwischen den Restaurants, täglich außer Di 10–13 und 18–21 Uhr, Tel. 28230/41507.
- **Internet:** www.paleochora-kreta.de, www.paleochora-holidays.gr, www.paleochora.de, www.paleochora-info.de.

Service

- **O.T.E.** an der Hauptstraße, Mo–Fr 7.30–15 Uhr, im Sommer länger.
- **Post** an der Strandpromenade, Mo–Sa 7.30–14 Uhr.
- **Ärztliche Versorgung:** Abgesehen von einem praktischen Arzt und Zahnarzt gibt es eine Sanitätsstation am Hauptplatz, Tel. 28230/41211.
- **Pink Panther** am Ende der Fußgängerzone: Postkarten, Telefonkarten, Strandzubehör, Lederwaren u.v.a.
- **Autovermietung Notos,** Tel. 28230/42110, www.notoscar.com, gegenüber Rathaus.

Verkehrsverbindungen

- **Busse:** ca. 3–5x tgl. von und nach Chaniá; in der Hauptsaison mehrmals wöchentlich Busse zur Samariá-Schlucht; der Busbahnhof liegt an der Hauptstraße kurz vor dem Hauptplatz, nahe einer BP-Tankstelle.
- **Schiffe:** Tel. 28210/95511, www.sfakia-crete.com/sfakia-crete/ferries.html, über Sougia bzw. Loutro nach Agía Rouméli (Infos siehe dort), über Sougia und Agía Rouméli nach Gavdos derzeit keine regelmäßigen Fähren nach Elafonisi.
- **Taxi:** Tel. 0823/41128.

Essen und Trinken

Die Hauptstraße wird abends gesperrt, damit Platz für Tavernentische ist; auch am Hafen und an der Strandpromenade gibt es ein Kneipen-Überangebot (Menü für zwei ca. 20 €), gut ist z.B. **Corali** oder **Galaxy.**

- **Café Erato,** am Anfang der Fußgängerzone, nahe Busstation , Internet und Computer-Service.
- **Restaurant Kiparaki,** in der Parallelstraße zur Hauptstraße, hinter OTE-Büro, tgl. ab 18.30 Uhr, gemütlich-kretisch.

Unterkunft

- **Aris Hotel,** Tel. 28230/41502, www.aris-hotel.gr, ab 30 €/DZ inkl. Frühstück, am Rand der Altstadt gelegen, kleines Café-Bar, Fernsehraum, zwei getrennte Gebäude von Grün umgeben, Balkone, Terrassen, große Bäder (auch Attika in Deutschland).
- **Pension Corali,** Tel. 697/4361868, www.paleochora.de/sites/corali.htm, einfache, schlichte Zimmer mit Bad/WC und Kühlschrank, preiswert, mit Taverne.
- **On the Rocks,** Tel. 28230/41735, www.crete-hotels-rooms.com/Reservations/On_The_Rocks_Hotel.htm; kleines luxuriöses Hotel mit 16 Zimmern (ab 95 € inkl. Frühstücksbuffet), TV, Minibar, Internet.
- **Hotel Lissos,** Tel. 28230/41122, www.lissos-hotel.gr, kleines renoviertes Familienhotel, 7 schlichte, saubere und geräumige Studios und 3 DZ mit WC/Dusche, Klimaanlage, Safe, Kochnische in den Studios bzw. Minibar und Kaffeemaschine in den Zimmern, mit Terrasse oder Balkon, ab 40 €.
- **Hotel Polydoros,** O. Kontekaki 1, Tel. 28230/41150, 13 schlichte, günstige Zimmer.
- **Hotel Rea,** Tel. 28230/41307, www.interkriti.org/hotels/selino/rea/index.html; 100 m vom Strand, 14 schlicht eingerichtete, preiswerte Zimmer um einen Innenhof, in dem auch Frühstück und Drinks serviert werden, mit Dusche/WC, Tel. und Balkon.
- **Villa Glykeria,** ca. 800 m außerhalb Richtung Koundoura, Tel./Fax 28230/41039, modern ausgestattete DZ ab 30 €, Studios und ein großes Apartment.
- **Giorgos Apartments,** im Stadtzentrum, Tel. 28230/42438, www.paleochora-holidays.com/giorgos-apartments.htm; 5 neue Apartments, jeweils mit Küche, Bad, Wohnzimmer, Balkon/Terrasse, Klimaanlage, 40–70 €/Nacht für 2–4 Pers.
- **Paleóchora Camping,** Tel. 28230/41120, www.campingpaleochora.eu.ki, ca. 2 km östlich von Paleochora, gegenüber ein lauter

Nachtclub (in der NS nur am Wochenende). Kiesstrand! Duschen und WCs sehr schlicht, aber sauber. Mit Taverne/Bar, Shop und Kinderspielplatz.

- **Camping Grammeno,** Tel. 28230/42125, www.campinggrammeno.eu.ki, vom 1.4. bis 30.11., am Ortseingang von Paleóchora rechts Richtung Kountoúra. Nach 4½ km links, direkt am Strand. Mit Nightclub „Paleóchora Club".

Rundfahrt im westlichen Hinterland

Eine Rundfahrt von Paleóchora aus ist wegen der schlechten und kurvenreichen Straßen etwas mühevoll, doch entschädigen spektakuläre Ausblicke, einsame Strände und alte Klöster. Die Route führt anfangs parallel zur Hauptstraße in Richtung Voutás und Chasí ins Tal des Pelekaniotikós.

Im etwas abseits gelegenen **Sklavopoúla** – über eine Schotterstraße ab Voutás erreichbar – lohnen einige interessante Kirchen, so die Ágios-Geórgios-Kapelle mit Fresken vom Ende des 13./14. Jh., die Panagía-Kapelle (Fresken von der Wende 14./15. Jh.), die Sotíros-Christoú-Kapelle mit Fresken aus der zweiten Hälfte des 14. Jh. im klassizistischen Stil und Ágios Athanásios. Ab Sklavopoúla führt zwar eine unbefestigte Straße weiter zum Kloster Chrissoskalítissa, doch diese ist für Fahrer von „normalen" Mietwagen riskant.

Daher sollte man den Weg besser nordwärts fortsetzen über **Míli,** wo es nach links abgeht, und **Elos,** einen ruhigen Ort im Landesinnern mit mehr Kastanienbäumen als Einwohnern, da er inmitten der *Kastanóchoria*, einem Maronenanbaugebiet, liegt. Weiter geht es über **Pervólia** nach **Kefáli.** Vor dem Ort ist die Strecke zum Kloster Chrissoskalítissa ausgeschildert. Einen Halt lohnt sich in **Vathí** mit zwei sehenswerten Kirchen: Ágios Geórgios mit Fresken von 1294 im konservativ-traditionellen Stil und Michaíl Archángelos (Fresken aus dem 14. Jh.). Eine gute Asphaltstraße führt weiter zum Kloster.

Kloster Chrissoskalítissa

↗ VI/A2

Das Kloster galt einmal als Geheimtipp, ist heute aber dank einer regelmäßigen Busverbindung mit Chaniá bzw. Kastélli-Kíssamos immer gut besucht. Der jetzt erhaltene Komplex stammt aus dem 17. Jh., das genaue Gründungsdatum ist nicht bekannt, da mehrere Zerstörungen auch die entsprechenden Dokumente vernichteten. Ebenso weiß man nicht, ob es sich ursprünglich um ein Nonnen- oder Mönchskloster handelte. Während des Zweiten Weltkriegs wurden hier erst alliierte Soldaten versteckt und außer Landes gebracht, im Juni 1943 funktionierten die deutschen Besatzer es dann zum Gefängnis um.

Am 15. August, zu **Mariä Himmelfahrt,** findet alljährlich ein großes Fest statt, da das Kloster dem „Heimgang der Allerheiligsten Gottesmutter" geweiht ist. Der Name *Chrissoskalítissa* bedeutet „Goldene Treppe", denn angeblich soll eine der 90 Stufen, die der Besucher über 35 m hinaufsteigt, aus Gold sein, doch nur der, der ohne Sünde ist, kann sie erkennen. Doch selbst den, der sie nicht entdeckt, entschädigt die Kirche mit qualitätvollen Ikonen, Votivtäfelchen und einem klei-

nen Museum (nicht immer geöffnet). Besonders aber wiegen die Lage des Klosters und die sich öffnenden Ausblicke die mühsame Anfahrt auf: Es thront wie eine **weißblaue Burg** über Meer und Felsen.

- **Moní Chrissoskalítissa,** tgl. 9–12 und 15–17 Uhr; Museum auf Nachfrage geöffnet.
- **Busse** 1x tgl. aus Kastélli-Kíssamos/Chaniá.

Strand von Elafonísi ⇗VI/A3

Der Strand liegt ca. 5 km südlich vom Kloster und gilt als **„Kretas Karibikstrand“.** Wegen des vormals schlechten Zufahrtsweges fand noch vor einigen Jahren kaum ein Bus hierher; heute quellen dank breiter Asphaltpiste die Parkplätze über vor Wohnmobilen und Mietwagen, und es wimmelt an den sauberen Stränden wie in einem Ameisenhaufen. Der Strandservice umfasst WCs, Liegestuhl-, Sonnenschirm- und Tretbootverleih sowie mehrere eher mittelmäßige Tavernen; Zelten ist eingeschränkt möglich.

Der Badetourismus – inzwischen lärmen sogar Jetskis über die einst ruhigen Wellen – fordert seinen Tribut und im Jahr 2000 wurde der Strand unter Naturschutz gestellt. Dennoch werden die Grundstücke hier zu beliebten Spekulationsobjekten. Erste Privatunterkünfte und Tavernen wie Panorama oder Elafonisi entstehen, viele Besucher kümmern sich wenig um das Schutzgebiet, stapfen durch die gesperrten Dünen oder graben unerlaubt Pflanzen aus – also bitte die Regeln beachten!

Der Strand von Elafonísi hat seinen Namen von der **vorgelagerten Insel,** die man leicht schwimmend oder im Sommer watend erreichen kann. Auf dem Inselchen mit Leuchtturm und einem Denkmal für im Jahre 1907 verunglückte Segler gibt es weitere, etwas ruhigere Strände und Badebuchten, in denen sich jedoch mehr und mehr Besucher einfinden. Auch hier gilt: Auf den ausgewiesenen Wegen und Stränden bleiben!

Wanderfreunde kommen in den Bergen an der Südküste auf ihre Kosten

216kr Foto: bk

Kloster und Strand sind auch ohne Auto problemlos mit dem Boot oder zu Fuß zu besuchen; wer mit dem Mietwagen unterwegs ist, muss bis hinter Míli dieselbe Strecke wie auf dem Hinweg zurücklegen. Bei Plemeníana stößt man dann auf die Hauptstraße nach Paleóchora.

- **Busse** aus Kíssamos und Chaniá

Soúgia

↗ VII/C3

Soúgia ist ein kleiner Fischerort, der zwar vom Tourismus längst entdeckt, aber dennoch recht beschaulich geblieben ist. Wer nur Ruhe sucht, baden oder wandern möchte, ist hier richtig. Der Ort liegt an einem langen, grauen Sand-/Kiesstrand, der selten überfüllt ist, und im Osten von hohen Felswänden überragt wird. Weiter östlich davon liegt die von Einheimischen so genannte „Schweinebucht" (FKK).

Infos

- **Infos und Bootstickets:** kleiner Kiosk am Strand nahe der Hauptstraße, www.sougia.info/ger

Verkehrsverbindungen

- **Bus** von und nach Chaniá; im Sommer auch Busverbindung zum Eingang der Samariá-Schlucht.
- **Achtung:** Im Ort gibt es **keine Tankstelle.**
- **Fährverbindungen** (Tel. 28210/95511) über Agia Roumeli, Loutró nach Chora Sfakion (vormittags) und nach Paleóchora (nachmittags); außerdem Schiffsverbindung zur Insel Gáv-

dos (s. Paleóchora); der Hafen liegt etwas westlich des Ortes.

Einkaufen, Essen und Trinken

- Läden und Tavernen gruppieren sich um die Strandpromenade, z.B. **Omikron,** mit großem vegetarischem und deutschem Angebot, oder Supermarkt **Pelican** an der Zufahrtsstraße. Empfehlenswerte Lokale sind **Livikon** (kretische Spezialitäten) sowie die Taverne **Polyfimos.**

Unterkunft

- **Pension Galini,** Tel. 697/4464824, www.galini.sougia.info; am Dorfeingang, 200 m zum Meer, 15 Zimmer ab 40 € mit Balkon, Bad, Ventilator, Kühlschrank, Klimaanlage.
- **Santa Irene,** Tel. 28230/51342, www.santa-irene.gr, 14 unterschiedlich große Apartments, teils mit Küchenecke, Kühlschrank, Telefon, Snack-Bar zugehörig, ab 40 €.
- Die **Taverne Erontas Diktamo** bietet gepflegte und geschmackvoll eingerichtete Studios mit Meersicht (an der Uferpromenade Richtung Hafen).

Lissós

↗ VII/C3

Soúgia und Paleóchora verbindet ein beliebter **Wanderweg** (s. Kap. „Wandern auf Kreta"), auf dessen Route auch die antike Hafenstadt Lissós liegt. Besonders der Abschnitt zwischen Soúgia und Lissós kommt einer Wanderung durch Samariá „im Kleinformat" gleich und ist ideal als Teststrecke für größere Vorhaben. Leichtbeschuhte Sonnenanbeter, die bloß eine einsame Bucht suchen, sind hier fehl am Platz, denn immerhin erfordert der Hinweg rund eineinhalb bis zwei Stunden.

Zunächst geht es durch eine schmale, steinige Schlucht, durch die sich ein ausgetrocknetes Bachbett mit üppiger Vegetation zieht, dann folgt ein etwas mühseliger, lang gezogener Aufstieg über einen alten Maultierpfad zu einer grünen, schattigen Hochebene, auf der auch wilde Alpenveilchen wachsen. Hat man die Fläche überquert, eröffnet sich unvermittelt ein spektakulärer Ausblick auf die Bucht von Lissós, und man macht sich frohgemut auf den Weg nach unten.

In der **Bucht von Lissós** liegen die Reste einer **antiken Hafenstadt,** deren griechische, römische und byzantinischen Relikte, darunter ein Asklepiostempel, Hafengebäude und Wohnhäuser, kaum erforscht sind. In nächster Nähe befindet sich die kleine Kapelle Ágios Kyriakós, die ziemlich zerstört ist, aber Mosaik- und Freskenreste aufweist; nahe liegt auch eine Wasserstelle. Durch ein Wäldchen gelangt man zu einer kleinen, zwischen zwei Berghängen eingebetteten Kiesbucht, die nach der staubigen Wanderung zum Baden einlädt.

Traumhafte Buchten an der Südküste wie hier bei Lissós sind wenig überlaufen

217kr Foto: bk

INSEL GÁVDOS ↗XVI/A3

Die **südlichste Insel Europas,** 45 km südlich von Chóra Sfakíon, galt lange Zeit als letztes Refugium ruhesuchender Individualtouristen. In den letzten Jahren versuchte man mehr und mehr dem Tourismus Tribut zu zollen, häufig allerdings ziel- und gedankenlos. Inzwischen verbinden eine Asphaltstraße und Linienbusse die wichtigsten Punkte auf der 37 km² großen Insel im Libyschen Meer. Autos und Motorräder brettern über die Straßen, vorbei an Bauruinen und hässlichen Neubauten in exponierter Lage, und in den vier Dörfern gibt es im Sommer weit mehr Besucher als die etwa 50 Einwohner.

Auf Gávdos soll einst die verführerisch schöne Nymphe *Kalypso* gelebt haben, die bekanntlich den heimkehrenden *Odysseus* und seine Gefährten sieben Jahre lang festgehalten hat. Wer einmal selbst auf der Insel war, muss zugeben, dass man es hier wohl einige Zeit aushalten könnte: Die Landschaft ist eindrucksvoll, die Strände sind einladend und der Lebensrhythmus gibt sich recht gemächlich.

Es wird angenommen, dass die Insel in der Antike bedeutend gewesen ist, und man vermutet minoische Siedlungen, von denen bisher allerdings keine Spuren zutage traten. Reste einer **griechischen Hafenstadt** sind bei Lavrakas entdeckt worden, und in römischer Zeit sollen hier bis zu 8000

Menschen gelebt haben, da die Insel eine wichtige Station im Schiffsverkehr nach Osten und nach Afrika war. Auch in byzantinischer Zeit hielt die Bedeutung an, immerhin lag auf Gávdos eines der 22 Bistümer von Kreta. Ein jähes Ende der Blüte brachten wohl erst die arabischen Seeräuber unter *Abu Hafs Omar* (824 n. Chr.). Danach geriet die Insel in Vergessenheit.

Ein Erdbeben muss für größere Veränderungen gesorgt haben, denn der alte Hafen bei Lavrákas war plötzlich zu flach geworden. Auch in venezianischer Zeit blieb die Insel fast unbewohnt, erst unter den **Türken** rückte sie wieder ins Blickfeld, da sie von Sfakioten als „Steueroase" benutzt worden war. Die Türken begannen, die Insel zu verwalten und zu besteuern – um 1880 lebten hier 417 Einwohner, keiner davon gehörte dem Islam an.

Ein dunkles Kapitel war die Zeit zwischen dem Ersten und Zweiten Weltkrieg, als die Insel als **Ort der Verbannung,** zumeist von Kommunisten, fungierte. Während des Zweiten Weltkriegs wurde sie von deutschen Truppen besetzt, diese arrangierten sich allerdings gut mit der Bevölkerung und verbesserten die Infrastruktur etwas.

Heute befindet sich eine der ungewöhnlichsten und ursprünglichsten, aber auch ärmsten Ecken Griechenlands wieder im Dämmerzustand. **Abgelegenheit und Wasserknappheit** haben dafür gesorgt, dass der Tourismus in größerem Umfang hier nicht Fuß fassen konnte. Doch auch Landwirtschaft in großem Stil kann nicht mehr als Lebensgrundlage dienen, denn für Getreideanbau oder Ziegen- und Schafzucht, die früher betrieben wurden, fehlt zunehmend das Wasser. Agrarprodukte werden lediglich für den Eigenbedarf in kleinem Umfang erzeugt. Auch mit modernen Errungenschaften tut man sich schwer: Eine Solaranlage hat man zwar gebaut, doch immer noch liefern Dieselgeneratoren Strom, doch elektrische Geräte werden von den älteren Inselbewohnern ohnehin schief angesehen.

Die Insel ist etwas für Reisende, die auf durchdachte touristische und zivilisatorische Infrastruktur verzichten können. Wer mit wenig Strom auskommt, selten ein Telefon braucht und nicht täglich duschen muss, ist hier gut aufgehoben. Das gesamte Wasser stammt aus Zisternen, da Quellen und Flüsse fehlen. Auch Verpflegungsengpässe können vorkommen.

Die stets gastfreundlichen Insulaner setzen ihre Hoffnung auf den **Tourismus,** der ihnen mehr zivilisatorische Annehmlichkeiten bringen, ihr Leben leichter machen könnte – immerhin kommt jetzt auch im Winter das Postboot aus Paleóchora regelmäßig. Der Hauptort im Inselzentrum ist **Kastri.** Highlights auf der Insel sind der nordöstlich gelegene malerische **Strand von Agios Georgios** und vor allem die Südspitze **Kap Tripiti** sowie, auf dem Weg dorthin, das Dorf **Vatsianá.** Auch die nordwestlichste Ansiedlung **Ambelos,** umgeben von Wacholderwäldern, ist malerisch.

Jahrelang hatte sich die **Stiftung Europäisches Naturerbe** *(EURONATUR)* für die Erhaltung der Meereslebensräume und für das Überleben gefährdeter Meeressäugetiere und anderer Lebewesen eingesetzt. Zusätzlich sorgte die Nachricht, dass der geplante Bau eines Containerhafens auf der Nachbarinsel Gavdopoúla nicht erfolgen wird, für Erleichterung. Nun bleibt noch das Problem der eigentlich verbotenen **Dynamit-Fischerei.**

Beide Inseln beherbergen eine einzigartige Mischung aus europäischer und afrikanischer Flora und Fauna, sind beliebter Zwischenstopp für Zugvögel und bevorzugter Lebensraum von vom Aussterben bedrohten Tieren wie Mönchsrobben, Meeresschildkröten, Wale und Delfine.

Sand- und Kiesstrände gibt es rund um die Insel zur Genüge, doch leider steht auch hier nicht alles zum Besten. Am vormals traumhaften **Sarakíniko Beach** hat sich mittlerweile ein wildwucherndes, eher hässliches Dorf entwickelt, mit Tavernen, Mini-Market, Ferienwohnungen und Privatzimmern. Eine wilde Müllkippe, lärmende Dieselgeneratoren und luftverpestende Motorräder halten unbeirrbare Rucksacktouristen jedoch nicht davon ab, unter freiem Himmel „Aussteiger" zu spielen. Auch in der Bucht von **Kórfos** verschandeln schnell hochgezogene Tavernen und Pensionen die Landschaft.

Zum Wandern ist die Insel ideal, an die 30 Inselkapellen lassen sich auf dem Weg zum südlichsten Strand Europas besuchen. Der Hafenort an der Ostküste heißt **Karavén,** hier befinden sich die meisten Tavernen und einige „Rent Rooms". **Kastrí** ist der Hauptort und liegt im Inselinneren; hier leben allerdings kaum mehr als zehn Menschen. **Vatsianá,** auf einer Hochebene, nennt sich stolz die „südlichste Siedlung Europas", von hier aus kann man **Kap Tripití,** dem südlichsten Punkt Europas, einen Besuch abstatten.

Infos und Touren

- **Internet:** www.gavdosisland.gr
- Organisierte **Wandertouren** auf Gávdos bietet *Martin Frank* (s. „Wanderungen auf Kreta") an.

Verkehrsverbindungen

- **Fährverbindungen:** Im Sommer (Juni bis September) mehrmals wöchentlich Schiffe von Paleóchora (3–4 Std.) sowie von Chóra Sfakíon (2–3 Std.); auch von Soúgia, Agía Rouméli und Loutró werden Fahrten bei oft hohem Seegang angeboten. In der Nebensaison und bei schlechtem Wetter dünnt sich die Zahl der Bootsverbindungen aus, vorher erkundigen: Fahrplan unter www.sougia.info/anendyk.htm.

Unterkunft

- **Ag. Ioannis:** Beach Taverne und Zimmervermietung, in Karave **Georgios Tavern** mit Zimmervermittlung, nahe dem Hafen **Cantina Restaurant** und 10 Min. oberhalb Karave **Calypso Rooms.**
- **Kastri:** mehrere Privatvermietungen wie **Gavdos Princess** oder **Stratis Rooms.**
- **Consolas Gavdos Studios,** Tel. 210/324 0968, www.gavdostudios.gr, Zimmer und Studios in schöner Anlage am Sarakiniko Beach, mit Taverne, Aussichtsterrasse, Satelliten-TV.

Essen und Trinken

- Versorgungszentrum ist **Kastrí,** z.B. gibt es dort einen Lebensmittelladen direkt am Ortseingang gegenüber von Post und O.T.E.

Der Nordwesten

Überblick

Der Nordwesten Kretas gehört zu den **Boomregionen** der Insel, was vor allem durch die Öffnung des Militärflughafens von Chaniá für den zivilen Charterverkehr im Jahre 1990 forciert wurde. Der Airport dient inzwischen nicht nur als Alternative zu Iráklion, sondern sorgte auch dafür, dass westlich von Chaniá eine Urlaubsregion ähnlich derjenigen um Iráklion entstanden ist.

Die Küstenregion zwischen Chaniá und der Halbinsel Rodopós machte innerhalb kürzester Zeit ungeahnte Veränderungen durch: Wo einst nur ein paar einsame Strände und dürftige Übernachtungsmöglichkeiten existierten, wird heute jeder Quadratmeter Strand erschlossen, sind Hotels und Apartmentanlagen, Tavernen und Bars, Souvenirshops und Minimarkets, Reisebüros und Autovermietungen wie Pilze aus dem Boden geschossen. Und ein Ende des Booms ist gar nicht abzusehen, zwar reiht sich momentan das meiste noch entlang der Haupt-Küstenstraße auf, doch inzwischen wird mehr und mehr auch das Hinterland erschlossen.

Bis hin zur Ortschaft Plataniás erstreckt sich mittlerweile der **Großraum Chaniá,** der ganze Streifen ist dicht bebaut, und es fällt schwer, einzelne Ortschaften auszumachen. Erst weit hinter Plataniás tritt allmählich Ruhe ein, und je weiter man sich von diesem Touristenzentrum erster Güte in Richtung Westen bewegt, umso urtümlicher und „kretischer“ wird es. Einer der schönsten Orte der Westregion ist Kíssamos, und einfach traumhaft ist der Strand nahe der antiken Hafenstadt Falássarna, beides ist allein schon einen Tagesausflug wert.

Die Bucht von Chaniá

Über rund 20 km erstreckt sich die Bucht von Chaniá, vom Westende der Stadt bis zur Halbinsel Rodopós. Das Leben pulsiert entlang der Hauptstraße, die parallel zum Strand verläuft und mit Tavernen, Unterkünften und Läden vollgepflastert ist.

Plataniás

↗ III/C–D3

Plataniás lockt zunehmend Pauschalurlauber an (viele Herbergen sind von Deutschland aus buchbar), was zum einen am **schönen Strand** liegt – in und um Plataniás findet sich ein einziger langer Sandstrand mit allem Drum und Dran –, zum anderen am malerisch angehauchten alten Dorfteil oberhalb des modernen, immer weiter ausufernden Touristenzentrums. Beliebt ist die Region vor allem bei Skandinaviern, die gelegentlich recht lautstark dem Alkohol frönen. Wer etwas mehr Ruhe sucht, sollte die Apartmenthäuser im alten Dorfteil vorziehen. Insbesondere in Strandnähe reihen sich Tavernen und Bars aneinander, und es fällt schwer, Empfehlungen zu geben. Vor allem durch sein Äußeres – man reibt sich verwundert die Augen – fällt ein Restaurant auf, das sich an der Auffahrtsstraße zum alten Dorf befindet: Hier steht der Palast von Knossós in Disney-Version.

Service

- **O.T.E.** und **Post** an der Hauptstraße, Mo–Fr 7.30–15 Uhr.

Busverbindung

- Die **Busse** (ca. 15 tgl.) zwischen Chaniá und Kíssamos halten in allen Orten an der Route.

Máleme

↗ III/C3

Máleme spielte beim deutschen **Luftangriff auf Kreta** am 20. und 21. Mai 1941 eine zentrale Rolle. Hier befand sich ein **alliierter Militärflughafen,** der bis heute existiert und von der griechischen Luftwaffe benutzt wird. Er stand damals im Zentrum der deutschen Angriffe und wurde berühmt durch die Eroberung der „Höhe 107“ durch deutsche Fallschirmjäger.

Heute liegt an prominenter Stelle ein am 6.10.1974 eingeweihter **deutscher Soldatenfriedhof,** auf dem 4465 deutsche Gefallene ruhen, die zuvor zum Teil im Kloster Goniás beigesetzt worden waren. Es handelt sich um einen Ort der Ruhe und Besinnung, die einfachen Grabtafeln, von Sukkulenten gerahmt, verzeichnen jeweils zwei Namen und Geburtsdaten. Von gepflegten Grünflächen umgeben sind die Gräber in vier große Areale eingeteilt, mit einem Gedenkplatz für nichtgeborgene, auf See gefallene Soldaten im Mittelpunkt. Am Eingangshäuschen

Unternehmen Merkur – deutsche Fallschirmjäger auf Kreta

Ein schlichtes, acht Meter hohes Kreuz überragt den Soldatenfriedhof von Máleme, auf dem 4465 deutsche Soldaten begraben sind, die zwischen 1941 und 1945 auf Kreta fielen. Der Friedhof wurde 1974 eingeweiht, er soll an die Ereignisse im Jahr 1941 erinnern. Ein Blick in das Buch, das akribisch die Namen der während der deutschen Invasion auf Kreta umgekommenen Soldaten auflistet, zeigt, wie groß die Verluste während der Kämpfe auf beiden Seiten waren: die Alliierten verzeichneten 15.700 Gefallene und Verwundete, 1000 waren Griechen, und insgesamt 6580 Deutsche mussten ihr Leben lassen.

Die meisten deutschen Soldaten traf es gleich zu Anfang des „Unternehmens Merkur", der größten Luftlandeoperation im Zweiten Weltkrieg am 20.5.1941. Da die Verteidiger vorgewarnt worden waren, stellten die herabschwebenden Fallschirmjäger ein leichtes Ziel dar, und viele deutsche Soldaten berührten den Boden der Insel nicht mehr lebendig. Die wohlbehalten angekommenen Fallschirmjäger machten sich umgehend daran, den Widerstand der Verteidiger zu brechen.

Schon Ende Oktober 1940 war es zum Angriff italienischer Truppen auf Griechenland gekommen, nachdem die Griechen mit ihrem berühmten „Ochi", der klaren Verneinung einer freiwilligen Kapitulation, *Mussolini* und *Hitler* die Stirn geboten hatten. Anfang April 1941 folgte ein Überfall deutscher Truppen auf Jugoslawien und Griechenland, die beide schließlich doch klein beigeben mussten. Die Alliierten konzentrierten daraufhin ihre neuseeländischen, australischen und britischen Truppen von über 30.000 Mann Stärke sowie acht griechische Bataillone mit 10.000 Soldaten auf Kreta, denn die Insel galt als strategisch bedeutsam für die Nachschubsicherung für das Afrikakorps von Generalfeldmarschall *Rommel* und somit als wichtiger Brückenkopf für den gesamten Afrikafeldzug. Das waren die Hauptgründe, warum sich die deutsche Militärleitung entschloss, die Insel anzugreifen; und wegen der britischen Übermacht auf See blieb nur eine Möglichkeit: der Angriff aus der Luft.

Am Morgen des 20.5.1941 wurden als Vorbereitungsmaßnahme die kretischen Städte bombardiert, und wenig später sprangen mehr als 10.000 Fallschirmjäger über der Insel ab; sie sollten das Terrain für die fast 14.000 Gebirgsjäger ebnen, die mit Lastenseglern eingeflogen werden sollten. Hauptziele waren die strategisch wichtigen Flughäfen bei Máleme und Iráklion sowie Chaniá (mit dem Hafen in der Soúda-Bucht) und Réthimnon. Dank des erbitterten Widerstandes der alliierten Truppen und der Zivilbevölkerung, die sich mit einfachsten Mitteln zur Wehr setzte, dauerte die Eroberung zehn Tage, und erst am 1. Juli schifften sich die letzten Alliierten von Kretas Südküste fluchtartig nach Ägypten ein. Zu einer der am härtesten umkämpften Positionen gehörte die so genannte „Höhe 107", auf der heute der deutsche Soldatenfriedhof liegt. Hier versuchten die britischen Truppen vergeblich, dem Ansturm der deutschen Fallschirmjäger, der Elitetruppe der Wehrmacht, Herr zu werden. Mit der Einnahme der strategischen Höhe hatten die Deutschen auch die Kontrolle über den Flughafen gewonnen, der somit für den Nachschub und vor allem die Landung der Gebirgsjäger genutzt werden konnte.

In den nachfolgenden Jahren der Besatzung kam es zu grausamen Partisanenkämpfen, geleitet von den beiden Partisanenorganisationen EOK (mit den Briten verbündet) und der kommunistischen Gruppe ELAS, die mit ebenso hässlichen Vergeltungmaßnahmen beantwortet wurden – am 31 Mai 1941 vom deutschen Oberbefehlshaber General *Student,* nach Billigung durch *Göring* angeordnet. Erschießungen Einzelner bzw. sogar Erschießungskommandos zur „Ausrottung der männlichen Bevölkerung Kretas" sowie das Niederbrennen von ganzen Dörfern hinterließen einen äußerst bitteren Nachgeschmack. Insgesamt vierzig Ortschaften wurden verwüstet, dieselbe Zahl dem Erdboden gleichgemacht, und die Kreter litten Hunger, da die landwirtschaftliche Produktion weitgehend von der Wehrmacht unter Beschlag genommen worden war.

Im September 1944 räumten die deutschen Besatzungstruppen – die Fallschirmjäger waren längst zu anderen Kriegsschauplätzen geschickt worden – den Ostteil der Insel und konzentrierten ihre rund 12.000 Soldaten zwischen Soúda-Bucht und Máleme, die „Kernfestung Kreta" genannt. Der Teilrückzug erfolgte ohne Zwischenfälle, da EOK und ELAS gegeneinander ausgespielt worden waren und die Deutschen nach der bedingungslosen Kapitulation aus Angst der Briten vor der kommunistischen ELAS vorläufig noch ihre Waffen behalten durften. Erst im Juni 1945 verließ der letzte deutsche Soldat die Insel, um sich in britische Kriegsgefangenschaft zu begeben.

225kr

218kr Foto: bk

liegt ein dickes Buch aus, in dem die Namen aller hier Liegenden verzeichnet sind. Auf dem Zufahrtsweg zum Friedhof passiert man die ausgeschilderte Abzweigung zu einem minoischen Tholosgrab in einem Olivenbaum-Hain, das man zu Fuß schnell erreichen kann.

- **Busverbindung:** s. Plataniás

Unterkunft

- **Xenonas Sarri B&B,** Xirokambi (im Hinterland zwischen Gerani und Máleme, Autobahn-Ausfahrt Plataniás/Gerani), Infos & Reservierung: www.guestinn.com.In einem renovierten Gutshof stehen vier Zimmer zur Verfügung, zudem gibt es Gemeinschaftsräume und natürlich einen Garten.

Tavronítis

↗ III/C2

Die kleine Ortschaft Tavronítis liegt inmitten eines großen Obst- und Gemüseanbaugebietes (Verkaufsstände an der Straße), und der nicht besonders saubere **Kiesstrand** ist auch in der Hauptsaison wenig besucht. An der Stichstraße zum Strand gibt es einige Zimmer, und am Strand ein paar Tavernen, doch westlich des Ortes macht sich derzeit ein großer Bauboom bemerkbar: Hotelanlagen und Apartmenthäuser entstehen, und mit ihnen ganz neue Orte mit eigener Infrastruktur.

In Tavronítis zweigt eine Straße in Richtung Süden nach Soúgia bzw. Paleóchora ab.

- **Busverbindung:** s. Plataniás

Unterkunft

- **Coco Beach,** Tel. 28240/23220, Tavronítis, geöffnet: 1.4.–31.8., Rasen-Sandplatz beim Ort Tavronítis direkt am Sandstrand, ca. 17 km westlich von Chaniá, ordentliche Sanitäreinrichtungen, Kinderspielplatz, Volleyballfeld, Minimarkt und Cafeteria. Auch Bungalows zum Mieten.

Kolimbári und Hinterland

↗ III/B/C2

Malerisch zwischen Meer und Felsen eingebettet liegt Kolimbári, ein kleiner **Fischer- und Badeort** am Fuß der Halbinsel Rodopós. Der Ort ist wenig besucht, weil der Strand nicht sandig ist und die normalen touristischen Einrichtungen fehlen. Die Hauptattraktion liegt am nördlichen Ortsrand: Moní Goniás.

Im südlichen Hinterland befindet sich der kleine Ort **Spiliá** mit einer Panagía-Kirche (Freskenreste aus dem 14. Jh.) und der in die Kirche eingebauten Höhle des Eremiten Johannes. Noch etwas weiter südlich an derselben Straße liegt **Epískopi** mit der Michaíl-Archángelos-Kirche. Der Kernbau, im 10. Jh. errichtet, ist einzigartig, da in Form einer Rotunde. Die Anbauten stammen aus der venezianischen Epoche, im Umkreis der Kirche wurden Gräber aus frühchristlicher Zeit gefunden.

Infos und Service

- **Internet:** www.kolymbari.de
- **O.T.E.** und **Post** an der Hauptstraße Richtung Goniás in Kolimbári, Mo–Fr 7.30–15 Uhr.

Busverbindung

- Mehrere Busse tgl., Haltepunkt an der Durchgangsstraße in Kolimbári (500 m zum Ortskern), einige Direktbusse Chaniá – Kolimbári.

Kloster Goniás

↗ II/B2

Das traumhaft direkt am Meer gelegene, neu restaurierte Kloster **Moní Goniás** wurde zwischen 1618 und 1634 erbaut und beherbergt heute ein sehenswertes **Ikonenmuseum** mit Werken aus dem frühen 13. bis 18. Jh. – gute Repliken können am Eingang zur Kirche erworben werden. In der Kirche selbst befindet sich u.a. eine Ikone mit Darstellung des Jüngsten Gerichts von *Papadopoulos* (1792) und in der Ikonostase eine Reihe von Ikonen von *Parthenios* aus dem späten 17. Jh. In der alten Anlage mit einem liebevoll gepflegten Gärtchen leben heute noch ein paar Mönche. Vielbesucht ist das Kloster aber nicht nur wegen seiner Kunstschätze und der unvergleichlichen Lage zwischen Bergen und Meer, es sind vor allem Einheimische, die diesem Ort als bedeutendem **Widerstandsnest** ihre Ehre erbieten.

Bereits die **Türken** hatten ihre liebe Mühe mit den widerspenstigen Mönchen und zerstörten deshalb den Komplex mehrmals – 1645, 1822, 1841 und 1867. Beim letzten Angriff wurde leider auch die wertvolle Bibliothek vernichtet. An jene Zeiten erinnern Kanonenkugeln in der Kloster-Ostwand, wo eine Terrasse hoch über dem Meer zum Verweilen einlädt.

Nach dem Angriff der Deutschen auf Kreta im **Zweiten Weltkrieg** beteiligten sich die Mönche erneut am Wi-

Der deutsche Soldatenfriedhof von Máleme

Bischof Irineos – im Einsatz für soziale Reformen

Bischof *Irineos* von Kreta wuchs in den Weißen Bergen, im Dorf Neochóri bei Chaniá, auf, und da er elf Geschwister hatte, war seine Familie froh, einen der Buben in die Obhut der Klosterschule von Agía Triáda geben zu können. Dort legte Irineos die Mönchsweihe ab und schlug einen Weg ein, der ihn in kirchlichen (und weltlichen) Kreisen wenig beliebt machen sollte. Sein vehementer Einsatz für soziale Gerechtigkeit, für Bildung und Gleichstellung brachte ihm zwar im Volk zahlreiche Freunde ein, doch auch genügend Feinde in erzkonservativen bzw. anders gesonnenen Schichten.

In den 30er Jahren des 20. Jh. studierte er Theologie in Athen und erhielt ein Stipendium für Deutschland, das er allerdings wegen des ausbrechenden Weltkriegs nicht antreten konnte. Die Deutschen sollten ihn jedoch weiter verfolgen: 1943 stand er vor einem deutschen Sondergericht und wurde als Kommunist zum Tode verurteilt – der damalige Bischof von Chaniá konnte Irineos gerade noch retten, indem er dessen „jugendliche Unzurechenbarkeit" vorbrachte. In den 1950ern setzte der Kreter sein Studium fort, zunächst in Frankreich, dann in Heidelberg und Frankfurt.

Nachdem er 1958 zum Bischof der Diözese Kastélli-Kíssamos und damit zu einem von sieben Metropoliten, die den Erzbischof unterstützen, gewählt worden war, begann Irineos, Kreta zu „revolutionieren". Er hatte die Benachteiligung der Landbevölkerung gerade im Bildungsbereich erkannt und machte sich daran, Schulen zu bauen – anfangs mit eigenen Händen und ohne Geld. Er animierte die Bevölkerung und Kollegen zur Mithilfe, und allmählich entstanden in den Bischofssitzen Internatsschulen, die auch den Kindern vom Land, vor allem den Mädchen, die Möglichkeit gaben, eine Ausbildung zu bekommen. Doch die Schulen mussten unterhalten, die Schüler ernährt werden. So rief der Bischof zu Spenden auf, animierte Mitarbeiter und Priester zum Handeln – und fand auf diese Weise manchen Sack Kartoffeln und manchen Laib Brot vor der Pforte seiner Schulen, manchen Geldschein in der Sammelschale vor. Dank des energischen Geistlichen fanden erstmals auch Behinderte Zugang zum gesellschaftlichen Leben, denn er gründete ein Zentrum für Therapie und Rehabilitation – die erste und bis heute einzige Taubstummenschule auf Kreta – und brach damit ein Tabu.

Der nächste Schritt war die Förderung des Handwerks. In ländlichen Regionen fehlten Fachleute, man war stets auf die Stadt, auf deren Ausbildungseinrichtungen und auf Spezialisten von dort angewiesen. Der Bischof erkannte das Übel und rief, gegen staatlichen Widerstand, eine Schule für technische Berufe in Kastélli-Kíssamos ins Leben. Andererseits setzte er sich vehement für die Förderung des traditionellen Handwerks ein. Die Gründung von Frauenvereinen – anfangs von der männlichen Bevölkerung mit Skepsis betrachtet – war ein maßgeblicher Schritt in Richtung Traditionswahrung.

1965 ging für Irineos ein anderer Traum in Erfüllung: Zusammen mit seinem Schüler und späteren Mitarbeiter *Alexandros Papaderos* war es ihm in Zusammenarbeit mit der Deutschen Evangelischen Kirche und verschiedenen europäischen und amerikanischen Institutionen gelungen, die Orthodoxe Akademie Kretas zusammen mit einem Zentrum für landwirtschaftliche Entwicklung in Kolimbári, auf dem Grundbesitz des Klosters Goniás, zu gründen. Christen aus Ost und West treffen sich hier zu ökumenischen Kongressen, Weiterbildungskurse für die Bevölkerung werden veranstaltet, und Besucher können an Handwerks-, Sprach- und anderen Kursen teilnehmen. Im Landwirtschaftszentrum, dem eine Musterfarm angeschlossen ist, finden Kurse und Seminare statt.

Doch nicht nur im kulturellen und kirchlichen Bereich wirkte der Bischof, er mischte sich auch in agrarische Belange ein. Aufklärung und Schulung waren nötig, speziell bei einer Neuerung, die Irineos während seiner Amtszeit forcierte: der Züchtung und Anpflanzung einer neuen Olivenbaumsorte, die, niedrig und strauchähnlich wachsend, den Frauen das mühsame Aufklauben vom Boden ersparte. Da Olivenbäume sehr langsam gedeihen und alte Exemplare Gold wert sind, stieß der Bischof damit anfangs auf wenig Gegenliebe, doch heute sind bereits die Hälfte der insgesamt 25 Mio. Ölbäume auf Kreta von dieser neuen Sorte. Dann ließ der unkonventionelle Kreter aus den USA 38 Holsteiner Kühe einfliegen, um die Rinderzucht voranzutreiben, kreuzte Milchschafe mit heimischen Bergschafen, plädierte für neue Schweine- und Hühnerrassen und befürwortete den Anbau von Obst und Gemüse in Treibhäusern.

Doch es tauchte ein weiteres Problem auf: Nachdem am 8.12.1966 das Fährschiff „Iráklion" auf der Fahrt von Soúda nach Piräus im Sturm gesunken war und zahlreiche Menschen den Tod gefunden hatten, machte sich der Bischof 1967 auf den Weg nach Hamburg, um dort ein zuverlässiges Schiff zu kaufen, das die Insel mit dem Festland verbinden sollte. Auf die Frage, wie er ein solches denn zu finanzieren gedächte, antwortete er: „Hinter mir steht das Volk von Kreta!" Seine Mission scheiterte zunächst, doch wie immer gab der Geistliche nicht klein bei. 1968 gründete er die Fährgesellschaft ANEK, finanziert durch Aktien. Im August 1970 konnte ein umgebauter finnischer Tanker, die „Kydon", in Soúda in Betrieb genommen werden. ANEK, der Minoan Lines folgte, finanziert sich bis heute als Volksaktiengesellschaft, und inzwischen sind weitere durch Kleinaktionäre finanzierte Unternehmen hinzugetreten – und es scheint zu funktionieren. Irineos steht als Aufsichtsratsvorsitzender auf Lebenszeit noch immer mit der Fährgesellschaft in Verbindung.

1971 wurde der Bischof dann plötzlich als Metropolit von Deutschland und Exarch von Zentraleuropa nach Bonn entsandt, 1972 zum Bischof in Frankfurt gewählt. Der damals herrschenden griechischen Militärdiktatur war der fortschrittliche Kirchenmann, der mit seiner Meinung nicht hinter dem Berg hielt und seine soziale Einstellung mit allen Mitteln verfolgte, lästig geworden, und im Einvernehmen mit der orthodoxen Kirche bekam man ihn so außer Landes. Nach einigen Jahren in Deutschland, wo Irineos ebenfalls Bildungsprogramme und Lehrgänge, vor allem für griechische Frauen, förderte und trotz persönlicher schlechter Erfahrungen während des Krieges Versöhnung anbot, wurde 1979 die Bischofsstelle in Kastélli-Kíssamos erneut vakant. Seitens der Kirche hatte man bereits passenden Ersatz im Auge, einen Ortsfremden. Doch man hatte nicht mit den Bewohnern der Region gerechnet: Der Widerstand ging so weit, dass 1979 Irineos tatsächlich nach Kastélli-Kíssamos zurückkehrte und unter dem Jubel des Volkes erneut zum Bischof der Region im Nordwesten Kretas erhoben wurde.

Längst wurde der inzwischen 100-jährige Geistliche von Bischof *Agostinos* abgelöst, seine Schulen, Ausbildungsstätten, die Behinderteneinrichtung und ein Altersheim sind heute sichtbare Ergebnisse seines energischen Einsatzes für soziale Gerechtigkeit und stellen eine rühmliche Ausnahme in der griechisch-orthodoxen Welt dar, wo die Kirche normalerweise keine karitativen Aufgaben übernimmt. Auch im Bereich des Tourismus hielt sich Irineos nicht zurück: Jüngst forderte er die Berücksichtigung ökologischer Belange und die Förderung eines umweltverträglichen Tourismus. Der ungewöhnliche kretische Kirchenmann war seit jeher ein Sozialreformer, der Steine anstieß und oft genug selbst zum Stein des Anstoßes wurde – immer im Dienste seiner Insel und ihrer Bewohner ...

derstand. Das Kloster wurde daraufhin von deutschen Truppen besetzt, die Mönche wurden erst zum Tode verurteilt, dann jedoch begnadigt. Sie unterstützten daraufhin die Besatzer beim Aufbau eines Lazaretts im Kloster und richteten einen Friedhof für die gefallenen deutschen Soldaten ein, der bis zur Eröffnung des Ehrenfriedhofs in Máleme in Gebrauch war.

Berühmt ist das Kloster auch für sein soziales Engagement, für das der legendäre Bischof *Irineos* den Grundstein legte. So konnte nach einer Schenkung des Klosters 1968 in nächster Nachbarschaft die weit über Kreta hinaus bekannte **Orthodoxe Akademie** (OAK) des Bischofs eröffnet werden. Neben theologischen Fragen geht es in den dort stattfindenden Kongressen, Seminaren und Kursen auch um Fragen des modernen Lebens, auch des Tourismus, und der ökumenischen Verständigung.

Kloster Goniás: erbaut 1618–34

- **Moní Goniás,** Mo–Fr/So 8–12.30, 16–18, Sa 16–20 Uhr, im Winter nur 15.30–17.30 Uhr; Eintritt ins Museum 2 €; auf „ordentliche" Kleidung achten.
- **Orthodoxe Akademie,** geöffnet Mo–Fr 9–13 und 16.30–20 Uhr; mit kleinem botanischem Museum.

Halbinsel Rodopós

↗ II/B1-2

Die Halbinsel Rodopós schließt mit ihrer bergig-schroffen Silhouette die Bucht von Chaniá im Westen ab. Auf der verkehrstechnisch kaum erschlossenen und deshalb schwer zugänglichen Halbinsel betreiben die Kreter Oliven- und Weinanbau. Eigentlich führen nur drei asphaltierte Straßen etwa zu einem Viertel ins Innere der Landzunge, danach folgt „Wildnis". **Rodopós** ist der kleine Hauptort der Halbinsel, etwas verschlafen am Nordende der mittleren Asphaltstraße gelegen und wegen seiner Schmuckmacher bekannt und gern besucht.

Die **antike Stadt Díktina,** strategisch günstig an der Spitze der Halbinsel in der Bucht Meniés im Nordosten gelegen, kann per Boot oder über eine Schotterpiste von Kolimbári aus erreicht werden. Bereits in der Frühzeit werden Menschen hier gelebt haben, doch der Überlieferung nach wurde die Stadt um 520 v. Chr. von Samos aus besiedelt. Der Ort erlebte seinen Höhepunkt in römischer Zeit, als Kaiser *Hadrian* der Stadt nach seiner Kretareise 123 n. Chr. Geld für einen neuen Tempel, weitere öffentliche Bauten und Straßenarbeiten zukommen ließ. Deutsche Archäologen untersuchten 1942 die Stadt und erforschten den Tempelbezirk mit Terrassenmauern und Säulenhallen und einem Tempel aus hadrianischer Zeit. Weitere, wenig erforschte Gebäudereste und die Agora liegen unterhalb des Plateaus.

Noch weiter nördlich sind die Ruinen des **Klosters Ágios Geórgios** erkennbar, der Keimzelle von Moní Goniás. Seine Ursprünge reichen in das 9. Jh. zurück, man weiß jedoch nicht mehr genau, wann es an seine heutige Stelle bei Kolimbári verlegt wurde.

Kíssamos (Kastélli)

↗ II/A3

Die kleine Stadt Kíssamos liegt im Zentrum der Bucht von Kíssamos zwischen den beiden Halbinseln Rodopós und Gramvoúsa. Hier geht es ruhig und ländlich zu, der Tourismus spielt noch keine große Rolle, und die Bewohner leben hauptsächlich von der Landwirtschaft. Die Heimatstadt von Bischof *Irineos* gibt sich noch ganz urtümlich. Es handelt sich um eine kleine Provinzstadt, die sich um einen zentralen Platz mit einer kleinen weißen Kapelle ausbreitet. Hier am Platz wurde im ehemaligen venezianisch-türkischen Rathaus ein sehenswertes **Archäologisches Museum** (Pl. Tzanakakis, Di–So 8.30–15 Uhr, 3 €) eingerichtet, nicht sehr groß, aber gut präsentiert mit Münzsammlung, Mosaiken sowie Skulpturen). Die Hauptstraße, Odos An. Skalidi, durchquert die Stadt und verbindet alle wichtigen Einrichtungen, Läden, Tavernen und Kafeneia miteinander. Am westlichen Stadtrand gibt es einen schönen, windgeschützten **Sandstrand,** im Osten hingegen sind die Badestrände eher kiesig. Unterhalb des Zentrums liegt eine kleine saubere Strandpromenade mit Tavernen und Hotels.

Etwa 6 km südlich der Stadt, an der Durchgangsstraße ausgeschildert, auf einer Bergkuppe, liegen im gleichnamigen kleinen Bergdorf die Ruinen der antiken Stadt **Polyrrhenía.** Bereits von fern sichtbar ist die Akropolis, in deren Umkreis sich auch Reste venezianischer Zeit verbergen. Kíssamos war einst der zugehörige Hafen, der jedoch im Laufe der Zeit der alten Metropole im Hinterland den Rang ablief. Zahlreiche, vor allem römische Funde auf dem Stadtareal der modernen Stadt belegen dies.

Infos und Service

- **Internet:** www.kastelli.de – Reisebüroseite mit Infos v.a. zu Unterkünften; www.kissamos.net – etwas oberflächlich, aber gute Hinweisen zu Wanderungen.
- **Post** und **O.T.E.** an der Durchgangsstraße (New Road, südlich des Zentrums).
- **Wichtige Telefonnummern:** *Health Center* 28220/22222 ; *Polizei* 28220/22115.

Verkehrsverbindungen

- **Busse:** Busstation am Hauptplatz; tgl. mehrmals nach Chaniá, nach Paleóchora, nach Plátanos, nach Falássarna, Sfinári, Kambós und Polirriniá und einmal zum Kloster Chrissoskalítissa und zum Strand von Elafonísi.

- **Fährverbindungen:** Der Hafen liegt einige Kilometer westl. der Stadt; Fähren von Lane Sea Lines (www.ferries.gr/lane) verkehren von hier nach Gythion (Peloponnes) sowie nach Antikythera, Kythera und Piräus (teils nur in der HS und am Wochenende). Im Sommer auch Schiffsfahrten nach Gramvoúsa und Balos (www.cretetravel.com/Boat_trips/Gramvousa_Balos.htm)

Essen und Trinken

- Einige Tavernen im Ort, u.a. **Café Plateia** sowie **Taverne Petra** am Hauptplatz. Frischen Fisch gibt es in den beiden kleinen Tavernen direkt am Fischerhafen (westlich).

Einkaufen

- In der Odos An. Skalidi finden sich Metzger, Obst-/Gemüseläden, Lebensmittellädchen und Bäcker.

Unterkunft

Die Zahl der Pensionen nimmt stetig zu, in der Regel kostet ein DZ ab etwa 30 €.

- **Bikakis,** O. Polemiston 1941, Tel. 28220/22105, www.familybikakis.gr, mit Frühstück, sechs geräumige, saubere Zimmer, gut ausgestattet mit Kühlschrank, Fön und Balkon.
- **Hotel Kissamos,** O. Iroon Polytechniou 172, Tel. 28220/22086, www.hotelkissamos.gr; Familienhotel mit 24 gut ausgestatteten Zimmern, inkl. TV, Telefon, Klimaanlage, Balkon.
- **Molos Bay Hotel,** zwischen Hauptplatz und Strandpromenade, Tel. 28220/83446, www.molosbay.gr. 4-Sterne-Hotel mit 43 Suiten (Balkon, Meerblick), zudem eigenes Restaurant und großer Pool.
- **Camping Kissamos,** Tel. 28220/22322 oder 23444, www.campingkissamos.gr; mit Cafeteria-Restaurant/Bar, auch Zimmer mit Bad sowie zwei Pools, im Osten von Kissamos, Geöffnet: Mai–Okt.
- **Camping Nopigia,** Tel. 28220/31111, www.campingnopigia.gr, mit Pool und direkt am Meer östlich des Ortes gelegen, Lebensmittel und Imbiss-Restaurant, Geöffnet: Anf. Apr.–Mitte Okt.
- **Mithimna Camping,** Tel. 28220/31444, www.campingmithimna.com, ungefähr 4 km östl. von Kíssamos (Drapaniás). Direkt am Kiesstrand, teils felsig; mit Taverne, Minimarkt, Strom, schattig, etwas abseits gelegen.

Der besondere Tipp

- Östlich von Kíssamos liegt im Ort Drapanias direkt an der Old Road die **Pnevmatikaki Winery** (www.pnevmatikakis.com.gr, tgl. 9–20 Uhr). In dem Familienbetrieb werden nicht nur die guten eigenen Weine (relativ billig) angeboten, man bekommt auch eine Führung durch den Betrieb und kann die Weine und den Rakí verkosten.

Halbinsel Gramvoúsa

↗ II/A1-2

Die Halbinsel Gramvoúsa ragt im äußersten Nordwesten weit in das Meer hinaus. Hier lebt niemand, doch führen einige **Wanderwege** in die karge Landschaft. Von Kastélli-Kíssamos fahren Badeboote in die einsamen Buchten. So liegt ganz im Nordwesten, bei **Kap Tigani,** ein weiterer „karibischer" Traumstrand in der **Bucht von Bálos** („Piratenbucht"). Der seichten Bucht vorgelagert ist eine Lagune mit Sanddünen. Leider nimmt vom Meer her die Verschmutzung durch Teer zu, Überbleibsel des eigentlich nicht erlaubten Tankreinigens der Ölschiffe auf offenem Meer. Aber auch Wildcamper, die hier ihr letztes „Refugium" erhoffen, verschandeln zunehmend den Ort und benutzen die Natur oft als Müllkippe. Der Strand von Bálos ist bislang nur per Boot ab Kastélli-Kíssamos erreichbar oder zu Fuß von Kalivianí (ca. 10 km). Bis **Agía Iríni** führt inzwischen ein Schotterweg, sodass die touristische Erschließung der Bucht nur noch eine Frage der Zeit sein wird.

Insel Gramvoúsa ⇗ II/A1/2

Die kleine Insel Gramvoúsa befindet sich etwa einen Kilometer vor der Bucht von Bálos und ist per Boot von Kastélli-Kíssamos aus erreichbar. Sie spielte in vergangenen Zeiten eine wichtige Rolle bei der Überwachung der Handelswege, die im Norden und Westen an der Insel vorbeiführten. Von ihrer Bedeutung zeugen die Reste einer mächtigen **venezianischen Festung.** Sie war uneinnehmbar und wurde trotz vieler Versuche nie von den Türken erobert. Erst 1715 – fast 50 Jahre nach der türkischen Machtergreifung – übergaben die Venezianer das Bollwerk kampflos, da der Stützpunkt bedeutungslos geworden war, nachdem die Türken den ganzen Osten des Mittelmeers kontrollierten. Da diese dann die Festung kaum weiterbenutzten, konnte die Insel einen zweifelhaften Ruf als **Pirateninsel** erwerben. Es erforderte im 19. Jh. einiges an Anstrengung seitens der Briten und Franzosen, die „Untermieter" zu vertreiben. Damals wurden angeblich über 1000 Gefangene und Sklaven aus den Händen der Piraten befreit.

Unterkunft

- **Kaliviani – Rooms to Let,** 5 km westlich Kastelli-Kissamos, www.e-travels.gr/kaliviani/home_en.htm (dort auch buchbar), Apr.–Okt., guter Ausblick und zugehörige Taverne, DZ ca. 40 €.

FALÁSSARNA ⇗ II/A3

Die einst bedeutende Hafenstadt Falássarna liegt an der nördlichen Westküste der Insel und ist über eine etwa 20 km lange und sehr kurvenreiche Strecke von Kíssamos über Plátanos zu erreichen. Kurz hinter dem Ort **Kavoúsi,** der noch auf einem Hochplateau liegt, eröffnet sich ein unvergesslicher Blick auf die Westküste, die Halbinsel Gramvoúsa und das tiefblaue Meer.

Zwar lassen sich einige Apartmenthäuser ausmachen, doch noch finden relativ wenige Besucher den Weg hierher. Der Reiz der rauen, urtümlichen und **einsamen Landschaft** mit ihrem kargen Grün und den **bizarren Felsformationen** – teils als Naturschutzgebiet ausgewiesen – wird nur getrübt durch den Anblick der zahlreichen Treibhäuser aus Plastikplanen, in denen Tomaten, Gurken, und Bananen gezüchtet werden. Zwischendurch breiten sich große Olivenhaine aus. Das Highlight der Region ist jedoch die **lange, sandige Bucht,** leider in letzter Zeit zunehmend verschmutzt. Hier ist das Wasser recht flach, klar und türkisblau, mit oft starken Winden und heftiger Brandung – man fühlt sich fast wie in der Karibik.

Bevor man sich jedoch an den traumhaften Strand legt und zur Abkühlung in die Fluten steigt, sollte man sich die Reste der **antiken Stadt** ansehen (tgl. 8.30–15 Uhr, frei; derzeit Kassenhaus geschlossen, Zaun z.T. niedergetreten). Wer die Felswände am Ufer genauer studiert, wird schnell merken, dass da etwas nicht stimmt.

220kr Foto: bk

Das liegt daran, dass der Meeresspiegel in der Antike bis zur Oberkante der Felswände in fünf bis sechs Metern Höhe reichte. Im 4. Jh. n. Chr. hatte ein schweres Erdbeben die Insel erschüttert, und in dessen Folge war der Westteil um etwa fünf Meter angehoben worden, während der Osten Kretas um etwa die gleiche Höhe absank. Als Konsequenz versandete der Hafen, und die Siedlung verlor an Bedeutung und wurde verlassen.

Dabei war die Stadt einst bedeutend: Ihre Blüte erlebte sie im **Hellenismus,** doch die wenigen erhaltenen Mauerreste auf den Klippen erfordern ein hohes Maß an Vorstellungskraft, um eine pulsierende Hafenstadt vor dem geistigen Auge wiedererstehen zu lassen. Der Name der Stadt geht auf die Nymphe *Phalassarna* zurück, die hier gelebt haben soll. Seit dem 4. Jh. v. Chr. stand die Stadt in Verbindung zu Ägypten, ehe 67 v. Chr. die Römer den Ort wegen seiner Rolle als Piratennest eroberten. Seitdem spielte die Hafenstadt nurmehr eine Nebenrolle.

Der „karibische Traumstrand“ von Falássarna

Die Ruinen des Ortes, ca. 2 km vom Strandzugang entfernt, sind über eine kurze Schotterpiste bzw. zu Fuß, vorbei an verfallenen Gewächshäusern, zugänglich. An ihr liegen die Nekropole und der so genannte **Thron von Falássarna,** möglicherweise der Sockel einer kolossalen Kultstatue. Zwischen

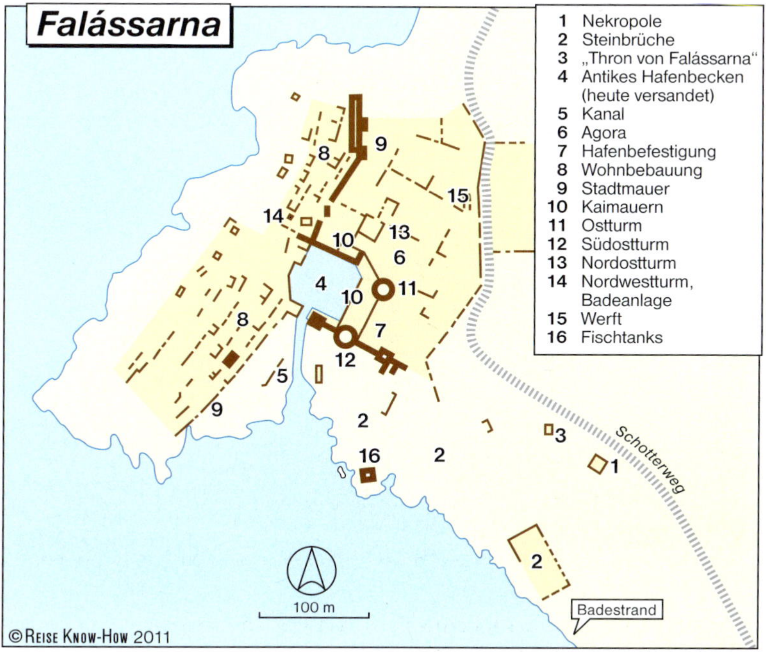

Strand und Hafeneinfahrt mit **antikem Hafenbecken** und Teilen der Hafenbefestigung befindet sich eine ganze Reihe von **Steinbrüchen,** die von reger Bautätigkeit zeugen. Um den Hafen gruppieren sich Häuser, Badeanlagen, Lager und Straßen; eine Agora mit Tempelfundamenten und Teile der Kanalisation sind erhalten. Hinweistafeln fehlen gänzlich, und der „Hobbyarchäologe" kann seiner Fantasie freien Lauf lassen. Die Stadt wird erst seit 1986 mehr oder weniger systematisch, meist nur punktuell, untersucht; Ergebnisse sind bisher so gut wie gar nicht publiziert worden.

Busverbindung

- 2–3x täglich Kastélli-Kíssamos bzw. Chaniá und zurück.

Essen und Trinken, Unterkunft

- Vielen Tavernen vermieten Zimmer, z.B. **Mouraki** (Tel. 28220/41666, Taverne mit Superblick, da erhöhte Lage, auch Zimmer) oder **Adam** (Tel. 28220/41551, 8 DZ, schlicht und einfach, aber sauber und preiswert).
- **Hotel Kalami,** Rooms & Apartments, Tel. 28220/41059, www.kalami.info; 15 m vom Strand entfernt, 10 DZ/Apartments mit Bad, Balkon und Ausblick.
- **Hotel Petalida,** Tel. 28220/41449, www.petalida-crete.com; DZ und Apartments mit Ausblick, teils Klimaanlage und Küche, zugehöriges Restaurant, ab 30 €/DZ.

221kr Foto: bk

Wandern auf Kreta

222kr Foto: bk

223kr Foto: bk

Karge Landschaft in der Imbros-Schlucht

In der Kourtaliotiko-Schlucht

Wandern auf Kreta:
von lang und schwierig bis kurz und leicht

Was man beachten sollte

Mit seiner urwüchsigen Natur, der abwechslungsreichen Flora und Fauna, seinen malerischen Ausblicken und dem beständigen Wetter ist Kreta ein Paradies für Wanderer, auch wenn überall neue Straßen entstehen. Im Laufe der langen Siedlungsgeschichte wurde die Insel von zahllosen Wegen, Pfaden und *Kalderimi* (Karrenwegen) wie von einem Spinnennetz überzogen. Auf den steinigen Wegen, an manchen Stellen noch mit alter Pflasterung, geht es durch traumhafte Berglandschaften und tiefe Schluchten.

Wandern auf Kreta ist jedoch auch eine Herausforderung, da Wanderwege auf eigene Faust oft schlecht zu finden sind. Es handelt sich oft um überwachsene Hirtenpfade, und besonders das Terrain unterhalb 500 Höhenmetern ist schwierig, da Schluchten und ausgetrocknete Flussbetten das Vorankommen erschweren. Generell sind die Wanderwege **nicht sonderlich gut ausgeschildert,** oft muss man sich durchfragen bzw. sich auf (rares) gutes Kartenmaterial verlassen (s. „Vor der Reise: Ausrüstung und Reisegepäck"). Manchmal helfen Farbmarkierungen an Felswänden oder Bäumen weiter oder auch von anderen Wanderern aufgebaute „Steinmännchen". Eine Ausnahme bildet der **Europawanderweg 4,** der durch „E 4"-Schilder in gelbschwarz gekennzeichnet ist.

Es kann im Gebirge sehr heiß werden, man muss jedoch immer mit plötzlichen **Wetterwechseln** rechnen. Auf der dünn besiedelten Insel sollte man besser **nicht allein** wandern. Die Mitnahme von reichlich **Trinkwasser** ist wegen der im Sommer seltenen Quellen Grundvoraussetzung (die Wasserstellen für Schafe und Ziegen haben keine Trinkwasserqualität). Eingelaufene Wanderschuhe, eine lange Hose und eine Windjacke sind sinnvoll, ggf. auch Regenschutz und ein Rucksack.

Früher Aufbruch am Morgen ist wegen der zu erwartenden Hitze meist angeraten, zudem sollte man in der größten Mittagshitze eine Pause einlegen. Die **besten Wandermonate** sind jene von April bis Juni und September bis Mitte Oktober. Gebirgswanderungen unternimmt man vorzugsweise im Juni und Juli, wenn das Wetter am stabilsten ist und es nicht zu Regen- oder Schneestürmen kommt.

Außerdem sind eine gewisse **Kondition** und körperliche Fitness gefragt, gerade auch weil die Sonne erbarmungslos herabbrennt. Wer „Gewaltmärsche" vorhat, schließt sich am besten organisierten Wandertouren an. Auf der Insel ist für beinahe jeden Geschmack etwas geboten, auch kürzere Touren für Familien oder weniger routinierte Wanderfreunde. Generell gilt jedoch: Kretische Wanderungen sind keine Sonntagsspaziergänge!

Es existieren auf der Insel insgesamt vier **Berghütten:** zwei in den Weißen Bergen (Volikiás und Kallérgis), zwei im Psiloritis (Prinos, Sopata). Auskünfte erteilt der **griechische Bergsteigerverein EOS** mit seinen kretischen Sektionen in Iráklion (Tel. 2810/227609, www.interkriti.org/orivatikos/orivat.html), Réthimnon (Tel. 28310/57766, http://eos.rethymnon.com) und Chaniá (Tel. 28210/44647, www.interkriti.org/orivatikos/hania1.htm). Weitere Infos unter: www.climbincrete.com.

Veranstalter von Wandertouren

(Siehe auch „Reisetipps A–Z, Sport & Erholung") Wandertouren unterschiedlicher Dauer und Schwierigkeitsgrades bieten unter verschiedenen schlagkräftigen Motti auch viele große **Veranstalter,** wie TUI, Kreutzer oder Attika. Sie arbeiten meist mit auf Wanderungen spezialisierten Firmen wie der **Alpin Schule Innsbruck** *(ASI)* zusammen. Spezialisiert auf Wanderreisen und -touren sind einige kleinere Veranstalter, z.B.:

- **Natur & Kultur Wanderstudienreisen** (W. Bosch-C. Grünbauer, Blütenweg 32, 89155 Ringingen, Tel. 07344/921222, www.natur-und-kultur.com), zweiwöchige Wandertouren durch Zentralkreta für 1590 € inklusive Flug, Unterkunft, HP, Fahrten und Führungen.
- **Wanderungen auf Kreta, Karpathos und anderen Inseln** (Martin Frank, Freiburger Str. 57, 77749 Hofweier, Tel. 07808/914741, www.inselwanderungen.de), Touren unterschiedlicher Schwierigkeitsgrade in kleinen Gruppen, im Frühjahr und Herbst auf Westkreta und Gavdos (teilweise anspruchsvoll) sowie Zentral-Ostkreta und Ostkreta, 2 Wochen inkl. HP 770 €.
- **Inselwandern in Griechenland** (Hermann Richter, Kemeler Weg 15, 56370 Reckenroth, Tel. 06120/8651, Fax 978798, www.inselwandern-hermann.de), wechselndes Programm, meist 1–2-wöchige Wanderreisen (u.a. Sfakiá oder Weiße Berge) inkl. Gepäcktransfer und qualifizierter Reiseleitung.
- **Die Reisewelt** (Bahnhofstr. 36, D-87724 Ottobeuren, Tel. 08332/92110, www.reisewelt-ottobeuren.de), ASI-Wanderreisen im Westen und Osten sowie Kombinationen mit Kajaktouren.
- **Hauser Exkursionen international GmbH** (Spiegelstr. 9, 81241 München, Tel. 089/235006-0, www.hauser-exkursionen.de), Trekking-Exkursionen inkl. Besteigung Psiloritis, Küstenwanderungen, Schluchten und Hochplateaus, max. 14 Personen, inkl. Halbpension, Flug und Transfers.
- **HagenAlpin Tours** (Alois-Wagner-Str. 28, 87466 Oy-Mittelberg, Tel. 08366/988893, www.welt-weit-wandern.de), drei verschiedene Kretawanderungen.
- **Korifi Tours** (auf Kreta, Tel. 28930/41440 oder 041858, www.korifi.de), verschiedene (deutschsprachige) Touren um den Berg Kofinas mit Ausgangspunkt Kapetaniana.

Buchtipps

Für ambitionierte Wanderer bietet es sich an, einen speziellen Kreta-Wanderführer anzuschaffen, z.B.:

- Wanderführer aus dem Reise Know-How Verlag: *Wolfgang Fischer,* **Kreta – Der Westen** und **Kreta – Der Osten.** Farbig illustriert, detaillierte Karten und Höhenprofile für jede Wanderung.

Zu den Wanderrouten

Die unzähligen alten Wege, die praktisch die ganze Insel durchziehen, lassen kürzere, aber auch längere Touren zu. Im Folgenden sind neben dem **Europawanderweg,** der von Kastélli-Kíssamos im Nordwesten nach Zákros im Südosten führt und sich im Westen in eine Berg- und eine Küstenroute aufspaltet, eine ganze Reihe von **Rundwanderungen,** für die man ein paar Stunden bis einen Tag benötigt, um an den Ausgangspunkt zurückzugelangen, sowie **Tagestouren** für Rucksackwanderer oder Bergsteiger, bei denen Ausgangs- und Endpunkt nicht gleich sind, aufgeführt – in der Reihenfolge entsprechend der Anordnung in den Ortsbeschreibungen.

Hinweis

Die folgenden Ausführungen sind als **Anregung** zu verstehen. Genauere Beschreibungen würden den Rahmen dieses Reiseführers sprengen – dafür gibt es die beiden Wanderführer von Wolfgang Fischer, ebenfalls im Reise Know-How Verlag. Es sollen deshalb hier nur Anhaltspunkte und Hinweise zu den einzelnen Wanderrouten vermittelt werden, ohne sie im Detail zu beschreiben.

Europawanderweg 4 (E-4)

„Monopáti Épsilon Téssera", der Europawanderweg 4, ist durch rautenförmige, gelb-schwarze „E-4"-Schilder markiert. Er führt, z.T. auf unterschiedlichen Strecken, von Westen nach Osten. Von Kastélli-Kíssamos verläuft die Route Richtung Süden nach Paleóchora, dann entlang der Küste nach Plakiás (Alternativroute im Hinterland) und weiter im Inselinnern über Zarós und Kastélli nach Káto Zákros im Osten. In den Weißen Bergen fehlen vielfach die Markierungen, deshalb sollten nur organisierte Touren unternommen werden. Obwohl der Europawanderweg auf allen Karten sauber eingezeichnet ist, erweist sich das Finden des Weges in der Realität passagenweise als schwierig bis unmöglich. Gerade in den Weißen Bergen fehlen vielfach Markierungen – zuletzt war der Weg von Westen her nur bis zur Katsiveli-Hütte markiert. Im Osten mangelt es ebenfalls an Hinweisen. Außerdem sind Wasserstellen knapp. Da der E-4 deshalb kaum komplett zu bewerkstelligen ist, wurde auf eine Gesamtbeschreibung verzichtet. Auf empfehlenswerte Abschnitte wird im Folgenden hingewiesen (siehe „Markierungen" oder Kurzbeschreibung).

Kurze Touren – zum Ausgangspunkt zurück

Auf den Joúchtas

- **Ortsbeschreibung:** „Das Umland von Iráklion"
- **Dauer und Länge:** ca. 2 bis 2½ Std. (hin und zurück), insgesamt ca. 7 km
- **Jahreszeit:** ganzjährig möglich, im Sommer sehr heiß
- **Markierungen:** teilweise rot markiert
- **Charakter:** einfache Bergwanderung

Ausgangspunkt ist **Archánes.** Auf der Durchgangsstraße Richtung Süden stößt man, wenn man sich an der Abzweigung Vathípetro/Joúchtas rechts hält, auf die Odos N. M. Pachaki in Richtung Berg verlässt. Der Weg führt zur Kapelle auf dem Gipfel, wo sich das Grab des Zeus befinden soll und sich ein spektakulärer Ausblick bis nach Knossós und Iráklion eröffnet.

In der Kritsá-Schlucht

- **Ortsbeschreibung:** „Ostkreta"
- **Dauer und Länge:** ca. 4 Std. (hin und zurück), insgesamt ca. 8 km
- **Jahreszeit:** nur von Frühjahr bis Herbst empfehlenswert; wenn der Fluss Wasser führt, ist die Tour nicht möglich
- **Markierungen:** blaue Markierungen
- **Charakter:** kurze, teilweise etwas beschwerliche Wanderung in eine der fantastischsten Schluchten der Insel

Ausgangspunkt ist **Kritsá** im Hinterland von Ágios Nikólaos bzw. die Brücke an der Straße zwischen Lato und Krítsa nahe dem Fußballplatz (Parken möglich). Ein Schild („Gorge") weist den Weg, zunächst ein Feldweg, von dem ein Pfad hinab zum Flussbett abzweigt. Es geht weiter in die Schlucht hinein, am Anfang müssen viel Geröll und mehrmals Felsblöcke überstiegen werden. Danach verengt sich die Schlucht, und man folgt bis zu ihrem Ende dem schmalen Bachbett. Danach kann man entweder zum Ausgangspunkt zurückkehren oder durch einen Olivenhain zum Dorf Tápes weiterwandern (ca. 30 weitere Minuten).

Von Eloúnda zur Halbinsel Spinalónga

- **Ortsbeschreibung:** „Ostkreta"
- **Dauer und Länge:** ca. 3 Std. (hin und zurück), insgesamt rund 9 km
- **Jahreszeit:** ganzjährig ausführbare Tour; im Sommer zwar sehr heiß, aber Badepause möglich
- **Markierungen:** vereinzelt gelbe Punkte
- **Charakter:** einfache Wanderung, oft auf alten Pflasterwegen, durch einsame Landschaft

Ausgangspunkt sind die Windmühlen am Ende des Deichs in **Eloúnda.** Vorbei an einer Feriensiedlung geht es weiter auf die Halbinsel. Hinter einer kleinen Bucht beginnt ein Pflasterweg, der durch die hügelige Gegend zur Kapelle Ágios Ioánnis führt. Auf dem Rückweg, nach dem Abstieg von den Kirchenruinen, lohnt ein Abstecher in eine der wunderschönen Felsenbuchten im Osten der Halbinsel. Der Weg scheint zuletzt etwas vernachlässigt, verdreckt und teils überwuchert und kann daher nur schwer verfolgt werden.

Zum Kap Ágios Ioánnis

- **Ortsbeschreibung:** „Ostkreta"
- **Dauer und Länge:** ca. 5 Std. (hin und zurück), insgesamt ca. 12 km
- **Jahreszeit:** ganzjährig, im Sommer sehr heiß
- **Markierungen:** vereinzelt rote Punkte
- **Charakter:** nur an wenigen Stellen etwas anspruchsvollere Wanderung

Ausgangspunkt ist **Pláka** am nördlichen Rand der Bucht von Eloúnda. Auf einer Schotterstraße geht es etwas mühsam den Berghang hinauf zur Teerstraße, die sich in weiten Serpentinen hochwindet. Man kann auch mit dem Auto bis hierher fahren und erst bei den Windmühlen, ganz oben, die Tour beginnen. Es eröffnen sich von hier oben traumhafte Ausblicke. Auf die Hochebene führt eine Betonpiste bis zu einer grauen Kapelle, nach weiteren 250 m biegt die Piste ins Landesinnere ab. Wir folgen einem schmalen Weg (Steinpyramide als Zeichen) bis zu einer Straße. Von ihr führt eine Abzweigung zu Ágios Ioánnis, auf der Landzunge des Kaps gelegen. Auf dem Rückweg folgt man der Piste in Richtung Sendeanlage. Die Straße mündet wieder in die Betonpiste, auf der man den Weg begonnen hat.

Durch die Lassíthi-Ebene

- **Ortsbeschreibung:** „Lassíthi-Hochebene"
- **Dauer und Länge:** ca. 4 Std. (Rundtour), ca. 16 km
- **Jahreszeit:** nur von Frühjahr bis Herbst begehbar
- **Markierungen:** meist keine
- **Charakter:** einfache Wanderung auf breiten Feldwegen

Ausgangspunkt ist **Tzermiádon,** von wo aus man in Richtung Südwesten auf schmalen Fußpfaden durch die Felder in die Ebene hineinläuft. Diese Richtung sollte man im Groben beibehalten, bis man auf **Psichró** stößt, wo die Diktäische Grotte das Anschauen lohnt. Weiter hält man sich auf den Feldwegen (Markierungen E-4) geradeaus nach Osten und erreicht so **Ágios Geórgios.** Von hier aus nordwärts liegt der Ausgangspunkt.

Auf den Karfí und zur eteokretischen Bergfestung

- **Ortsbeschreibung:** „Lassíthi-Hochebene"
- **Dauer und Länge:** ca. 3 Std. (Rundtour), ca. 8 km
- **Jahreszeit:** Frühjahr bis Herbst
- **Markierungen:** vereinzelt rote Markierungen
- **Charakter:** anfänglich leicht, dann jedoch anspruchsvolle Bergtour

Ausgangs- und Endpunkt ist wiederum **Tzermiádon.** Man verlässt den Ort auf der Straße Richtung Iráklion, nach der ersten Linkskurve hinter dem Dorf geht es auf einen Feldweg. Rechts halten und bergan gehen, bis man die Windmühlen erreicht. Oberhalb der höchstgelegenen Ruine beginnt der rot markierte Aufstieg auf den Berg, wo die Reste einer eteokretischen Siedlung liegen. Der Abstieg erfolgt über den Osthang, über eine Bergwiese und schließlich in die Nissimos-Ebene, hier wieder Feldweg (rechts halten), dann auf einem Schotterweg zurück ins Dorf.

Durch die „Schlucht der Toten" nach Káto Zákros

- **Ortsbeschreibung:** „Ostkreta"
- **Dauer und Länge:** ca. 4½ Std. (hin und zurück), insgesamt ca. 13 km
- **Jahreszeit:** ganzjährig möglich, doch im Sommer sehr heiß; am schönsten im Frühjahr
- **Markierungen:** rote Punkte und gelbschwarze E-4-Schilder
- **Charakter:** relativ einfache, aber lange Wanderung inklusive Besichtung der minoischen Stadt und Bademöglichkeit

Ausgangspunkt ist entweder der Ort **Zákros,** Odos 25 Martiou, (E-4-Schildern folgen) oder der Parkplatz wenig außerhalb des Ortes. Man folgt der E-4-Wegweisung (ab und zu auch „Káto Zákros"-Aufschrift) durch die Schlucht, in deren Felswänden Grabhöhlen zu erkennen sind. Am Ende des Weges wartet die bedeutende Grabung von Káto Zákros auf Besucher, und man kann sich bei einem Bad im Meer erfrischen. Auch Tavernen sind vorhanden. Auf dem Rückweg auf der alten Straße führt einen das Schild „Áno Zákros" zurück zum oben erwähnten Parkplatz.

Durch die Chochlakiés-Schlucht zum Karoúmes-Strand

- **Ortsbeschreibung:** „Ostkreta"
- **Dauer und Länge:** ca. 2 bis 2½ Std. (hin und zurück), insgesamt rund 6 km
- **Jahreszeit:** Frühjahr bis Herbst, wobei im Frühjahr Wassertümpel den Weg erschweren können
- **Markierungen:** rote Punkte und Steinmännchen
- **Charakter:** mittelschwere Wanderung, auch für etwas ältere Kinder geeignet

Ausgangs- und Endpunkt ist **Chochlakiés** an der Straße zwischen **Palékastro und Zákros.** Vom fast verlassenen Dorf führt ein schmaler Weg hinab in die Schlucht (Wegweiser: „Chochlakiés Canyon, Karoúmes Beach"). Hier folgt man dem gekennzeichneten Weg (rote Punkte, Steinmännchen) durch die enge Schlucht, oft geht es nur im Bachbett weiter, müssen kleine Felsen umklettert werden. Als Lohn wartet auf den Wanderer der traumhafte Sandstrand der Karoúmes-Bucht. Von hier geht es wieder zurück durch die Schlucht oder entlang des Strandes bis zur Skiniás-Bucht und von dort weiter auf blau markiertem Weg hinüber nach Angathiá und Palékastro (etwa 3½ Std.).

Auf und um den Petsofás

- **Ortsbeschreibung:** „Ostkreta"
- **Dauer und Länge:** ca. 2½ Std. (Rundtour), ca. 8 km
- **Jahreszeit:** ganzjährig machbar bei wenig Schatten
- **Markierungen:** rote und gelbe Markierungen
- **Charakter:** einfache Wanderung, hin und wieder „über Stock und Stein", aber mit Bademöglichkeiten

Ausgangs- und Endpunkt ist der **Strand von Chióna.** Oberhalb des Strandes, im Südwesten, liegt die bedeutende minoische Stadt **Roussólakos.** Nach deren Besichtigung folgt man der Schotterstraße im Osten der Grabung, die nach 150 m einen Geländekamm erreicht, der auf den etwa 215 m hohen Petsofás zuläuft. Den Kamm entlang verläuft ein mehr oder weniger gut erkennbarer und vereinzelt mit farbigen Punkten markierter Weg. Den letzten Teil hinauf zum Gipfel geht es durch die „Prärie", zum Glück mit Markierungspunkten und Steinmännchen. Oben steht ein Vermessungszeichen, und es eröffnet sich ein spektakulärer Rundblick. Zurück bietet sich als Alternative die Möglichkeit, über einen etwas weiter östlich liegenden Kamm hinab zum Meer zu steigen, von wo eine Schotterstraße zum Ausgangspunkt zurückführt.

Durch die Schlucht der Eremiten bei Mátala

- **Ortsbeschreibung:** „Messará-Ebene"
- **Dauer und Länge:** ca. 5 Std. (hin und zurück), insgesamt ca. 14 km
- **Jahreszeit:** ganzjährig zu absolvieren, doch in der Regenzeit einige „feuchte" Bachüberquerungen
- **Markierungen:** keine
- **Charakter:** mittelschwere Wanderung durch eine schöne Schlucht, mit Bademöglichkeit (mit Kindern bis zum Parkplatz vor der Schlucht fahren).

Ausgangspunkt ist das **Kloster Odigítrias** im Hinterland von Mátala an der Straße von **Sívas** nach **Kalí Liménes,** wo man sein Auto parken kann. Von hier führt ein Schotterweg (befahrbar bis Parkplatz, von dort ca. 20 Min. zur Schlucht) hinab in die Schlucht der Eremiten (Agiofárango), auf dem sich immer wieder Höhlen von Einsiedlern entdecken lassen und der an der weiß getünchten Kapelle Ágios Antónios (Wasservorräte auffüllen!) vorbeiführt, ehe man den Strand erreicht. Zurück auf dem gleichen Weg.

Durch die Roúvas-Schlucht

- **Ortsbeschreibung:** Ída-Gebirge
- **Dauer und Länge:** ca. 4½ Std. (hin und zurück), insgesamt 9 km
- **Jahreszeit:** ganzjährig
- **Markierungen:** gelb-rote Punkte
- **Charakter:** einfache Wanderung auf gut ausgebauten Wegen, teilweise etwas steil

Ausgangspunkt ist der „Bergsee" im Ort **Zarós.** Dort beginnt der gut markierte und vorzüglich ausgebaute Weg (mit Rastplätzen), der bald in die Schlucht hineinführt. Erste Station oder aber auch Startpunkt der Wanderung (kleiner Parkplatz) ist das Kloster Moní Ágios Nikólaos (siehe dort), von wo aus der rot markierte Weg weitergeht. Hinter einer Wasserstelle und einem Rastplatz gabelt sich der Weg, der südöstliche führt zur Eremitenhöhle, der nördliche in die Schlucht. Nach einer längeren Durchwanderung erreicht man schließlich in einem kleinen Hochtal die Kapelle Ágios Ioánnis mit schönem Rastplatz. Zurück auf dem gleichen Weg.

Im Tal der Mühlen

- **Ortsbeschreibung:** „Réthimnon, Umland"
- **Dauer und Länge:** ca. 3 Std., rund 8 km
- **Jahreszeit:** ganzjährig machbar
- **Markierungen:** rote Pfeile auf Holzpfählen
- **Charakter:** relativ einfache Wanderung

Ausgangspunkt ist **Míli** im Hinterland von Réthimnon, das man außer sonntags auch mit dem Bus erreicht. An der Verbindungsstraße zwischen Míli und **Chromonastíri** weist das Schild „Farángi Mílou"/„Watermills Valley" bzw. ein Hinweis auf die Taverne Evangelos den Weg in das wunderschöne Tal hinab. Dort folgt man auf einem teilweise wildüberwucherten Maultierpfad dem kleinen Fluss bis hinab nach **Réthimnon.** Dabei passiert man die kleine, fast verlassene Siedlung **Káto Míli,** Mühlenruinen und die empfehlenswerte Taverne. Nach etwa 90 Minuten überquert man einen betonierten Fahrweg, der einen schneller zurück in die Stadt führt. Für den Rest des Tales, das vor allem aus landwirtschaftlichen Anbauflächen besteht, ist der Weg kaum mehr auszumachen. Die Tour kann auch organisiert absolviert werden (s. Tourveranstalter am Anfang dieses Kapitels).

Von Georgioúpolis zum Kournás-See

- **Ortsbeschreibung:** „Rethimnon, Umland"
- **Dauer und Länge:** ca. 3 Std. (hin und zurück), insgesamt ca. 10 km
- **Jahreszeit:** ganzjährig begehbar, im Sommer heiß
- **Markierungen:** keine
- **Charakter:** einfache Wanderung

Ausgangs- und Endpunkt ist **Georgioúpolis,** das man südlich in Richtung Kournás verlässt. Dabei überquert man die New Road und kommt in das Dorf **Mathés.** Dahinter führt ein Trampelpfad einen Hang hinauf, von wo man den See bereits sieht. Über „Stock und Stein" geht es zum See, den man bei einer Schotterpiste erreicht; rechts liegen Tavernen. Man kann ein Stück um den See wandern (wegen Zäunen nicht komplett zu umrunden) oder auf der Straße nach Georgioúpolis zurückkehren.

Von Plakiás nach Mírthios

- **Ortsbeschreibung:** „Südküste Westkretas"
- **Dauer und Länge:** ca. 1½ Std. (hin und zurück), insgesamt etwa 4 km
- **Jahreszeit:** ganzjährig machbar
- **Markierungen:** keine
- **Charakter:** einfache, schöne Wanderung, ideal, um Taverne in Mírthios zu besuchen

Von **Plakiás** geht es nördlich hinauf zur Jugendherberge (Schild „Old Mill"). Der weiter oben verlaufenden Schotterpiste folgt man nach Westen, bis ein deutlich sichtbarer Pfad durch einen riesigen Olivenhain nach oben abzweigt. Nach der Kreuzung von vier Feldwegen erreicht man den Ort Mírthios beim Haus mit dem Schild „Daily Cheese Serving Breakfast". Zurück geht es auf demselben Pfad.

Von Plakiás oder Lefkógia zum Kloster Préveli

- **Ortsbeschreibung:** „Südküste Westkretas"
- **Dauer und Länge:** ca. 3 bzw. 1½ Std. (einfacher Weg), ca. 10 bzw. 5 km
- **Jahreszeit:** ganzjährig, im Sommer heiß
- **Markierungen:** keine
- **Charakter:** relativ einfache Wanderung

Möglicher Ausgangspunkt ist **Plakiás,** von wo aus es entweder, wenig spannend, auf der Straße nach Lefkógia geht, oder man folgt hinter dem Hotel Plakias Bay einem Feldweg um das Kap und erreicht so die Stichstraße zur Badebucht Damióni. Von hier führen Feldwege nach Lefkógia.

Beginnt man die Tour erst in **Lefkógia** (Busse von Plakiás), zweigt wenige 100 m östlich des Ortes eine Betonpiste nach **Giánou** ab. Durchquert man das Dorf, geht die Piste oberhalb, hinter einem Brunnenhaus, in eine schattenlose Schotterpiste über. Weiter hinein in die Berglandschaft eröffnet sich plötzlich der Blick auf das Meer, und schließlich taucht Kloster Préveli auf.

Um das Kloster Préveli

- **Ortsbeschreibung:** „Südküste Westkretas"
- **Dauer und Länge:** ca. 4½ Std. (Rundtour), ca. 14 km
- **Jahreszeit:** Frühjahr bis Herbst
- **Markierungen:** teilweise rot markiert
- **Charakter:** einfache, beliebte Wanderung, teils auf Schotterpisten, teils auf Wanderpfaden

Ausgangspunkt ist das **Kloster Préveli** bzw. der Parkplatz in der Talmulde vor dem Kloster. Die Anfangspassage, der Abstieg auf vielfrequentiertem Weg hinab zum Strand von Préveli und in die Schlucht des Megalopótamos, einer der wenigen Flüsse auf Kreta, die das ganze Jahr über Wasser führen, ist recht einfach. Beim direkten Weg durch die Schlucht sind gelegentlich Kletterpartien und Wasserüberquerungen nötig, ehe man das alte Kloster Préveli erreicht.

„Faulpelze" bleiben am Strand, ambitionierte Wanderer folgen zunächst dem Wanderweg zum **alten Kloster** (Káto Moní Préveli) und erfrischen sich erst nach der Rückkehr auf demselben Weg im Meer. Das hat sich vor allem verdient, wer den schwierigeren

Weg unten am linken Flussufer durch den Palmenhain wählt. Man folgt zunächst der Schlucht zum Fluss. Das hüfttiefe Wasser muss durchwatet werden. Auf schmalem Weg geht es etwas mühsam - immer wieder Klettereien und Flussüberquerungen - weiter, ehe man vor dem Kloster steht.

Einfacher ist es, den Fluss über einen Steg gleich am Strand zu überqueren und einem Schotterweg am rechten Ufer zu folgen. Eine Steinpyramide markiert den Aufstieg auf eine steile Abbruchkante. Oben angekommen führt ein Wanderpfad entlang der Schlucht weiter, er geht später in eine Schotterpiste über. Vorbei an Klosterruinen erreicht man die Fahrpiste zum Strand. Über eine alte Brücke folgt man dieser nordwärts und steht schließlich vor einer Bogenbrücke aus dem 19. Jh. Von hier sind es nur wenige Schritte zu Káto Moní Préveli. Der Rückweg kann einfach über die Schotterstraße zum Strand erfolgen.

Durch die Ímbros-Schlucht

- **Ortsbeschreibung:** „Südküste Westkretas"
- **Dauer und Länge:** ca. 2½ Std. (für beide Versionen), ca. 8 km, 2 € Eintritt
- **Jahreszeit:** Frühjahr bis Herbst (im Winter führt der Fluss Wasser), im Sommer sehr heiß
- **Markierungen:** teils rote Markierungen, teils gelb-schwarze E-4-Schilder
- **Charakter:** relativ leichte Schluchtwanderung durch traumhafte Landschaft; auch mit Kindern gut zu absolvieren

Für die Durchwanderung der „kleinen Samariá" bieten sich zwei Möglichkeiten an: Man wandert von unten, startend in **Komitádes,** in die Schlucht bis zur Engstelle und kehrt dann um, oder man geht in **Ímbros** los und durchquert auf altem Pfad die ganze Schlucht bis Komitádes. Zurück geht es mit dem Bus bzw. Taxi oder auf demselben Weg zu Fuß. Da viel Geröll herumliegt, ist auf gutes Schuhwerk zu achten.

Gelb-schwarze E-4-Schilder führen den Wanderer östlich von Komitádes in die Schlucht, die sich allmählich verengt und deren Wände sich in fantastischen Formationen gen Himmel recken. Immer wieder stößt man auf die alte Pflasterung des Verbindungsweges zwischen dem Norden der Insel und der Sfakiá. Hinter der Engstelle, wo man mit beiden Händen die Felswände berühren kann, kann man ggf. umkehren. Von Ímbros gelangt man nach etwa einer Stunde ebenfalls an diese Stelle (gut ausgeschildert) und setzt den Weg nach Komitádes fort.

Zur Höhle des Eremiten Johannes

- **Ortsbeschreibung:** „Chaniá, Umland"
- **Dauer und Länge:** ca. 2 bis 2½ Std. (hin- und zurück), insgesamt ca. 7 km
- **Jahreszeit:** ganzjährig begehbar
- **Markierungen:** keine, aber leicht erkennbarer Weg
- **Charakter:** wunderschöne, einfache Wanderung

Vom **Kloster Gouvernéto** auf der **Akrotíri-Halbinsel** geht es hinab zum Meer, vorbei an der Bärenhöhle, der Höhle des Eremiten Johannes und dem alten, verfallenen Kloster Katholikó zu einer kleinen Bucht.

Zur Bálos-Bucht auf der Gramvoúsa-Halbinsel

- **Ortsbeschreibung:** „Nordwesten"
- **Dauer und Länge:** ca. 3 Std. (einfacher Weg), ca. 10 km
- **Jahreszeit:** ganzjährig begehbar, im Sommer wenig Schatten
- **Markierungen:** keine, am Ende einige rote Punkte
- **Charakter:** leichte, aber lange Wanderung, an dessen Ende ein Traumstrand wartet

Ausgangspunkt ist das Dorf **Kalivianí,** etwa 6 km westlich von Kastélli-Kíssamos, in dem eine Straße auf die Halbinsel Gramvoúsa abbiegt (ausgeschildert: „Bálos"). Ein Großteil des Weges läuft entlang dieser neuen Fahrpiste, vorbei an einem gestrandeten Schiff, einer Quelle und der Kapelle Agía Iríni (gut geeignet für eine Pause). Am Ende des Fahrwegs folgt man dem Trampelpfad an der Ostseite der Halbinsel noch ein Stück weiter, ehe der Weg nach Westen (ab und zu rote Punkte) abbiegt. Plötzlich eröffnet sich ein traumhafter Ausblick auf die Bálos-Bucht und die vorgelagerte Insel Gramvoúsa. Nach steilem Abstieg hat man das Paradies erreicht – muss aber später denselben Weg zurück, sofern man kein „gastfreundliches" Badeboot findet.

Um Falássarna

- **Ortsbeschreibung:** „Nordwesten"
- **Dauer und Länge:** ca. 2 Std. (hin und zurück), insgesamt etwa 5 km
- **Jahreszeit:** ganzjährig
- **Markierungen:** Steinmännchen
- **Charakter:** einfache Wanderung auf schmalen Feldwegen, ideal für Kinder

Ausgangspunkt ist der **Traumstrand von Falássarna,** wo man sein Auto stehen lässt. Von hier geht es auf einem Schotterweg zu den Resten der antiken Hafenstadt. Von der Grabung, vorbei an einer Kapelle, führt der Weg auf der Steinpiste weiter nach Norden in eine Bucht. Dort endet der Hauptweg, doch geht ein schmaler Pfad weiter, der nach einer Stunde in der Bálos-Bucht endet (siehe oben). Man kann also die beiden letzten Wanderungen zu einer Tagestour kombinieren (etwa 15 km, ca. 7 Std.).

Tagestouren – von Ort zu Ort

Von der Lassíthi-Hochebene nach Kritsá

- **Ortsbeschreibung:** „Lassíthi-Hochebene"
- **Dauer und Länge:** ca. 8 Std. (einfacher Weg), ca. 20 km
- **Jahreszeit:** Frühjahr bis Herbst, im Sommer sehr heiß, genügend Wasser mitnehmen!
- **Markierungen:** keine, aber Fahrweg leicht auszumachen und auf Karten eingezeichnet
- **Charakter:** anstrengende, längere Wanderung für Geübte

Ausgangspunkt ist die Lassíthi-Hochebene, von den Orten **Ágios Geórgios** und **Ágios Konstantínos** führen Pfade aus der Ebene hinaus nach Südosten zur **Katharó-Ebene,** alle münden auf den einzigen Fahrweg hier oben. Wichtigster Ort ist **Avdeliákos,** dessen Häuser nur im Sommer von Bauern und Hirten bewohnt sind und wo es außer Weinanbau, wenig Getreide und Kartoffeln nichts gibt. Hinter dem Dorf geht es aus der Katharó-Ebene hinaus bis auf 1200 m Höhe – in der Ferne kann man bereits Ágios Nikólaos und Kritsá ausmachen. Kontinuierlich bergab führt der Weg nach **Kritsá,** das etwa vier Stunden Fußmarsch von Avdeliákos entfernt liegt.

Thriptí und die Cha-Schlucht

- **Ortsbeschreibung:** „Ostkreta"
- **Dauer und Länge:** ca. 3 Std. (einfacher Weg), ca. 8 km
- **Jahreszeit:** ganzjährig machbar, aber im Sommer sehr heiß
- **Markierungen:** rot und orange markiert
- **Charakter:** schwierige Bergwanderung mit schönen Aussichten

Ausgangspunkt ist **Kavoúsi,** wo im oberen Dorfteil, an der höchstgelegenen Kapelle, ein rot markierter Plattenweg beginnt. Man passiert einige Schotterwege, hält sich aber an den teils überwachsenen, doch gut markierten schmalen Plattenweg, der nach Thriptí führt. Von hier aus lässt sich auch in etwa 3½ Stunden der 1470 m hohe **Aféndis Stavroménos** besteigen (rot markierter Steig). Eine Alternative ist die Fortsetzung der Wanderung in das im Westen gelegene Monastiraki (ca. 2 Std.), wobei man die kaum zugängliche und spektakuläre **Cha-Schlucht** streift.

Zur Kamáres-Höhle

- **Ortsbeschreibung:** „Südliches Ída-Gebirge"
- **Dauer und Länge:** ca. 6 Std. (hin und zurück), insgesamt rund 12 km
- **Jahreszeit:** Frühjahr bis Herbst
- **Markierungen:** teilweise gelb-schwarze E-4-Schilder
- **Charakter:** eindrucksvolle, aber etwas anstrengende Bergtour

Ausgangs- und Endpunkt ist **Kamáres.** Hier ist im östlichen Ortsteil der Beginn ausgeschildert, zunächst läuft man auf steiler Betonpiste, dann führt der Weg serpentinenartig hinauf. Als Anhaltspunkt dient eine parallel dazu verlaufende Wasserrinne. Man erreicht schließlich einen Querweg, darüber ein großes Wasserbassin, der Weg ist weiter gut markiert. Nach dem dritten Wasserbehälter folgt die deutlich gekennzeichnete Abzweigung zur Höhle. Von hier dauert der anstrengende Aufstieg über Geröll und Felsbrocken noch etwa eine Stunde, doch der Ausblick lohnt die Strapazen, während die Höhle nichts Spektakuläres bietet.

Von Kamáres auf den Psiloríti

- **Ortsbeschreibung:** „Norden des Ída-Gebirges" und „Südliches Ída-Gebirge"
- **Dauer und Länge:** ca. 12½ Std. (7½ Std. Auf- und 5 Std. Abstieg), besser auf zwei Tage verteilen und auf der Berghütte Kótila übernachten, insgesamt ca. 25 km
- **Jahreszeit:** nur bei guter Wetterlage im Sommer zu machen; bis Mai liegt Schnee
- **Markierungen:** gut mit gelb-schwarzen E-4-Schildern markiert
- **Charakter:** anstrengende Tour, nur für erfahrene Bergsteiger in Gruppe oder mit Führer geeignet

Wer früh aufbricht und über eine gute Kondition verfügt, kann die Wanderung auch an einem Tag schaffen. Der erste Teil des Anstiegs entspricht der

Beschreibung zur **Kamáres-Höhle** (s.o.). Die Wasserleitung und die Becken, die der Versorgung des Ortes dienen, können beim Aufstieg als Anhaltspunkte dienen. Erste Station ist die Alm **Kótila,** eine aus Steinen errichtete Schäferhütte, zu der auch ein Fahrweg vom Dorf Lochriá hinaufführt (keine Raststätte!). Ab der Hütte entspricht der Aufstieg demjenigen von der Nída-Ebene (s.u.), zu der man auch hinunterwandern und die Idäische Höhle besichtigen kann.

Von der Nída-Ebene auf den Psilorítis

- **Ortsbeschreibung:** „Norden des Ída-Gebirges" und „Südliches Ída-Gebirge"
- **Dauer und Länge:** ca. 8½ Std. (ca. 5 Std. Auf-, 3½ Std. Abstieg), insgesamt ca. 20 km
- **Jahreszeit:** nur bei guter Wetterlage im Sommer zu machen; bis Mai liegt Schnee
- **Markierungen:** rote Markierungen und gelb-schwarze E-4-Schilder
- **Charakter:** hochalpine Bergtour für erfahrene Bergsteiger (in Gruppe oder mit Bergführer)

Der Anstieg erfolgt von der Nída-Hochebene bei der Taverne unterhalb der **Idäischen Grotte** (Idéon Ándron). Hinter der Kapelle Análipsis beginnt der sich hochschlängelnde Weg zur Grotte, an der ersten Kehre geht der Bergpfad zum Gipfel ab (markiert mit rotem Pfeil und E-4-Schild). Erste Zwischenstation ist die Alm **Kótila** (s.o.), doch der Schein trügt, es handelt sich um kein Rasthaus, sondern lediglich um eine Steinhütte und einen Wegweiser. Von hier führt der gut markierte Weg über einen Karstkrater auf den Gipfel (ca. 3 Std.). Spielt das Wetter mit und bilden sich keine Wolken, hat man einen unvergleichlichen Rundblick von dem 2456 m hohen Psilorítis und der kleinen Kapelle **Tímios Stavrós.**

Von Fourfourás auf den Psilorítis

- **Ortsbeschreibung:** „Ída-Gebirge"
- **Dauer und Länge:** ca. 11 Std., insgesamt rund 20 km, ca. 4000 Höhenmeter, am besten als 2-Tages-Tour planen!
- **Jahreszeit:** nur bei guter Wetterlage im Sommer; bis Mai kann Schnee liegen
- **Markierungen:** rote Markierungen und gelb-schwarze E-4-Schilder
- **Charakter:** hochalpine Bergtour für erfahrene Bergsteiger (in Gruppe oder mit Bergführer)

Auf der Westseite des Psilorítis liegt das Dorf **Fourfourás.** Hier läuft der E 4-Wanderweg durch und hinauf auf Kretas höchsten Berg. Etwa 5 km entfernt liegt auf 1500 m Höhe die **Berghütte** des Bergsteigervereins EOS Réthimnon mit 30 Betten (bis dorthin ca. 3–4 Std.), ideale Basisstation für den Aufstieg am Morgen, der noch einmal ca. 3 Std. dauert. (Tel. 28210/33199 oder *EOS Abt. Réthimnon,* O. Dimokratias 12, Tel. 28310/57766, http://eos.rethymnon.com – hier erhält man weitere Informationen zum Wandern um und auf den Psilorítis).

Von Chóra Sfakíon durch die Anópolis-Schlucht nach Loutró

- **Ortsbeschreibung:** „Südküste Westkretas"
- **Dauer und Länge:** etwa 4½ Std. (einfacher Weg), ca. 10 km (Rückweg über Schiff oder entlang der Küste)

- **Jahreszeit:** ganzjährig begehbar, doch im Sommer sehr heiß
- **Markierungen:** entlang alter Wege, teilweise rote Markierungspunkte
- **Charakter:** mittelschwere Wanderung

Man kann von **Chóra Sfakíon** entlang der Fahrpiste nach **Anópolis** laufen, doch ist dies nicht sonderlich schön. Besser folgt man dem alten Verbindungsweg zwischen beiden Orten. Er beginnt etwa 100 m hinter dem letzten Haus von Chóra Sfakíon an der Straße nach Anópolis. Es ist ein alter, gepflasterter Pfad, der zwar ab und zu beinahe verschwindet, doch zum Glück dann mit roten Punkten und Steinmännchen kenntlich gemacht wird. Das letzte Stück folgt man entweder weiter dem Pfad oder aber der fast parallel dazu verlaufenden Straße. Am Dorfanfang von Anópolis weist ein Wegweiser (griechisch) den vielbenutzten Weg nach **Loutró.** Zunächst befahrbar, wird dieser später zu einem Eselspfad. Er gabelt sich vor Loutró: Rechts geht es zur Finix-Bucht, links hinab in den Ort.

Aufstieg zur Kallérgi-Hütte

- **Ortsbeschreibung:** „Südwesten"
- **Dauer und Länge:** rund 2 Std. (einfacher Weg), ca. 5 km
- **Markierungen:** keine, entlang einer Schotterpiste (mit Allradantrieb befahrbar)
- **Charakter:** einfache Bergtour

Der Schotterweg (ausgeschildert) beginnt schon ca. 1 km vor dem Ende der Straße, wo sich der **Zugang in die Samariá-Schlucht** befindet, doch vom hier befindlichen Parkplatz aus kürzt ein Fußpfad den Weg ab und stößt auf den Weg, der in steilen Serpentinen zur Berghütte in etwa 1680 m Höhe (toller Ausblick!) führt. Sie liegt am Europawanderweg 4 und dient in erster Linie Bergsteigern als Unterkunft. Die Hütte ist zwischen April und Oktober bewirtschaftet (sechs Vierbettzimmer und Matratzenlager für max. 40 Personen, betreut vom E.O.S. Bergsteigerverein Chania (O. Strategou Tzanakaki 70, Tel. 28210/44647 www.eoshanion.gr/en, bzw. Tel. 54560 – Hütte direkt).

Von der Kallérgi-Hütte auf den Melindaoú

- **Ortsbeschreibung:** „Südwesten"
- **Dauer und Länge:** ca. 5–6 Std. (hin und zurück), ca. 16 km
- **Markierungen:** Farbmarkierungen und gelb-schwarze E-4-Schilder
- **Charakter:** Tour für geübte Bergsteiger

Bergwanderung auf den 2133 m hohen Melindaoú. Tourdetails kann man in der **Kallérgi-Hütte** (s.o.) erfragen oder – besser noch – man schließt sich einer der dort startenden Touren an.

Von Omalós auf den Gíngilos

- **Ortsbeschreibung:** „Südwesten"
- **Dauer und Länge:** ca. 5 Std. (hin und zurück), ca. 13 km
- **Markierungen:** rote Punkte und Pfeile sowie Steinmännchen
- **Charakter:** Tour für erfahrene Bergwanderer

Der Weg beginnt hinter der Taverne am Parkplatz beim **Zugang zur Samariá-Schlucht,** in westliche Richtung.

Anfangs noch einfach, wird es im Verlauf der Strecke anstrengender, doch der Weg ist sehr gut markiert und „ausgetrampelt", da viele Wanderer unterwegs sind. Man sollte sich unbedingt an den markierten und gut erkennbaren Hauptweg halten, da es im Umfeld einige gefährliche Abbrüche und Schluchten gibt. Hinweise sind in der Kallérgi-Hütte erhältlich (auch: www.levka-ori.com). Auf halbem Weg trifft man auf die Quelle von Linoselli (1500 m), in der Antike ein bekanntes Orakel; kurz davor liegt die „Höhle der Dämonen" (Demonospilio). Am Berg gibt es zahlreiche Höhlen, die tiefste reicht 115 m hinab.

Durch die Samariá-Schlucht

- **Ortsbeschreibung:** „Südwesten"
- **Dauer und Länge:** ca. 5 bis 6 Std. (einfacher Weg), Schlucht etwa 16 km lang
- **Jahreszeit:** von Mitte Okt./Nov. bis Anfang Mai ist die Schlucht geschlossen, im Sommer sehr heiß (Quellen vorhanden)
- **Markierungen:** nicht zu verfehlender Weg, gelb-schwarze E-4-Schilder, sogar mit km-Angaben
- **Charakter:** nicht zu unterschätzende, mittelschwere Tour für Geübte!

Der Abstieg in die Schlucht beginnt bei **Xilóskalo** (1250 m) mit einer Art Holztreppe, die im 19. Jh. von Hirten angelegt wurde. Zuvor benutzte man Holzleitern, die im Bedarfsfall plötzlich verschwunden sein konnten – eine böse Überraschung für unwillkommene Besucher. Die ersten 3,5 km bildet ein serpentinenartiger Steilpfad, der über 800 m Höhenunterschied überwindet, dann erreicht man den Talgrund und die **Kapelle Ágios Nikólaos** (etwa 1½ Std.). Jeder Kilometer wird übrigens auf Tafeln angezeigt, zudem kann man sich auf den vielen Rast- und Picknickplätzen am Rande ausruhen. Der größte Rastplatz befindet sich beim verlassenen **Ort Samariá.** Wanderer sollten sich hier jedoch nicht häuslich einrichten, denn Samariá signalisiert noch nicht einmal die „Halbzeit".

Hinter dem Ort wird die Vegetation karger und der Weg kreuzt mehrfach das im Sommer trockene Bachbett. Hinter der **„Eisernen Pforte",** der Engstelle – wer nur einen Eindruck bekommen möchte und mit dem eigenen Auto angereist ist, könnte hier auch umkehren – weitet sich die Schlucht plötzlich, und nach Überquerung eines schweißtreibenden Geröllfeldes geht es über in eine fast schattenlose Ebene zum Meer bei **Agía Rouméli**. So ungefähr muss man sich in der Wüste beim Anblick einer Oase fühlen.

Zunehmend beliebt werden Touren in der Gegenrichtung, vom Meer durch die Pforte ein Stück in die Schlucht hinein („Samariá the lazy way"). Die ganze Tour vom Meer zur Hochebene ist dagegen sehr anstrengend, da der steile Anstieg am Schluss die letzten Kräfte kostet.

Hinweise:

- Die Schlucht ist von Mai bis Ende Okt. 6–15 Uhr **geöffnet** (ab 15 Uhr nur noch max. 2-km-Wanderung mit Umkehr erlaubt), die genauen Daten und Zeiten sind wetterabhängig. Jeder Besucher wird registriert; die **Zutrittsgebühr** beträgt 5 €. Am Eingang der Schlucht befindet sich die **Xenia-Berghütte** (3 Zimmer/7 Betten). Beim Abstieg zu Anfang langsam laufen, der Pfad ist steil, die Steine abgelaufen und rutschig. Für die 16 km braucht man in vollem Tempo theoretisch nur rund 3 Stunden, doch Pausen – nicht zu lange! – sind nötig, und man rechnet besser mit etwa 6 Stunden Dauer.

- Als **Mietwagen-Tagestour** ist die Schlucht eher ungeeignet, da sowohl von der Nord- als auch von der Südküste inkl. Wanderung an einem Tag nicht zu bewältigen sind. Angeboten werden **organisierte Tagesfahrten** per Bus, auch von kleineren Orten und vielen Hotels an der Nordküste aus.
- **Auf eigene Faust unterwegs,** bieten sich die öffentlichen KTEL-Busse von der Nordküste (z.B. Chaniá, Réthimnon bzw. Orte dazwischen) nach Omalos an (Frühbus-Abfahrt zwischen 6:15 und 8.30 Uhr je nach Saison, Ankunft 7.30–11 Uhr). Nach der Wanderung geht es per Boot von Agía Rouméli am Ende der Schlucht über Loutró nach Chóra Sfakíon und von dort per Abendbus (letzter 18.15 Uhr) zurück nach Chaniá, oder aber mit dem Schiff nach Soúgia bzw. Paleóchora.
- Bei einem **Wanderstart nach 12 Uhr** (d.h. Ankunft mit Mittagsbus) ist Übernachtung in Agía Rouméli nötig, da das letzte Boot dann abgefahren ist, dafür ist auf dem Weg dann aber weniger los. Alternativ könnte man in Omalos übernachten und am frühen Morgen starten.
- **Das letzte Schiff** legt um 17.30 Uhr (18 im Sommer) in Agía Rouméli ab (ca. 90 Minuten nach Chóra Sfakíon); der letzte Bus nach Chaniá und Réthimnon fährt in Chóra Sfakíon um 19.15 Uhr (18.15 in NS) ab, d.h. Bus- und Fährfahrplan sind wenig aufeinander abgestimmt, daher Wartezeiten einplanen und vorher genau nach den Zeiten erkundigen.

- **Infos:** www.west-crete.com/samaria/ger sowie www.samariagorge.eu.

Wandern in der Samariá-Schlucht

Auch wenn Hotels, Tourveranstalter, Bücher und Berichte den Eindruck erwecken, als sei die Wanderung durch die Samariá-Schlucht ein Kinderspiel und unter dem Motto: „Samariá The Lazy Way“ für Ungeübte einen Abschnitt der Tour als „Light-Version“ anbieten, sollte man den Ausflug nicht unterschätzen. Es handelt sich um keinen spaßigen Sonntagsspaziergang in T-Shirt, Shorts und Turnschuhen. Der anstrengende Marsch dauert zwischen sechs und acht Stunden, gute Wanderschuhe, Sonnenschutz, Trittsicherheit und Ausdauer sind quasi lebenswichtige Voraussetzungen. Für Kinder unter 10 Jahren ist die Wanderung eigentlich nicht geeignet. Hinzu kommt, dass man schon zu einem gewissen Grad trainiert sein sollte, denn bezüglich Selbstüberschätzung spricht die Zahl der nötigen Rot-Kreuz-Einsätze in den Sommermonaten Bände. Es gibt inzwischen auf der gesamten Strecke „Wächter“, in Samariá auch einen Arzt. Auf dem Weg tragen genügend saubere Wasserquellen dazu bei, den Durst zu löschen, außerdem gibt es regelmäßig Toiletten und Abfallkörbe.

Beim Start am Morgen in etwa 1200 m Höhe braucht man einen Pullover oder eine Windjacke, dafür kann es mittags in der Schlucht oft über 40 °C heiß werden. Übernachten im Canyon ist strengstens verboten – daher das Ticket aufbewahren, es muss zur Kontrolle am Ende wieder abgegeben werden. Selbstverständlich sollte es sein, keine Pflanzen auszureißen, zu zerstören oder mitzunehmen, Abfälle nur in die dafür vorgesehenen Behälter zu werfen und Lärm zu vermeiden. Baden ist verboten, ebenso Alkoholkonsum und weitgehend auch das Rauchen. Natürlich darf man kein Feuer machen, und das Mitnehmen von Hunden ist ebenso verboten wie Jagen und Fischen. Diese ganzen Vorschriften sind dringend nötig, denn schließlich handelt es sich nicht um eine touristische Attraktion, sondern um einen Naturpark.

Von Paleóchora zum Strand von Elafonísi

- **Ortsbeschreibung:** „Südwesten"
- **Dauer und Länge:** ca. 4–5 Std. (einfacher Weg), ca. 15 km (ab Koundourá) bzw. 22 km (von Paleóchora)
- **Markierungen:** gelb-schwarze E-4-Schilder
- **Charakter:** mittelschwere Wanderung

Man beginnt die Wanderung am besten in **Koundourá.** Der Ort liegt etwa 7 km westlich von Paleóchora an einer gut ausgebauten Straße. Von dort folgt man zunächst einer Schotterpiste, vorbei an Treibhäusern. Sobald man einen kleinen Kiesstrand erblickt, läuft man hinunter ans Meer und am Strand entlang. Hinter einer kleinen Bucht beginnt der ausgeschilderte Wanderweg. Er folgt nur kurz der Küste, um dann das **Kap Kriós** abzukürzen. Vorbei geht es an der Kapelle Ágios Ioánnis (nach etwa 1½–2 Std.), von wo aus man den Strand von Elafonísi schon in der Ferne erkennen kann. Unterwegs muss noch Geröll überwunden bzw. umgangen werden, ehe man den letzten Abschnitt am Sandstrand entlangläuft und die Anlegestelle der Boote nach Paleóchora passiert. Nach weiteren fünf Minuten erreicht man den Traumstrand. Von hier führt eine Wanderung entlang der viel befahrenen Schotterpiste in etwa einer Stunde zum **Kloster Chrisoskalítissa.** Zurück geht es entweder per Bus vom Kloster aus oder mit einem der vielen Badeboote.

Von Paleóchora nach Soúgia

- **Ortsbeschreibung:** „Südwesten"
- **Dauer und Länge:** ca. 5 Std. (einfacher Weg), ca. 15 km
- **Jahreszeit:** ganzjährig zu machen; die Sommerhitze wird durch schöne Bademöglichkeiten wettgemacht
- **Markierungen:** neben vielfarbigen Punkten (rot, gelb, blau, grün) auch gelb-schwarze E-4-Schilder
- **Charakter:** einfache bis mittelschwere, aber lange Wanderung entlang der wunderschönen Südküste

Zusammen mit den folgenden drei Vorschlägen kann man den nicht durch Straßen erschlossenen Abschnitt der Südküste zwischen Paleóchora und Chóra Sfakíon erwandern – ein mehrtägiger Höhepunkt für Wanderfreunde. Vom Stadtzentrum des Ausgangspunkts **Paleóchora** läuft man ostwärts, Richtung Campingplatz (Teerstraße). Vorbei an diesem, verlässt man hinter einer Kurve die Straße und wählt den Schotterweg, der zunächst leicht abwärts geht. Zwischen Kiesstrand und aufsteigenden Felsen geht es etwa eine halbe Stunde diesen Fahrweg entlang, ehe er endet und der eigentliche, gut markierte (und frequentierte) Wanderpfad anfängt. Dieser führt zwischen Meer und Bergen, mit tollen Ausblicken, zunächst in die Bucht von **Lissós,** wo der antike Hafen lag und eine kleine Kiesbucht zum Baden einlädt, ehe der Aufstieg Richtung Soúgia beginnt. Es geht ein Hochplateau entlang, ehe man in eine schöne Schlucht mit teilweise überhängenden Felswänden absteigt und nach deren Durchquerung plötzlich am kleinen Hafen von Soúgia steht.

Von Soúgia zum Kap Tripití

- **Ortsbeschreibung:** „Südwesten"
- **Dauer und Länge:** ca. 4 Std. (einfacher Weg) ca. 8 km
- **Jahreszeit:** am besten im Frühjahr oder Herbst, im Sommer heiß
- **Markierungen:** E-4-Abschnitt, mit gelb-schwarzen Schildern markiert, auch rote Punkte
- **Charakter:** anspruchsvolle Wanderung für Geübte, da Erdrutsche oft den Weg versperren, wodurch Kletterpartien nötig sind, Trittfestigkeit erforderlich

Viele wandern den Abschnitt von **Soúgia** bis zur Festung Tripití (etwa 4 Std.), um nach einer Pause wieder nach Soúgia zurückzukehren. Gut Trainierte können die Gesamtstrecke weiter nach Agía Rouméli erwandern (s.u.). Am Ostende des Strandes von Soúgia führt ein Weg entlang des Flussbetts hinauf. Bei einem einzeln stehenden Haus (etwa 100 m hinter einer Disco) finden sich erste Markierungen (E-4-Schild, Farbpunkte, Steinmännchen). Der Pfad führt in Serpentinen auf ein Hochplateau, wo die weitere Wegführung leicht zu erkennen ist. Zunächst geht es hoch oben weiter, dann muss eine Schlucht durchquert werden (erst abwärts ein Stück Richtung Meer, dann wieder hinauf). Als nächsten markanten Punkt passiert man auf dem Plateau eine Bucht, in der die **Kapelle Ágios Antónios** liegt (mind. 30 Minuten Abstieg dorthin).

Das Ziel der Wanderung, Kap Tripití, rückt ins Blickfeld. Am Fuß des Felsmassivs mit Badebucht folgt man einer Schlucht ins Landesinnere, ehe der steile Aufstieg beginnt. Vorbei an den Resten der **antiken Stadt Pikilássos** erreicht man auf etwa 320 m Höhe einen trigonometrischen Punkt in Form einer Betonsäule. Hier befindet sich die **venezianische Festung Tripití.** Ein Pfad nach Süden führt zum Kap, wo die Wallfahrtskapelle Profítis Ilías liegt (von der Hafenmole von Soúgia aus erkennbar). Am 20. Juli kommen die Gläubigen mit Booten zum unterhalb gelegenen Strand und herauf. Man kann entweder nach Soúgia zurückkehren oder den Weg fortsetzen.

Von Soúgia nach Agía Rouméli

- **Ortsbeschreibung:** „Südwesten"
- **Dauer und Länge:** ca. 8–9 Std. (einfacher Weg), ca. 20 km
- **Jahreszeit:** Weg im Sommer nicht empfehlenswert, da kaum Schatten
- **Markierungen:** mit gelb-schwarzen E-4-Schildern markiert
- **Charakter:** sehr anspruchsvolle Route für topfitte Wanderer

Abgerutschte Erdmassen können den Weg versperren und einiges Klettergeschick erfordern. Überhaupt stehen vielfach steile Kletterpartien bevor. Für die gesamte Strecke ist hinreichend Proviant und vor allem genügend Wasser Voraussetzung, zumal es im zweiten Abschnitt keine Quellen gibt. Die zweite Etappe hinter **Kap Tripití** ist fast doppelt so lang wie der Abschnitt zwischen Soúgia und Kap Tripití, dazu schwierig (Dauer 8–9 Std., Übernachtung einplanen). Man sollte diese traumhafte Tour nur gut vorbereitet und organisiert oder zumindest in einer Gruppe durchführen. Erschwert wird die Wanderung dadurch, dass trotz der Markierungen die Orientierung teilweise schwierig ist (für Details siehe oben genannte Wanderführer). Am besten man erkundigt sich vor Ort oder schließt sich einer geführten Wandertour an.

Von Agía Rouméli nach Chóra Sfakíon

- **Ortsbeschreibung:** „Südwesten" und „Südküste Westkretas"
- **Dauer und Länge:** rund 7–8 Std. (einfacher Weg), ca. 24 km
- **Jahreszeit:** ganzjährig, im Sommer sehr heiß, Bademöglichkeiten
- **Markierungen:** rote, blaue und gelbe Markierungen, gelb-schwarze E-4-Schilder
- **Charakter:** mittelschwer und lang

Ausgangspunkt ist der kleine Hafen von **Agía Rouméli,** den man Richtung Osten verlässt. Nach der Überquerung des Samará-Flusses (im Sommer ausgetrocknet) geht es zunächst am Strand entlang, ehe man die Eligías-Schlucht erreicht. Etwa 20 m oberhalb des Strands läuft ein gut markierter Weg weiter, und bald sieht man ein erstes Etappenziel vor sich: die **Kapelle Ágios Pávlos.** Hier soll einst der Apostel Petrus gelandet sein. Unterhalb liegt ein traumhafter Strand, an dem es einige kühle Süßwasserquellen gibt (neuerdings auch eine nur im Sommer geöffnete Taverne).

Variante durchs Hinterland: Nach etwa einer halben Stunde zweigt vom Europawanderweg ein Pfad hinauf nach **Ágios Ioánnis** ab. Über diesen steilen Weg erreicht man das Örtchen auf dem Plateau. Von hier führt ein Fahrweg nach **Arádena** und weiter nach **Anópolis** (ab hier siehe oben beschriebenen Weg von Chóra Sfakíon nach Loutró).

Der Europawanderweg folgt jedoch weiter der Küstenlinie nach Osten, zunächst (rot markiert) hoch über dem Meer. Nach diesem schattenlosen Abschnitt erreicht man die wunderschöne Marmorbucht am Ausgang der Arádena-Schlucht (Badepause!). Der folgende, teilweise etwas Kletterei erfordernde Wegteil (oft gelb markiert) führt an zwei weiteren schönen Stränden, der **Lykos-** und der **Fínix-Bucht** (unerforschte antiken Hafenstadt) vorbei, die schon von zahlreichen Gästen aus Loutró besucht werden. Weiter geht es hinauf zu einem türkischen Kastell (17. Jh.) und schließlich auf einem steilen Weg hinab nach **Loutró.** Wer den Weg nicht fortsetzen möchte, kann von hier per Fähre nach Chóra Sfakíon gelangen.

Hinter Loutró (Taverne) steigt man den Hang hinauf, wo nach etwa 30 m der gut ausgetretene Pfad nach Chóra Sfakíon beginnt. Vorbei an der kleinen Kapelle Ágios Stávros steht der Wanderer noch einmal vor einem der zahlreichen Traumstrände der Südküste, dem Glikanéra-Strand, eingekeilt zwischen hohen Felswänden und mit einigen kühlen Süßwasserquellen. Hinter dem Strand steigt der Weg wieder an und führt nach einigem Auf und Ab zur Straße zwischen Anópolis und Chóra Sfakíon, die schließlich zum Endpunkt führt.

228kr Foto: bk

ANHANG

233kr Foto: bk

234kr Foto: bk

Sonnenuntergang an der Nordküste

Fischeridyll in Ierápetra

Kallitsoúnia – ein kretisches Gebäck

Literaturverzeichnis

Archäologie

- *St. Alexiou/N. Platon,* **Das antike Kreta** (Würzburg, 1967)
- *St. Alexiou,* **A guide to the Minoan Palaces: Knossos, Phaestos, Mallia** (Iraklion, o.J.) und **Minoische Kultur** (Göttingen, 1976)
- *T. Balistier,* **Der Diskos von Phaistos – Zur Geschichte eines Rätsels und den Versuchen seiner Auflösung** (Mähringen, 1998)
- Beiträge zur ägäischen Bronzezeit, Kleine Schriften aus dem Vorgeschichte-Seminar Marburg, Heft 11 (Marburg, 1982)
- *A. Brown,* **Arthur Evans and the Palace of Minos** (Oxford, 1983)
- *G. Cadogan,* **The Palaces of Minoan Crete** (London, 1976)
- *R. Castleden,* **Minoans. Life in Bronze Age Crete** (2. Aufl., London/New York, 1993)
- *A. Chaniotis,* **Das Antike Kreta,** C.H.Beck Wissen (München 2004), kleines Bändchen mit gut lesbarer Einführung in die antike Geschichte der Insel.
- *O. Dickinson,* **The Aegean Bronze Age** (Cambridge, 1984)
- *Sir A. Evans,* **The Palace of Minos at Knossos I–IV** (London, 1921–1935, Reprint London 1964)
- *P. Faure,* **Kreta. Das Leben im Reich des Minos** (Stuttgart, 1976)
- *R. Hägg/N. Marinatos* (Hrsg.), **The Minoan Thalassocracy, Myth and Reality.** Proceedings of the Third International Symposium at the Swedish Institute in Athens, 31.5.–5.6.1982 (Stockholm, 1984)
- *R. Hampe/E. Simon,* **Tausend Jahre frühgriechische Kunst** (München, 1980)
- *R. Hampe/A. Winter,* **Bei Töpfern und Töpferinnen in Kreta, Messenien und Zypern** (Mainz, 1962)
- *W. Helck,* **Die Beziehungen Ägyptens und Vorderasiens zur Ägäis bis ins 7. Jh. v. Chr.,** Erträge der Forschung 129 (Darmstadt, 1979)
- *R. Higgins,* **The Archeology of Minoan Crete** (London, 1973)
- ders., **Minoan and Mycenaean Art** (London, 1981)
- *M.S.F. Hood,* **The Minoans,** Crete in the Bronze Age (London, 1971)
- *N. Marinatos,* **Minoan Religion.** Ritual, Image and Symbol (South Carolina, 1993)
- *Sp. Marinatos,* **Kreta, Thera und das mykenische Hellas** (3. Aufl. München, 1973)
- *L. v. Matt/N. Platon/H. Guanella,* **Das antike Kreta** (Würzburg, 1967)
- *F. Matz,* **Kreta und frühes Griechenland.** Prolegomena zur griechischen Kunstgeschichte (3. Aufl., Baden-Baden, 1965)
- *W.-D. Niemeier,* **Die Palaststilkeramik von Knossos.** Stil, Chronologie und historischer Kontext (Berlin, 1985)
- ders., **Das mykenische Knossos und das Alter von Linear B,** in: Beiträge zur ägäischen Bronzezeit (s.o.), 29ff.
- ders. JdI 95, 1980, 2ff. (Berlin)
- *B. Otto,* **König Minos und sein Volk** (Düsseldorf/Zürich, 1997)
- *N. Platon,* **Kreta** (4. Aufl., Genf, 1968)
- *J. u. E. Sakellarakis,* **Kreta.** Archanes (Athen, 1991)
- *J.W. Shaw,* **Minoan Architecture: materials and techniques,** in: Annuario della Scuola Archeologica di Atene 49, 1971 (Rom 1973)
- *F. Schachermeyr,* **Die minoische Kultur des alten Kreta** (Stuttgart, 1964)
- *W. Schiering,* **Funde auf Kreta** (Frankfurt a.M., 1976)
- *E. Simon,* **Die Götter der Griechen** (München, 1969)
- *L. Sporn,* **Heiligtümer und Kultur Kretas in klassischer und hellenistischer Zeit** (Studien zu Antiken Heiligtümer 31, Heidelberg 2002)
- *P. Warren/V. Hankey,* **Aegean Bronze Age Chronology** (Bristol, 1989)
- *J. Wilson Myers/Eleanor Emlen Myers/Gerald Cadogan* (Hrsg.), **The Aerial Atlas of Ancient Crete** (Thames&Hudson, London 1992)

Geschichte

- *Theocharis E. Detorakis,* **History of Crete** (Iráklion, 1994, auf Kreta erhältlich)

Kunstreiseführer

- *Klaus Gallas,* **Kreta.** Dumont Kunst-Reiseführer (7. Aufl., Köln, 1993)

● ders.-*Klaus Wessel-Manolis Borboudakis,* **Byzantinisches Kreta** (München, 1983)
● *Anna Kofou,* **Kreta.** Sämtliche Museen und archäologischen Stätten (Freiburg 1990)

Literatur

● *Rhea Galanaki,* **Ismail Ferik Pascha** (Suhrkamp)
● *Ioanna Karystiani,* **Schattenhochzeit** (Suhrkamp)
● *Nikos Kazantzakis,* **Alexis Sorbas**
● ders., **Freiheit oder Tod**
● ders., **Griechische Passion**
● ders., **Rechenschaft vor El Greco**
● ders., **Odyssee: ein modernes Epos**
● ders., **Die letzte Versuchung** (alle Kazantzakis-Bücher sind u.a. als rororo-TB erschienen)
● *Vitzentzos Kornaros,* **Erotókritos** (der „Wälzer" in englischer Neuauflage auf Kreta zu erhalten)
● *Henry Miller,* **Der Koloss von Maroussi.** Eine Reise nach Griechenland (1940/deutsch als rororo-TB, Reinbek)

Natur

● *George Sfikas,* **Die wilden Blumen Kretas** (Efstathiadis-Verlag, Athen, in kretischen Läden vorrätig)
● *Yanoukos Iatridis,* **Blumen von Kreta** (Selbstverlag, Athen, auf Kreta erhältlich)
● *D. Lange,* **Reiseführer Natur, Kreta** (BLV Verlagsgesellschaft, 1999, 15,95 €)

Reisebeschreibungen

● *E. Galini,* **Lebendiges Kreta** (Athen, 1998)
● *Erhart Kästner,* **Kreta.** Aufzeichnungen aus dem Jahre 1943 (Insel TB, Frankfurt 1991)
● *David MacNeil Doren,* **Wind auf Kreta** (Efstathiadis-Verlag, Athen, auf Kreta erhältlich)
● *Pandélis Prevelákis,* **Die Chronik einer Stadt** (Frankfurt, 1981)

Outdoors

● *H. Lindenberg,* **Kreta per Rad** (Verlag Wolfgang Kettler, Neuenhagen, 2. Auflage 1999); detaillierte Beschreibung von Radtouren, gelegentlich auch abseits der regulären Straßen
● Literatur zum Wandern: siehe Kapitel „Wandern auf Kreta".

Sonstiges

Bisher sind von *Klaus Eckhardt* mehrere **Kreta-Krimis** erschienen:
● **Tote trinken keinen Rakí** (2002),
● **Todesflug am Ida.** Der zweite Fall des Jak Anatolis (2004)
● **In Agia Galini wartet der Tod** (2007)
● **Der Teufel aus den Weißen Bergen** (2009)

Alle sowie weitere Literatur über Kreta erschienen im Verlag Dr. Thomas Balistier, Mähringen, www.kreta-buch.de.

Glossar

● *Agía Trias/Triáda* – Heilige Dreifaltigkeit
● *Agorá* – zentraler öffentlicher (Markt-)Platz einer antiken Stadt
● *Akrópolis* – erhöhte Schutzburg einer antiken Stadt
● *Apsis* – halbkreisförmige Nische im Altarbereich christlicher Kirchen
● *Architrav* – Teil des Gebälks, horizontales Konstruktionselement über Säulenstellungen, Fenster- und Türöffnungen
● *Artopolíon* – Bäckerei
● *Atrium* – Innenhof eines Hauses, ursprünglich Element des römischen Hauses; der Begriff wurde in frühchristlicher und mittelalterlicher Zeit auch für den der Basilika vorgelagerten, von Säulenhallen gerahmten Hof verwendet
● *Autochthone* – die Urbevölkerung
● *Basilika* – ursprünglich griechische Bauform der „Königshalle" (hellenistischer Repräsentationsbau), wird bei den Römern zur Markt-, Bank- und Gerichtsbasilika und in frühchristlicher Zeit zum mehrschiffiger Kirchenbau
● *Buleuterion* – Rathaus bzw. Sitz der Ratsversammlung in antiken griechischen Städten
● *Croissanterie* – neumodische griechische Bezeichnung für eine Mischung aus Bäckerei und Konditorei

- *Drómos* – unüberdeckter Korridor, der zu einer unterirdischen Grabkammer führt
- *Estiatórion* – Restaurant
- *Fresko* – Wandmalerei auf feuchten Putz; besonders haltbar und farbkräftig; von den Römern erfundene und perfektionierte Technik
- *Galaktopolíon* – Milchladen
- *Genesis* – die Geburt Christi
- *Idol* – Abbild einer Gottheit
- *Ikonografie* – Bezeichnung für die Lehre von den Bildinhalten
- *Ikonostase* – Bilderwand (meist Holzschranke mit Ikonenschmuck), die Altar- und Gemeinderaum in orthodoxen Kirchen voneinander trennt
- *Kafeníon* – das griechische Kaffeehaus, das mit unseren Cafés nichts gemein hat (s. Essay) – eher eine soziale Einrichtung, ein Treff der Männer eines Dorfes
- *Kombolói* – rosenkranzähnliche Spielkettchen
- *Kommotírion* – Friseur
- *Mégaron* – ursprünglich mykenischer Haustyp, mit langem, rechteckigem Grundriss und einem Vorraum an der Schmalseite
- *Minimarket/Supermarket* – meist kleiner als der Name vorgibt: Lebensmittelladen mit Selbstbedienung
- *Nekropole* – Totenstadt, antiker Friedhof
- *Neolithikum* – Jungsteinzeit
- *Obelistírio* – von „obelískos", dem Bratspieß, abgeleitet; Restaurant, in dem es vor allem Gerichte vom Grill gibt
- *Odeion* – theaterähnlicher antiker Bau, der künstlerischen Darbietungen diente
- *Ouzerí* – Kneipe, in der Wein, Schnaps (Ouzo oder Tsikoudiá) mit kleinen Häppchen serviert werden
- *Panagía* – Muttergottes (die „Allerheiligste")
- *Pantokrátor* – Christus, der Weltenherrscher
- *Pantopoleíon* – „der, der alles verkauft", d. h. ein Tante-Emma-Laden, von denen es in Griechenland noch viele gibt
- *Pentikostí* – Pfingstfest
- *Perípteros* – Tempel mit einer umlaufenden Säulenhalle (Peristasis)
- *Peristyl* – Säulenhalle, die einen Hof umschließt
- *Pithos* – Tonvorratsgefäß
- *Portikus* – römischer Name für die Säulenhalle
- *Prätorium* – Amtssitz des römischen Statthalters
- *Prónaos* – Vorhalle eines griechischen Tempels
- *Rhyton* – Trink- und Opfergefäß
- *Snackbar/Kafé-Bar* – modernes Kafenion, auf Touristen ausgerichtet, in dem auch Frauen gerne gesehen sind und in dem es kleine Gerichte gibt
- *Stoá* – griechischer Name für die Säulenhalle
- *Tabérna* – allgemeine Bezeichnung für ein griechisches Gasthaus, meist weniger fein als ein Estiatórion
- *Terrakotte* – aus gebranntem Ton hergestellte Figürchen unterschiedlicher Gestalt
- *Thalassokratie* – politische und wirtschaftliche Seeherrschaft, die auf der Stärke der Flotte basiert
- *Thólos* – Rundbau
- *Tumulus* – Hügelgrab
- *Zacharoplastíon* – Konditorei (auch Eis, Snacks), auch abends und an Sonn- und Feiertagen geöffnet

Kleine Sprachhilfe Neugriechisch

Die folgenden Wörter wurden nicht in griechischer Schrift, sondern in latein. Umschrift entsprechend der Aussprache wiedergegeben, und zwar nach den im Alphabet (siehe Kasten folgende Seite) angegebenen Regeln. Mehrere Varianten bei einem Wort (...os, i, o) geben an, dass sich die Endungen je nach Geschlecht (m./f./n.) ändern.

Wer sich intensiver mit dem Neugriechischen beschäftigen möchte, dem sei der Kauderwelsch-Band 4, **Griechisch – Wort für Wort,** aus dem Reise Know-How Verlag empfohlen, zu dem begleitendes Tonmaterial erhältlich ist.

Allgemeines und Begrüßung

Kírie.../Kiría...	Frau/Herr (Anrede)
né	ja
óchi	nein
tí kánis?	wie geht's?
kalá, efcharisto	danke, gut
... essís	...und ihnen?
polí kalá	sehr gut
den katalavéno	ich verstehe nicht
miláte jermaniká?	sprechen Sie deutsch?
móno líjo	nur ein bisschen, wenig
endáxi	o.k.
singnómi	entschuldigen Sie
oríste	Bitte?
parakaló	bitte (Fragen vorangestellt!)
efcharistó	danke
... polí	vielen Dank!
kaliméra	guten Morgen/Tag
kalispéra	guten Abend
kaliníchta	gute Nacht
chérete	guten Tag („Seid gegrüßt")
jiá ssas/ssoú od. jiá	Tschüss | hallo (Sie/ihr, du)
andío	Tschüss
kaló taxídi	gute Reise!
pollí, és, á	viele
polí	sehr (vor Adjektiven)
pára polí	sehr, besonders

Bitten und Fragen

tí thélete	was möchten Sie?
dóste moú..., parakaló	Geben Sie mir bitte...
thélo na...	Ich hätte gerne ...
póso káni...?	Wie viel kostet...?
póso kostísi...?	Wie viel kostet...?
pou íne...?	Wo ist/sind...?
póte ine anichtó/ klistó	Wann ist geöffnet/ geschlossen?
póssos,i,o	wie viel
póte	wann
tí	was
jiatí	warum
piós, piá, pió	wer
pós	wie
póssos,i,o	welche
tí óra	wann, um wie viel Uhr
pou	wo
apó pou	woher

Post und Telefon

ta grammatósima	Briefmarken
i kárt-postál	die Ansichtskarte
to grámma	der Brief
jiá tin Jermanía	nach Deutschland
to tachidromío	Post
o O.T.E.	Telefonamt
to tiléfono	Telefon
i tilekárta	Telefonkarte
o arithmós	Telefonnummer
to exoterikó	Ausland

Unterwegs

to taxí	ein Taxi
to taxímetro	Taxameter
to leoforío	Bus
i stássi	Bushaltestelle
to issitírio	Fahrkarte
i éxodos	Ausgang
i ísodos	Eingang

Das griechische Alphabet

Buchstabe groß/klein		Name des Buchstabens	Umschrift*	Aussprache
Α	α	Alpha	a	kurzes a wie in „Anna“
Β	β	Wita	v	wie w in „Witwe“
Γ	γ	Gamma	g	wie gh vor -a, -o, -u; schwer nachvollziehbarer Laut, ähnlich deutschem Zäpfchen -r,
			g/j	wie j vor -e und -i-Lauten
Δ	δ	Delta	d	schwer aussprechbarer d-Laut, ähnlich stimmhaftem engl. „th“ („the“)
Ε	ε	Epsilon	e	kurzes, offenes e, wie in „Ecke“, nie lang
Ζ	ζ	Sita	s	stimmhaftes s wie in „Reise“
Η	η	Ita	i	i wie in „Ritus“
Θ	θ	Thita	th	stimmloser S-Laut, ähnlich engl. „th“ („thing“)
Ι	ι	Jota	i	kurzes i wie bei „bis“
Κ	κ	Kapa	k	wie das deutsche k
Λ	λ	Lambda	l	wie das deutsche l
Μ	μ	Mi	m	wie das deutsche m
Ν	ν	Ni	n	wie das deutsch n
Ξ	ξ	Xi	x	wie das deutsche x
Ο	ο	Omikron	o	kurzes o wie bei „oft“
Π	π	Pi	p	wie das deutsche p
Ρ	ρ	Ro	r	Zungen-r
Σ	σ	Sigma	s (ss)	stimmloses s wie in „reißen“
Τ	τ	Taf	t	wie das deutsche t
Υ	υ	Ipsilon	i	langes i
Φ	φ	Fi	f	wie das deutsche f
Χ	χ	Chi	ch	wie das deutsche ch
Ψ	ψ	Psi	ps	wie das deutsche ps
Ω	ω	Omega	o	langes o

Doppellaute

Buchstaben groß/klein		Umschrift*	Aussprache
AI	αι	e	kurzes e wie bei „Ecke“
AY	αυ	av	aw vor Vokalen und stimmhaften Konsonanten,
		af	af vor stimmlosen Konsonanten
EI	ει	i (ei)	i, wie andere i-Laute
EY	ευ	ev	ew vor Vokalen und stimmhaften Konsonanten,
		ef	ef vor stimmlosen Konsonanten
OI	οι	i (oi)	i, wie andere i-Laute
OY	ου	ou (u)	langes u wie bei „du“
ΓΓ	γγ	ng	ng, nur im Wortinneren
ΓΚ	γκ	g	g am Wortanfang,
		ng	ng im Wortinnern
ΓΧ	γχ	ngch	ngch, nur im Wortinneren
ΜΠ	μπ	b	b am Wortanfang,
		mb (mp)	mb im Wortinneren (mit Ausnahmen)
NT	ντ	d	d am Wortanfang,
		nd/nt	nd im Wortinneren

* Es gibt keine einheitliche und verbindliche Regelung bezüglich der Umschrift, so dass wir uns für die angegebenen Versionen entschieden haben. Angaben in Klammern geben weitere Möglichkeiten an.

ta prágmata	Gepäck
me ta pódia	zu Fuß
to monopáti	der Fußweg
i toualétta	WC
jiá..	nach...
dexiá	rechts
aristerá	links
apénanti	gegenüber
kontá	nah
makriá	weit, entfernt
dípla	daneben
edó	hier
ekí	dort
poú íne...?	wo ist...?
thélo na páo sto/stin	ich möchte nach ... fahren
pósso káni to issitírio jiá...?	wie viel kostet die Fahrkarte nach...?
póte févji to leoforío jiá...?	wann fährt der Bus nach ... ab?
íne makriá	ist es weit von hier?
pió leoforío pái jiá....?	welcher Bus fährt nach...?

Zimmersuche

to xenodochío	Hotel, Unterkunft
échi domátia?	gibt es ein Zimmer?
pósso kostísi tin méra?	Wie viel kostet es am Tag?
to domátio	das Zimmer
to dipló	das Doppelzimmer

me	mit
chorís	ohne
to proinó	das Frühstück
ta chartiá	die Papiere/Pass
to doúss	die Dusche
to bánjo	das Bad(ezimmer)
sestó neró	heißes Wasser
sestós, a, o	heiß
kríos, a, o	kalt
i toualétta	WC
i petséta	das Handtuch
to chartí ijías	Toilettenpapier
i paralía	Strand

Geldangelegenheiten

thélo na alláxo ta chrímata	Ich möchte Geld tauschen
ta chrímata	Geld
ta psilá	Kleingeld
to logariasmó	die Rechnung

Shopping

agoráso	kaufen
thélo na agoráso	ich möchte kaufen
káti állo?	noch etwas (anderes)?
mou aréssi	es gefällt mir
ómorfos, i, o	schön
to chróma	die Farbe
to número	die Größe
to film (éngchromo)	(Farb)film
móno lígo	nur wenig

Besichtigungen

i ísodos	der Eintritt
eléftheros	frei
anichtós, a, o	geöffnet
klistós, a, o	geschlossen
to limáni	Hafen
to monastíri	Kloster
to kástro	Burg, Festung
to chorió	Dorf
to moussío	Museum

Im Restaurant

(siehe auch Reisetipps, Essen und Trinken)

to estiatórion	Restaurant
to potó	Getränk
to fajitó	Essen, Speisen, Gericht
o katálogos	die Speisekarte
férno...	ich nehme...
férte mou, parakaló,...	bringen Sie mir bitte...
thélo na parangílo	ich möchte bestellen
to potíri	das Glas
to boukáli	die Flasche
to logariasmó, parakaló	die Rechnung, bitte!
óla masí	alles zusammen
endáxi íne	das ist für Sie
ena kiló	1 kg / 1 l
míso kiló	500 g
éna kommáti	ein Stück
mía merída	eine Portion
to psomí	das Brot
to aláti	das Salz
to pipéri	der Pfeffer

Notfälle

to distíchima	der Unfall
to farmakío	die Apotheke
to nossokomío	das Krankenhaus
o iatrós	der Arzt
árrostos, i	krank
travmatisménos, i	verletzt
o kíndinos	die Gefahr
prosochí!	Vorsicht!
i Astinómia	die Polizei
voíthia!	Hilfe!

Zeitangaben

mia evdomáda	eine Woche
mia méra	ein Tag
mia óra	eine Stunde
chtés	gestern
símera	heute
ávrio	morgen
to proí	am morgen/vormittags
messiméri	mittags
to vrádi	abends
ti níchta	nachts
i ánixi	Frühling
to kalokéri	Sommer
to ftinóporo	Herbst
o chimónas	Winter

Tage

i Kiriakí	Sonntag
i Deftéra	Montag
i Tríti	Dienstag
i Tetárti	Mittwoch
i Pémpti	Donnerstag
i Paraskeví	Freitag
to Ssávato	Samstag

Zahlen

midén	0
énas, mía, éna	1
dío	2
trís, trís, tría	3
tésseris, tésseris, téssera	4
pénte	5
éxi	6
eftá	7
ochtó	8
ennéa	9
déka	10
éndeka	11
dódeka	12
dekatrís, dekatrís, dekatria	13
dekatésseris, dekatésseris, dekatéssera	14
dekapénte	15
dekaéxi	16
dekaeftá	17
dekaochtó	18
dekaennéa	19
íkosi	20
íkosi énas	21
triánda	30
ssaránda	40
penínda	50
exínda	60
evdomínda	70
ogdónda	80
enenínda	90
ekató	100
ekatón énas	101
diakósia	200
triakósia	300
chília	1000
dio chiliádes	2000
misós,i,o	½
prótos, i, o	1.
défteros,i,o	2.
trítos,i,o	3.

Wichtige Verben

thélo	ich möchte
thélis	du möchtest
théli	er, sie, es möchte
théloume	wir möchten
thélete	ihr möchtet, Sie möchten
théloun	sie möchten
écho	ich habe
échis	du hast
échi	er,sie,es hat/es gibt
échoume	wir haben
échete	ihr habt, Sie haben
échoun	sie haben
íme	ich bin
ísse	du bist
íne	er, sie, es ist
ímaste	wir sind
íste	ihr seid, Sie sind
íne	sie sind
den	nicht (zur Verneinung von Verben)

HILFE!

Dieser Reiseführer ist gespickt mit unzähligen Adressen, Preisen, Tipps und Infos. Nur vor Ort kann überprüft werden, was noch stimmt, was sich verändert hat, ob Preise gestiegen oder gefallen sind, ob ein Hotel, ein Restaurant immer noch empfehlenswert ist oder nicht mehr, ob ein Ziel noch oder jetzt erreichbar ist, ob es eine lohnende Alternative gibt usw.

Unsere Autoren sind zwar stetig unterwegs und versuchen, alle zwei Jahre eine komplette Aktualisierung zu erstellen, aber auf die Mithilfe von Reisenden können sie nicht verzichten.

Darum: Schreiben Sie uns, was sich geändert hat, was besser sein könnte, was gestrichen bzw. ergänzt werden soll. Nur so bleibt dieses Buch immer aktuell und zuverlässig. Wenn sich die Infos direkt auf das Buch beziehen, würde die Seitenangabe uns die Arbeit sehr erleichtern. Gut verwertbare Informationen belohnt der Verlag mit einem Sprechführer Ihrer Wahl aus der über 220 Bände umfassenden Reihe „Kauderwelsch" (Auswahl siehe unten).

Bitte schreiben Sie an:

REISE KNOW-HOW Verlag Peter Rump GmbH, Postfach 140666, D-33626 Bielefeld,

oder per e-mail an: info@reise-know-how.de

Danke!

Kauderwelsch-Sprechführer – sprechen und verstehen rund um den Globus

Anhang

guest inn
THE GREEK NETWORK
OF RURAL ACCOMMODATION
www.guestinn.com
Entdecken Sie unberührte
Ecken Kretas und
erleben Sie authentische Ferien
in traditionellen B&B's
und Ferienhäusern!
Spend Your Holidays
in the Greek Countryside!

Register

Die Autoren

224kr Foto: bk

Dr. Margit Brinke und Dr. Peter Kränzle haben sich während ihrer langen Tätigkeit als freie Journalisten und Autoren einen Namen im Sport- und vor allem Reisejournalismus gemacht.

Dank des gemeinsamen Studiums Klassischer Archäologie, Alter Geschichte und Kunstgeschichte kennen sie Kreta seit mehr als 20 Jahren „wie ihre Westentasche", haben dort zahlreiche Freundschaften geschlossen und kehren regelmäßig dorthin zurück. Der vorliegende Kretaführer verbindet das durch Studium und mehrjährige Ausgrabungspraxis erlernte „Handwerk" mit dem Reisejournalismus und der Liebe zu Griechenland.

Im Reise Know-How Verlag liegen u.a. bereits die City Guides „New York", „San Francisco" und „Chicago", sowie die CityTrips „Athen", „New York", „Los Angeles", „Salzburg", „Toronto", „Basel" und „Genf" vor. Weitere sind in Arbeit. Zusammen mit vielen Büchern in verschiedenen anderen Verlagen ergibt sich eine Bibliografie von mittlerweile fast 70 Titeln.

Hinzu kommt die regelmäßige Mitarbeit bei verschiedenen Reise-, Kultur- und Sportzeitschriften sowie Tageszeitungen.

Atlas

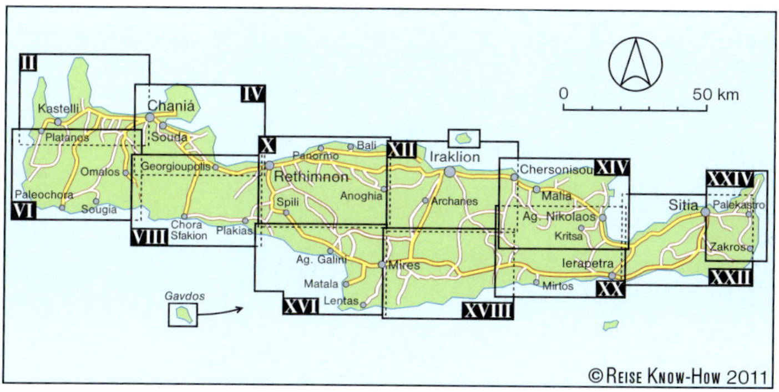

Zeichenerklärung

- Festung
- Kloster
- Kirche
- Ausgrabungsstätte
- Museum
- Sehenswürdigkeit
- Höhle
- Schutzhütte

- Hauptstraße
- Nebenstraße
- Schotterpiste, unbefestigte Straße
- Fußweg
- Militärisches Sperrgebiet
- Naturpark

2000 m
1500 m
1000 m
500 m
0

0 5 10 15 km

Maßstab 1 : 200.000

Nordwesten
Antikythira, Gythion
A
B
1
2
3
Akrotiri Spanda
Zovigli 370
Diktina
Mouri 747
Rodopos-Halbinsel
N. Agria Gramvousa
Akrotiri Vouxa
N. Gramvousa
Ormos Gramvousa
Akrotiri Tigani
Strand von Balos
Gramvousa-Halbinsel
Agia Irini
Geroskinos 762
Agios Joannis Gionis
Onichas 748
Agios Konstantinos
Spitakiou Korifi 646
Ellinosp
Afrata
Rodopos
Astratig
KISSAMOS-BUCHT
Ravdouha
Aspra Nera
Kamara
Koumares 306
Melissourgio
Kalidonia
Akrotiri Kavonisi
Akrotiri Koutri
Falassarna
N. Petalida
Azogiras
Kaliviani
Trahilos
E65
Nopigia
Nohia
Kíssamos (Kastélli)
Furnados
Ormos Livadi
Koleni
Drapanias
Karthiana
Nisakia
Lardas
Kaloudiana
Episkopi
Tiflos
Kallergiana
Kotsiana
N. Prasa
Platanos
Kavoussi
Heretiana
Limani
Marediana
Roka
Metoh
Galouvas
Grigoriana
Vardiana
Pervolakia
Astrikas
Sfakopigadi
Polyrrhenia
246 Kochlidokefala
Zachariana
Lousakies
Polyrinia
Voulgaro
Houdaliana
Vasiliana
Koukounara
Trialonia
Deliana
Volakes 825
Kalathenes
Mouri
Zimbragos
Aikirgiasnis
Malathinos
Fotoi

VI

C
Platanos
Chania
Iraklion
Malia
Rethimnon
Sitia
Paleochora
Chora Sfakion
Matala
Mires
Ierapetra
1
0
5 km
BUCHT VON CHANIA
2
N. Agii Theodori
Rapaniana
Tavronitis
Deutscher Soldatenfriedhof
Kamisiana
Maleme
Pyrgos Psylonerou
Gerani
Platanias
Chaniá
E65
Agia Marina
Stalos
Galatos
Xamoudohori
Modi
Sirili
Loutraki
Vrises
Polichna
Xirokambi
Zounaki
Vamvapoulos
Pirgos
Mournies
Kirtomados
Oassi
Marmaras
3
Perivolia
Babiolos
Koufos
Agia
Garipas
Manoliopoulo
Apothikes
Ag. Cyrianis
Milohiana
Varipetro
Vandes
IV
Alikanos
Soros 282
Skonizo
Vatolakkos
Agios Georgios
Nteres
C
VII
D
©Reise Know-How 2011
Atlas

Chaniá - Almira-Bucht
A
B
1
2
3
Akrotiri Tripiti
Stavros
Moni Katholiko
Akrotiri Maleka
Moni Gouverneto
Akrotiri Mavromouri
Akrotiri-Halbinsel
Tersanas
Koumares
Moni Agia Triada (Tzangarolou)
Horatakia
Sklocha 528
Kalatas
Kalorrouma
Hordaki
Agios Onufrios
Kambani
Risoskloton
Mouzouras
Kounoupidiana
Profitis Ilias
Venizelos-Grabmal
Pervol
Argoulides
Paxinos
Chaniá
Korakies
Pithari
Aroni
Sternes
Soldaten-friedhof
Maravi
N. Palaia Souda
Souda
Vamvapoulos
Pirgos
SOUDA-BUCHT
Nisos Souda
Mournies
Perivolia
Tsikalaria
Akrotiri Souda
Nerokouros
Kalami
Garipas
E75
Aptera
Vandes
Malaxa
Megali Horafia
Metohi
Nisos Karga
Kiliaris
Agios Georgios
Kondopoula
Kalives
Panagia
Almirid
Katohori
Aletrouvari
Tsivaras
Loulos
Stilos
Armeni
Douliana
Provarma
Gerolakos
Kambi
Samonas
Neo Horio
Gavalo
Plativola
Gero Prinos
Hiliomoudo
Maheri
Ag. Nikolaos
90
Kaina
Thimia
Drakona
Tsakistra
Vamos
Theriso
Halassi 1221
Ramniri
Paidohori
Madaro
Anginares 1150
Kares
Pemonia
Melidoni
Xerakokefala 1238
Fres
Nippos
Vrises
Volika
Tzitzifes
Mavri 2069
Vafeso
Filipi
Ornio 2153
Embrossneros
Alika
© Reise Know-How 2011
III
VII
VIII

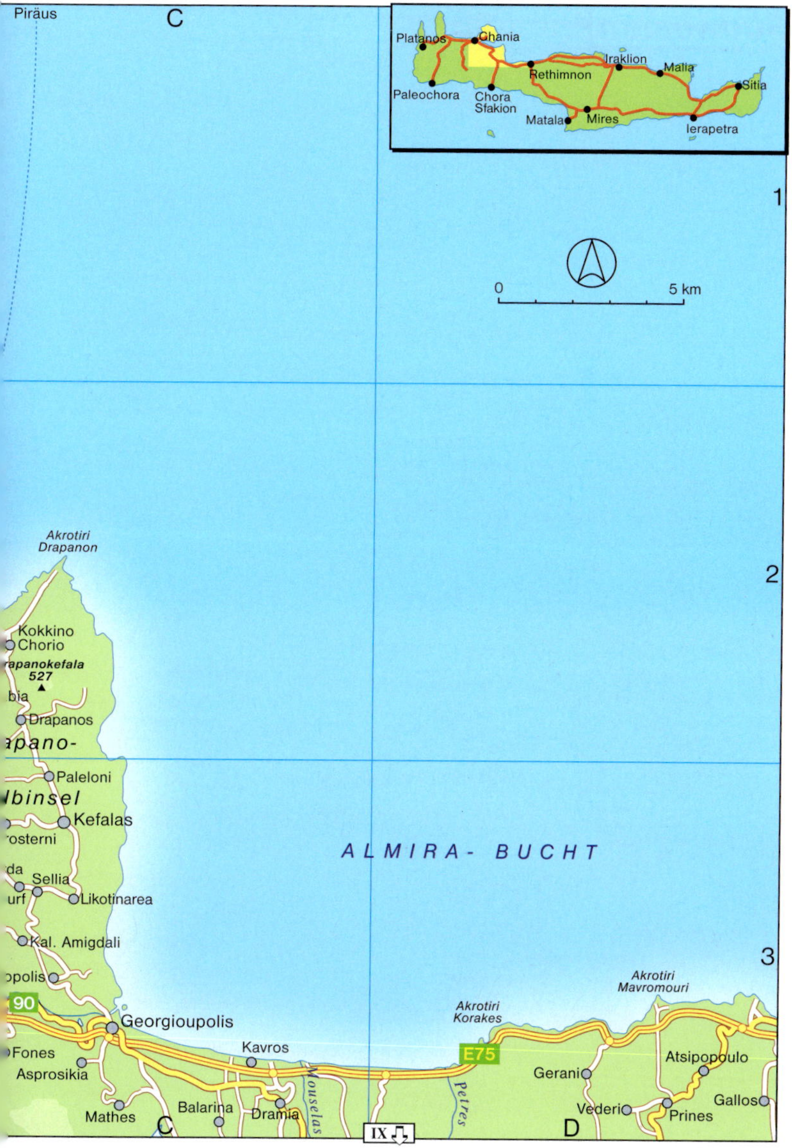
Piräus
C
Platanos
Chania
Iraklion
Malia
Rethimnon
Sitia
Paleochora
Chora Sfakion
Matala
Mires
Ierapetra
1
0
5 km
2
3
Akrotiri Drapanon
Kokkino Chorio
rapanokefala 527
bia
Drapanos
apano-
Paleloni
lbinsel
Kefalas
rosterni
da
Sellia
urf
Likotinarea
Kal. Amigdali
opolis
90
Georgioupolis
Fones
Asprosikia
Mathes
Kavros
Balarina
Dramia
Mouselas
ALMIRA- BUCHT
Akrotiri Korakes
Akrotiri Mavromouri
E75
Petres
Gerani
Atsipopoulo
Vederi
Prines
Gallos
C
D
IX

Südwesten
Platanos
Kavoussi
Marediana
Grigoriana
Polyrinia
Galouvas
Vardiana
Pervolakia
Sfakopigadi
Houdaliana
Zachariana
Lousakies
Polyrinia
Voulgaro
Koukounara
Trialonia
Delia
246
Kochlidokefala
Volakes
825
Kalathenes
Mouri
Tiflos
Ormos Sfinari
Aikirgiasnis
Malathinos
Topolia
Seli
603
Sineniana
Akrotiri
Korakas
Sfinari
Ano Sfinari
Miheliana
Ag. Sophia
Melissa
Koutsamatados
Sassalos
Mesavl
Kostagianides
Oxo Koproula
695
Kambos
Berpathiana
Vlatos
Vitsilango
683
Koutroulis
1071
Rogdia
Mili
Keramoti
Lohia
Strovles
Milonou
Kefali
Papadiana
Amigdalokefali
Pervolia
Elos
Simadiriana
Vathi
Aligi
Agios Dikalos
1182
Plokamiana
Tsounara
1100
Psariana
Tzitzifa
Akrotiri
Mavros
Dris
Tsounara
1100
Trahiniakos
Montsiana
Stomio
Ormos
Stomiou
Kopeti
Kandanos
Moustakos
Arhondiko
Grigoriana
Plemeniana
Moni Chrissoskalitissa
Chrisokalitissa
Foleriana
Kalithea
1018
Kamatera
Stavros
Sarakina
Sfakia
Sklavopoula
Kefali
Kakodili
Maniatiana
Kitiros
Voutas
Strati
Timios
Stavros
Vlithias
Vathiroumea
Chassi
Kotsiveliana
Kadros
Azogires
Ahladiakes
Elafonisi
Kondokinigi
Kalamos
Agio Theodori
Azogires
Spaniakos
Elafonisi
Asfend
Pelekonotikos
Agia
Triada
Anidri
Ag. Ioannis
Agios Georgi
Agia Kinaki
Gialos
Koundoura
Akrotiri
Krios
Akrotiri
Trahili
Kastelli Selinou
Ormos Selino Kast
Paleochora
0
5 km
©Reise Know-How 2011
Gavd
A
B
1
2
3
II

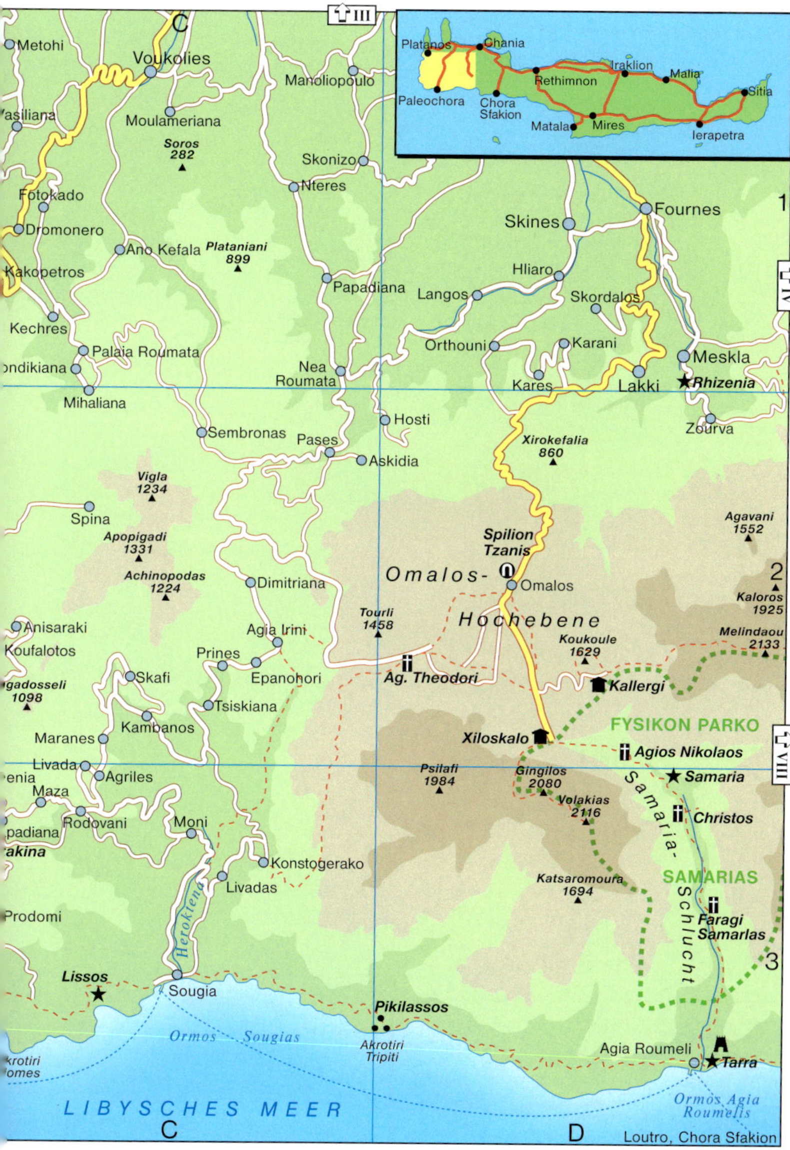
III
IV
VIII
C
D
1
2
3
Platanos
Chania
Paleochora
Chora Sfakion
Rethimnon
Iraklion
Malia
Sitia
Matala
Mires
Ierapetra
Metohi
Voukolies
Manoliopoulo
Vasiliana
Moulameriana
Soros 282
Skonizo
Nteres
Fotokado
Dromonero
Ano Kefala
Plataniani 899
Kakopetros
Papadiana
Langos
Hliaro
Skines
Fournes
Skordalos
Kechres
Palaia Roumata
Orthouni
Karani
Meskla
Rhizenia
Nea Roumata
Kares
Lakki
Mihaliana
Hosti
Zourva
Sembronas
Pases
Askidia
Xirokefalia 860
Vigla 1234
Spina
Apopigadi 1331
Achinopodas 1224
Spilion Tzanis
Agavani 1552
Omalos-Hochebene
Omalos
Dimitriana
Kaloros 1925
Tourli 1458
Melindaou 2133
Anisaraki
Agia Irini
Koukoule 1629
Koufalotos
Prines
Epanohori
Ag. Theodori
Kallergi
Skafi
Tsiskiana
Kambanos
Maranes
FYSIKON PARKO
Xiloskalo
Agios Nikolaos
Livada
Agriles
Psilafi 1984
Gingilos 2080
Samaria
Maza
Volakias 2116
Christos
Rodovani
Moni
Samaria-Schlucht
Konstogerako
Livadas
Katsaromoura 1694
SAMARIAS
Prodomi
Faragi Samarias
Heroklena
Lissos
Sougia
Pikilassos
Ormos Sougias
Akrotiri Tripiti
Agia Roumeli
Tarra
LIBYSCHES MEER
Ormos Agia Roumelis
Loutro, Chora Sfakion

Atlas

IV
A
B
1
2
3
VII
Theriso
Drakona
Thimia
Tsakistra
Maheri
Kaina
Vamos
Ramniro
Paidohori
Halassi
1221
Madaro
Anginares
1150
Xerakokefala
1238
Kares
Melidoni
Pemonia
Fres
Nippos
90
Vrises
Volika
Tzitzifes
Vafeso
Filippos
Alikamb
Agavani
1552
Mavri
2069
Kaloros
1925
Ornio
2153
Embrossneros
Korda
1612
Agio Pnevma
2254
Melindaou
2133
Lines
2093
Anthropolithos
2096
Vatoudiaris
Katsiveli Takis
Xouliopoulos
Grias Soros
2331
FYSIKON
PARKO
SAMARIAS
Weiße Berge
(Levka Ori)
Kastro
2218
Kares
Pachnes
2453
Kakovoli
2214
Askifou
1858
Korifi
Avlimonakou
Troharis
2410
Tavri
Goni
Zaranokefala
2140
Kerdokefala
1720
Imbros-Schlucht
Akones
1239
Imbros
Papakefala
1020
Asfend
Spilia
Falangari
Agios Pavlos
Agios
Ioannis
Michail
Archangelos
Vigle
S
F
A
K
Aradena
Ormos Agia
Roumelis
Ag. Katarini
Pavliana
Anopolis
Komitades
Vouvas
Livaniana
Kambia
Chora Sfakion
Vraskas
Loutro
Finix
Akrotiri
Mouros
Akrotiri
Vatalos
Platanos
Chania
Iraklion
Malia
Rethimnon
Sitia
Paleochora
Chora
Sfakion
Matala
Mires
Ierapetra
Gavdos

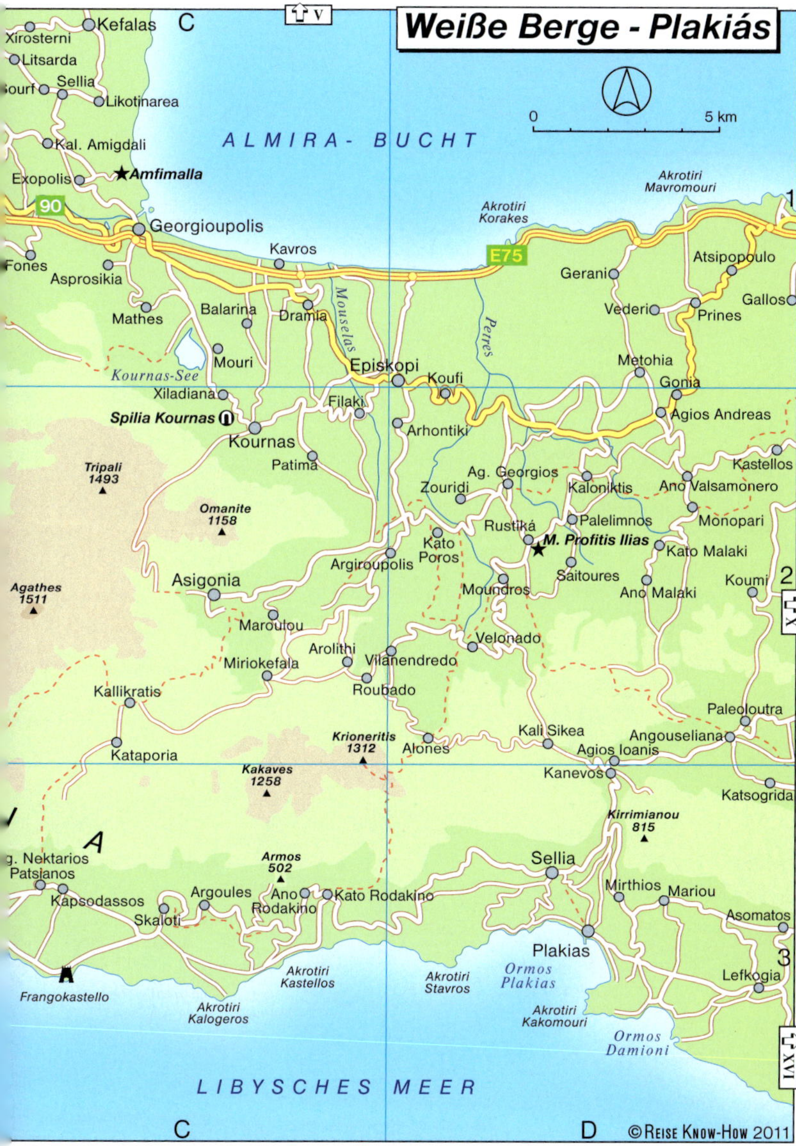
Weiße Berge - Plakiás
0
5 km
V
C
D
A
1
2
3
X
XVI
ALMIRA- BUCHT
LIBYSCHES MEER
Akrotiri Mavromouri
Akrotiri Korakes
E75
90
Kefalas
Xirosterni
Litsarda
Sellia
Likotinarea
Kal. Amigdali
Exopolis
Amfimalla
Georgioupolis
Fones
Asprosikia
Kavros
Mathes
Balarina
Dramia
Mouselas
Petres
Mouri
Kournas-See
Xiladiana
Spilia Kournas
Kournas
Patima
Episkopi
Koufi
Filaki
Arhontiki
Gerani
Atsipopoulo
Vederi
Prines
Gallos
Metohia
Gonia
Agios Andreas
Kastellos
Ano Valsamonero
Kaloniktis
Ag. Georgios
Zouridi
Monopari
Palelimnos
Rustiká
M. Profitis Ilias
Kato Malaki
Kato Poros
Argiroupolis
Saitoures
Ano Malaki
Koumi
Moundros
Tripali 1493
Omanite 1158
Agathes 1511
Asigonia
Maroulou
Velonado
Arolithi
Vilanendredo
Miriokefala
Roubado
Kallikratis
Paleoloutra
Angouseliana
Kali Sikea
Agios Ioanis
Kataporia
Krioneritis 1312
Alones
Kanevos
Katsogrida
Kakaves 1258
Kirrimianou 815
g. Nektarios
Patsianos
Armos 502
Sellia
Mirthios
Mariou
Kapsodassos
Argoules
Ano Rodakino
Kato Rodakino
Skaloti
Asomatos
Plakias
Lefkogia
Frangokastello
Akrotiri Kastellos
Akrotiri Stavros
Ormos Plakias
Akrotiri Kalogeros
Akrotiri Kakomouri
Ormos Damioni
©Reise Know-How 2011

Atlas

Platanos
Chania
Iraklion
Malia
Rethimnon
Sitia
Paleochora
Chora Sfakion
Matala
Mires
Ierapetra
B
0
5 km
1
2
3
A
B
Lavris
Geropotamos
Stavromenos
Skaleta
Magnisia
Prinos
Moni Arseniou
Rethimnon
Perivolia
Platanias
Hamalevri
Pangalohori
Viranepiskopi
Ano Viranepiskopi
Missiria
Adele
Pigi
Erfi
Alfa
Kastellakia
Gianoudi
Agios Dimitrios
Loutra
Kallergos
Moni Halewis
Mikra Anogia
Maroulas
Skouloufia
Roupes
Gallos
Agia Irini
Mili
Agia Triada
Mesi
Kiriana
Rousospiti
Eleftherna
Amnatos
Somatas
Chromonastiri
Prassies
Vrissinas 585
Kastellos
Armeni
Harkia
Kavoussi
Moni Arkadi
Agios Georgios
Oros
Mirthios
Seli
Kare
Gouledianа
77
IX
Potamida
Koumi
Fotinos
Falanna
Genni
Voleones
Moni Veniou
Sybrita
Klissidi
Thronos
Antonio Spilia
Apostoli
Pandanasa
Paleoloutra
Ag. Fotini
Genna
Agios Vasilios
Karines
Patsos
Katsonissi 1108
Katsogrida
Meronas
Soros 1186
Lambini
Amari
Monastiri
Opsigia
Koxare
Ano Mixorrouma
Dariviana
Spili
Messonisia
Elenes
Agia Pelagia
Mixorrouma
Ag. Ioanis Theodoros
Gerakari
Kardaki
Mourne
Smiles
Gourgouthi
Vrises
Frati
Asomatos
Kissanos
Kissos
Drigies
Kissou Kambo
Ano Meros
XVI

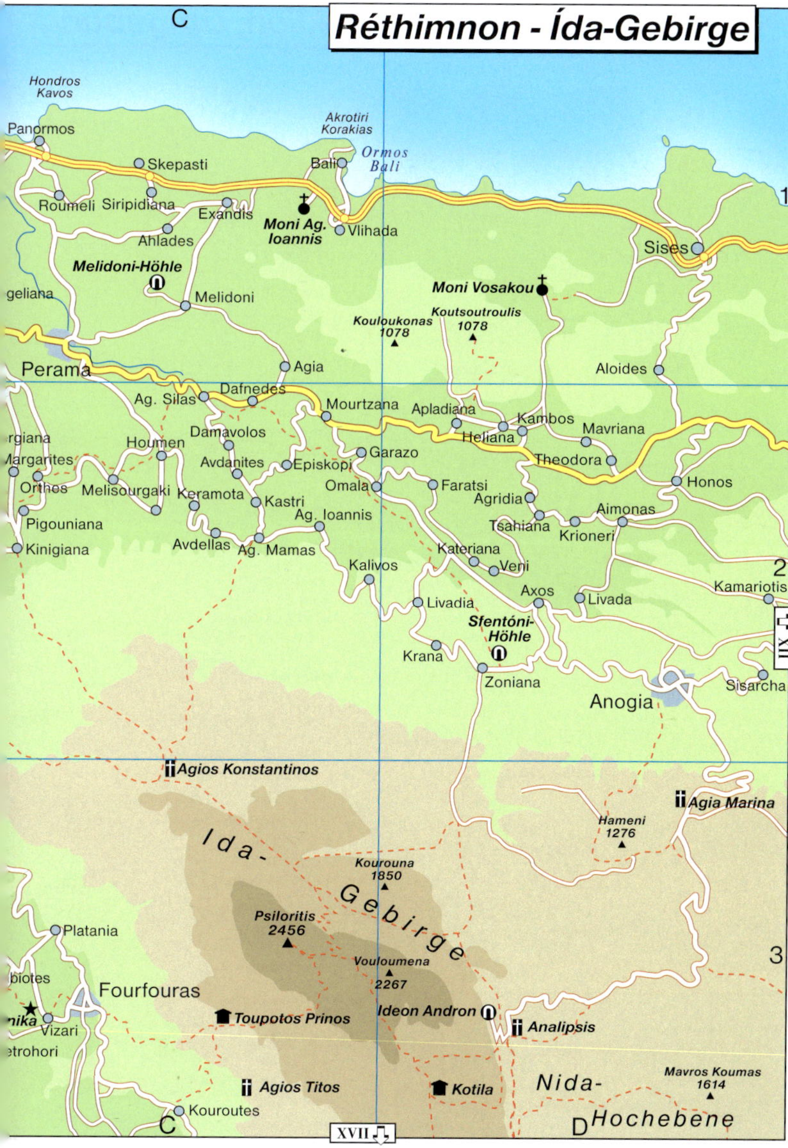
Réthimnon - Ída-Gebirge
Hondros Kavos
Panormos
Akrotiri Korakias
Ormos Bali
Bali
Skepasti
Roumeli
Siripidiana
Exandis
Ahlades
Moni Ag. Ioannis
Vlihada
Sises
Melidoni-Höhle
Melidoni
Moni Vosakou
Kouloukonas 1078
Koutsoutroulis 1078
Perama
Agia
Aloides
Ag. Silas
Dafnedes
Mourtzana
Apladiana
Kambos
Heliana
Mavriana
Damavolos
Houmen
Avdanites
Episkopi
Garazo
Theodora
Orthes
Melisourgaki
Keramota
Kastri
Omala
Faratsi
Agridia
Honos
Aimonas
Pigouniana
Ag. Ioannis
Tsahiana
Krioneri
Kinigiana
Avdellas
Ag. Mamas
Kateriana
Veni
Kalivos
Axos
Livada
Livadia
Kamariotis
Sfentóni-Höhle
Krana
Zoniana
Anogia
Sisarcha
Agios Konstantinos
Agia Marina
Hameni 1276
Ida-Gebirge
Kourouna 1850
Psiloritis 2456
Vouloumena 2267
Platania
Fourfouras
Vizari
Toupotos Prinos
Ideon Andron
Analipsis
Agios Titos
Kotila
Nida-Hochebene
Mavros Koumas 1614
Kouroutes
C
D
1
2
3
XII
XVII

©Reise Know-How 2011
Iráklion, Umgebung
A
B
1
2
3
Akrotiri Stavros
Ormos Alichis
Ormos Fodele
Agia Pelagia
Akrotiri Panagia
Ancona
Fodele
El-Greco-Museum
Vassiliko 734
MILITÄR-
SPERRGEBIET
E75
Paleokastro
Rogdia
M. Pandeleimon
Damasta
Marathos
Stroumbolas 800
Iraklio
Ammoudara
Gazi
Agia Marina
Moni Theodori
Arolithos
Aidonohori
Kamariotis
Astiraki
Kamaraki
Tilissos
Sisarcha
Goniai
Moni
Kato Kalessia
Ano Kalessia
Keramoutsi
Kamari
Athanati
Voutes
97
Malades
Korfes
Stavrakia
Moni Jerusalim
Petrokefalo
Loutraki
Pendamodi
Agios Mironas
Krousonas
Kitharida
Moni Agia Irini
Sarhos
Pirgou
Tsangaraki
Dafnes
Nissi
Siva
Moni Gorgolani
Profitis Ilias
Lykastos
Kerassia
Venerato
Avgeniki
Moni Palliani
Kparissos
Pirgos
Sinapi
Roukani
Galeni
XI
XVIII
Platanos
Chania
Iraklion
Malia
Rethimnon
Sitia
Paleochora
Chora Sfakion
Matala
Mires
Ierapetra

Peiraiefs
C
Thira
0
5 km
Rhodos
Akrotiri Marmara
D
N. Glaronisi
Mavromouri 268
Ormos Platania
Akrotiri Anginara
Akrotiri Korakias
Ag. Georgios
Ormos Sfakakia
N. Paximadi
Nisos Dia
Ormos Panagia
Akrotiri Stavros
1
Karpathos
Alikarnassos
Svourou Methohi
Vathianos Kampos
Kokkini Hani
Proph. Ilias
Kato Gournes
Amnisos
Tombrouk
Analpisi
Finikas
Gournes
Karteros
Eileithyia Spilia
E75
Prassas
Fortetsa
Makritihos
Gouves
Agriana
Elia
Anopoli
Knossos
Knossos
Kato Vathia
Moni Theologou
2
Skotino
Skotino Höhle
Ag. Ioannis
Kenurgio Horio
Koxari
XIV
Spilia
Kalo Chorio
Skalani
Vorisi
Marathitis
Epano Vathia
Galipe
99
Silamos
Haraso
Patsides
Aïtania
Stamni
Galifa
Sillas
Episkopi
Agia Paraskevi
Lagos
Anemospila
Kato Archanes
Hohlakies
Smari
Kazantzakis Museum
Sgourokefali
Sores Pandeli 538
Kounavi
Mirtia
Kato Astraki
Ano Archanes
Ano Astraki
M. Angarathou
Pigi
Katalagari
Peza
Agios Panteleimon
Ag. Paraskies
Kaloni
Apostoli
Lythos
Sambas
Kastelli
3
Filisa
Agios Vassilos
Zofori
Arhangelos
Voni
Diavaide
XX
Moni Spilidissa
Meleses
Thrapsano
Evangelismos
Agios Georgios Atsiparas
Houdetsi
Astritsi
M. Ag. Marina
Liliano
Galatas
Agia Paraskevi
Alagni
Armaha
Partheni
C
D
XIX

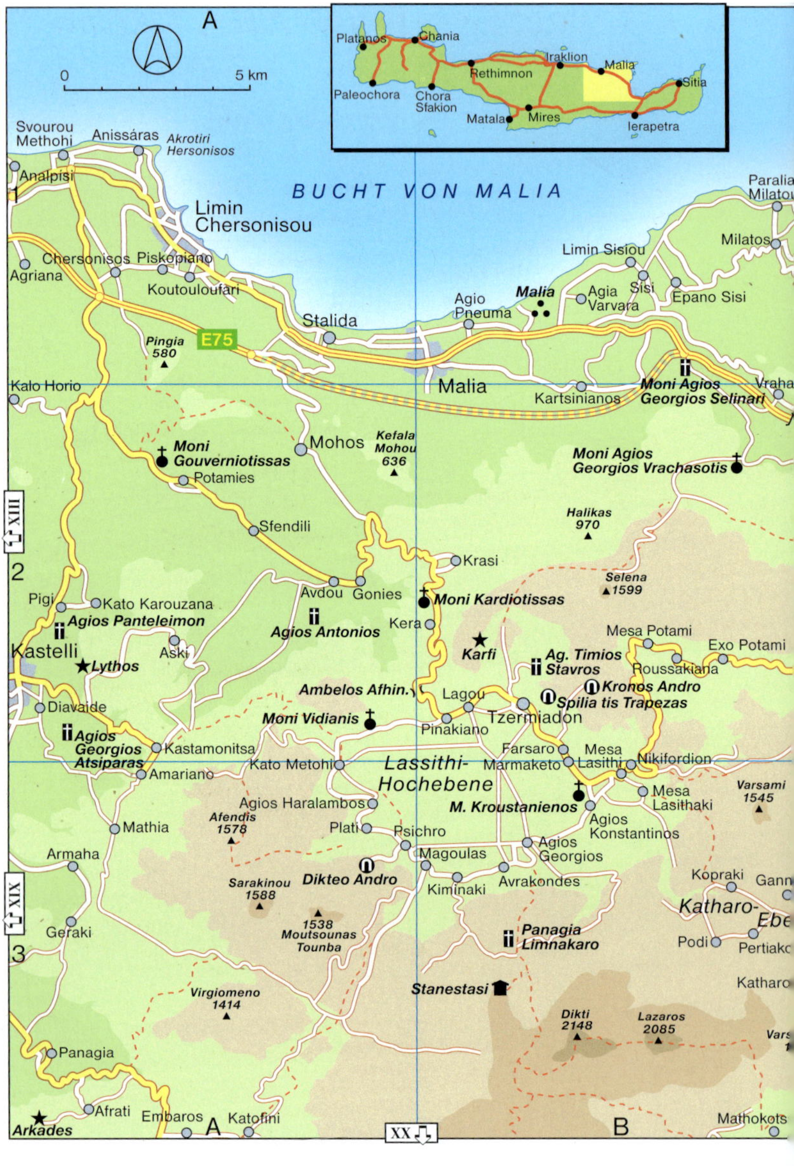

A
0
5 km
Platanos
Chania
Iraklion
Malia
Rethimnon
Sitia
Paleochora
Chora Sfakion
Matala
Mires
Ierapetra
Svourou Methohi
Anissáras
Akrotiri Hersonisos
Analpisi
BUCHT VON MALIA
Limin Chersonisou
Paralia Milatou
Milatos
Limin Sisiou
Chersonisos
Piskopiano
Agriana
Koutouloufari
Agio Pneuma
Malia
Agia Varvara
Sisi
Epano Sisi
Stalida
Pingia 580
E75
Kalo Horio
Malia
Kartsinianos
Moni Agios Georgios Selinari
Vraha
Moni Gouverniotissas
Mohos
Kefala Mohou 636
Moni Agios Georgios Vrachasotis
Potamies
Halikas 970
Sfendili
XIII
2
Krasi
Selena 1599
Avdou
Gonies
Moni Kardiotissas
Pigi
Kato Karouzana
Agios Panteleimon
Agios Antonios
Kera
Mesa Potami
Exo Potami
Kastelli
Aski
Lythos
Karfi
Ag. Timios Stavros
Roussakiana
Kronos Andro
Ambelos Afhin.
Lagou
Spilia tis Trapezas
Diavaide
Moni Vidianis
Tzermiadon
Pinakiano
Agios Georgios Atsiparas
Kastamonitsa
Farsaro
Mesa Lasithi
Nikifordion
Kato Metohi
Lassithi-Hochebene
Marmaketo
Amariano
Varsami 1545
Mesa Lasithaki
M. Kroustanienos
Agios Haralambos
Afendis 1578
Agios Konstantinos
Mathia
Plati
Psichro
Agios Georgios
Armaha
Magoulas
Sarakinou 1588
Dikteo Andro
Kopraki
Kiminaki
Avrakondes
XIX
Katharo-Ebe
1538 Moutsounas Tounba
Geraki
3
Panagia Limnakaro
Podi
Pertiako
Stanestasi
Katharo
Virgiomeno 1414
Dikti 2148
Lazaros 2085
Panagia
Afrati
Embaros
A
Katofini
B
Mathokots
Arkades
XX

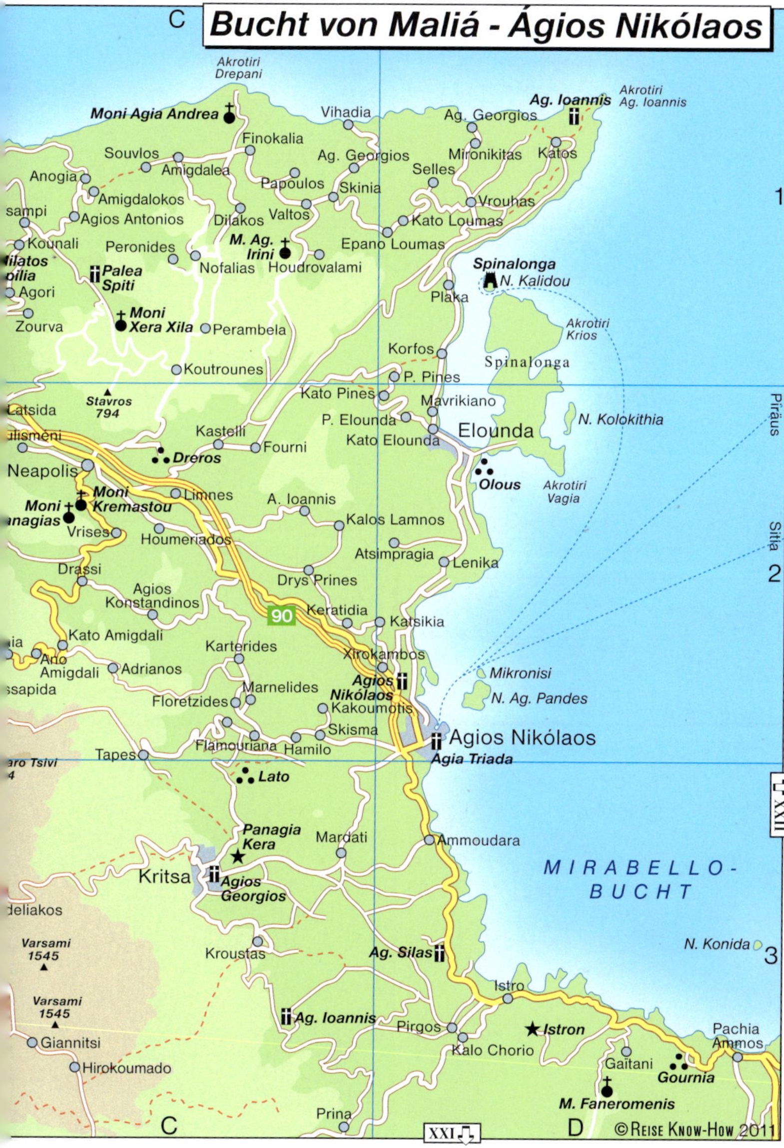

Bucht von Maliá - Ágios Nikólaos
C
D
1
2
3
Akrotiri Drepani
Moni Agia Andrea
Vihadia
Ag. Ioannis
Akrotiri Ag. Ioannis
Ag. Georgios
Finokalia
Souvlos
Amigdalea
Ag. Georgios
Mironikitas
Katos
Anogia
Papoulos
Selles
Skinia
Amigdalokos
Vrouhas
Agios Antonios
Dilakos
Valtos
Kato Loumas
Kounali
Peronides
M. Ag. Irini
Epano Loumas
Nofalias
Houdrovalami
Palea Spiti
Spinalonga
N. Kalidou
Agori
Plaka
Moni Xera Xila
Zourva
Perambela
Akrotiri Krios
Korfos
Spinalonga
Koutrounes
P. Pines
Kato Pines
Stavros 794
Mavrikiano
Latsida
P. Elounda
N. Kolokithia
Kastelli
Kato Elounda
Elounda
Fourni
Dreros
Neapolis
Olous
Akrotiri Vagia
Moni Kremastou
Limnes
A. Ioannis
Vrises
Kalos Lamnos
Houmeriados
Atsimpragia
Lenika
Drassi
Drys Prines
Agios Konstandinos
Keratidia
90
Katsikia
Kato Amigdali
Karterides
Xirokambos
Ano Amigdali
Adrianos
Mikronisi
Agios Nikólaos
Marnelides
N. Ag. Pandes
Floretzides
Kakoumotis
Skisma
Agios Nikólaos
Flamouriana
Hamilo
Agia Triada
Tapes
Lato
Panagia Kera
Mardati
Ammoudara
Kritsa
Agios Georgios
MIRABELLO-BUCHT
Varsami 1545
N. Konida
Kroustas
Ag. Silas
Istro
Ag. Ioannis
Pirgos
Istron
Pachia Ammos
Giannitsi
Kalo Chorio
Gaïtani
Gournia
Hirokoumado
M. Faneromenis
Prina
Piräus
Sitia
XXII
XXI
©REISE KNOW-HOW 2011

Atlas

Agía Galíni - Mátala
Kissou Kambo
Vatos
Kendrohori
Platanes
Kedros 1776
Kato Moni Preveli
Gianiou
Ardaktos
Spilia Thripi
Vrises
Akoumia
Kerames
Moni Preveli
Angalianos
1162 Assideroto
77
Kria Vrisi
Nea Kria Vrisi
Agia Paraskevi
Melambes
Kato Saktouria
Ano Saktouria
Tris Petres
Akrotiri Melissa
Agios Pavlos
Agios Georgi
Nisos Prassonissi
Platanos
Chania
Rethimnon
Iraklion
Malia
Sitia
Paleochora
Chora Sfakion
Matala
Mires
Ierapetra
Paleochora
Chora Sfakion
Akrotiri Ag. Ioannis
Lavrakas
Akrotiri Kefali
Ag. Georgios
Strand von Sarakiniko
Ambelos
Vardia 345
Karave
Kastri
Vatsiana
Strand von Korfo
Gávdos
Akrotiri Tripiti
LIBYSCHES MEER
0
5 km
A
B
1
2
3
IX
X

Kouroutes
o Meros
Chordaki
Agios Ioanis
Nithavris
Hondrada 1168
Kouroupito
Spilia Kamaron
Soros 1720
Alikadam 1654
1926
Samari 1417
Agia Paraskevi
Apodoulou
Lohria
Ardaktos
Taphos minois
Platanos
Vathiako
Kamares
Vorizia
Moni Vrondisi
Moni Valsamonerou
Grigoria
Agios Georgios
Rizikas
Sata
Magarikari
Klima
Kalohorafitis
Laloumas
Lagoli
Skourvoula
Kissi
SPERRGEBIET
Agia Galini
Moní Kerá Kardiótisi
Kokkiros Pirgos
Timbaki
Messara-Ebene
Apolichnos
Galia
Faneromeni
Ag. Antonios
Vori
MILITÄR-FLUGPLATZ
Moni Kaliviani
Mires
MESSARA-BUCHT
Agia Triada
Festos
97
Kappariana
Kalamaki
Ag. Ioannis
Agios Pavlos
Geropotamos
XVIII
Kamilari
Petrokefali
Peri
Sivas
Krousses
Kommos
Pitsidia
Pombia
Alithini
Vigla 659
Listaros
Matala
Pigedakia
231 Moudia
375 Harkokefalas
Moni Odigitrias
Schlucht der Eremiten
Antiskari
Lassaia
Platia Peramata
Kefali 391
Kali Limenes
ag. Nikolaos
XI
C
D
1
2
3
©Reise Know-How 2011

Atlas

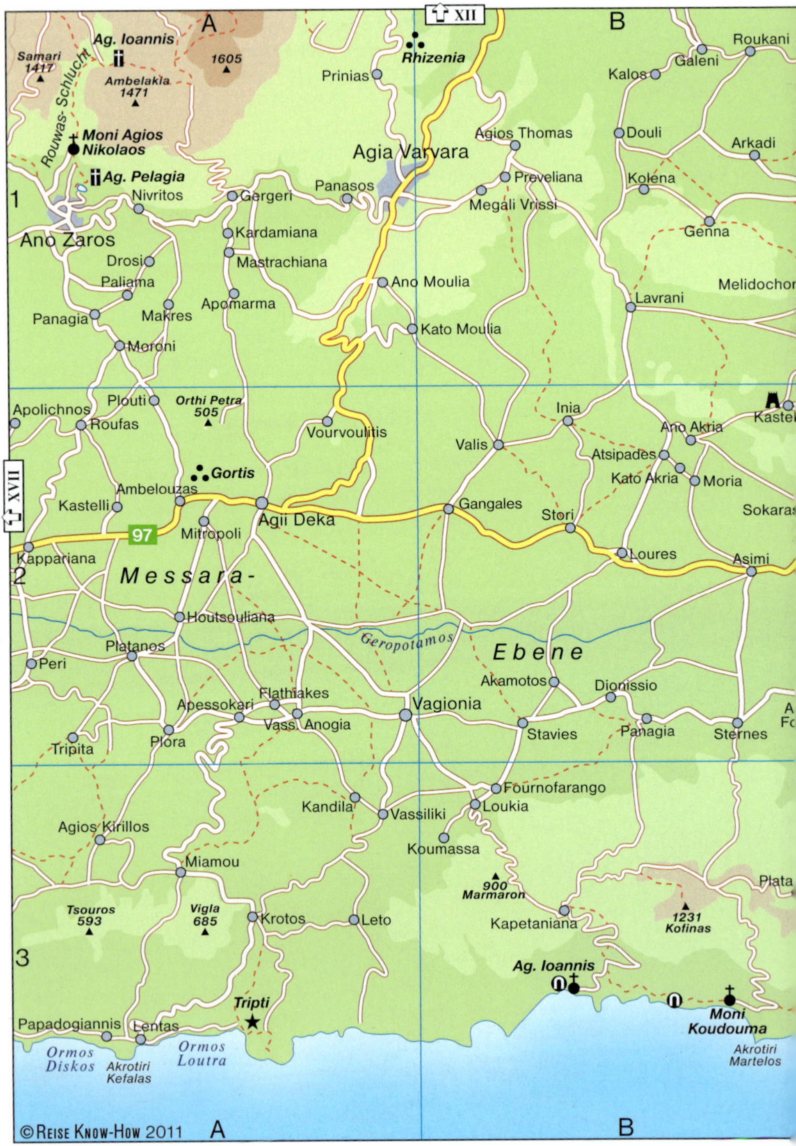
XII
XVII
A
B
1
2
3
Samari 1417
Ag. Ioannis
1605
Rouwas-Schlucht
Ambelakia 1471
Moni Agios Nikolaos
Ag. Pelagia
Nivritos
Ano Zaros
Drosi
Paliama
Panagia
Makres
Moroni
Gergeri
Kardamiana
Mastrachiana
Apomarma
Prinias
Rhizenia
Agia Varvara
Panasos
Agios Thomas
Preveliana
Megali Vrissi
Ano Moulia
Kato Moulia
Kalos
Galeni
Roukani
Douli
Arkadi
Kolena
Genna
Melidochor
Lavrani
Apolichnos
Plouti
Roufas
Orthi Petra 505
Gortis
Vourvoulitis
Valis
Inia
Ano Akria
Atsipades
Kato Akria
Moria
Kastel
Sokara
Kastelli
Ambelouzas
Agii Deka
97
Mitropoli
Gangales
Stori
Loures
Asimi
Kappariana
Messara-
Houtsouliana
Geropotamos
Ebene
Platanos
Peri
Akamotos
Dionissio
Apessokari
Flathiakes
Vagionia
Vass.
Anogia
Stavies
Panagia
Sternes
Tripita
Plora
Fournofarango
Loukia
Kandila
Vassiliki
Koumassa
Agios Kirillos
Miamou
900 Marmaron
Plata
Tsouros 593
Vigla 685
Krotos
Leto
Kapetaniana
1231 Kofinas
Ag. Ioannis
Tripti
Moni Koudouma
Papadogiannis
Lentas
Ormos Diskos
Akrotiri Kefalas
Ormos Loutra
Akrotiri Martelos
©Reise Know-How 2011

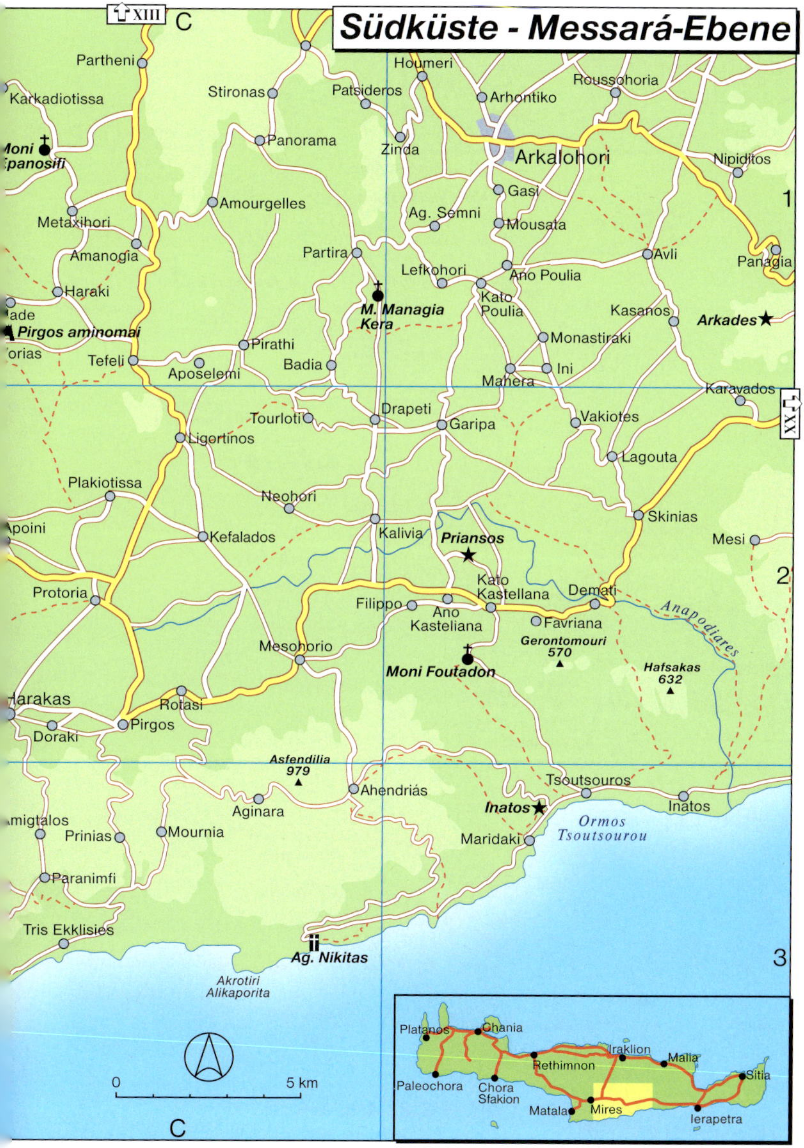
Südküste - Messará-Ebene
XIII
XX
Atlas
C
1
2
3
Partheni
Karkadiotissa
Stironas
Patsideros
Houmeri
Roussohoria
Arhontiko
Panorama
Zinda
Arkalohori
Nipiditos
Gasi
Amourgelles
Ag. Semni
Mousata
Metaxihori
Amanogia
Partira
Lefkohori
Ano Poulia
Avli
Panagia
Haraki
M. Managia Kera
Kato Poulia
Kasanos
Arkades
Pirgos aminomai
Pirathi
Monastiraki
Tefeli
Badia
Aposelemi
Ini
Mahera
Karavados
Tourloti
Drapeti
Garipa
Vakiotes
Ligortinos
Lagouta
Plakiotissa
Neohori
Skinias
Kalivia
Kefalados
Priansos
Mesi
Kato Kastellana
Protoria
Filippo
Ano Kasteliana
Demati
Favriana
Anapodiares
Gerontomouri 570
Mesohorio
Moni Foutadon
Hafsakas 632
Rotasi
Pirgos
Doraki
Asfendilia 979
Tsoutsouros
Ahendriás
Aginara
Inatos
Inatos
Ormos Tsoutsourou
Maridaki
Mournia
Prinias
Paranimfi
Tris Ekklisies
Ag. Nikitas
Akrotiri Alikaporita
0
5 km
Platanos
Chania
Iraklion
Malia
Rethimnon
Sitia
Paleochora
Chora Sfakion
Matala
Mires
Ierapetra

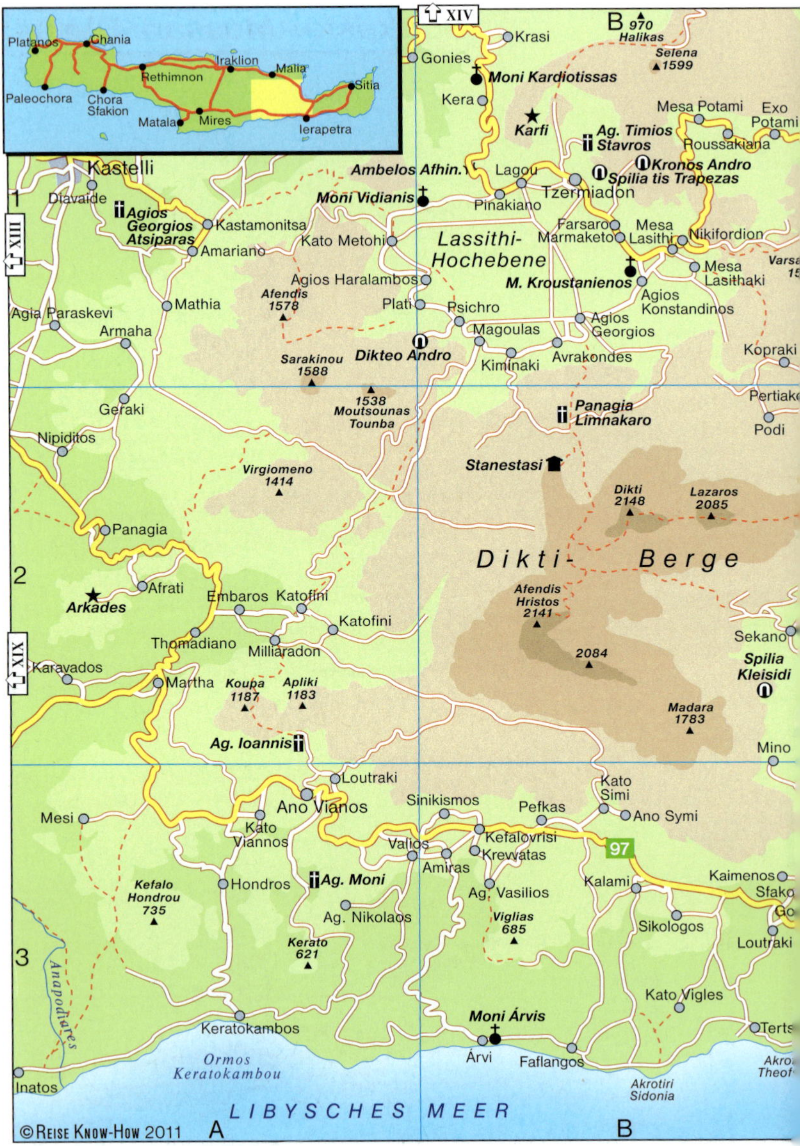

XIV
XIII
XIX
Platanos
Chania
Rethimnon
Iraklion
Malia
Sitia
Paleochora
Chora Sfakion
Matala
Mires
Ierapetra
A
B
1
2
3
970 Halikas
Selena 1599
Krasi
Gonies
Moni Kardiotissas
Kera
Karfi
Ag. Timios Stavros
Mesa Potami
Exo Potami
Roussakiana
Kronos Andro
Spilia tis Trapezas
Ambelos Afhin.
Lagou
Pinakiano
Tzermiadon
Kastelli
Diavaide
Moni Vidianis
Agios Georgios Atsiparas
Kastamonitsa
Amariano
Kato Metohi
Lassithi-Hochebene
Farsaro
Marmaketo
Mesa Lasithi
Nikifordion
Varsa
M. Kroustanienos
Mesa Lasithaki
Agios Haralambos
Afendis 1578
Mathia
Plati
Psichro
Agios Konstandinos
Agia Paraskevi
Armaha
Agios Georgios
Magoulas
Avrakondes
Kiminaki
Dikteo Andro
Sarakinou 1588
Kopraki
1538 Moutsounas Tounba
Geraki
Panagia Limnakaro
Pertiako
Podi
Nipiditos
Stanestasi
Virgiomeno 1414
Dikti 2148
Lazaros 2085
Panagia
Dikti-Berge
Afrati
Arkades
Embaros
Katofini
Katofini
Afendis Hristos 2141
Sekano
Thomadiano
Milliaradon
2084
Spilia Kleisidi
Karavados
Martha
Koupa 1187
Apliki 1183
Madara 1783
Ag. Ioannis
Mino
Loutraki
Ano Vianos
Sinikismos
Pefkas
Kato Simi
Ano Symi
Mesi
Kato Viannos
Valios
Kefalovrisi
Krewatas
97
Amiras
Hondros
Ag. Moni
Kalami
Kaimenos
Sfako
Kefalo Hondrou 735
Ag. Vasilios
Ag. Nikolaos
Viglias 685
Sikologos
Loutraki
Kerato 621
Anapodiares
Kato Vigles
Moni Árvis
Keratokambos
Árvi
Faflangos
Terts
Ormos Keratokambou
Akrotiri Sidonia
Inatos
LIBYSCHES MEER
©Reise Know-How 2011

Díkti-Berge - Ierápetra
XV
XXII
Vrises
Drassi
Agios Konstandinos
Kato Amigdali
Zenia
Ano Amigdali
Adrianos
Karterides
Drys Prines
Keratidia
Katsikia
Xirokambos
Agios Nikólaos
Marnelides
Floretzides
Kakoumotis
Skisma
Flamouriana
Hamilo
Tapes
Agios Nikólaos
Agia Triada
Piräus
Sitia
Mikronisi
N. Ag. Pandes
Lato
Panagia Kera
Kritsa
Agios Georgios
Mardati
Ammoudara
MIRABELLO-BUCHT
Avdeliakos
Varsami 1545
Bucht von Kaló Chorió
Kroustas
Ag. Silas
Istro
Pirgos
Istron
Ag. Ioannis
Kalo Chorio
Gaïtani
Gournia
M. Faneromenis
Giannitsi
Hirokoumado
Prina
Meseleri
Asari
Males
Ag. Panagia
Kalamafka
Hristos
Spilia Psathi
Oleros
Ammudes
Makrilia
Stravros
Metaxohori
Episkopi
Estavromenos 951
Ag. Georgios
Donkey Farm
Ag. Nikolaos
Kato Chorio
Anatoli
Kendri
Mithi
Kalogeri
Ag. Axion Esti
Ag. Panteleimon
Mournies
Ag. Petrounia
Kopranes
Vaïnia
Agiasmenas
Gra Ligia
Bramiana
Fournou Korifi
Pirgos
Ammoudares
Stomion
N. Anatoli
Mirtos
Nea Mirtos
Ierápetra
0
5 km
N. Chrisi
C
D
1
2
3
90
Katharo Tsivi 1664

XXII Kloster Toploú, Makrigíalos, Mochlos,

Sitía, Umgebung
C
D
Kasos
Vai
Akrotiri Faneromenis
Ormos Faneromenis
Akrotiri Vamvakia
Akrotiri Mavromouri
Metoxi
M. Toplou
Rousa Limni
M. Faneromenis
MILITÄR-FLUGPLATZ
Kasarma
Linares
Sitia
Ormos Sitias
1
Palekastro
Lidia
Angathia
Roussolakos
Spiti Minoiki
Petras
E75
Ag. Fotia
Skopi
Spiti Kornarou
Roussa Ekklisia
Koutsoulopetres
Mertidia
Kimouriotis
K. Episkopi
Paraspori
Ahladia
Stavromenos
Krioneri
Xirolimni
XXIV
Archea Spiti
Zou
K. Dris
MILITÄR-SPERRGEBIET
Pal. Mitato
Chonos
Langada
Vrisidi
Chochlakies
Maronia
Spilia Katofigi
Kelaria
Sfakia
Spilia Peristerias
Azokeramos
Ep. Episkopi
Sandali
Katsidoni
Karidi
Adravasti
Pressos
Ag. Georgios
Klisidi
2
Sitanos
Ag. Spiridon
Skalia
Kalamavki
Zakros
Sklavi
Nea Presos
Zakathos
Katelionas
Faragi Nekron
Sikia
Papagianades
Thermospilios
Kato Zakros
Kato Zakros
Vori
Chandras
Voila
Ziros
Lithines
Spilia Ag. Antonios
Armeni
MILITÄR-SPERRGEBIET
Agrilla
Mesa Apidi
Hametoulo
P. Perivolakia
Pezoulas
K. Perivolakia
Kalo Chorio
Agridomouri 627
Xerokambos
Spilia Vernofelo
Ag. Triada
Ag. Irini
N. Kavalli
3
M. Kapsa
Sargou Kefala 539
Ormos Ambelos
lo Nero
Goudouras
Athernolakos
N. Kimo
Ormos Goudoura
Ormos Atherinolakou
Strongilon
Akrotiri Goudoura
Akrotiri Erithreo
N. Pranonisi
Koufonisi
C
D

Atlas

Nordosten
A
B
Kasos
N. Paximada
Platanos
Chania
Iraklion
Malia
Rethimnon
Sitia
Paleochora
Chora Sfakion
Matala
Mires
Ierapetra
N. Kiriamadi
Akrotiri Sideros
MILITÄR-SPERRGEBIET
Or. Kiriamadi
Or. Daskalio
N. Dionisades
N. Dragonada
1
Or. Tenda
N. Gianisada
Akrotiri Mavros
Itanos
Or. Orimoupelos
Erimoupolis
N. Elassa
Vaï Finikodasos
Vaï
Ormos Grandes
Akrotiri Vamvakia
Akrotiri Mavromouri
Metoxi
M. Toplou
Kasarma
Ormos Sitias
Sitia
Akrotiri Tenta
N. Grandes
Chiona
Akrotiri Plakos
Palekastro
Lidia
Roussolakos
2
Angathia
Petras
Ag. Fotia
Roussa Ekklisia
Koutsoulopetres
Mertidia
Petsofas 215
Spiti Kornarou
Or. Skinias
Stavromenos
Krioneri
Xirolimni
K. Dris
Pal. Mitato
Langada
Zou
MILITÄR-SPERRGEBIET
Chonos
Vrisidi
Chochlakies
Ormos Karoumbes
XXIII
Spilia Katofigi
Kelaria
Spilia Peristerias
Azokeramos
Akrotiri Avlaki
Adravasti
Katsidoni
Karidi
Sandali
Klisidi
Sitanos
Skalia
Kalamavki
Zakros
Zakathos
3
Katelionas
Faragi Nekron
Or. Zakrou
Thermospilios
Kato Zakros
Akrotiri Zakros
Ziros
0
5 km
MILITÄR-SPERR-GEBIET
Agrilla
©Reise Know-How 2011
XXIII